江苏高校品牌专业建设工程项目成果
江苏省高等学校重点专业建设项目成果

LEGAL EDUCATION REVIEW VOL.5
CULTIVATION OF HIGH QUALITY LEGAL TALENTS AND INNOVATION OF LEGAL EDUCATION IN THE NEW ERA

法学教育评论

第五辑

新时代高质量法治人才培育与法学教育创新

夏锦文／主编
莫良元　张　建／执行主编

法律出版社
LAW PRESS · CHINA

图书在版编目(CIP)数据

法学教育评论. 第五辑, 新时代高质量法治人才培育与法学教育创新 / 夏锦文主编. -- 北京 : 法律出版社, 2022

ISBN 978 - 7 - 5197 - 6755 - 6

Ⅰ. ①法… Ⅱ. ①夏… Ⅲ. ①法学教育 – 研究 Ⅳ. ①D90

中国版本图书馆 CIP 数据核字(2022)第 087758 号

法学教育评论(第五辑)

——新时代高质量法治人才培育与法学教育创新

FAXUE JIAOYU PINGLUN (DI - WU JI)

—XINSHIDAI GAOZHILIANG FAZHI RENCAI PEIYU YU FAXUE JIAOYU CHUANGXIN

夏锦文 主　编

莫良元　张　建 执行主编

策划编辑 肖　越

责任编辑 肖　越

装帧设计 鲍龙卉

出版发行 法律出版社

编辑统筹 法商出版分社

责任校对 裴　黎

责任印制 胡晓雅

经　　销 新华书店

开本 710 毫米×1000 毫米　1/16

印张 19.5　　**字数** 338 千

版本 2022 年 6 月第 1 版

印次 2022 年 6 月第 1 次印刷

印刷 唐山玺诚印务有限公司

地址:北京市丰台区莲花池西里 7 号(100073)

网址:www. lawpress. com. cn

投稿邮箱:info@ lawpress. com. cn

举报盗版邮箱:jbwq@ lawpress. com. cn

销售电话:010 - 83938349

客服电话:010 - 83938350

咨询电话:010 - 63939796

书号:ISBN 978 - 7 - 5197 - 6755 - 6　　**定价**:78.00 元

序　言

法学教育是一个国家法治教育建设的基础性工程，其主旨在于培养治国理政和从事法律职业的优秀人才。建设社会主义法治国家，离不开一支高素质的法治人才队伍。健全法治人才培养机制，立德树人，德法兼修，培养大批高素质法治人才，是我国法学教育的时代使命。

改革开放以来，我国法学教育进入一个快速发展的时期，经过四十多年的恢复、改革与发展，逐渐形成了办学层次结构多元、综合素质教育与职业教育相结合、学科部门领域齐全的法学教育体系，基本适应了建设社会主义现代化国家的需要，为全面依法治国和世界法治文明做出了贡献。随着法治中国建设的全面推进，市场经济进一步规范化、法治化，社会事务的处理逐步纳入法治轨道，提高法律人才培养质量，培养更多面向社会发展需要的应用型、高层次法律人才。充分发挥法学教育的基础性、先导性作用，为加速建设社会主义法治国家提供强有力的人才保证和智力支撑，成为深化高等法学教育改革的重要内容。

江苏法学教育基础深厚、底蕴悠长。在长期的历史发展中，江苏法学教育始终秉承开放务实的人才培养理念，坚持以社会需求为导向、以实践应用为基础、以能力提升为内容的法学教育模式，培养出大批思想信念坚定、基础理论厚实、知识结构合理、实践能力突出的优秀法治人才。同时，江苏区位优势明显，市场经济发达，社会治理法治化程度较高，也不断催生出体现学科交叉融合、区域法治特色的复合型法律人才培养模式。在此基础上，江苏省法学会法学教育研究会于 2013 年成立，旨在搭建法学教育领域理论研究、实践交流的高端平台，为推进法学教育改革总结经验、汇聚力量。经过近几年的不断努力，我们已经在卓越法律人才培养机制、法律实践教学、法学教育与法律职业的融合、“互联网＋”时代的法学教育、高素质法治人才培养与法学教育改革等领域取得了重要的研讨成果，形成了一批具有地域特色的法学教育成果。鉴于此，我们在 2016 年年底决定出版《法学教育评论》，借此载体，汇理论之共识，传育人之经验,进一步推进法学教育改革创新和法治人才队伍建设,加强法学教育、法学研究和法治实践之间的深入交流,为我国的法学教育事业做出自己的贡献。

我们将始终坚持关注法治人才培养,面向中国法治实践,立德树人、德法兼修的教育理念,聚焦中国法学教育的创新问题、实践问题和发展问题。

所谓创新问题,是指法学教育要具有改革精神和创新思维,体现法治人才培养满足社会发展需要的教育理念。鼓励和提倡结合自身优势、优化已有资源、强化特色发展、实现差异化竞争。高校法学教育要面向法治建设实践,准确把握经济社会发展趋势,积极调整自身的人才培养模式、专业结构设置等内容,培养在职业技能、法律思维、职业伦理等方面契合社会发展需要的法治人才。法学教育应该对这一问题保持高度的关注并予以不断探索,唯有如此,才能提高法治人才培养的竞争优势。

所谓实践问题,是指法学教育在坚持知识教学的同时,要强化实践教学,并处理好两者关系。习近平总书记在视察中国政法大学的讲话中指出,法学学科是实践性很强的学科,法学教育要处理好知识教学和实践教学的关系;要打破高校和社会之间的体制壁垒,将实际工作部门的优质实践教学资源引进高校,加强法学教育与法治实践之间的交流。法学所具有的强烈的职业背景决定了它是一门应用性学科,具有较强的实践性特点,法学教育应该培养应用性、实践性法律人才。法律职业素养的养成,法律语言的掌握,法律思维的形成都是一个培育、积累和训练的实践过程。而法律职业技能如人际沟通能力、法律文书写作能力、鉴别和运用证据能力、发现和适用法律的能力,都必须通过严格的训练才能习得和提升。我们认为,必须要强化法学教育的实践导向,形成完善的实践教学体系,以明确的实践教学规范保证教学效果,提高学生的法学实践能力。同时,也要重视协同创新,强化资源整合意识,通过与法律实务部门合作、资源共享,形成开放性的协同创新机制,突破高校与实务部门之间的壁垒,有效提升法学教育与法律职业之间的契合度,提升法学教育的整体水平。

所谓发展问题,是指要全面关注法学教育在新时代所呈现的规律、面临的挑战以及发展的动向。新时代的法学教育要在体现与时代发展主要命题相同步的人才培养理念的指引下,优化管理制度、办学条件、师资队伍、学科建设,以及教学内容和手段等,使其在各个方面都有适应新时代要求的跨越式发展。

秉承着前述培养理念,及时地反映江苏法学教育的最新研究成果,《法学教育评论》在2017年、2018年、2019年、2020年连续出版四辑后,2022年出版第五辑。第五辑的研究主题为新时代高质量法治人才培养与法学教育创新、围绕该主题,江苏省内法学教育工作者分别探讨了新时代高质量法治人才培养的基础理论,新时代法学课程思政的实践创新,法学虚拟仿真实验项目建设的创新路径，法学在线课程建设与模式创新，新法科建设的内容、模式与实践，法学“金课”的建设中专业课的教学教法等一系列问题，形成了较为丰富的法学教育研究新成果。

《法学教育评论》（第五辑）将继续沿袭前四辑的出版理念，关注法学教育研究的思想性、前瞻性和实践性问题，致力于推进理论创新、制度创新和实践创新，促进法学教育研究成果的出版、推广和应用转化，以地方性实践，为我国法学教育汇聚智慧力量，拓展更多的发展空间。

夏锦文

二〇二一年九月

目　　录

第四编　法学在线课程建设与模式创新

第五编　新法科建设的内容、模式与实践

第六编　法学“金课”的建设中专业课的教学教法

第一编　新时代高质量法治人才培养的基础理论

交叉学科应用导向的环境法治人才培养创新模式探究*

闫夏秋　陈广华**

摘　要：环境法治人才需要法学学科与环境学科的紧密结合，以提高环境法治实践教育的比重。以交叉学科应用为导向的环境法治人才培养，既需要加强法学与环境学科的交叉融合，又需要培养学生的实际应用能力，力求在环境法治发展进程中提供高素质法治人才支撑。这就要求法学教育培养，在教学理念、教学内容、教学方式、教学成果转化和教学团队建设方面，融入环境学科的成熟经验，打造“双向互动、双向互补、双向互助”的人才培养模式。

关键词：环境法治　人才培养　交叉学科

2018年教育部与中央政法委联合发布的《关于坚持德法兼修实施卓越法治人才教育培养计划2.0的意见》对卓越法治人才培养总体思路提出“找准人才培养和行业需求的结合点”。“因地制宜”是找准人才培养与行业需求的最佳方案。我国地方本科院校要根据地方特色培养社会所需要的法律人才，着力强化对学生从事法律实务实际能力的培养，强化培养学生的相应法律能力，比如社会认知能力、社会适应能力、法律职业能力、创新创业能力等，为将来从事法律实务工作打下良好的基础。以交叉学科应用为导向的法学教育，能够充分吸收其他学科研究者所积累的智慧，汲取环境学科的知识和思维方法，同时也为环境学科提供法学思维，这是自然科学和社会科学共同发展的必由之路，也是促使学生融会贯通交叉学科知识素养的最佳途径。

法学是一门社会科学，要深入研究社会现象，把握人类活动的规律，建构科学合理的社会行为规范，仅仅关注法学自身的知识是不够的。[1] 全球正在迎

* 基金项目：江苏省教育科学“十三五”规划2020年度课题“‘法学+C’行业复合型法学人才培养机制研究”（项目编号：B-b/2020/01/34）。

** 作者简介：闫夏秋，河海大学讲师；陈广华，河海大学教授。

〔1〕 参见韩大元、杜焕芳等：《跨学科教育与研究：新时代法学学科建设的实现路径》，载《中国大学教学》2018年第4期。

来一个以创新为驱动的大规模交叉合作,以法律制度驱动改善生态环境问题的时代,[1]学科之间的相互联合成为趋势,这是我们必须面对的挑战,也是法学教育发展的机遇。随着社会经济的不断发展,环境保护与绿色发展成为促进经济更高质量发展的重要保障。除了专门的环境保护法律、法规以外,2021 年开始实施的《民法典》也在总则编、物权编、合同编以及侵权责任编中多次提到环境和生态保护。[2] 环境资源和生态保护已经融入各行各业中,但环境法治人才培养的数量远远不足。

一、传统法学教育中环境法治人才的缺失

传统法学教育以法教义学作为培养法治人才的主要手段,重理论轻实践,与经济社会的发展需求不符。随着绿色发展原则的推进,环境法治人才受限于传统法学培养的诟病,未能获得充分的重视。

(一)课程设置同质化明显

高层次法治人才对法律专业知识的准确掌握固然重要,但是对不同行业的知识储备同样不可或缺,环境领域亦是如此。全国开设法学专业的院校高达六百多所,但在课程设置上却是大同小异。一方面,各校均按照教育部《法学本科专业教学质量国家标准》的“10 + X”设置必修课,在各个学校的课程设置中必修课在整个法学课程体系中占有极其重要的地位。故所有学校的法科学生的必修课一致,主要都是强调法学基础理论的教学。各门必修课程通过细致划分,其课程量远远超过 10 门,占用了过多的教学时间和学生的课外时间,导致学生可用来涉猎其他知识领域的时间过少,难以扩大和充实自己的知识面。另一方面,由于师资力量有限,能够开设环境类选修课的教师数量较少。在选修课“X”的课程设置方面也呈现同质化的倾向,课程主要集中于金融法等与经管领域有关的法学类选修课。涉猎其他知识领域过少,只专于法学基础理论知识教学,自然会使得法学人才同质化倾向明显,[3]这种现象与时代前进的步伐相悖。在这种单一模式下培养出来的“法治人才”千篇一律,而公安局、检察院、法院、律所等岗位有限,无形中加剧了法科学生就业竞争激烈程度。

(二)实践教学的形式化倾向

多数高校已经开始重视实践教学,但是实践教学的教学工作量计算和学分

---

[1] 参见胡清:《面向环境工程实际的创新人才培养探讨》,载《中国大学教学》2020 年第 4 期。

[2] 如《民法典》第 9 条绿色发展原则,第 286 条物业业主守法义务,第 326 条用益物权的行使规范,第 346 条建设用地使用权的设立原则,第 509 条合同的履行,第 619 条标的物包装要求,以及侵权责任编第 1229 ~ 1235 条对环境污染和生态破坏责任的专章规定。

[3] 参见尹彦品、谢雯:《关于法学专业课程设置的思考》,载《河北师范大学学报(教育科学版)》2009 年第 2 期。

计算比例偏低。其一,学校给实践教学所设定的学分较低,可能会降低学生参与学习的积极性。出于奖学金或出国留学等原因考虑,学生希望得到更高的学分和绩点。对于学分低的课程,学生的学习积极性不高。其二,学校对于实践教学的工作量计算缺乏系统的教学质量评价体系,在计算实践教学工作量时带有很大的随意性。教师提高实践教学的质量和积极性受到影响,呈下降趋势。其三,实践课程设置比例小。受传统法学教育的影响,一般地方高校法学专业的课程设置中实践课不受重视,学生的实践和应用能力较弱。

法学实践所依赖的校外法律实务的实践基地未能发挥应有效用。为了满足法学专业校外实践教学的需要,各个地方高校都会与一些社会单位签订实践基地的共建协议。但实际上这些校外共建实践基地的利用率极低,甚至有些实践单位从共建后就没有学生在该基地实践过。高校校外实践基地利用率低,校外实践流于形式。基于校外实践基地安全性、路程经费等问题,学校怠于派遣学生进入校外实践基地,学生也不想主动参与校外实践,致使校外实践基地没能发挥实践的作用,过于形式化。

(三)社会的回应性不足

同质化的法学教育难以培养出符合社会职业多元化需求的法治人才,水利工程环境等交叉学科的法治人才更是凤毛麟角。随着环境法治的推进,环境法治人才需求也日渐增加。在同质化的、单一的法学教育模式下难以培养出符合绿色发展需求的法治人才。我国法学教育规模庞大,法学培养从精英属性向大众教育转变,高等院校法学专业招生人数不断增加,但法学专业的就业率持续低值。很多法学专业的毕业生为了获得工作不得不选择街道社区、基金销售等与法律无关的工作岗位。高等法学教育的学生数量与日俱增,但学生的专业素质与技能水平却并未同步提高。法学人才数量扩张而缺乏合理的顶层设计,司法系统大幅度缩编,地方律师事务所生存困难,多种因素导致法科毕业生就业率持续走低甚至沦落到文科末位。在法学院数量剧增的过程中,重数量、轻质量的风气很浓厚,导致低成本扩大招生的同一化模式普及。[1] 法教义学的教学方式对文书和法条的研究是足够的,但是却没有进行社会需求的环境领域交叉学科的学习,对社会需求的回应性不足。[2]

二、以交叉学科应用为导向的法学教育改革

为了有效顺应时代潮流,避免传统教学方式带来的不利影响,环境法治交

〔1〕 参见季卫东:《中国法学教育改革与行业需求》,载《学习与探索》2014年第9期。

〔2〕 参见艾展刚:《高等法学教育与社会需求的失衡性探讨》,载《吉首大学学报(社会科学版)》2016年第S2期。

叉学科应用为导向的法学教育成为必然选择。交叉学科(cross-disciplinary)是指融合多学科知识或以某一学科为起点衍生出的多学科知识交叉渗透形成的学科群,具有知识范围广、知识结构复杂等特点。其优势在于知识覆盖面广,能从多角度深入分析和解决复杂问题。国务院于2015年印发《关于深化高等学校创新创业教育改革的实施意见》(国办发〔2015〕36号),指出高校建立创新创业人才培养体系,要进行跨学科、跨专业交叉培养。[1] 以交叉学科应用为导向的法治人才培养模式就是在探索人才培养和行业需求的结合点并进行实践。

(一)构建环境法治回应型人才培养的创新模式

我国目前环境法治人才严重缺乏,很多高校还没有开展对环境工程治理、环境赔偿、环境修复等法律制度建设等专业人才的培养。而交叉学科培养,可以把法学教育与环境学科教育相结合,二者相互补充、取长补短,从而进一步激发学生学习的兴趣和动力,培养学生环境法治思维。

针对环境法治社会发展需求,高校应着重培养以交叉学科应用为导向的环境法治人才。培养具有创新能力的人才需要打破学科壁垒开展环境学科交叉融合的教育活动。一方面,适度引入水利工程、环境工程等学科理论,让学生领悟法学的思维方式以解决交叉学科的现实问题。另一方面,将环境部门、法院、律师事务所的实务真实案例引入课程,邀请法官、律师进课堂,重塑课程授课方法。此外,为了有效进行法学教育的实践,必须有充足的资金支持,学校还要加大法学专业实践教学经费投入,专门划拨实践教学专项经费,并保证能够及时到位。最后,建立稳固的和长期的法学教育与环境学科相结合的法学实践基地,进行有针对性的交叉学科教育。

在环境工程中,水利工程作为我国的基础社会工程,主要是为了解决我国电力供应、预防洪涝灾害以及农业灌溉等问题。水利工程的施工技术管理制度对保证工程质量非常重要。近年来,我国政府和相关单位开始重视水利工程施工技术管理规章和法律制度健全问题;但就目前我国水利工程施工技术管理工作的基本现状来看,其法律缺口较大。水利工程管理需与法律教育相结合,在进行交叉学科教育培养时增加水利、环境工程等领域法律基础理论学习,为水利工程制度建设提供法治支撑。现阶段,水利工程管理人员的法律意识相对薄弱,工程管理过程中的制度不够完善,无法有效地提高水利工程管理的质量。同时,在水利工程项目运行和管护过程中,管理人员的工作能力和责任意识极易受到管理体系的影响,管理部门需要建立完善的管理制度、严谨的管理规范,才能够有效地提升水利工程项目的整体效率。这些需要法律提供强有力的支

---

〔1〕 参见魏华飞、汪章:《高校交叉学科人才培养模式共性与启示——基于美英德日的比较》,载《黑龙江教师发展学院学报》2020年第10期。

撑:法律意识欠缺可以由法科学习的严谨性弥补优化;制度不够完善需要法律规范体系进行约束和管理。可以看出,在水利工程管理的学习中引入法学教育也不失为交叉学科应用的另一种优势的体现。环境法治人才培养应当善于发现水利、环境实践中的法律问题,培养学生的交叉学科思维能力和应用能力。尽快完善具有交叉学科应用能力的环境法治人才培养模式,为我国环境法治建设输送优质法治专业人才。

(二)设立环境法治应用人才培养的创新基地

高等教育教学机构帮助校外机构的实习基地总结实践经验,提升实践中的理论水平,更好地解决实际问题;另外,高等教育教学机构会为校外的相关机构(实习基地)选派学生进行实习,由实习基地的工作人员进行指导实践。在复合型法律人才的培养途径中,我们也应该遵循校内基础知识培养和校外实践能力培养双层途径的培养模式。

校内培养机制中,我们要求法科生学会把法学与水利、环境工程学科的知识融合,不仅要掌握法学各学科的基本理论知识、基本分析方法与技术,还应当熟练掌握水利、环境工程学科基本专业知识、基本建设程序以及工程管理专业的知识能力等。另外,针对我国水利、环境工程因高速发展带来的诉讼业务与非诉业务、法律纠纷的长期存在威胁着行业的健康平稳发展的局面,鼓励学生运用法学基础理论和相关环境专业的基础知识,通过基本实务操作,为环境行业提供事先防御性的法律服务或者事后采取补救性的法律措施,进而"共同制定联合培养的目标,共同设计课程体系,共同开发优质教材,共同组织教学团队,共同建设实践基地"[1],达到复合型人才培养的最佳效果。法学与环境学科的交叉融合,环境学科可以为法学教育带来新思路新理念,为传统法学教育注入新鲜的生机与活力;法学教育的严谨与逻辑性也可以推动环境学科更加规范前进。二者相辅相成,交叉融合共同发展,有利于两个学科、两种人才的共同成长与进步。

三、以交叉学科应用为导向的法学教育人才培养措施

在交叉学科将成为我国第14个学科门类的背景下,培养交叉学科的应用型、复合型法治人才,成为实施卓越法治人才教育培养计划的重要内容。法治人才需求多元化,法学的教育方式、教学内容、教育手段也需要多元化。以交叉学科应用为导向的环境法治人才培养模式是"双向互动、双向互补、双向互助"的人才培养模式。法学和水利、环境学科进行交叉融合的人才培养模式能够更

〔1〕 梁亚民:《社会变迁背景下"高校——实务部门联合培养"机制的路径探析》,载《西部法学评论》2014年第2期。

好地运用多元的视角和手段分析解决问题,也能够帮助环境学科获得新鲜的知识血液。

(一)在教学方式方面,教学与科研相融合

教师要出色地完成环境法治人才培养的教学与科研任务,需解决一些实际问题。法学与水利、环境学科的交叉融合,其关键在于不同学科之间理论视角、研究范式、思维方法之间的流动与融合,这也是对法学学科知识体系的融合与创新。以河海大学为例,河海大学被誉为"水利高层次创新创业人才培养的摇篮和水利科技创新的重要基地",校内水利科技氛围浓厚。对于河海大学学子而言,无论是理工科还是文科,都应当掌握基本的科学技术知识和技能,同时学校有充足条件在教学方式上满足法科学生在水利科研相关方面的需求。学校可在法律与科技紧密结合的领域提供教学资源,打破传统法学壁垒,运用交叉学科的思维方法和科研成果促进教学,实现教学研相长。

(二)在教学内容方面,环境与法学相融合

高校自主课程改革也应脱离和转变传统法学范式,吸收特色学科、优势学科的成熟经验共同发展。[1] 在《民法典》颁布实施的背景下,确立以交叉学科应用为导向的环境法治人才培养方向,既能够结合学校的优势学科资源,又可以对《民法典》绿色发展原则的落实做出回应。学校应引导法学与环境学教师、学生申报相应主题的研究课题、发表相应研究成果,填补团队师资力量的空白,形成学院特色,完善教师与学生对交叉学科的了解,从而在教学过程中更顺利地融合法律与环境。

首先,在法学专业的教学内容方面,依托河海大学水利特色,充分利用河海大学的水利与环境特色资源,增设如水法、工程法、海洋法、海商法等交叉领域的法学理论课程,将法学主流教学与水利特色教学相结合,着重培养学生在水环境污染、水资源利用、水利工程等环境方面法律知识的融合。其次,加强环境法治人才的实践性和应用性培养,法学生应在确保理论法学知识储备充足的情况下提高自身的实践能力。学院通过法律援助、模拟法庭等形式提供实践机会,法科学生通过参与环境相关案例的处理提高自己的实践和应用能力,从而提高交叉领域法治人才分析问题、解决问题的能力。最后,在交叉学科教学方面,通过开设公共课、选修课、法律知识讲座等方式,向水利、环境专业的学生传授法学的专业思维和素养,让具备水利、环境的专业知识的学生参与法学的学习,从法学专业学生与水利、环境专业学生两方面培养环境法治人才,擅长法学与擅长水利环境的人才兼备,实现法学与水利、环境学科之间的双向融合。

---

[1] 参见刘剑文:《供给侧改革下法学本科核心课程的结构调整》,载《政法论丛》2017年第3期。

（三）在教学方法方面，理论与实践相融合

法律的真谛在于实践。习近平总书记 2017 年到中国政法大学考察时指出："法学学科是实践性很强的学科，法学教育要处理好知识教学和实践教学的关系。"完善应用型环境法治人才培养机制，应改变传统的教学目标和教学手段，提高实践教学在高校法学教学中的比重。高校需要认识到法学实践能力的重要性，不断丰富实践教学内容、完善实践教学方法、增强实践教学在高校法律教学体系中的比重，引导学生改变对实践教学的错误观念。高校在法律教学目标的设定上需要了解法律市场的需求，以市场需求作为自己教学目标调整的方向，以此为社会培养更多的实践性法律人才，促进社会法律问题的解决。

因此，法学实践教学需要进一步完善制度，强化实践教学方式的内容和奖惩制度；也可以通过搭建实践平台，完善法学实践教学的知识传授和育人功能。[1] 实践教学是各高校法学专业普遍应用的教学模式，其中主要包括模拟法庭、庭审观摩、公益普法、开设法律诊所、举办法律讲座等形式。在课程内，开设法律诊所课程和案例讨论课程，邀请法院、检察院、律师事务所的专家学者将水利、环境纠纷案例引入课程，现身说法。通过案例讨论、模拟法庭、公益普法等形式，提高学生对法学学科知识体系解决水利环境学科实践问题的理解。

教师还应创新自己的法学教学方法，如进行法律研讨、增加课堂互动等，以此增强法律教学的趣味性、调动学生对法律研究的积极性，可以引导学生积极参与法学探索和实践，培养学生的批判性思维，有助于学生养成高效的法学学习方法，从根本上提高学生的法学能力。教师还可为学生讲述自己在社会实践中积累的案件实例，使学生在高校学习的过程中有针对性地锻炼自己的能力。

（四）在教学团队方面，院内外与校内外相融合

交叉学科的应用复合型教学团队的建设是环境法治人才培养的前提。地方院校的法学院系一般成立得较晚，院内师资力量也较为薄弱，需要填补师资需求的空缺，尤其需要既具有较高的文化和专业理论水平、有较强的教学、教研及教学能力和素质，又有广博的专业基础知识、熟练的专业实践技能的"双师型教师"。部分法学专业的教师尽管学历层次较高、法科基础理论知识比较扎实，但是缺乏在法院和律师实务部门的实践工作经验，因而缺乏培养学生法律实务操作的实践经验。教学团队的建设应通过开展院内外、校内外水利、环境等交叉学科的教学探讨会，使教学人员突破学科限制，实现教学深度融合。

高校要坚持校内与校外相结合的原则，主动与水利部门、政法系统各部门联合，建立互利双赢的校外实践基地，为高校法学专业的师生拓展接触法律实

---

〔1〕 参见蒋丽敏、李晓：《法学实践教学功能的再审视——以模拟法庭和公益普法为例》，载《高教学刊》2019 年第 13 期。

务部门实践的路径。让法学专业的师生在地方环境部门、法院、检察院、律师事务所和政府法制部门等亲自实践,在亲身经历中感悟法律的适用逻辑。

在法学教师队伍的建设上进行创新改革。一方面,针对法学教师教学方式固化的问题,提倡法学专任教师走出去,比如选拔法学专业优秀的中青年骨干教师,到法律实务部门做兼职教师或者挂职锻炼,使教师在实践中积累经验和增长才干。另一方面,针对法学教授的实践经验不足的情况,可以聘请社会上的兼职教师走进学校。让法律实务部门和实践基地有丰富经验的法官、检察官和律师等承担高校法学专业的实践教学任务,并让他们给法学专业的学生授课、指导实践教学、参与实验室建设和定期作报告。只有坚持“走出去、请进来”的方式,才能提高法学人才培养质量。教学团队结合学校水利特色,寻求致力于水利研究的教师合作设立以水利为重点的环境法学的交叉研究平台,充分鼓励交叉学科青年教师发展和研究成果转化,结合院内外、校内外交叉学科的教师资源,打造优质交叉学科教学团队。

“一带一路”背景下涉外法治人才的培养模式探究*

宣　岖　孙　森**

摘　要:2020年11月16日至17日,在中央全面依法治国工作会议上,党中央正式提出了“习近平法治思想”。其中最重要的一条就是坚持统筹推进国内法治与涉外法治是习近平法治思想的一项重要内容,加强涉外法治建设也是推进“一带一路”倡议有效实施的重要举措。高校法学院承担了涉外法治人才培养的重任,该重任正是推动我国法治人才向着专业化、精英化、国际化发展的有力抓手。当前,由于受到地方经济发展水平不均、地理区位优势存在差异以及教师重科研轻教学等因素的影响,我国法学教育存在东西部发展不均、专业课程体系参差不齐、教学实用性不强等突出问题。未来对于我国涉外法治人才培养模式的改革要在知识、能力和情感三个层面树立目标,要在涉外课程体系、涉外人才培养方式以及涉外师资队伍建设等方面做好基础研究。通过与“一带一路”沿线国家的全方位合作,共同推动形成我国应用型、实践型、专业型的涉外法治人才培养机制。

关键词:“一带一路”　法学教育　涉外法律人才　人才培养

加强涉外法治人才的培养和教育是涉外法治建设的一项基础性工程,也是推动形成全面开放新格局的必要保障,更是推进“一带一路”国际合作,推动构建人类命运共同体的重大战略举措。自党的十八大以来,以习近平同志为核心的党中央高度重视涉外法治人才的培养建设,习近平总书记多次强调指出,法治人才培养是全面依法治国这个系统性工程中的重要组成部分,涉外法治人才的培养和教育在涉外法治建设中具有基础性、先导性、战略性的地位和作用。在党和国家的多次会议、文件中也明确提出要加强涉外法治建设和涉外法治人才的培养教育(如表1所示)。

---

* 基金项目:本文系国家社会科学基金青年项目“系统性金融风险治理的公私合作法律机制研究”(项目编号:17CFX032)、常州大学高等职业教育研究院一般项目“‘一带一路’倡议背景下境外优质法学职业教育资源引进机制研究”(项目编号:CDGZ2019003)的阶段性成果。

** 作者简介:宣岖,常州大学史良法学院副教授;孙森,常州大学史良法学院硕士研究生。

表 1 党和国家关于涉外法治人才建设的会议、文件

时间	文件名称	会议/发布机关	具体内容
2011 年 12 月	《教育部 中央政法委员会关于实施卓越法律人才教育培养计划的若干意见》	教育部、中央政法委	对涉外法律人才提出要"具有国际视野、通晓国际规则、能够参与国际法律事务和维护国家利益"
2014 年 10 月	《中共中央关于全面推进依法治国若干重大问题的决定》	党的十八届四中全会	明确提出要"加强涉外法律工作"
2018 年 9 月	《关于坚持德法兼修实施卓越法治人才教育培养计划 2.0 的意见》	教育部、中央政法委	第 7 点任务提出要"构建涉外法治人才培养新格局"
2019 年 2 月	—	中央全面依法治国委员会第二次会议	习近平总书记指出"要加快推进我国法域外适用的法律体系建设,加强涉外法治专业人才培养"
2019 年 7 月	《关于加快推进公共法律服务体系建设的意见》	中共中央办公厅、国务院办公厅	提出要"加快培养涉外律师领军人才,建立涉外律师人才库"
2019 年 10 月	《关于坚持和完善中国特色社会主义制度推进国家治理体系和治理能力现代化若干重大问题的决定》	党的十九届四中全会	提出要"加强涉外法治工作,建立涉外工作法务制度,加强国际法研究和运用,提高涉外工作法治化水平"
2020 年 4 月	—	十三届全国政协会议第 34 次双周协商座谈会	专门就"建设高素质的涉外法律服务人才队伍"协商议政
2020 年 11 月	—	中共中央全面依法治国工作会议	将统筹推进国内法治与涉外法治确定为新时代全面依法治国的"十一个坚持"之一

应当看到的是改革开放以来，特别是在党的十八大以来，我国在涉外法治建设方面所取得的历史性成就，但同时不容忽视的是目前涉外法治专业人才严重短缺是我国面临的严峻现实挑战，特别是服务“一带一路”建设、熟悉“一带一路”沿线国家法制的高素质涉外法治专业人才严重不足。如何培养涉外法治人才成为了新时代中国面临的重大课题。教育界对于此类人才的培养模式也莫衷一是，相关理论性的学术研究也相对匮乏，缺乏系统性的理论研究将直接导致涉外法治人才的培养建设无法继续向前推进。当前亟须对“一带一路”背景下涉外法治人才培养的新挑战以及涉外法治人才培养的改革思路等重大问题予以回应。本文拟先分析我国涉外法治人才培养的现状与问题，后在此基础上提出“一带一路”涉外法治人才培养的具体路径。

一、我国涉外法治人才培养的现状与局限

(一)我国涉外法治人才培养的现状

近年来，国内众多高校先后成立了各种涉外法治人才培养的特色班以及实践项目。教育部和中央政法委早在2011年联合实施的卓越法律人才教育培养计划(教高〔2011〕10号)中就包含了涉外法治人才培养的内容，批准了北京大学、清华大学、中国人民大学、北京外国语大学、对外经济贸易大学、中国政法大学、华东政法大学、南京大学、西南政法大学等22个涉外法律人才教育培养基地。[1] 今年2月，教育部学位管理与研究生教育司和司法部律师工作局又联合实施了“法律硕士专业学位(涉外律师)研究生培养项目”(教研司〔2021〕1号)，确定北京大学、清华大学、中国人民大学、中国政法大学、华东政法大学、西南政法大学、上海政法学院等全国15所法学院校实施涉外律师培养工作。[2] 不难看出，目前对于涉外法治人才培养的重要性、必要性、紧迫性，国内各高校基本达成共识，但对于涉外法治人才培养的具体方案、培养模式仍存在较大差异性和不稳定性。本文通过梳理国内几所典型高校关于涉外法治人才的培养方案(具体见表2)发现，绝大多数高校所设立的涉外法律人才培养班并不是以直接服务于“一带一路”为目的，各高校侧重点也有所不同。

---

〔1〕 参见中华人民共和国教育部：《教育部 中央政法委员会关于实施卓越法律人才教育培养计划的若干意见》，载 http://www.moe.gov.cn/srcsite/A08/moe_739/s6550/201112/t20111223_168354.html。

〔2〕 参见中华人民共和国教育部：《关于实施法律硕士专业学位(涉外律师)研究生培养项目的通知》，载 http://www.moe.gov.cn/s78/A22/tongzhi/202102/t20210226_515055.html。

表2 国内代表高校关于涉外法治人才的培养方案

高校	类型	培养特色	培养目标	课程体系
北京大学法学院	实务型涉外法治人才班	开设系列涉外法律实务课程;组织学生参加国际赛制;建立海外实习基地;重视外教队伍建设等	培养通晓并能塑造国际规则、从容处理涉外法律事务、自如参与国际合作与竞争的卓越法律人才	在国内法学课程基础上加入国外法律课程、外教授课课程、国际模拟法庭课程等;启动跨境法律律师实务课程;新型中外双学位课程等
清华大学法学院	国际班	双重法律知识结合;中外师资双语授课;国内外培养结合;理论实践并重;跨专业教育;本硕(博)贯通等	培养具有国际视野与竞争力、适应全球化趋势的精英法律人才	本科阶段设立宽口径、厚基础的国际班课程、联合培养学位课程;研究生阶段设立多学科方向涉外课程、中国法 LLM 课程、海外硕士项目课程等
中国政法大学法学院	国际化法治人才实验班	通过"外语+法学"的复合型国际化培养模式,完善"本科—硕士一贯制"培养机制;与北京外国语大学开展国际法学人才联合培养	培养"外语法学双精通"的高端涉外法治人才	学位公共课(综合法律英语一、二,习近平法治思想等);专业必修课(法理学与宪法学,民法学等);专业选修(法律外语等);专业方向课;实践教学与训练课
上海交通大学凯原法学院	涉外法治人才方向特色班	同外语学院、国际与公共事务学院和人文学院合作招生;参与国际赛事、赴海外访学深造等	培养国际化的一流涉外法律人才	开设中国法 LLM 和 SJD 两个项目的全英文课程;在法学基础课程之上增设政治学、国际关系和全球竞争力培养的一些课程等
西南政法大学国际法学院	卓越涉外法治人才培养实验班	全英文教学;配备专业学术导师,开展"双师同堂"教学模式;举办涉外班系列讲座等	培养具备扎实的国际法理论基础,从事国际谈判、处理国际事务的"双语双法"涉外法律人才	法律英语、外国法专题课程、涉外实务课程;强调"思政、法学、国情及语言"

续表

高校	类型	培养特色	培养目标	课程体系
南京大学法学院	国际班、中德所	国内最早双硕士学位项目;课程基本上以外教为主	培养小而精的实用型涉外法律人才	注重法理学法哲学基础、民商法基础、公法基础课程;外事礼仪的选修课程
华东政法大学国际金融法律学院	涉外律师专业硕士	“高校 + 行业”联合培养;“境内 + 境外”联合培养;“培养 + 就业”合作培养;紧紧围绕国际商务开设课程	培养政治立场坚定、专业素质过硬、跨学科领域、善于破解实践难题的高层次复合型、应用型、国际型法治人才	政治理论课、第一外语以及三国法作为必修课 + 专业强化模块课(国际组织法、国际金融法)、职业能力模块课(律师实务);模拟法庭等实践训练课等
上海对外经贸大学法学院	涉外卓越法律人才班	法学与商科的知识复合;国内法与国际法的复合;中外联合培养;全英文教学	培养具有国际视野和跨文化沟通能力,既通晓国际贸易、国际投资和国际金融等领域的基本业务,又能熟练运用国际经贸法律规则的创新型涉外卓越法律人才	国内法作为基础课程、国际法作为核心课程;国际经济与贸易专业、金融学专业作为商科核心课程
上海政法学院	涉外卓越法律人才培养创新班	注重学生法学基础的夯实和实操能力的培养;注重学生英语水平和应用能力的提升;注重学生的国际化培养和锻炼等	培养法学基础理论扎实、具有法治精神、创新思维、全球视野和实践能力的,具有分析和解决各类诉讼或非诉讼案件能力的高素质复合型、应用型法律人才	通识必修课、通识选修课;专业必修课、专业选修课;实践教学训练课等

资料来源:相关高校官方网站以及相关会议。

(二)我国涉外法治人才培养的局限与问题

以上述院校为代表的国内高校中关于涉外法治人才培养的方案从形式来看似乎已形成了相对成熟的培养机制、体系,但从实践来看,实施效果并不佳,仍存在诸多问题和挑战。

首先,当下高校涉外法治人才培养的需求导向并不是非常明确。要知道涉外法治人才的培养是一个系统性工程,高校作为涉外法治人才培养的主阵地,其发挥着重要的基础性作用。从上述具有代表性高校培养方案来看,有的侧重于培养专注国际商事争议解决的律师,有的侧重于培养国际事务组织的工作者等,不可否认的是,确实应该需要培养此类人才,但是绝大多数高校仅停留在宏观培养方向层面,并未落实到具体的需求导向上。以"一带一路"倡议为例,很少有高校专门为了"一带一路"建设而制定配套的涉外法治人才培养方案,这也就直接导致了当前涉外法治人才培养的"供需体系"产生失衡,也就自然而然地解释了为何当前服务于"一带一路"的涉外法治人才极其短缺。

其次,各高校涉外法治人才培养呈现与社会脱离的状况。尽管各高校会同相关法律实务部门开展联合培养,但也只是在校期间的培养,缺乏后期的继续教育。然而涉外法治人才的培养是一个需要长期专注的工作,并非仅靠在校的几年时间就可以打造出一批专而精的涉外法人才队伍。从域外经验来看,美国和德国分别代表着英美法系和大陆法系成功的法学教育模式。其中,美国的律师协会在其法学教育中,发挥了极其重要的作用,它会制定法学院的设置标准,德国法学教育主要采取"大学研习 + 职业预备"的模式,无论哪种模式,美德两国的高校与社会衔接度极高,都保证了涉外法学生能够接受到持续性的教育。[1] 如若仅仅依靠在校的几年学习而不注重后期的继续教育,那么对于涉外法治人才培养这样高要求的法学教育来说,很有可能会半途而废。

最后,涉外法治人才培养的课程体系与涉外法治人才的知识结构不相匹配。课程体系既是培养目标的具体化,也决定着学生能获得怎样的知识结构。对于涉外法治人才来说,其应有的知识结构是需通晓国际法律规制、熟悉国别法、争议解决准据法,掌握国际政治等学科知识,具有较高外语水平以及分析和解决问题的能力。相对应的课程体系设置就需要特别强调其涉外性和实务性。[2] 然而从实际来看,涉外性的法律课程主要以发达国家法律为主,"一带一路"沿线国家法律课程极少,关于沿线国家的政治、经济、文化等课程则少之又少。如此的课程体系直接局限了涉外法律专业的学生视野,也使他们无法构建完整的知识体系。

---

〔1〕 参见杜焕芳:《涉外法治专业人才培养的顶层设计及实现路径》,载《中国大学教学》2020 年第 6 期。

〔2〕 参见王群、武姣:《"一带一路"法律外交视角下高校涉外法律人才培养机制探究》,载《黑龙江高教研究》2020 年第 6 期。

二、我国涉外法治人才培养效果不佳的原因分析

(一)法学专业设置门槛较低

近年来,法学专业招生人数和毕业人数快速增长,从形式来看,这是高校不断扩招的结果,但从本质上来看,实际上是法学专业本身的设置门槛较低所导致的。各高校为了建设成为综合性大学,不顾自身发展状况,盲目设立法学院系,不断扩招法学专业学生。在未处理好学科建设、师资建设、教学经费等与法学生培养的关系下,直接造成了数量与质量不相匹配的后果,这也是为何法学生毕业就业率低,数次被列为红牌专业的原因所在。同时,本科法学专业的设置门槛低,也不利于今后培养专门法治人才,特别是对于涉外法治人才培养来说,实现如此大的跨越,本身就是没有考虑到学生的实际情况,因而难以产生令人满意的效果。

(二)涉外法治人才培养的驱动力不足

由于高校受到就业率考核指标的压力,法学专业的继续教育难免会受到影响,特别是涉外法治人才培养教育,需要持续性的培养周期更是受到了阻断性的影响,高校在此压力之下,重心放到了提高就业率上,也就没有了继续培养专业法律人才的强大驱动力。同时,教师职称评定重科研轻教学也是导致涉外法治人才培养动力不足的重要原因之一。各法学院无一例外地将"非升即走"作为教师的考核制度,课程与论文消耗了教师大量的时间和精力,难以保证教师重视课堂教学,更别说抽出时间进行实践性教学。而对于涉外法治人才的培养来说,其更需要注重实践性、实务型教学。

(三)未能有效协调涉外法治人才培养方案与区域经济发展需求的关系

由于受到各地经济发展水平不同的影响,各区域高校涉外法治人才的培养方案也应当更多地体现服务于区域化的要求。然而纵观我国各高校关于涉外法治人才培养的方案可以发现,基本上呈现追随名校的培养模式,缺乏考虑本地发展状况,未能有效协调好或者说匹配好涉外法治人才培养方案与区域经济发展需求之间的关系。特别是在"一带一路"的倡议下,我国中西部地区的高校并没有结合自身的地域特点,甚至只是盲目照搬名校的培养计划进行学科建设。此外,受到经济发展水平的影响,东西部地区的师资力量差距悬殊,教学资源也存在一定的差异,即便现在推行网络教学,但实效性并不太高,在这样的基础条件支撑之下,中西部地区就不能按照东部经济发达地区的涉外法律人才培养方案进行。

三、“一带一路”倡议下涉外法治人才培养的基本思路与具体路径

(一)树立“四个层面”目标意识

如何培养一批拥有家国情怀、法治情怀、精通国际法律规则、外语能力出众的涉外法治人才,是新时代我国涉外法学教育面临的新课题、新任务。在各项体制机制建立之前,首先必须要树立“四个层面”的目标意识,即在立场层面,要培养一批懂政治、讲政治、明局势、讲法治的涉外法治人才;在知识层面,要培养一批既通晓本国法律又通晓“一带一路”沿线国家法律规则、通晓“一带一路”沿线国家语言的涉外法治人才;在能力层面,要培养一批既通晓法律又熟悉商务、公司,既具有跨文化沟通能力又能讲好中国文化的涉外法治人才;在情感层面,要培养一批具有高度家国情怀的涉外法治人才。只有树立好这“四个层面”的目标意识,才能进一步明确高校涉外法治人才培养的需求导向,更好地服务于“一带一路”建设。

(二)改革涉外法学招生模式

当前,各高校仍然按照传统的法学专业招生模式进行招生,很少有在本科阶段即设立涉外法律人才班的招生。不妨当前乃至今后可以从本科阶段即设立相关涉外法治人才培养特色班,例如,可以“一带一路”建设要求为出发点,在首批涉外法律人才培养高校专门设立“一带一路”特色国际班,让高考学子在填报志愿时即可选择。同时,也要对硕博研究生的招生模式进行改革,传统上一般绝大多数招收的都是法学本科背景的科班学生,但从当前的时代需求来看,单一知识背景的学生很难适应复杂多变的社会环境,单纯地依靠法律这一专业并不能达到法律人才精英化目标,不妨以“法律+”模式招收。一方面缩减法学本科的学生比例,另一方面提高跨法学本科,特别是外语、国际经济与贸易、政治学等专业的学生比例。

(三)创新涉外人才培养方式

涉外法治人才的培养方式主要包括涉外法治人才培养的课程体系、涉外法治人才培养的考核标准以及涉外法治人才的继续教育等。首先,涉外法学生培养的课程设置要注重培养涉外法学学生的实务性和涉外性,在课程的设置上不能放弃对国内法的学习,要设置好国内法与国外法课程的结构比例,同时,对于课程教材的内容,应当多以案例化的样式展现,通过对具体案例以及模拟案例的讲、演、练以达到熟悉国内法与国外法的课程要求。其次,涉外法学生的考核标准应当有所创新和改革,不能再唯论文论,研究型论文仅是考核涉外法治人才的一个部分,更多的还是需要对涉外法学学生实践、实务能力的考核,以体现

涉外法治人才培养的实务型目标。不妨通过对实际案件的处理来实现对涉外法学生的考核,具体的案件选取标准可以协商司法机关、涉外机关等部门共同决定。最后,在涉外法学生的继续教育上,不妨借鉴德国法学教育的模式,采用“职业预备”或“职业过渡”的模式来提升涉外法学生的职业能力,并在预备期以及过渡期后,仍需要求其返“返校”(线上)完成涉外法治人才培养的继续教育课程。

(四)完善涉外法治人才培养的师资队伍建设

专业的师资队伍也是涉外法治人才培养的重要保障,甚至可以说直接影响涉外法治人才的效果。今后要进一步完善涉外法治人才培养的师资队伍建设,形成“涉外法治理论导师 + 涉外法治实务导师”相结合的培养模式。这就要求高校在引进教师时,既要引进具有专门留学背景的本国籍教师,也要引进本土化的外国籍法律专业教师,更要引进实务部门的涉外法律工作者作为兼职教师,以构建全面的涉外法治人才培养的师资体系。同时,对于涉外法治人才培养的教师考核或职称评定也不能唯论文论,避免因缺乏足够的时间和精力,而降低培养的效果。此外,也要加强教师队伍的学习,不妨与“一带一路”沿线国家高校联合,借助“孔子学院”等机构对教师队伍开展联合培训等,以进一步提升教师队伍的整体专业水平。

结　语

随着“一带一路”倡议的深入推进,我国对涉外法治人才的需求越加紧迫,既为我国法学高等教育带来了发展和优化的契机,也带来了改革的极大挑战。作为涉外法治人才培养的主阵地,高校必须要契合自身实际,以“一带一路”需求导向为方向,因地制宜制定培养方案,并借此机会进一步改革我国法学教育模式,突破传统法学教育模式的“瓶颈”。此外,高校与高校之间应当强强联合,高校与实务部门要做好密切联系,国内高校与国外高校也应当做好联合工作,为努力培养具有家国情怀、具有国际视野、具有涉外专业能力的高素质、复合型涉外法治人才创造良好的教育环境。

新时代高素质法治人才培养方式研究*

戈烨麟**

摘　要:中国特色社会主义法治建设已经进入新时代。习近平总书记在2018年8月24日中央全面依法治国委员会第一次会议上的重要讲话强调:全面建设社会主义现代化国家的新征程上,要加强法治工作队伍建设和法治人才培养,更好发挥法学教育基础性、先导性作用,要坚定不移走中国特色社会主义法治道路,培养建设德才兼备的高素质法治工作队伍,为中国特色社会主义法治事业发展提供有力人才支撑,更好发挥法治固根本、稳预期、利长远的保障作用。在新时代法治背景下,研究素质法治人才的培养方式,具有积极的现实意义。

关键词:新时代　高素质法治人才　培养方式

改革开放以来,中国的法治人才培养走过了曲折起伏、波澜壮阔的历程。新时代的中国特色社会主义法治建设对法治人才培养提出了更高的德性要求,如何培养高素质的法治人才成为新时代中国特色社会主义法学学科体系和教育体系建设的研究内容。习近平总书记2017年5月3日到中国政法大学考察并就法学教育和法治人才培养作重要讲话,彰显了党和国家最高领导人高度重视法学教育和法治人才的培养。习近平总书记在讲话中谈到,全面依法治国是一项长期而重大的历史任务,是一个系统工程,法治人才培养是其重要组成部分,是法治建设的重中之重;法律的生命力在于实施,法律的实施在于人。建设法治国家、法治政府、法治社会,实现科学立法、严格执法、公正司法、全民守法,都离不开一支高素质的法治工作队伍。法治人才培养上不去,法治领域不能人

* 基金项目:2019年江苏省高等教育教改研究立项课题"基于卓越法治人才教育培养计划2.0的法学专业线上线下混合式'金课'建设理论与实践研究"(项目编号:2019JSJG324);江苏大学2019年高等教育教改研究课题"基于卓越法治人才教育培养计划2.0的法学专业线上线下混合式'金课'建设理论与实践研究"(项目编号:2019JGZZ009);2019年江苏省研究生教育教学改革课题"新时代高校研究生教育内涵式发展的机制构建与模式创新"(JGLX19_177)的阶段性成果。

** 作者简介:戈烨麟,江苏大学法学院2020级硕士研究生。

才辈出,全面依法治国就不可能做好。[1] 他在讲话中不仅高度肯定了法治人才培养在全面依法治国中的重要地位和作用,充分肯定了改革开放以来法学教育和法治人才培养取得的显著成效,而且指出了法学教育和法治人才培养存在的问题和不足,并有针对性地提出了加强法学教育和法治人才培养的举措,可以说为今后我国的法学教育和法治人才培养指明了发展方向和前进道路。[2]

一、高素质法治人才的精神内涵分析

教育部、中央政法委印发的《关于坚持德法兼修实施卓越法治人才教育培养计划2.0的意见》分别从厚德育、强专业、重实践、深协同、强德能、拓渠道、促开放、立标准八个方面为新时代的法学教育设定了改革任务、提出了重点举措。这八个方面充分体现了法律专业教育人才的时代特征和内在规律,也是培养高素质法治人才所紧紧围绕的主题。结合当代中国法治社会的实际情况,高素质法治人才应具备以下五个方面的素质。

(一)德法兼修,要具有良好的道德素养和扎实的专业知识

法治工作队伍建设和法治人才培养,要遵循德法兼修的培养方法。依法治国与以德治国相结合,是中国特色社会主义法治道路的"中国密码"和"特殊基因"。思想道德素养教育必须贯穿于法学教育的全过程,与法律知识的传授研习相伴随始终,要培养法治工作队伍和法治人才公平正义的信念、悲天悯人的情怀,使之潜移默化为基础观念,并促成他们道德人格的养成。[3] 法治人才必须具备良好的专业知识的积累,法学是一门专业性很强的学科,必须经过系统的学习,还需要精细化地学习众多法律条文和它们的解释、具体应用以及在现实案例中的应用。有扎实的法律基础知识是成为高素质法治人才的必要条件。所以培养新时代高素质的法治人才首先要有良好的道德素养和扎实的专业知识。

(二)知行合一,要具有丰富的法律实战经验

法学是一门实践性很强的学科,高素质法治工作队伍的建设和法治人才的培养要处理好知识教学和实践教学的关系。重视实践教学,就要打通高等院校及研究机构和法律实务部门之间的壁垒,不仅要将法律实务部门高质量的实践教学资源及鲜活素材引入课堂,还需为法学教研队伍提供挂职锻炼等不同形式,促进其深入了解法律实际工作,通过实施法治实践部门和高等院校互聘、共

[1] 参见《习近平在中国政法大学考察》,载新华网,http://www.xinhuanet.com/2017-05/03/c_1120913310.htm。

[2] 参见黄进:《新时代高素质法治人才培养的路径》,载《中国大学教学》2019年第6期。

[3] 参见龚艳:《培养高素质法治人才的思考》,载《天津日报》2018年12月24日,第9版。

融和互通计划,推进法学教育工作者、法学科研工作者和法律实务工作者之间的互动交流,各个高校的法学院的法学或法律专业的毕业生是我国未来法治人才的主要来源,在校期间,应引导他们走向实务工作,多邀请拥有实践经验的典型的律师、大公司的法务工作者等诸多法治工作者来校举办讲座,传授经验,分享工作上遇到的案例,推动社会各界参与法治人才的培养。

(三)协同创新,要具有合作精神和创新理念

法治工作队伍建设和法治人才培养,要遵循协同创新的建设和培养方法。协同创新的培养方法,要以整个人文社会科学为基础,只有在人文社会科学综合视野和多元方法的大框架内,进行开放性、系统性和现代性的多层次、宽领域和高水平训练,才能有助于法治工作队伍和法治人才历史思维、辩证思维、系统思维、创新思维的养成,并使他们在汲取多学科营养的基础上,促进学科之间理论方法和知识体系的渗透、补充和融合。[1] 中国法治的发展不能仅是靠一个人或者几个人,而应该是千千万万个辛勤工作的法治工作者和法学家不同思想不同理念所碰撞出来的思想的共同努力,且这种思想观念是真正有利于当代社会,特别是在习近平新时代中国特色社会主义思想下的法治社会。要在这一思想的指引下,发挥合作创新的精神,培养更多新时代的高素质法治人才。

(四)知识交叉,要将多学科知识融会贯通于实践中

法治人才的培养要以学科建设为引领,持续推进法学与其他学科的融合发展。如:生态安全法注重法学与经济学、管理学、社会学、人文地理学等学科的交叉融合,在流域生态系统法律规制、农村土地资源保护及环境信用法律规制等研究领域取得了突出成绩,研究水平居于国内领先地位,为大气污染防治、辐射污染防治、农村面源污染防治、企业环境信用评价、水利战略规划、水生态文明建设规划等实践问题的解决提供了多角度的智力支持。[2] 在实际的法律工作中会遇到各种各样的情况,有时我们不仅需要掌握专业的法律知识,还需要我们掌握其他学科的知识并与法律知识相互融合,才能解决现实中的实际法律问题。所以新时代高素质的法治人才不仅要对专业知识了然于心,而且要注重对其他学科的学习。

(五)跟紧时代,要具有信息化搜索处理等多项能力

随着互联网的高速发展和5G建设的大力发展,中国已经进入了信息化的时代。信息化时代就是信息产生价值的时代。信息化是当今时代发展的大趋势。要想成为一个新时代高素质的法治人才,在当今社会掌握数据分析和信息

〔1〕 参见龚艳:《培养高素质法治人才的思考》,载《天津日报》2018年12月24日,第9版。

〔2〕 参见高新才:《新时代高素质法治人才培养的实践与思考——以河南财经政法大学为例》,载《法学教育研究》2020年第1期。

查阅能力已经是不可缺少的能力。在互联网公布裁判文书是司法改革着力推进的一项改革措施。自2010年与2013年最高人民法院先后两版《关于人民法院在互联网公布裁判文书的规定》发布以来,裁判文书上网已经取得了巨大的进步。在当今社会,利用互联网查阅资料搜索各种信息对于法治工作人员已经成为常态。在疫情期间,几乎所有的交流工作都利用网络来进行,法律工作亦是如此。所以,法治工作者加强信息化处理学习是成为新时代高素质法治人才不可缺少的一项任务。

二、传统法治人才培养模式的短板与弱项

高素质法治人才的培养工作是多种教学要素相互作用的过程。打破各种体制机制障碍,实现全部教学要素围绕本科人才培养中心工作进行重组与整合,最大限度地服务于学校人才培养的总目标,是高素质法治人才培养质量持续提升的重要途径。但是,反观我国当前的法学教育和法治人才培养,无论是在人才培养理念,人才培养模式,还是具体的制度设定方面,都存在知识单一、重理论轻实践、开放性和国际化程度不足的问题。它们从根本上制约了"有法学理论、能治国安邦"的一流法治人才培养目标的更好实现。要解决这些问题,首先要对高等法治人才培养的现实问题进行梳理。[1]

当前中国的法学教育和法治人才培养工作,主要存在以下四大问题。

(一)重知识传授,轻道德熏陶

当前中国的法学教育和法治人才培养工作没有很好回答为谁教、教什么、教给谁、怎样教的问题,也就是要回答德法兼修的问题。在2017年5月3日的讲话中,习近平总书记又特别就法学人才培养,提出了"德法兼修"的要求,要求法治人才培养要坚持立德树人,不仅要提高学生的法学知识水平,还要培养学生的思想道德素养。这就要求我国的法学教育和法治人才培养,要正视如何培养社会主义建设者这一根本任务,既要注重对学生知识技能的培养,也要注重对学生理念信念和职业伦理的教育。[2] 一部分高校在培养法治人才上,过分注重学生的卷面分数的多少,忽视了学生思想道德"分数"的多少。

(二)不同层次、不同类型的人才培养资源与要素整合存在体制机制壁垒

当前,知识教学与实践教学存在一定程度的脱节。法学教育和法治人才的培养需要法律职业共同体发力,实现理论教学和实践教学的有机融合。法治人才培养过程中,应致力于将中国法治实践的最新经验和生动案例、中国特色社

[1] 参见柴葳:《中国政法大学:"跨"出复合型人才培养路》,载《中国教育报》2018年6月13日。

[2] 参见卢春龙:《"四型人才"导向的"四跨"——中国政法大学法治人才培养新模式》,载《政法论坛》2019年第2期。

会主义法治理论研究的最新成果引入课堂、写进教材,及时转化为教学资源。同时,要通过支持学生参与法律援助、自主创业等活动,积极探索实践教学的方式方法,切实提高实践教学的质量和效果。此外,还应推动建立法治实务部门接收法学专业学生实习、法学专业学生担任实习法官检察官助理等制度,切实发挥政府部门、法院、检察院、律师事务所、企业等在法治人才培养中的作用。[1]

(三)法学学科同其他学科交叉融合不够

学生单一入学专业与复合型人才培养之间矛盾突出,很难培养出宽口径、广视野的人才,学生毕业时缺乏复合型的知识储备。在应然层面,法学教育应注重培养学生跨领域知识融通能力和实践能力,推进法学学科体系、学术体系、话语体系创新。为此,高等法学教育和法治人才培养应组建跨专业、跨学科、跨学院教学团队,整合教学资源,实现跨专业的师资交叉、资源共享、协同创新。当今社会,越来越需要多种学科知识交叉的复合型人才,所以平时在法学教育中也要穿插一些其他学科知识的学习,尤其对于法学教育来说,拥有多学科知识对于以后在实际法律工作中有重要的作用。

(四)对于培养精通国际规则的涉外型高素质法治人才关注不够

法科学生在国际人才市场竞争力不足,无法有效参与国际法律事务、维护国家利益、推动全球治理规则变革。我国的高等法学教育应直面全球化时代的人才挑战,致力于培养一批具有国际视野、通晓国际规则,能够参与国际法律事务、善于维护国家利益、勇于推动全球治理规则变革的高层次涉外法治人才。尤其是要培养出大批能够服务"一带一路"建设,熟悉"一带一路"沿线国家法制的高素质专门法治人才。[2]

三、培养高素质法治人才的路径探讨

(一)加强思想政治教育,培养德法兼修的高素质法治人才

2016 年 12 月 7 日至 8 日,全国高校思想政治工作会议在北京举行。中共中央总书记、国家主席、中央军委主席习近平出席会议并发表重要讲话。习近平总书记强调:高校思想政治工作关系高校培养什么样的人、如何培养人以及为谁培养人这个根本问题。要坚持把立德树人作为中心环节,把思想政治工作贯穿教育教学全过程,实现全程育人、全方位育人,努力开创我国高等教育事业

---

〔1〕 参见卢春龙:《"四型人才"导向的"四跨"——中国政法大学法治人才培养新模式》,载《政法论坛》2019 年第 2 期。

〔2〕 参见卢春龙:《"四型人才"导向的"四跨"——中国政法大学法治人才培养新模式》,载《政法论坛》2019 年第 2 期。

发展新局面。首先，要从法学学科的使命担当，学科特点、学科贡献等方面要求学生德法兼修、树立法治精神法律职业伦理等基本学科素质；要求学生立足全局，站位高远，服务国家最需要的地方。其次，要深化教育教学改革，拓宽抓思政与促党建进教材、进课堂、进头脑的“三进”渠道，形成知识传授与价值引领相结合，全员、全过程、全方位的“三全”育人格局。引导青年学子树立与建设社会主义法治国家、中国特色社会主义法治体系“同向同行”的法治信仰。同时要加强课程思政教育学习，努力打造法学思政精品课程。

（二）要夯实技能、塑造信仰，培养高素质的法治人才

习近平总书记指出，法学教育要坚持立德树人，不仅要提高学生的法学知识水平，而且要培养学生的思想道德。法治人才培养不仅要提高学生的法学知识水平，而且要培养学生的思想道德素养。对于这一论述，既可以从宏观角度解读，也可以从法治人才培养的微观角度解读。习近平总书记指出，当前中国法治人才培养工作中存在学科结构不尽合理，学科体系、课程体系不够完善，社会急需的新兴学科开设不足，法学学科和其他学科交叉融合不够；有的学科理论建设滞后于实践，有的教材编写和教学实施偏重西方理论，缺乏鉴别批判，对中国特色社会主义法学理论研究不够深入；有的法学教育重形式、轻实效，重专业教育、轻思想政治教育。结合这一论述，我们认为，在我国未来法治人才培养的具体工作中，要注重克服目前存在的问题和不足，特别是要在立德树人、德法兼修、明德笃行、塑造信仰层面推进法治人才的培养。〔1〕所以要培养新时代高素质的法治人才既要培养德法兼修的法治人才又要夯实法治人才的技能培养，塑造信仰，培养高素质的法治人才。

（三）顺应时代发展，加强学科交叉学习和培养新时代信息化人才

当今世界正经历百年未有之大变局，社会越来越需要把学科知识融会贯通的复合型人才，只有这样，法治人才在实际的工作才能更好地快速且高效解决问题，因而，学科交叉已经成为人才培养的一个方向。在2020年的今天移动互联网和大数据分析已经成为时代潮流，与我们息息相关，工作、购物、视频通话、外卖、支付，每时每刻都有成千上万的数据在传输、复制、粘贴、产生、消失，互联网早已经融入我们的生活中。在法治工作中，利用互联网解决一些法律问题也已经成为法治工作的一部分，在2020年的疫情期间，人与人面对面传递消息非常的困难，正是由于互联网的发展才给法治工作带来了便利。例如，杭州互联网法院的出现，2017年8月18日，杭州互联网法院正式揭牌，成为中国首家互联网法院。杭州互联网法院利用互联网方式审理互联网案件，当事人通过互联

〔1〕黄进：《坚持立德树人、德法兼修培养高素质法治人才》，载《法学教育研究》2017年第4期。

网,可以足不出户完成诉讼,实现“网上纠纷网上了”。这一系列说明了要想成为新时代的高素质法治人才不仅需要拥有多学科知识的交叉,还需要有各种互联网信息处理和网络传递信息的技能。

(四)坚持引进与培养并重,着力提升师资队伍的质量和水平

培养高水平的法治人才队伍,建设一支“师德高尚、潜心育人、业务精湛、结构合理、充满活力”的一流师资队伍是关键。全面加强法学专业师资队伍建设,通过大平台、大团队、大项目招才引才聚才。拓宽优质师资渠道,将实际工作部门的优秀实践教学资源引进高校,加强法学教育、法学研究工作者和法治实务工作者之间的交流,实现法治人才培养中教育教学的资源流通和优势互补。严把教师“入口关”,选聘有法治信仰、使命担当的优秀教师。针对法学知识体系的特点,进一步加强理想信念教育和师德师风建设。主动作为,为法学专业师资队伍的国际化提供平台,提供各种条件选派教师出国深造。完善法学学科的科研成果奖励制度,建立持续、持久的科研动力机制,让法学学科的师资队伍在优中变得更优。积极组织法学专业青年教师参加国情考察和社会实践,让他们在亲身参与中认识国情、了解社会,受教育、长才干,切实增进他们对党情国情社情民情的认知,以更“接地气”的方式开展法学专业教育教学。〔1〕法治教育系统中的老师,是千千万万个未来的法治人才的“领路人”。提高法学老师的质量和能力是非常关键且必要的。所以要始终坚持引进与培养相并重,大力提升师资队伍的质量和水平。

结　语

新时代中国特色社会主义法治建设需要法学院校培养大量德法兼修的高素质法治人才,而高素质法治人才必须具备高尚的道德情操,因此,需要对其进行有效的法律职业伦理教育和熏陶。法律职业伦理具有非常强的民族属性,它不可能超脱于中国的伦理和道德实践,不可能脱离中国特色社会主义制度的基本要求。但是,中国现代法律制度大多移植于苏联和西方法学,中国法学研究的方法论体系基本上也是在苏联和西方的法学方法的基础上建立起来的。经过多年的发展与实践,我们才认识到,必须回到中国,必须建设中国特色的社会主义法治体系。〔2〕这是办学治校的逻辑初衷,也是我们必须坚守的使命。首先,要做好思政教育工作。其次,要夯实技能、塑造信仰,培养高素质的法治人才。还要顺应时代发展,加强学科交叉学习和培养新时代信息化人才。最

〔1〕参见高新才:《新时代高素质法治人才培养的实践与思考——以河南财经政法大学为例》,载《法学教育研究》2020年第1期。

〔2〕参见何勤华:《新中国法学发展规律考》,载《中国法学》2013年第3期。

后,坚持引进与培养并重,着力提升全国各个法学院师资队伍的质量和水平。同时引导青年学子树立与建设社会主义法治国家、中国特色社会主义法治体系“同向同行”的法治信仰,为中国特色社会主义法治建设培养高素质的法治人才。

新时代法治人才培养模式探索与优化

李秀华*

摘　要:法律诊所教育理念与方式面临诸多严峻挑战。如何运用法律诊所教育的特点与互联网优势创新法治人才培养模式值得我们关注与思考。依据现代法律诊所教育理念与目标,运用恰当培养技能与策略,对法律诊所学生进行全方位、有步骤的培养,不仅有助于优化法律诊所教育质量,亦有助于培养有技能、有责任感、有道德、有品质的法治人才。本文以培养法治人才作为出发点,发现法治人才培养模型建构存在一定挑战性。研究认为建构后疫情时代法治人才培养模式,需要有效激活法治人才培养理念,探索法治人才培养要素与方法,全面提升法律诊所教师与法律诊所学生共同进步与发展的意识,同步训练法律诊所教师与学生的法律技能、公益意识与社会责任感,培养法律诊所学生治理社会、治理国家的意识与能力。

关键词:法治人才　法律诊所　法律诊所教育　培养模式　国家治理

一、研究背景:新时代法治人才培养模式的思考

法律诊所的核心与生命在于实践能力与服务能力的建设与提升,在于为真实当事人提供有效的法律援助。法治人才素质核心就是实践能力与社会治理能力。疫情期间,基于法律诊所实践特点,一些大学法律诊所课程处理停滞状态。少数法律诊所依然运行。为响应党中央"停课不停学"的号召,扬州大学法律诊所以独特视角云集众多嘉宾在疫情期间开设法律诊所第一课。2020 年 2 月 26 日晚 8 点第 29 期扬州大学家事法律诊所第一次别样课程在腾讯会议

* 作者简介:李秀华,扬州大学法学院教授。

APP 云课堂正式开课。[1] 主讲嘉宾与法律诊所师生、律师、法官、心理专家等100 多人秒进法律诊所云课堂。后疫情时代,如何有效地进行法律诊所教育?习近平总书记在中国政法大学考察时强调:“基于法学学科是实践性很强的学科这一科学判断,突出强调法学教育要处理好知识教学和实践教学的关系,要打破高校和社会之间的体制壁垒,将实际工作部门的优质实践教学资源引进高校,加强法学教育、法学研究工作者和法治实际工作者之间的交流。”[2] 习近平总书记同时强调:法学学科体系建设对于法治人才培养至关重要。解决好为谁教、教什么、教给谁、怎样教的问题。同时强调努力以中国智慧、中国实践为世界法治文明建设作出贡献。[3] 疫情期间,法律诊所教育包括法学教育教学模式单一、教学理念滞后、培养法律应用型人才模式陈旧、危机情况下应对措施缺失等问题突显出来。随着后疫情时代来临,特别时期法律应用人才培养模式存在的不足日益严重,难以适应后疫情时代与新时期法治建设与发展要求。教育部、中央政法委员会教高〔2018〕6 号《关于坚持德法兼修实施卓越法治人才教育培养计划 2.0 意见》(以下简称《2.0 意见》)中特别强调:加强校内实践环节,开发法律方法课程,搞好案例教学,办好模拟法庭、法律诊所等。[4]

2014 年国务院印发《关于加快发展现代职业教育的决定》,提出要全面部署加快发展现代职业教育。[5] 建立以职业需求为导向、以实践能力培养为重点、以产学结合为途径的专业学位本科生、研究生培养模式,逐步扩大高等职业

---

〔1〕 2020 年 2 月 26 日晚 8 点第 29 期扬州大学家事法律诊所第一次别样的课程在腾讯会议 APP821640925 云课堂正式开课。来自中国诊所法律教育专业委员会顾问、常委及来自江苏省律师协会婚姻家庭法律业务委员的主任、委员,来自扬州大学、中国社会科学院大学、武汉大学、海南大学、江苏师范大学法学院、南京大学法律援助中心、中国传媒大学法律系、浙江农林大学暨阳学院、江汉大学、甘肃政法大学、沈阳大学等十余所大学的法律诊所师生、法官、心理专家,来自全国多家律师事务所的律师等最高累计一百多人。

〔2〕 胡明:《探索中国特色法学教育新路径新模式》,载《光明日报》2018 年 5 月 3 日。

〔3〕《习近平在中国政法大学考察时强调 立德树人德法兼修抓好法治人才培养 励志勤学刻苦磨炼促进青年成长进步》,载人民网,http://politics.people.com.cn/n1/2017/0503/c1024-29252260.html。

〔4〕《2.0 意见》强调强专业是筑牢法学教育之本。强调重点建设 120 个左右国家级一流法学专业点,引导高校主动适应法治国家建设需求,紧密结合自身特色优势,明确本校法学专业培养目标与建设重点,不断提高专业建设与社会需要的契合度。重实践,强化法学教育之要。着力强化法学专业知识教育,将中国法治实践的最新经验和生动案例、中国特色社会主义法治理论研究的最新成果引入课堂,写进教材,及时转化为教学资源。要着力强化实践教学,进一步提高法学专业实践教学学分比例,支持学生参与法律援助等活动,积极探索实践教学的方式方法。参见教育部、中央政法委员会:《关于坚持德法兼修实施卓越法治人才教育培养计划 2.0 意见》,2018 年 9 月 17 日。

〔5〕 该决定明确了今后一个时期加快发展现代职业教育的指导思想、基本原则、目标任务和政策措施,提出到 2020 年,形成适应发展需求、产教深度融合、中职、高职衔接、职业教育与普通教育相互沟通,体现终身教育理念,具有中国特色、世界水平的现代职业教育体系。

院校招收有实践经历人员的比例。建立学分积累与转换制度,推进学习成果互认衔接。法律诊所教育即是培养法治人才的重要路径之一。早在20世纪90年代初,国外法律诊所教育在系统反思传统法学教育基础上,提出新型的法律诊所教育理念:把法律诊所教育、法律诊所教育类型化发展和法律诊所学生理论与实务能力高度整合理念,这一理念逐渐被许多国家法学院接受和采纳,并推动许多国家高校法学院探索并创新法治人才培养模式。中国许多高校法律诊所力求构建立体化、多元化、科学化、规范化、网络化的法治人才培养模式,不仅有助于培养法治人才,并能有效引导法律诊所师生实现法律诊所教育的核心目标。笔者认为,疫情期间法治人才培养模型可以与互联网深度链接,深化法律诊所教育网络系统工程。构建后疫情时代、互联网时代多维度、多层面联动的法治人才培养模式,有利于培养实务型、复合型法律人才,应和了《2.0意见》所强调的精神,标志着法律诊所教育发展越来越关注法律诊所学生在整个教育生态环境中的需求及法律诊所教育价值目标的实现,从而激发法律诊所师生的积极性、创新性、自主性与发展力。后疫情时代,让我们反思出在具体培养法治人才所运用的教育工具、启动的人力资源与规模方面,运用网络技术方面呈现出具有很大差异。完善法治人才实施方案,将法律诊所学生培育成法律技能高超、有充分社会性别意识、强烈国家与社会责任感、高质量服务社会、熟悉网络技术运用的复合型法治人才是法律诊所教育的核心目标。笔者认为,后疫情时代,目前法治人才培养模式弊端有以下几个方面:(1)高校法律诊所课程设置缺少差异性、弹性与实务性;(2)法律诊所学生知识结构过于狭窄;(3)法律诊所教育课程缺少跨学科设计;(4)法律诊所课程设计与学生要求、社会需求匹配度脱节;(5)法律诊所教师团队建设面临资源有限困境;(6)后疫情期间实践基地建设仍受各种因素局限;(7)激励机制缺失;(8)法律诊所线上与线下平台建设缺少技术性支持。

这些挑战会在一定程度上推进后疫情时代法治人才培养模式的优化,会影响法律诊所教育的深化:更深层促进老师与学生共同和谐发展,从而激发老师与学生的主体精神,否则培养学生在知识结构建立、职业伦理道德修炼、实践与创新能力、心理素质、服务意识与社会责任感建立、案件综合处理能力等法律素质养成等成为难题。法治人才培养模式在一定意义上不能很好适应法律诊所教育发展规律与司法实践快速发展的要求。不可否认,越来越多的法学教育者强调在培养法治人才方面必须注重强化法律技能与职业伦理教育、同时要超越普通法律服务弱者与社会的目标,要将对学生社会治理与国家治理的内容纳入其中。法治人才培养模式的建设与优化,必须要在法治人才培养目标、内容设计、方法多可操作方面进行全面而系统的改进。汲取国内外法律诊所培养法治人才的经验,利用网上与网下各自的优势与能量建立与优化法治人才培养模式,力求推进这一模型可复制并本土化。

二、实践、互联网等综合视角下优化法治人才培养模式

后疫情时代法治人才培养模式如何对接司法实践?法律诊所运行如何与法治人才培养及实践进行有效对接?如何将法治人才培养准入网络时代与后疫情时代下的法律诊所教育、社会变革系统中?疫情期间扬州大学法律诊所在课程设计方面,积极应对法律诊所教育特殊性及其内在规律要求,要求疫情期间法律诊所学生及时把握法律诊所教育与司法改革的动态,全面系统掌握最新法律规定、最高人民法院的司法解释、最新裁判规则、典型个案处理流程及原则。根据最高人民法院法〔2016〕128 号文件《关于开展家事审判方式和工作机制改革试点工作的意见》(以下简称《家事审判改革意见》)规定,全国 118 个法院建立了家事审判改革试点。法律诊所学生要掌握相关法律规定。目前,全国各省区市出台贯彻实施反家庭暴力法的配套法规和政策文件共计近 300 个,这些配套法规和政策文件,在有效预防和制止家庭暴力、保护家庭弱势群体合法权益方面发挥了积极作用。《民法典》2021 年正式实施。法律诊所教学与实践中要求家事法律诊所学生全面掌握相关的法律规定、司法解释的精神及实践中的经典判例。以扬州大学法律诊所为例,由于婚姻家庭法律诊所与反家庭暴力法律诊所涉及婚姻家庭法学、心理学、妇女学、儿童学、医学、伦理学、社会学等跨领域专业知识,需要相关专业领域人员配合与协助,及时为当事人提供有效法律服务、心理疏导等相关专业服务。从婚姻家庭法律诊所运行与培养法治人才视点准入,探讨实践、互联网、心理与法律等综合视角同步纳入婚姻家庭法律诊所系统,成为婚姻家庭法律诊所培养法治人才的新机遇。例如:北京心理危机干预热线曾对 30 例家庭暴力受害来电者自杀危险特征及干预方式进行了分析。30 例来电中女性 29 人,已婚者 29 人,有自杀意念者占 63.3%,有计划者占 6.7%,有既往自杀未遂史者占 43.3%,12.0%有杀施暴者的想法。有学者认为,家庭暴力与抑郁症患者自杀间存在明显关联。[1] 家庭暴力成为婚姻家庭法律诊所与反家庭暴力法律诊所极为关注的问题,因为家庭暴力不仅影响家庭与社会稳定和谐,还会影响子女成长。面对干预家庭暴力的困惑与挑战,在法律诊所教学中,告知学生法律不再是解决家庭暴力的唯一办法,干预家庭暴

---

〔1〕 有学者对 72 例抑郁症患者调查有家庭暴力组的 38 例进行评定和比较。研究结果显示,家庭暴力与频繁有自杀想法存在关联。学者从生活事件的多个维度,试图探讨抑郁症患者自杀的可能影响因素。参见邹韶红、张亚林等:《家庭暴力与抑郁症患者自杀的相关研究》,载《中华精神科杂志》2003 年第 4 期。

力,应综合心理、法律等手段,这是法律诊所学生特别需要把握的视角之一。在公权力关照下,不同部门介入家庭暴力防治体系会极大遏制家庭暴力,并从根源上预防与制止家庭暴力的发生。国外法律诊所类型化的法律诊所中,就有反家庭暴力法律诊所、妇女维权法律诊所等。例如:扬州大学婚姻家庭法律诊所、反家庭暴力法律诊所与多部门联合,从干预家庭暴力理念、干预决策体系、干预流程模型、参与相关立法等方面入手,建构法律诊所教育理念、社会性别立场、心理与法律干预机制互动共进的法律人才应用培养模型。借助心理专家及社工力量干预家庭暴力,具有科学性和专业性。根据多年经验总结新的干预家暴力框架与理念,从多元维度创新,这不仅对受害人与施暴者干预提供了研究视点,同时为创新法治人才培养模式提供了新视角(见表1)。

表1 干预家庭暴力的传统模型与新模型对照

干预家庭暴力的传统模型	干预家庭暴力的新模型
法律与其他机制脱离	更具综合性与人性化
传统观点的突出与渗透	新型观念的引导与启示
淡化家庭暴力的严重性	强调家暴后果与权利受损
指责受害人	强调受害人中心主义
处理问题的手段单一	处理家庭暴力的手段多元
忽视性别问题	强调社会性别视角植入
强调权利与控制	忽视权利在家庭暴力中的作用
具有短期性效果	关注处理结果的长效性

这种法律诊所新型干预家庭暴力机制,是在法律诊所学生、司法部门人员、心理专家、社工及受害人、施暴者之间互动与干预机制和模型。从法律与心理角度研究干预模型理论,这是在一定框架内法律诊所、部门与立法机构的改革,要重视多视角构建法律与心理学视角下的干预家庭暴力模型,提出"综合视域"理论路线,力求调和上述两种研究路径,认为在法律与心理视角内法律应掌控大方向,在干预家庭暴力过程中,要求法律诊所学生既要关注受害人也要关注施暴者。与相关部门合作,注意重建干预家庭暴力技术体系使法律诊所学生面对受害人创伤有效进行情绪管理和法律援助。上述研究成果对创新法治人才培养模式具有积极的探索意义。将心理与法律等多维视角纳入共同法治人才培养体系,与司法实践、立法形势结合的家事法律诊所教育模式,为培养法治人才提供了新型〔1〕的思考视角。

---

〔1〕 参见汪世荣主编:《有效的法学实践教育》,法律出版社2012年版,第128页。

三、新时代创新法治人才模式的困境

后疫情时代,创新法治人才培养模式,除关注我国法律诊所教育的改革形势与走向外,还要激活法律诊所线上与线下联动模式,并且要关注法律诊所教育的规律与特点等。

(一)培养法治人才法律技能的方法与路径

美国律师协会法学教育与律师资格部下设的关于法学院与法律职业特别工作组的报告即《麦考利特报告》确立了法律职业需要具备的十项基本技能:(1)问题解决技能;(2)法律分析和推理技能;(3)法律检索技能;(4)事实调查技能;(5)交流与沟通技能;(6)咨询技能;(7)谈判技能;(8)起诉和其他纠纷解决程序的技能;(9)法律事务的组织与管理技能;(10)确认并解决道德困境技能。笔者认为通过上述十项技能的学习,才能达到法律职业基本价值目标:提供合格的代理服务;努力促进正义、公正与道德;努力提高职业水准;作为职业人,完善自我。[1] 在中国高校传统法学教育框架中并不缺失针对上述技能的训练,但在法律诊所课程设计与培养法治人才方案中,仍存在上述技能训练不足的问题。在后疫情时代,通过互联网这一工具可以扩大法律诊所教育功效。在创新法治人才培养模式时最大的挑战源于法治人才培养目标、理念对传统法学教育体制的惯性依赖。

创新法治人才培养模式必须突破老师是教学导体的观念壁垒,强调师生是教学共同体、强调民主、平等与互动精神,强调学生在实践中与老师、实务工作者一起积极把握法律学习、司法实践中最前沿的理念与要义。创新法治人才培养模式须建构思维品质、法律知识技能与实践经验之间有效的逻辑结构。法律诊所是法学实践教学的一个重要载体,契合了学徒式和实践型法学教育模式。[2] 创新法治人才培养模式需要不断改革旧观念与模型,需要在教学实践、司法实践与立法前沿中及时补充传统法治人才培养的营养与经验。

(二)法律诊所教师综合法律素养、专业实力与教学目标落差

很多法律诊所教师十分关注在互联网时代如何与时俱进,后疫情时代如何深化法律诊所教育?如何通过互联网工具建立和维护实用性强的教学理论、教学案例大数据?如何强化后疫情时代法律诊所师生间、教师之间、教师与法学院之间、教师与合作单位之间的联动性?如何通过互网络工具有效推进法律诊

---

〔1〕 参见[美]罗伊·斯塔基等:《完善法学教育——发展方向与实现途径》,许身健等译,知识产权出版社2010年版,第78页。

〔2〕 参见胡铭:《司法竞技、法律诊所与现实主义法学教育——从耶鲁的法律现实主义传统展开》,载《法律科学(西北政法大学学报)》2011年第3期。

所的进展、掌握法律诊所学生的学习的状态、检视法律诊所教育的效果？如何从专业性的视角加强法律诊所教育的多元性、互动性、实践性与有效性？法治人才培养模式是诊所式教育本身改革与优化的重大课题。法律诊所教师对传统法学教育的依赖与认同,反映出法治人才培养模式创新会面临传统观念、思维定式所带来众多困惑与冲突。创新法治人才培养模式时,教师的知识结构、社会性别意识,职能道德、社会公益心成为重要的考量因素。笔者在对扬州大学学生进行教师课堂活动调查与评估时,在课堂互动、案例教学、视频运用、教学目标达成、知识传授、老师的精神状态等选项中按学生选择从高到低的比例依次为:64%、48%、41%、30%、25%、16%。法律诊所老师的言行、技能与价值观、知识结构等之间有着诸多微妙的关联,并会影响到学生的成长。笔者认为,法律诊所教师一次不经意间的谈话、一句鼓励的话甚至一个肯定的眼神等亦会影响诊所教学质量。许多法律诊所学生对教师个性修养与创新能力提出了更高要求。[1] 法律诊所教师综合法律素养仍是法治人才培模式建构所需要的要素指标之一。

(三)法治人才培养框架设计与评估指标

随着时代变迁,民法典时代到来,法治人才培养方案与内容包括:理论与实践结合技能、处理个案的技能、沟通与谈判的技能、设计案件处理方案的技能、网络工具使用技能、职业伦理素养、团队合作技能等。在建构法治人才培养模式的基本框架下,笔者认为,应以更人文、更多维度、更丰富与前沿、更加包容与实务的视角设计评估内容本身是对培养框架更有效、客观、更科学化的反馈。笔者引用美国加利福尼亚州教师课堂教育行为评价值标准,可以看到:教学内容设计与评估之间要进行联动,这也会启迪我们如何推进法律应用人才培养模型的创新。这并不是法律诊所课堂评价标准,但它已突破了很多传统的评估指标,以更科学、更全面、更具活力的视角进行评估。例如:运用诸多教学策略与资源满足学生的多种需求,提升学生自我指导与反思性学习能力;提升学生社会性发展与群体的责任感,建立与维持学生的行为标准;用评价的结果再指导并优化教学。同时法治人才培养模式内容设计与评价的终极目标是为了学生与老师的共同成长与发展。

四、后疫情时代创新法治人才培养模式反思与突破

后疫情时代,在法治人才培养模式的建构中须创新法学理论、实践技巧及将法律信念与态度密切联系起来,引导培养学生的学习能力与态度,职业技巧

[1] 参见许身健主编:《法律诊所》,中国人民大学出版社2014年版,第53页。

与责任感。创新法治人才培养模型的核心目标是为学生提供全新、注重实践与体验式的学习方式，培养具有社会、国家责任感与职业道德且有高技能的法治人才。笔者创新法治人才培养模式有以下反思与突破。

(一)利用线上与线下结合优势创新法治人才培养模式

利用线上融合优质资源规划并完善法律诊所课程内容。后疫情时代可以充分利用线上线下结合的方式，融合更优质资源，扩大法律诊所的教学效果，力求实现法学教育活动、实践价值、服务社会与为弱者服务的有机统一、参与立法推进社会发展。不断调整和充实教学计划，以适应法律诊所教育发展的新需求。以扬州大学法律诊所为例，课程设计方面进行了改进与优化：

1. 课程设置更趋实务性与科学性。在后疫情时代，在法律诊所教育先进理念引导下，注重以诊所模式规范法律诊所课程，突出婚姻家事法特色，不断改进婚姻家事课程设置体系与模式，科学渗透法律诊所教育规则与精神。将法律诊所课堂放在法律援助中心、警察与妇联培训基地、社区等，由社区百姓与执法人员共同参与。基于婚姻家事案件复杂性与多元性特色，开设具有心理视角、社工视角的课程，利用线上节约人力与物力成本，请法官、律师、检察官、心理专家、社工、当事人等同步介入线下与线上课堂共同探讨婚姻家事问题处理，防止学生在面对婚姻家事案件时用单一方法处理问题。用多元视角观察并解决当事人婚姻家事问题，充分体现了法律诊所以人为本精神。

2. 对线上与线下结合课堂教师结构进行改革。(1)课堂与实践内容可适度调整。疫情期间，法律诊所师生在如何寻找需要帮助的弱势群体，如何通过线上组成小组，让当事人进入小组进行互动并提供解决问题的思路与方案、从心理视角进行有益探索。法律诊所学生在法律诊所老师的指导下，运用多元视角观察处理家事案件、协助当事人梳理证据、协助当事人庭前准备、鼓励当事人与对方调解与谈判，并协助当事人掌握诉讼技能与技巧等。(2)后疫情时代，利用互联网的快捷优势、制定多种行动方案与计划。注重从性别视角观察两性资源分配、权利关系及其运作，分析与处理个案。[1] (3)校内与校外指导老师指导结构更多元化与科学。指导教师结构优化，提升法治人才培养质量。(4)线上与线下结合课堂方式：采取参与式方法，具体形式有：讨论、观看录像、真案深度分析、角色扮演、法律规定释义等律师与当事人同步介入、线上与线下结合的方法。

3. 开展多种形式法律援助服务。线下法律诊所学生定期到社区、法律援助中心、妇联、派出所等开展法律援助服务。定期开展“法律援助进社区”“法律

〔1〕 参见李秀华、李傲等：《性别与法》，中国政法大学出版社2012年版，第123页。

广场”等普法宣传与咨询活动,解答百姓法律难题,代拟法律文书,并以代理人身份参与诉讼,并提出解决方案。未来将进一步优化法律援助与法律诊所,法律援助和社区,法律援助与派出所、法院等多维结合模式。

(二)法治人才培养实践模式运行检视与优化

1. 法律诊所实践模式运行是检视法治人才培养效果指标之一。以婚姻家庭诊所作为法治人才培养模型突破点在于:目前家事法律诊所系专业化运行,家事诊所在中国亦屈指可数;家事案件在整个民事案件中占有相当大比重;家事案件早已成为家庭和谐与社会稳定的隐患。以家事法律诊所作为培养法律人才与服务社会的平台,有助于对学生进行综合素质训练的同时注意到专业化素质的养成,此外推进法学综合实验室和社区法律援助服务机制的整合,对构建和谐社区与和谐社会具有重要突破性意义。

2. 关注学生综合素养与实践能力的提升,是成为法治人才的重要环节。引导学生提高学生法律知识应用与实际操作能力,通过诊所运作为弱势群体无偿提供法律咨询和代理服务。且与学生共同制定并启动法律援助的方案。

3. 指导学生建立规则意识,严格遵守法律诊所与法律援助的各项规则。为了配合各项制度的执行,保障法律援助和诊所教学各项活动的有序开展,我们设计和制作了《扬州大学法律诊所学生申请表》、《诊所教师法律援助工作指导纪录》、《诊所学生工作表现评估》、《诊所教师工作表现评估》、《诊所教师课堂表现评估》、《当事人接待登记表》、《授权委托书》、《委托代理协议》、《民事调解卷宗》和《民事诉讼卷宗》等表格,从而明确了法律援助学生参与法律援助活动的各项要求。

4. 与各机构联动、创新法治人才培养模式。迄今为止,扬州大学家事法律诊所已经在扬州市司法局、扬州市法律援助中心、法院、律师事务所、派出所、妇联、双桥区等多个社区作为法律诊所的实践基地,从而为法律诊所学生提供了相对稳定的案源。在一定程度上,法律援助机制与诊所法律教育有助于检视、修正和巩固已有专业知识和理论体系,在培养学生的法律思维与职业伦理方面,在训练学生的操作技能方面,法律援助具有明显优势。

5. 培养学生多视角观察与分析的敏感与实力。在课内训练上,强调情境模拟、心理感受、师生互动等教学方法,充分体现学生主体地位。从而使法律援助的优势方法与思维得到进一步强化,从技能技巧为主的学习方法向培育人的公益心与责任感转型。

6. 政策层面推进法律诊所教育工作:倡导和建议。除法律援助个案处理,法律咨询与法律宣传外,引导学生从更高层面关注法律诊所教育的深层功能。如先后提出政协提案、社情民意与调研报告 80 余件。利用合理利用救助站进行法律援助,设立妇女庇护中心的建议,提出建设社区与法律援助机制有效结合、在法院系统引入人身保护令等多项政协提案被政府部门采纳。推进反家庭暴力立法与民法典婚姻家庭编立法,向全国人大法工委多次提出建议稿。

7. 建立正规科学的法律诊所教育通道,强化法律诊所教育的正向性,全面提升学生的助人能力与技术。在跨地区、跨部门、跨领域的交流与合作中,法律诊所与法律援助工作趋于正规化、常态化,并有助于强化其正向性。在强化指导的正向性中,进一步有针对性地开展法学教育与训练,如指导学生处理家庭暴力问题;将诊所学生带到警察培训课堂上,帮助学生掌握处理家庭暴力的相关信息、知识、所需技能及心理调适能力的信息;有针对性地提升学生帮助弱者能力。

（三）创新法治人才培养模式的新效应与举措

1. 创新法治人才培养模式,进行资源有效整合。法治人才培养模式能否实现其设计的价值功能,能否达到其预期目的,在其建构维度、评估机制及多元视角的准入方面应有所突破。对法治人才的培养不能简单沿袭以往经验和做法,必须不断接受法律诊所教育的持续性训练,从而真正实现法律诊所教育的价值功能。在优化法治人才培养模式时应根据教育规则合理运用诊所教育资源,实现对法治人才模式的创新:注意避免单一、被动培养的惯性影响,应建立多元、积极型法治人才培养模式。法治人才培养是一项复杂科学的系统工程。研究认为可以在全国有条件的高校设立法治人才培养基地,编写专门法治人才培养教材。法治人才培养模式创新其实是对法律诊所教学经验与法律诊所教育体系的重构与优化,是对反思性教学与理性评价的科学性统一。法治人才的培养模式创新还会在合作意识、专业操作技能、创新精神、开放理念、健康心态、社会责任感、公益意识、法律诊所课堂与运行管理能力、多元化、有效的教学措施方面进行创新,在法律诊所教育这一有效的载体中有效实现法治人才培养的功能。

2. 法治人才培养模式优化标志着诊所教育步入科学、规范并具有持续发展动力的体系。通过纳入社会性别视角、心理学、社会学等多维研究视点,在法律诊所教育与法律援助服务弱者过程中深刻地理解两性资源的差异,为当事人提供更人性化的服务,从而创新法治人才培养模式。从法治人才培养模式创新入手,希望法治人才培养模式的建立与研究步入科学、规范并具有持续发展动力的体系。笔者认为,法治人才培养研究,强调法律诊所教育共同体的建立,不仅使法律诊所教师受益,同时法律诊所学生、实践部门、受助者等同等受益。

3. 法治人才培养效果显著,法律职业资格考试通过率在全省名列前茅,学生科研成果显著。近年来,扬州大学法学院学生法律职业资格考试通过率保持在50%左右,位居全国同类高校前列,其中法律诊所学生占有很大比重。法律诊所教师指导学生积极承担或参与国家级、省级科研项目。诊所学生参加各类学术研讨会累计达400次以上,其中,获得省级以上的科研立项达累计达380项以上,在扬州大学法学院学生科研立项方面脱颖而出。在近年大学生科技创新基金项目校级以上课题申报中,法律诊所学生参与人数年均80%以上。法律诊所先后获省司法厅、省教育厅、团省委、省法律援助基金会联合授予的“法律援助志愿服务活动先进集体”荣誉称号,江苏省法律援助优秀指导教师称号,江苏省法律援助优秀大学生志愿者,省法律援助基金会还将其确定为重点资助项目。扬州大学法律诊所还被共青团江苏省委、江苏省志愿者协会授予“江苏省十佳青年志愿服务项目”称号,扬州大学多次获得全国优秀法律诊所、全国优秀法律诊所老师等殊荣。

4. 法治才培养模式彰显公平正义,并具有鲜明本土特色。后疫情时期法律诊所课程须用系统性思维理念与科学方法训练诊所学生。以扬州大学婚姻家事法律诊所为例,诊所秉持以学生为中心理念,让学生理论与实务相融合。2020年秋季云课堂的开展具有跨学科、打破学术壁垒、视角丰富多元等特点。中国法学会诊所法律教育专业委员会副主任许身健教授在线寄语扬州大学婚姻家庭法律诊所29期法律诊所学生:我们开设法律诊所的目的在于,立志培养德才兼备、仁心仁术的法律人,我们希望学生能够拥有法科生的美丽心灵。经过多年探索和持续改进,扬州大学家事法律诊所课程设计的价值理念和内容架构日趋科学合理,诊所运行模式与应用效果得到一定的肯定与认可,法律诊所培养法治人才的教学范式得到一定应用。笔者认为,法律诊所可以面向律师、法官、检察官等开放。近几年,法律诊所在面向学生的同时,还面向有关合作部门开放多个名额,希望培养学生的同时,也能帮助年轻律师、年轻法官、检察官、心理咨询师、社工等共同成长。后疫情时代启迪我们构建法律诊所应具有新思维:专业思维、底线思维、系统思维、法治思维、互联网思维等,这样有助于对法律诊所学生进行更有效的培养,有助于激发法律诊所教师、法官、检察官等同步成长动力,进而激活法律诊所内在的生命活力,使法律诊所步入良性发展轨道,推进法治人才培养资源的融合与模式优化。

百年未有之大变局下对国际化法学人才培养的思考*

李栗燕　李　红**

摘　要：百年未有之大变局下，培养以爱国心为首要素质，符合中国需要的国际化法学人才是当前国际化法学人才培养的目标。我国当前的国际化法学人才培养中存在重专业素质而轻人才需求匹配、国际化法学人才培养目标实现度有待提高的问题。通过优化设计国际化法学人才培养的策略，立体化、精准化培养国际化法学人才必备素质，提高培养定位、拓宽培养生源提升国际化法学人才培养格局，可应对百年未有之大变局下中国国际化法学人才培养的新诉求。

关键词：百年未有之大变局　国际化法学人才　培养方案

引　言

中华文明五千年连贯至今、长青不衰。21 世纪以来，中国更是创造了举世瞩目的经济社会发展奇迹，逐渐走向世界舞台的中央。从加入世界贸易组织，到牵头组建亚洲基础设施投资银行，中国从主动开放、主动融入国际金融体系转向主动引导、主动引领国际金融体系；从举办世界博览会，到践行"一带一路"倡议，中国以更加稳健和自信的步伐走向世界。2020 年，在世界遭遇新冠肺炎疫情冲击时，中国率先控制疫情并恢复经济，国庆黄金周更是以 5 亿人次的出游记录彰显了"中国自信"。与此同时，中美在贸易领域擦枪走火，文明冲突与意识形态冲突凸显。在人类社会日趋成为一个共同体的趋势下，却面临单边主义上升、全球经济低迷的局势，当今世界面临百年未有之大变局。

习近平总书记指出："领导干部要胸怀两个大局，一个是中华民族伟大复

* 本文系李栗燕主持的中国博士后科学基金特别资助项目（项目编号：2018T110524）、面上项目（项目编号：2017M611860）的阶段性成果。

** 作者简介：李栗燕，河海大学教授；李红，金陵科技学院马克思主义学院教师，南京航空航天大学马克思主义学院博士研究生。

兴的战略全局,一个是世界百年未有之大变局,这是我们谋划工作的基本出发点。”[1]如何在百年未有之大变局中立足发展,在经济、政治、外交波云诡谲的世界局势中突出重围?“法治是现代社会治理的基本手段。”[2]解决法治时代,法治世界面临的问题,也要诉诸法治手段,如何把握先机把握话语权,培养国际化法学人才是关键。通过国际化法学人才的培养,让中国更加从容应对国际交流与合作的常态化、国际纷争与贸易摩擦的升级情势,助力中国在国际治理体系和国际秩序深刻变革中发出中国声音、掌握话语权,“构建和平发展、民族自由、公平正义、合作互惠世界文明价值体系,构建人类命运共同体是这一代法学家的使命”[3]。

一、培养目标:培养以爱国心为首要素质的国际化法学人才

要回答百年未有之大变局对国际化法学人才的要求,最主要的是要思考清楚百年未有之大变局对中国意味着什么。百年未有之大变局是习近平总书记对世界局势的敏锐洞察,于中国而言,大变局是挑战,更是机遇。2020 年是我国全面建成小康社会第一个百年奋斗目标和“十三五”规划收官之年,在这样的关键时间遭遇外部环境动荡变革,于我国实现既有目标不利。但是,大变局也意味着全球权力中心向亚太地区的空间位移,中国面临着主动塑造国际环境,实现中华民族伟大复兴的战略机遇。

百年未有之大变局下,我国需要的国际化法学人才是有能力应对挑战、抓住机遇的人才。那么,国际化法学人才在普遍认知中的定义以及这一定义与百年未有之大变局下中国对国际化法学人才需求的符合度如何,解答好这些疑问是研究国际化法学人才培养策略的先决条件。

(一)传统国际化法学人才定义:更重视专业素质

推崇法学教育国际化学者普遍认同“国际化法学人才应该具有全球化视野和世界性思维,了解国际法的基本法规、规则要求及国家制度,能独立解决或处理国际市场经济中出现的法律事端、跨国诉讼的法律问题”。[4] 从这一定义可以发现传统国际化法学人才的定义是从国际化法学人才需要具备的基本素质出发而做出的,指向提升国际化法学人才的专业能力。

此外,从国际化法学人才培养的实践来看,长期以来,对国际化法学人才培

[1] 岳弘彬、仝宗莉:《胸怀两个大局》,载《人民日报》2018 年 8 月 5 日,第 8 版。

[2] 习近平:《论坚持全面依法治国》,中央文献出版社 2020 年版,第 183 页。

[3] 张文显教授在“第三届 21 世纪世界百所著名大学法学院院长论坛”讲话中如是表述。

[4] 陈雪萍、沈四宝:《国际化法学人才培养要过“两关”》,载《中国大学教学》2010 年第 3 期。

养的效果评估集中于外籍教师数、双语课程开设数、毕业生在境外或者涉外机构从业占比等指标。虽然这类指标具有可量化性，在一定程度能反映学校国际化法学人才培养的成果，但是却忽视了国际化法学人才的培养初心，表现为在指标导向下，学校更加重视国际化法学人才必备专业素质的培养，却不太重视国际化法学人才政治素质的提升，导致最终耗费教学资源培养出的国际化法学人才，在世界舞台上更多的是积极融入全球化，被动适应经济全球化需求，缺乏话语权意识，缺乏主动引导经济全球化的格局，无法完成在百年未有之大变局下更好地服务于中华民族伟大复兴的既有使命。

要定义清楚国际化法学人才，关键要明确培养国际化法学人才的初心是为了在百年未有之大变局下更好地服务于中华民族伟大复兴，离开了这个基本前提为国际化法学人才下下定义，实际意义会大打折扣。

（二）百年未有之大变局下国际化法学人才定义：更强调政治素质

百年未有之大变局下，国家对国际化法学人才的需求发生正变化，国际化法学人才要有能力应对挑战、抓住机遇。要实现这一点，国际化法学人才必须是高素质的爱国者。所谓高素质，扎实的法学功底，一流的外语沟通能力，全方位的知识结构以及敏锐的全球化思维缺一不可。而将爱国者置于中心词的位置，强调的是国际化法学人才的政治素质。只有爱国才会时刻站在祖国的立场行事，才能实现人才为国所用的目的。

1. 国际化法学人才以爱国心为首要素质

在国内形势稳定向好、国际情势动荡变革的关键期，培养以爱国心为首要素质的国际化法学人才应是当前国际化法学人才的培养目标。我国法学教育改革持续向纵深发展，教育部、中央政法委《关于坚持德法兼修实施卓越法治人才教育培养计划2.0的意见》中指出，培养适应社会主义法治国家建设需要的具有社会主义法治理念、法律实践能力的复合型法律职业人才是中国高等法学教育改革发展最核心最紧迫的任务。〔1〕这一意见提出了对国际化法学人才的素质要求，并且将爱国心培养置于首位，与百年未有之大变局下对国际化法学人才培养的素质要求不谋而合。

经济全球化不断深入，我国按照入世承诺向国际社会开放并融入，人类命运共同体深度推进。在2020年11月19日亚太经合组织工商领导人对话会上习近平总书记作主旨演讲，他强调："在新发展格局下，中国开放的大门将进一

〔1〕 教育部、中央政法委：《教育部 中央政法委关于坚持德法兼修实施卓越法治人才教育培养计划2.0的意见》，载教育部官网，http://www.moe.gov.cn/srcsite/A08/moe_739/s6550/201810/t20181017_351892.html。

步敞开。"[1]这意味着国际化法学人才面临着各国不同的价值观冲击,这意味着国际化法学人才面临着从服务于客场全球化的需要向主动引领主场全球化的转变。

近期,我国印发《全面深化服务贸易创新发展试点总体方案》,其中指出:"允许在条件具备的试点地区开展国内律师事务所聘请外籍律师担任外国法律顾问试点,允许符合条件的外国人参加专利代理师资格考试。"[2]尝鼎一脔,百年未有之大变局下,我国要致力于培养符合中国需要的国际化法学人才,国际化法学人才可以是土生土长的中国籍学生,也可以是在中国接受教育或培训的外国籍学生,但是无论是哪一种,是否具备爱国心是首要培养因素。

2. 国际化法学人才具备五大素质

"具有社会主义法治理念"实际明确了爱国心要求和法律素质要求。世界进入动荡变革期,培养的国际化法学人才,首要素质即爱国心。国际化法学人才无论生活或工作,拥有爱国心就拥有了力量之源,有助于在多元、复杂的文化环境中找到明确的自我定位和不可替代的价值优势。其次是法律素质,要熟知国际条约和国际惯例的国际法,了解世界主要国家的法律系统。正如沈四宝教授所言:"我们必须用比较的眼光来了解中国的法律和外国的法律;必须考虑中国法与外国法的相互作用和影响。"[3]

"具有法律实践能力"其实明确了对外语能力、跨学科理论素质,以及全球化思维的要求。在国际舞台适用法律离不开卓越的外语能力,随着我国国家地位提升,全球掀起汉语学习浪潮,掌握至少一门除汉语以外的语言,才能应对诸如协商谈判等基本工作要求。在法律实践过程中,在处理涉外法律事务时,具备一定的跨学科理论素质必不可少。博登海默指出:"如果一个人只是法律工匠,那么他的确不能成为第一流的法律工作者。"[4]国际化法学人才不仅要能灵活运用相关法律处理问题,还要熟悉相关问题所涉及的知识领域,成为复合型法律人才。另外,全球化思维是关注世界纵向发展与横向发展的一种立体思维,有助于从事具有涉外因素法律事务相关工作的人员建立各种事件的关联性,妥善分析并解决问题。

---

[1] 习近平:《构建新发展格局 实现互利共赢》,载《人民日报》2020年11月20日,第2版。

[2] 白嘉懿:《商务部:〈全面深化服务贸易创新发展试点总体方案明确了试点方向和重点任务〉》,载中国新闻网,http://www.chinanews.com/cj/2020/08-19/9269074.shtml。

[3] 沈四宝:《法律的真谛是实践》,法律出版社2008年版,第14页。

[4] [美]E.博登海默:《法理学法律哲学与法律方法》,邓正来译,中国政法大学出版社1999年版,第505页。

二、培养现状：国际化法学人才培养目标实现度

中华人民共和国成立以来，中国形成了一整套本科及以上法学人才培养体系。高等院校本科教育设置法律专业，在此阶段完成法律通识教育；研究生教育分为偏研究方向的法学专业与偏实践方向的法律专业，通过报考限制及考试科目进行区分。可以发现，法学人才培养始于本科阶段，法学专业不以其他专业的完成为基础，而且研究生教育的划分并非为了更有效地培养国际化法学人才，而是出于培养研究型人才和实践性人才的考虑。

（一）国际化法学人才典型培养方案

国际化法学人才要培养的是比普通法学人才更高层次的人才，具有更强的外语能力、更全面和扎实的法学功底、更综合的人文及跨学科知识储备要求。目前的法学人才培养体系下国际化法学人才，生源起点相同，却要求产生更高层次的人才输出结果，具有难度。尽管如此，目前我国个别高校还是形成了一些较为典型的培养方案，比如，外交学院、对外经济贸易大学、中国人民大学，现分别对其予以介绍。

1. 外交学院“优势培养方案”

外交学院以服务中国外交事业为宗旨，是最早开设国际法课程，招收国际法专业研究生的高等院校之一，其国际法系于2012年成功入选国家首批卓越法律人才教育培养基地。培养外交特色鲜明、外语能力突出及国际法法学功底扎实的高层次复合型法学人才是其国际化法学人才培养的宗旨。为实现这一宗旨，外交学院立足于其生源外语能力较强的特征，实行优势培养方案，注重国际化法学人才外语素养、专业素养、人文与国际视野素养、思想道德素养的培养。[1] 长期以来，外交学院秉承“最有效的努力就是将优势发挥到极致”的理念，源源不断地为国家机关和涉外企事业单位等机构输出一批批国际化法学人才，尤其在中国外交舞台上发出铿锵有力的中国之声。

2. 对外经济贸易大学“闭环培养方案”

对外经济贸易大学的开放型办学定位及经济贸易教学资源禀赋使其在国际化法学人才培养方面具有得天独厚的优势。其法学院2007年获评教育部“国际化法学人才特色专业建设点”，2012年成功入选全国首批卓越法律人才教育培养基地，是“应用型、复合型法律职业人才教育培养基地”和“涉外法律人才教育培养基地”。其法学院本科教育凸显国际经济贸易法、民商法等国际化办学特色。研究生教育通过课程设置及教学平台搭建强化学生的国际化及

---

〔1〕 参见江国青：《全球化背景下国际型法律人才的培养——以外交学院法学专业的教学为例》，载《外交评论（外交学院学报）》2010年第1期。

专业水准,形成了国际化法学人才持续性培养的良好局面。此外,其招生就业处网站设有“全球治理”模块,学校对促进人才深度参与全球治理的关注使其毕业生广泛活跃于国际舞台,使其本身成为国际化法学人才的培养重镇,基本上完成了人才培养闭环。

3. 中国人民大学“分类培养方案”〔1〕

中国人民大学是“国家级法学实践教育基地”建设单位。其法学院于2012年成功入选国家首批“卓越法律人才教育培养计划”、首批“应用型复合型法律人才教育培养基地”和“涉外法律人才教育培养基地”。近年来,卓越法学人才培养计划的落实,中国人民大学越来越重视法学院的国际化建设。为实现培养具有国际竞争力的优秀法律人才这一目标,其法学院实行分类培养方案,本科教育打造五大课程模块迭代升级,实现因材施教,而研究生教育则是在本科法学通识教育基础上设计专门型、复合型、国际型三类人才培养方向,不同的培养方向在课程菜单、师资力量匹配、教学组织及实践平台方面有所不同。这一方案的落实尤其有助于培养具有跨学科理论素质的复合型国际化法学人才。

(二)方案论析:国际化法学人才培养优势与劣势并存

从活跃于当前国际化法学人才的所属院校来看,毕业于外交学院、对外经济贸易大学、中国人民大学的优秀国际化法学人才占据相当比例;从国际化法学人才培养经验来看,上述三所高校具有鲜明的培养特色,分别在政治领域、经济贸易领域、法学专业领域表现突出,其培养出的国际化法学人才无论未来从政、从商或是作为专业型选手就职于国际机构或涉外工作单位的概率较之同等院校更大。这是选择三所高校国际化法学人才培养方案作为培养现状勘察样本的原因。

在国际化法学人才的培养方面,三所高校的培养方案存在共同优势。首先,基本上做到了立足于提升国际化法学人才职业素质的培养,对外经济贸易大学尤为如此,从学生入学到学生毕业就业完成了培养闭环。其次,秉承了“最有效的努力就是将优势发挥到极致”这一理念,外交学院尤为如此,突出生源优势着力提升四项素质培养国际化法学人才。再次,注重法律专业能力的培育,中国人民大学尤其如此,无论实务型、学术型,还是国际型,夯实学生的法律专业基础是其培养优势也是培养重点。最后,三种培养方案亦各具优势,其提升职业素质的方式能够给予我们以“点状”“线状”“面状”启示。外交学院认为国际化法学人才培养是系统工程,尤其表现在其所培养的人才具有综合素质,因此最高效的培养是将学校自有的点状优势发挥到极致,优势带动发展会

〔1〕 余曼悦:《人民大学:面向未来分类培养法治人才》,载教育部官网,http://www.moe.gov.cn/jyb_xwfb/xw_zt/moe_357/jyzt_2020n/2020_zt15/baodao/baodao/202008/t20200813_477851.html。

达到培养事半功倍的效果；对外经济贸易大学将国际化法学人才培养作为一个发展中的线性过程来对待，强调分层次渐进培养，并且充分考虑通过人才参与全球治理的深度来评价其国际化法学人才培养的效果；中国人民大学则是在本科教育消除非法学专业学生学习法律的课程劣势，研究生教育由不同类型的人才培养方向延伸出不同的培养线体，通过强化人才法学实践能力提升拓展了不同线体的覆盖面。

除了以上优势之外，三所高校的国际化法学人才培养方案存在一个显著问题，即重素质而轻格局，注重提升国际化法学人才专业素质，而忽略通过提升国际化法学人才培养格局以滋养爱国心，换句话说，即国际化法学人才培养目标实现度较低。

国内环境方面，经济发展进入高质量发展阶段；而国际环境方面，新兴行为体的强势崛起引发了国际格局和国家关系的洗牌和重塑。在百年未有之大变局下谋求中华民族的伟大复兴是国际化法学人才培养需要考虑的大前提。自2013年9月和10月至今，习近平总书记在哈萨克斯坦和印度国会分别提出建设“丝绸之路经济带”和“21世纪海上丝绸之路”以来，至今已有138个国家和30个国际组织同中国签署了共建“一带一路”合作文件。中国与“一带一路”沿线国家贸易额占外贸总额比例达27.4%，人文交流日渐频繁。此外，当前世界经济深度衰退、国际贸易和投资大幅萎缩、经济全球化遭遇逆流，一些国家保护主义和单边主义盛行，世界进入动荡变革期，世界局势变革影响着对国际化法学人才的需求，未来我们将在一个更加不稳定、不确定的世界局势中谋求“国际化”。面对当前局势，国际化法学人才的培养不仅仅是培养在WTO或者双边、多边经贸领域下国际经济秩序的“服务员”，而更应该是在百年未有之大变局下，引领国际政治经济新秩序的“弄潮儿”；不仅仅是培养具备优秀职业素质的人才，而更应该是培养具备服务于中华民族伟大复兴的爱国者。

三、培养策略：有的放矢优化国际化法学人才培养方案

百年未有之大变局意味着挑战，更蕴含着无限机遇。世界进入动荡变革期，旧秩序逐渐瓦解而新秩序逐渐建立。如何把握机遇、迎接挑战，培养出中国需要的国际化法学人才，使其肩负起实现中华民族伟大复兴的历史使命？适当调试当前的国际化法学人才培养方案，改善重专业素质而轻人才需求匹配的培养现状，提升国际化法学人才培养目标实现度是可能的出路。

（一）优势推广：培养国际法学人才必备素质

从国际化法学人才培养的现状不难发现，目前的典型培养方案有优势可循，集中表现在对国际化法学人才必备素质的培养方面。对于优势，要加大推

广力度,使这一优势在更多进行国际化法学人才培养的高等院校中参考复制并生成,实现优势最大化。

1. 点线面结合一体化培养国际化法学人才

国际化法学人才培养,必备素质培养是基础,发挥现有培养优势,构建点线面一体化人才培养机制是立体化培养国际化法学人才必备素质的可行方法。“点”指国际化法学人才所需要具备的爱国心、外语能力、法律素质、跨学科理论素质及全球化思维,在素质培养上,一是通过将思想政治课作为专业必修课,创新思想政治教育及考察方式等方式着重培养爱国心;二是各高校宜发现自身优势并极尽优势,学校氛围、教学资源禀赋、生源情况等均可作为学校自身优势。“线”指国际化法学人才培养要重视过程培养,一方面,人才培养本身就是个渐进过程,不可能一蹴而就,而需要关注学生成长线路;另一方面,国际化法学人才培养中的“国际化”本身蕴含了动态变化的意味,从国际化法学人才培养的初始阶段,即本科教育阶段到研究培养阶段,再到未来国际化法学人才职后教育,构成完整的过程教育体系,而在整个人才培养过程中,分层培养及重点培养的结合,前期、中期和后期人才教育的衔接显得尤为重要。做好国际化法学人才的线状培养,一定程度上能够保证单个独立的国际化法学人才培养的高质量。“面”指国际化法学人才培养要重视分类培养。我国本科法学教育更多是通识教育,在本科教育阶段完成对国际化法学人才的通识培养,在研究生阶段通过分类培养即法律实践将每种类型法学人才进行升级打造。可以说,做好国际化法学人才分类培养,能够成批量培养出高质量的国际化法学人才。

2. 搭建 IPO 模型精准化培养国际法学人才

IPO 是指结构化设计中变换型结构的输入、加工、输出,它是由美国 IBM 公司发起并完善起来的一种工具。尝试使用“IPO 模型”来搭建国际化法学人才精准化培养模式,即 Input 阶段精准定位潜在国际化法学人才,建立选拔机制,在录取法学专业学生时,实行“高考成绩 + 思想品德素质 + 外语能力 + 综合素质评价”四位一体招生办法,并且对于理工科学生有倾向性录取,旨在选拔适合国际化法学人才培养目标的学生,逐步提升法学专业生源质量,明确潜在国际化法学人才具体培养方向。Process 阶段精准培养潜在国际化法学人才,通过专业设置、课程模式、教学平台、教育方法等方面,实行“四段一标”培养计划,围绕国际化法学人才的具体职业目标分层次规划学生的学年时间为若干学习阶段,每个阶段下设具体实施目标,并有明确的培养路线及成长要求,不同的实施目标对应不同的课程教学、实践规划及中外交流项目等,网格化培养满足于人类命运共同体构建,服务于国家“一带一路”建设的高层次国际化法律人才。Output 阶段进行国际化法学人才的跟踪培养,建立国际化法学人才库,通过职业培训持续打造国际化法律人才的成长路线,提升他们参与构建起与国际接轨的公平、规范和透明的新制度体系,借此助力在国际新经济秩序中打破坚冰,逐步争取在发达国家主导下的新框架中的话语权的意识与能力。

(二)劣势补足:提升国际法学人才培养格局

当前国际化法学人才培养格局有待提升。“随着国家的发展,我们从‘跟跑’到‘并跑’,再到某些方面‘领跑’,教育对外开放的活动半径不断扩大……”〔1〕国际化法学人才的培养要将重点逐渐从素质培养转移到格局提升上来,唯有此,才能应对动荡变革期的国家发展需要。

1. 提高国际化法学人才培养定位,提升国际化法学人才培养格局

各高校由于其办学宗旨、特色禀赋、发展逻辑、专业目标及生源素质等因素不同,其国际化法学人才培养的定位也不同。涉及国际化法学人才培养的高校层次不同,但这并不意味着只有一流名校要提高国际化法学人才培养的定位,而其他层次的学校可以无所作为。正确的做法是基于自身调剂,遵循法学人才培养规律,全面适应市场需求,恰当调整国际化法学人才培养目标。“中国顶尖的综合性大学法学院更加应当定位于国际化法科领袖型人才的培养。”〔2〕所谓领袖,顾名思义意味着卓越领导力,强大的创新能力及话语权。这样的国际化法学人才,无论活跃在哪一个世界舞台,都不再是适应者与跟随者,而是规则的质疑者与制定者,培养这样的国际化法学人才对于完成中华民族伟大复兴历史使命才是有意义的。而第二位阶大学,诸如辽宁大学、云南大学等,由于其地处辽东半岛或西南接壤东南亚等,较高的国际项目合作可能性提出了对国际化法学人才培养的需求。这类大学应当定位于培养国际事务需求型人才,并且应侧重于法律标准化及法律创新实践能力的培养。标准化及创新实践能力是对此类国际化法学人才的期许与要求,这类人才在处理涉外法律事务时,不仅仅要分析与解决问题,更要思考问题的起因与高效解决办法,在处理法律事务的同时构建起适应国际政治经济新变局的法律标准,提升中国的话语权。

2. 拓展国际化法学人才培养生源,提升国际化法学人才培养格局

提升国际法学人才培养格局还涉及生源问题,国际化法学人才应更大比例地吸收境外学生进行境内培养。近期我国关于国际律师、专利代理师的资格的争议,其实背后反映出国际化法学人才的生源问题。通俗点说,国内高校能培养出考取国外律师执照的中国籍律师,以服务中国企业在美国股市上市,如阿里巴巴等,但国内高校能否培养出考取国内律师执照的外国籍律师(未来可能需求),以服务国外企业在香港证券交易所上市,或者未来可能在上海、深圳证

〔1〕 教育部课题组:《深入学习习近平关于教育的重要论述》,人民出版社2019年版,第254页。

〔2〕 杨力:《国际化法科人才培养格局及协同》,载《法学》2015年第6期。

券交易所上市。当前,大量的中国留学生在西方著名法学高校留学,受西式价值观教育,考取当地律师执照,在西方国家服务中国企业赴美英上市或处理相关国际法律事务。然而,随着中华民族的复兴,中国的国际地位不断提升,我们已经不能满足于亦步亦趋跟随世界法学教育潮流,而是要站在世界的政治经济风暴中,引领世界法学教育的潮流。提高境外生源境内接受国内法学教育的比例,使更多的境外学生成为接受"中式教育"的国际化法学人才,有助于回答好培养什么人的教育命题。宏观方面,通过留学政策吸引境外学生,尤其是"一带一路"合作国家的学生来中国留学攻读法律,考取法律职业资格证,促进其未来在中国就业,或者将所学用于其所属国家建设,后者更深程度地践行了国际化法学人才培养的目标。微观方面,要畅通留学机制,建立更频繁的境内外高校互动机制,深度开展校际国际合作培养项目,开发"互联网+"课程,共享优势特色教学资源,实现学位互认,学分兑换无障碍。此外,要善于通过"一带一路"实际项目推动国际化法学人才培养,遵循问题导向,形成国际化法学人才培养理论与实践相辅相成的良好局面。

结　语

世界进入动荡变革期,国际政治经济秩序在重构,新的国际化法学人才的市场需求正生成。自卓越法律人才培养计划落实以来,法学教育改革在向深度推进。国际化法学人才培养方面形成了一些高校培养典型方案,国际化法学人才的必备素质培养得到较多关注,但是对培养国际化法学人才的初心却有所忽略。2020 年,于中国而言,是挑战之年,更是大机遇之年。百年未有之大变局下,国际化法学人才培养不应再是简单的教学资源倾斜或合作项目搭建,而应亟待随着我国国家地位在世界范围的不断提升以及国际大环境的不断变化,更加立体化、精准化地培养国际化法学人才的必备素质,更加稳健有力地提升国际化法学人才的培养格局,形成国际化法学人才培养的中国节奏。

新时代高素质法治人才培养的理念创新

陈小洁*

摘　要:“新时代高素质法治人才培养”这一命题的提出,反映出培养思路的明确具体、培养目标的精当准确、培养内容的丰富和提升,这一切促使我们对新时代高素质法治人才培养进行深入、合理、准确的理念创新。新时代高素质法治人才培养的理念创新,包含但不限于四个重要的方面:一是总体思路的创新,即以马克思主义法学思想和中国特色社会主义法治理论为指导;二是培养目标的创新,即更精当准确,更契合法治建设的内在精神,紧扣法治进程、法治文明、依法治国等关键词;三是应当注重“德法兼修”,强调“德育”;四是应当适应信息化时代的要求,发展“互联网+法学教育”。

关键词:高素质法治人才　新时代　法学教育　理念创新　“互联网+”

习近平总书记多次深刻指出,全面推进依法治国是一项长期而重大的历史任务,要坚持中国特色社会主义法治道路,坚持以马克思主义法学思想和中国特色社会主义法治理论为指导,立德树人,德法兼修,培养大批高素质法治人才。这就要求我们深入探讨和研究“新时代高素质法治人才培养”这一重大课题,为我国的法治事业输送一支适应新时代要求和社会需求的高素质法治人才队伍,为依法治国做出应有的贡献。

一、问题的提出:理念创新的意义与价值

新时代高素质法治人才是具备了全面素养且非常杰出的法律人。新时代高素质法治人才培养是有别于普通法学教育的精英教育,它应是目前我国法科教育的培养导向和培养目标。只有通过引入先进的新时代高素质法治人才培养机制,全方位提升法学教育的水平,我国法科教育在培养合格法律人的基本目标基础上,才能培养出一批具有信念执着、品德优良、知识丰富、本领过硬的新时代高素质法治人才。而这才能适应法治社会的需要,也符合法治中国对法

* 作者简介:陈小洁,南京师范大学法学院副教授。

治人才提出的高素质要求。因此,“新时代高素质法治人才培养”的提出,对培养全面适应法治国家、法治政府、法治社会建设需求的法治人才,具有相当重要的意义。

更何况,中华人民共和国成立之初的法学教育几乎与改革开放同向同行,从恢复到繁荣,在为国家法治建设培养、输送专门人才方面发挥了不可替代的作用,成就有目共睹。新时代的法学教育能否为国家法治建设源源不断地输送合格法治人才,成为各界关注的焦点。在法治已成为共识和刚需的新形势下,法学教育必须以培养德法兼修的新时代高素质法治人才为根本使命,新时代高素质法治人才培养机制的研究与实践,是开创我国法学教育事业发展新局面的有效路径。

而理念创新是实践探索的先导。“新时代高素质法治人才培养”这一命题的提出,反映出培养思路的明确具体、培养目标的精当准确、培养内容的丰富和提升,这一切都促使我们对新时代高素质法治人才培养进行深入、合理、准确的理念创新。新时代高素质法治人才培养的理念,相比以往的传统法学教育,应当要更富有法治内涵,更能适应法治中国建设的要求,更能体现当代法治的基本精神。

二、理念创新之一:总体思路的创新

新时代高素质法治人才的培养理念,在总体思路上应当更为明确具体。应当要求以马克思主义法学思想和中国特色社会主义法治理论为指导,这样更能回应法治中国建设的需求,更富有针对性和时代性。这里涉及两个方面。

一方面,强调“马克思主义法学”在法学教育中的指导作用。这就意味着,新时代高素质法治人才的培养,必须使法治人才具备忠诚的政治本色和政治品格。忠诚就是要忠于党、忠于国家、忠于人民、忠于法律。第一,忠于党,归根结底,就是要在思想上、政治上、行动上始终与党中央保持高度一致,自觉服从党的领导,切实维护党的执政地位和执政权威,把党的重大决策部署不折不扣地贯彻落实到工作之中。第二,忠于国家,就是要不断增强对中国特色社会主义的政治认同、理论认同和实践认同,用马克思主义中国化的最新理论成果武装头脑,保持高度的政治敏锐性和政治鉴别力,自觉抵制各种错误思潮和错误观点的影响,坚定不移地做中国特色社会主义事业的建设者。第三,忠于人民,就是要切实尊重人民的主体地位,全力维护人民的合法权益,自觉接受人民的监督。第四,忠于法律,就是要尊崇宪法和法律,严格依法办事,坚决维护宪法和法律的权威。

另一方面,要以中国特色社会主义法治理论为指导。社会主义法治理论是中国共产党作为执政党,从社会主义现代化建设事业的现实和全局出发,借鉴世界法治经验,对近现代特别是改革开放以来的中国经济、社会和法治发展的历史经验的全面总结。它既是当代中国特色社会主义建设规划的一部分,同时也是执政党对中国法治经验的理论升华,是中国特色社会主义理论在法治领域的重要体现。依法治国、执法为民、公平正义、服务大局、党的领导,五个方面相辅相成,体现了党的领导、人民当家作主和依法治国的有机统一。在践行社会主义法治理念的当代中国,新时代高素质法治人才的培养教育应当以中国特色社会主义法治理论为指导,使法治人才培养具备鲜明的时代特征。

三、理念创新之二:培养目标的创新

新时代高素质法治人才的培养目标应当比以往更为精当准确。例如,应当更加密切联系全面依法治国、建设法治中国的实际需要,提出"培养造就一大批宪法法律的信仰者、公平正义的捍卫者、法治建设的实践者、法治进程的推动者、法治文明的传承者,为全面依法治国奠定坚实基础"。使培养目标更契合法治建设的内在精神,紧扣法治进程、法治文明、依法治国等关键词。

这一培养目标,要求新时代高素质法治人才应当具有坚实的法律素养、高超的法律技能、真诚的为民情怀、深厚的人文功底、优良的职业形象。这样才更能理解法治的内在精神,把握法治建设的内涵与要求,推动法治进程。

由此可见,当代中国自改革开放以来,随着社会主义市场经济体制的逐步建立、民主政治的日益完善、依法治国思想的深入人心、司法改革的不断展开,法学教育在适应社会发展、回应法治寻求等方面进行了积极探索并朝着法治人才培养的方向不断努力,发挥着前所未有的作用。

四、理念创新之三:强调"德育"

新时代高素质法治人才的培养应当注重"德法兼修",强调"德育"。"德育"具有不可替代的育人功能和社会功能,它对于塑造法学专业学生的综合素质、提高职业技能、提升发展能力发挥着重要的作用。法律职业伦理教育还有助于培育法律职业群体,优化社会法治环境,推动社会法治文明。在法治人才培养中,"德育"应贯穿于法学教育的始终。

目前,人们已充分认识到"德育"的重要性,很多学校开设了法律职业伦理教育的课程,这能促使学生严格按照法律衡量是非,将法律作为评判标准,以此约束自己的行为。而且有助于学生形成正确的价值精神、法律信仰和法律理性,使学生能形成忠于法律、忠于事实、勤恳敬业、恪尽职守、廉洁自律的法律道德观。

“德育”关系到我国新时代高素质法治人才培养战略的成败,只有培养具备法律职业道德伦理的法治人才,才能使整个国家的法治建设更为顺利。要加强“德育”,我们应当做出多方面的努力。一是以新时代高素质法治人才培养工程为契机,彻底地推行以法律职业伦理为核心的法律教育观。二是在法学教育教学中积极寻求有效的教学方法,培养学生的职业道德修养。三是提高法学专业学生的人文知识涵养,这是提高法律职业道德素养的源泉。

在法治人才培养的具体实践中,我们可以采用很多具体措施,例如,注重培养学生的思想道德素养,大力推进中国特色社会主义法治理论进教材、进课堂,将社会主义核心价值观教育贯穿法治人才培养全过程、各环节。结合社会实践,积极开展理想信念教育、社会公益教育、中华优秀传统法律文化教育,让学生在感悟法治进步中坚定理想信念,在了解群众疾苦中磨炼坚强意志,在奉献社会中增长智慧才干。加大学生法律职业伦理培养力度,面向全体法学专业学生开设“法律职业伦理”必修课,实现法律职业伦理教育贯穿法治人才培养全过程。坚持“一课双责”,各门课程既要传授专业知识,又要注重价值引领,传递向上向善的正能量。

五、理念创新之四:发展“互联网+法学教育”

新时代高素质法治人才的培养,应当适应信息化时代的要求,发展“互联网+法学教育”。这是新时代高素质法治人才培养的一项重要的改革任务,也是一项重点举措。众所周知,“互联网+”与法学教育的联结,意味着以互联网思维和教育信息化为创新要素,对法学教育教学进行全面的变革与创新。探索“互联网+”时代的法学教育,是信息化时代法学教育的重要环节,对提高法学教育教学质量有着重要意义。

信息技术的快速发展,“互联网+”的深入人心,深刻影响了人们的生产方式和生活方式,也带来了法学教育教学方式、学习方式与习惯的巨大变化,成为促进教育创新与变革的重要动力。互联网与信息技术对法学教育的影响已不仅仅停留在浅层应用,而是深刻影响到教育教学体系的各个方面。同样,互联网对法学教育有着创新性、变革性的作用。

“互联网+”为教育现代化、教育信息化提供了新的技术手段,引起了法学教育教学的深刻变革,改变了传统教育教学的形式、方法与习惯,也引起了法学教学的不断创新。“互联网+”中的“+”,不仅仅是相加,更是“变革”“创新”“重构”,是一种全新的融合与整合。因此,“互联网+法学教育”,其内涵就是运用互联网等现代信息技术,对法学教育进行变革与创新,使其升级升华为教育信息化时代中的新形态。

第二编　新时代法学课程思政的实践创新

法学“课堂思政”问题研究与探索

徐新意*

摘　要:新时代背景之下,法学教学必须改革,必须开展法学“课堂思政”。但是,我国传统法学教育不太关注“思政”,更关注法理和法律技术,法学教育特别需要注入“思政”,需要培植中华传统文化。法学“课堂思政”就是要改变高校教育的现状,不再培养“精致的利己主义者”,转而以“君子文化”培养时代君子。但是,现实是,许多法学教师缺少开展法学“课堂思政”的积极性,也缺少开展法学“课堂思政”各种基础,法学院系也缺少开展法学“课堂思政”的激励机制。有些高校法学院已经开始法学“课堂思政”试点,取得了一定成绩,但也因此发现了问题。为了更好地开展法学“课堂思政”,法学教师必须形成统一认识,深刻理解开展法学“课堂思政”的重要意义,法学院系领导必须深入学习中共十九届五中全会精神,建立合适的开展法学“课堂思政”激励机制。

关键词:法学“课堂思政”　君子文化　激励机制

前　言

2016 年 12 月 7 日至 8 日,全国高校思想政治工作会议在北京举行。习近平总书记出席会议,并作重要讲话。习近平总书记指出:“要用好课堂教学这个主渠道,思想政治理论课要坚持在改进中加强,提升思想政治教育亲和力和针对性,满足学生成长发展需求和期待,其他各门课都要守好一段渠、种好责任田,使各类课程与思想政治理论课同向同行,形成协同效应。”也就是说,不但大学思政课需要改革,以满足学生成长的需要和期待,其他专业课程也需要改革,要与思政课同向同行。但是,我国高校专业课程从来没有关涉思政课,更谈不上“育人”了。这种现象,严重违背了教育的基本规律。唐代著名教育家韩愈《师说》指出:“师者,所以传道授业解惑也。”所以,高校专业课程必须改革,将立德树人贯彻到高校课堂教学全过程、全方位、全员之中,构筑育人大格局。

法学为人文社会科学的基本组成部分,法学教育为我国培养了大量社会主义法律人才。但是,与其他学科课堂教学一样,长期以来,我们更多地强调专业

* 作者简介:徐新意,常州大学史良法学院副教授。

课程,很少涉及思政,没有发挥其最为基本的“育人”功能。所以,法学“课堂思政”改革显得更加急切和重要。

2017 年 5 月 3 日,习近平总书记来到中国政法大学看望广大师生时指出:中国特色社会主义法治道路的一个鲜明特点,就是坚持依法治国和以德治国相结合,他强调法治和德治两手抓、两手都要硬。法学教育要坚持立德树人,不仅要提高学生的法学知识水平,而且要培养学生的思想道德素养。各级领导干部要做尊法学法守法用法的模范,以实际行动带动全社会崇德向善、尊法守法。

2018 年 9 月 17 日,教育部和中央政法委联合出台教高(2018)6 号《关于坚持德法兼修,实施卓越法治人才教育培养计划 2.0 计划》。该计划指出,法学教育应当坚持以马克思主义法学思想和中国特色社会主义法治理论为指导,围绕建设社会主义法治国家需要,坚持立德树人、德法兼修,践行明法笃行、知行合一,主动适应法治国家、法治政府、法治社会建设新任务新要求,找准人才培养和行业需求的结合点,深化高等法学教育教学改革,强化法学实践教育,完善协同育人机制,构建法治人才培养共同体,做强一流法学专业,培育一流法治人才,为全面推进新时代法治中国建设提供有力的人才智力保障。

该计划指出:“注重培养学生的思想道德素养,大力推进中国特色社会主义法治理论进教材进课堂进头脑,将社会主义核心价值观教育贯穿法治人才培养全过程各环节。结合社会实践,积极开展理想信念教育、社会公益教育、中华优秀传统法律文化教育,让学生在感悟法治进步中坚定理想信念,在了解群众疾苦中磨炼坚强意志,在奉献社会中增长智慧才干。加大学生法律职业伦理培养力度,面向全体法学专业学生开设‘法律职业伦理’必修课,实现法律职业伦理教育贯穿法治人才培养全过程。坚持‘一课双责’,各门课程既要传授专业知识,又要注重价值引领,传递向上向善的正能量。”

为此,全国各地法学院系都开始了法学教学改革,尽力落实法学“课堂思政”政策。

一、我国法学教育的特点

(一)法学课堂教育很少关注“思政”

法学专业教育培养对象主要是党和国家司法人员,如法官、检察官,还包括大量的公务员,当然还包括律师和企业法律顾问等。这些人不仅要处理普通的人与人之间的关系,还必须处理各种类型的纠纷。例如,法官就是代表国家来审判、调解各种民事纠纷,还代表国家处理刑事案件。可以说,法律专业毕业生在国家社会秩序建设工程中承担了非常重要的角色。所以,法学专业教育不仅要培养学生扎实的专业知识,更需要培养学生树立高尚的道德修养。但是,法学院系都特别强调专业建设排名，都特别重视教师学术论文的发表数量、界别，重视教师获得国家社科基金项目的数量和层次，很少会真正关注法学课堂思政，更别说关注学生的德育养成。

（二）法学理论需要关注“思政”

我国法学教育始于改革开放初期，法学理论大部分源于西方国家，很少源于我国传统文化。可以说，我国还没有形成源于我国历史文化的具有中国特色的法学基本理论。西方法学理论源于西方历史文化，特别强调个人权利，而容易忽视个人责任；特别强调利益而容易忽视人的精神。习近平总书记在中国政法大学考察时强调：没有正确的法治理论引领，就不可能有正确的法治实践。高校作为法治人才培养的第一阵地，要充分利用学科齐全、人才密集的优势，加强法治及其相关领域基础性问题的研究，对复杂现实进行深入分析、作出科学总结，提炼规律性认识，为完善中国特色社会主义法治体系、建设社会主义法治国家提供理论支撑。所以，必须改革法学理论课程，加强与思政课程的联系，进一步提升法治理论引领作用。

（三）法学学科建设需要关注中国传统文化，有民族文化自信

改革开放以来，我国经济社会发生了巨大变化，已经从一个经济文化较为落后的国家发展成为世界第二大经济体。法治建设也取得了巨大进步，已经建立了较为完整的法律体系。但是，我国的法学学科体系建设还不能令人满意，还存在许多问题。习近平总书记在中国政法大学考察时指出：法学学科体系建设对于法治人才培养至关重要。我们有我们的历史文化，有我们的体制机制，有我们的国情，我们的国家治理有其他国家不可比拟的特殊性和复杂性，也有我们自己长期积累的经验和优势，在法学学科体系建设上要有底气、有自信。要以我为主、兼收并蓄、突出特色，深入研究和解决好为谁教、教什么、教给谁、怎样教的问题，努力以中国智慧、中国实践为世界法治文明建设作出贡献。对世界上的优秀法治文明成果，要积极吸收借鉴，也要加以甄别，有选择地吸收和转化，不能囫囵吞枣、照搬照抄。

也就是说，我们的法学学科建设还没有充分总结自己的实践经验，更没有归纳中国法治建设的智慧。这就要求我们应当继承中国传统文化，继承中国国家治理之中的“君子”文化，在关注依法治国的前提下，强调以德治国，强调法律人的思想道德教育。

二、法学课程特别需要“思政”教育，需要君子文化

北京大学退休教师钱理群教授在2015年5月的一次演讲中这样讲：“在我看来，真正的精英应该有独立自由创造精神，也是上次我在北大中文系演讲时

所提出的,要有自我的承担,要有对自己职业的承担,要有对国家、民族、社会、人类的承担。这是我所理解和期待的精英。但是我觉得我们现在的教育,特别是我刚才说的,实用主义、实利主义、虚无主义的教育,正在培养出一批我所概括的'绝对的、精致的利己主义者',所谓'绝对',是指一己利益成为他们言行的唯一的绝对的直接驱动力,为他人做事,全部是一种投资。所谓'精致'指什么呢?他们有很高的智商,很高的教养,所做的一切都合理合法无可挑剔,他们惊人地世故、老到、老成,故意做出忠诚姿态,很懂得配合、表演,很懂得利用体制的力量来达成自己的目的。"钱教授忧国忧民,对中国教育,特别是高等教育特别担忧。尽管其语言有点犀利,但确实切中要害。

法学专业特别强调实践性,也容易变得特别世俗。法学专业毕业生多从事法律实务工作,要么做律师,要么做法官,也可能成为其他执法人员。全国司法行政工作人员之中,有较大比例的人员源于法学专业毕业生。所以说,法学专业实践性很强,主要解决生活工作之中各种烦琐之事,也容易世俗化。

可以说,法学专业毕业生为世俗社会的精英之一。这些人的道德品行直接影响整个社会的风气。孔子在《论语·子路》讲:"苟正其身矣,余从政乎何有?不能正其身,如正人何?"也就是说,唯有当政者,包括各类执法人员,能够道德品质正派,其从事政府执法工作还会有问题吗?相反,如果执法者自己思想道德不正,自私自利,那又怎么能够使别人思想道德端正呢?法学专业是为国家和社会培养法治人才,就必须培养正人君子,使得学生树立正确的人生观,能够"正其身"。如果培养的学生"不能正其身",这些未来执法者也不可能"正其身",也就不可能"正人"。这样,整个社会之正气就难以确立。所以,法学课程必须强调思政,特别强调君子文化,进而使得法学专业学生都能够"正其身"。

三、实现法学"课堂思政"的基本条件

法学"课堂思政"非常切合法学教育之根本,但传统法学课程却将其忽视,缺少相关理论研究,更缺少实践经验总结。根据本人的实践经验总结,尽管各级领导已经开始提倡专业课程思政,但法学课程思政的实现还存在许多困难。实现法学课程思政应当包括以下几个前提:

第一,法学教师必须具有君子人格,有开展"课堂思政"的积极性。师者,传道授业解惑者也。如果法学教师道德修养不够,信奉利己主义,即使强制性要求其开展法学课堂思政,也不可能成功,甚至会得到相反的结果。现代法学课程,包括法理等课程,基本源于西方,其根本前提是假定个人都是自私的,或者说是"性恶"。西方文化总体是基督文化,"原罪论"是其根本。所以,现代大学法学教师都是中西文化结合教育的结果,真正内心向往君子人格的人并不普

遍。为此,要开展法学课程思政,就需要广大法学教师能够从内心真正向往君子人格,进而在课堂上宣讲传播“正能量”,做好“思政”教学。

第二,法学教师必须有较为深厚的中国传统文化基础,有开展“课堂思政”的能力。“课堂思政”就是老师利用课堂教学通过一定的方式让学生学习体悟其中做人做事的道理,从而修正自己的人生观和习惯。为此,“课堂思政”要求老师善于抓住机会将“正能量”的做人做事的道理传导给学生,让学生在不知不觉之中接受这些“正能量”文化。法学课程多是讲解法律法规制定、施行之中的道理和具体举措。法学教师必须讲清其中的道理,让学生懂得这些道理,继而能够考试,甚至今后能够在未来工作生活之中运用。法学课堂教学特别强调训练学生法学思维,训练学生缜密的思考问题的习惯。所以,法学课堂思政具有鲜明的特点,完全可以做到。中华民族是世界上唯一没有中断的民族,中华文化是世界上唯一没有中断的文化。中华传统文化早已浸润到每一个中国人的血液之中,包括所有学习法学课程的中国学生。所以,法学教师要开展法学课堂思政,就必须有较为深厚的中国传统文化基础。否则,即使法学教师如何积极努力开展法学课堂思政,也无法改变“课堂思政”枯燥乏味的状态,无法真正让学生吸取“课堂思政”的营养。

第三,开展法学“课堂思政”必须建立相应的激励机制,以机制促进开展“课堂思政”。“课堂思政”关乎祖国的未来,关乎中华民族伟大复兴,具有非常重要的意义。仅仅依靠老师自发的积极性无法真正开展“课堂思政”,必须建立相关的激励机制,让教师自觉开展“课堂教学”。法学专业为大学一类学科,每年都培养大量法学专业学生。法学专业教师的考核指标主要是教师的科研能力,发表论文质量和数量,完成国家课题量等。教师课程教学不是评价法学教师的主要指标。所以,在当前法学教学机制之下,法学教师缺乏开展“课题思政”的积极性和主动性。为此,我们必须改革大学教师,包括法学教师的评估机制,将是否开展“课题思政”,开展“课题思政”之效果作为教师教学效果评估的重要指标,且对于效果显著者予以奖励,在教师职称评定方面有所体现。只有建立了激励法学教师开展“课题思政”机制,才能保障法学“课题思政”可持续进行。

四、法学“课题思政”的实践

常州大学史良法学院向来重视法学“课程思政”,且进行了实践探索,取得了一定的成绩。其主要做法如下:

首先,常州大学史良法学院是全国唯一以我国著名法学家、律师,首任司法部部长史良先生命名的法学院。史良是常州市人,但史良更是民国时期(1936

年)著名的“七君子”之一。法学院以“史良”命名,就是向世人宣告,向所有法学院师生宣告,该法学院以“君子文化”作为法学院的根本文化,法学院师生都以养成“君子”作为追求目标。这样,在常州大学史良法学院法学课堂上,老师与学生都会自觉不自觉地进行“课堂思政”,传播“正能量”。同时,法学院进行教学改革,在法学院新生之中,选择部分学生专门组建“教改班”,且将其命名为“史良班”,即“君子班”,以激励师生立志成为时代君子。

其次,将法学专业认知实习课程改革为典型“课堂思政”课程。“课堂思政”不仅仅是专业课程老师讲解“思政”,还包括法学实践课程。法学专业认知实习课程集中在第八周,时间为全周,16 学时,是 4 年本科学习期间唯一能够集中时间大家一起实践的时间段。为此,老师讲学生根据自愿的办法按照不少于 5 人,不多于 8 人的原则将学生分成若干学习小组。每个小组为自己的小组取一个具有“思政”特点的名称,且创设属于本小组的口号,建立自己的小组文化。法学认知实习课程,法学院邀请分别在律师事务所、法院、检察院工作的校友为学生讲解自己成长的酸甜苦辣,激励学生积极向上,努力学习,克服困难,树立正确人生观。同时,法学院老师带领学生到常州市武进区看守所,接受警示教育,以反面教材的形式让学生体悟人生道理,提升自己的历史使命感。法学院要求学生总结认知实习,写出不少于 5000 字的认知实习报告。这样,法学认知实习课程成为最为重要的法学“课程思政”课程。

最后,开展个别法学课程“课堂思政”试点工作。《公司企业法》是重要的法学课程,具有很强的实务性。该课程之中有许多可以进行“课堂思政”的内容。例如,《公司法》第 147 条规定:“董事、监事、高级管理人员应当遵守法律、行政法规和公司章程,对公司负有忠实义务和勤勉义务。董事、监事、高级管理人员不得利用职权收受贿赂或者其他非法收入,不得侵占公司的财产。”老师在讲解该法条的时候,除了解读该法条的基本含义之外,还应当解释其立法原因,告诉学生应当如何做人做事,不得做不忠于自己职务的行为,还应当认真勤奋地做好自己的工作。同时,为了更好地进行“课堂思政”,老师还可以加入“思政”内容。例如,孔子在《论语 · 为政》讲:“道之以政,齐之以刑,民免而无耻;道之以德,齐之以礼,有耻且格。”这样,学生不但知道该法条的意思,懂得相关法律知识,还能够学到儒家思想,体悟为政之道。当然,《公司法》之中可以进行“课堂思政”的内容很多,老师可以根据课堂内容适时进行“课堂思政”。

五、建　议

有效开展法学“课堂思政”是一项重要的教学改革,需要许多人经过多年的努力才可能成功。但是,我们不能等待,需要立即开始实施。鉴于法学教育现状，有效开展法学“课堂思政”应当做好以下事情：

首先，统一认识，深刻认识法学“课堂思政”的重要性和紧迫性。许多人法学教师，包括有些法学院领导，还没有真正认识到开展法学“课堂思政”的重要意义，对开展法学“课堂思政”缺乏主动性。广大法学教师对法学“课堂师政”认识很不一致，甚至有些教师认为开展法学“课堂思政”没有任何意义。法学教师的思想状态决定了法学“课堂师政”难以取得令人满意的效果。所以，我们应当加强法学教师学习，提高相关人士的思政理论水平，继而形成对有效开展法学“课堂思政”统一认识，为开展法学“课堂思政”奠定基础。

其次，法学院领导应当深入学习党的十九届五中全会报告，领悟其中的精神。2020 年 10 月 29 日公布的中共十九届五中会议公报提出：“繁荣发展文化事业和文化产业，提高国家文化软实力。坚持马克思主义在意识形态领域的指导地位，坚定文化自信……”以前，西方文化为全世界思想主流思想。但是，肆虐全球的新冠肺炎疫情改变了世界，大家逐渐认识到了西方文化的不足，更感觉到了中国传统文化的魅力。所以，与其他文科一样，法学也要开始建立新法学。2020 年 11 月 3 日，教育部高教司在山东大学（威海校区）举行“全面推进新文科建设”会议。高教司司长吴岩指出：新文科建设的必由之路是守正创新，必须传承中华优秀传统文化，推进融合创新。所以，法学院领导必须学习掌握这些文件精神，“守正创新”，认识到开展法学“课堂思政”的重要性和紧迫性，自己带头开始法学“课堂思政”试点，且取得实践效果。这样，其他法学教师才可能逐步认同法学“课堂思政”，慢慢开始法学“课堂思政”工作。

最后，建立激励开展法学“课堂思政”的机制，为开展法学“课堂思政”提供制度保障。现在，高校教师职称评定政策正在改革，论文等科研成果并非为高校教师职称评定的唯一标准，教学和社会服务等已经成为高校教师职称评定的重要依据。有些高校已经设立教学型教授、副教授，也设立社会服务型教授、副教授。事实上，教学型教授不仅开展了“课堂思政”，还已经取得很好效果。其他类型教授也必须开展“课堂思政”。法学专业教师职称评定，无论是教学型，还是科研型或者社会服务型，都应当将是否开展法学“课堂思政”为前提条件。没有开展法学“课堂思政”的教师不得晋升教学职称。这样，法学“课堂思政”才可能逐渐开展，甚至普及。

唯变不变：区块链助力新法学思政课实践的创新考核

许　健*

摘　要：高校立德树人，一流法学专业旨在培养德法兼修的社会主义法治人才。思想政治课是落实立德树人根本任务的关键课程。借助依托区块链技术的智能合约对学生思想政治理论课的实践部分进行全程自动智能考核。以国家政策相关规定为根据，以专业人才培养方案为依托，同时赋予基本作业和常规实践内容之外，已经得到社会公认"含金量"较高的荣誉直接获得思想政治理论课实践部分或者通识选修课程的学分，作为键入智能合约代码空白处的核心内容。通过不可篡改、可溯源、自动执行及安全稳定的智能合约对学生进行全程智能考核，引导和培养法科学生德法兼修的同时走向卓越，同时也有助于传统校园向智能校园的转变。

关键词：区块链　智能合约　智能考核　实践学分　创新考核

引　言

目前法学教育已经发生教育性质的职业导向，处于新时代"新法学"建设时期。[1] 唯有创新，才能以变应变，实现高质量发展。新时代大学如何培养出担当起信奉良法善治、捍卫中国法治道路历史使命的德法兼修法的社会主义法治人才是一项艰巨的系统工程。2020 年 10 月，中共中央、国务院在《深化新时代教育评价改革总体方案》（以下简称《教育评价改革总体方案》）中要求学校完善德育评价，提出"通过信息化等手段，探索学生、家长、教师以及社区等参与评价的有效方式，客观记录学生品行日常表现和突出表现"。目前，区块链技术日趋成熟并发展运用，导致"数据封建时代"的终结。区块链技术的一个

* 作者简介：许健，淮阴师范学院法政学院副教授。

〔1〕 参见杨宗科：《论"新法学"的建设理路》，载《法学》2020 年第 7 期。

重要承诺是智能合约的概念，[1]该技术的产生改变着传统的生产关系。区块链的兴起有望促进智能合约的兴起，[2]智能合约(smart contract)依托区块链技术，具有不可篡改、可溯源、自动执行以及安全稳定等特性。[3] 未来将智能合约运用于对学生思想政治理论课实践部分进行全程考核存在比较大的发展空间。智能合约助力思想政治理论课实践的创新考核有助于智慧校园的建设，有必要加以深入地研究。借用区块链技术，挖掘教育智能的潜力，同时也有助于实现数据驱动的智慧校园。

一、问题的提出：创新需要实践课智能考核

《关于坚持德法兼修实施卓越法治人才教育培养计划2.0的意见》(以下简称《卓越教育培养计划2.0》)已经对法学专业人才培养给出了创新考核的要求。目前高校如何立德树人、培养德法兼修的法科学生是一流法学专业的大课题。在高校学分制下，传统考核评价模式正逐渐成为制约高校思政课实效性提升的瓶颈。[4] 而且，高校思政课考核评价体系的改革一直是思政课改革的重要内容之一。[5] 思想政治理论课具有战略地位和重要作用，[6]是落实立德树人根本任务的关键课程。习近平总书记也对思想政治理论课和实践课的教学和考核都提出创新的要求。[7] 该论断"为新时代思想政治理论课建设提供了根本指导和基本遵循"。[8] 如何引导学生树立正确的世界观、人生观、价值观？教学改革"要从观念、模式、内容、途径、方法、技术到制度的整体性和系统性的变迁与再造"。[9] 思想政治理论课理论教学和实践内容有机结合才能引导学生树立正确的世界观、人生观、价值观。思想政治理论课实践学分需要授课教师在新思维引导下进行创新考核。当然，根据《卓越教育培养计划2.0》和教育

[1] ThoMas Osterland; ThoMas Rose, Model checking sMart contracts for EthereuM, Pervasive and Mobile CoMputing, VoluMe 63, March 2020, p. 101129.

[2] T.[J]. de Graaf, FroM Old to New: FroM Internet to SMart Contracts and froM People to SMart Contracts, CoMputer Law and Security Review, VoluMe 35, Issue 5, October 2019, p. 105322.

[3] 参见张韬：《智能合约法律属性及风险管理》，载《网络空间安全》2020年第9期。

[4] 参见马艺铭：《高校思政课考核评价模式创新刍议》，载《教育教学论坛》2020年第23期。

[5] 参见刘巧莉：《高校思政课考核评价体系改革创新研究述评》，载《智库时代》2019年第48期。

[6] 参见刘建军：《思想政治理论课是落实立德树人根本任务的关键课程》，载《社会主义核心价值观研究》2019年第2期。

[7] 参见习近平：《思政课是落实立德树人根本任务的关键课程》，载《求是》2020年第17期。

[8] 袁银传、史素花：《论思想政治理论课是落实立德树人根本任务的关键课程》，载《学校党建与思想教育》2020年第7期。

[9] 刘振天：《高校课堂教学革命：实际、实质与实现》，载《高等教育研究》2020年第7期。

部2018年2号文《新时代高校思想政治理论课教学工作基本要求》(以下简称《高校政治课教学要求》)的规定,同时还需要修改法学专业人才培养方案,加上相关内容进行针对性的赋权。

中华人民共和国中央人民政府网站早在2016年就转载《经济日报》刊发的一篇署名文章——《区块链:给你一个可信赖的世界》,该文指出区块链技术有可能改变人们的生活,甚至有可能重塑世界。[1] 目前我国区块链技术已经从单纯的技术研究、应用场景探讨等方面进入应用落地阶段,并逐步在数据存储、数字身份验证、数据签证、金融交易、资产管理等领域发挥着重要的作用。[2] 区块链技术已经在多个领域发展并运用,在教育领域的应用还仅仅只是集中在资格认证、资源共享与校企联盟链三个方面。[3] 事实上,得到赋权和支持的教师通过智能合约可以进行课程创新考核,在资源共享的基础上,借鉴资格认证的模式,通过校外校内相关实践部门以及个人之间的联盟链进行智能考核,智能考核会成为智慧校园创新考核的一种形式,是智慧化校园智能程度提高的具体表现。

二、思想政治理论课实践教学需要创新考核

课程考核是检验相关课程教学效果最为有效的手段,通过智能合约进行自动智能全程透明考核,让思想政治理论课的实践教学能够实实在在地开展开来。基于区块链技术的智能合约会在未来包括思想政治理论课实践在内的所有实践课程的考核技术中脱颖而出,给学生实践能力的提高提供外源性助力。

(一)问题呼唤创新:思想政治理论课实践教学存在的问题

思想政治理论课在教学中存在一定的问题,有的学校由于对实践教学认识不到位,存在重视理论教学而轻视实践教学的现象。在学分制下,作为必修的考试课程,需要换算成学分,但对实践教学的考核上没有一些硬性的数据指标。如何对本科思想政治理论课的2学分实践进行量化存在一定的困难。"规划不合理、操作不规范"[4]等因素客观存在,一定程度上源于对课程实践教学的认知不到位,教学和考核方案设计存在不合理之处,实践基地建设不足,专业化建

[1] 参见陈静:《区块链:给你一个可信赖的世界》,载《经济日报》2016年12月5日,第13版;中华人民共和国中央人民政府网,http://www.gov.cn/xinwen/2016-12/05/content_5142997.htM#1。

[2] 参见袁勇、王飞跃:《区块链技术发展现状与展望》,载《自动化学报》2016年第4期。

[3] 参见黄太进、刘三女牙、李卿:《Educhain:基于区块链技术的终身教育记录跟踪方案》,载《现代教育技术》2020年第7期。

[4] 陈小芳:《思想政治理论课实践教学问题研究》,载《科学咨询(科技·管理)》2020年第9期。

设程度不够,甚至是相关制度建设等方面都存在一定问题。[1] 加强对思想政治理论课实践教学考核的认识,加快制度建设,改进教学方案设计中不合理的内容,加大建设一批高质量的实践基地,同时提高思想政治理论课和实践课的教学专业化程度,让高质量的师资队伍投入相关课程的教学和科研等也都是解决问题的手段。但是,现代呼唤精准教学,人工智能技术与大数据分析技术等为精准教学提供可能,有学者认为,技术赋能下精准教学的实践路径应坚持以"测"辅教。[2]

唯变不变,除了创新,教育无路可走。中国高等教育人才培养范式必须进行一次重大变革。高校思政课的实践环节包括社会实践部分的内容在内。目前传统的考核评价存在评价目标单一、结构单一、针对性不强等困境。[3] 通过考试考核是检验学生学习效果的一个重要手段,也是课程教学过程中一个必不可少的环节,是对学生学习效果评价的重要依据。[4] 但是,思政课要教会学生科学的思维,善于运用创新思维,创新课堂教学,教师首先要有创新思想。高校是新思想的发源地,是新成果的聚宝盆,在新时代更是肩负着培养具有创新能力与合作精神的高层次复合型人才的重任。[5] 以"考"促学,以"测"辅教,利用区块链技术的智能合约全程通明考核,可以有效地解决思想政治理论课实践教学存在的问题。

(二)政策催生创新:智能考核存在政策基础

大多数高校都会在对传统人才培养存在的问题进行分析的基础上,重新定位并完善创新型人才培养方案,方案制定中体现对创新人才创新考核的要求。《教育评价改革总体方案》要求改革学生评价,促进德智体美劳全面发展。以法学专业人才培养为例,根据《卓越教育培养计划2.0》的要求,经过5年,我国高等教育需要能够"培养造就一大批宪法法律的信仰者、公平正义的捍卫者、法治建设的实践者、法治进程的推动者、法治文明的传承者"。高校需要坚持立德树人,不一定做大但是需要做强一些优势专业,培育德才兼备的一流人才。大学教育需要注重立德树人,作为未来社会主义法治人才的大学生才能实现德

[1] 参见陈俊:《高校思想政治理论课实践教学的思考与建议》,载《广东职业技术教育与研究》2020年第4期。

[2] 参见姬晓灿、成积春、张雨:《强技术时代精准教学探究》,载《电化教育研究》2020年第9期。

[3] 参见黄凯:《高校思政教育融合考核评价体系的建构困境与创新发展》,载《辽宁教育行政学院学报》2019年第3期。

[4] 参见郭文鹏、何秀玲:《创新人才培养理念下高校思想政治理论课考试制度改革研究》,载《西安文理学院学报(社会科学版)》2018年第6期。

[5] 参见王锵:《新时代高校创新团队建设与人才培养问题探究》,载《智库时代》2020年第13期。

法兼修的目标。大学生德法兼修之德育,需要思想政治理论和实践结合起来综合进行。目前大部分高校已经获批国家或者省级的一流专业,正在积极进行一流专业的建设中。德法兼修社会主义卓越法治人才是《卓越教育培养计划2.0》对一流法学专业培养质量的总体要求。未来已来,一流法学专业需要主动求变,在加强对在校大学生创新专业理论和实践技能培养的同时,在坚持原则进行德育培养的基础上,还需要运用创新方法对学生的实践成果进行创新考核,来引导新时代高质量的法学教育,培养出德法兼修的社会主义卓越法治人才。

教育部《高校政治课教学要求》规定,中国特色社会主义进入新时代,对高校思想政治理论课发挥育人主渠道作用提出了新的更高要求。同时对思想政治理论课实践教学和考核进行了概括性的总体要求:“从本科思想政治理论课现有学分中划出2个学分、从专科思想政治理论课现有学分中划出1个学分,开展本专科思想政治理论课实践教学。学生既可通过参加教师统一组织的实践教学获得相应学分,也可通过提交与思想政治理论课学习相关的实践成果申请获得相应学分。”该规定意味着学生可以不通过参加教师统一组织的实践教学,而是通过提交与思想政治理论课学习相关的实践成果申请获得相应学分,该规定就是对高校思想政治理论课的实践教学创新考核的要求。对学生成绩的考核,同一次考核,同一批学生必须采用同一标准。这样对学生的学业成绩考核可以被标准化和被流程化进行的情形,为基于区块链技术的智能合约运用提供可能。

(三)科技引领创新:智能合约智能考核的运行机理

智能合约将思政课实践部分考核双方的权利义务转化成计算机代码,通过区块链系统的技术客观、理性、自动地运行。智能合约赋能学分转换自动履约,有助于实现学习资源的优化配置。[1] 基于区块链技术的智能合约可以减少行政干预,节省成本,提高考核流程的效率,降低风险,智能合约的区块链2.0版本具有天然优势。运行智能合约进行创新智能考核,首先需要在考核前预先设定好智能合约,其次施行前还必须验证智能合约,确保合约内容转换无瑕疵或者错误,最后还需要针对性地进行机制转换——用赋分代替“合约”执行过程中的付款,即学生完成实践内容和获得相应的分数之间为一一对应关系,替代如经济合同中的一方提供服务或者货物和另一方付款之间的对应关系。将智能合约运用从经济领域转入教育领域,赋予区块链智能合约新的发展空间,助力智慧校园的智能化建设。

---

[1] 参见张双志:《“区块链+学分银行”:为终身学习赋能》,载《电化教育研究》2020年第7期。

1. 规则制定:考核前预先设定智能合约

区块链(数据结构)是共享数据库,存储数据或信息,"不可伪造""全程留痕""可以追溯""公开透明""集体维护"等特点为智能合约的产生提供可能。智能合约基于区块链技术,本身就是一个系统参与者,对接收到的信息进行回应。[1] 智能合约具有的"不可篡改"、"可溯源"、"自动执行"以及"安全稳定"等特征,为创新考核思想政治理论课实践部分提供技术和平台支撑。从技术角度进行考量,基于区块链技术的智能合约是数字定义的承诺,由代码构成。智能自动合约的工作原理类似于其他计算机程序的 if-then 语句,需要预先设定赋分条件和触发自动执行评价并赋分的条件,这两个条件都要事先键入智能合约代码的空白处。当预先设置的条件具备时,代码就会强制执行程序,可以在预先设定的条件具备后立即执行,或者按照预先设定的时间自动完成对学生思政课实践考核部分的评价和赋分。使用基于区块链技术的智能合约进行考核,实践接受单位或者参与实践课程考核的学生将相关实践成果随时或者按照合约要求的时间节点进行适时上传,达到触发智能合约预先设定的条件时,智能合约的评分功能按照约定自动开始运行,执行评价、赋分并向全网进行广播。智能合约基于区块链技术对学生的实践进行全程可溯源地考核,通过事先约定,自动透明不可篡改地执行合约,安全稳定地对学生实践进行考核,符合现代大学的育人规律;注重过程考核,符合对实践课进行创新考核的要求;智能合约不可逆转的特性和考核过程全程透明,有效地保证从过程到结果的公正,实践得分和实践成果匹配度高。

2. 机制转换:用赋分代替付款

智能合约是一种电子交易协议,以数字方式促进、验证或强制执行合约条款的谈判和执行,旨在满足共同的条件。[2] 从本质上看,区块链智能合约仍属于合约范围,自动履行功能与现有合约存在天壤之别,笔者认为还是可以认定为典型的无名合约,合同双方需要义务和权利的对等或者说进行交换。智能合约对学生思想政治理论课实践部分进行考核,相互对价的是学生的实践成果或者实践作业内容与获得相应分值之间的对价关系。智能考核进行机制转换,用课程考核实践内容的赋分代替合约中的付款,赋分和付款之间进行一一对应,完成智能合约对学生思想政治理论课实践部分的自动考核。区块链技术可以通过使用哈希时间戳来证明某个文件或者数字内容在特定时间客观存在,借鉴该技术对实践成果或者作业进行加盖时间戳,确保参与考核的学生任务的完

---

〔1〕 参见长铗、韩锋等:《区块链:从数字货币到信用社会》,中信出版集团2016年版,第119页。

〔2〕 See Gunnar Prause, *SMart Contracts for SMart Supply Chains*, IFAC-PapersOnLine, Vol. 52, No. 13, 2019, p. 2501 - 2506.

成、实践成果的获得等都在规定的时间范围内。智能考核中,学生或者实践接受单位上传的实践成果并公开,区块链通过加密技术和去中心化处理,使上传的数据不可篡改,再加上可溯源等特性为防伪溯源和监管——教务部门后期的审核等提供完美的解决方案。

3. 双核驱动:透明公正地对实践进行全程考核

智能合约基于区块链的分布式账本应用的格式化的合约形式,当合约签订的触发条件满足时,智能合约将自动执行并产生一系列由数据驱动的业务功能。[1] 借鉴合同的交易模式,教师和学生将自己的意志填写在代码的空白处即可。智能合约以权利和义务作为核心内容之一,在实践课考核中以作业和成绩的方式作为学生获得评价和加分内容,教师将获得学分条件或者学分获得的一些条件以作业和成绩的方式填入,作为代码的核心内容之一。代码的另一核心内容就是设置触发合约自动执行的条件,实践单位或者学生自己将实践内容或者实践成果键入或者说上传,对学生实践的完成和成绩的获得进行自动考核、获得和记录并全网广播。教师输入代码的核心内容,课程实践的接受部门或者参与考核的学生提交实践相关成果,触发考核合约自动执行,对学生成绩进行自动评定和赋分,以此完成实践成绩的评定,整个过程透明。此种模式即为"If A occurs, then B will be triggered"的模式,基于区块链的去中心化的、公开透明的信任系统,借鉴经济活动中的交易模式,赋予授课教师、课程实践者,实践接受或者评价单位以智能合约参与者的身份加入系统。全程公开透明地进行考核,教师考核过程和学生的成绩获得全程在网上公布,学生成绩获得全程具有可追溯,避免暗箱操作,实践部分的考核注重过程考核更加体现公平和公正。

4. 查漏补缺:施行前事先验证智能合约

人类的认知有限,科技技术的发展也需要不断在修正中进步和提高。基于区块链技术的智能合约在使用前应确保合约能按预期工作。与大多数技术一样,智能合约也存在潜在安全威胁、漏洞和各种其他问题。[2] 为了避免此类问题,施行前需要虚拟运行并进行形式化地分析,以确保合约设定的内容正确并能够被正确地实施。由于智能合约一旦实例化就不容易更改或更新,因此必须绝对确保程序代码按设计者的预期进行工作。[3] 由于区块链的不可改变性,

---

〔1〕 参见赵志华:《区块链技术驱动下智能合约犯罪研究》,载《中国刑事法杂志》2019年第4期。

〔2〕 See Singh AMritra[J]; Parizi Reza; AMritra[J] Singh; Reza M. Parizia; Zhang Qi; Choo KiM-Kwang RayMond; Ali Dehghantanha, Blockchain SMart Contracts For Malization: Approaches and Challenges to Address Vulnerabilities. CoMputers & Security, Volume 88, January 2020, p. 101654.

〔3〕 See ThoMas Osterland; ThoMas Rose, p. 101129.

任何错误或错误一旦发布就会成为永久性的存在，并可能导致巨大的损失。为了在基于智能合约的业务流程执行中实现信任和连续性，必须对此类智能合约进行验证。[1] 而且，智能考核与学生的成绩、学业的绩点息息相关，决定学生的学业成绩，继而影响学生的毕业和学位的获取。事先进行验证，可以确保智能合约的正确性和安全性。

三、智能考核思想政治理论课实践部分的创新

对大学思想政治理论课实践部分进行智能考核的创新，是在坚守国家关于思想政治理论课理论教学和实践教学要求基础上的创新。坚守国家政策关于创新教学和创新考核的要求是智能考核的发端；区块链技术发展到 2.0 版本，智能合约技术的出现并被运用是智能考核的技术保障。智能合约的运行全程透明不可更改，能够更好地体现考核从过程到结果的公平和公正。智能合约考核需要事先确定思政课实践学分获得写入代码空白处的内容、范围和具体的标准等“合约”内容。

（一）初步思考：写入代码空白处的思政课获取实践学分条件

上文笔者已经论及，使用智能合约，首先需要确定写入代码的合约内容以及触发的条件，然后才能进行智能考核。在大学目前的学分制度下，课程学分达到人才培养方案预先设定的标准学生能够获得顺利毕业的资格。法学专业培养德法兼修卓越法治人才，特别需要注意避免学生被培养成“精致的利己主义者”，除了运用老一辈无产积极革命家大公无私的革命精神教育和熏陶法科学生之外，还需要借鉴社会上已经成熟的道德评价体系和标准对学分制度下德育考核进行统一的量化。例如，将通识通修平台思想政治理论课程实践学分或者通识任意选修课程学分和学生获得的公认荣誉对应起来，并借此进行德育培养、道德引导。对于本科思想政治理论课的实践学分在个性化考核的基础上，使用部分统一的标准赋予学生相应的学分，让已经达到较高道德水准的德法兼修法科学生能够获得社会体系全面的肯定评价和鼓励。在我国比较成熟的道德评价体系中获得不同级别荣誉的学生，其思想政治理论课学习的实践成果已经得到社会的承认并获得高度评价。高等院校这些德“高”的学生的思想政治理论课程实践学分可以在一定范围内直接获得相应的学分。笔者认为，除了事先规定的实践作业之外，还可以将把诸如获得见义勇为、道德模范、英雄模范、立功等奖励作为实践成果，键入代码空白处，成为合约内容的一部分，达到条件

〔1〕 See MouhaMad AlMakhour; Layth SliMan; Abed EllatifSaMhat; AbdelhaMid Mellouk, Verification of SMart Contracts: A Survey, Pervasive and Mobile CoMputing, Volume 67, Septe Mber 2020, p. 101227.

则触发合约自动履行,直接获得教育部规定的思想政治理论课实践 2 学分中相应分数。

(二)确定范围:写入代码空白处实践学分的获取

创新既要有宏观上体制机制的保障,又要有微观层面科学、可操作的具体实施路径。[1] 在基本作业和常规的实践内容之外,目前各级政府和职能部门设置的荣誉也能体现思想政治理论课学习相关的实践成果。在比较成熟的评价体系中,可以借鉴过来对在校大学生思想政治理论课程实践进行量化考量的有"青年五四奖章"、"道德模范"、"英雄模范"、"立功"以及"烈士"等荣誉称号。这些社会上的道德评价完全体现荣誉获得者在思想道德方面已经属于同龄人中的佼佼者,作为执行智能考核合约的触发条件,符合教育部规定的基础上又具有合理性,实践中也容易获得大多数公众的认同。以立功为例,立功的评定细则中第 1 条明确规定,要求荣誉获得者"能够学习马克思列宁主义、毛泽东思想和邓小平理论,贯彻党的路线、方针、政策,联系实际回答和解决重大理论和现实问题,成绩突出,有较大贡献的,可以记三等功;有重要贡献的,可以记二等功;有重大贡献和影响的,可以记一等功。"无论从思想品德上还是具体的身体力行上进行考察,该荣誉获得者已在思想修养和贯彻党的路线、方针、政策等方面有了"较大"、"重要"或者"重大"的贡献和影响,这是参与考核的大学生提交给思想政治理论课程的最好实践成果。因此,获取通识通修平台思想政治理论课程实践学分或者通识任意选修课程不同的学分存在合理性的同时,也具有可操作性。不同等级的"立功""青年五四奖章""道德模范""见义勇为"等都可以写入智能合约代码的空白处,作为触发满足执行合约的条件之一,执行双方都清晰可见。

(三)具体标准:键入代码空白处学分获得的具体标准

赋予不同等级荣誉不同分值,并写入智能合约代码的空白处。具体的条件为从学生被学校录取到毕业前,获得"青年五四奖章""道德模范""见义勇为"等荣誉的,可以获得通识通修平台思想政治理论课程实践学分或者通识任意选修课程学分,同一类荣誉只能获得一次,以最高荣誉为准,获得提名奖的降一级获得学分。具体如下:(1)荣获国家级、省级、市级、县级道德模范荣誉的,对应获得 6 学分、5 学分、4 学分和 3 学分;(2)荣获国家级、省级、市级、县级"青年五四奖章"荣誉的,对应获得 6 学分、5 学分、4 学分、3 学分;(3)荣获国家级"见义勇为英雄""见义勇为模范""见义勇为先进个人"荣誉的,对应获得学分 6 学分、5 学分、4 学分;(4)荣获省级"见义勇为英雄""见义勇为模范""见义勇为

[1] 参见黄广顺:《地方高校创新创业教育精准化的实践路径》,载《湖北经济学院学报(人文社会科学版)》2020 年第 1 期。

先进个人”荣誉的,对应获得学分5学分、4学分、3学分;(5)获荣获市级“见义勇为模范”和“见义勇为先进个人”荣誉的,对应获得学分3学分、2学分;荣获县级“见义勇为先进个人”荣誉的,获得1学分。[1] 荣获“英雄模范”或者“立功”荣誉的,荣获特级、一级、二级英雄模范,对应获得学分6学分、5学分、4学分;荣立特等、一、二、三等功,对应获得学分6学分、5学分、4学分、3学分;甚至学生被录取到毕业前,被评定为烈士的,其亲属或者所在学院可申请授予荣誉法学学位等。

虽然大学本科思想政治理论课程实践学分只有2学分,但是一般高校还会设有通识任意选修课程的学分,一般为6学分左右,不同等级荣誉获得高于思想政治理论课程实践学分的2学分的,多出的学分部分可以作为通识任意选修课程学分使用。通过不同等级荣誉不同学分键入进行自动获得,以及荣誉法学学位的授予,都是对学生思想政治理论课程实践实时进行的考核,智能合约自动执行考核,对价值观进行正向引导,让法治人才在追求德法兼修之时没有后顾之忧。

当然,必须得到事先批准或者认可,实践课考核获取分值的条件才能键入智能合约代码的空白处。目前以上为笔者初步思考后的内容,其中相应学分的获得都已经被写入笔者所在高校一流法学专业人才的培养方案,并已经获批在2020级法学专业人才培养中开始使用。高校立德树人,思政课实践学分的获取标准可以作为高校统一的评判标准的基础上微调后使用。笔者以一流法学专业的建设为例,事实上所有的具有实践课的课程都可以使用智能合约进行自动智能考核。

结语:智能校园授予德高者“一卡通”

未来已来,唯变不变。我国法学专业需把握高等教育新形势,主动引领世界高等教育变革。在法治人才培养方式和机制创新上,推进考核方式不断丰富。[2] 从国家政策要求到人才培养方案的落实,再到现代科技的保障,为智能创新考核提供可能。建立智能校园,智慧课堂不能没有基于智能合约的智能考核。构建从社会到学校,依托区块链技术的智能合约可以让思想品德高尚者获得“一卡通”,给德高者建立起综合褒扬的智能评价体系。区块链技术让可以

---

〔1〕“见义勇为”也是属于“道德模范”的范畴。因为不同级别政府对“见义勇为”有不同的认定权限,认定的荣誉称号也不同,有“见义勇为英雄”“见义勇为模范”“见义勇为先进个人”三种情形,故笔者在此将其和“道德模范”进行并列。

〔2〕参见夏锦文、徐英荣:《法官助理制度改革需求与法治人才培养创新》,载《法学》2017年第12期。

绝对信任的交易信息流成为现实,重新组织交易过程中的信任关系。基于区块链技术的智能合约而进行的考核,对完成课程考核预先设定的条件,提交系统作业或者实践成果,通过自动执行合约而完成评价并赋予学生分数。借鉴“交易”模式,完成建立在信任基础上的课程自动考核。目前上文笔者列举键入代码空白处的荣誉不多,主要是社会公认“含金量”较高的荣誉,有些荣誉对大学生特别是在校生来说比较难获得,但是这样规定作为一种价值引导,与社会上评价形成合力,作为一种导向性的规定具有存在的合理性和必要性。同时有助于引导社会整体道德水平的提高,与“高校立德树人”的要求吻合,与法学专业培养“德法兼修”的人才培养目标相呼应。智能合约全程考核,能够很好地解决当前社会主义核心价值观嵌入高校通识教育过程中存在教学目标“重号召、轻评价”等问题,[1]并能够很好地实现高校“课程思政”在现实层面旨在培养社会主义合格的建设者与接班人的目标。[2] 智能合约不仅仅可以应用于法学专业的思想政治理论课实践环节的考核,也给所有大学课程中包含实践环节内容进行智能考核标明方向。既然区块链技术具有推动智慧城市发展的潜力,[3]相信也会有助于智慧校园向智能校园的发展演变。

---

〔1〕 参见陈兵、鲁杰:《高校通识教育中嵌入社会主义核心价值观问题及对策研究》,载《理论导刊》2018 年第 7 期。

〔2〕 参见唐芳云:《立德树人:高校“课程思政”价值定位的哲学审视》,载《理论导刊》2020 年第 2 期。

〔3〕 See Bharat Bhushana; Aditya Kha Mpariab; K. Martin Sagaya Mc; Sudhir KuMar SharMad; Mohd Abdul Ahade; Narayan C. Debnathf, *Blockchain for SMart Cities: A Review of Architectures, Integration Trends and Future Research Directions*, Sustainable Cities and Society, Vol. 61, 2020, p. 102360.

刑法学课程思政教学改革探析

吕　汇*

摘　要:刑法学教学中进行思政教育是培养德法兼修法治人才的必要环节,刑法学课程思政教学改革,应坚持立德树人,培养德法兼修法治人才的原则,以社会重大热点问题与典型案件为依托,充分挖掘思政元素,有机融合教学内容与思政元素,同时改革考核方式及教学评价体系,使课程思政教学规范化,从而推动课程思政教学改革的不断发展。

关键词:刑法学　课程思政　思政元素　教学改革

引　言

课程思政就是将高等院校思想政治教育融入课程教学各个环节,以实现立德树人的思政教育目的。2016 年习近平总书记在全国高校思想政治工作会议上指出,要用好课堂教学这个主渠道,思想政治理论课要坚持在改进中加强,提升思想政治教育亲和力和针对性,满足学生成长发展需求和期待,其他各门课都要守好一段渠、种好责任田,使各类课程与思想政治理论课同向同行,形成协同效应。[1] 在习近平总书记指示的基础上,高等院校各专业都在不断研究如何进行课程思政,以立足当代中国建设实际,适应新形势,实现立德树人的最终目标。法学专业基于自身特点,与思政教育有着天然的联系,同时,法学专业担负着培养社会主义法治人才的重任,培养的学生是未来中国的法官、检察官和律师,是公务员群体的主要组成,因此,法学专业学生,不仅要求具备较强的专业素质,而且要求具备更高的政治思想素质。这就意味着,法学专业的课程思政教育更为迫切,也更加必要。法学专业课教师,应当把立德树人作为教育教学的根本,解决好培养什么人,为谁培养人,怎样培养人的问题,在教学中深挖思政元素,将教学内容与思政元素有机融合,引导学生树立正确的价值取向,培

* 作者简介:吕汇,江苏海洋大学文法学院法学系副教授。

〔1〕《习近平在全国高校思想政治工作会议上强调:把思想政治工作贯穿教育教学全过程　开创我国高等教育事业发展新局面》,载中国共产党新闻网,http://dangjian.people.com.cn/n1/2016/1209/c117092-28936962.html。

养学生运用法律服务社会、国家、人民的社会责任感。

刑法学课程是国家教育部指定的法学专业核心课程之一,是以我国现行刑法,以及刑法所规定的犯罪、刑事责任与刑罚为研究内容的基础性理论课程,由于刑法与其他部门法相比,有着更为鲜明的阶级性质,因此,刑法学的教学过程中,应当也必须融入思政理念与思政元素。

一、刑法学课程思政教学改革的基本原则

(一)坚持立德树人,培养德法兼修法治人才

2017 年 5 月 3 日,习近平总书记在对中国政法大学考察中强调,全面推进依法治国是一项长期而重大的历史任务,要坚持中国特色社会主义法治道路,坚持以马克思主义法学思想和中国特色社会主义法治理论为指导,立德树人,德法兼修,培养大批高素质法治人才。[1] 刑法学课程思政教学改革,应紧紧抓住"立德树人、德法兼修"的核心。传统的刑法学教学,对某一知识点的讲解,基本沿着概念、性质、特征、构成条件等脉络展开,辅助于知识点的案例讲解,也重在案例中蕴含刑法理论的解析,目的在于刑法知识的灌输与刑法技能的养成。从学生学习过程看,也同样应将知识的获得、技能的掌握作为学习的根本。无论是"教"还是"学",对法律制度设立的历史人文背景、蕴含的法治道德理念、产生的社会文化影响等问题的理解都相对缺乏,学生往往成为知识点的集合体,而非具有法律精神和法律内涵的法律人。要改变这一现状,需要教师首先从思想深处树立立德树人的原则意识,在教学各环节上坚持培养德法兼修法治人才的原则,做到时时思政、处处思政、全程思政。

(二)坚持人才培养计划,设计贯穿思政特点的教学方案

刑法学教学的开展,以人才培养计划为依据,课程思政的理念与要求,在法学人才培养计划中应随时体现。根据国家教育部发布的法学类本科专业教学质量国家标准要求,以立德树人的课程思政目标为原则,法学专业人才培养计划中,既要包含"扎实的法学理论知识和法律职业技能,合理的知识结构和较强的分析论证能力"的培养要求,同时也应重点突出培养"具有良好的政治素养、思想品德和法律职业道德,适应建设中国特色社会主义法治体系、建设社会主义法治国家的实际需要"的人才的培养目标,既重视知识的传递,更重视道德素养、政治素养、法治素养的培育,不仅要德才兼备,更要德法兼修。[2] 刑法

---

〔1〕 习近平:《立德树人德法兼修抓好法治人才培养 励志勤学刻苦磨炼促进青年成长进步》,载中国网·视频,http://www.china.com.cn/v/news/2017-05/03/content_40740110.htm。

〔2〕 参见李训伟:《法学"课程思政"的引入与设计研究》,载《新教育时代(教师版)》2020 年第 7 期。

学课程思政教学,应始终贯穿这一要求与目标,深入挖掘社会生活中的思政元素,在编写教学大纲、设计教学方案过程中,采用多种教学手段,将思政元素融入课堂教学。

二、刑法学课程思政教学改革路径

(一)充分挖掘刑法学课程思政元素

思政元素源于生活,我国社会主义建设的伟大历程中,孕育和产生了丰富的思想道德精神内涵,蕴含在社会生活的方方面面,也体现在各专业知识体系中。目前,法学专业思政元素的挖掘虽有所成就,但主要是针对专业整体的较浅层次的挖掘,缺乏针对某一具体课程的较深层次的元素挖掘,因而仍显不足。刑法学以犯罪、刑事责任和刑罚为研究对象,刑法以维护社会利益,国家安定为己任,其所蕴含的思想价值和精神内涵极其丰富,社会热点问题、典型刑事案件,都可以成为思政元素的来源。教学中,教师应时时关注社会政治与民生,深入而广泛地挖掘思政元素。例如,学习危害国家安全犯罪问题时,可以结合《香港特别行政区维护国家安全法》的制定,以维护国家安全为切入点,与学生探讨我国香港国安法的设立背景与意义,继而引导学生树立正确的国家安全观,培养爱国主义情怀。又如,学习危害公共安全犯罪问题时,可以结合2019年年底开始的新冠肺炎疫情,强化学生对危害公共安全犯罪的严重性的认识,并引导学生对野生动物保护的意义有所重视,从而培养学生保护生态,维护生态安全的意识。对待社会热点问题,应积极发掘素材,组织学生讨论,让学生发表不同看法,最终引导学生认识到,作为法学专业学生,看待热点问题更应理性化、专业化,不能人云亦云,更不能在网络等公共媒体发表不切实际的言论。比如,在学习故意杀人罪内容时,可以组织学生对“张扣扣故意杀人案”进行讨论,从而树立依法定案,法律面前人人平等的法治思想。社会生活丰富多彩,思政元素无处不在,只要教师做个有心人,不断拓宽课程思政的探索广度、加大探索力度,就能够深入挖掘思政元素,提升思政元素含金量。[1]

(二)有机融合教学内容与思政元素

思政元素与教学内容的融合,不是简单地在教学中增加思政内容,而是二者的有机融合。刑法学课程内容非常繁杂,体系上分为刑法总论与刑法分论,刑法总论主要研究刑法的基本理论问题,包括刑法的制定、体系、任务、基本原则、适用范围等,犯罪构成问题、犯罪形态问题,以及量刑等问题,刑法总论课程的学习,是进一步学习刑法分论,研究各类犯罪问题的基础。宏观上讲,刑法学

〔1〕 参见刚彦:《法学课程思政研究综述——以CNKI期刊数据库的相关文献为素材》,载《法制与社会》2020年第16期。

贯穿法治思想,但微观上看,刑法学不同的具体内容,又可以融入不同的思政元素。这就要求,教师在组织教学融入思政元素时,应以“坚持法治思想,坚持四个自信”的思政理念为中心,以不同的思政元素为抓手,做到多点齐发,多元素并进,对每一章节,甚至每一知识点,挖掘其所蕴含的不同的思政理念,对应不同的思政元素。[1] 因此,教师在教学内容与思政元素融合的组织设计上要下大工夫,要求围绕教学要求,设置思政目标,将思政元素自然而然地与教学内容相融合。刑法学课程具体设计上,应首先设置课程目标与思政目标,然后根据教学内容确定应当融入的思政元素,以及通过学习所要达到的教学效果以及思政育人目标。课程目标与思政目标,教学效果与思政育人目标是两个方面的问题,二者不能混同,表述上也不能含混不清。教学方式方面,可采取灵活有效的教学手段,重点在于,如何汲取生动的素材,引导学生对教学内容与思政元素深入理解与吸收,如可以选取实际案例或社会热点问题,组织学生充分讨论,使学生通过讨论,对实际案例或热点问题重新认识,并自觉认识到其所蕴含的思政元素。“课程目标 + 思政目标——教学内容 + 思政元素——教学效果 + 育人效果——教学方式”[2],这样的融入方式,能够较为有效地达到教学内容与思政元素的有机融合,最终实现由教师教到学生学的转变,课程思政的目的的实现。

表 1、表 2 以刑法总论中“刑法的效力”一章为例,具体说明这一问题。

表 1 刑法总论课程目标与思政目标

目标	课程目标	思政目标
1	掌握我国刑法的概念、性质、刑法的创制与发展、刑法的基本原则、刑法的效力范围等重要理论问题。掌握我国刑法规定的犯罪的概念、犯罪构成问题、各种犯罪形态问题、正当行为等问题。掌握刑事责任基本理论、我国的刑罚体系与种类、刑罚裁量制度、刑罚执行制度、刑罚消灭制度等问题	(1)引导学生坚定“四个自信”,坚信我国法律制度,确立学生对法律的信仰。 (2)培养学生法治意识、法治思维,坚持社会主义法治理念,坚持法律至上理念。 (3)培养学生树立社会主义核心价值观。 (4)培养学生树立国家安全意识,维护国家主权,增强学生的爱国主义情怀与民族自豪感

[1] 参见包姝妹:《法学专业“课程思政”教学改革路径探析——以〈侵权责任法〉课程为例》,载《高教学刊》2020 年第 16 期。

[2] 时显群:《法学专业“课程思政”教学改革探索》,载《学校党建与思想教育》2020 年第 4 期。

续表

目标	课程目标	思政目标
2	训练学生科学规范的法律思维方式,使学生形成一定的法律思维能力	(1)培养学生树立实事求是的科学精神。 (2)培养学生理论联系实际的马克思主义方法论。 (3)培养学生理性化、专业化分析判断社会重大热点问题的职业素养,使学生树立正确的是非观、正义观

表 2 “第三章——刑法的效力”教学内容及进度安排

课时	教学内容	思政元素	教学效果	育人效果	教学方式
1	刑法效力概述	国家主权 制度自信	通过学习,要求了解刑法的空间效力及时间效力的概念	培养学生自觉维护国家主权;坚定社会主义道路,法治道路	讲授,讨论
1	我国刑法地域效力	国家主权 国家安全 爱国主义情怀	掌握我国刑法关于空间效力的属地原则	培养学生自觉维护国家主权;树立国家安全观、有国才有家的爱国主义情怀	结合“湄公河案件”案例讲解并组织案例讨论
1	我国刑法对人效力	国家主权 公民的义务	掌握我国刑法关于空间效力的属人原则	培养学生自觉维护国家主权;自觉遵守国家法律	结合“天网行动——追缉红通人员”案例讲解并组织案例讨论
1	我国刑法的时间效力	依法办事	掌握我国刑法时间效力的基本原则以及刑法的溯及力问题	培养学生法律至上理念,做到依法处理各类案件	案例讲解 案例讨论

(三)改革考核方式及教学评价体系

刑法学的考核方式,以闭卷考试为主,内容涉及刑法知识与刑法技能的考察,学生成绩由平时成绩与期末考试成绩按照一定比例构成。进行课程思政的教学改革,需要强化对学生思政认识、思政能力的考核。可以尝试在平时成绩与期末考试中增加思政成绩,平时成绩中的思政成绩,由教师根据学生日常学习中参与思政问题的研讨的程度,以及日常对思政元素的理解程度进行评分。期末成绩中的思政成绩则需要教师在考核内容及题目设计方面下功夫,使之能够考核出学生对思政元素与内涵的理解与掌握。例如,在刑法总论考试中,可以设置材料题,要求学生就最高人民法院、最高人民检察院、公安部、司法部联合发布的《关于依法惩治妨害新型冠状病毒感染肺炎疫情防控违法犯罪的意见》的材料,回答刑法的任务与功能,以及此意见发布的重要社会意义,该材料题的设置,既考察我国刑法的功能、任务等知识点,又考察学生对"依法治国"思政元素的理解和掌握。

教学评价,也是强化课程思政的必要手段,应当构建操作性强,量化指标丰富的课程思政教学评价体系。[1] 评价应从人才培养计划的制定环节开始,首先在人才培养的目标及要求中应当突出课程思政的地位和重要性;依托培养计划的实施,在教学大纲、教案、教学课件中,应当具体落实思政元素的融入点、育人的目标及教学方式,在教材选用上,应当规范教材的选用,统一使用马工程系列教材。以上评价指标均可量化。同时正人先正己,加强教师的师风师德教育,把课程思政的建设及实施情况,作为教师教学评价的重要内容。这样,从各方面综合评价考核课程思政成效,使课程思政教学规范化,从而推动课程思政教学改革的不断发展。

[1] 参见教育部高等学校法学类专业教学指导委员会:《普通高等学校法学类本科专业教学质量国家标准》,高等教育出版社2018年版。

民法典时代民法教学中思政教育的实施

丁宇峰*

摘　要：民法教学是法学教育的基础，它不仅宣扬民法的基本精神和原则，更将其化入具体规则的教学之中。民法典时代，民法基本精神与社会主义核心价值观具有高度的统一性，这彰显其在塑造学生符合社会主义核心价值观的思想品德方面具有重要意义。民法教学中思政教育之建设在于精神之建设，而精神之建设则在于行为之实施。此一路径将围绕精神意味之阐发、精神与行为之映照、行为之实施而展开。

关键词：民法典　民法教学　思政教育

引　言

2020 年 5 月 28 日，第十三届全国人大第三次会议审议通过了《民法典》，自此我国进入了一个崭新的民法典时代。它为民生提供了基本规则保障，开创了我国依法治国的新局面。在这个伟大时代里，民法教学的地位至关重要。它不仅需要教习处理基本民法问题的理论和方法，更承担着塑造新一代学生民法精神的任务。而这一任务的完成需要紧紧围绕思想政治教育展开，两者之关系有如花朵与根基。鲜艳之花朵有赖根基之营养，非彼则此不得滋润也。因此，没有思政教育的浸润，民法教学将成为无本之木、无源之水。有如树木传输营养仰仗维管束之运输，民法教学与思政教育之间亦需养分输送之管道。此一管道之建构身系民法教学之成败枯荣，故有深刻发省之必要。

民法课程教学与思政教育的结合不仅是自然发展的结果，也是国家和社会发展的必然要求。习近平总书记 2014 年 5 月 4 日在北大考察时指出："青年的价值取向决定了未来整个社会的价值取向，而青年又处在价值观形成和确立的时期，抓好这一时期的价值观养成十分重要。这就像穿衣服扣扣子一样，如果

* 作者简介：丁宇峰，南京农业大学人文与社会发展学院副教授。

第一粒扣子扣错了,剩余的扣子都会扣错。人生的扣子从一开始就要扣好。"〔1〕这次讲话体现党和国家对培养青年价值观的高度重视和殷切希望。政策层面的落实肇始于2017年12月4日教育部发布的教党(〔2017〕62号)《高校思想政治工作质量提升工程实施纲要》,该纲要首次提出了"课程思政"的概念。〔2〕 自此,以知识启发和建构为目的的课程教学有了思政教育的灵与魂。

一、民法与社会主义核心价值观之共同精神

民法教学的首要任务是对学生在民法精神方面的塑造,离开民法精神去探寻民法要义犹如缘木求鱼。因此,精神是第一性的,规则是第二性的。梁启超曾在《新民之议》一文中指出:"凡一国之能立于世界,必有其国民独具之特质。上自道德、法律,下至风俗、习惯、文学、美术,皆有一种独立之精神。祖父传之,子孙继之,然后群乃结,国乃成。"〔3〕中华民族几千年来所传承下来的优秀文化精神在社会主义核心价值观中都有所体现,后者又吸纳了现代社会的自由民主的精神。因此,社会主义核心价值观是中华民族文明精神的集大成者。当代之中国,一切规则、制度之订立运行皆是该价值观在某一方面的具体体现,民法亦不外乎其是。然而,"民法的规范构造,只是立法者的法律形式构造,只有民法精神的行为构造,才是现实的法治和法治文化构造"〔4〕。据此,民法教学者应当向受教学生阐明社会主义核心价值观与民法精神的共义。形式上虽是思政教育之渗透,实质却系发明中国民法精神之根源。两种精神之阐发,有如日月之交互辉映,焞耀遍山河。

教者之阐发有目的解释与构造解释之方法,两者皆可为之。所谓目的解释意指以民法制度的精神与目的为出发点,解释其与社会主义核心价值观之关系。我国《民法典》第1条规定:"为了保护民事主体的合法权益,调整民事关系,维护社会和经济秩序,适应中国特色社会主义发展要求,弘扬社会主义核心价值观,根据宪法,制定本法。"据此,民法之目的在于保护私权与弘扬价值。其中,"调整民事关系"则可判为手段;"维护秩序"并非民法特定之目的,他法皆可为之;"适应发展"则系法律自身之要求,非为某部门法之特有现象。民法人一再强调民法是权利法,可见权利在民法诸要素中的首领地位。而权利中未显现的是独立人格,而此人格实可类比一国之国格,两者实乃相互照应。孟德

〔1〕《习近平告诫大学生:人生的扣子从一开始就要扣好》,载人民网,http://theory.people.com.cn/n1/2017/0608/c40531-29327157.html,最后访问日期:2022年5月20日。

〔2〕参见包姝妹:《法学专业"课程思政"教学改革路径探析——以〈侵权责任法〉课程为例》,载《高教学刊》2020年第16期。

〔3〕梁启超:《饮冰室合集·专集之四》,中华书局1989年版,第34页。

〔4〕王利民:《论民法精神的行为性与生态性》,载《法治现代化研究》2019年第2期。

斯鸠曾言:“在民法慈母般的眼里,每一个个人就是整个国家”,其言颇有“须弥藏芥子,芥子纳须弥”的意味。当然,在现代社会,个人与国家相去甚远,但试想荒岛上鲁滨孙和星期五之间便颇似国际法上两国关系。两者相互并列而依存。所谓并列是就独立而完整的存在体而言,所谓依存则指个人存在于国家之内并依赖于它,而国家的存续则离不开每一个个人。我国历史发展的主线是统一,故个人对国家的依存是第一性的。因此,爱国主义是我国民族精神的核心[1]。然而,爱国精神并不仅仅是一腔热血,在和平年代它更着墨于理性地对待个人与国家之间的关系。而这,当以深谙民法精神为基础。民法精神说到底是一种为权利而斗争的精神,它是个人人格完整性的体现。虽然法律人格并不是全部的人格体现,但却是不可或缺的部分。耶林曾言,罗马法在晚期帝国时代表现出债务人的同情,“债权人的权利在很多情况中被牺牲了,这是一个堕落时代的象征”[2]。为彰显个人权利之重要性,《民法典》将人格权独立成编,意在向国人乃至世界宣告中国对个人权利之珍视。每个个人只有通过知道、理解和珍惜自身之权利,才有以同等情感去维系他人权利之基础,进而才可能去保护和爱惜国家之权利。譬如,我国台湾地区自古以来就是中国领土不可分割的一部分,开发和管制历史甚至可追溯至1700多年前。无论是遵从历史习惯,还是根据国际法原则,中国都应对其享有领土主权。我们每个个人作为国家的成员,就有责任和义务为维护该主权而努力。由上可知,爱国精神其实与民法的私权精神精义相通,没有个人的权利意识,也就谈不上爱国,因其不知如何去爱。

以上仅以私权精神与爱国精神的比较与衔系为例为教者阐发,余者教者皆可循此路径加以阐发。然须始终谨记的是,社会主义核心价值观绝不是空洞的说教,有必要在民法教学中让学生体悟其与民法精神的交融,从而实现具体化。在民法与社会主义核心价值观之间寻求本源精神的过程中,始终要将人民的利益与党和国家的理想放到一起进行权衡。只有这样,学生在思考私权问题时,才不至于完全落入自由主义。民法与社会主义核心价值观共同精神的探索,在于追根溯源。不忘初心,方得始终。我国民法虽深受大陆法系权利制度的影响,然而它在根子上体现的是党对人民权利诉求的承诺。强调中国特色是民法典时代民法教学的宏旨之一。这个特色就是在凸显私权的同时,应具备大局思维,谨慎并平衡地对待社会主义背景下私权与公权的关系。民法教学在培养学生权利意识的同时,应引导他们思考它与公共利益之间的关系。在人类命运共

---

[1] 参见王易:《高校社会主义核心价值体系教育应注意的几个问题》,载《学校党建与思想教育》2014年第3期。

[2] [德]鲁道夫·冯·耶林:《为权利而斗争》,郑永流译,法律出版社2012年版,第69页。

同体的大背景之下,个人权利是与他人权利和公共利益相均衡而产生的结果。在民法教学中融入思政教学的基础条件就是学习在社会主义核心价值观的视野下观察民法精神。这样的民法权利意识才不至于偏颇,才能合乎中庸。当然,思政教育并不仅仅是一味强调社会价值,也在突出它的基础性和本源性。教师在其中的作用是引导的,而不是灌输的。学生在谈私权时很容易陷入个人场景中,而不是一幅社会的图画。殊不知,没有国家哪有个人?因此,民法教学的思政教育首先是学习一种本源思维,防止陷入个人主义的逻辑怪圈,人为产生私权与公权之间的冲突。

二、民法精神与思政教育的知行合一

法律的真谛在于实践,每个人只有在自身民事权利取得、变更和消灭的过程中才能体悟民法的用心。教者的作用就在于与学生交流如何观察这个过程,并将其与社会主义核心价值观的践行紧密联系起来。那么,在民法教学这样一个以理论为主的课堂,又怎样将其付之于实践中的沟通呢?以下是一些可行的尝试。

(一)师者之言传身教

如果教者自身没有权利的实践,很难在课堂感染学生,使其体悟权利意识与行为的关系。因此,民法教师首先应有一定的法律实践经验,否则,仅仅依靠他人的判例分享无异于隔靴搔痒。如是自己的经历,必对当时的动机、念头、想法等体会颇深。反之,若是他人判例,则展现的往往是故事中的一部分。人大都是会模仿的。老师如何维护权利,必然影响到学生日后的行为,并使其体会到人在这个过程中的价值。然而,维护权利并非铁板一块,它是一个系统的建构。首先就是权利意识的培养,认识、理解和融合是这个过程的三个阶段。如今全国上下如火如荼的民法典学习是在完成前两个任务,而融合则非师者言传身教不能完成。所谓融合是将权利概念融入自身的思维体系中,乃至人格体系中。“行动的一切德性价值的本质取决于道德律直接规定。”[1]融合的任务就是将民法的权利意识转化为道德律的产生基础。一个社会,只有相互尊重权利才是和谐的。比如,每辆车在路上都应该有路权。如果每个人都从尊重他人的路权出发,便就不会出现随意变道、加塞、无故急停等乱象。因此,权利意识更重要的方面是对他人权利的尊重,而不仅仅是维护自己的权利。只有这样,我们所依赖生存的社会才能形成良性的关系基础,国家的价值体系才有牢固的保障。老师在其中所起的作用,就是时刻提醒同学自己的权利都是建立在与他人

---

〔1〕[德]康德:《实践理性批判》,邓晓芒译,人民出版社2004年版,第98页。

的关系之上。只有尊重他人的权利,才有可能尊重自己的权利。老师教学也是与学生建立关系的过程,其中存在诸多权利现象。民法教学尤其不能忽视这些关系,而应将其称为培养权利意识的“活水”。这种权利意识和关系理念的养成,是平等、诚信、友善、和谐等社会主义核心价值观的前提。

(二)课堂内外的实践

民法教学如不付诸实践则不能算是成功的,权利如停留在意识层面同样如此。权利意识的培养固然重要,但没有行动则是前功尽弃,容易使人陷于意识与行动的两难境地。教者在这方面的任务是引导学生在实践中实现权利,从而体悟自由、平等、公正、法治。这些方面的价值绝对不是口号,而是靠我们每一个人去推进和实现的。教者应注意学生对社会的消极态度,针对性地进行引导和启发,让他们充分体会到个人在社会价值实现过程中的作用。因此,老师在民法教学中除了教授基本思想和规则之外,应带领学生去发现周围的权利问题,并尝试用替代性争议解决路径去化解。这样的方法就是让学生不要局限于纯粹法律的思维,而应该是在更广大场域中去解决问题。民法教学的终极目的不应仅仅是让学生知道法律规定了哪些权利,还应启发他们尝试去理解权利背后的风俗、人情、文化、国情等。只有这样,学生才不至于碰到权利问题仅仅依赖于民法的路径;只有这样,学生才可以更大的格局去注解自由、平等、公正、法治。因此,民法教学应该充分利用课堂内外的资源启发学生用真正理性的眼光和态度去实践其权利意识。

(三)角色意识与社会意识的培养

在课程和课外实践的过程中,教师应注意学生角色意识和社会意识的培养。法科学生未来的社会角色大都是法律的实施者,无论是律师、法官、检察官还是政府工作人员。然而这些角色的分工却有着明显的差别,甚至存在冲突。民法领域中的纠纷冲突虽不如公法情景下的激烈,但却涉及公民安身立命的基本权利。那么,正确的角色意识和社会意识对于他们在未来的社会关系中有效贯彻民法精神和社会主义核心价值观将显得尤为重要。作为律师,不仅仅需要考虑合法维护当事人的权益,还需要与法官建立有效的社会沟通意识。也就是说,从社会利益的角度出发,律师的工作不应该是在当事人面前作秀,而应该是将当事人主张的理由和基础支撑合理而高效地展现给法官。同时,能够与对方当事人的代理人进行有效的沟通。法官的中立性要求甚高,因为一旦身在其中,便难以脱身。我们的法官必须对事实作出自己的判断,而这又涉及当事人的巨大利益。责任与正义成为法官最大的纠结。检察官同样也很难在对犯罪的厌恶和对错案的担心中得心应手。适当的角色意识与社会意识是解决上述纠纷与冲突的有效路径。这些意识的培养将为学生日后的职业道路打下扎实的思想根基,不至于让其迷失在岗位要素中。

三、民法思政式教学的行为实践路径

民法的思政式教学必定是行为的和实践的,否则将落于空洞的形式。民法精神与社会主义核心价值观的共同目标就是通过人的行为将其具体化。因此,只有丰富多彩的实践才能将其演绎得淋漓尽致。在这个方面,国内传统的民法教学是欠缺的,因其着重于理论基础与规则解释,而非权利意识的实践。教学只有与实践结合起来才能赋予其行动力和生命力,而不仅仅是空想。因此,民法教学若要与思政教育结合则首先需要突破的应是增加实践在课堂中的比例,具体路径可尝试以下方法。

(一)商谈中的行为实践

传统民法教学的理论教育都是先入为主的,也就是先向学生教导民法理论,而后让其按照这种方法去思考问题。这样做固然是安全的,因为它具有可操作性。比如,民法将财产性权利分为物权和债权,笔者认为这种二分法本身就存在先天缺陷。如果我们带着物债二分的视角去观察财产权利的世界,则面对财产权利问题首先是考虑将其判入其中一类,这样可能就失去了直面问题的准头。譬如各种传统中国武术讲究套路,面对对手时首先思考的是使用什么拳式,往往就失去了直击对手的机会。物债二分说到底还是管制思维,并不是对权利现象的真实描述。当它面对土地经营权这种复杂的权利时便捉襟见肘,难以应付。以至于学者为争论其权利性质问题喋喋不休,目光始终没有聚焦于权利财产功能的释放,人为制造经济学和法学学科之间的障碍。因此,民法教学首先应让学生超越民法思维,介绍概念和理论之前,应首先告诫其接下来的理论只不过是解决问题的一种方法而已。这个过程可以在商谈的过程中实现。在引入案例讨论时,不应附加判决书,而是把事实尽量全面地展现出来。在事实中发现问题,追求朴素的公平正义,而不是一开始就让学生在法律规则中去探寻。商谈的语言行为实践可以让学生摆脱民法思维的束缚,在更本源的层面上去探索公平正义,从而将社会主义核心价值观融入个人的实践中。

(二)以思政为轴心的民法实践

民法教学始终需要把关系问题放在第一位,思政教育同样如此。如何看待和处理人与人、人与社会、人与国家之间的关系是民法教学和思政教育共同面临的问题。正确的关系应建立在将他人、社会和国家视作等同或高于自身人格的基础之上。民法处理的关系问题范围较窄,主要局限于私人主体之间的关系;而思政教育范围的广泛则体现在它不仅在私人层面关注财产和人身方面的法律关系,还涵涉道德、习俗,而且包括个人与社会和国家的关系。范围虽有宽窄,其背后的原理都是一样的,那就是设身处地的理解同情。对他人权利和人格的理解和尊重是社会各种关系规范的基础。因此,教师应通过各种课外实践活动使学生理解各种关系,如法院旁听、社区咨询服务、协调纠纷等。这些活动不一定刻意为之,但民法教学应尽量将它们融入真实的生活中。在这个方面,可以将民法教学与刑法、行政法结合起来安排。其目的在于让学生始终能够在社会主义核心价值观中观察、学习和处理各种社会关系。

(三)民法教学的拓展实践

在民法教学中,如无思政的引领,则会失之于纯粹理论或陷入形式主义。思政的要求是生活的、社会的,是符合中国特色的价值观的。因此,民法教学应有拓展的思维,而不应仅仅停留在民法的解释和规则适用上。《民法典》的绿色原则和公序良俗原则都是这方面的有力体现。绿色原则是生态理念,然而在经济主导的社会如何实现对很多人来说仅仅是一个概念。而何为公序良俗,在保守派和自由派的眼中则有着明显的差异。这些原则都应该落实到实践才不至于纸上谈兵。民法教学应当拓展这些实践任务,把原则性的理念贯彻到学生的行动力中。至于如何拓展,则应该因地制宜。有案例研究传统的学校则可紧扣案例,挖掘其中的涉及原则理念的部分,与学生探究其思想深处对这些实践的认识。与实务部门互动密切的学校可以围绕相关案件,成立三方研究小组,促进学生在实践中提升自身的认识。总而言之,不同的学校应结合自身传统和优势,打造民法教学中与思政结合的实践机会,从而使学生获得思想上的升华。

结　语

在民法典时代,民法教学承担了新的任务,那就是与思政教育的融合。年轻学子正处在价值体系的成熟期,社会主义核心价值观与民法精神的相互贯彻有助于他们培养良善的实践理性。老师在教学过程中应摆脱传统的理论与知识灌输,将价值意识与行为实践放在首位。这样,未来的学生才不至于落入法律规则嵌套中,而是在经验和实践中实现民法精神与社会主义核心价值观的融合。然而,实践习惯的形成需要教师在民法课堂中的点滴渗透,结合行之有效的方法才能贯彻始终。从"思政课程"到"课程思政"将是各门学科之间通力协作,最终培养有利于中国特色社会主义建设人才的国家教育大计。

课程思政模式探索的理念与实践
——以法学实践课“五融五有”工作法为例*

徐 骏 杨 晨**

摘 要:课程思政是当下高校教学研究和实践的重要课题。国家层面的顶层设计已经完成,当前的工作重点应聚焦于课程思政的模式构建和实现路径。坚持立德树人的根本任务,鼓励根据不同专业和课程的性质探索不同模式,强调思政元素在专业课程中的自然融入是课程思政推进的应有理念。南京信息工程大学以法学实践课程为样本,创立“五融五有”工作法,即“融家国情怀于‘四个自信’、融个人理想于责任担当、融人文关怀于法治内涵、融职业荣誉于薪火相传、融专业追求于工匠精神”与“有一个准确的选题、有一次精心的设计、有一组优质的嘉宾、有一位专业的导师、有一群主动的学生”,是课程思政模式的有益尝试。

关键词:课程思政 法学实践课 “五融五有”工作法

一、问题的提出

自习近平总书记在2016年全国高校思想政治工作座谈会就思政课程和课程思政的建设发表重要讲话以来,课程思政已成为高校教学研究和实践创新的重要课题。2020年,教育部印发《高等学校课程思政建设指导纲要》(以下简称教高〔2020〕3号文)后,课程思政的工作试点和模式探索全面推进,各高校党委书记作为第一责任人亲自抓课程思政建设,课程思政示范高校、示范课程、示范中心和教学名师(团队)纷纷获批,形成了一批课程思政理论研究和实践探索的成果。

课程思政的目标宏大、要求严格、内涵丰富,覆盖全部课程和育人全过程,实现形式和路径多元开放,对高校管理者和教育工作者提出了许多新的命题和

---

* 本文为南京信息工程大学2020年研究生思政教育研究项目“法律硕士课程思政的协同育人机制研究”的阶段性成果。

** 作者简介:徐骏,南京信息工程大学法政学院副教授;杨晨,南京信息工程大学法政学院2020级法律硕士研究生。

挑战：一方面，在学理上，“课程类型说”“教育理念说”“思政方法说”“教学体系说”“实践活动说”“多重属性说”等观点互相纠缠；在实践中出现了非思政课程的思政化改造和思政课程的非思政化改造两种错误倾向。[1] 另一方面，课程思政在组织管理工作中出现顶层设计日臻完善而教学主体动力不足、偏重于课堂理论教学而缺失于社会实践等环节、偏爱家国情怀的宏大叙事而忽视春风化雨的氛围营造等现象。此外在技术层面也暴露出思政教育环节设计生硬刻意、例证空洞缺乏说服力、单向灌输难以引发共鸣等问题。

在顶层设计和基本理论构建已经完成的当下，从事专业课程教学的教师对课程思政的认识、认同、自觉行动和主动创造理应是推进这项工作的关键。首先，通过组织引领和管理引导，让教师认同课程思政的丰富内涵和重大意义，深刻认识到立德树人是课程思政的根本任务；其次，通过教学设计和评估，让教师自觉在育人的全过程，在课程教学的各个环节，充分挖掘思政元素并以恰当的方式予以呈现；最后，通过制度激励，鼓励教师积极探索课程思政的新形式和新内容，实现学科专业和思政教育的同向同行。

二、课程思政模式探索的基本理念

(一)立德树人是课程思政的根本任务

习近平总书记在2018年全国教育大会上发表重要讲话，强调“要把立德树人融入思想道德教育、文化知识教育、社会实践教育各环节，贯穿基础教育、职业教育、高等教育各领域，学科体系、教学体系、教材体系、管理体系要围绕这个目标来设计，教师要围绕这个目标来教，学生要围绕这个目标来学”。[2]

把立德树人作为教育的根本任务，就是把育人和育才放到同等重要的地位，以培养社会主义的建设者和接班人作为教育的依归，以教育引导学生树立共产主义远大理想和中国特色社会主义共同理想为指引，以凝聚人心、完善人格、开发人力、培育人才、造福人民为工作目标。就教育对象的角度而言，立德树人要求新时代人才比传统的“士”具有更远大的理想、更宽广的胸怀、更无私的境界；从教育者的角度来看，立德树人的任务设定，既是对中国自古以来倡导的“师道”精神的继承，又是对“师道”在新时代的重新定义和内涵升华。

应当说，课程思政并不是对教师提出的额外要求，而是为师者一以贯之的“传道授业解惑”职责的重申，是对近年来出现的培养“精致的利己主义者”的

[1] 参见唐德海、李枭鹰、郭新伟：《“课程思政”三问：本质、界域和实践》，载《现代教育管理》2020年第10期。

[2] 习近平：《坚持中国特色社会主义教育发展道路，培养德智体美劳全面发展的社会主义建设者和接班人》，载《人民日报》2018年9月11日，第1版。

庸俗教育观、“只教书不育人”的不良现象,甚至否定党的领导和社会主义根本制度的错误思潮的纠正。质言之,课程思政解决的是“培养什么人、怎样培养人、为谁培养人”这一关系国家长治久安,影响甚至决定着民族复兴和国家崛起的根本问题。

(二)因课制宜是课程思政的科学态度

教高〔2020〕3 号文指出:“专业课程是课程思政建设的基本载体。要深入梳理专业课教学内容,结合不同课程特点、思维方法和价值理念,深入挖掘课程思政元素,有机融入课程教学,达到润物无声的育人效果。”

学科具有相对独立的知识体系,不同的学科有着不同的对象目标、概念体系、研究方法、内在规律、应用领域,即使是同一学科,也是由不同的学科分支有机构建而成。因此,不应以统一的教学体系、课程设计、目标要求和评价方式来统合课程思政。一般而言,人文社科类学科以人类社会和社会规律为研究对象,与思政教育的关联更为直接紧密,可以突出体现马克思主义中国化的最新理论成果,“不仅要让世界知道‘舌尖上的中国’,还要让世界知道‘学术中的中国’、‘理论中的中国’、‘哲学社会科学中的中国’,让世界知道‘发展中的中国’、‘开放中的中国’、‘为人类文明作贡献的中国’”〔1〕。自然科学类学科以自然界和自然规律为研究对象,似乎与思政无直接关联,但人类在探索自然界过程中所展现的执着追求,获得成功所必备的优秀品质以及研究成果造福人类所应坚守的科学伦理,无不是课程思政的良好素材,也直接关系到中国未来在科学领域所能取得的成果质量及转化效果。

课程思政的全面覆盖并不是不切实际的形象工程,恰恰是在对学科内在规律准确把握的基础上提出的客观要求。我们倡导各个学科、各门课程在实现立德树人根本任务的指引下,发挥主观能动性,在逻辑自洽的学科理论、雄辩有力的专业事实、鲜活典型的行业案例的基础上实现思政教育的自然融入,反对“一刀切”的统一要求、统一标准和统一评价,反对把师生局限于规约性、流程化、可计量的僵化框架之中。

(三)融入专业是课程思政的基本形式

习近平总书记在 2016 年全国高校思想政治工作会议中专门对课程思政提出了要求:“要用好课堂教学这个主渠道,思想政治理论课要坚持在改进中加强,提升思想政治教育亲和力和针对性,满足学生成长发展需求和期待,其他各门课都要守好一段渠、种好责任田,使各类课程与思想政治理论课同向同行,形

〔1〕 参见习近平:《习近平谈治国理政》(第 2 卷),外文出版社 2017 年版,第 340 页。

成协同效应。”[1]教高〔2020〕3 号文也要求“落实立德树人根本任务,必须将价值塑造、知识传授和能力培养三者融为一体、不可割裂。全面推进课程思政建设,就是要寓价值观引导于知识传授和能力培养之中,帮助学生塑造正确的世界观、人生观、价值观,这是人才培养的应有之义,更是必备内容。”

虽然卓越人才的素养可多角度解读,但无论何种分析,都离不开扎实的专业素养、浓厚的家国情怀,离不开系统的思想政治教育,尤其是专业课程的思想政治教育。[2] 学习的过程就是认知—实践—认知的循环往复,从而实现螺旋式上升。知行合一是学习的最高境界,也是学习的终极目标。对教师而言,任何课程的讲授都绝不只是知识点的简单呈现,其中必然蕴含着教师对该知识的认知、评价和情感,也毫不例外地反映出教师的个人阅历和人生哲学。于学生而言,在专业课程中融入思政教育,是德育效果内化的有效途径,能够使学生产生共情和共鸣,催化完成价值观形成的化学反应。

专业课程是课程思政的载体与根本,专业课程的质量决定了课程思政的成效,思政元素是在对知识探源和规律挖掘的基础上自然生长的,是教师育人自觉和人格魅力的外在呈现,是学生基于知识理解和专业认同的情感表现。因此,评价课程思政的成效,应当以思政教育与专业知识结合的紧密性、融合度和转化率作为标准。我们应倡导在专业教育中的滴灌,真正让思政教育入脑入心,内化为职业理想和职业追求的信仰支撑。

三、“五融五要”:法学实践课程思政模式探索的缘起

法学专业与思政教育有着天然的紧密联系,公平正义、效率秩序、公序良俗等法律内在价值无不与“四个自信”、家国情怀、宪法法治、道德修养、人文精神等思政教育主题水乳交融。在法学各门理论课程中,上述要素在不同的知识点予以呈现,构建了法学专业学生价值观的基础框架。作为实践性极强的学科,实践课程不仅有助于提升学生的实操能力,更有助于激活和强化理论层面的思政元素。

南京信息工程大学于 2020 年设立“法律实务工作坊”(以下简称工作坊)。工作坊旨在实现理论与实务的对话,追踪法律实务的难点与热点问题,提升学生的实操能力。设立之初,我们并未特别考虑以此作为思政教育的载体。但在启动该项目之际,现任南京高速交警九大队交警的我校 2007 级毕业生王曦,因抱摔醉酒后猥亵女性的违法嫌疑人而火遍全网。联想到今年以来发生的若干

---

〔1〕《把思想政治工作贯穿教育教学全过程,开创我国高等教育事业发展新局面》,载《人民日报》2016 年 12 月 9 日,第 1 版。

〔2〕参见张驰、宋来:《“课程思政”升级与深化的三维向度》,载《思想教育研究》2020 年第 2 期。

因制止猥亵或性侵行为而引发的法律争议,我们遂决定以见义勇为(正式题目为“性骚扰行为的认定与救济”)作为第一期的选题,并邀请王曦现身说法。这一选题切中热点,涉及民法、行政法、刑法和程序法的诸多知识点,专家观点也精彩纷呈。但是王曦的出现毫无悬念地成为当期工作坊的最大亮点:学生纷纷要求签名、合影,充满自豪地在社交媒体上传播扩散。

受此启发,我们开始一边探索,一边完善法学实践课课程思政“五融五有”工作法(见表1),即“融家国情怀于‘四个自信’、融个人理想于责任担当、融人文关怀于法治内涵、融职业荣誉于薪火相传、融专业追求于工匠精神,有一个精准的选题、有一次精心的设计、有一组优质的嘉宾、有一位专业的导师、有一群主动的学生”。

表1　法律实务工作坊“五融五有”实现度

主题	嘉宾	“五融”	“五有”
见义勇为	交警总队副总队长 区法院刑庭庭长 区检察院检察部主任 律所刑辩团队主任 王曦	②③④	acd
紧急避险	区法院副院长 省检察院高级检察官 律所主任	③⑤	cde
新型著作权	市中院知产庭法官 律所知产团队主任	①④⑤	abce
劳动争议	区劳动人事争议仲裁院院长 律所主任	①④⑤	abcde
打击“套路贷”	区检察院检察官 律所刑辩团队主任	①②⑤	de
继子女继承	区法院家事庭庭长 未成年人专职公益维权律师	②③④	acde
新型消费者权利	省消保委副秘书长 市中院民一庭副庭长 律所民事团队主任	①②	abde

续表

主题	嘉宾	“五融”	“五有”
医疗事故纠纷	市医学会鉴定办主任 区法院庭长 律所医事法律纠纷团队主任	②③⑤	abcde

注：

①融家国情怀于“四个自信”　②融个人理想于责任担当　③融人文关怀于法治内涵　④融职业荣誉于薪火相传　⑤融专业追求于工匠精神

a 有一个精准的选题　b 有一次精心的设计　c 有一组优质的嘉宾

d 有一位专业的导师　e 有一群主动的学生

四、专业课程与思政元素的“五融”

在设计课程思政的过程中，我们并不奢求思政元素融入的“高大全”，而是根据选题背景、争议焦点、嘉宾背景的特点，确保二者逻辑自洽、水到渠成，决不因文害义而产生负面效应。我们根据法律实践课程的特点，选择家国情怀、个人理想、人文关怀、职业荣誉、专业追求等五类思政元素，分别对应以制度自信为重点的“四个自信”、以维护法治为核心的责任担当、以公平正义为要义的法治内涵、以榜样示范为感召的薪火相传、以执着求精为特质的工匠精神。

（一）融家国情怀于“四个自信”

教高〔2020〕3 号文指出，要“坚持不懈用习近平新时代中国特色社会主义思想铸魂育人，引导学生了解世情国情党情民情，增强对党的创新理论的政治认同、思想认同、情感认同，坚定中国特色社会主义道路自信、理论自信、制度自信、文化自信。”改革开放 40 多年以来，中国的社会经济文化建设成就卓著，人民对国家强盛充满了自信心和自豪感，实践反复证明中国特色社会主义道路、理论、制度、文化具有充分的适应性和明显的优越性。

工作坊以议题所涉的法律制度，检验中国特色社会主义法律制度对中国经济社会文化发展的规范指引和制度保障成效，以充分的事实证明现有法律体系的科学性、前瞻性和有效性，使学生充分感知立法的审慎、执法的规范和司法的智慧，从而对新时代高质量的法律运行充满自信。例如，在新型著作权和新型消费者权利保护的专题中，嘉宾就中国互联网催生的文化产业和电商产业的规模和增长速度给出了权威的数据，并与西方发达国家同类产业进行了类比，同时强调了中美贸易摩擦、单边主义趋向等国际背景对中国知识产权保护和电子商务形成的挑战和机遇。这样的背景知识使学生能以更宏大的战略思维深入思考法律实践中遇到的相关问题，充分体会到知识产权和电子商务的立法宗旨、立法目标及相应制度安排的合理性。在劳动法和“套路贷”专题中，嘉宾则从劳动力供需的结构性矛盾、高质量发展和产业转型升级以及社会治理与社会稳定等世情国情切入,使学生更深刻地理解制度安排背后的利益考量和法益权衡。

（二）融个人理想于责任担当

新时代高等教育的重要使命就是培养一大批能够担当民族复兴大任的德才兼备的高层次人才。青年要担当民族复兴大任,就必须把个人理想与国家发展紧密地结合起来,必须在民族复兴的伟大事业中勇于担当、无私奉献,从而增长才干、实现理想。因此,育人应“抓住价值观形成和确定的关键时期,努力从中华文明中汲取道德养分、从先进榜样中获取精神力量。明大德、守公德、严私德,崇德向善、见贤思齐,拥有足够的辨别力和自制力、奉献心和责任感,这样的新时代青年才会对社会和他人充满关怀和共情”〔1〕。

首期工作坊的嘉宾王曦用朴实的话语说道:“我是一名警察,虽然事发时没有穿警服,也不在工作时间,但我的职业要求我责无旁贷地站出来伸张正义。”他并没有想到此举会让自己成为“网红”,恰恰是多年来的爱岗敬业、忠诚履职才有了自己在关键时刻的正确抉择。在继承法专题,嘉宾李晓霞律师作为一名执业 30 多年的专职公益律师,她没有同行们令人羡慕的高薪收入,但她把自己的全部精力投入到妇女儿童的权益保障事业之中:她带领自己的团队办理了多起全国知名的弱势群体权益维护案例;她担任市政协常委,牵头调研推动多项未成年人法律法规的起草制定。消保委的嘉宾则详细讲述了他们与时俱进,研判《电子商务法》出台后消费者权益保护领域的新问题,及时依法、科学、精准进行工作创新的做法,更好地守护了消费者的合法权益并推动电子商务的健康发展。来自各个行业的法律实务工作者以自身经历消解了用职务和收入定义成功的世俗观念,展现了如何在责任担当中获致个人实现。

（三）融人文关怀于法治内涵

良善是法治的底色,公平正义的要义是对个体权利的认可、尊重和保障。法治人文关怀的中国特色就是我们党提出的社会主义法治“以人为本”的基本理念,它要求把每一个公民的利益、情感、个性、自由、人格尊严以及人的价值等,作为法治关注的重心。也就是说,法治的力量不仅在于法治具有强制性,更在于法治对社会主要矛盾变化背景下每个公民“对美好生活的向往和追求”给予充分肯定,对他们通过自身奋斗所获得的利益给予承认和保障。〔2〕教高〔2020〕3 号文要求“大力弘扬以爱国主义为核心的民族精神和以改革创新为核心的时代精神,教育引导学生深刻理解中华优秀传统文化中讲仁爱、重民本、守

---

〔1〕 靳诺:《培养担当民族复兴大任的时代新人》,载《红旗文稿》2020 年第 20 期。

〔2〕 参见龙静云:《以法治力量推进新时代公民道德建设》,载《中国社会科学报》2020 年 8 月 12 日,A08 版。

诚信、崇正义、尚和合、求大同的思想精华和时代价值,教育引导学生传承中华文脉,富有中国心、饱含中国情、充满中国味。”在法律实践教学中融入人文关怀,是有效衔接中国传统文化精髓和现代法治精神内核的重要尝试。

在见义勇为专题,嘉宾给学生讲述了正当防卫在中外刑法史上的历史变迁,阐述了私力救济作为公力救济有益补充的历史合理性,强调见义勇为是弘扬社会正气、保护公民合法权益的正义之举,应当获得法律的肯定性评价。考虑到性骚扰行为界定难、举证难、被害人地位弱势等因素,法律对被害人的自力救济和第三人的他力救济应给予一定程度的宽容。在继承法专题,嘉宾阐述了血缘的联结对农业文明塑成的重要意义,当下中国虽处于城市化和工业化的转型期,但传统的亲情伦理在婚姻家庭生活中仍占有重要的地位,法官在裁判时必须考虑到对弱势群体的保护和对人伦亲情的维护。工作坊意在引导学生从历史和社会发展的视角看待法律场域中富有争议的热点话题,从人文关怀的法律本质属性判断法益的归属,从而更深刻地理解“法典就是人民自由的圣经”,〔1〕更自觉地在未来的职业生涯中实践“在法律要求的各个环节,必须使法律行为合乎人性,尊重人格,讲究人道,体恤人情,保障人权”,〔2〕实现人文精神与法治内涵的融会贯通。

(四)融职业荣誉于薪火相传

从业者的职业认同和对职业荣誉的追求,是成才的内在驱动力。行业内的成功典范有助于增强职业的向心力、凝聚性和尊荣感,而嫡系学长的示范效果更能增强说服力和可信度。“在法律体系和制度内的持久的接近和经常的接触必然使他们相互之间产生密切的认识,而这种认识是受到他们共同参与于其中的法律生活的变动不居的倾向所制约的,即法律制度的变化所带给他们的喜怒哀乐加深了彼此间的认识,并因此加深了彼此间的默认一致,而这种默认一致包含着对法律精神和法治命运的共识,从而又能反过来促进法律结构的协调和法律经验的相似性,或者使法律职业者的本性、性格、思想趋向于法律的意识形态,从而强化相互的提携和肯定,也强化相互的理解和认同,而法律职业者间越是相互理解、认同和肯定,其结合就越是牢固和紧密,则法律职业共同体就越是彰显和持久。”〔3〕

我们在选择嘉宾时,在条件相似的情况下优先选择本校毕业生。在新型著作权专题,邀请了05级学生、现在律师事务所专职从事知识产权案件的资深律师;在劳动争议专题,两位嘉宾分别是01级和03级学生、现为专事劳动争议实务的律师事务所主任和区劳动人事争议仲裁院院长;在继承法专题,嘉宾是03

〔1〕《马克思恩格斯全集》(第1卷),人民出版社1995年版,第71页。

〔2〕李龙主编:《人本法律观研究》,中国社会科学出版社2006年版,第3页。

〔3〕张文显、卢学英:《法律职业共同体引论》,载《法制与社会发展》2002年第6期。

级学生、现为区法院家事庭庭长。嘉宾与学生之间因“学缘”而产生天然的亲近性,互动效果更为明显。更重要的是,学生受成功学长的感染,为学长取得的职业成就感到与有荣焉,坚定了法律信仰和职业理想,并确立了职业努力的目标。

(五)融专业追求于工匠精神

工匠精神不只是对专业技能的标准和要求,更是对从业者持之以恒、精益求精、敬业创新的职业态度和职业操守的推崇,“道技合一”境界的追求才是工匠精神的本质。[1] 法学专业对学习者的知识储备、思维方式、实操能力和待人接物有着极高的要求,需要学人秉持工匠精神,全身心地投入、执着坚守、不断研习、寻求革新。

工作坊既用职业的光明前景鼓舞和感召学生,又于点滴中展示成功必须通过自身的不懈努力与开拓创新。有律师嘉宾分享了“案件三省法”,即从己方、对方和法官的立场三次复盘已决案件,从中汲取经验、改善不足;有嘉宾分享了“1000 篇法则”,就劳动法的常见法律问题坚持每天写一篇公众号文章,虽然刚开始阅读量有限但仍持续推送,持续 3 年写到 1000 篇文章后,自己的理论水平、实践经验和社会影响力都得到了显著提升;也有嘉宾提出“错位竞争法”,结合自己医学专业的背景,在相对冷门的医事法领域耕耘坚守,成为该领域公认的理论和实务专家。每一期工作坊,我们都设计了一个嘉宾分享从业感悟的环节,学生得以窥见成功者背后所付出的努力,理解了厚积薄发的真正内涵,确立了甘坐冷板凳、十年磨一剑的信念。

五、课程思政组织实施的“五有”

法学专业是一座思政教育的富矿。但如果缺乏意识、组织不当、方法欠佳、形式生硬,只会暴殄天物,“守着金饭碗讨饭吃”。工作坊的选题开放、嘉宾多元、形式为互动交流,相比传统的课堂理论教学有更多的不确定性,这就对实践课程的组织、设计和实施提出了更高的要求。我们对本学期举行的 8 期工作坊进行自我评估,对“五有”,即“有一个精准的选题、有一次精心的设计、有一组优质的嘉宾、有一位专业的导师、有一群主动的学生”的实现程度进行了总结和反思。

(一)一个精准的选题

选题决定了课程思政的主要类型。我们选题的标准是:(1)属于法律实务中的热点和难点问题,存在一定争议性的选题优先;(2)具有代表性或新颖性,有较广覆盖面和应用性的选题优先;(3)能完整展现案例的处理过程,如是嘉

---

[1] 参见夏燕靖:《斧工蕴道:“工匠精神”的历史根源与文化基因》,载《深圳大学学报(人文社会科学版)》2020 年第 5 期。

宾自己办理的或有详尽案卷材料的优先；(4)能示范案例处理技巧，便于学生模拟演练的优先；(5)能推动思政教育，体现“五融”中2个以上元素的优先。

在执行过程中，我们发现同时满足以上5个条件的选题很难找到。在自我评估中，满足2个及以上条件的选题被认定为合格。据此，有2期工作坊的选题难言精准：第二期紧急避险的选题，是基于当时“醉驾送妻就医构成紧急避险”成为热点话题而入选，但该案并不具有代表性，且讨论时仅有省高级人民法院的案情通报和媒体报道，导致专业知识讨论无法深入，课程思政更如无源之水；第五期“套路贷”的选题，也因专项整治活动接近尾声，相关司法政策已经成熟，讨论的价值已不大，课程思政效果也因之平平。

(二)一次精心的设计

精心的课程设计如同构思精巧的剧本。高质量的课程思政设计应符合以下标准：(1)有明确的课程要求和目标，能支撑专业目标的实现；[1] (2)思政元素能自然导入，与专业知识无隙衔接；(3)教学过程节奏适当，知识体系逻辑自洽；(4)思政效果有反馈、评估和改进。

工作坊举办之初，因经验和意识不足，负责人和执行者都缺少课程设计的意识。从第三期开始，我们事先对选题进行分析和研究，对接本校课程，挖掘相关的思政元素。较为成熟的做法包括：(1)主持人在导入主题时，介绍该案例所涉法律问题的国际国内背景；(2)提示嘉宾在分析完案例后，从治理体系和治理能力现代化的视角，综合探讨经济、社会和文化等因素在解决社会矛盾和修复社会关系中的协同功能；(3)涉及法律滞后或不够完善等问题时，请主持人或嘉宾介绍域外的立法经验，研讨借鉴域外立法例和用足本土法治资源的关系；(4)有校友作为嘉宾的，请其在案例分析或实操要领讲授阶段分享其职业成长的做法和经验。

(三)一组优质的嘉宾

优质的嘉宾恰如实力雄厚的导演。嘉宾的选择需要把握几个标准：(1)嘉宾与选题的匹配度，应当是熟悉该选题的专业人士，如果在该领域有一定造诣的可作为主要嘉宾；(2)嘉宾的敬业精神，既要求嘉宾在自己的业务工作领域勤勉敬业，又要求其热心于法学教育事业，能够精心准备并全身心投入到工作坊教学活动之中；(3)嘉宾的异质性，每期邀请的2~4位嘉宾来自不同的实务工作部门，既有对案件不同立场的评析，也能立足各自的职业伦理进行思政教育；(4)嘉宾的匹配度，嘉宾的水平和能力基本相当，不同实务部门的嘉宾能够相互配合和理解，基于法律职业共同体的立场致力于共同推进法治的进步和社

[1] 参见赵炬明：《什么是好的课程设计》，载《高等教育研究》2020年第9期。

会的公平正义。

经自我评估,有6期的嘉宾选择符合基本要求。嘉宾的专业态度、敬业精神和职业理想强烈地感染了参与活动的师生,学生的反馈效果也非常正面。但也有两期活动因计划邀请的嘉宾因故缺席,临时替换为匹配度较低的人员。因对选题相对不熟、准备不够充分,他们与其他嘉宾之间的配合互动缺乏默契,交流对话难以形成,原先设计的思政元素无法呈现。

(四)一位专业的导师

法学专业需要理论与实践的充分交融和互相滋养,实践课程的顺利推进和课程思政的有效实现也需要一位专业的导师,其作用类似于电影导演,需要其:(1)在选题所涉领域有较高的理论造诣;(2)有较为丰富的实务经验或对实务工作比较熟悉,能与实务工作者进行有效对话;(3)有较强的节奏控制、话题引导和提炼升华的能力,有一定的现场应变能力,能推动专业知识点和思政元素的自然融合。

工作坊现有的模式是在自己学院选择专任教师担任主持人,总体效果良好。但个别教师因专业领域、理论积淀、实务经验等方面存在不足,对主题探讨和思政教育的效果有所影响。未来可以跳出单位的局限,在更广的范围内邀请业内公认的学养深厚且熟悉实务工作的专家,甚至可以考虑邀请不同学科背景的专家参加。在医疗事故专题,我们就邀请了一位医学博士担任主持人,得以在法律伦理与医学伦理之间开展有益的对话。此外,还应当在前期的选题和课程设计中,提升导师的主观能动性和参与度,使其真正成为能够掌控全局、具有主导性和创造性的"导演"。

(五)一群主动的学生

课程思政的工作对象和受益者就是学生,但决不能把他们当作消极旁观的看客。只有确立他们的主体地位,激发其参与的主动性,才能使课程思政的所有设计真正落地。工作坊举行以来,除第一期因举行开坊仪式导致交流时间不足,其他7期学生的参与效果都很好。我们的做法是:(1)每次限定报名人数为15人以下,采用先到先得的方式,学生按照兴趣参加不同选题,变"要我来"为"我要来",同时通过控制规模保证讨论质量;(2)提前给学生发讨论材料,提供案例所涉相关法律法规指引,要求参与学生有备而来;(3)为每位学生摆放席卡,采用圆桌会议形式,营造平等讨论的氛围,在会后引导学生和嘉宾交换联系方式,充分彰显学生的主体性;(4)活动结束时,由嘉宾评选3~4位优秀参与者,为其颁发精美图书作为奖品并合影留念,同时在学院微信公众号进行推送。

“三全育人”视域下高校法学课程思政的实践创新研究

——以传统家训文化融入法律专业教学为例

刘春花　范国强*

摘　要:新时代以来,围绕习近平总书记“三全育人”教育改革理念,在思政教育方面,各高校结合自身实际纷纷开展了卓有成效的教学理论与实践的改革。所谓“课程思政”,就是高校的所有课程都要发挥思想政治教育作用。法学课程亦不例外。而诸如《颜氏家训》《袁氏世范》等传统优良家训在教育目标、方法与价值实现诸领域与“三全育人”的理念颇多相合。习近平总书记曾在多个场合强调要坚定文化自信,注重家庭,注重家教,注重家风,因此,这就需要我们在“三全育人”理念下将传统家训融入新时代法律专业思政教学的改革中,注重课堂与课外,理论与实践,现实与网络,学校与社会,师生与家长“五位一体”的全方位改革实践,真正在法学课程思政中实现“全程育人,全方位育人,全过程育人”,将“立德树人”的根本任务落在实处。江苏大学成功入选教育部第二批“三全育人”综合改革试点高校,法学是第二批综合改革示范专业,将在为新时代高校思政改革提供方向与积累经验的同时,努力实现传统文化特别是优良家训的创造性转化与创新性发展。

关键词:专业思政　“三全育人”　优良家训　“五位一体”

新时代的挑战:高校法学教育如何有效实现课程思政?

“立德树人”是新时代高校建设和发展必须紧紧围绕的根本任务。而落实这一任务应当首先深入思考和明确回答培养什么样的人、如何培养人以及为谁培养人的根本问题。2017年习近平总书记考察中国政法大学时的讲话已经指明了方向,即“立德树人,德法兼修,培养大批高素质法治人才”。总书记曾多次寄语青年:“青年最富有朝气、最富有梦想,青年兴则国家兴,青年强则国家强。”〔1〕“青年是标志时代的最灵敏的晴雨表,时代的责任赋予青年,时代的光

* 作者简介:刘春花,江苏大学法学院副教授;范国强,江苏大学马克思主义学院副教授。

〔1〕 习近平:《携手建设中国——东盟命运共同体》,载《人民日报》2013年10月4日,第1版。

荣属于青年。”[1]新时代以来,随着人工智能时代的到来,互联网的应用普及、西方各种思潮特别是历史虚无主义思潮的日渐侵袭,如何实现对新时代青年的人生观、世界观、价值观的教育问题,如何实现我们新时代的文化自信,使青年能够自觉践行社会主义核心价值观,成为当下高校思政教育所要解决的首要问题。继承传统,面向未来,在我们看来,以高校青年的德育教育为核心内容,继承传统,特别是我国传统家训中的一些积极因子和优良规范,使之与当下“三全育人”的理念相契合,并在具体的思政教学中积极变革,大胆求新,将“三全育人”的基本精神在继承中融通,在创造中转化,在创新中发展,是现代高校一线的思政教育者与管理者应努力实践与认真思考的。

一、“三全育人”理念渐成新时代高校思政教育改革的指向标

所谓“三全育人”,是“全员育人、全程育人、全方位育人”三者的简称。具体来看,全员育人,强调了学校、家庭、社会、学生的全员参与。全程育人则是一种时间效应,即指学生从一进校门到毕业,从开学到结束,学校都要对其精心安排思想政治教育工作。至于全方位育人则是要求学校利用各种教育载体,如校园文化建设、学风建设、诚信建设、社会实践等,将思想政治教育寓于其中。

2016 年 12 月,在全国高校思想政治工作会议上,习近平总书记便提出:“高校思想政治工作关系高校培养什么样的人、如何培养人以及为谁培养人这个根本问题。要坚持把立德树人作为中心环节,把思想政治工作贯穿教育教学全过程,实现全程育人、全方位育人,努力开创我国高等教育事业发展新局面。”[2]2017 年 2 月,中共中央、国务院印发了《关于加强和改进新形势下高校思想政治工作的意见》,文件进一步明确高校思政教育要“坚持全员全过程全方位育人”。[3] 同年 4 月,中共中央、国务院又印发了《中长期青年发展规划(2016 - 2025 年)》,提出要“全面加强对青年的思想政治引领和成长成才服务”。[4] 可见,党和国家已经逐渐把立德树人、“三全育人”与高校思政教育相结合,为未来中国高校思政教育的改革初步指明了改革的目标和方向。特别是

---

〔1〕 习近平:《青年要自觉践行社会主义核心价值观》,载《十八大以来重要文献选编》(中),中央文献出版社 2016 年版,第 2 页。

〔2〕 习近平:《把思想政治工作贯穿教育教学全过程开创我国高等教育事业发展新局面》,载《人民日报》2016 年 12 月 1 日,第 1 版。

〔3〕 中共中央、国务院:《关于加强和改进新形势下高校思想政治工作的意见》,载《人民日报》2017 年 2 月 5 日,第 1 版。

〔4〕 中共中央、国务院:《中长期青年发展规划(2016 - 2025 年)》,载《人民日报》2017 年 6 月 6 日,第 1 版。

在党的十九大报告中，习近平总书记明确提出要落实立德树人的根本任务。因此，从一定意义上来讲："对于高校来说，立德树人是一切工作的出发点和落脚点，也是高校的生命线。"同时"教育必须培养社会发展所需要的人，就是要培养社会发展、知识积累、文化传承、国家存续、制度运行所需要的人。"[1]

而对于"三全育人"的教育实践改革，实际上早在党的十九大之前，各地便已经有了"动态立体的全方位育人网络模式"[2]、"思政教育与'三个课堂'高度融合模式"[3]以及"学校与社会的深度融合模式"等为代表的改革实践，且初步取得了一定的改革实践与经验效果。

党的十九大以来，"三全育人"的教育改革与实践在全国高校广泛展开。如中国人民大学的思想导航、课程改革、实践锻造、评价完善的四制合一的高校"三全育人"改革模式，吉林大学的协同性、一体化的"全员、全过程、全方位"育人模式，颇具特色。2018年5月，教育部办公厅又向全国发布了《关于开展"三全育人"综合改革试点工作的通知》，通知明确要求各高校开展"三全育人"时要坚持育人导向、坚持问题导向，"从宏观、中观、微观各个层面，着力构建一体化育人体系，打通'三全育人'最后一公里，真正引导各地高校把各项工作的重心和目标落在育人效果上，使高校思想政治工作更好地适应和满足学生成长诉求、时代发展要求、社会进步要求"[4]。紧接着，根据不同要求，教育部又开展了"三全育人"综合改革试点工作，根据试点层面的不同，划分成了"三全育人"综合改革试点区、"三全育人"综合改革试点高校、"三全育人"综合改革试点院系三部分，并具体制定了《"三全育人"综合改革试点工作建设要求和管理办法（试行）》。因此，我们有理由相信："三全育人"模式已渐成新时代我国高校思政教育改革的指向标。

二、优良家训文化与"三全育人"理念的"多维契合"将助力德法并举

诚如开篇所述，我们处在网络化、全球化、信息化和个性化的时代，法学课程如何在价值观多元化、信息量"爆炸"、虚拟与现实并存的当代社会实现思想与价值的引领呢？我们认为，结合优良传统文化，探索法学课程思政的创新路径，不失为一条可以尝试的思路。中华文明历史悠久，源远流长。家训，作为中

[1] 吴广明：《立足新时代谱写立德树人新篇章》，载《中国教育报》2018年9月6日，第4版。

[2] 刘英娟：《地方高校大学生思想政治教育"全方位育人"机制的创新探究》，载《教育与职业》2015年第17期。

[3] 邓晖：《思政教育要形成全方位育人格局——专家学者谈如何加强大学生思想政治教育》，载《光明日报》2015年2月10日，第1版。

[4] http://baijiahao.baidu.com/s?id=1601892789845672665&wfr=spider&for=pc。

国传统文化的重要组成部分,以其丰富的内涵,独特的艺术形式,真实地反映了数千年来中国人的精神面貌与思想形态。而家训,“就是古人进行家教的各种文字记录,包括诗歌、散文、格言、书信等”[1],从教育持家守道的《颜氏家训》《袁氏世范》,到帝王家传的《圣谕广训》《庭训格言》,不一而同。民间家训的名目更是繁多,有家道、家训、家约、家法、家范、宗约、公约、祠规等各式名称。其内容中所蕴含的丰富的人生智慧与治家之道是非常值得我们学习和继承的。

习近平总书记是非常强调传统文化与传统家训、家风的重要性的。在他的多次谈话中都讲到了要“注重家庭、注重家教、注重家风”的重要性,在习近平总书记看来:“家风是社会风气的重要组成部分。家庭不只是人们身体的住处,更是人们心灵的归宿。家风好,就能家道兴盛、和顺美满;家风差,难免殃及子孙,贻害社会。”因此,习近平总书记号召:“广大家庭都要弘扬优良家风,以千千万万家庭的好家风支撑起全社会的好风气。特别是各级领导干部都要带头抓好家风。”[2]

因此,我们可以这样讲:“传统家风家训是中华民族的根与魂,彰显着中华民族厚重的文化底蕴,蕴藏着深厚的育人哲学。”[3]我们现在的任务,如一些学者撰文所强调的:“把握家风文化与高校思想政治教育的文化共通:共通的文化生活,共通的文化符号,共通的精神追求。社会主义核心价值观是当代中国精神的集中体现。”同时,因为“高校思想政治教育要在社会主义核心价值观引领下,追求反映全校共同发展目标、办学理念、文化认知的‘最大公约数’。家风文化的道德感化和精神鼓舞给我们的育人工作以深刻启示,深入挖掘传承家风家训文化的精神内涵,在大学生群体中建立共同的价值取向和理想追求,能够为育人提供思想源泉和精神动力。”[4]

但现阶段,家风家训在高校的思政教育中运用并不甚广泛,在实践教学中也较少运用家训内容进行教导,所以大学应该注重家风家训对于大学生的影响,建立大学生思政教育与家风家训融合的新教学体系,使大学生能够全面发展,以此来提升我国的思政教育水平。[5]

从一定意义来看,传统家训对我国当前的思想政治教育有着积极的文化与学术价值。我们应该认真地对其加以鉴别、吸收和利用,将其与“三全育人”的思想相映照,在教育目标、教育内容、教育方法、教育价值等方面找到相应的契

[1] 郑宏峰:《中国家训》(第1册),线装书局2008年版,第1页。
[2] 《习近平会见第一届全国文明家庭代表》,载《人民日报》2016年12月12日。
[3] 李小兰、黄龙、叶云霞:《传统家风家训融入高职学生人文素养培育的价值与路径研究》,载《太原城市职业技术学院学报》2017年第12期。
[4] 胡祖吉、王延隆:《把家风文化融入思政教育》,载《浙江日报》2018年第10期。
[5] 参见董建英:《大学思政教育中家风家训的渗透路径》,载《农家参谋》2018年第2期。

合之处。

(一)目标契合

按照2018年《"三全育人"综合改革试点工作建设要求和管理办法(试行)》来看,当下进行的高校思政教育"三全育人"综合改革试点工作,其总体目标是为了"紧紧围绕立德树人根本任务,充分发挥中国特色社会主义教育的育人优势,以理想信念教育为核心,以社会主义核心价值观为引领,以全面提高人才培养能力为关键……使思想政治工作体系贯通学科体系、教学体系、教材体系、管理体系,形成全员全过程全方位育人格局。"[1]可见,立德树人,培养青年的理想信念与基本技能是这次改革的总任务与总目标。而这一要求,其实早在2014年,习近平总书记在主持十八届中央政治局第十三次集体学习时便已有所体现,习近平总书记指出:"把培育和弘扬社会主义核心价值观作为凝魂聚气、强基固本的基础工程,继承和发扬中华优秀传统文化和传统美德,广泛开展社会主义核心价值观宣传教育,积极引导人们讲道德、尊道德、守道德,追求高尚的道德理想,不断夯实中国特色社会主义思想道德基础。"[2]

对于中国传统家训而言,仅流传下来的家谱就有数万部之多。每一家的家训、家风亦各有不同。但正如中国儒家经典《大学》篇所论:"所谓治国必先齐其家,其家不可教而能教人者无之,故君子不出家而成教于国。"[3]所以,从许多不同姓氏的家训、家规中我们都可看到,"君子不出家而成教于国"渐成各个家族教化子孙的总目标与总原则。如光绪年间的《中湘刘氏三修族谱·凡例篇》便说道:"古君子不出家而成教。一家之中有恩以相洽,有义以相推,尊卑长幼亲疏等虽殊,体统则一也。朝廷之政为法制,闾禺所不敢存,故前修设议,凡例家训家规使后嗣遵循子其言无可訾议,今人心不古,为习俗所染,特增补数条俾后世之览者触目而惊心焉,庶几胜彼膏腴之授金帛之遗云尔。"[4]又如《湘潭桥头刘氏三修族谱》之"族训题词"条言道:"兹撰族训十六条,语皆有韵,以便歌吟,意浅语近,欲使人人通晓,不可以文词论也。自今每逢祭祀,毕族众率总管房长将祖训宣讲一遍,昭明法戒,以晓族人,使其勉善改过,各自化于无形,是亦齐家之道,传曰:君子不出家而成教于国可不勉载?"[5]而传统家训的教化,忠、孝、仁、悌是其所教化的核心内容。而"孝者,所以事君也;弟(悌)者,所以事长也,慈者,所以使众也。"[6]这亦如习近平总书记所讲:"中国古代历来讲

---

〔1〕 http://baijiahao.baidu.com/s? id=1601892789845672665&wfr=spider&for=pc。

〔2〕 习近平:《习近平谈治国理政》(第1卷),外文出版社2014年版,第163页。

〔3〕 《大学》。

〔4〕 《凡例篇·中湘陞廷山刘氏三修族譜》卷一,刘秀濂等修,光绪二十一年天禄堂刻本。

〔5〕 刘民彝等撰:《族训祠·桥头刘氏三修族谱》卷一,光绪二十九年亲亲堂刻本。

〔6〕 《大学》。

格物致知、诚意正心、修身齐家、治国平天下。从某种角度看,格物致知,诚意正心、修身是个人层面的要求,齐家是社会层面的要求,治国平天下是国家层面的要求。我们提出的社会主义核心价值观,把涉及国家、社会、公民的价值要求融为一体,既体现了社会主义本质要求,继承了中华优秀传统文化,也吸收了世界文明有益成果,体现了时代精神。"[1]

所以,既然人生观、价值观的培养亦是传统家训的核心思想,"古君子不出家而成教"的面向又多指本家族全体成员。因此,从教育的目标来看,"三全育人"与古代家训的教化理念拥有颇多契合之处。

(二)方法契合

中国古人讲:"爱子,教之以义方"[2],"爱之不以道,适所以害之也"。[3]这种强调教育方法的选择,注重差异性、共通性的教育理念,在此次"三全育人"的改革要求中亦颇有彰显。如其强调的主要任务,即"完善高校思想政治工作统筹协调落实机制"一条,指出要有重点,有层次,"聚焦重点任务、重点群体、重点领域、重点区域"等,还要"加强分类指导、注重因材施教,着力破解高校思想政治工作领域存在的不平衡不充分问题"。[4] 而在高校和院(系)层面的综合改革中,亦强调:"要坚持以师生为中心,把握师生思想特点和发展需求,优化内容供给、改进工作方法、创新工作载体,全面统筹办学治校各领域、教育教学各环节、人才培养各方面的育人资源和育人力量……"再如在"改进高校思想政治工作评价管理规范"方面,此次"三全育人"的改革实践亦强调要以《高校思想政治工作质量提升工程实施纲要》所涵盖的"十大育人"体系为基础,"推动全体教职员工把工作的重心和目标落在立德树人育人实效上。健全评价体系。坚持定性分析和定量分析相结合、工作评价和效果评价相结合,研究制定内容全面、指标合理、方法科学的评价体系,推动高校思想政治工作制度化"[5]。

而在中国传统家训的家法、家规之中,"教之以义方"之条举不胜举。大体至少应有劝学式家训、劝导式家训、劝诫式家训、劝惩式家训、劝谕式家训等诸多类型[6],且在具体的家族教化中亦注意到了方法的多元性与层次的重点性。因此,可以这样初步地讲,中国传统家训至少应包括说服教育、榜样示范、奖惩

[1] 习近平:《习近平谈治国理政》(第1卷),外文出版社2014年版,第169页。

[2] 《左传·隐公三年》。

[3] 《资治通鉴·晋纪十八》。

[4] 教育部办公厅:《"三全育人"综合改革试点工作建设要求和管理办法(试行)》。

[5] 习近平:《习近平谈治国理政》(第1卷),外文出版社2014年版,第169页。

[6] 参见范国强、刘春花:《中国古代贤达家训的五种类型及其功能展现》,载《兰台世界》2014年第3期。

结合这三种基本的教化方法。如曾国藩在其家训“立志修身”一节中，便以说服教育的方式，讲到“人生惟有恒是第一美德”“人生有难耐之处时，忍字当头”“勤思善问，日有所进”[1]等诸多内容。又如刘氏家训中之“三祖遗训”，以汉高祖刘邦、汉光武帝刘秀以及蜀汉昭烈帝刘备三人为刘氏家族之榜样楷模，嘱谕后人在用人、立德、日常行为规范上多有约束，以仰前德，认为“广文地者荒，务文德者强”“惟德惟善，可以服人”[2]，至于奖惩结合，有奖有罚的案例亦不少见。宋代抗元名臣之后乐隐公刘桨的家训即颇为著名，在他的家训中，在强调后世子孙要以“诗书为业，耕种为资”的同时，特别强调：“宗谱传示子孙，务要及时修辑，勿致散亡。凡在宗族，弗论亲疏，弗论贤愚，一一登明谱牒。毋曰某为疏而略之，某为贫贱而黜之……不肖者之子孙，苟能自励，他日不为贤子孙乎？至有为非为盗而不悛者，始除其名。其子若孙有能干祖父之蛊，变恶为美，则又子其祖父应书名之处，涂而墨之，泯其一代，然后书其子孙之名以接续之，亦劝惩之一法也。”[3]

凡此种种，案例颇多，且其家教效果颇为显著。“诸男皆名秀，几能守家规。”可见中国古代家规的案例、规矩与教化还是颇有成效的。

习近平总书记曾指出：“培育和弘扬社会主义核心价值观必须立足中华优秀传统文化”，“不忘本来才能开辟未来，善于继承才能更好创新。对历史文化特别是先人传承下来的价值理念和道德规范，要坚持古为今用，推陈出新，有鉴别地加以对待，有扬弃地予以继承，努力用中华民族创造的一切精神财富以文化人、以文育人”。[4] 因此，就新时代高校思政教育改革而言，特别是“三全育人”教育改革，“也要借鉴传统家训中说服教育、情操陶冶、典型示范等教育方法，注重学生内在思想品质的培养，及学生自身道德水平的提高，使他们能明辨是非、心清明镜。这不但是现代思想政治道德教育对传统优秀教育方法的继承，更是现代社会紧缺的特色与创新。”[5]

（三）价值契合

本次“三全育人”的改革紧紧围绕立德树人这一根本任务，以培养担当民族复兴大任的时代新人为目标，实现以课程育人、科研育人、实践育人、文化育人、网络育人、心理育人、管理育人、服务育人、资助育人、组织育人等“十大育

---

[1] 郑宏峰：《中国家训》（第3册），线装书局2008年版，第1、474~477页。

[2] 莆田市姓氏源流研究会西刘海内外联谊会编：《福建莆田西刘刘氏族谱》，莆田市姓氏源流研究会西刘海内外联谊会2002年版，第199页。

[3] 刘坤道等：《乐隐公家劝录 · 毗陵新安刘氏宗谱》，1948年佩堂木活字本。

[4] 习近平：《习近平谈治国理政》（第1卷），外文出版社2014年版，第164页。

[5] 焦科慧：《探究家风家训文化融入思政教育的内在依据》，载《太原城市职业技术学院学报》2016年第11期。

人”体系为基础,推动将高校思想政治工作融入人才培养各环节,构建中观的一体化育人体系。[1] 简单来说,新时代所培养的时代新人必是以实现中华民族伟大复兴的中国梦为自己的奋斗目标的,必是以坚定道路自信、理论自信、制度自信、文化自信为信仰的,必是“自觉把个人的理想追求融入国家民族的伟大事业,勇做走在时代前列的开拓者、奋进者”[2]。

价值的实现需要风气的引领与时代的感召。如同习近平总书记在宣扬社会主义核心价值观时所指出的那样:“深入开展社会主义核心价值体系学习教育,广泛开展理想信念教育,大力弘扬民族精神和时代精神,推动文化事业全面繁荣、文化产业快速发展。夯实国内文化建设根基,一个很重要的工作就是从思想道德抓起,从社会风气抓起,从每一个人抓起。”[3]

“精神的力量是无穷的,道德的力量也是无穷的。中华文明源远流长,蕴育了中华民族的宝贵精神品格,培育了中华民族的宝贵精神品格,蕴育了中国人民的崇高价值追求。”[4]我们从无数平凡的或是经典的家训家风中都能感受到这一点,认识到这一点。如上虞雁埠章氏家训,为五代十国时期吴检校太尉章仔钧所作。其家训开篇即讲道:“传家两字,跃读与耕;兴家两字,曰俭于勤;安家两字,曰让与忍;防家两字,曰盗与奸;亡家两字,曰嫖与赌;败家两字,曰暴与凶。”若让一个家族长期兴旺,章氏认为要做到以下诸条,如“忠君上,孝父母,友兄弟,别夫妇,睦亲族,教子孙,继绝世,正业术,勤本职,崇俭约,励廉隅,谨言动,慎婚配,重丧祭……戒争讼,除凶暴。”[5]在其看来,上述这些要求,体现了家国天下的情怀,且要后世子孙,“戒石具左,朝夕诵思”。[6] 事实上,中国多数家族的家训与之相似,又如温州盘古高氏新七公家训,亦讲到其后世子孙要“敦伦理、立人品、急完粮、重祭典、立族正、肃家规、正名分……戒争讼、戒邪术、戒妄言、戒赌博、谨交游、笃宗宜”[7]。此家法“敢有勿率,会集宗祠,告于祖考,惩于家法,宁过严,勿枉纵也”[8]。

从上述可知,如果说“三全育人”的理念秉持的是“校——国——天下”的价值理念,学校是其思想教育的集中之地,那么传统家训秉持的即是“家——国——天下”的价值理念,家族(家庭)是其思想教育的固有之乡。所以在我们

---

[1] 教育部办公厅:《“三全育人”综合改革试点工作建设要求和管理办法(试行)》。
[2] 张城、范育刚:《坚定理想信念,培育有为青年》,载《中国教育报》2017年9月28日。
[3] 习近平:《习近平谈治国理政》(第1卷),外文出版社2014年版,第160页。
[4] 习近平:《习近平谈治国理政》(第1卷),外文出版社2014年版,第158页。
[5] 费成康主编:《中国的家法族规》,上海社会科学院出版社1998年版,第230~236页。
[6] 参见费成康主编:《中国的家法族规》,上海社会科学院出版社1998年版,第230页。
[7] 费成康主编:《中国的家法族规》,上海社会科学院出版社1998年版,第248~252页。
[8] 费成康主编:《中国的家法族规》,上海社会科学院出版社1998年版,第248页。

看来,"作为父母和家长,应该把美好的道德观念从小就传递给孩子,引导他们有做人的气节和骨气,帮助他们形成美好心灵,促使他们健康成长,长大后成为对国家和人民有用的人"[1]。同时,若要更好地传承中国传统文化的重要载体——优良家训的精神、内容与教育价值,更要"大力弘扬以爱国主义为核心的民族精神和以改革创新为核心的时代精神,深入挖掘和阐发中华民族传统文化讲仁爱、重民本、守诚信、崇正义、尚和合、求大同的时代价值,使中华优秀传统文化成为涵养社会主义核心价值观的重要源泉。要处理好继承和创造性发展的关系,重点做好创造性转化和创新性发展"[2]。

三、基于"三全育人"理念的高校法学课程思政"五位一体"实践构想

（一）关注主体:"三全育人"理念下"五位一体"思政改革的基本前提

习近平总书记指出:"做好高校思想政治工作,要因事而化、因时而进、因势而新。要遵循思想政治工作规律,遵循教书育人规律,遵循学生成长规律,不断提高工作能力和水平。"[3]从当前来看,做好新时代高校思想政治"三全育人"的改革工作亦是如此,特别是将传统家训与优良文化的精髓融入其中,而其首先要解决的是学生的接受程度与教师的教育能力两方面问题。

有学者对此问题作了一定的前期调研,数据显示:"目前大学生对传统文化具备一定的认同感,但认知度和高校目前的教育现状不容乐观"[4]。大学生对一些中国古代的历史知识、历史人物、历史事件皆不熟悉或者说从中学时代便没有系统地学习过、了解过。另外,随着近几年"国学热""通俗史学热"的兴起,通过电视、网络等媒介平台,易中天、于丹等人说书式地讲述历史知识与历史情感逐渐被当今的大学生所喜欢接受。

因此,针对这一现实,传统文化中优良家训的选择性、传播方式的灵活性、传播内容的趣味性、传播效果的现实性等便应成为首先要考虑的要素。另外,作为家训文化的传播主体,高校老师在这方面知识的积累度、关注度与学术的创新性亦是应被重点考虑的要素所在。特别是在一些西部高校和理工科院校,更应注意在此方面对老师的知识培训与技能培训。

---

[1] 习近平:《习近平谈治国理政》(第2卷),外文出版社2017年版,第355页。

[2] 习近平:《习近平谈治国理政》(第1卷),外文出版社2014年版,第164页。

[3] 习近平:《把思想政治工作贯穿教育教学全过程开创我国高等教育事业发展新局面》,载教育部官网,http://www.moe.gov.cn/jyb_xwfb/s6052/moe_838/201612/t20161208_291306.html。

[4] 张雯:《大学生传统文化现状分析及对思政教育的启示》,载《蚌埠学院学报》2017年第2期。

(二)注重课堂:“三全育人”理念下传统家训融入思政教育的主渠道

2020年11月16日至17日中央全面依法治国工作会议在北京召开,习近平总书记发表重要讲话时指出:“要传承中华优秀传统法律文化”,“要坚持建设德才兼备的高素质法治工作队伍。要加强理想信念教育,深入开展社会主义核心价值观和社会主义法治理念教育”。2017年1月中办国办印发的《关于加强和改进高校思想政治工作的意见》中提出了明确要求:“各门课都要守好一段渠、种好责任田,使各类课程与思想政治理论课同向同行,形成协同效应”,此外亦强调“推动高校开设中华优秀传统文化必修课,在哲学社会科学及相关学科专业和课程中增加中华优秀传统文化的内容”。[1] 根据此次教育改革的精神,作为思政教育的主渠道,课堂的教学效果好坏,或者说学生对课堂知识接受程度和理解程度便成为此次“三全育人”高校思政改革成败的关键。为了做好这一点。我们认为在内容的选择与知识的处理上便颇为关键,一节45分钟的课程,如何才能将一定的内容内化为学生的知识和涵养,家训内容的裁剪与取得便是其最基础的前提。“课程思政”具有强大的育人功能,它将会推动专业课育人功能的优化转变。

第一,法学专业课育人功能的优化。首先,专业课构建中,在培养学生专业能力的同时,还要关注学生的身心发展。既要引导学生对专业知识的掌握学习,关注学生的心理特点和主体性发展;又要不断增强专业课的理论厚度、思想深度和情感温度。其次,要坚持马克思主义意识形态的指导地位,充分实现育人功能。坚持以马克思主义为指导,自觉运用马克思主义的立场、方法、观点来指导教学,将其融入课程的教学过程中,从而更为有效实现专业课教学的育人作用。最后,优良传统文化的融入,能有效促进专业课的全面构建,同时对于高校思政课程的建设也大有助益。

以《颜氏家训》融入刑法课程教学为例,在解释刑法的机能时,以往的课堂主要从保障人权、保护社会、行为指引等方面阐述,多引用西方法治理论,显得较为生硬,如果能适当引用和讲解优良家训的内容,不仅能加深学生理解,而且还能促进刑事法治本土化。如《颜氏家训·治家篇》记载:“笞怒废于家,则竖子之过立见;刑罚不中,则民无所措手足。治家之宽猛,亦犹国焉。”家庭教育中去掉杖罚、谴责,那么孩子的过错立刻表现出来;刑罚不正当,那么百姓就手足无措。治家的宽容和严厉,也如同治国一样。这里明确指出了刑法的行为规制或指引机能,也可以解释刑罚的一般预防功能。另外,还有“百善孝为先,论心不论迹,论迹贫家无孝子;万恶淫为首,论迹不论心,论心世上少完人”。这

[1] 中办国办:《关于加强和改进高校思想政治工作的意见》,载《人民日报》2017年1月12日,第1版。

个对联在讲解惩罚犯罪的主客观相一致原则、禁止惩罚思想犯原则等问题上都有较好的帮助理解作用。

第二，在方法的传授方面，一般的讲述法、问答法、图片展示法等已经远远不能满足学生的学习需要，相应的方法改革与更新，如慕课教学、翻转课堂、情景教学、混合式教学便必不可少。

第三，课程的开设。既然课堂的主渠道作用被不断强化，则课堂上相应课程的开设便成为教师所不得不考虑的另一影响因素。如在“中国文化概论”“中国家训概论”“国学经典导读”等课程之外，是否能够有更多学生所关注的必修与选修课程的开设与教案编撰。

第四，课堂知识的延伸，即相关内容的学术化呈现。如相关论文的发表、相关课题的实施、相关学术文献的搜集与整理等势必可以对课堂教学与学生在知识上、层次上、理解上形成更好的深化与补充。此外，“要理清思想政治与中华优秀传统文化的价值分野，在对中华优秀传统文化深入的研究基础上，迎合思想政治的需求”[1]。这也是我们需要加以思考并认真关注的内容之一。

（三）网络应用：高校思政教育改革的重要媒介

21 世纪以来，随着网络技术与信息传播手段的进一步发展，以微信、微博、微视频等为代表的新媒体信息平台被广泛应用于民众的日常生活之中。根据中国互联网信息中心调查统计，截至 2015 年 12 月，中国网民已经达到 6.88 亿，手机网民已达到 6.2 亿。因此，中共中央、国务院在《关于进一步加强和改进大学生思想政治教育的意见》（中发〔2004〕16 号）中便指出：“主动占领网络思想政治教育新阵地。要全面加强校园网的建设，使网络成为弘扬主旋律、开展思想政治教育的重要手段。要利用校园网为大学生学习、生活提供服务，对大学生进行教育和引导，不断拓展大学生思想政治教育的渠道和空间。”

具体对于高校“三全育人”的思政改革而言，“利用信息化平台，贯彻‘互联网 + 三全育人思想政治教育’的理念，打造协同育人网络体系”[2]，便显得必不可少了。如针对上课内容与学生对传统文化与优良家训的不同兴趣，可以设立不同的微信群、QQ 群，随时与学生保持沟通和有效联系。此外，微信公众号、相关网站、手机 APP 平台的开发与建设亦是刻不容缓，这既需要师生的参与互动，亦需要学校相关学院、平台、教师的参与建设，因此，需要加强学校的统筹指挥与后勤保障。

---

〔1〕 王秀花：《挖掘传统文化中的思政教育资源》，载《人民论坛》2018 年第 12 期。

〔2〕 梁浩：《高校思想政治教育工作“三全育人”体系的探索与实践》，载《淮北职业技术学院学报》2018 年第 4 期。

(四)课下实践:“三全育人”高校思政教育改革的有益组成部分

有学者指出,此次“三全育人”的改革需要“澄清观念,统一认识,‘三全育人’和教书、管理和服务职能是通融而非对立的”[1]。此次“三全育人”的总体改革要求是十分明确的,即要构建一体化的育人体系。这需要学校层面、家庭层面、社会层面的全面参与和积极配合,从而在宏观、中观、微观层面构建一体化的思政育人体系,实现各项工作的协同合作,同向同行,互相连通。

另外,在具体的操作过程中,特别是课后的实践活动中,亦需要学校、社会、家庭的全面参与和有效协助。譬如专家专题讲座的进行、家训文化的知识竞赛、家训文化的社区推广与“知识下乡”、传统文化的广播宣传月等活动,没有学校、家庭、社会的多方参与与协作是不可能顺利进行和有效推广的,相应的思想教育与宣传教育的最佳效果亦不能充分实现。

(五)绩效评价:当下“三全育人”思政改革的重要辅助手段

根据2018年5月颁发的《“三全育人”综合改革试点工作建设要求和管理办法(试行)》,“以《实施纲要》所涵盖的‘十大育人’体系为基础,系统梳理归纳各个群体、各个岗位的育人元素,并作为职责要求和考核内容融入整体制度设计和具体操作环节,推动高校思想政治工作制度化”[2]。

因此,就本课题而言,注重对传统家训融入思政教育的绩效性评价改革便刻不容缓。这其中既包括对学生的学习成绩、学习效果的考核与评价,亦包括对教师的教学能力、教学效果的表现与评价,还包括对相关辅助部门、辅助机构相关教师、行政工作人员的考核与评价。同时,还应注意这一评价体系以学生入校始,以学生的毕业终。要注意长时段与短时段、线上与线下、平时与年终的时间断限相区别。有奖励亦要有惩罚。只有在这种立体化、综合性、多标准的考核与评价体系之下,此次“三全育人”的高校思政教育改革才能长期、持续、有效地进行下去。

结　语

“为天地立心,为生民立命,为往圣继绝学,为万世开太平”,为北宋大家张载的名言,当代哲学家冯友兰将其称作“横渠四句”。法科学生毕业后会走向不同的社会岗位,因而法学课堂就要教育学生敬畏法律,了解法律、掌握法律,也要教育引导未来的法律服务工作者坚持正确政治方向,依法依规诚信执业,认真履行社会责任。“不忘历史才能开辟未来,善于继承才能善于创新。……我们要善于把弘扬优秀传统文化和发展现实文化有机统一起来,紧密结合起来,

[1] 张文凤:《对高校三全育人的若干思考》,载《学校党建与思想教育》2018年第4期。

[2] 教育部办公厅:《“三全育人”综合改革试点工作建设要求和管理办法(试行)》。

在继承中发展,在发展中传承。"[1]因此,我们似乎可以这样下一个简单的结论:在马克思主义思想的指导下,弘扬优秀家训文化,培育优良家风,营造和谐家庭环境与思想政治教育工作同向同利。将优良家风家训与思想政治教育相结合,有利于丰富和完善思想政治教育的内容和形式,有利于弘扬社会主义核心价值观,有利于提高思想政治教育效果,对营造社会主义和谐社会具有重要的意义。[2]

---

〔1〕 习近平:《习近平谈治国理政》(第2卷),外文出版社2017年版,第313页。

〔2〕 参见夏江敬、汪勤:《浅析优良家风家训中思想政治教育的意蕴》,载《理论月刊》2017年第11期。

新时代法学课程思政建设的结构动因与实践创新*

周德军**

摘　要:法治是国家发展、社会稳定、人民安居的重要保证。新时代社会法治人才培养不仅需要专业的法治知识的教授,更要让学生在课程思政中领会社会主义核心价值观,坚持将法律专业知识的学习与法律职业伦理的养成相结合,坚定自己的法治职业信仰,明确自身的法律职业定位。全面塑造新时代法治 2.0 优质人才,是新时代我国法治人才优质供给的重要保证。在分析新时代高校法学专业课程思政建设的结构动因基础上,寻求高校法学专业课程思政建设的积极的实践创新路径,重点加强法学专业人才培养过程中的法律职业教育与法治公益教育,切实服务于全面依法治国对于大批高素质法治人才的战略需求,是现阶段我国高素质法治人才培养、法治国家建设的必然要求。

关键词:新时代　课程思政　结构动因　实践创新

思政建设是保障新时代社会主义法治人才培养质量的重要保证。全面依法治国战略的提出和推进,社会对于高校法治人才培养愈加关切。现时代法治人才培养不仅要依托于法学专业课程的教学,更要注重法学课程的思政建设。法学课程的思政建设不仅能够有效实现新时代法治人才的培养目标,而且也是法治人才个人价值和个体目标实现的必然要求。立足新时代的社会发展阶段,全面分析高校法学课程的思政建设的结构动因和创新路径,是我国高等教育法治人才培养的重要探索。

---

* 基金项目:江苏省教育科学"十四五"规划 2021 年度课题"新时代江苏高校'立德树人'实现路径和实施机制研究"(立项编号:D/2021/01/27);江苏省高等教育学会"十四五"高等教育科学研究规划课题"新时代高校立德树人机制创新研究"(课题编号:ZDDY02);2020 年度江苏大学高等教育规划发展研究课题"高校课程思政建设提升路径与模式创新研究"(课题编号:G202018);2020 年度江苏大学思想政治教育研究院开放课题重点课题"高校'思政课程'与'课程思政'协同育人研究"(批准号:KFZD002);2021 年度江苏大学纪检监察研究课题重点项目"新时代高校廉政文化建设与课程思政融合创新的理论与实践研究"(课题编号:JSDXJJ202103)阶段性成果。

** 作者简介:周德军,江苏大学法学实践教学协同创新中心副教授。

一、法学课程思政建设的时代背景

(一)国家发展需求

人类社会进入21世纪以来,国与国之间的竞争愈加激烈,涉及社会的各个层面。党的十八届四中全会提出全面依法治国战略,提出将法治国家建设作为国家发展的目标定位,具有非常重大和深远的时代价值和历史意义。法治国家的建设发展,必须依靠法治人才力量的集聚。在法治人才培养过程中加强爱国主义和爱国精神教育,是社会主义法治建设发展的必然要求。国家的发展和个人的命运是一体的,法治国家的建设必然包含着法治人才培养、成长和作出贡献的过程。在法治人才培养过程中推进课程思政,其直接目标就是为国家和社会培养优秀法治人才,服务于社会主义法治国家建设。

(二)社会现实需求

中国社会发展进入新时代,经济建设、政治建设、文化建设、社会建设和生态文明建设需要统筹协调和有序安排,迫切需要以法治为核心的上层建筑的统筹协调和规则制约。新时代经济新常态语境下,市场经济的有效运行离不开法律规则的有效实施,市场元素的良好流通离不开市场规则的有效运行,这些都需要法律制度、法律秩序予以维系。随着社会普通公众的法治观念的不断提升,社会对于优秀法治人才的需求也愈加迫切。如何实现新时代中国社会发展的长期、稳定、持续、健康、有序运行,优质的法治人才有效供给是必然要求。将思政元素融入法学课堂,是有效实现法治人才鲜明政治特征的社会现实需求。

(三)人才自身需求

新时代法治人才2.0是高品质法治人才的现实评判。高校人才培养目标的转变和培养模式的创新,其根本还是服务于人才成长的现实需求。面对竞争压力过大的就业环境和社会对复合型创新人才的现实需求,人才的政治素养和道德品质已经成为用人单位在人才招聘过程中的重要考量。政治立场坚定、道德品质优秀的高校法科毕业生,往往具有更大的就业竞争优势,不仅更加容易为社会做出更多贡献,而且也便于个体通过努力实现其本身的个人价值。在法科人才培养过程中融入思政元素,增加课堂的现实性和感染力,是基于人才自身成长的现实考量和职业发展现实需求,将个人价值和社会价值的实现融为一体,实现优质法科人才的有效供给。

二、法学课程思政建设的结构动因

(一)传统法学人才培养的手段方式与现代法治人才养成的内生矛盾

法学教育的传统教学方式仍然是采取课本书面式教学为主的教学方式,这种教学方式适用于一般理论性较强的专业课程。但是我们同时也应该认识到，法律职业是直接服务于社会的实践应用型专业学科类型。现代法治人才的本质要求必然是具有丰富实践应用能力的实务专业法治人才,但缺少充分实践应用技能教学训练和专业思政教育的法学科班学生,无法胜任专业性较强的法律实务工作,造成了高校法学专业毕业生的就业难和用人单位亟须高素质法治人才的“用人荒”的内生矛盾。培养人才与实际需求相脱节,带来的不仅是专业发展停滞不前和社会评价的降低,更重要的是从长远来看直接影响到全面依法治国战略的有效推进。

(二)传统法学教材的融入思政元素与现代法治人才成长的代际矛盾

“课程思政”是相对于传统教学的一种新的教学理念。法学专业“课程思政”教学改革不仅具有必要性,而且具有可行性。法学专业课程的内容大部分都可以成为思想政治教育的素材。[1] 现实的问题是,作为网络时代的“原住民”,现代大学生接触各种网络信息的渠道和途径复杂多样,比年长的教师更加容易适应和接受各种新兴事物。他们对热点案件的关注和接触机会更甚于教师。但是青年学生却又存在过于短视,了解不够深入,浅尝辄止等问题。高校法学专业的科班教师在推进法学专业课程思政改革的过程中,能够做到、如何做到“润物细无声”,在传统的法学专业知识讲授过程中融入现代法治精神和思政元素,将其作为法学专业教学的必然组成部分,使法学专业教学中的思政元素充分发挥其积极作用,促进现代法治人才的健康成长,是当前法学专业有效开展课程思政的重要难题之一。

(三)传统法学课程设置的专业特性与现代法治人才素质的结构矛盾

传统法学专业课程具有较强的稳定性,在一段时间内很少发生变化,但是信息网络时代的法治人才很明显具有更强的法治专业知识的现实需求,在以婚姻家庭、道交理赔等纠纷为主要矛盾等的传统需求尚未完全解决时,网络信息侵权的各类纠纷案件已经层出不穷,对现代法治人才提出了更加紧迫性的现实要求。一方面,人才的专业知识能力要更加与时俱进;另一方面,要对法律人才的职业道德素养和业务素质能力给予同等的考量。教师在教学过程中不仅传授给学生丰富的专业知识,更要将社会主义核心价值观贯穿在日常课堂教学与学生指导之中。及时有效地在传统的法学专业课程设置过程中采取积极有效的课程思政手段,充实和丰富思政元素对于人才成长的教育制度供给,是有效缓解传统法学课程设置专业性特征和现代法治人才素质的结构矛盾的重要思路。

---

〔1〕 参见时显群:《法学专业“课程思政”教学改革探索》,载《学校党建与思想教育》2020年第4期。

(四)传统法学课堂教学的理论为主与现代法治人才实践的供需矛盾

法学专业课程的学习给人的整体印象是死板僵化,很多人认为学习法学就是背法条,这是对法学专业课程教学的明显错误认知。但是不可否认的是,法学课程由于专业知识本身的特点,需要加强对法学专业知识的理解和领悟,传统课堂教学不可或缺。现代法治人才需求却又表现在对实践应用人才的迫切需求上。因此,直接产生了传统的法学课堂教学中教师以理论讲解为主的人才培养模式和现代经济发展对实践应用型专业法治人才的现实需求的供需矛盾。如何缓解二者之间的矛盾,不仅是社会经济发展的必然要求,也是法治国家建设的必然要求。由此可见,法学专业课程思政建设已经不可或缺,亟须加强和完善。

三、当前高校法学课程思政建设的影响因素剖析

(一)专业目标不清晰

专业目标是专业建设和发展的根本指引,在法学课程教学过程中,是否应该融入课程思政以及如何融入课程思政元素,究其根本,取决于法学专业的人才培养目标。人才培养目标是高校专业人才培养的纲领和依据。专业课程的开设和课程教学方法的运用,就其根本而言是用来服务专业目标的。如何界定法学专业培养出来的专业人才质量和数量,是困扰诸多地方性高校法学专业发展的难题。法学专业的就业率一度跌至倒数十大专业之一,带来的直接后果就是很多学生高考报考了法学专业后想尽一切办法转专业,究其根本原因,正是由于高校对法学专业设置和人才培养的目标定位不够明确,未能准确地把握法学人才培养的核心和关键要素,只是一味地招生、上课,未能从长远角度关注法学专业设置的动因,把握市场对法治人才的现实需求。

(二)课程定位不明确

法学专业的课程主要包括专业必修课和专业选修课,不同的法学专业课程在教学过程中应该采取不同的教学方式,才能达到最佳的教学效果。课程开设的时间节点、课程课时量多少等都对学生的学习态度、学习热情产生重要影响,不同年级段的学生对知识的掌握和要求程度也有很大的差异。因此需要教师对所讲授的课程有充分的认知,采取针对性的教学方式。但是由于目前高校对教师的教学普遍不重视,教师主要精力也往往集中于科研方面,对于讲授的课程也更多地局限于一般性地完成教学任务,缺乏深刻的教学反思,甚少进行系统的课程思政教学体系化设计,导致实际上课程思政仅仅局限于形式上的案例列举等显性的表现方式,缺少实质效用。

(三)教材内容不实用

法学教材一直都有一定程度的滞后性,存在脱离实际、不实用等问题。近年来随着教材更新进度的加速,新的立法内容及时被更新进教材已经能够得到满足,但是这并不意味着教材内容的真正更新。很多新版教材为了抢时间、赶进度,粗略地对相关法条进行了修改,但是对于最新的理论发展和研究成果则忽略了。或是注意到了理论的焦点,但是对于社会实践的应用操作则缺少应有的关注,远离了法学学科的实践应用人才培养的初衷。不同年级不同学生对于同样的社会热点事件的看法往往也会出现大相径庭的结果,更加需要教师因时制宜、因人制宜。显然,要将教材真正用起来,是课程思政改革的重要问题。如何开发使用适用于课程思政的实践应用型教材,是考验教师的重要难题。而通过教师的引导式教学和教材的启发式阅读,才能实现课程思政的最佳效果,显然这两个条件目前都不具备。

(四)物质基础不充分

作为传统的文科专业,学校往往不够重视,在专业实验室、虚拟仿真项目等实践应用平台等基础物质保障方面缺少投入。相较于理工科的专业,实验室建设往往有数千万元的投入,但还未出现一所学校将文科教学基础设施建设提高到如此高的地位。学校往往认为,文科专业只要有一间教室,就可以完成全部教学活动。这样的教学模式和教学基础设施配置对于传统法学教育而言或许已经足够,但是近年来,随着信息化大数据时代的到来,学生的学习很难再仅仅局限于课堂教学,必要的信息网络通信工具和人工智能手段已经成为法学专业教学和学习不可或缺的工具手段。虚拟实验平台已经成为很多文科类实验的必备工具。但是学校往往甚少关注法学专业教学对实践平台的需求,所拨付的经费更是少之又少。由于教学平台本身的局限,教师要想充分有效地开展课程思政教学改革,面临着重重阻力。

(五)师资力量不到位

高校法学专业课教师开展"课程思政",是贯彻党的教育方针、落实立德树人根本任务的必然要求,也是根据高等教育必须为政治服务、法学专业知识与思政元素的联系、法学教育具有意识形态功能等理论依据决定的。[1] 我国目前的教学模式中,教师仍然是教学的主导者,具体到法学专业课程思政的各个要素中,教师是最活跃的、占主导地位的因素。教师的政治素养、理论水平、教学能力等综合素质决定了法学专业课程思政教育的成败。由传统的课程教学转变为课程思政教学,是对教师课堂教学能力的又一次挑战。没有经过系统的

---

〔1〕 参见曾皓:《高校法学专业课教师开展"课程思政"的理论依据与能力培育》,载《齐鲁师范学院学报》2020年第4期。

课程思政教学培训的教师，很难胜任课程思政教学改革。由于缺少对教师的系统的专业政治理论性教学培训，加上课程思政作为新生事物处于起步阶段，法学专业课程思政师资队伍的大量缺失，已然成为法学专业课程思政全面推进的重要制约要素。

四、新时代法学课程思政建设实践创新路径探索

习近平总书记在学校思想政治理论课教师座谈会上提出了推动思政课改革创新的“八个相统一”，为新时代学校履行立德树人职责、培养适应中国特色社会主义发展需求的高素质人才提供了根本遵循。

（一）明确专业目标，提升专业思政水平

2017 年 5 月 3 日，习近平总书记考察中国政法大学时指出，要培养德法兼修、明法笃行的高素质法治人才，为社会主义法治国家建设提供有力的人才保障和智力支持。习近平总书记的讲话为我国高等教育法学专业人才培养的目标进行了准确的界定。新时代法治人才，必然是德法兼修的高素质法治人才。明确当前高等教育法科人才培养的专业目标，对法学专业课程进行系统的思政课程体系化制度的设置和建设，提升法学专业课程的思政水平，是新时代中国特色社会主义法治体系建设的重要组成部分，也是法学专业课程设置和体系构建的根本依据。法学专业人才培养目标制定后应结合法治实践进一步修正和完善，一起适应社会发展的现实和长远需求，满足法学科班学生的个体的价值追求和社会发展的整体价值实现。在人才培养过程中，结合法学专业的自身特点，将服务社会的公益性教育、自身成长的职业伦理教育、专业技能提升的专业目标教育相结合，在其中融入渗透思政教育。通过制定明确的专业目标实现机制和课程思政建设运行机制，在专业课程中积极融入思政理念，以德法兼修应用型卓越法治人才的教育培养为目标，实现教书育人的根本任务。

（二）调整课程定位，创新课程思政元素

课程思政是高校思政课程的延伸和发展，是“立德树人”根本任务的具体落实，是提升人才培养质量的重要着力点。[1] 法学专业的不同课程具有不同的职业发展定位和思政育人特色。因此，应当因“课”制宜，及时调整不同的法学专业课程的目标定位，在不同的课程教学实践过程中采取不同的对策措施，将不同的思政元素融入不同的教学内容，丰富和扩大教学内容中的思政形式。将传统教学方式和现代信息化手段紧密结合，对课程思政教学进行积极有益的探索，将课程思政的实现手段、展现形式、运用方式与教学内容紧密结合进行综

〔1〕 参见姜庆丹、张喆：《法学类课程思政“三环导入”教学实践与思考》，载《高教学刊》2020 年第 24 期。

合考量,选择最恰当的切入点展现思政元素。在专业学习的过程之中,通过充满正能量的鲜活司法案例鼓舞和激励学生,多角度、多层面、多方式创新法学课程思政的元素融入,丰富教学内容,提升教学质量,实现教学效果。需要指出的是,学校不能出现为了课程思政而盲目进行课程思政的改革,必须结合具体专业课程内容和章节内容进行反思,才能更加有效地实现课程思政的教书育人的有效成果。

(三)更新教材内容,丰富教材思政知识

课程思政建设的有效推进离不开教学内容的不断更新和教材资料的丰富完善。将最新的思政案例融入法学专业课程教学,将优质的思政元素融入教材和课堂,是提高人才培养质量的关键要素。教师和教材是学生接受高等教育过程中接触最多的两类要素,教师的教学知识讲解能够潜移默化地影响学生,思政教材的知识传播能够在无形中增强学生的政治立场和职业信念。因此,编写一批政治导向正确的法学专业课程教材,并结合中国法治实践不断修改完善补充教材内容,将最新的法治实践案例和知识传授给学生,增强法学专业课程思政育人功能,形成良性、复合、优质的思政育人氛围。随着代际传承,现在的高校大学生已经进入到了“00 后”时代,他们是互联网时代的“原住民”,每时每刻都在不断接受新的信息和新的思想的熏陶。通过信息化平台,采用最新案例库等真实法学实务案例素材的应用,不仅能够让学生学到实用的法学司法实务技能,而且能够培养法科学生分析和判断实践案例的思维能力,增强了法科学生的公益心和社会责任感。

(四)增加物质供给,保障教学思政设施

优质有效的课程思政建设平台保障和物质投入是法学专业课程思政教学有效推进的必然要求。改变长期以来高校重视理工科实验设施建设、忽视文科实验基础设施建设的错误态度,增加法学专业思政教学实验室、虚拟仿真平台、网络信息资源以及校外实习基地建设,是当前保障课程思政教学有效推进的重要抓手。实践教学环节必须依赖于实践教学平台才能完成。这里需要指出的是,必须转变对法学课程实践教学的传统的认识和观念。一方面要充分重视实践教学活动以及将实践教学活动中的思政融入教学,另一方面必须运用信息网络化工具平台不断创新课程思政实践教学的实现方式。虚拟仿真实验室建设是实现法学专业课程思政教学的重要工具和平台。将思政元素运用融入教学设施的建设和运用中,充分发挥虚拟仿真实验室等实践教学设施的积极作用,是现阶段有效加强法学课程思政的重要探索。将思政元素融入理论教学的同时,紧密结合法学专业的实践教学,是法学专业课程思政教学改革的必然选择,也是有效实现课程思政建设目标的重要路径。

(五)加大师资培训,增强教师团队力量

加强教学师资队伍思想政治教育,培养打造一批忠于党忠于国家忠于人民的社会主义法治人才的优秀师资队伍,是现时代社会法治人才培养的关键要素。加强教师队伍的思想政治教育,确保法学课堂的纯洁性和正确的政治站队。通过优秀的教师的言传身教,将优秀的道德品质、职业理想、道德素养在教书育人的日积月累中传递给学生。要严把高校法学教师的准入制度,通过优质的法学教师队伍整体推进,兼顾个体教师思想政治素质培养和法学教师团队思想政治素质养成,为国家和社会培养优秀的法治专业人才,实现高等教育法治人才培养的直接目标。强化法学专业教师的思想政治教育责任意识和能力,遵循分阶段育人原则,实现“知识传授”与“价值引领”协同共进,[1]是当前法学教师队伍建设的重要内容。教师个体作用在课程思政的具体课程教学中或许可以实现,但是具体到整个专业的课程思政,显然必须依托于课程教学团队或者专业教学团队。只有系统打造优秀的法学课程思政教学团队,才能切实有效地推动法学专业“课程思政”建设取得实效。

结　语

法学专业课程的思政教育对于建设社会主义法治国家,提高国家治理体系和治理能力的现代化具有重要意义,对于培养学生的规则意识、权责意识、批判意识、法治意识具有突出价值,[2]探究和深入挖掘高校法学课程的思政建设,是培养优质高效的社会主义法治人才供给的重要保障,也是我国经济社会发展的必然要求。立足新时代社会法治人才供给的现实需求,分析影响当前我国高校法学专业课程思政建设的现状、结构动因和影响因素,从而寻求相应的对策,有力提高新时代高校法治人才培养水平,是中国社会法治社会发展和经济发展的应有之义。

---

〔1〕 参见陈楚庭:《法学专业“课程思政”教学改革探析》,载《学校党建和思想政治教育》2020年第16期。

〔2〕 参见姜庆丹、张喆:《法学类课程思政“三环导入”教学实践与思考》,载《高教学刊》2020年第24期。

新媒体时代法学课程思想政治教育创新路径*

王春林**

摘　要：网络环境使法学课程思想政治教育增加了新的方式。由于互联网传播信息的快捷性，思想政治教育内容的海量性，网络信息交流方式的互动性，借助互联网进行法学课程思想政治教育有助于丰富法学专业思政与课程思政路径建设。借助互联网对法学专业大学生进行思想政治教育，是确保法学专业大学生坚守正确的理想信念，完善培养单位借助互联网对法学专业大学生进行思想政治教育，借助网络不断优化法学专业课程设置和教材选用的重要路径。

关键词：新媒体时代　法学课程　思想政治教育

中国共产党十九届四中全会提出要“加强和改进学校思想政治教育，建立全员、全程、全方位育人体制机制”，其中涵盖法学课程的思想政治教育。徒善不足以为政，徒法不足以自行。法学教育要坚持以马克思主义法学思想和中国特色社会主义法治理论为指导，立德树人，德法兼修，这样才能培养出高素质法治人才。思想政治教育是法科学生个体德性养成的基础，而加强个人修养是个体德性养成的最基本途径。个体德性养成经过本人内心感受与体验，这就会促使他们情感态度发生显著变化，从而转化成内在的道德动机，形成非常牢固的道德信念。中国互联网络信息中心（CNNIC）于2020年9月29日在北京发布的第46次《中国互联网络发展状况统计报告》显示，截至2020年6月，我国网民规模达9.40亿，较2020年3月增长3625万，互联网普及率达67.0%，较2020年3月提升2.5个百分点。截至2020年6月，在线教育用户规模达3.81亿，占网民整体的40.5%。在网络环境下，法学专业大学生往往根据自身需求来选择相关信息，并借助网络平台如QQ空间、微信、微博、网络论坛等发表自

---

* 基金项目：江苏大学2019年高等教育教改研究课题“基于移动互联网络环境的教学模式研究”（项目编号：2019JGYB066）。

** 作者简介：王春林，江苏大学法学院副教授。

己的想法。网络环境为法学课程思想政治教育增加了新的方式,法学专业培养单位通过网络途径进行课程思想政治教育是提高法学专业大学生综合素质所进行的一种不间断的教育活动,这种教育关注人的思想政治状况,关注人的全面发展,提升其道德观念。

一、借助互联网进行法学课程思想政治教育的积极因素

(一)互联网传播信息的快捷性

不同于传统媒体,一般受到时效的限制,比如报纸、杂志出版有周期,它们从发行到读者手中需要一个过程;广播、电视节目尽管存在现场直播情况,但大多数广播、电视节目从制作到播放往往也要经过一定的程序,这也需要花费一定的时间。与这些传统媒体相比,网络媒体信息发布没有固定的时间、没有周期的限制,省略了印刷、运输等环节,信息不断地流转,信息的更新在操作上非常方便,瞬间就可以将信息传到广大网民手中,这种快捷性是任何一个传统媒体都无法相比的。在我国,国家在受教育者中进行爱国主义、集体主义、社会主义的教育,进行理想、道德、纪律、法治、国防和民族团结的教育。教育应当继承和弘扬中华民族优秀的历史文化传统,吸收人类文明发展的一切优秀成果。网络环境中存在大量思想政治教育内容和实践案例,这样有关思想政治教育的精神内容通过网络可以在较短时间内顺畅传达给法学专业大学生。

(二)互联网思想政治教育内容的海量性

网络媒体信息容量之大,是任何其他媒介都不可企及的。报纸、杂志、广播、电视等传统媒体受到版面、频道、时段等资源上的限制,一定时间内信息的流量是非常有限的。而网络媒介则不存在这些问题,可以不受时间限制发布信息,可以将与社会主义核心价值观相关的思想政治教育内容更广泛地发布出来,具有海量信息传播的优势。网络环境下信息的海量性可以为思想政治教育内容的宣传营造“强势”的舆论环境,只要能上网,人们不需要刻意搜索就能接触到相关信息,这极大丰富了思想文化建设的内涵,为人们储备了大量社会主义核心价值观理论知识。此外,相当多的有关思想政治教育内容的信息融图片、视频、音乐等于一体,使抽象的理论变得更为生动,这使对法学专业大学生的思想政治教育更能感染人,有利于法学专业大学生理解和接受,从而激发他们的兴趣,自愿接受思想政治教育。

(三)网络信息交流方式的互动性

报纸、杂志、广播、电视等传统媒介对思想政治教育内容的传播,是一种通过自上而下的方式进行的传播。媒体单向发布信息,广大受众只能被动接受信息,传播者的身份往往被宣传机关和部门打上“说教”的烙印,接受者对传播者

的身份、能力和个体人格存在认同上的心理定式,对传播内容的接受和理解会产生不同程度的抵触情绪,继而在宣传者和接受者之间形成巨大的心理距离,使接受者对传播内容产生排斥感[1],影响了思想政治教育效果。网络环境为思想政治教育提供了双向交流、互动的平台。“网络时代的文化核心就是互动。”[2]在网络环境下,法学专业大学生既是思想政治教育的接受者,同时也是传播者,他们可以根据自身要求和喜好选择信息,并通过QQ空间、微博、网络论坛、视频聊天、电子邮件、跟帖等多种方式发表自己的观点,互相交流意见,最大化地实现自己的参与。这种参与是一种主动性的互动,有利于极大地提高他们认知参与传播和接受思想政治教育的积极性,增强思想政治教育的实际效果。

二、建设借助互联网对法学专业大学生进行思想政治教育的路径

(一)确保法学专业大学生坚守正确的理想信念

正确的思想政治教育是法学专业大学生个体德性养成的基石,而加强自我修养是个体德性养成的最基本途径。人的个体德性养成必须经过本人内心感受与体验,促使他们情感态度发生明显变化,从而转化为内在的道德动机,形成非常牢固的道德信念。借助网络对法学专业大学生进行思想政治教育是提高他们自身综合素质所进行的一种不间断的教育活动。作为一种主体教育,不仅应对受教育者进行学历教育和职业技能教育,而且更加应该关注人的思想政治状况,关注人的全面发展,加强社会主义核心价值观教育,提升学生的道德信念。而这种道德信念就是传统道德文化中所讲的良知或良心,这种良知或良心与社会道德规范和社会舆论有着同样重要的作用,却又不能互相替代。社会大众的知识体系和价值观念形成过程中要不断加强个人网络等新型媒介素养的培养,从而才能够使人们在新媒体时代合理使用媒介、有效辨别信息、负责任地传播信息。社会舆论、习俗等外在因素,只有内化为人的良心,成为履行义务的自觉意识,才能将道德转化为自觉行动,并在行动中发挥监督作用,在行动后对行为动机、结果和过程进行道德评判。而每个人发自良心的行为,又将创造良好的道德环境,巩固和提升道德理念,从而自觉遵纪守法。

---

[1] 参见郭朝辉:《论社会主义核心价值体系建设的网络实施模式》,载《毛泽东思想研究》2010年第3期。

[2] [美]唐·泰普斯科特:《数字化成长:网络时代的崛起》,陈晓开、袁世佩译,东北财经大学出版社1999年版,第111页。

(二)完善培养单位借助互联网对法学专业大学生进行思想政治教育路径

思想政治教育是一种终生教育,贯穿于人生发展变化的全过程。法学专业大学生培养单位应该促进学历教育、职业技能教育与思想政治教育的有效衔接,要树立教育必须服从和服务于国家人才强国战略的理念,把思想政治教育纳入法学专业课程教育中,做好专业思政与课程思政有效衔接,保证法学专业课程教学质量。法学专业培养单位在相关师资的知识体系和价值观念形成的过程中要不断渗入网络素养教育,从而才能够在网络环境中合理使用媒介、有效辨别信息、负责任地传播信息。这样能使人们对思想政治教育的认识得到净化,教育的有效性才能得到保障。思政课上得好不好,社会主义核心价值观能不能落地,关键就在教师队伍建设能不能做好。[1] 法学专业培养单位要建立一支高素质的“又红又专”的师资队伍,要建立一支政治素质过硬,同时能够熟练、灵活运用各种网络手段的教师队伍,且教师在教育方式方法上注重运用启发式教学法、案例式教学法等教学法,注意线上线下的混合教学方法的运用,建设在线教学课程,丰富课程资源,积极回答学生所提出的问题,关注单位教师讨论话题,积极与教师进行互动,充分发挥教师在讲授课程中进行思想政治教育的主动性、积极性。针对教师关注的热点问题,有针对性地进行思想政治教育,实现思想政治教育方式方法的多样性。同时,积极利用法学专业培养单位网站对法学专业大学生进行思想政治教育,在网站中对法学专业大学生进行思想政治教育内容建设方面,注意有关思想政治教育内容信息收集、筛选、整理、加工,连续不断地提供高质量的有关思想政治教育内容,以满足法学专业大学生进行思想政治教育学习的需要。

(三)借助网络不断优化法学专业课程设置和教材选用

法学专业课程的思想政治教育工作尤其重要,要使法学专业课程的思政育人工作取得良好的效果,必须强化高校法学专业课程的思想政治教育。法学专业课的课程思政教学需要充分发挥专业特色,坚持立德树人,在“三全育人”视角下,发掘专业课特色思政教育元素,制定专业课教学目标,拓展教学内容深度和广度,在教学方式、教学内容、教学方案、教学理念上,实施“课程思政”全方位课程改革。对于一些重要的专业课程,可根据实际情况,开设一些辅助性的或者选修性质的课程,以强化主专业课程的思政实效。在法学专业培养方案中相关课程凡是有已出版马工程教材版本的,必须选用。如相关课程尚未出版马工程教材版本,要注意审核教材中有无课程思想政治教育的教学目的和内容的设置,优先选择有课程思想政治教育教学目的和内容设置的教材。既不能为了

---

〔1〕 参见邓晖:《站稳讲台,用社会主义核心价值观涵养学生心灵——专家学者谈培育和践行社会主义核心价值观》,载《光明日报》2015 年 2 月 8 日,第 3 版。

思想政治教育而改变专业课的专业性,也不能忽视专业课中所潜藏的思想政治教育内容,法学专业老师要认真研究专业课中所包含的思想政治教育元素,做到将法学专业课的思想政治教育内容和目的与法学专业知识有机融合。每一门法学专业课程都有特定的教育目的,教师授课要将教材的思想政治教育目的具体化,充分考虑专业课教学的思想政治教育目的。在法学专业课中开展课程思政教学教育工作,必须考虑法学专业学生对专业课程以及课程思政的态度,充分考虑让学生乐于接受、主动接受教学中的专业知识与思想政治教育内容。

第三编　法学虚拟仿真实验项目建设的创新路径

法学虚拟实验教学的功能与应用

赖秀兰　江雪松*

摘　要：法学虚拟实验代表法学实践教学的信息化、智能化方向，能够较大程度弥补传统法学实验教学的不足。法学虚拟仿真实验平台的性能优势，有助于优化法学实验教学形式，将模拟实验、操作实验并入虚拟实验。法学虚拟仿真实验平台的教学设计应体现科技整合特色，建立线上教学与线下教学相结合的新型实验模式。法学虚拟仿真实验平台的共享应用，能够有效提升学习者信息素养水平，增强法科生程序意识和专业创新能力，扩大法学优质资源的社会共享度和影响力。同时，基于法治实践现状和内在规律，也要明确法学虚拟实验在法学教育中的辅助性地位，不能越俎代庖。

关键词：法学实践教学　虚拟仿真实验平台　实践能力　智能化

法学重实践，实践教学是法学教育之要，实验是法学实践教学的重要形式。法学实验有广义和狭义之分。广义的法学实验，是指学习者亲历法律科学研究和实务操作，发现、验证、描述法律领域的知识规律，提升法律职业技能，增进经验认知或创新法律理论的过程。广义的法学实验等同于法学实践，包含法学研究中的思想实验和田野实验，已经溢出法学教育的范畴。狭义的法学实验，是指在人为控制的特定条件下，运用科学技术所进行的获取事实真相、发现法律运行规律或检验法学理论的专业认知活动。本文拟从狭义层面讨论法学实验在法学教育中的功能与应用。

目前国内高校法学专业培养方案中，实践课程能够实验化的有法律文书、案例研讨、证据法学、模拟法庭、法律诊所、职业技能训练、专业实习等，这其中又可分为模拟实验（如案例研讨、观摩庭审、模拟法庭等）、操作实验（如法律诊所、职业技能训练、专业实习、证据鉴定等）和虚拟实验。〔1〕虚拟实验随着信息化发展而进入法学实践教学课堂，是全面整合计算机技术、多媒体技术、仿真技术和人工智能技术，立基于真实数据和法律实务环境体验，营造可辅助、部分乃

---

* 作者简介：赖秀兰，江苏大学法学院副教授；江雪松，江苏大学法学院教授。

〔1〕 1968年，哈佛大学开发出头盔显示器成为人类历史上第一个虚拟现实设备，被实验者戴上它可以看见眼前漂浮的发光立方体。参见朱全景：《法学实验论纲》，载《比较法研究》2013年第4期。

至全部替代传统实验各环节的技术活动。虚拟实验在法学教育和法律实践领域有着广阔的应用空间。

一、现有法学实验教学的不足

数量众多的地方院校囿于技术条件,现有法学实验教学手段较少有虚拟实验,多依赖模拟实验和操作实验,具体存在以下不足。

(一)灌输讲解多,缺乏专业实践纵深推进

随着法律职业资格考试制度改革,地方非重点院校的法学专业人才培养,如何缩短学生毕业后在社会上的摸索期是一个难题。目前,不再盯紧法考进行培训式教学,但也很难转向应用型法治人才培养目标,课程教学仍以法条灌输和法律效果阐述为主常态。专业教学并未纵深推进,课程设置计划中的法学实践课程,往往"照葫芦画瓢"式走过场,教学形式仍为知识灌输型,动手实践交流环节较少,难以形成知识有效互动和深度学习。学习者甚至感受不到实验课程与理论课程的区别,认为与理论课程"一般抽象",对实验课程的兴趣得不到很好培养。法律诊所、法律援助的专业实践较有成效,但法律文书教学较为机械,格式条款撰写往往低层次重复,模拟庭审、法律谈判流于形式,未能深入,单位时间欠缺效率,缺乏法律思维的实际运用,无助于学习者法治实践能力的训练。

(二)实验条件弱,难以满足个性化学习需求

地方院校尤其是经济后发地区院校的法学实验室设计、装配都比较简单,甚至是为了应付专业评估的需要,进行一些最基本的配置。实验教学经费投入不多,实验空间使用不充分,实验师资也比较匮乏。

现有地方法学院校的实验条件,对于较为复杂,涉及不同时空条件,或者参与主体、范围较广的法律场景,无论是开展模拟实验还是操作实验,都很困难。实验条件影响了学习者的自主性、交互性学习和多感知法律实务的能力训练。不少学习者平时较少投入时间演练,仅在临近考试前突击复习实验流程,或许能取得合格或稍好的成绩,但实际上并没有切实掌握实践技能。

(三)实验片段化,缺少流程式法学实践训练

现有法学实验教学分成法律文书课、案例分析课、证据鉴定课、职业实训课等诸多单独的模块,"不同的课程往往只教学一项技能,所有片段很难形成整体,难以训练综合实践能力"[1]。各门课程相对独立,课程与课程之间衔接不够,法律职业技能不能融会贯通。

---

〔1〕 王占全等:《新文科背景下法学虚拟实验教学平台的设计与实现》,载《实验室研究与探索》2019年第12期。

地方院校培养的合格法学专业人才，应该能够从程序上完整处理一个法律纠纷。倘若学习者在校没有进行过类似全程化的教学体验过程，进入实务工作岗位很难直接上手操作。倘若法学实验教学仍旧维持分割现状，学生走上社会仍然要补足这样的实践流程，甚至付出更大的时间成本去学习。

(四)社会融入慢，无法满足新文科建设需求

新文科建设在法学教育上的要求体现为缩小法学专业培养目标和社会需求之间的差距，“注重对人才实践能力、创新能力和综合能力等的培养”[1]，使培养的法治人才能够将学到的知识快速转化、应用到社会现实的法律服务之中。信息文明时代，新文科的方法论更强调科学性，传统人文社科方法要与现代科技、人工智能、算法等相结合，将文科的定性方法与定量方法相统一。社会对法学专业的新文科建设需求突出表现在顺应新科技革命和产业变革的大趋势，提高法律运行的智能化水平，“加强科技素质在法治人才培养中的权重”[2]，这对法学实验教学提出了新的要求。法科生如何加强技术融合、学科融合、社会融合，是现有法学实验教学亟待改进的问题。

当前法学教育信息化发展，法律知识增长和教学需求都发生了较大变化。随着虚拟仿真技术的进步，大量法治信息资源，能够经由法学虚拟仿真实验平台组合，利用技术工具模拟、延伸、增强客观世界的法治场景，进而可以成为法学专业探索的钥匙，解锁更为宽广的社会法则之门。法学虚拟仿真实验平台的实验环境是否真实、操作过程和数据是否科学可信，以及如何将虚拟仿真技术应用到法学实验教学中，怎样进行教学组织都需要认真对待。

二、法学虚拟仿真实验平台的优势性能

法学虚拟仿真实验平台是法学实验智能化的创新载体，可以像在真实的环境中一样完成各种实验项目，所取得的实验效果等价于甚至优于在真实环境中所取得的效果，能够最大限度地弥补当前法学实验教学的不足。借助发达的网络化、信息化的手段，虚拟实验能够做到时空分离，打破“实验教学只在实验室进行”的传统框架，将法学实验教学从实验室中解放出来，为学习者提供灵活、开放、自主的实验教学环境和学习资源。学习者可以全天候、全流程反复练习，改变原有的看案例背法条的课外学习模式。并且，所有的教学过程、学习过程都可以留存备案，为后续改进教学提供最真实的资料，惠及更广泛的受众。

(一)高仿真的智能化体验

相对于普通的实验室而言，法学虚拟仿真实验平台是对现实环境的复制或

[1] 樊丽明：《“新文科”：时代需求与建设重点》，载《中国大学教学》2020年第5期。

[2] 杨宗科：《论“新法学”的建设理路》，载《法学》2020年第7期。

再现,有条件利用3D仿真立体影像动画展示案例,让学习者身临其境,验证法条适用和强化所受的理论熏陶,不再流于形式灌输。

虚拟实验通过引导式的实训流程操作,帮助学习者熟悉并掌握民事、刑事和行政等各类案件办理的各个环节,"通过对案件的分析研究,提升学习者的法律知识理解能力、法律逻辑思维能力、法律证据运用能力、法律文书撰写能力等法律职业能力和职业素养"[1],能够有效解决实验片段化的不足,融贯法学实践教学,帮助学习者更好地理解所学知识。

法学虚拟仿真实验平台能够持续呈现实验空间的智能化,实验技术人员、教师和学习者可通过智能化的管理平台实现信息化的操作,包括班级设置、开课管理、实验安排、模拟实验、实验报告、实验成绩、成绩统计查询等。并且,每一个实验平台都是一个知识库系统或专家系统,是一个相关素材(法律或案例等)经过技术处理的数据库,数据索引或搜索引擎可以通过关键词或关键要素进行检索,并输出想要的结果。

(二)高效率的抗干扰学习

"判定一个实验成功与否的标准是看其是否具有可重复性。"[2]法学实验的效能优劣体现在能否排除偶然性、干扰性因素,通过可重复性将实验结论确定下来,形成为公众所接受的知识。法学虚拟实验能够克服不利因素创造出优良的实验条件,加深学习者对知识的理解,有效提高实践教学的效率。虚拟实验技术能较好避免因仪器故障、接触不良等导致的实验无法按时开展的情况,具备高强度抗干扰性。高仿真的虚拟实验环境和实验人物有利于学习者融入其中,根据虚拟实验所提供的全面法律信息深度思考。在模拟实验中充分挖掘案件深层次的法律争议焦点,查询尽可能多的法律依据确立诉讼策略,以便有效行动。

法学虚拟仿真实验项目可以按学习者要求封闭运作,帮助学习者进行独立的实验活动,不受外界干扰,时刻以法律职业者的身份要求自己,以法律思维看待案件,自行开展实验操作、重复模拟实验,查证实验可行性与合理性,从而高效提升学习者的法律职业素养和职业技能。

(三)开放式的降成本共享

法学虚拟仿真实验平台设有各式独立的角色供学习者扮演,通过当事人、代理人、法官、检察官等不同角色的相互配合、互相转换,高质量完成实验项目;

---

〔1〕 王娜、张应辉:《基于有效教学的智慧型法学虚拟仿真实验室建设路径研究》,载《实验技术与管理》2020年第4期。

〔2〕 何华青、吴彤:《实验的可重复性研究——新实验主义与科学知识社会学比较》,载《自然辩证法通讯》2008年第4期。

也可以植入多学科信息，通过学科交叉信息增量，运用法社会学研究方法，帮助学习者校准法律判断。这类虚拟实验设计不仅大大提升了学习者实验兴趣和积极性、增强操作实验能力，也有助于学习者提高综合专业素养、职业历练水准和专业创新能力。

法学虚拟仿真资源开发成本较高，而后期使用成本则相对较低。法学虚拟仿真实验平台建设可以采取合作开发、资源共享的形式，能够从较大程度上降低成本。同时通过信息技术将各高校的法学虚拟仿真实验资源在网络平台上集中存放，统一接口规范和标准，便于不同用户的数据接入，实现管理平台和数据资源的有效联接与互相支撑。同时，专业门类平台应具有高度的开放性，提供资源的单位通过身份认证的方式可以登录后台，对本单位提供的法学虚拟仿真实验教学资源进行管理和维护。这样可以解决资源利用率不高、资源重复建设等问题，达到资源共享，形成优势互补。

三、法学虚拟仿真实验平台的教学设计

法学虚拟仿真实验平台建设有着广阔前景，可根据技术发展多元化设计，可以是一个虚拟实验室或智慧教室，可以是一个项目系统或一门课程，也可以是一个法律专题或思潮的虚拟仿真配套设计或软件等。[1] 课程的实践化是法学实践教学的本质，前述模拟实验、操作实验皆能以大数据形式并入虚拟仿真实验平台。法学虚拟仿真实验平台应用于法学实践教学的形式有两种：一是线上贯通法学实验教学；二是配合线下法学专业课程教学，将“抽象的法律具体化”场景再现。

（一）个案教学设计流程

此处代入法律实践中最常用、最基础性的法律文书进行个案分析，探索“虚实结合”的资源建设与教学运行模式，尝试法律文书的虚拟实验教学。为何选择法律文书教学为例？如前所述，传统的法学实践教学有模拟庭审、法律诊所、专业实习等，模拟庭审倾向于法庭程序的培训，法律诊所强调诉讼策略的确立，专业实习则帮助感知法律实效等，这些实践课程在法治思维训练方面要求是一样的，皆强调学习者在证据判断、事实梳理、争议焦点提炼、法律文献检

---

〔1〕 经教育部认定的首批国家级一流课程名单中有327门课程是虚拟仿真实验教学类，其中，有法学专业课程《国际法虚拟仿真法庭实验教学项目》（天津大学）；有专题型的《诉讼中文件真伪的司法鉴定虚拟仿真实验》（南京师范大学）、《正当防卫虚拟仿真实践教学项目》（电子科技大学）、《法律谈判虚拟仿真实验》（湖南师范大学）、《交通事故法医现场虚拟仿真实验教学项目》（南方医科大学）等。前述国家级一流课程还有非法学类的《孔子“和”思想虚拟仿真实验项目》（曲阜师范大学），这是对思想实验的虚拟实验。参见 http://www.moe.gov.cn/jyb_xxgk/s5743/s5745/A08/202010/t20201030_497422.html。

索及解释适用、推理及论证等方面的综合能力培养,皆需要学习者训练撰写法律文书的能力。法律文书是法律活动的文本载体和证据留存,一份好的法律文书可以清晰、准确地体现法律活动的内容和结果。法律文书教学是法学实践教学的灵魂组成,是法律学习者的必备工具课,也是法学实验教学需要重点关注的对象。

法律文书包括合同文书、裁判文书、法律类非规范性文件等,此处以日常生活中最为常见的合同文书撰写为例。学习者首先按流程提示,在虚拟仿真实验平台的"文书实践"功能中填写合同的基本信息,平台会从信息存储的成百上千种常见合同文书范本中自动生成一份完整的合同。其次学习者进入在线编辑合同的页面,根据自己对合同所涉法律权利义务内蕴的把握,精细修改合同文本。最后完成修改后,学习者可以点击"提交作业",将作业直接提交给老师,同时也可以点击"下载文本",将合同的电子文档下载打印。实验平台的算法设计确保学习者能够便捷操作,此类虚拟仿真文书实践训练是基本的法学实验智能化模式。

(二)对模拟实验的虚拟

法学实践课程中的模拟实验教学是对法律实务流程、案件审理程序等的复制再现,旨在培养学习者在探知法律事实过程中的观察、发现和认知能力,运用法律的逻辑思维去搜集、调查、判断、分析、确认事实的能力。而虚拟是由高科技实现的仿实物或仿环境功能替代的方式。虚拟的多元替代,能够让学习者更快熟悉解决案件纠纷的整个过程,也可以技术植入角色思维信息,帮助学习者分别模拟律师、法官或检察官角色,对案件进行全面系统地综合分析、思考和操作。

传统法学实践教学,学习者若无法律援助或不前往实务部门实习,则不可能完整体验真实案件流程。大学生的社会接触较少,很少有机会实际处理案件,而且即使接触了某个案件,也仅是民事或刑事的某一类型案件,未必能触类旁通。而经由法学虚拟仿真实验平台建立智慧法学教育案例资源库、共享各类案件全部流程法律文书资料、开放案件审理视频资源和运用综合评价系统等,则能够动态保障法律信息资源的有效利用。其中,虚拟实验平台所提供的仿真实务功能,包括诉讼文书生成、案卷证据整理以及法院程序指引,展现了一个案件处理的全部过程。首先,学习者进入诉讼文书生成环节,可以训练其撰写起诉状、答辩状等诉讼文书的技能。其次,案卷证据整理环节,学习者可以在实验平台的帮助下,快速有序地整理案件证据,省去大量重复劳动时间。最后,诉讼程序指引环节,如学习者根据案件的原告地、被告地、行为地以及特殊情况等,先自行判断最佳起诉切入点,然后与平台智能判断推荐点进行比较,达到锻炼法律思维的目的。

为便于教师对学习者撰写的法律文书进行审查与评阅,法学虚拟仿真实验平台的教学设计可运用生活语言—法律语言—计算机语言的语言分类切换技术,实现对学习者撰写的诉讼文书批量校验的高效办公目的。“分词”功能模块基于预设的算法,可以提高教师的批阅效率:一是遍历所有学习者提交文档中的分词结果,帮助教师快速查找学习者作业中是否包含了特定内容;二是经由统计得出特定实验情景下特定分词的出现概率,依据一定的知识图谱或信息关联,确定该文书的所属领域及应当具备的基本内容;三是所有学习者都在相同虚拟条件下撰写文书,教师在评阅时更容易区分学习者的能力。

(三)对操作实验的虚拟

操作实验教学的重点是在实验内容、实验方式和手段等操作层面增加学习者的法治体验和增强法治观察能力,“单凭观察所得的经验,是绝不能充分证明必然性的……必然性的证明在实验和劳动中”[1],而更高层次的目标是培养学习者在实验中发现问题、分析问题并解决问题的能力。以文书中的笔迹鉴定为例,设定某法学虚拟仿真实验平台,学习者开启某“文书检验”功能,按提示进入实验平台的笔迹检验部分,按照仿真语音和文字指示观察与标示笔迹特征(包含变化笔迹、伪装笔迹、摹仿笔迹、换手签名笔迹等)。倘若鉴别印刷文书,则可借助虚拟仿真技术设计印刷方法鉴别、印章印文鉴别、货币票证真伪鉴别等多个实验。倘若进行污损文书检验,则以虚拟仿真实验方法查明文书擦刮、消退、添改、拼补、换页和模糊记载等情形。

法学虚拟仿真实验平台的特定实验条件能够比较稳定地达到预期教学效果,能够自动地对实验进程加以控制,自动按照教学内容和学习者掌握知识的水平确定实验进度。法学虚拟仿真实验平台为学习者提供不同场景因素让其自主取舍,自主对所得信息加以组合,自主选择出最为合适的操作方法。在观察和检验其所虚拟的操作实验过程中,注重综合分析和研判,不迷信权威和传统,也可以真切感受到实验中可能出现的风险。因为,虚拟实验可以预设法律实践中许多可能出现的不确定性,[2]让学习者感知法律实施风险和效能的概率计算。概率是某一现象发生的可能性或可信度及其数值。操作实验的优势在于可以观察到实验失败,这才能切实提升学习者的观察能力和动手实践能力。平台所虚拟的各种不确定性,可以激发学习者更大的学习兴趣,有助于让分析、抽象、概括、应变、综合表达能力等方面均获发展。

---

[1] [德]恩格斯:《自然辩证法》,人民出版社2018年版,第207页。

[2] 其实,真正走进法庭的事实往往也是经由法律拟制的事实。

四、法学虚拟仿真实验平台的共享应用

依托法学虚拟仿真实验平台的教学网络能有效整合校内共享、校际分享、社会服务资源,应对其加以推广应用。这不仅能够满足法学专业学习者的需求,还可以向相关专业、不同院系、兄弟高校,以及公、检、法等法治实务部门和法律服务单位开放,为各类人员开展实务培训等提供条件支持。

(一)面向全校师生开放,校内资源共享

结合大学生思政课程、文化通识教育课程等,为不同专业学习者提供法学实验平台,由此培养非法科大学生的法律素养和法治思维,促使他们将法治理念落实到未来工作岗位。例如,每学期、每学年可以在"校园法治文化周""消费者权益保护日""国家宪法日"等法治主题活动中,借助该平台向校内师生传播各类法律文化知识。学习者也可以跨院系成立研究小组,依托相关虚拟仿真实验资源,开展创新创业实践活动,最大限度地实现法学优质教学资源的专业共享、学科共享和校园共享。

(二)加强与兄弟院校的交流,跨校分享教学资源

各地区教育主管部门相继发布了全面振兴本科教育的实施意见,强调在高校集中区域组建教学联盟,集约资源、避免重复建设,共建共享实验教学平台和优质课程资源。当前,"全国有650多所普通高等院校开设了法学本科专业,法学硕士、法律硕士学位点达到247个,法学博士一级学科授权点57个"[1]。其中,在一些科研条件优良、经费充足的综合性大学,法学可以与计算机、电子等工科相结合,研发高层次、高质量的法学虚拟仿真实验平台,向校内外推广使用。[2] 高层次、高质量法学虚拟仿真实验平台建设所需的法律信息检索技术,其研发在很大程度上依赖于检索评测数据集,而构建一个大型优质的检索评测数据集费时费力。传统的检索数据集构建方法,尤其是在构建相关文档集时,需要人工凭借主观判断来决定文档间的相关程度,而有些特定领域则需要领域专家介入,这都需要相关学科合力攻关。

法学虚拟仿真实验教学平台建设成效显著的兄弟院校,可以将其作为"实践教学名片",向外发散辐射效应,吸引同类院校交流共享,加强兄弟院校之间

---

〔1〕 杨宗科:《论"新法学"的建设理路》,载《法学》2020年第7期。

〔2〕 全国范围内建成"法学虚拟仿真实验教学中心"的法学校院系并不多,据笔者不完全统计,直接命名为"法学虚拟仿真实验教学中心"的有中国政法大学、福建师范大学法学院、南阳师范学院法学院等;另外,华东政法大学建有"应用法学虚拟仿真实验教学中心"、西北政法大学建有"刑事案件虚拟仿真实验中心"、中国人民公安大学建有"公安执法虚拟仿真实验教学中心"、中国人民武装警察部队学院建有"消防虚拟仿真实验教学中心";还有引进"非法证据排除法学虚拟仿真实验项目"的西北师范大学法学院等。

在法学专业教学改革与人才培养领域的合作。实现由开放共享向个性化实验教学资源的生成转化，在获取、检索有区域特色、学科优势的信息内容基础上，创新迭代式、趋向动态的个性化虚拟实验教学资源。

（三）深化行业合作，为社会法治需求提供服务

通过法学虚拟仿真实验教学平台开展行业合作，协同育人的路径有许多，如为校外合作单位提供法治教育培训、技术咨询、项目研发，进一步加强产学研合作。这不仅提高了实验平台教学资源的利用效率，同时有助于社会各单位为实验教学平台的运行维护、持续改进提供建议及经费支持。最为根本的是加强法学实践教学的顶层设计，开发系统接口标准规范，整合法学院校系所、政法实务部门及相关行业协会企业等虚拟仿真资源，[1]根据法治人才培养特点，分类指导、分类建设，通过个性化定制满足不同层次人才培养需求，形成"大平台+课程"门类平台、"共性+个性资源"共建共享体系。

社会合作需要引入学习成果认证机制。运用大数据、云计算技术，收集学习者的过程性数据（不涉及个人隐私和生物信息的学习行为、表现、习惯等），通过采集分析平台的数据挖掘、比照、整理及分析，通过虚拟实验教学形成"学习者画像"。以精准化的评价体系全方位勾勒学习者的个人能力，让未来的法院、检察院、律师事务所都能够将线上学习成果作为评价人才的重要标准之一。这有助于建设"人人皆学、处处能学、时时可学"的学习型社会，加大资源推广力度，在满足全省乃至全国高校法学学科卓越人才培养需求的基本上进一步拓宽资源服务对象，提升法学优质资源的社会共享度和影响力。

五、法学虚拟仿真实验平台的应用限度

法学虚拟仿真实验平台能有效帮助学习者扎实掌握法律知识，增强案件分析能力、实务操作能力、程序选择能力和法律表达能力。但在实践教学中，必须明确法学虚拟仿真实验平台是智能辅助教学工具，不能完全替代/包办法学实践教学的全部。

（一）虚拟仿真实验平台的数据源不足

虚拟仿真实验平台的高效率和精准度取决于法治实践的数据采集以及在

[1] "中国政法大学法学虚拟仿真实验教学中心"作为国家级法学虚拟仿真实验教学中心与全国50多家法院、检察院、律师事务所的协同合作教学，充分显示了"产、学、研"一体化的实验教学特色。参见纪芳：《关于文科虚拟仿真实验教学中心建设的探索》，载《实验技术与管理》2017年第4期。

此基础上的算法分析。[1] 法学教育研究的基本路径是法社会学,数据的采集是实证科学分析的基础。现在法学虚拟仿真实验教学的重点是以往司法实践所积累的大数据是否完全公开、完全可靠?不同区域的证明标准是否一致、是否合理?不同系统的算法如何统一、如何衔接?任何一个要素的不到位都难免引致数据来源不全、不实等情形,这种情形下形成的一些规律性认知有可能只是认同过去,但未必能发现"纰漏",还会影响学习者的精准学习、深度学习和未来学习。

(二)虚拟仿真实验平台与司法规律的契合度不够

法学是一门经验性学科,司法裁判经验和知识有许多是默会知识,隐含于具体的个案之中,内在的思维结构和价值考量未必能够由虚拟仿真实验平台算法得以明晰。立基于技术理性的算法现有算力水平,能否准确反映结合价值判断、教义分析、社会考量等综合而成的司法裁判规律?法学虚拟仿真实验教学平台遵循的法教义学进路,与法学教育研究的法社会学进路也充斥着张力。

当前,人工智能技术的阶段性局限、法治以人为本的实践本质、信息权利保护和算法数据支撑的二律背反,都表明虚拟仿真实验平台是辅助性教学工具,而非法学专业教学的主导阵地,依靠人类理性传输获致正义的过程才是法学教育的真谛。

法学虚拟仿真实验平台对法学教育的助益是有限度的,虚拟技术一定要与真实授课有机结合,形成法律"金课",才能更好地培养和提高学习者的专业素养和实践能力。"只有在强化理论教学的基础上,重视法学实践教学并合理配置体验式的、问题导向的教学方法与方式,才能全面实现法学教育的目的。"[2]

---

[1] 传统形式的制定法与案例是以纸质媒介存在的,"人力找法"相对繁杂;当法律数据库建立之后,以搜索引擎或算法作为工具,可以辅助法官、律师或者教学者更加低成本、高效率、高精准度地进行数据的检索、搜集和整理。参见宋旭光:《论司法裁判的人工智能化及其限度》,载《比较法研究》2020年第5期。

[2] 蔡立东、刘晓林:《新时代法学实践教学的性质及其实现方式》,载《法制与社会发展》2018年第5期。

法学虚拟仿真实验的设计与运用
——以诉讼中文件真伪的司法鉴定项目为例*

潘　溪**

摘　要:法学虚拟仿真实验是指在教师指导下,学习者利用虚拟仿真实验系统进行法律实践技能操作训练的创新法学实践教学方式。文书真伪司法鉴定在当前法律实务中使用愈发频繁,俨然成为新时代法律人才实践技能的重要组成。以文书真伪鉴定为代表的法学虚拟仿真实验能突破传统实践教学的时空限制和碎片化实训体验,具有强烈的实际操作性和训练完整性,有利于实现法律适用与事实认定能力同步培养。虚拟仿真实验应当采用沉浸式、交互式、自主式教学方法,整合真实案例资源,运用互联网技术搭建教学数字化模块场景,促成学生自主摸索探究多维结果,形成模块与综合评价结合的多重评价和反馈机制,最终搭建起多项目、多用途、多层次的法学虚拟仿真实验体系。

关键词:法学实验　司法鉴定　虚拟仿真实验

法学是一门强实践性的学科,“法律的生命不在于逻辑,而在于经验”。传统法学高等教育教学倚重书本理论知识的讲授,其使用的法学实践教育课程,如诊所式教学、模拟法庭等,尽管对于学生的法学实务技能和法律实践思维的培养起到了一定的作用,仍难除学生参与积极性差、重程序讲解轻实践操作等痼疾,不能适应新时代应用型、复合型法律人才的培养要求。依托“互联网+”背景,法学虚拟仿真实验教学模式应运而生,成为法学实践教育新的发展方向。

一、法学虚拟仿真实验概述——以文件真伪的司法鉴定为视角

法学虚拟仿真实验的发展背景:

1. 新时代法律人才培养的需求

我国高等法学教育还不能完全适应社会主义法治国家建设的需要,培养模

* 本文为南京师范大学教学改革研究课题“新型模拟法庭教学的研究与实践”阶段性成果。

** 作者简介:潘溪,南京师范大学法学院副教授,南京市玄武区人民法院审判员。

式相对单一,学生实践能力不强,应用型、复合型法律职业人才培养不足。因此,提高法律人才培养质量成为我国高等法学教育改革发展最核心最紧迫的任务。[1] 教育部和中央政法委《关于坚持德法兼修 实施卓越法治人才教育培养计划2.0的意见》指出为全面推进新时代法治中国建设,培育一流法治人才既要做到“厚德育,铸就法治人才之魂”“强专业,筑牢法学教育之本”,也要“重实践,强化法学教育之要”。要全面落实“依法治国”基本方略,重点培养应用型、复合型职业法律人才,提高我国法律人才质量,必然要求新时代法学教育贴近司法实践,符合我国的法治国情和对法律人才的需求。法学虚拟仿真实验项目的建设是实现法学应用型、复合型人才培养的重要手段,物证技术课程和文书真伪司法鉴定的虚拟仿真实验也是培养新时代法律人才实践技能的重要组成。

2.“互联网+”背景下的法学实践教学模式的变化

教育部颁布的《教育信息化2.0行动计划》指出:新时代赋予了教育信息化新的使命,教育信息化应支撑引领教育现代化发展,推动教育理念更新、模式变革、体系重构。随着司法实践领域电子化和数据化改革的不断深入,“互联网+法学教育”理念持续发展。法律人才培养应该适应司法的电子化潮流,形成具有新时代意义的法学卓越人才培养新理念和新做法。其中,法学实践既要教室,也要设备以及现代化信息化的教学手段,法学虚拟教学平台成为法学实践教学模式创新在新时代的突破口。

3.诉讼事实认定和科学证据的发展

司法鉴定是指在诉讼活动中鉴定人运用科学技术或者专门知识对诉讼涉及的专门性问题进行鉴别和判断并提供鉴定意见的活动。文书鉴定是指运用文件检验学的原理和技术,对文书的笔迹、印章、印文、文书的制作及工具、文书形成时间等问题进行鉴定。在现代诉讼民主化、科学化的要求下,文书鉴定在诉讼中扮演着愈发重要的地位,需要进行文书鉴定的案件数量持续上升,文书鉴定在三大诉讼中均占有较高比例。无论法学专业学生未来的职业选择是法官、检察官、律师还是企业法务人员,都不可避免地要接触到文书鉴定。法律人才的培养无法忽视对于文书司法鉴定知识的学习。复合型的法律人才既要懂知识、能写会说,更要懂技术、能够采集证据和鉴定,注重实践能力和物证技能。

二、法学虚拟仿真实验的优越性

法学教学体系已然强调了法律实践学习的必要性,构建了由诊所法律教

[1] 参见郭捷:《深化法学教育改革 创新人才培养模式 造就卓越法律人才》,载《法学教育研究》2013年第1期。

学、模拟法庭、专业实习课程等组成的传统实践教学体系,但对于法学实验的理解和使用仍浮于表面。法学实验,是指在法学教师的专业指引下,法学学生在法学实验室中进行对法学学科理论和知识的实验论证或对法律实践操作技能训练的创新教学活动。[1] 相较于更注重理论验证与发现的理工科实验,法学实验则强调职业技能的训练。虚拟教学平台的出现则是“互联网+法学教育”背景下法学实验发展的产物,以现代信息技术实现了对高等教育三维空间的替代与扩展:将三维教育教学活动转而在电子虚拟空间中进行,可以将无法在三维空间进行的教育教学活动在电子虚拟空间中进行。[2] 这使法学实验成为“一种交互式的重要教学资源的互动媒介”,“是虚拟网络教学的核心载体”。[3] 以诉讼中文书真伪的司法鉴定为例,法学虚拟仿真实验对比传统实验教学,具有了更强的优越性。

(一)实验可实践性强

传统的实验教学方式中,可疑文件的检验具有来源的单一性、实验结果的单一性、材料的不可复制性等特点,真实的文书证据材料则由于保密性强、代价高、易损坏,难以被直接用于实验,许多高校法学教学机构也缺少专门的物证实验室和教学设备,对学生证据技能的培养缺乏有效手段。文书真伪司法鉴定的虚拟仿真实验摆脱了法学教育机构对物证技术实验设备和场所的依赖,使学生参与实验的时间、地点和次数不受限制,避免了传统实验中难以获取真实文书检材、材料易损毁等问题,实现了具体操作可以无限制地重复,提高了实验对于学生的容错性,从而通过反复的模拟实践训练实验者的动手能力和综合判断、设计研究能力。学生可以通过动手操作实现近距离情景式观测鉴定对象,如印章印文、指纹的细节形态和显微特征,实现关于印章印文、指印等细节特征的相关知识点的感性认识和理论教学的实操演练,实现专业技术方面的规范操作与熟练度提升,以期最大限度地降低学生在未来实际工作中因错误操作或逆流程操作引发的程序瑕疵。

同时,传统教学材料只能有一种检验结果,虚拟仿真实验则提供多种虚拟实验结果,丰富了实验内容,便于重复检验鉴定意见,并尝试不同设备的鉴定效果,打破了传统实验教学的机械性和正确结果验证的实践导向,有利于提高学生对实践操作的自我分析研判能力。

---

〔1〕 参见王娜:《浅议高校数字化模拟法庭实验室建设》,载《实验室研究与探索》2015 年第 12 期。

〔2〕 参见王忠政:《运用现代信息技术　创新高校法学实验教学》,载《实验室研究与探索》2010 年第 6 期。

〔3〕 参见韩鹤友等:《以能力培养为核心的开放式公共基础课实践教学平台建设》,载《中国大学教学》2012 年第 6 期。

（二）实践整体性强

程序整体性。实践中司法鉴定周期长达半年到一年，整体流程实际时空跨度大。虚拟仿真实验突破了时空限制，通过两个小时的虚拟仿真实验实现了真实案件中几个月的司法鉴定流程的完整操作与训练。实验中设置传统实验无法实现的鉴定受理与接待、司法鉴定物证实验室、法庭审理等场景的切换，重视学生在事务性工作的标准处置流程上的培养，如接受委托或聘请、检材与样本的初审、文证审查。

内容整体性。文书鉴定包含多个知识点，如掌握文书鉴定的程序、了解鉴定相关的法律文书、仪器设备的操作，鉴定文书的制作，鉴定人出庭质证等。传统文件检验的教学方法，只能在实验过程中针对某一项鉴定具体项目进行训练，由于鉴定材料的条件限制很难在一份材料中体现指印、印章印文、朱墨时序等多个知识点。虚拟仿真实验则打破了学习的割裂，通过对可疑文件的多个教学知识点的整体综合设计，可以实现研究性、探索性的综合实验，并考察和提升实验者综合设计文件检验实验的能力。在初步验证知识后，实验教学活动逐渐转变到学生自主设计实验方案，拿到一份材料后可以从指纹、印章、朱墨时序、图文格式等多个角度开展，形成结论，并总结失误持续改进。

（三）对事实认定的训练性强

文书证据在三大诉讼中广泛存在，对文书证据真伪的识别已经成为法律人基本的且必要的技能。传统法学实践教学侧重于机械的角色扮演和流程讲解，缺少对物证技术和事实认定的关注。在司法实践中，因事实认定错误造成的误判错案占较大比例。但是，传统法学教育却过于注重解决法律适用问题，而忽略了事实认定方法的教育，尤其没有对从证据收集到事实形成的过程给予可操作的解释。法学实训实验系统对于基础性的物证技术法庭科学事实认定等缺乏应有的关注，虚拟仿真实验项目的建设可以弥补传统教学内容的不足，体现法学的实践特色。

三、文书真伪鉴定虚拟仿真实验的原理、教学目标和教学方法

（一）文书真伪鉴定虚拟仿真实验项目原理

文书真伪鉴定虚拟仿真实验项目以诉讼中常见的文件真伪司法鉴定为背景，以诉讼中的司法鉴定流程为主线，完成一个虚拟仿真实验项目的操作，即在虚拟仿真系统中还原实验室设施，模拟鉴定中心、法庭等实际场景，突破物理条件限制，通过完成指定角色任务，让学生反复练习，掌握鉴定工作审核标准与处理流程，熟练使用鉴定工具，生成鉴定结果，出具鉴定报告并出庭质证，系统可实现全流程量化评估打分。

（二）文书真伪鉴定虚拟仿真实验的教学目标

1. 程序流程感知

在文书鉴定的虚拟仿真项目实验教学中，通过将相关实践内容转化为更具沉浸感和真实性的法学创新实验教学新模式，使学生如身临其境般地体验司法鉴定案件的受理、司法鉴定的实施、司法鉴定人出庭等3D虚拟画面，了解司法鉴定的受理、实施，出具《司法鉴定意见书》和《特征比对表》，以及鉴定人出庭质证的全部流程，体验司法鉴定的程序性内容。

2. 职业技能培养

法律职业技能训练无疑是法学实验教学的核心。[1] 虚拟仿真实验在设计过程中摒弃传统面对书本的教学模式，通过虚拟仿真的方式实现在诉讼和证据教学环节中对学生的司法鉴定技能的训练，使鉴定过程系统化、客观化、可操作化。学生通过多个交互环节了解文件真伪鉴定的原理，熟悉文书鉴定中检验仪和高倍显微镜在文件检验中的应用操作流程，掌握文书司法鉴定中的鉴定规范和相关法律文书，体验司法鉴定实体性内容，培养鉴定意见初步审查和综合判断的能力，提高学生解决复杂文件鉴定的实践问题的综合能力，为学生在毕业设计或课外科学大赛中提供设计参考。

（三）文书真伪鉴定虚拟仿真实验教学方法

1. 沉浸式教学

利用虚拟仿真技术，在实验教学过程中，加强对学生的司法职业沉浸式培养。传统“角色扮演”式法律实验教学尽管在一定程度上提升了学生的参与感，却难以避免角度单一、实验材料固化、结果唯一导向等弊端，同时受制于物质条件和实验设备等物理因素，“在很大程度上就演变成对现有法律规范体系的静态解说”[2]。文书鉴定虚拟仿真实验通过互联网平台的搭建，使用信息技术模拟文书鉴定全过程，提供可操作的现实文书的虚拟材料和鉴定设备，利用3D模拟画面增强教学的动态可感性，强化教学中学生的参与感和互动性，“缩短了学生从抽象法理到现实体验之间的跨越过程”[3]。

2. 交互式教学

交互式教学是强调师生平等交流，以学生为中心自主探索和教师参与引导的教学模式。文书真伪鉴定虚拟仿真实验项目依托司法鉴定中心真实实务案例，利用虚拟仿真技术搭建在线实验平台，打破原有教学模式对器材设备和教

---

〔1〕 参见王忠政：《运用现代信息技术　创新高校法学实验教学》，载《实验室研究与探索》2010年第6期。

〔2〕 陈治：《法学虚拟教学平台建设的模式、效应与展望》，载《法学教育研究》2017年第3期。

〔3〕 陈治：《法学虚拟教学平台建设的模式、效应与展望》，载《法学教育研究》2017年第3期。

师面授讲解的依赖性,注重问题导向,致力提供学生随时随地地参与解决文书真伪问题的司法鉴定的机会,以“仿真实验”的方式强化学生直观感受,感知多阶段流程,多重结果自主分析。同时,实验提供的实验成员之间、学生与老师之间交流互动的平台,有助于协助答疑解惑和平等交流,形成良性的实时互动反馈机制。

3. 自主探究式教学

实验教学的宗旨强调激发学生主动参与的热情,变被动灌输为主动参与,并以学生亲身参与为主、教师指导为辅,通过实际的工作或模拟的实践活动让学生掌握主动运用所学知识解决具体问题的能力。[1] 基于虚拟仿真实验,针对专业特点,以学生为主体,完全由学生自主式角色扮演司法鉴定受案人和鉴定人,化被动接受与服从为主动探究与质疑,随机选择案例及其相关背景元素,根据案例背景信息和送检材料情况,探究式选择鉴定项目、仪器设备和鉴定方法。学生可根据自己学习情况自主选择鉴定项目和方法进行重复检验,充分分析最终鉴定意见的准确性。

四、文书真伪鉴定虚拟仿真实验的实施

(一)整合校社资源,搭建研究型实验

打破教学课堂壁垒,充分利用可获得的社会资源,实现校内外资源同步更新。文件真伪司法鉴定实验组建实施的难点之一就是真实的文书证据材料具有保密性,难以切实获得具有实验意义的检材。司法鉴定中心长期承担法院关于文书鉴定、痕迹鉴定等诉讼中专门问题的鉴定委托,解决大量案件中涉及文件真伪的事实认定问题。司法鉴定中心可以提供大量参考性案件和可应用实验材料,应当加以合理运用提升虚拟仿真实验的真实感和现实性。

依托可实验证据材料搭建研究型实验。文件真伪司法鉴定是一项综合技术,其中涉及多个子项目,如文件形成方式鉴定、篡改文件鉴定、印刷文件同源性鉴定、印文同一性鉴定和指印同一性鉴定。文书真伪司法鉴定虚拟仿真系统通过程序预设课程基本规则,设置各个环节与各项技术训练之间的逻辑关系与操作规范,并赋予参与者角色、职责,让实验者充分参与司法鉴定的受理、实施、出具鉴定意见和出庭质证多个环节,以掌握司法鉴定技术操作和培养司法鉴定法律思维。

(二)划分流程模块,实现场景与材料数字化

文书鉴定虚拟仿真项目设置四个流程模块,分别是第一模块“司法鉴定的

---

〔1〕 参见陈治:《我国法学实践性教学模式的反思与创新》,载《法学教育研究》2012 年第 1 期。

受理”场景:司法鉴定中心受案大厅;第二模块“文件鉴定分项训练”;第三模块“文件鉴定综合训练”场景:司法鉴定实验室;第四模块“司法鉴定人出庭质证”场景:法庭。其中较为核心的实验模块为第二模块“文件鉴定分项训练”和第三模块“文件鉴定综合训练”。“文件鉴定分项训练”实施模块中设置多个类型的司法鉴定分项训练,设置印文同一性鉴定、指纹同一性鉴定、印刷(篡改)文件鉴定、笔迹同一性鉴定、笔迹(印文)形成方式鉴定、朱墨时序鉴定等具体项目,每一种实验项目至少设置两种以上的检验结果。“文件鉴定综合训练”通过综合研究型模块的设计,让实验者有较大的自主研究空间。在实验中涉及虚拟仿真仪器设备的操作和数据、图像的输出,实验操作过程需尽可能接近真实操作。

文件真伪司法鉴定虚拟仿真实验项目包含三个数字化实验场景:司法鉴定机构受案大厅、司法鉴定实验室和法庭,通过高质素的三维影像实现环境整体的高度还原。实现了通过两个小时的虚拟仿真实验完成真实案件中几个月的司法鉴定流程的完整操作与训练,数字化检材避免了传统实验中难以获取真实文书检材、材料易损毁等问题,摆脱了法学教育机构对物证技术实验设备和场所的依赖和重复建设。

五、参与全景式案例,更新鉴定技术

学生在实验中通过数字实验场景,多个交互模块实现案例全景式沉浸体验,以进行实践能力培养。在鉴定委托环节,参与者以鉴定人的角色参与实验对话,与案件的委托法院法官进行交流,通过对案件中需要鉴定内容的确定、相关法律法规的了解、送件材料的筛选等完成对案件案情和鉴定需求的认识。在鉴定意见的出庭质证环节,针对法官、当事人及其诉讼代理人和专家辅助人的提问,通过庭审法官的提问和鉴定人的回答,可以实现对鉴定证据的审查认定、鉴定意见有无程序瑕疵、鉴定结论是否能够证明案件事实的判断,实现对鉴定意见结果应用的交互式教学。

面对文书造假手段和方式更新极快的司法鉴定实务状况,通过虚拟仿真教学,软件可以针对现实情况实时更新,避免鉴定技术的滞后。文书造假案件层出不穷,虚拟仿真软件中可以实时添加现实中的案例,或将现实案例涉及的知识点进行排列组合,进行实验教学,增强虚拟与现实的互动性。

六、文书真伪鉴定虚拟仿真实验的评价与反馈

(一)评价方法

文书真伪鉴定虚拟仿真实验系统评价体系可采用模块评价和综合评价相

结合的方法,形成三个层次的评价体系。实验中可对每个单个模块设计若干个考核点,对每个模块的实际实验情况进行评分,全流程实验完毕设置总评进行综合考评。

(二)评价内容

虚拟仿真实验项目针对实验的模块内容和文书物证的特征,应当设计全新的评价与考核内容,具体可参考的标准有:各个模块生成的司法鉴定文书是否符合司法鉴定规范;学生在第二模块中的操作表现;学生在第三模块中的完成度;学生在第四模块中问答的表现;最终鉴定意见的正确与否等。这些项目的评价在物证实验中均能突破传统实践教学的时空界限和唯结果评价主义,实现形式和内容的创新。

(三)成果展示与反馈

为体现法学虚拟仿真实验的特点,实验可设置模拟庭审质证环节作为司法鉴定技术训练成果的最终展示,训练鉴定角色在庭审中的法律地位和作用,展示证据举证质证和案件事实查明的过程。在这一环节可以设置庭审展示、回答内容的针对性、鉴定过程及疑点的表述等多处考核点。实验完毕后为最终环节,考核优秀的实验者可以看到鉴定意见被采信的裁判文书画面作为实验成果展示。

虚拟仿真实验依靠互联网智能平台,其评价体系和方式可以在线及时更新与体现,便于实验者第一时间获取实验反馈信息,同时可以重复实验,改进实验方法,通过评价促进实验者能力的提升。

七、文件真伪鉴定虚拟仿真实验的未来展望

法学虚拟仿真实验自身应不断扩充实验项目和内容,构建起智慧智能教育学习体系。文件真伪鉴定虚拟仿真实验的分项和综合的训练实现了对民事案件中可疑文件的全方位检验,在未来持续建设过程中,一方面可利用实验项目成员参与鉴定实践的优势,将最新的可疑文件案件收集充实到虚拟仿真实验项目中,并建设该项目的英文版本对国外实验者开放。另一方面也要扩展实验项目,将痕迹检验、微量检验、声响资料检验、电子数据检验等检验对象和检验方式逐步通过虚拟仿真的方式进行扩展,实现物证检验的虚拟仿真课程群建设,为全方位的物证技术和事实认定教学提供信息化的方法支撑。

目前全国有六百多所高校开设了法学专业,但是拥有物证实验室的法学院系比例较低,作为法学实践教学的重要内容,以物证鉴定的虚拟仿真实验为代表的法学虚拟仿真实验项目可以建立高校间共享合作机制,在提供优质教学资源的同时及时收集反馈信息改进教学内容、完善访问系统。对于相关教育资源

匮乏的高等院校和有经验院校之间可以构建高校间虚拟仿真实验学分的互认制度,整合校际资源,最大限度地发挥虚拟仿真教学项目的在线资源优势,实现法学虚拟仿真实验教学项目在高等院校相关专业间的推广应用。

虚拟仿真实验项目的开发不仅可供高等院校法学在读学生的教学使用,同时可以为公安局、法院、检察院、监察委、司法鉴定机构、律所、公证处、仲裁机构、司法行政机关、人民调解机构、银行等金融机构的相关法律职业或者法律事务处理中专门问题的处理和人才培训提供技术资源,有效帮助其进行事实认定和化解社会矛盾,实现证据意识和证据技术的行业提升。针对司法鉴定从业人员,可依托司法鉴定协会和国家司法鉴定培训基地,组织对文件鉴定从业人员和鉴定助理的虚拟仿真实验训练。针对法律职业从业人员,如法官、律师、检察官等,可以充分利用高校法律实务培训和授课资源,将文件检验的虚拟仿真实验纳入培训内容,提升和拓展法律人的在职技能水平。针对金融、公证、仲裁、政府机构等相关行业中需要对可以文书进行认定的机构,在处理事实认定过程中需要了解专业鉴定知识和审查判断文书真伪的,可以通过相关项目的了解和学习解决基本的印章印文真伪等文件检验问题。

结　语

“法学是世俗的学问,甚至很多是实践性的、技术性的。”〔1〕“互联网+”教育新形势下,法学虚拟仿真实验作为法学实践能力培养的新尝试,首先要摒弃传统教学的知识灌输式的做法,明确自主式、交互式、沉浸式教学方法;要充分打通校园与法治实务部门的双向培养路径,将社会资源转化为优质教育教学资源,从根本上提升学习者的法律职业技能,培养法律实践思维。另外,法学虚拟仿真实验系统也要发挥互联网智能平台的作用,实时更新司法实务知识和实务观点,不断扩充自身的应用内容和领域,真正建立一种行之有效的新时代法学智慧学习方式。

〔1〕 苏力:《当代中国法学教育的挑战与机遇》,载《法学》2006年第2期。

第四编　法学在线课程建设与模式创新

云端思政，专业战“疫”

——防疫期间线上劳动法律实务研讨课教学研究

游文静*

摘　要：防疫期间，受地理位置及安全因素影响，线上教学成为主流形式，在特殊时期法学教育前、中、后全流程中引入思政元素对于建立远程教学关系、稳定教学秩序、提高教学参与度起到了重要作用。以本学期所开展的劳动法律实务研讨课为例，因势利导，在教学目标的确定、教学阶段的设计以及教学成效的实现上体现课程思政，可以帮助学生树立正确的价值观，加强社会责任感，实现专业和政治的双重提升。而在此基础上获得的教学经验，也有助于法学课程思政的进一步实践创新。

关键词：防疫　法学课程思政　教学运用

一、防疫期间法学课程思政的必要性分析

2020年年初突发疫情，不可避免对各行业造成较大冲击，疫情就是命令，防控就是责任，分散各地的学生或多或少地受到此次突发性公共卫生事件的影响。危机同时也是契机，依照学校安排，2月24日起开始本科生线上授课，这是一次考验，也是教学改革与教学模式创新的迅速推进。根据习近平总书记在全国高校思想政治工作会议上的指示，运用新媒体新技术使工作活起来，推动思想政治工作传统优势同信息技术高度融合，增强时代感和吸引力。

（一）特殊时期课程定位需要融入思政元素

此次开学是在经历了超长寒假之后，出行禁锢以及每天的疫情信息导致部分学生产生个人心理问题，情绪焦虑、行为懒散。如何将学生迅速拉回到课堂，坚定信心、稳定情绪，调整学习状态，用全面、辩证、长远的眼光看待我国发展，这是本次开课首先需要面对的问题。由此，课程定位是情感温度＋专业深度＋思政高度。远程教学必须紧跟学生脚步，从学生角度观察世界，从学生心理把

* 作者简介：游文静，江苏大学法学院副教授。

握学生思想脉搏,采取富有参与感的教学方式,在教学中运用网络平台所构建的课程社群,紧密联系学生,了解其思想动态,将正确观念“入脑入心”,以健康心态向学生传播正能量,助力年轻学生成熟发展。

(二)思政内涵与法学教育目标内在一致

在我国依法治国,建设社会主义法治国家的历史进程中,法学教育目标兼具个人发展与国家进步的双重责任,既需要通过专业课程的授业、解惑为法律职业队伍输送更多合格的专业人才,使他们能够懂法用法,切实保障公民权利;更需要对学生的价值观加以引领,在课程中潜移默化地传扬正道,培养学生家国情怀,在中国共产党领导下坚定不移地走中国特色社会主义道路。法学乃“正义”之学,只有认真发掘专业课程和教学方式中蕴含的思政元素和思政资源,将社会主义核心价值观渗透到法学课程,才能在课堂上真正落实立德树人的根本任务。

(三)法学教育对象未来发展首先需要政治方向正确

法学教育对象未来的职业发展方向主要是公检法系统、企业法务、社会律师、其他法律工作者等,习近平总书记曾多次强调,全面推进依法治国需要培养大批“德法兼修”的高素质法治人才,这一人才培养方向为我们法学课程方向正本清源、举旗指路。防疫期间网络信息传播量激增,其中难免鱼目混珠,青年学生社会经验薄弱,容易被煽动,在教学中对其进行正面引导尤为重要,只有保持方向正确才能引领学生走向光明的人生之路,反之走得越远则错得越多。

二、法学课程思政运用研究——以劳动法律实务研讨课教学为例

本课程为大学本科三年级专业选修课,疫情期间无法组织线下教学,学生分散但有条件开展线上教学。教学目标偏应用型,对学生进行课前调查显示他们重点关注实务问题的解决。充分了解学情后,任课教师对课程做了综合分析,选择通过讲授疫情期间的劳动法律实务问题,通过“QQ 直播 + 云班课资源库 + 云班课研讨会”的教学框架,采取“线上教学 + 线上自学指导 + 线下自学”相结合的新型混合式教学模式,促使学生在学习中将《劳动与社会保障法》课程内容与当前防疫社会背景有机结合,促进学生从专业角度思考如何战“疫”,在课程中提升爱党爱国爱社会主义的思想情感,培养学生的工匠精神、社会责任感。

(一)教学目标体现思政理念

课程以 QQ 直播实现在线教学,营造课堂学习氛围;利用云班课打造专业课程资源库,完善线下自学条件;利用云班课开展多样化教学活动,进行过程教

学评价，抓好契机，防疫和教学两不误，将思政教育稳稳地落实在教学中。从而引导学生树立正确的世界观、人生观、价值观，激发学生学习热情，提升学习动力和社会责任感，从个体小我中抽离出来，转换视角，与党与国同命运，实现专业战“疫”！具体教学目标如下：

1. 通过学习，学生能够了解防疫中的劳动与社会保障领域国家新政，掌握防疫相关劳动法重点知识，练习运用专业视角研讨实务问题。

2. 激发学生的责任与担当，坚定对中国制度信心，培育学生经世济民、诚信服务、德法兼修的职业素养。

（二）教学设计实现课程思政

受疫情影响，直播教学暂时替代了传统实体课堂，因此，教学之前任课教师对整个教学流程进行完整与系统地设计，采取了“线上教学＋线上自学指导＋线下自学”相结合的新型混合式教学模式。思政教学重点在于将专业与思政教育相融合，引导学生关注专业发展动向，关心国家发展，传播正能量，坚定学生对社会主义制度的信心，激发其社会责任感，为新时代专业人才输送奠定基础。

【课程整体前期准备】

教师积极利用在线教学平台组织在线学习，构建综合性教学关系。课前在线做教学调研深入了解学情，与学生线上照片互动，初步建立教学联系，精细策划教学设计，紧扣课程教学目标及学生关注点（见图1至图4）。

图1　云班课平台

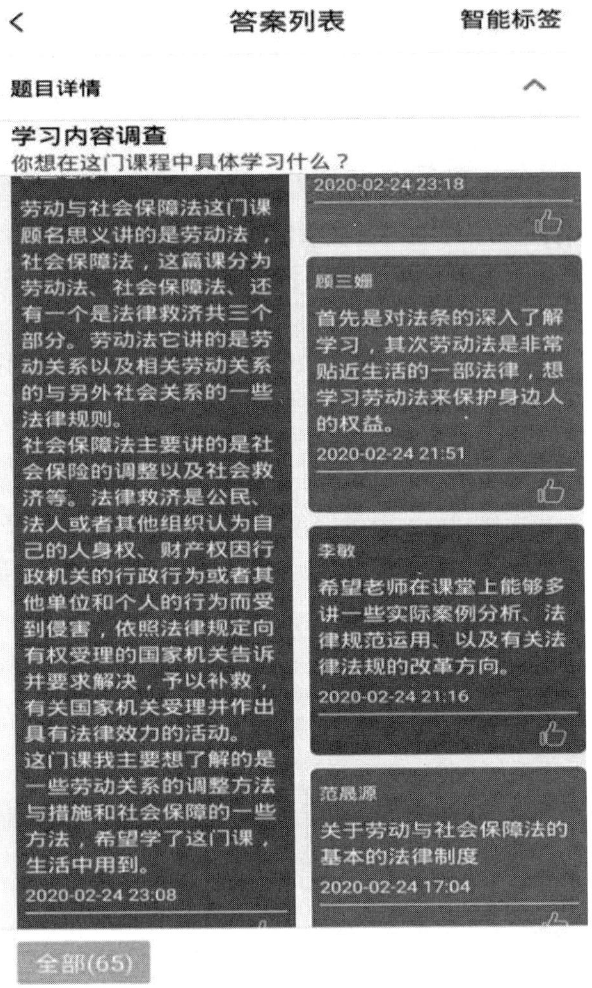
答案列表
智能标签
题目详情
学习内容调查
你想在这门课程中具体学习什么？
劳动与社会保障法这门课顾名思义讲的是劳动法，社会保障法，这篇课分为劳动法、社会保障法、还有一个是法律救济共三个部分。劳动法它讲的是劳动关系以及相关劳动关系的与另外社会关系的一些法律规则。
社会保障法主要讲的是社会保险的调整以及社会救济等。法律救济是公民、法人或者其他组织认为自己的人身权、财产权因行政机关的行政行为或者其他单位和个人的行为而受到侵害，依照法律规定向有权受理的国家机关告诉并要求解决，予以补救，有关国家机关受理并作出具有法律效力的活动。
这门课我主要想了解的是一些劳动关系的调整方法与措施和社会保障的一些方法，希望学了这门课，生活中用到。
2020-02-24 23:08
2020-02-24 23:18
顾三姗
首先是对法条的深入了解学习，其次劳动法是非常贴近生活的一部法律，想学习劳动法来保护身边人的权益。
2020-02-24 21:51
李敏
希望老师在课堂上能够多讲一些实际案例分析、法律规范运用、以及有关法律法规的改革方向。
2020-02-24 21:16
范晟源
关于劳动与社会保障法的基本的法律制度
2020-02-24 17:04
全部(65)

图 2　师生课前互认

图 3　学生课前学习意愿调查

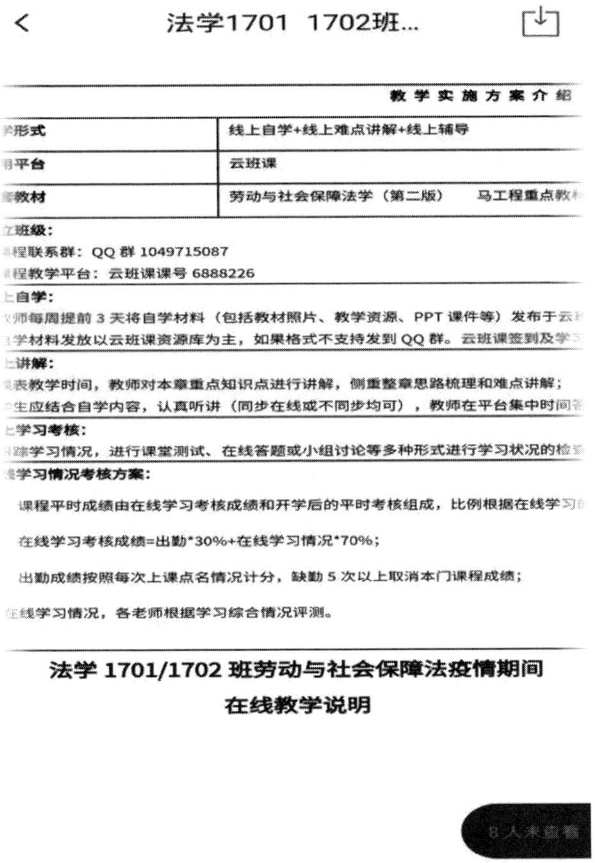
法学1701 1702班...

教学实施方案介绍

学形式	线上自学+线上难点讲解+线上辅导
用平台	云班课
教材	劳动与社会保障法学（第二版） 马工程重点教

班级：
课程联系群：QQ 群 1049715087
课程教学平台：云班课课号 6888226
上自学：
教师每周提前 3 天将自学材料（包括教材照片、教学资源、PPT 课件等）发布于云
自学材料发放以云班课资源库为主，如果格式不支持发到 QQ 群。云班课签到及学
上讲解：
表教学时间，教师对本章重点知识点进行讲解，侧重整章思路梳理和难点讲解；
生应结合自学内容，认真听讲（同步在线或不同步均可），教师在平台集中时间
上学习考核：
跟踪学习情况，进行课堂测试、在线答题或小组讨论等多种形式进行学习状况的检
线学习情况考核方案：
课程平时成绩由在线学习考核成绩和开学后的平时考核组成，比例根据在线学习
在线学习考核成绩=出勤*30%+在线学习情况*70%；
出勤成绩按照每次上课点名情况计分，缺勤 5 次以上取消本门课程成绩；
在线学习情况，各老师根据学习综合情况评测。

法学 1701/1702 班劳动与社会保障法疫情期间
在线教学说明

8 人未查看

图 4 在线教学说明

教学计划充分发挥了线上线下教学两方面优势,设计了连续的、有机衔接的课前、课中、课后线上线下深度混合的教学模式,同时也利用云平台对学情进行综合跟进与评价反馈。教学内容主要包含课程框架介绍以及实务重点问题分析两个部分。

三阶段教学设计:

1. 课前准备阶段

【课程准备内容】

发布课程教学安排,标注时间节点及相应平台,提前预热,让学生心中有数,营造学习氛围。课前在云班课资源库中安排2020年疫情中的劳动法问题专题,引导学生从专业角度关注社会热点问题,激发学生学习热情(见图5、图6)。

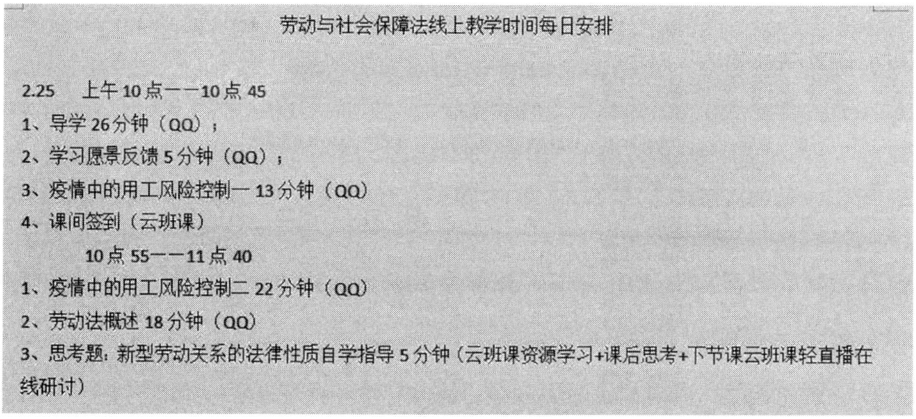
劳动与社会保障法线上教学时间每日安排

2.25 上午10点——10点45

1、导学26分钟(QQ);

2、学习愿景反馈5分钟(QQ);

3、疫情中的用工风险控制一 13分钟(QQ)

4、课间签到(云班课)

10点55——11点40

1、疫情中的用工风险控制二 22分钟(QQ)

2、劳动法概述 18分钟(QQ)

3、思考题:新型劳动关系的法律性质自学指导 5分钟(云班课资源学习+课后思考+下节课云班课轻直播在线研讨)

图5 在线教学内容安排

图6 疫情中的劳动法问题专题资源库

【思政元素】

课程紧扣当前疫情时事,将在线教学与“课程思政”相结合,充分挖掘课程自身特色和优势,结合“防疫”“战疫”素材,将专业教育与家国情怀相结合,积极探索和创新具有专业特点的“课程思政”教学设计方案。第一,课程阶段性前置,准备充分,快速开建课程 QQ 群、云班号,为教学打下基础性架构,使学生产生归属感;第二,任课教师主动了解同学们近期的学习生活状况,鼓励大家调整放松心态,与学生共同探讨教学模式,并协助部分同学解决在线课程的操作困难，师生互认、学情调查等活动对教学开展产生了良好的预热作用；第三，前期沟通中，任课教师教育学生保持理性，学会独立思考，以课前新闻的方式引导学生关注此次疫情涉及的专业案例，增强其对专业价值的认知，在潜移默化中坚定党中央的领导，增强“四个自信”，做中国特色社会主义的建设者和接班人。

【教学过程和教学方法】

根据专业性质和课程特点，课程开始之前，打造师生共建教学资源结构，构建师生一体的教学共融模式。除教师积累电子教材、PPT、教学视频、教学案例、热点问题分析、学术论文等教学资源外，组建学生志愿者团队，引导学生有针对性地搜集教学资源，逐级筛选后导入资源库，实现教学角色的部分转化（见图7、图8）。

图7　课程资源库目录

图 8 教学资源库内部详情

2. 课堂讲授与研讨

【授课内容】

课堂教学紧跟时代脉搏,追踪防疫过程中劳动关系最新变化,添加疫情中用工风险控制的实务研讨环节,结合疫情中的劳动法律问题,如停产中的劳动合同情势变更、医护人员工伤认定、护士劳务派遣、共享员工以及复工复产中面临的劳动关系变更、社会保障新政等进行研讨。

案例一 彭某与深圳某科技有限公司的劳动合同于 2020 年 1 月 5 日期满后未续签,继续工作至 1 月 20 日后回外省过年,原计划 2 月 3 日正式开工。因疫情防控需要,公司所在的办公楼在 2 月封闭,2 月 3 日后彭某在外省老家远程办公。彭某于 2020 年 3 月返岗后向深圳市某区劳动人事争议仲裁机构申请劳动仲裁,要求深圳某科技有限公司支付年终奖及未签订书面劳动合同的二倍工资共计 6 万元。公司辩称,与彭某的劳动合同期满未及时续签,主要是受春节期间人事专员休假以致工作交接不畅以及疫情防控期间延迟复工的影响,不存在不签订劳动合同的主观故意。

案件启示：根据《劳动合同法》规定，依法及时与劳动者签订劳动合同是用人单位的法定义务，未依法签订劳动合同将面临支付二倍工资的法律风险。受疫情影响，用人单位与劳动者签订书面劳动合同可能存在一定困难，根据人力资源和社会保障部办公厅《关于订立电子劳动合同有关问题的函》（人社厅函〔2020〕33 号），用人单位与劳动者协商一致，可以采用电子形式订立书面劳动合同。采用电子形式订立劳动合同，应当使用符合电子签名法等法律法规规定的可视为书面形式的数据电文和可靠的电子签名。用人单位应当注意劳动合同到期情况，及时办理续签手续，避免发生相关争议。

案例二　佛山某建材公司提前 10 日通知全体员工于 2020 年 3 月 5 日到岗复工，但该公司员工王某既未向公司履行请假手续，也没有提供其居住地因疫情防控影响交通受阻的证明材料，延迟至 3 月 10 日才到岗，公司以王某旷工为由解除劳动合同。王某向当地仲裁委申请劳动仲裁，并提交了其老家所在地实施交通管制的相关证明。

案件启示：因受疫情影响不能按期到岗的职工，企业可以通过安排职工居家远程办公或优先使用带薪年休假。用人单位符合当地政府部门关于复工的规定，并为劳动者提供必要的劳动保护，劳动者应当服从安排按时返岗。因交通管制等原因劳动者无法按时返岗的，应当按照用人单位规章制度办理请假手续并提供相关证明。

国家新政：

（1）人力资源社会保障部、中华全国总工会、中国企业联合会/中国企业家协会、中华全国工商业联合会联合发文：《关于做好新型冠状病毒感染肺炎疫情防控期间稳定劳动关系支持企业复工复产的意见》（人社部发〔2020〕8 号）；

（2）最高人民法院：最高人民法院《关于依法妥善审理涉新冠肺炎疫情民事案件若干问题的指导意见（一）》（法发〔2020〕12 号）。

【思政元素】

首先，防疫进课堂。本课对整个课程内容进行了宏观介绍，回应前期教学调查中的学习意愿反馈，以科学防疫涉及的劳动法相关规定为纽带，统领本课程的重要知识点，向学生润物无声地传递战“疫”精神，引导学生畅谈自己对于战“疫”的思考与感悟，激发学生上下一心，全力以赴，共克时艰。其次，专业战“疫”。在教学过程中，任课教师以疫情作为鲜活“教材”，从专业角度重点解读疫情中的用工风险防控，引发学生思考，引导学生提高学习热情，拿起专业工具，与国家和社会同频共振，专业战“疫”。最后，制度保护劳动者。本课内容从疫情中的劳动法实务问题出发，选择其中最为突出的新型劳动关系开展主题研讨,以此引导学生深入探究劳动法律关系的本质特点,将实务和理论完美结合,赋予"课程思政"的时代广度与厚度,培养学生服务社会的能力。

【教学过程和教学方法】

(1)QQ 直播打造线上课堂。囿于目前在线教学集中导致的流量问题,本班课选择 QQ 平台的分屏语音直播模式,流畅度高,可实现教师教学与学生互动(见图 9)。

图 9 QQ 直播平台应用(分屏语音直播)

(2)利用在线平台开展课上课下教学互动,引导学生参与,延伸教学时空。课程通过轻直播讨论、"头脑风暴"、投票、作业等方式与学生进行教学互动,增加学习趣味,了解学习情况,及时调整教学方式(见图 10)。

图 10　教学活动开展详情

3. 课后思考与实务指导

【课后内容】

利用课堂思考题引导学生对防疫过程中急速发展的新型劳动关系问题作出思考,为下次课程的云班课轻直播在线研讨会做准备,深化教学黏度。同时启动云班课在线评价功能,对学生学习过程和学习资源参与度进行回望,为课程后继调整提供科学依据(见图 11)。

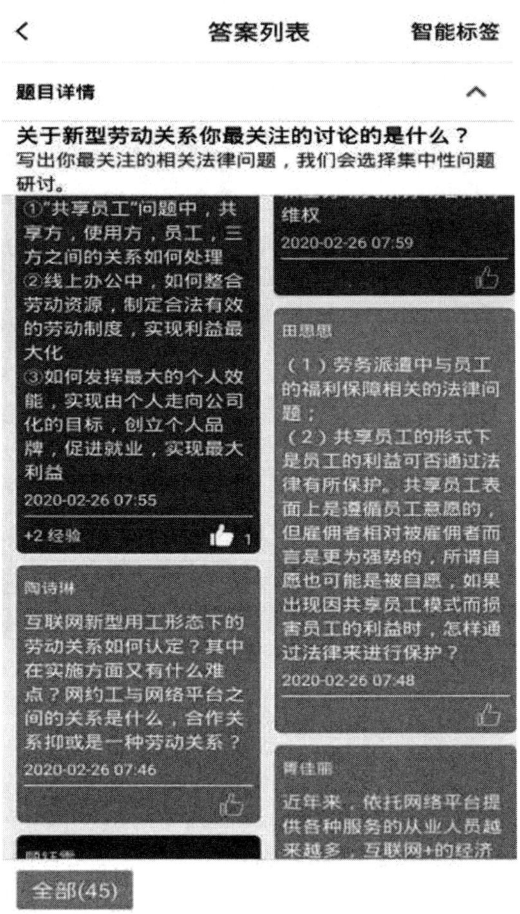

图 11　课后思考题

【思政元素】

课堂教育是教学的一环，并不是终结，课后通过思考题的形式，引导学生对重点问题进行思考，既是对课堂教育的延伸也是对综合学习的打造，特别适合目前分散的学习情况。任课教师引导学生搜集资料、自我思考，激发学生的主动学习，有助于进一步增强学生爱党、爱国、爱社会主义情感，在学习中夯实青年学子们社会主义核心价值观。此外，跟进课程的过程和参与度在线评价工作，体现了教学的完整性，可以有效督促学生形成良好的学习习惯，引导其励志勤学，不负韶华，在不断持续的努力中树立信心、坚定信仰。

【教学过程和教学方法】

运用云平台的评价功能，对学生学习进行过程评价。课程平时成绩由在线学习考核成绩和开学后的平时考核组成,比例根据在线学习的周数与总周数的比例确定。教师根据云班课内部学习跟踪排序打分,结合签到、教学活动参与等综合反馈学生学习情况(见图12~图15)。

图12　学生签到

图 13　学生日常学习活动评价

图 14　学生线下自学与教学活动参与反馈

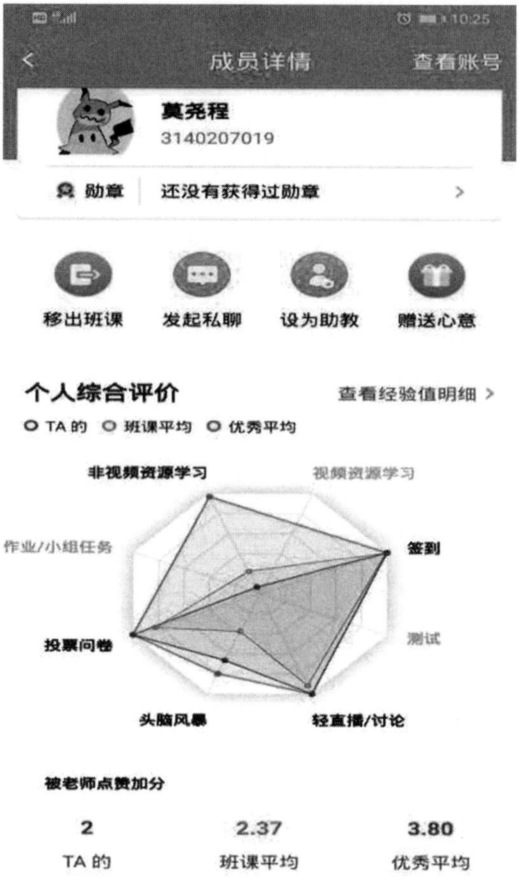

图 15 学生日常学习综合反馈

三、法学课程思政教学经验总结

本次教学是按照学校疫情防控工作要求和“停课不停学”教学工作安排开展的,任课教师认真参加线上教学培训,充分利用现代信息技术,尝试各种教学平台,使用在线教育平台和社交软件相结合的形式,重构了课堂组织形式和课程教学设计,总结法学教学课程思政经验有以下六点。

(一)理念蕴思政

本次教学将课程思政的理念贯穿始终,课前、课中、课后三个阶段均体现了“专业育人+思政育人”的目标,引导学生理性看待疫情、坚定必胜信心、致敬逆行英雄、强化专业视角、培养工匠精神。

（二）课堂有温度

从课前平台搭建、师生互认、学情调查、商讨课程资源库建设，到课中回应学生意见、完善管理方式、共同探讨实务问题，再到课后认真评阅学生作业，对学生学习情况反思分析，构建了一个有温度的课堂。虽受疫情影响，学生分散各地，但通过教学活动的组织将五湖四海的学生迅速汇总起来，在反复沟通中了解学生思想动态，帮助学生解决在线学习困难，引导学生树立正确认知，用温暖的语言，增强学生战“疫”信心。

（三）设计成体系

在线教学课前、课中、课后的系统设计与完整链条，使学生的学习体验相对于传统课堂更加完整、更加深入。利用在线平台，课后师生、生生之间仍然可以就相关重难点问题进行深入讨论与互动，打破了传统课堂时空的局限，拓展了教学的时空范围。以课程教学资源为纽带，师生形成教学共同体，扭转了单向传播的讲解模式，有效促进了教学相长，师生双方的获得感都比较强。

（四）教学重实务

本次教学通过“问卷调查”“头脑风暴”“轻直播讨论”等形式，开展了生动活泼的网上教学，引导学生们积极思考，深化认识。学生不仅到课率高，且积极踊跃地参加实务问题的研讨，师生们在一个个实务问题的研讨中实现了全员互动，对战“疫”有了深入的了解和必胜的信心，取得令人满意的教学效果。

（五）管理成规范

教学活动开始前任课教师明确了课程学习的管理规定，对学习过程、参与度、资源利用率进行综合反馈，有助于提升学生规则意识，无形中渗透了社会主义核心价值观和法律职业道德教育。

（六）效果显综合

从实践效果看，教学把抗“疫”过程中的典型问题变成教学中的“活教材”，在向学生传递科学严谨治学态度的同时，让学生切身感受到习近平新时代中国特色社会主义思想优势。通过本次教学内容的学习，学生的专业知识、问题意识、法律思维能力、逻辑论证能力、分析解决实际问题能力等均得到训练与提升，学生对本课程重点内容有了具体了解，学习热情明显提升，在教书中实现了育人。

基于“移动优先战略”积极探索法学在线课程建设的几点思考*

孟卧杰**

摘　要:教学中的“移动优先”是指第一时间通过新媒体平台发布教学内容的移动推送模式。移动教学端也成为当下教学受众最常用的媒介。结合《宪法学理论与实务》在线课程的建设,总结出以下几个方面的经验与同行分享交流:一是教学内容“模块化”是推送的前提,“移动优先”须以有效萃取和凝练知识点为前提,完成“模块化”教学编排,实现“高阶、创新”目标;二是发挥“移动优先”的特色,随时随地推送教学信息,充分利用在线课程平台随时督促和指导学生巩固、吸收、消化和拓展知识;三是充分利用在线教学平台,随时利用课程平台大数据分析技术进行精准教学评估,强化引导、监督,每一个学生实现“一对一”充分交流;四是充分利用线上课堂的双向互动模式充分调动学生的积极性和主动性,有效培养学生的发散思维,增大“挑战度”;五是有效弥补线下教学中实践实训的不足,深化法学理论的社会实践渗透,适应新时代全面依法治国的需要。

关键词:移动优先战略　法学课程　在线教学

就教学而言,当“移动优先”作为战略提出,并成为教学对象的首要选择,高校教师只能勇敢接受技术带来的挑战,成为技术的掌握者、使用者和“操盘手”。“移动优先”是指第一时间通过新媒体平台发布教学内容的移动推送模式。以手机为代表的数字移动设备,给媒体格局带来了革命性变革;移动教学端也成为当下教学受众最常用的媒介。然而,在线教学和在线学习给高校师生带来的严峻挑战,可能是亟待正视和应对的问题。高校教师如何将应知应会的知识、最新的科研成果、优秀的知识产品,全面融合新媒体技术,打造资源共享、

* 本文系江苏省教育科学规划办“十三五”规划年度课题“基于移动教学平台的法学课程线上线下混合式金课建设研究”(项目编号:D/2020/01/06)、江苏警官学院教改项目“基于大数据应用和移动优先战略的法学课程线上线下金课建设研究”(项目编号:2019A44)的阶段性成果,并受江苏省333高层次人才项目以及江苏省“十三五”重点建设学科建设工程项目、江苏高校优势学科建设工程项目(PAPD)的资助。

** 作者简介:孟卧杰,江苏警官学院教授。

内容兼容、传播互通的新型教学内容和教学成果，建设保存度较高的学习资源，供学生随时调用随时完整地学习和复习，已经成为一种使命。[1] 法学教学也不例外。比如，法学专业的核心主干课程之一的“宪法学”课程，如果能够有效引导学生将宪法知识与生活实际联系起来，加深同学们对宪法学的理解，帮助学生掌握宪法学基本理论并逐步培养其宪法和法治思维，对于大学生培养社会主义核心价值观，树立道路自信、理论自信、制度自信和文化自信，将大有裨益。“宪法学理论与实务”课程通过开展线上移动教学端的设计、应用和推广，努力搭建常规化、常态化地运用手机移动教学平台，把“国家宪法”变成了法科生这个公民群体的“一种生活方式”。结合本人建设在线课程的过程，总结了以下几个方面的经验与同行分享交流。

一、有效萃取和凝练知识点，实现“模块化”教学编排

一方面，“移动优先”必须以教学内容“模块化”为前提。

“移动优先”意味着以最便捷的方式将知识点推送给学生。我们不可能一次性推送所有内容，推送的内容还必须同“抖音”作品一样短小精悍且能抓住人的眼球，因此推送的前提是教学内容的“模块化”。课程学习的重要知识点往往专业晦涩，必须对教学内容进行萃取和凝练，对重要知识点进行拆分组合，形成新的易于推送的“单元模块”；还必须保证既能反映整个课程学习的整体性，又紧扣课程学习的重点难点。[2] 法学等人文社会科学学科，同时还必须努力结合当前时事新闻和网络舆论关注的热点案件，高度浓缩和突出典型实例，进行专业的剖析，并对有关信息进行萃取、凝练和转化。将课程内容“模块化”排序组合，融合多维度评价机制，跟踪和了解学生个体学习动态，实现个人定制式在线课程引导体系。兼顾整体知识体系的构建和系统专业思维训练和培养的同时，确保突出重点难点，才能有效提升教学推送和学生学习的效果。

另一方面，法学在线课程更需要对体系化的基本理论进行科学的“模块化”，保证其整体性和系统性。

法学理论是一个规则体系，其整体性和系统性是规则体系发挥指引作用和归结作用的要求。而且相对于其他部门法学，很多人感觉比较抽象、晦涩难懂的宪法学知识，更有必要进行萃取和凝练。“宪法学理论与实务”在线课程建设伊始就注意对“宪法学基本知识”的“模块化”。该课程将宪法学基本理论部

---

〔1〕 参见王冬青、裴文君等：《高校 MOOC 在线教学模式与实施策略研究——基于全日制研究生在线学习现状和需求的分析》，载《研究生教育研究》2020 年第 5 期。

〔2〕 参见倪栋：《基于职业规划引导下的“模块化与闯关式”在线教学策略研究》，载《数字印刷》2020 年第 3 期。

分的主要内容拆解为基本理论、基本制度、基本权利、基本机构四个版块("纲");各个版块中,宪法基本理论进一步萃取凝练为各国为什么要制定宪法、宪法是什么、各国宪法可以分为哪些类型、宪法"长"怎么样(形式)、宪法的"前世今生"、宪法的"精神和灵魂"(基本原则)、宪法有没有用、宪法的创制(制定、修改和解释)、宪法如何保护自己(合宪审查)等一连串知识点;基本制度则萃取凝练为国家是"谁的国家"(国家本质)、"谁领航国家"(政党制度)、国家的基本经济制度、国家的基本文化制度;国家形式,即国家政体的(政权组织形式)、国家"领土怎么划分"(结构形式);国家象征(国家标志:国旗国徽国歌)、代表怎么选(选举制度)等问题。基本权利部分则凝练为公民、国籍以及公民的八大基本权利、九大基本义务,特定人的权利、庇护和外国人的权利以及权利与自由的实现途径等。基本机构则解构为国家机器上的"零部件"(国家机构)。每一个知识点凝练和浓缩为一段"微课",既便于节约学生的阅读时间,又可以为"便捷推送"提供可能。

二、随时随地推送教学信息,及时指导学生吸收消化知识

一方面,在线课程建设必须充分发挥"移动优先战略"随时推送的特色。

随时随地"推送"教学知识信息,包括基本知识和拓展知识。"终端随人走、信息围人转"是大数据时代的典型特征。教师需要基于对学科知识的整体性把控,"全天候"打理和维护自己的在线课程平台,把网上发生的最新热点事例、学生关注的或者应知的、国家和社会生活中的点点滴滴,设计成和本课程教学内容相关的问题,在课程平台的讨论区、作业区和活动区(如投票区)进行推送和交流。在线教学在课堂容量上做多做深,且尽可能在空间上依托移动终端来实现,实现线上与线下立体动态互通,融合知识获得、能力培养、价值观引导等过程,打破教学与实践的隔阂,实现"1+1>2"的效果。积极贯彻"移动优先战略",充分利用"移动平台"着力提升课程教学内容的广度和深度,实现课程内容的"高阶性、创新性"建设目标,提升教学内容的"挑战度",千方百计提升学生的兴趣,增强老师教学的乐趣,把专业学习变成学生的"一种生活方式",从而有效强化教学效果。所以,在线课程建设必须充分展现"移动优先战略"随时推送的特点和特色,否则就会像以前的"精品课程"一样被束之高阁。[1]

另一方面,必须充分利用在线课程平台随时督促和指导学生巩固基本知识和拓展知识。

在线课程,积极应用"一平三端"智慧教学系统,可以实现编排好的教学资

---

〔1〕 参见肖思为:《移动优先导向下播音主持专业全景浸入式在线教学实践》,载《传媒》2020年第16期。

源网上推送，在线打卡签到和学习任务通知、作业布置和定向催缴、主题讨论和引导、实训课堂现场评分、热点事件调研、在线期中考试等功能，随时督促和指导学生巩固消化基本知识；同时在后台进行资源管理，更新修改教学内容；发现并发布社会热点问题中的宪法学问题，展开师生讨论或辩论，把学生的手机频道“切换”到学习频道上来；及时回复学生留言，解决学生理论知识问题的同时还可以把握教学内容的重难点，并及时调整教学目标。总之，这种教学方式可以巧妙地引导学生学习，通过刺激性回忆，将全新信息与先前知识联系起来以促进学习过程，充分彰显法学知识的涵盖性，凸显了宪法学学科知识的张力，拓展法科学生的知识视野。雷格鲁斯(Reigeluth)的细化理论表明，帮助学习者将内容集合成为一个有意义的整体并将其同化到先前的知识中，将有助于学习者知识系统的丰富和完善。比如，法科生应当对国家法律体系有全面的理解和把握，偏重部门法具体内容灌输而忽视部门法中的宪法精神教育，可能不利于法科生系统化的法学思维形成，而且如果缺乏宪法的指引，法科生容易在复杂社会关系中迷失方向。

三、充分利用在线教学平台，强化引导和监督

一方面，应当随时充分利用课程平台大数据分析技术进行精准教学评估。

技术的生命在于应用。超星学习通、大学 MOOC 等在线教学平台为教师提供了随时掌握学生学习情况的数据支撑。教师通过平台“管理”数据了解学生的学习投入情况后，对教学过程和教学质量进行科学精准的了解、分析和评估，即时精确地了解学生的学习动态，哪些学生比较积极主动、哪些学生比较消极懈怠，一项具体学习任务哪些学生已经完成、哪些学生需要督促、哪种形式的推送比较受到学生欢迎；鼓励比较积极的同学，督促比较消极懒散的同学(这一点，对于大学一年级的同学尤其重要)，从而更加有效地进行教学管理，并及时进行教学设计和教学安排的优化和调整……这些都是线下教学无法即时掌握和周全的。

另一方面，还应当随时随地与学生展开充分交流，强化引导和监督。

疫情期间被迫进行的在线教学，充分展现了“移动优先战略”的睿智和前瞻性，也让在线教学为自己做了一次全球性的推广。通过移动端 APP，教师和学生可以真正做到在任何时间任何地点，只要有网络，都可以开始学习讨论或者答疑(实质上还是讨论)，从真正意义上实现大数据条件下的移动教学。通过在线课程平台，教师通过及时辅导个别学生的个性问题，或者统一讲授共性问题，让每一个学生感觉自己在和教师“一对一”充分交流，既感觉亲切，又可以避免被其他人“干扰”，真正实现了及时高效的教学目标。这是线下教学、课

堂教学无法实现的。学生可以向教师单独提问,也可以通过发布主题讨论,教师点评的方式解决问题。在线教学可以根据数据反馈及时地进行教学方案的分析、整理和优化,还可以在了解学生的兴趣特长的基础上,为学生定制更加个性化的培养方案;对学生对某一问题的学习情况、测验情况和掌握程度等数据,进行深入地研究分析,从而实现对学生的差异性和个性化进行兼顾。

四、通过双向互动模式的线上课堂充分调动学生,培养发散思维

针对学科知识体系宏观性的特点,线上教学更有助于学生理解学科专业知识、培育学科思维。

一方面,在线课程建设必须通过双向互动模式充分调动学生的积极性和主动性。

特定学科知识体系都有自己的特点。法学学科的特点在于其"灵活性"和"可代入性"。线上教学充分贯彻"移动优先战略",有助于实现"让教学活起来"的目标,随时利用在线平台等采取"问卷调查"和"主题讨论"等方式提高活跃度和学习效率,将传统的知识点单向输入模式转变为双向互动模式,在教学方式上巧妙地引导学生思考和理解,丰富的资源高效培养学生的发散思维,培养主动分析和自主将知识内化的能力。

加涅的九项教学活动理论表明,展示新知识将新知识融入他们的生活时,他们会学到更多知识。线上教学模式可以通过设置"及格线"和"重做次数"的方式实现自动评阅和督促,未达"及格线"的学生自觉地"反复探索和研究"知识难点("为什么错"),提高审核效率,降低教师工作量,提高教学效果。真实的线上场景设计还能引导和启发学生适应法学职业特征。"宪法学理论与实务"在线课程还设计了辩论、模拟诉讼等实践活动,以现实案件的处理为目标,在学生之间进行"法官""评论员""当事人"等的角色分工,真实还原现实案件的处理过程。在实训结束后,对有关疑问可以与老师展开线上交流,实现疑点和盲点充分扫除。

另一方面,在线课程建设必须通过平台的"活动",努力培养学生发散思维。

首先,线上教学能够提高学生的"参与度"。传统的线下教学中,学生对老师提问的积极性一般不高,愿意积极回答问题的学生往往寥寥无几。而线上课程能够营造一种更加宽松、平等参与的教学氛围,学生不会因为不自信而不敢回答问题,从而能够提升全员参与度。

其次,线上教学能够增强师生互动的效率。线上教学支持"在线问答",学

生在完成老师布置的学习任务以外,还可以就线上教学过程中遇到的问题,及时在网络平台上向相关老师提问,通过网上“实时互动”,提高“参与度”。

最后,线上教学方便学生自主安排学习时间。线上教学模式主要通过教师团队录制的“微小视频”在网上向学生进行授课。由于这种新兴的教学模式支持回放,学生对于没有理解的知识点或感兴趣的重点内容可以反复观看,满足其重要知识点的理解、复习和巩固的需求。线上教学打破了学生和教师授课的时空限制,促使学生自主调节学习进度,合理分配时间。特别是那些非全日制的学生或者培训学员,即便不能参加面授或者错过正式授课的,其对知识的学习都不再成为问题。

五、实现法学教育的实践实训渗透,适应新时代全面依法治国需要

全面依法治国作为总目标和治国方略,需要法学人才的支撑和广大国家公民法治素养的提升。

一是在线课程建设应当有效弥补线下教学中法学教育实践渗透的不足。

法律的生命在于实践。法律知识的属性决定了其在面对现实社会关系时才能凸显生命力,但是我国的法学教育与社会实践往往不能密切联系,原因来自几个方面:第一,传统的灌输式教学方式的惯性制约;第二,课堂讲授教学无法照顾到接受能力差异性巨大的全体受众。正所谓“教师用5G的速度讲,学霸用WIFI的速度听,学神用3G的速度记,有的学生用2G的速度瞅,有的学生听着听着就掉线了,还有个别学生压根就没有开数据连接,还有几个一直是飞行模式,也有几个干脆自动关机。”还有,社会实践受制于场所、环境、资金投入、观念以及教师自身实践能力等各种客观条件,往往流于形式或者应付了事。在线课程可以通过设计实践教学环节和法律运行实验,满足学生的观摩、代入或者参与的需求,有效弥补线下教学中法学教育实践渗透的不足,实现法学教育的实践实训渗透。

二是在线课程建设应当注重法学理论向社会实践渗透的深入和深化。

法学类的在线课程,与理工科类在线课程不同的是,它需要最大限度地利用高技术平台提供权威的专业知识,方便学生对学习资源进行搜索和收集的同时,通过时事新闻和网络舆论热点案件的展示,引导学生关注社会关注民生,培养学生的专业思维能力,实现法学教育的社会实践渗透。在线课程有助于实现法学与社会实践的结合,努力启发学生思维,学会从现实的社会关系中探寻国家权力与公民权利的实质,从而达成“学以致用”“理论联系实际”的目标,实现理论法学与部门法的教学上的衔接。法学类课程,特别是“宪法学”和“法理

学”等课程,往往因为其抽象性和概括性,需要借助具体部门法律规则的细化来实现法学理论的实践解析,所以尽管宪法和法律与公民生活息息相关,但是在线下教学中,往往容易忽视法学,特别是宪法在现实社会关系中的生命力,对法学实践教学很难兼顾。在线课程可以充当法律与实践、宪法与其他部门法的有效衔接,从而构建长效学习机制。

受思维规律和知识储备的客观制约,法学理论知识和实践技能都需要在“实践”中获得和提升。然而,无论是部门法学,还是理论法学与实践的联系并非直接的,特别是宪法学,比如,我国合宪性审查权限在全国人大及其常委会手中,学生对宪法性案件的处理很难有观摩和实训的机会;另外,隐藏在我国法律运行过程中的宪法事实容易被忽视。本课程通过模拟设计,组织模拟法庭,模拟议会,模拟发布会等实训项目,将宪法学教育对象带入宪法实践的真实角色和场景中来。通过专业人士评估和指导,最大限度地增强模拟真实性与教学效能,为宪法学实训教育摸索全新路径;并且在形式上设计了课堂辩论对抗、模拟民主投票、模拟宪法诉讼、模拟弹劾总统和“宪法日”知识竞赛等活动,对当下的时事新闻和网络舆论热点案件进行高度浓缩,概括提取事件核心内容,联系宪法学理论,然后通过多样化的线上教学和线下活动,让思想的火花在模拟实践中迸发,加强师生间的观点交换,促进及时沟通,将宪法学理论与生活实际紧密结合,逐步培养学生的宪法思维。

结　语

高校要按照教育部实施的一流学科建设工程要求,遵循高阶性、创新性、挑战度的“两性一度”金课建设标准,通过对传统教学的改造与提升,大幅提升教学质量,最终达成“培养社会需要人民满意”的人才培养目标。在线课程最大限度地利用高技术平台方便学生对学习资源进行搜索和收集,通过时事新闻和网络舆论热点案件的展示,在引导学生关注社会关注民生的同时,提供权威的专业知识,培养学生的专业思维能力,有效萃取和凝练知识点,优化教学模式,实现“模块化”推送,及时巧妙推送教学信息,高效更新教学内容,提高教学质量,努力适应新时代全面依法治国的需要,实现宪法学教育的实践渗透。但是不得不说明的是,再先进的技术、再努力的教学引导,最终还取决于学生本人的学习热情和探索精神,如果学生不能积极参与不能坚持探究,都难以达成目标。因此,我们在课程建设过程中还需要千方百计激发学生学习兴趣。

后疫情时代下高校法学专业“云实习”新模式探究

张 杰 王子璇*

摘 要：毕业实习是法学专业学生学以致用、明晰法律专业岗位职责及提升法律执业能力重要且必不可少的教学环节，但传统线下实习存在实习岗位的可选性有限且偏少，实习过程与实习目的偏离，实习监管缺失与评测形式化等问题，特别在当下疫情防控时期，线下的毕业实习只能被暂停或取消。然而，“云实习”作为一种新型实习模式，是在新型冠状病毒防疫时期依托互联网技术产生并发展起来的，为实践性较强的法学专业提供了新的实习空间与平台。因此，在后疫情时代，遵循疫情防控常态化的要求，应着重探索法学专业“云实习”新模式，以提出科学合理的“云实习”实施路径，完善可行有效的教学管理制度，以期“云实习”能够切实发挥实践教学的目标与效果。

关键词：法学专业　后疫情时代　云实习　模式

引 言

2020年年初，新型冠状病毒席卷全球，在全国万众一心抗击新冠肺炎疫情之际，教育部印发《关于在疫情防控期间做好普通高等学校在线教学组织与管理工作的指导意见》，要求采取政府主导、高校主体、社会参与的方式，共同实施并保障高校在疫情防控期间的在线教学，实现“停课不停教、停课不停学”。在疫情初期，在线教育看似是权宜之计，但放眼未来，在线教育已成为社会发展的必然趋势。法学是“将具有普遍性和一般性的法律规范适用到具有各自独特性的个案的过程中的一种实践智慧、技艺和学问，质言之，它本身就是解决法律纠纷的技艺、方法和智慧”[1]，统观世界当前法学教育潮流，职业法学教育是

---

* 作者简介：张杰，副教授，江苏师范大学法学院硕士导师；王子璇，江苏师范大学2019级法律硕士。

〔1〕 舒国滢、王夏昊、梁迎修等：《法学方法论问题研究》，中国政法大学出版社2007年版，第28页。

法学教育正规化的必然途径,而职业法学教育必须直面实践,否则无法培育出真正的法律精英。应该明确,无论高校类型如何,法学实践教学都是法学专业人才培养的必经之路和必然环节。〔1〕

法学专业实习作为法学实践教育的重要途径与必要教学环节,旨在培养学生的实践和创新的能力,其不仅可以检验学生在课堂上学到的专业知识,又可以强化学生的法律思维和法律职业道德修养,从而有助于学生将法学基础知识转化为实践应用能力的提高。

随着疫情逐步好转,我国显已进入后疫情时代,在疫情防控常态化、互联网信息技术迅速发展的基础上探索法学专业实习新模式,不但与个体意义上的法学人才人生道路抉择息息相关,也影响着我国法学实践教学的扎实、有效开展与整体教学质量与层次的提升。

一、明确:法学专业毕业实习的必要性

作为实践教学的法学专业实习是完成法学本科教育以及法律硕士研究生教育必不可少的阶段,其不仅可以帮助学生通过具体实务工作加深对理论知识的理解和运用达到理论和实践相结合的目标,还可以在实习过程中培养学生的法律思维及语言表达和推理能力,帮助学生明确职业规划。

(一)高校法学教学的应有要求

法学专业毕业实习是学生接受大学教育过程中的一个实践教学环节,是各大高校法学专业培养方案中不可或缺的部分。教育部 2018 年发布的《普通高等学校法学本科专业教学质量国家标准》(法学类)指出法学类专业人才培养要坚持立德树人、德法兼修,适应建设中国特色社会主义法治体系,建设社会主义法治国家的实际需要。培养德才兼备,具有扎实的专业理论基础和熟练的职业技能、合理的知识结构,具备依法执政、科学立法、依法行政、公正司法、高效高质量法律服务能力与创新创业能力,熟悉和坚持中国特色社会主义法治体系的复合型、应用型、创新型法治人才及后备力量。在实践教学课程章节明确提出"各专业应根据专业教学的实际需要,利用模拟法庭、法律诊所、专业实验室、实训基地和校外实习基地,独立设置实验、实训课程,组织专业实习,开展创新创业教育。实验、实训和专业实习课程应当制定教学大纲,明确教学目的与基本要求,明确专业实习的主要内容以及学时分配。专业实习时长不得低于 10 周"。全国法律专业学位研究生教育指导委员会 2017 年发布的《法律硕士专业学位研究生指导性培养方案》在专业实习章节也明确规定:"各培养单位

〔1〕 参见鲍莹玉、王晓丽:《基于校院所合作模式下的法学专业实践教学改革研究》,载《广西科技师范学院学报》2019 年第 3 期。

统一组织学生在第二学年(含第一学年暑期)完成,专业实习时间不少于6个月,可以在律师事务所、企事业单位法务部门或司法机关、政府法制部门等分阶段进行。”因此,法学专业学生,无论是本科生还是法律硕士研究生若想顺利完成学业取得毕业证书都必须经过相应的专业实习期。

(二)检验理论与实践结合效果的必要途径

法学是一门理论和实践紧密结合的学科,2018年教育部、中央政法委《关于坚持德法兼修实施卓越法治人才教育培养计划2.0的意见》指出改革任务与重点举措之一是“重实践、强法学教育之要”,并列举了展开实践教学的多样方式,如提高法学专业实践教学学分比例,鼓励学生积极参与法律援助、自主创业等活动,协调法治实务部门接收法学专业学生实习,等等。为实现这一培养目标,地方各高等法学院校均开设了法学实践教学课程,法学的实践教学包括专业实习、模拟法庭、法律诊所、法律文书写作等内容,其中法学专业实习能够全方面、综合性地锻炼法学学生的实践能力,是法学实践教学中的重中之重。“用理论指导实践,以实践检验理论”,通过实习实践,学生们能够将自己在课堂上所学的理论知识运用到司法实践中,并在司法实践中检验和巩固自己所学的知识。进一步而言,法律思维是当代法律人才必备的素质,其需要在实习实践阶段反复锤炼、巩固及养成。由于学生们在法院、检察院、律师事务所等单位实习实践的过程中能够接触到一定数量的真实案件并实际操作相关程序,有益于深度加强学生将课堂专业知识转化应用于实际案例的能力,逐步养成运用法律思维解决实际问题的能力。

(三)明确大学生职业规划的前瞻性环节

大学生职业规划对其择业、就业有着至关重要的影响,甚至影响学生本人的职业责任感与幸福感。然而,缺乏实习经验的大学生对本专业可选择的职业方向、岗位设置及具体工作要求等内容根本是不知悉的,如很多缺乏实践的法学学生只知道毕业后可以选择律师事务所、法院、检察院等单位,但对各个岗位的具体职能却一知半解。学生不知道社会需要何种人才,对自己的职业定位缺乏判断,在就业时只能随波逐流,盲目选择。因此,实习实践环节可以让学生提前了解自己是否喜欢这份工作,是否能承受该工作的强度,同时也加深对该行业的了解,从而结合自身性格特点找准自己的定位,明确自己就业选择上的择业发展方向。

二、反思:传统线下毕业实习问题面向

在卓越法律人才培养计划2.0版以及培养应用型人才的背景下,社会对法学专业毕业生的实践能力提出了更高的要求,但是作为培养学生实践能力的线

下专业实习还存在诸多问题,亟须反思。

(一)实习岗位的可选性有限且偏少

目前法学院校签约的实习基地大多是法院、检察院、律师事务所等,这些单位工作、管理相对规范,而学校出于安全考虑,与企业法务部门、政府法制部门、社会公益机构签约的寥寥无几。所以法学学生在实习时只能选择法院、检察院、律师事务所等,碍于实习时间的限制又往往只能选择其中一个单位实习,并且学生通常被安排到固定科室,没有相应的轮岗制度。这种单一的实习单位会导致学生对法律实务的认知有偏差,不能全面了解我国整个法律职业和法律实务的真实状态。此外,近年来法学专业设立门槛降低、各大高校不断扩招使法学专业学生数量急剧增加,高校法学院提供的实习岗位数量难以满足当前学生的实习需求,很多高校法学院无奈之下只能同意学生自行联系实习单位,而学生联系的实习单位很多与法学专业无关,实习也变成了走过场,只是在最后需要交实习鉴定表时去单位盖章,这必然会导致法学专业实习质量与效果大打折扣。

(二)实习过程与实践目的偏离

法学学生参与实践实习的目的在于通过实习实践将所学知识融会贯通,并在实践中检验和巩固自己所学的知识。如前所述,基于安全与管理等因素,学生实习大多被分配到法院、检察院等司法机关。然而,学生实习过程存在与实践目的偏离的现象。近年来,我国民事、刑事案件数量都呈现逐年增加的趋势,大部分学生被安排到法院、检察院的岗位实习。一方面,法院、检察院等实习单位基于安全、管理等因素考虑,实际上是不愿意或不放心让学生参与到案件全部卷宗的阅览、合议庭案件讨论以及联席会议等工作环节中的。另一方面,学生们一般只有 3 个月至 6 个月的实习实践时间,而实务人员指导学生上手一些简单案件办理至少需要 3 个月的时间,甚至更长。学生们因时间所限,很可能刚刚熟知办理流程及如何进行案件分析、证据分析、争议点提炼等便要结束实习,从而导致很多实务人员认为不必要,也没必要对学生展开案件分析、证据分析及争议焦点提炼等实质性的指导。因为缺乏足够的实务经验和专业知识,实习单位都不放心将重要工作交给实习生完成,因此,大部分实习生整个实习过程都是围绕案卷的整理和装订、收发传票、校对文书、文字排版、打字复印等基础性工作展开的。

此外,尽管高校法学院为实习学生安排了带队老师,实习单位也会安排相应的指导老师,但学生每天在实习单位实习与带队老师并没有过多的交流,仅有的交流就是收发高校法学院的通知。再加上实习单位的指导老师案多人少、工作繁忙、精力有限等原因,往往缺乏对实习学生进行实质性的业务指导。这就导致在实习中学生每天忙于各种基础性工作，处理琐事，真正接触案件学习的机会少之又少，即使有些学生能够有机会接触到一些案件的实质性办理过程，但不排除学生们在实习单位是作为旁观者，不具体负责任何一个环节，并始终没有真正参与到案件办理过程中的态度与责任感，实践效果可见一斑。这与法学学生参加实习的初衷相去甚远，也使理论与实践相结合的实习目的难以实现。

（三）实习监管缺失与评测形式化

由于实习生的身份是学生而非实习单位的正式工作人员，所以实习单位在管理上存在很多顾虑和限制，而许多实习生对这种疏于管理的情况也乐见其成，在这种一方存有顾虑一方敷衍了事的情况下，实习的监管普遍流于形式。[1] 实习单位负责在学生实习结束后在实习鉴定材料上评价盖章，缺乏监管的实习过程直接导致学校和实习单位无法对学生整体实习情况进行客观的评价。在实习结束进行考察时，实习单位往往是象征性地写几句评语，很少有实习单位会对学生实习的过程和成果进行详细记录。特别是那些自行联系实习单位的学生，很多学生打着实习的幌子忙于其他个人事务，甚至没有真正在实习单位实习，但仍然可以拿到评价虚高的实习鉴定表。因此，这就导致学校无法如实掌握学生在实习过程中经过哪些培训，得到了什么样的锻炼及学生实习效果如何等情况。

三、提出：“云实习”的线上实施路径

“云实习”是指通过在线工作平台虚拟工作环境，在工作流程、内容等方面和传统实习工作保持一致性的实习形式。[2] 2020 年年初的新冠肺炎疫情打乱了各大高校法学院传统的实习安排，部分高校取消实习，也有少数高校积极探索“云实习”模式，为学生提供在线实习平台。

中国地质大学资源勘探专业为学生提供 CUG 虚拟仿真实习平台试验系统和三维矿山等软件进行实习，通过虚拟仿真实习平台，学生需要完成实习预备、虚拟踏勘、实习项目、实习考核等流程。其中，虚拟踏勘主要通过三维实景和 720 云共享实景图完成观察和测量。[3] 安徽理工大学材料科学与工程学院以涡北选煤厂工业生产现场为主体，面向材料科学与工程学院矿物加工工程专业

---

〔1〕 参见曾荇、李叶青：《对独立学院法科学生实习模式的反思》，载《当代教育实践与教学研究》2020 年第 2 期。

〔2〕 参见徐伟玲：《基于工学云实习管理平台下高职院校顶岗实习指导模式研究》，载《现代职业教育》2019 年第 24 期。

〔3〕 参见中国地质大学资源学院网站，http://zyxy.cug.edu.cn/rcpy1/bksjy/jxsxjs.htm。

大四毕业生开展现场“云实习”,“云实习”通过采用网络云直播、无人机航拍等先进技术,创新地尝试通过云课堂方式开展。[1] 上海中医药大学借助腾讯会议、钉钉、微信群、QQ 群等各类网络平台开展临床知识讲堂、模拟诊疗训练等活动,构建“六位一体”的“云实践教学”体系。[2] 得益于互联网信息技术的迅速发展,各大专业都开始探索“云实习”模式,法学专业结合自身专业特点也进行了相应的探索。

(一)开设云端法律小讲堂

高校法学院和实习单位可以依托腾讯会议、钉钉、企业微信等网络平台,选取典型案例开展线上课堂,帮助学生进一步掌握法学基础知识,同时也可以开展实习前的培训,以便学生了解实习工作的具体内容和流程。云端法律小讲堂充分利用网络开放性、共享性的优势,以实习一线为教学场景,以真实案例为教学切入点,以线上互动讨论为教学手段,通过线上讲堂的有效补充,增强理论知识与实践的结合。

(二)参与云端审判实践

新冠肺炎疫情暴发以来,各地各级法院遵循“非必要,不聚集”的原则,在保障人民群众生命安全和维护当事人诉讼权利的基础上响应最高人民法院的动员,开展在线诉讼服务。据新华社报道,仅是 2020 年 2 月,重庆各级法院就在线立案 5947 件,在线调解 1731 件,电子送达法律文书 4516 件,特别是网上开庭数量达到了创纪录的 654 件。[3] 这种“云审判”在全国越来越多的地方实现,各级法院充分发挥信息化技术优势,积极推进在线立案、在线庭审、在线调解等线上诉讼活动,这些都为学生“云实习”提供了有利条件。学生可以自主选择以法官助理、律师助理或检察官助理的身份参与“云审判”,这种云端审判不限制学生参与的身份,在一定程度上解决了传统实习中实习岗位选择少的问题。学生依托法院“云审判”平台参与法院审理案件,了解法院审理流程,辅助审判工作;庭审结束后,实习学生还可以登录后台观看回放、阅读庭审笔录等,以便协助草拟法律文书。学生还可以根据自己的专业兴趣和实习单位的安排选择参与刑事案件或民商事案件、参与一审案件或者二审案件,这种云端审判为学生提供了更多灵活的选择,同时也降低了学生实习的成本,实习学生不必像参与传统实习那样必须到实习单位参与审判实习工作,通过参与“云审判”就可以达到同样的学习效果。

---

〔1〕 参见安徽理工大学材料科学与工程学院网站,http://clx.aust.edu.cn/。

〔2〕 参见沈宇弘、胡鸿毅、舒静、李福凤、张毅、王雪琦:《疫情防控背景下中医学专业“云实践”教学策略设计与实践思考》,载《中医教育》2020 年第 5 期。

〔3〕 载新华网,http://xinhuanet.com,最后访问日期:2020 年 11 月 10 日。

（三）模拟云端案例分析训练

通过各种法律法规软件和各种司法活动的场景模拟软件，借助实习单位提供的真实案例，指导学生进行云端案例分析训练，这种云端案例分析不限制参与人数，指导老师也可以全程在线指导、查看、审阅分析的全过程并及时提供指导。此外，云端案例分析还可以灵活地调整学生参与的时间，学生可以根据案件进展和自身学习情况，利用其学习或生活中的片段时间完成案例分析，不需要像传统实习那样特意安排一段时间在实习单位进行，也使以往法学学生实习时间不好安排的尴尬局面得以解决。

四、完善："云实习"的线上教学管理制度

为保障“云实习”的顺利进行，仅探索实习方式的创新是远远不够的，还必须辅以严格的教学管理制度，以制度规范“云实习”，从而避免实习流于形式，保证学生实习质效。

（一）明确实习目标，科学制定方案

法学教育培养的高素质法律人才应当具备下列三大基本素质：“法律知识体系、法律职业技能和由法律精神、价值、伦理等构成的法律道德素养。”[1]因此，法学教育的目标应当包括知识、技能和伦理，这三者需要通过理论教学和专业实习两种途径来实现，尤其是职业伦理目标的达成，需身临其境感受实务工作者的五味杂陈，切身体会法律工作者的社会责任，需不断养成乃至固化法律情怀与法治信仰，[2]这些都是高校法学院在制定实习方案时应当予以考虑的内容。完备的实习方案是实习成功的开端，在明确实习目标的基础上，高校法学院应根据自身实际情况，统一部署，制定包括实习时间、实习单位、“云实习”平台、实习领导组、实习考核标准等在内的实习教学方案，保证实习工作顺利进行。

（二）强化实习内容，加强专业锻炼

各高校法学院应在努力培养法律思维、提高实践能力的课程目标下，切实保障每个参与“云实习”的学生都能实现实习目的，并借助云平台指导学生自主选择实习单位而不受实习岗位数量、实习单位距离远近等限制，将强化实习内容、加强专业锻炼作为线上教学管理实现的必要条件，具体实施方案包括三个方面。首先，高校法学院和实习单位在实习之初就应当制定严格的实习方

---

[1] 霍宪丹：《法律教育从社会人到法律人的中国实践》，中国政法大学出版社2010年版，第51页。

[2] 参见鲍莹玉、王晓丽：《基于校院所合作模式下的法学专业实践教学改革研究》，载《广西科技师范学院学报》2019年第3期。

案,指导老师要严格按照实习方案指导学生参与实习工作,并为实习学生在不同阶段设立不同的实习目标和阶段性考核指标;其次,实习单位要为学生线上实习提供必要条件,如提供实习平台账号、实习软件等,并按照学生实习计划监督实习过程;最后,学生要积极配合高校法学院和实习单位的安排,严格遵守实习计划,完成实习任务。因此,高校法学院、实习单位和实习学生应协同配合、共同努力,努力使法学专业“云实习”圆满完成践行法学理论与实务实践相结合的任务,以实现学生们法律思维逻辑性与法律职业伦理道德感的双重提升。

(三)加强师生交流,及时反馈总结

“云实习”和传统实习最大的区别在于“云实习”不能实现师生之间面对面、手把手地交流和学习,这在一定程度上也影响了指导老师对学生实习的指导,影响实习效果。因此,“云实习”最重要的是要保证师生之间联络畅通。一方面,指导老师可以采取微信群、视频通话等方式对学生实习进行实时监督和定时指导,学生将在实习中遇到的问题及时反馈给老师,指导老师得到反馈后进行指导协调,保证实习工作顺利进行。另一方面,高校法学院与实习单位之间的沟通和交流也非常重要,高校法学院安排学生线上实习并非只提供一个实习平台后任由学生自由发挥,在实习期间,高校法学院应和实习单位共同设计实习大纲,对学生实习全过程进行监督和评价,并及时总结实习中出现的问题,使线上实习真正达到提高学生实践能力的目的。

(四)强化监管机制,科学合理评测

考核是实习的最后一个环节,其实用性功能意义重大,因此必须予以高度重视、精心安排。考核不仅可以促进学生个人发展,同时也是衡量实习效果最直观的方式。“云实习”自身的特点决定了其实习成绩的评定不应以最后打分为准,而应该是一个动态的评定过程,动态评定机制注重对实习过程的跟踪督促,将考评融入实习的整个过程中。[1] 借助“云实习”的云平台可以进行过程化管理,指导老师要求学生定期反馈实习情况,以文字、照片的形式上传工作内容;以小组为单位进行在线交流,增强学生之间、师生之间的互动。此外,实习指导老师还可以登录云平台随时了解学生实习情况,云平台也会如实记录实习学生参与“云审判”、案例分析的次数以及学生的出勤、请假情况,这些都为最终客观评价学生实习提供了依据。

结　　语

法学专业实践教学是培养一名合格法律人的重要环节,也是法学理论与司

---

〔1〕 参见吴晓敏:《法学本科专业实习的现实困境与改革路径——以卓越法治人才2.0为背景》,载《教育现代化》2020年第50期。

法实践相结合的衔接桥梁。互联网信息技术的迅速发展,改变了传统实习模式,打破了时空限制,弥补了传统实习岗位选择少、实习过程与实践目的偏离、实习监管缺失与评测形式化等弊端。因此,借助“云实习”,学生有了多元化的实习选择路径,学校也可以切实掌握、了解学生实习实况,从而对学生实习情况作出全面、客观地评价,确保学生实习的质量和效果。进入后疫情时代,我们仍要在疫情防控常态化的要求下不断深化“云实习”法学专业实习模式,优化具体实习策略与方案,夯实学生法学理论知识,锤炼学生的司法实践技能,提升学生的法律职业修养,以进一步提升学生学以致用能力的培养,提高我国法学实践教学的层次与质量。

法学在线课程建设所面临的问题与应对
——以高校的法学在线课程建设为例

李 霞 钱 锦 徐 蓉*

摘　要：随着网络信息化时代的不断发展推进，“e＋教育”的名词也逐渐映入人们的眼帘。近年来，法学在线课程在国内各大教育平台上的广泛应用和传播，其参与学习的便利性吸引了越来越多的人来了解和学习法律，也从侧面进一步推进了法治社会的建设。然而在这样的一个貌似蓬勃的在线教育趋势之下，我们不得不思考法学在线课程泛滥的同时，暴露出的课程质量低下的问题；在线课程引入高校后，针对大学生对知识接纳程度的难以保障问题；以及课程网络化的深入发展，造成的理论学习与实践学习越发脱离的问题。针对上述问题，需要将高校在进行法学在线课程建设中的理念予以修正，加强对在线课程的开发以及创新模式的研究，加大理论与实际案例的关联，促进法学在线课程质量的提升。

关键词：在线课程　理念　模式创新　双向关联

引　言

2020年年初的新冠肺炎疫情暴发，让所有只能在家接受网上教育的大学生彻底看到了在线课程的巨大作用，其传播知识的便利性及其广泛程度也同样推动着高等教育模式的进一步变革。法学教育是我国高等教育体系中的一大项目，习近平总书记也在十九大报告中强调：“坚持全面依法治国。”可见对法学生的培养，应是高等教育中的重中之重。如何提高法学在线课程的质量，保障学生对知识的吸收以及综合提高学生的法学理论与实践能力，已然成为当下研究的热点与重点。

一、法学在线课程建设的特点

研究法学在线课程的特点，有利于了解法学在线课程与其他学科的在线课

* 作者简介：李霞、钱锦、徐蓉，常州大学史良法学院硕士研究生。

程之间的不同点，以便于从中发现其所存在的问题和未来发展方向。因此，与其论法学在线课程建设的特点，不如说是法学这门学科本身具有的特殊性，使“e + 法学教育”在整个在线教育的体系中有着怎样的独特性。

(一)法学在线课程建设具有门类多样性

在我国，法学的学科门类大约分为法理学、法律史学、宪法学与行政法学、民商法学、刑法学、经济法学、环境与资源保护法学、国际法学、诉讼法学、军事法学等十类。[1] 然而这还仅仅是在法理学的角度上进行的二级学科分类，现阶段的高校真正开设的法学科目的数量和课程体系要远远繁杂于这十类。就以中国政法大学法学本科开设的科目来说，除了上述的十类学科外，还开设了比如法律经济学以及法务会计等大量的边缘学科和交叉学科。当然，随着我国科学技术的不断发展，以及法学学术界对法学体系研究的不断细化，未来将会出现越来越多的法学学科，然而国内高校教学的硬件设施以及相关教育资源有限，这将会进一步促进法学在线课程的建设。尽管跳出高校法学在线教学的圈子来研究，我们从社会的角度出发，也能看到国内的法律职业资格考试备考的现状——法律职业资格考试培训机构的在线课程已经成为大多数考生的备考选择，而这些机构已然自动将法学的基础科目分成了十余类。由此可见，法学的门类的数量是其他学科无法相比的，不单单是现在，在未来的学科发展中，也将分化得越来越细，在线课程建设的分流接替也是必然的趋势。

(二)法学在线课程建设具有较强的社会历史性

法学，是关于法律的科学，是以法律现象为研究对象的科学活动和认识成果的总称。[2] 法律具有社会历史性，法律的发展和更新时刻跟随社会发展的状态而进行。那么由此也可以看出法学的发展，或者直接说法学在线课程也一样随之具有较强的社会历史性，需要不断地研究总结，进而对法学在线课程的知识体系进行一定程度的更新。

然而“法学在线课程”并不单单包括“法学”二字，还包括“在线课程”一词，所以法律的社会历史性只是其一的决定因素。顾名思义，在线课程离不开“互联网”，离不开网络科技的发展，所以从科技发展的角度上讲，法学在线课程的建设应该随着网络信息化的进步，增强网课系统的便利性。

(三)法学在线课程建设缺乏实践性

当前我国高校法学的在线课程大多以边缘学科或者交叉学科为主，且大多以选修课的形式出现，还并未涉及较多理论法学学科和应用法学学科，但在线

---

〔1〕 参见张文显主编：《法理学》(第5版)，高等教育出版社、北京大学出版社2018年版，第13页。

〔2〕 参见朱勇：《法学：秩序与公正之学》，载《光明日报》2014年7月15日，第13版。

课程建设是一个必然的趋势,在未来,将会有越来越多的应用法学学科可能出现在屏幕上。然而,众所周知,法学是一门应用型学科,司法实践面临很多新情况、新问题、新考验,时代需要高度综合能力与创新精神的高素质的法学人才,需要“学会学习”、标新立异、敢于质疑、富于想象、善于决断的法学人才。[1]

法学是以法律现象为研究对象的学科,其研究绝不可能只存在于理论层面,其依靠实践的紧密程度也是其他学科难以比拟的。《刑事诉讼法》第6条中规定:“以事实为根据,以法律为准绳”。可见,法学在线课程相比于其他学科的在线课程,其最大的特殊性在于其本身具有的社会性特征。法学研究应该建立在以社会事实为根据的基础上。而法学教学,更应该将实践教学作为必修课,将实际案例引入课堂。然而当前我国高校的法学在线课程建设,因为“远程在线”的缘故,致使高校的教师和学生对在线课程并不认真参与,造成当前的大量高校法学在线课程仅仅停留在了“读课本”“讲知识”“说理论”的状态,种种主客观因素导致了法学在线课程建设的缺乏实践性,这样的恶性循环使在线课程的质量也难以有效提升,甚至有所下降。

二、法学在线课程建设存在的问题

(一)法学在线课程质量的无保障

教学质量是大众化教育的生命线,更是高等教育发展的核心问题。在线课程作为当前教学体制内一个举重若轻的项目,其发展与国家教育事业的发展越发联系紧密。如果从这样的定义出发,那么法学在线课程建设作为未来法学高等教育的一个趋势,其质量的优劣问题将关乎着法学生对知识的接纳程度,宏观来看,更关系到法治社会的推进与发展。

然而,因为法学学科本身存在的门类多样性,便容易造成法学在线课程数量的愈发泛滥,这将不可避免地导致法学在线课程的质量低下,这种质量低下的来源不单单是教师在网课授教过程中的态度认真性问题,还由于在线课程的系统管理者对整合系统大量课程的懈怠。

从高校实践的角度出发,前文提到,大多数高校选择将选修科目划入在线课程教育中,且以法学边缘学科和交叉学科居多,这样的一个做法,从节省教学资源的角度来看,也许并没有大的问题。然而,高校这种若隐若现的主次偏向,使许多教师也对这类在线课程产生了不认真对待的想法,不只如此,大多数高校对这类在线课程也并未设置严格的考试制度,学生一旦没有考试制度的牵制,对知识的接纳也会产生懈怠心理。

---

[1] 参见王爱华:《法学课程与现代信息技术的有效整合研究》,载《教师教学能力发展研究》2017年第12期。

种种因素的综合,使法学在线课程质量难以得到保障。

(二)高校法学在线课程建设的理念偏差

前文提到,在线课程传播知识的便利性及其广泛程度推动了高等教育模式的进一步变革。然而这样的变革是在数字化时代的基础上进行的,从根本上说,是整个科技时代的推进,从而推动着法学在线课程的向前进步。然而科技的发展和与教育的结合目的绝不仅是传播知识的便利性,更重要的是利用这种技术改进教育模式,从而使老师能够通过网课模式更好地传输知识,更清晰地展示庞大复杂的法学体系,也使学生能够更好地理解和接纳法律知识。

然而,因为法学本身的复杂体系,以及许多高校在校内网课资源建设并不完善的情况下,匆忙将一些边缘学科和交叉学科课程先行上线,造成网课资源无法得到整合,大量粗制滥造的课程充斥着网络,这就违背了基本的教学理念。

课程信息化教学的实施主要依赖于相应的平台,课程信息化教学平台的建设是信息化教学的关键所在。课程信息化教学平台设置了三大功能板块:教学板块、学习板块和考核板块。〔1〕笔者认为,考核板块作为信息化教学的一个综合质量保障环节是必不可少的,其建设理念便是更进一步保障在线课程的教学质量。当前许多高校在法学在线课程建设过程中也确实负责任地加入了该环节,然而也只是针对学生进行一个简单的考试,针对授课老师的考核也只是通过学生的评教,针对课程质量则是提前设计一个笼统的课程优良评审标准,对该课程的评审也只是形式上的走过场。这样的考核系统造成老师和学生都将不会认真对待在线课程。这样的一个恶性循环,与最初建设考核板块时所设立的"保障课程质量"的理念出现了偏差。

不仅如此,法学在线课程因其知识体系的庞大,且我国法律建设仍然处于潜力较大的阶段,对法学在线课程的评审指标的预先设定,本身就不利于法学教育事业的发展,也必然对理念的理解出现一定程度的偏差。

(三)法学在线课程教学与实践的严重脱轨

前文提到,法学教育离不开实践教育,离不开社会这个大环境,它必须以相应的实际案例作为支撑,才能将整个法学教育完整起来。然而,这也正是法学在线课程教学现阶段面临的桎梏。在线课程教学,又称"远程网络教学",顾名思义,学生只能远程通过老师在网上的思想理论传授来接纳观点,恰恰是因为远程,将老师与学生的距离拉开,也将学生与实践彻底拉开。依靠单向的干瘪的理论吸收,学生们无法掌握相应的法律理论在社会实践上的运用,这样的教育模式和状态一旦发展起来是细思极恐的。当然,也会有相当的负责任的老师

---

〔1〕 参见姚珧、王俊爽:《课程信息化教学平台建设的思考与实践》,载《教育现代化》2019年第22期。

将相关案例引入课堂,但这毕竟存在于少数人中,脱离了面对面教学的大环境,互动程度的减少,也一定程度上打击了老师授课的热情度与认真度。如前文所述,高校法学在线教学的“读课本”“讲知识”“说理论”的状态已经成为常态,法学在线课程教学与实践的严重脱轨,也将使大量法学生实操能力持续下降,未来法学教育事业前景堪忧。

三、法学在线课程建设的完善之策

(一)在高校内部建立在线课程研讨组

针对当前的中国高等教育,一个新兴的教育模式的出现,就应当在高校内部率先建立起一个新的机制或机构来进行应对。在线课程建设作为一个引入高校的新兴的教育模式,应当在高校内部建立起一定机构作出应对。法学在线课程因为其门类的多样性,就更加需要一个规范的专门的机制来进行运行实施。

笔者所述规范的专门的机制,并非要求高校为了法学在线课程建设,独立出来一部分教职工人员来专门组成这个机构,而是各大高校根据自己的教育资源和教学能力,开发一个新的临时性的研讨组机制,该机制由教研室主导,依照多样的法学门类,将研讨组分类;研讨组本身机制的组成又分为法学课程设计小组、法学教学组以及技术组三部分。法学课程设计小组主要进行课程方案的研发设计,法学教学组主要进行在线教学指导,技术组则主要进行课程上传,网络管理以及在线课程资源的整合。如此一来,将教学组分类与研讨组本身机制的分类纵横交叉在一起,便规范形成了模块化、网格化的教学机制设计,该设计本身具有的流动性、专业性以及极强的针对性,不仅有效地克服了法学在线教育资源的混乱,也将会在一定程度上提升法学在线课程质量。信息化教学资源具有超文本性、开放性和使用不受空间限制的特点,非常有利于这种新教学模式的实行。[1] 信息化教学资源建设包括前期进行的设计、开发,还包括后续的维护和更新等工作。做好资源的日常维护,不仅可以提高资源利用率,维护资源活性,而且有利于高校品牌和声誉在网络空间的延伸。[2]

然而单靠机制组成的规范严谨来保障在线课程质量是远远不够的,针对法学在线课程的授课老师以及上课学生也应该有相关利益关联措施。针对授课老师或整个研讨组模块的教职工,应将他们的职称评估或奖金发放与在线课程的质量直接关联起来;针对学生,则应该以考试成绩或综合评测来牵制其对在

---

[1] 参见付淑娥:《法学本科教学改革研究》,载《法制与社会》2013年第4期。

[2] 参见杨文武、张一春:《高校继续教育信息化教学资源建设的思路与对策》,载《成人教育》2014年第11期。

线课程的认真度。这样的双向关联模式加上之前的模块化课程研讨组机制,全方位地保障了法学在线课程的质量。

(二)课前考核与课后考核相结合,脱离评审标准驱动系统

前文提到,高校法学在线课程出现的理念偏差已非一时而就。所以,尽快修正理念才是在线课程进一步建设的重中之重。

首先,应该树立“法学门类地位平等”的理念,正视所有法学门类,不仅是边缘学科和交叉学科进入在线教学的范畴,理论法学和应用法学都应该有效引入在线教学的范畴中来。这种自上而下的理念调整和规范,将有效修正固有理念。

高校是否重视在线课程的问题只是一方面,更重要的是对法学在线课程的考核板块的建设与完善。笔者认为,高校在建设法学在线课程考核板块的过程中,应当分为课前考核和课后考核两部分。

课前考核主要由专家教研组针对授课老师具体的法学课程方案设计、规划以及研发进行一个预先的考察修正,将课程适当的控制在不影响老师个人的观点传授,又对不当的课程设计进行修正的区间内来。

课后考核则分为两部分:对学生的考核和对课程的综合考核。对学生的考核则是以考试的形式进行,检测学生对该课程知识的掌握程度;而对课程的综合考核,则是在整个学期末成立的针对不同法学专业的专家教研组,对于一系列法学在线课程的一个综合评审。

其实,当前许多高校在实践上对课程优良方案的预先设定本身就限制了课程教授的质量。许多高校采取“先定标准,后讲授”的措施,尽管表面上省去了很多繁杂步骤,节省了教学资源,但这样的模式也同样造成了大量教师传授观点放不开手脚的问题。法学是一门理论性极强的学科,各大学术观点也是百花齐放,如果教师仅仅是为了优质课程的评估而“照章办事”,这便是本末倒置的做法。

所以高校应该脱离评审标准驱动系统,摒弃“标准在前,教授在后”的理念,树立“先讲授,后定优”的理念,鼓励教师开发在线教学新模式、新课堂,传播法学新思想、新观点,彻底盘活法学在线课程建设这盘棋,将高校的理念主阵地从“评估标准”转换到“优质课程”上来。

(三)案例大量引入,理论与实践相贯通

从当前高校的本科法学教育来看,大一、大二主要还是对学生进行理论性知识的灌输,到了大三、大四,大量高校则将主阵地转入社会中去。法院、律师事务所或者相关的律师协会等工作岗位上不乏在校大学生的影子。所以,该学科对实践的重视程度与紧密联系是其他学科都难以比拟的。“互联网+”教育

中的法学教育即在信息化技术支持下利用相应网络开展的法学创新教育模式。其本质在于老师和学生“分离”的情况下,实现对传统法学教育的创新。[1] 但是说起“在线课程”就离不开“远程”这个特点,然而这个特点对法学这个极具社会性,对实践性有着刚需的学科来说是一大难以突破的桎梏。“有勇气去改变能改变的事情,也要有韧性去适应暂时不能改变的事情,并有智慧地区分两者的不同。”[2]

既然当前还暂时难以突破实践问题的解决,就只能在传授教学的过程中做足文章。在教学过程中,教师教学方法的改革是必然趋势。教学方法主要体现在:教师如何教,怎样教得好。[3] 应当鼓励教师在对理论性知识讲解传授的同时,大量引入实际案例,并导入老师自己的看法和分析,且在讲课过程中,加强与学生之间的远程互动交流,让学生提出自己对实际案例的看法和观点。既然有网络这个技术背景做支撑,不妨将公开的庭审视频,以及相关与实际案例有必然关联因素的视频作为在线课程的辅助教学资料。真正做到在法学在线课程上,将理论与实践相贯通。

(四)通过法学在线课程建设提高大学生信息收集的自主性

“如果你不擅长思索,那你一定要擅长搜索”,这是现今 90 后大学生的一句口头禅。[4] 的确,随着数字化时代的到来与发展,大学生获取信息的渠道逐渐呈现多元化的态势,特别是对高校法学生来说,只是单纯的购买书籍和实物报纸学刊来增加阅历和对法学研究新趋势的把握已远远不够。更多地应该在各种网站上搜索案例,查阅国内外相关资料以及学习阅读不同法学专业领域的大家论文来填充知识。然而,当前高校的在线课程建设过程中,并没有很好的借用互联网的便利来更好地向学生教授互联网收集信息的技巧和渠道。这也使当前大量的法学生在论文写作或是案例分析的过程中不知从何下手,存在对老师过分依赖的现象,从而进一步导致了越来越多的高校法学生在法学思考方面的“思维惰性”的产生。

如果“法学在线课程”与“传统教学课程”相比,只是换了换场所,变了变“教室”,仍然是老师单纯地知识输出,只是在一定程度上增加了便利性,那便是机械化的去适应信息化时代对教育的推动,这不是进步,只是原地踏步。

突破这层传统教育方式的桎梏,取消大学生的“思维惰性”,真正提高大学

---

[1] 参见陈冠旭、苗家、王飞:《“互联网+”教育中的法学变革》,载《科技风》2020 年第 7 期。

[2] 辽宁日报编辑部:《大学老师,请不要这样讲中国——致高校哲学社会科学老师的一封公开信》,载《辽宁日报》2014 年 11 月 17 日,第 4 版。

[3] 参见师文学:《法学课程教学方法的改革探讨》,载《教育现代化》2018 年第 16 期。

[4] 参见周伟萌:《“90 后”大学生的特点及法学课程教学改革的对策》,载《玉林师范学院学报》2013 年第 1 期。

生信息收集的自主性，就需要高校老师在法学在线课堂中有效借助远程设备去教会学生如何收集可靠信息，如何在电脑或手机上自主获取知识。真正在教学过程中将信息化设备和在线设施充分利用起来，带动学生去自主操作，自主思考，自主学习。突破“教什么、学什么、会什么”的教学理念，摒弃“授人之鱼”的教学传统，借助信息化时代提供的便利，吸收接纳“授人以渔”的教学方式，才能真正推动法学在线课程的建设与创新。

结　语

随着科学技术发展的日新月异，网络信息化逐渐渗入到教育领域中来，在线教育将极有可能成为未来教育模式改革的主流趋势。而法学在线课程建设是在线教育中一项独特的工程，这也都源于法学本身具有的一定独特性。将当前法学在线课程建设机制规范化设计，并随着时代的发展、观点的萌发以及技术的革新更进一步推动法学在线教育的创新是每个参与法学教育的人都应该考虑的问题。这不仅关乎高校法学教育的发展，更关乎教育这个长远大计，关系我国法治社会的推进。

创造高峰体验，超越学习倦怠
——法学本科实训教学改革新探索

张治宇*

摘　要：目前我国高等教育存在较为普遍的学习倦怠现象。造成这一现象的主要原因是学生的自我效能不足。高峰体验可以有效增强个体的自我效能感。法学本科实训教学是创造高峰体验的重要渠道。可以探索在表达沟通能力实训模块、团队协作能力实训模块、自主学习能力实训模块、逻辑批判能力实训模块和社会观察能力实训模块中设计激发高峰体验的训练环节，以有效解决学习倦怠问题。

关键词：学习倦怠　实训教学　高峰体验

引言：不容忽视的学习倦怠现象

中国青年报社会调查中心2011年10月一项调查显示：84.7%的受访者坦言当前大学生厌学现象严重，其中，59.9%的人认为“高校严进宽出，很好混”；58.8%的人觉得“很多课程枯燥无味”；48.1%的人将原因归结为“很多学生缺乏自制力和进取心”；38.2%的人认为“很多学生不喜欢所学专业”。[1] 不仅如此，在该报2008年3月24日刊登的《厌学情绪弥漫大学校园》一文中指出，有52.6%的高校教师认为“学生的学习积极性不高”，在部属高校和市属高校中，该比例分别为42.7%和60.3%。[2] 南京师范大学的孙晓莉对南京六所高校1036名不同专业的大学生进行了问卷调查，并对其中典型的个案进行深入访谈，研究认为，大学生普遍都存在学习倦怠的情况，学习倦怠占总人数的37.5%。不难发现，学生的厌学情况已是一个不容忽视的问题。为何学生在考上大学以后拥有了更加优越的学习环境后反而不爱学习？这一问题值得我们

---

* 作者简介：张治宇，南京工业大学法学院副教授。

〔1〕 参见肖舒楠：《84.7%受访者坦言当前大学生逃课现象严重》，载 http://zqb.cyol.com/html/2011-10/18/nw.D110000zgqnb_20111018_1-07.htm。

〔2〕 参见谢洋：《厌学情绪弥漫大学校园?》，载 http://zqb.cyol.com/content/2008-03/24/content_2114256.htm。

认真对待。

一、何为学习倦怠？

学习倦怠这一概念学界尚未形成统一的认识，我们可以先从倦怠说起。倦怠是指由于长期的工作压力使个体所体验到的一系列消极症状，比如情感和生理的耗竭、对服务对象丧失耐心，工作成就感降低等。美国临床心理学家Freudenberger留意到了从事服务行业工作人员的极度压力所导致的一些身体、情绪以及精神上的病态症状，他便用“倦怠”一词来描述这种状态。[1] 很明显，这是一种非正常的状态并且如果长期保持下去的话会导致低效的工作及其他负面影响。

以此类推，学习倦怠则可以理解为倦怠在学习领域中的表现。20世纪80年代末90年代初我国台湾地区学者张治遥指出，所谓学习倦怠是指在学习当中学生因学习压力或因个人心理因素的原因，导致学生产生负面情绪、个人成就感挫败等情况。王彦芹认为，将长期过度的学习压力作为学生学习倦怠产生的原因这种概念仅局限于中小学生，而不适用于分析大学生的学习倦怠现象。大学生作为一个成熟的个体，有自己的专业、具有一定的价值观、人生观和相对明确的职业生涯规划，因此，大学生的学习倦怠不单纯地来自学业压力。[2] 刘强认为，学习倦怠是指学生对学校课程学业持负面态度的一种现象。[3] 赵荔认为，学习倦怠是学生因课业压力、负担和其他心理因素，体验到的一种精神损耗，对学校学业及活动丧失兴趣，与同学之间的人际关系逐渐疏离，或由于成绩不如预期而对学校和学业产生负面敌对态度的现象。[4] 目前，我国大陆学者最具有代表性的定义是连榕、杨丽娴下的定义，学生对学习不感兴趣而且又没有动力，感觉什么都学不会的时候，就容易沮丧、疲乏从而厌倦学习，进而致使有些学生开始厌恶学习，致使学习倦怠的产生。[5]

综合各家观点，我们发现虽然对于学习倦怠现象的成因众说纷纭，可能与内因有关，也可能与外因有关，但是对于学习倦怠现象的基本内涵是清晰的：所谓学习倦怠是指因个人因素及外部因素共同所导致的学生处于学习效率低、学习行为不当的一种不良状态。

---

〔1〕 See Freudenberger, *H. J. Staff burnout*, Journal of Social Issues, 1974(30), p.159 – 165.

〔2〕 参见王彦芹、陈胜慧子：《大学生价值观对学习倦怠的影响》，载《科教导刊》2017年第5期。

〔3〕 参见刘强：《大学生学习倦怠状况的调查及分析》，载《课程教育研究》2016年第8期。

〔4〕 参见赵荔、赵静：《大学生学习倦怠的影响因素分析》，载《教育现代化》2017年第4期。

〔5〕 参见连榕、杨丽娴、吴兰花：《大学生专业承诺、学习倦怠的状况及其关系》，载《心理科学》2006年第1期。

二、学习倦怠现象之成因

关于学习倦怠现象的成因,主要有压力过大说、目标缺失说和自我效能不足说三种观点。

(一)压力过大说

压力说认为造成学习倦怠的主要成因是学习压力过大。这一理论承袭了职业倦怠研究的相关立场,其研究也承袭了职业倦怠的方法,重点研究倦怠水平和压力水平两者之间的正相关关系。标准的学习倦怠量表基本上是参考Maslach 和 Jackson 编制的职业倦怠问卷(MBI)进行设计的。1984 年 Villanova 与 Bownas 对大学生所能察觉到压力的相关研究表明,其中归结出有七大影响因素,其中比重最大的为课业压力,其他因素如考试及时间等对于学生造成的压力也不小。2004 年 Yang Hui-Jen 对在校的职业学生做过调查分析,其结果说明不同类型的资格考试对学生的冲击力很大,进一步导致学生产生学习倦怠,致使学生学习成绩下降。2006 年 Cushman Stephanie 也曾在对大学生学习倦怠的研究中表明,倦怠对学生的学习和生活产生了很重要的影响,研究结果表明被调查的 350 名学生都有学习倦怠的现象。繁重的功课、外界环境的影响、缺乏个人动机、身心健康以及教师的行为和态度是造成大学生出现学习倦怠的原因。[1]

(二)目标缺失说

目标缺失说认为造成学习倦怠的主要成因是学生缺少明晰的学习目标。这一学说的基础是心理学的行为动力理论,它认为大学中自主学习模式由于缺少了明确的学习目标,导致学生不自觉地停留在心理舒适区,以致未养成合理学习习惯的学生在富余的时间可能会选择玩游戏、看小说、无节制地投入到第二课堂活动中去,学习倦怠由此产生。塔里木大学生命科学学院的王彦芹、陈胜慧子编制了 800 份调查问卷发放给学生填写,调查内容主要包括学生对学校、专业的满意度,对自己未来的职业规划、学习动机、自主学习能力、学习倦怠等内容。研究结果显示,无论学习的动机是为了获得奖学金还是荣誉或者将来考研,只要学生有明确的学习目标,就有可能通过自我调节缩短并度过学习倦怠期。

(三)自我效能不足说

自我效能不足说认为造成学习倦怠的主要成因是学生的自我效能水平过低。"自我效能"由美国斯坦福大学心理学家阿尔伯特·班杜拉在 20 世纪 70

[1] 参见杨惠贞:《当前大学生学习倦怠状况及其与专业承诺关系的研究》,福建师范大学 2013 年博士学位论文,第 36~42 页。

年代首次提出,20 世纪末已经成为教育界的一个关键理念,也是 21 世纪初横扫心理健康领域的“积极心理学”运动的主要特征。所谓自我效能,是指个人对自己在特定情境中,是否有能力去完成某个行为的期望,它包括两个成分,即结果预期和效能预期,其中结果预期是指个体对自己的某种行为可能导致什么样结果的推测;效能预期是指个体对自己实施某行为的能力的主观判断。自我效能也标志了人们对自己产生特定水准的,能够影响自己生活事件的行为之能力的信念,这个信念将决定学生如何感受、如何思考、如何自我激励以及如何行为。我国台湾地区学者杨慧贞的研究表明,学习倦怠与自我效能感呈负相关,即个体的学习倦怠越高,自我效能感越低。[1]

(四)三种学说之评价

压力过大说在解释职业倦怠现象中的成功并不能说明其也适用于高等教育领域:首先,中国的高等教育的学业压力事实上并不大,这种较低的学业压力水平难以接受当前较高的学习倦怠率。其次,低压力往往会和学习倦怠相互关联。在大一新生中出现学习倦怠的比例较高,这往往与他们刚度过了一个最为闲适的暑假有关。

目标缺失说对学业倦怠现象的解释力并不充分。第一,如果说这里的目标是指长远的人生目标,不要说刚刚进入校园的大学生不具有,就是成年人绝大多数也处于探索之中。既然绝大多数大学生都在人生目标上存在迷惑之处,那么如何解释不同群体学习倦怠水平的巨大差异。第二,如果说这里的目标是指短期的具体目标,那么目标是非常清晰的,那就是学习课程、通过考试、拿奖学金、评优、考研、优质就业。每一个在校生对这些具体目标都心知肚明,可是还是学习倦怠,这又是为什么呢?

压力过大说、目标缺失说各有其一定程度的合理性,但是自我效能不足说也许才是抓住了问题的本质。一本高校和一流高校在高考录取时也许只差十分,这种差距十分微弱。但是四年后毕业时,两类学校学生的差距可能会变得十分巨大。是什么造成了这种差距?其实是四年间学习努力程度的差异,而造成这种学习努力程度的差异一定程度上在于一流高校学生的自我效能水平较高。所谓自我效能,简而言之就是个人对自我能力的评价。一流高校学生因为一流高校平台的光环,可能倾向于对自我效能作出更高的评价。这一高评价的结果是:对自我学业水平的要求更高、敢于承担具有较高难度的任务、敢于创新。……

解决学习倦怠问题的关键在于通过学习者的亲身经验提升学生的自我效

〔1〕 参见杨惠贞:《影响资管学生学习倦怠及计算机学习成效因素之研究》,“中央大学”1998 年硕士学位论文。

能评价。成功的经验会提高人的自我效能,多次失败的经验会降低人的自我效能感。不断成功会使人建立起稳定的自我效能感,这种效能感不会因一时的挫折而降低,而且还会泛化到类似情境中去,并对一个人的一生产生深远的影响。

三、高峰体验在实训教学中的引入

(一)高峰体验与自我效能感之关系

自我效能感与成就行为是相互促进的。研究表明,高峰体验可以有效增强个体的自我效能感。高峰体验是人本主义心理学家马斯洛在他的需要层次理论中提出的概念,是指人们在追求自我实现的过程中,达到自我实现时所感受到的美好体验。在高峰体验时,人会产生一种存在认知,进入一种对自我高度肯定状态。

高峰体验可以有效增强个体的自我效能感,现代脑科学研究成果已经证明了这一点。脑科学研究表明,位于大脑半球内侧皮层周围的边缘系统是大脑产生情绪的主要部位。积极情绪或消极情绪导致激素分泌,影响神经系统对信息的传递或抑制传递,从而影响个体的心理和行为。一般而言,积极情绪使个体身心处于一种和谐状态,唤起个体对内外信息的注意,促进个体认知过程的更好发展,同时积极情绪还能减少消极情绪带来的不良生理和心理反应;而消极情绪则会瓦解个体的认知活动。所以,脑科学家戈尔曼认为每个人都有两个大脑、两个中枢、两种不同的智力活动形式:理智脑和情绪脑。其中,理智脑只有在情绪脑的作用中才能最充分地发挥效用。也就是说,情绪脑和理智脑是以特殊的方式联系在一起的,是大脑整体功能的体现。脑的前额叶对情绪的调控起着重要的作用。不过,前额叶是人类成熟最晚的器官,在人 30 岁时才发展成熟。

人脑基于个体自身的经验来创设新的连接,以实现功能重塑与不断发展。大脑的容量不仅取决于神经元的数量,更取决于人的一生中随基因程序和生活经验发展起来的神元之间的功能连接。学习和经验可使高级皮质代表区增大。每个人所处的环境,所得到的经验均不相同,从这个角度说,经验脑实际上就是个性脑。在所有的体验中,一种理解时的喜悦最为大脑所喜欢。例如,在人们突然有一种"我明白了!"的感觉时,大脑会突然产生一些神经联结,并觉察到所有信息之间的内部联系,这种心智的极度快感,可以称为高峰体验。人一旦有这种快感,便想再度拥有。由此可见,经验在脑的发育中发挥了重要的作用,主要是雕刻和协调脑的活动。经验决定哪些突触得以保留,哪些会退化,以及什么样的交流通路(轴突)会变得有效。虽然经验塑造脑结构的最佳时期是在青少年时期,但这种调节过程在成年之后依然会起作用。

(二)高峰体验在法学实训教学中的引入

高峰体验不能通过个人的意愿而发生,但却有可能通过安排自己周围的环境提高它发生的可能性。我们的教学设计是依托实训教学为学生创造高峰体验。所谓实训教学,既不同于传统的理论教学,也不同于新兴的实践教学,它是一种介于两者之间的教学方式。如果我们将现有的教学模式中理论教学的过程称为"学",实践教学过程称为"做",那么实训教学可以称为"习"。类似于游泳,在"学"会的游泳的基本知识基础之上,教练会安排学员在浅水区进行一个动作一个动作地"习",最后一个阶段才是放手让学员去"做"。正因如此,南京工业大学法学院才打破传统人才培养依托的理论教学与实践教学两大板块模式,创设"学""习""做"的三模块法学人才培养方案。第一,以"学"为核心的理论教学板块;第二,以"习"为核心的实训教学板块;第三,以"做"为核心的实践教学板块(见图1)。

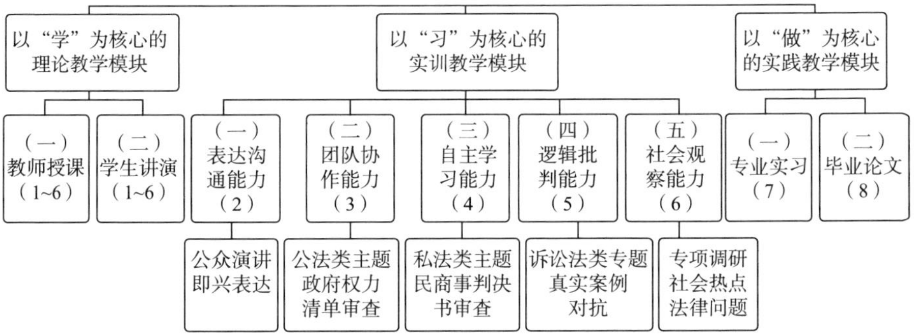

图1 三模块法律人才培养方案

经验脑理论是实训教学的注脚。经验塑造着大脑,大脑反过来影响经验的感知。一个普通学生能够经由专业学习之后,成为某一专业的学生,这个过程中专业活动和专业经验至关重要。而专业经验的感知和积累,正是在一系列的专业课程中达到的。因此实训课程应当围绕典型任务,在专业情境中进行培养,高度重视模仿与观察的重要性。在强调专业知识、专业经验、典型任务、专业情景的同时,还要尽可能培养学生对知识经验的概括与迁移能力。要不断用新任务来挑战学生,发展他们把已有知识和经验用于解决新问题的能力。故而实训课程设置五门课程,每种课程集中训练一种能力。同时,五门课程又着重使学生在每一环节中都可以获得一种高峰体验:

1. 表达沟通能力实训模块。本模块受训时间为大一下学期。法科生的有效的表达直接影响对学科知识理解的深度与知识面的广度,所以大一第一次实训内容安排为培养学生表达沟通能力。本环节安排人人参与的法律小品表演。学生在准备表演的同时,能够把在课堂所学的知识运用到表演中,并结合社会热点,表达自己对法律热点问题的认识。该项目不仅能够提升学生的表达能力,而且能使他们感受成为舞台主角的高峰体验。

2. 团队协作能力实训模块。本模块受训时间为大二上学期,本环节会安排政府权力清单审查项目。指导教师给学生布置数量庞大的政府权力清单。这些清单数量巨大,会让学生第一时间感到短期内几乎不可能完成,然后教师在实训中加以细心指导,要求学生通过合作完成大型任务。当学生经过工作最终完成了原本以为根本不可能完成的任务时,自然也就获得了一种高峰体验。

3. 自主学习能力实训模块。本模块受训时间为大二上学期,本环节会安排民商事判决书审查项目。指导教师要求每位学生在两周内审查100份民事判决书,并结合所学知识指出其问题。当学生筛选出那些有明显错误的民商事判决书时,自然能够产生一种高峰体验:“某基层法院的法官水平还不如我呢!”

4. 逻辑批判能力实训模块。本模块受训时间为大三上学期,本环节会安排真实案例对抗训练。指导老师下发真实案例素材,将学生分为原告组、被告组和法官组,组织学生围绕原始素材进行模拟法庭攻防对抗。当学生综合利用两年所学的法学知识第一次独立进行出色法庭对抗之时,自然会收获终生难忘的高峰体验。

5. 社会观察能力实训模块。本模块受训时间为大三下学期,本环节会安排社会热点调研项目。指导老师下发选题指南,学生在指南中选择调研项目,走进社会,从法律的角度发现社会中存在的问题,进行思考,并提出完善的建议。当学生通过艰辛的努力完成了研究任务之时,自然就会收获一种难得的高峰体验——道德责任感。

结语:不止于超越学习倦怠

通过法学实训教学创新,为学生创造高峰体验,以超越学习倦怠,这是我们教学改革的初衷。但是我们相信这一改革的成效绝不仅仅局限于解决学习倦怠问题,它甚至有可能为学生打开法律人的人生的新境界。就让我们一起回顾一下马斯洛对高峰体验的描述:

“他们更少分裂或者分离,更少自己与自己作战,对自己更加心平气和,体验的我与观察的我之间更加一致,目标更加集中,更加协调有机化,自身各部分更加有效地组织起来,非常良好地运作,具有更加有效的协同作用,更少有内在的摩擦。处于高峰体验中的人比其他任何时候更富有责任心、更富有主动精神和创造力,更加感到自身就是自己行动和感知的中心。他更加真切地感到自己就是第一推动者，自己决定着自己的一切，而不再是被引动的、被决定的、被支配的、无能为力的、暮气沉沉的、只能够守株待兔的弱者。他感到自己就是自身的主宰，自己就是自己命运的主人，他充分体会到自己的自由意志，他既感到重任在肩、责无旁贷，又感到信心百倍、无坚不摧……”

第五编　新法科建设的内容、模式与实践

推进新时代法学本科的国际环境法学教育

朱达俊*

摘　要:长期以来,国际环境法学教育在法学本科阶段没有得到重视。在新的历史条件下,法学本科教育应当紧扣"中国特色社会主义进入新时代"这一重大政治判断——新时代是生态文明旗帜高扬、我国成为全球生态文明建设引领者、法治保障中国特色大国外交的时代——重视并推进国际环境法学教育符合新时代的要求。结合新文科建设,本科阶段推进国际环境法学教育具有重要意义,在国际层面,可使我国成为全球生态文明建设的法治教育典范;在国家层面,有助于加强涉外环境法律人才的梯队建设;在高校层面,可助力法学本科课程建设国际化思政化。具体措施包括,在教学安排上,可以从选修课到必修课有序推进;在教材编写上,可以依托"马工程"进行推陈出新;在教师发展上,通过多元途径推动本领提升。

关键词:新时代　法学本科教育　国际环境法学

一、国际环境法学教育的历程

联合国人类环境会议启蒙了我国的环境教育,其中包括环境法学教育。国际环境法学的教育随着环境法学教育的发展而逐步发展,其发展特征值得关注。

(一)国际环境会议启蒙国内的环境教育

1972 年的联合国人类环境会议不仅启蒙了中国的环境保护,也启蒙了环境教育。1971 年,中国恢复在联合国的合法席位,恰逢联合国大会决定 1972 年在斯德哥尔摩召开人类环境会议。时任联合国副秘书长莫里斯·斯特朗访华,邀请中国参加首次人类环境会议。在当时的特殊形势下,普遍认为环境污染是西方国家所独有的,社会主义国家不会有环境污染,但周恩来总理高瞻远瞩,毅然决定派团参会,让国人走出国门、开眼看世界。参会的曲格平先生向周

* 朱达俊,常州大学史良法学院讲师。

恩来总理汇报时总结道:中国城市和江河污染的程度并不亚于西方国家,而自然生态破坏的程度却远在西方国家之上。这次国际环境会议让国人开阔了视野,使我们开始看到自身的环境顽疾,知道了环境保护是怎么回事,无疑是一次意义深远的环境启蒙。[1]

这次国际环境会议通过了国际环境法历史上第一个宣言《人类环境宣言》,其原则 19 申明"必须对年轻一代和成人进行环境问题的教育"。[2] 虽然《人类环境宣言》是软法性质文件,但中国积极响应这一宣言。1973 年,周恩来总理在北京组织召开第一次全国环境保护会议,进行环境问题的教育,促使了国人环境教育意识的觉醒,中国的环境教育道路由此开始。此后,1980 年,国务院环境保护领导小组与相关部门制定《环境教育发展规划(草案)》,将环境教育纳入国家教育规划。1981 年,国务院发布《关于在国民经济调整时期加强环境保护工作的决定》,指出"中、小学要普及环境科学知识。大学和中等专业学校的理、工、农、医、经济、法律等专业,要设置环境保护课程。有条件的院校,应设置环境保护专业"。1985 年 6 月 5 日,中国开始纪念世界环境日,进行全民环境教育,这亦源于联合国人类环境会议,因为此次会议于 1972 年 6 月 5 日开幕,当年联合国第 27 届大会把每年的 6 月 5 日定为世界环境日。在国际环境会议的启蒙下,中国启动环境教育。

(二)国际环境法学随环境法学教育而发展

在开展环境教育的同时,我国高校的环境法学教育从零起步,开设课程、编写教材、培养学生、成为独立学科、拥有学位授权点,不断发展壮大。1980 年,北京大学率先在法学本科阶段开设环境法学课程,开启了我国环境法学教育的先河。20 世纪 80 年代,我国涌现首批环境法学专业教材。[3] 1990 年,国务院学位委员会发布的《授予博士、硕士学位和培养研究生的学科、专业目录》首次将"环境法学"列为法学二级学科,将环境法作为专业课程开设的高校开始增多。1993 年,北京大学设立中国首个环境法学博士学位点。1997 年,"环境法学"二级学科名称调整为"环境与资源保护法学"。1999 年,武汉大学环境法研究所成为教育部人文社科重点研究基地。2007 年,教育部高校法学学科教学指导委员会全体委员会议把环境法增设为法学核心课,国家开始重视法学本科的环境法学教育,多数高校开始把环境法学作为法学本科阶段的必修课。目

---

〔1〕 参见曲格平:《中国环境保护四十年回顾及思考(回顾篇)》,载《环境保护》2013 年第 10 期。

〔2〕《斯德哥尔摩人类环境宣言》,载《世界环境》1983 年第 1 期。

〔3〕 参见文伯屏的《环境保护法概论》(群众出版社 1982 年版),韩德培的《环境保护法教程》(法律出版社 1986 年版),金瑞林的《环境法——大自然的护卫者》(时事出版社 1985 年版),程正康的《环境法概要》(光明日报出版社 1986 年版),马骧聪的《环境保护法》(四川人民出版社 1988 年版)等。

前，全国已有16个博士学位授权点和100个硕士学位授权点，培养了大量环境法人才。[1] 在江苏，南京大学、河海大学、苏州大学、常州大学等高校有硕士学位授权点。

在环境法学教育发展壮大的过程中，国际环境法学教育在我国也随之起步发展。随着部分高校开设环境法学课程，国际环境法知识开始零星出现。随着20世纪80年代的首批环境法学教材出现，20世纪90年代出现首批国际环境法学教材。[2] 随着环境法学成为独立的二级法学学科，设立硕士博士学位授权点，国际环境法学开始成为研究方向，国际环境法学成为众多高校环境法学研究生阶段必修课，特别是武汉大学、上海交通大学等还将国际环境法学设为法学本科阶段选修课。

（三）国际环境法学教育的发展特征

我国国际环境法学教育的发展呈现如下几个特征。

第一，发展时间：碎片化知识起步早，体系化教育滞后。国际环境会议推动了我国的环境法治建设与理论研究，[3] 国际环境法律知识在国内的传播正是源于国际环境会议，但较为碎片化，不成体系。国际环境法的教材虽然早于国际环境外交出现，[4] 但在环境法学教育约四十年的进程中，国际环境法学的体系化教育比较滞后，课程开设较晚，教材编写约晚十年。

第二，学科归属：综合性交叉课程，隶属于环境法学科。国际环境法学是综合性交叉课程，涉及环境法学、国际法学乃至国际政治学、外交学、环境科学等，但课程开设、教材编写主要依赖于环境法学老师，特别是在“环境法学”成为法学二级学科之后，明确归属于环境法学科。

第三，课程设置：忽视本科教育，选修课少必修课无。2007年，环境法学被增设为法学核心课，但仍有不少高校把环境法学作为选修课开设。[5] 在此情况下，法学本科的国际环境法学教育更不容乐观，开设选修课的高校很少，作为必修课的尚未发现。本科阶段的教育缺位，直接影响到国际环境法学研究生的人才选拔基本盘。

---

〔1〕 参见吕忠梅、吴一冉：《中国环境法治七十年：从历史走向未来》，载《中国法律评论》2019年第5期。

〔2〕 参见韩健、陈立虎的《国际环境法》（武汉大学出版社1992年版），马骧聪的《国际环境法导论》（社会科学文献出版社1994年版），王曦的《国际环境法》（法律出版社1998年版）。同年代还有外国环境法著作，如：王曦的《美国环境法概论》（武汉大学出版社1992年版），汪劲的《日本环境法概论》（武汉大学出版社1994年版）。

〔3〕 参见朱达俊：《联合国三大环境宣言的发展及对中国的影响》，载《资源与人居环境》2013年第9期。

〔4〕 参见国际环境外交最早的著作是丁金光的《国际环境外交》（中国社会科学出版社2007年版）。

〔5〕 参见巩固：《加强高校环境法学教育　切实推进生态文明建设》，载《环境教育》2011年第3期。

第四,历史背景:站起来到富起来,侧重国际输入国内。从 1972 年人类环境会议启蒙国内环境教育开始,我国正处于从站起来到富起来的进程,在相当一段时间内处于打开国门看世界的阶段。对于国际环境法,以学习借鉴为主,强调环境理念、环境原则、环境规则的输入,以服务于国内环境保护。

上述发展特征也反映出国际环境法学教育的现状,在历史背景发生变化的情形下,需要重新思考国际环境法学教育。

二、理解把握新时代推进国际环境法学教育

中国特色社会主义进入了新时代,这是党的十九大作出的一个重大政治判断。新时代需要统筹中华民族伟大复兴战略全局和世界百年未有之大变局,深刻认识我国社会主要矛盾变化带来的新特征新要求。[1] 毫无疑问,新时代法学本科教育应当紧扣“中国特色社会主义进入新时代”这一重大政治判断,围绕新时代特征,重视并推进国际环境法学教育以适应新时代要求。

(一)新时代是生态文明旗帜高扬的时代

党的十八大以来,生态文明建设纳入“五位一体”总布局,并一直在全局工作中处于突出地位,强调“必须树立尊重自然、顺应自然、保护自然的生态文明理念,把生态文明建设放在突出地位,融入经济建设、政治建设、文化建设、社会建设各方面和全过程,努力建设美丽中国,实现中华民族永续发展”。

立足中华民族伟大复兴战略全局,在新时代,党的十九大围绕实现“两个一百年”奋斗目标、对生态文明建设提出更高要求,赋予生态文明建设前所未有的战略意义和历史地位,已是关系中华民族永续发展的千年大计,“生态文明这个旗帜必须高扬”[2]。党的十九大提出,我国社会主要矛盾已转化为人民日益增长的美好生活需要和不平衡不充分的发展之间的矛盾。人民美好生活需要日益广泛,其中就包括法治、环境等方面的要求日益增长。五大发展理念、“绿水青山就是金山银山”的理念深入人心,坚持节约资源和保护环境成为基本国策,像对待生命一样对待生态环境,山水林田湖草系统化治理,实行最严格的生态环境保护制度,《民法典》凸显绿色属性,形成绿色发展方式和生活方式,构建政府为主导、企业为主体、社会组织和公众共同参与的环境治理体系,坚定走生产发展、生活富裕、生态良好的文明发展道路,建设美丽中国,为人民创造良好生产生活环境,为全球生态安全作出贡献。在联合国成立 75 周年纪念大会上,习近平主席指出“人类需要一场自我革命,加快形成绿色发展方式和生活方式,建设生态文明和美丽地球”,强调共谋全球生态文明建设。

---

〔1〕《中国共产党第十九届中央委员会第五次全体会议公报》,2020 年 10 月 29 日发布。

〔2〕 习近平:《国家中长期经济社会发展战略若干重大问题》,载《求知》2020 年第 21 期。

(二)新时代是我国成为全球生态文明建设引领者的时代

党的十八大以来,中国全面参与国际环境保护,发挥大国作用,中国理念、中国智慧和中国方案开始走向全球,环境外交已是全球治理的优先议题,特别是伴随着"一带一路"倡议、人类命运共同体的积极推进,中国在国际环境保护中发挥更加重要的角色,推动国际环境保护朝着更加公平合理的方向发展。

基于世界百年未有之大变局,在新时代,党的十九大首次表述我国要"成为全球生态文明建设的重要参与者、贡献者、引领者"。2018 年 5 月,习近平总书记在全国生态环境保护大会上再次提及。2019 年,习近平总书记进一步强调"我国已成为全球生态文明建设的重要参与者、贡献者、引领者,主张加快构筑尊崇自然、绿色发展的生态体系,共建清洁美丽的世界。"[1]连续三年,习近平总书记在党的十九大、生态环境保护大会、《求是》关于"全球生态文明建设的重要参与者、贡献者和引领者"的重要论断,标志着中国生态文明建设在新时代走向全球、我国在国际环境保护中的定位和角色正在发生深刻的变化,充分反映了我国在生态文明建设领域的理论自信、制度自信。这个新时代,是我国日益走近世界舞台中央、引领全球生态文明建设的时代。

(三)新时代是法治保障中国特色大国外交的时代

党的十八大以来,全面依法治国已成为"四个全面"战略之一,环保是全面依法治国的优先突破口,我国在外交方面也积极注重国际法,特别是深入推进生态环境、气候变化等领域国际法律合作。习近平总书记深入思考人类前途命运,在继承和发扬国际法基本原则和精神实质、总结提炼我国在国际法领域成功实践的基础上,创造性地提出构建人类命运共同体重要理念,要建设持久和平、普遍安全、共同繁荣、开放包容、清洁美丽的世界。2017 年 2 月,这一理念首次写入联合国决议,随后又被陆续写入联合国大会、安理会、人权理事会及相关国际组织重要文件,得到国际社会广泛认同。

在新时代,党的十九大判断我国面临的国际环境发生了新变化,"我国正处在从大国走向强国的关键时期,'树大招风'效应日益显现,外部环境更加复杂……我国发展同外部世界的交融性、关联性、互动性不断增强,中国正日益走近世界舞台中央"[2]。2018 年 3 月,人类命运共同体理念写入我国《宪法》,为我国同世界各国开展友好交往与务实合作、推进中国特色大国外交提供坚实法律基础。人类命运共同体理念,既是对联合国宪章宗旨和原则的继承和发扬,更为国际法的发展开辟了新境界,指明了新方向,提供了新动力,极大丰富了我

---

[1] 习近平:《推动我国生态文明建设迈上新台阶》,载《求是》2019 年第 3 期。

[2] 栗战书:《全面把握中国特色社会主义进入新时代》,载本书编写组编:《党的十九大报告辅导读本》,人民出版社 2017 年版。

国在国际法领域的理念和实践。[1] 进入新时代的中国特色大国外交,在习近平外交思想和习近平生态文明思想的指导下,环境外交和全球环境治理将会展现更加广阔的前景,以前是中国看世界,现在是世界看中国,这就更需要法学智慧、法律方案、法治能力等软实力。发展和完善中国特色社会主义法治理论,打造具有中国特色和国际视野的学术体系、学术话语体系。深化对共建"一带一路"、全球治理体系变革等领域重大法律问题研究,积极参与国际规则制度的制定等工作。加大涉外法治人才培养力度,有计划、有针对性地组织中国法学界走出去,深入参与国际法律事务。[2] 中国在"一带一路"倡议已经承担了许多核心义务,在国际规则制定方面同样应该承担更大的义务。进一步加强国际法在外交、生态文明等各领域的综合运用,提升国际法实际运用能力,增强我国在国际法领域话语权,形成国际法为中国特色大国外交理念与实践创新、为世界和平稳定与共同发展服务的更加良好局面,为我国实现从富起来到强起来的目标提供坚强有力的国际法治保障。

三、推进国际环境法学本科教育的意义

推进国际环境法学本科教育符合新时代的要求,可以与高校教育改革特别是新文科建设相结合,使国际环境法学教育内化为高质量教育的重要组成部分,促使法学教育进一步面向人类命运共同体的可持续发展教育,在国际、国家、高校三个层面均具有重要意义。

(一)国际层面:成为全球生态文明建设的法治教育典范

在新时代,全球生态文明建设归根到底要靠法治,法治是软实力更是核心竞争力,而全球生态文明在多大程度上实现或者能否实现,与国际环境法学教育密切相关。邀请中国参加1972年联合国人类环境会议的时任联合国副秘书长莫里斯·斯特朗曾期许"整个可持续发展的文化、理念和实践都应该融入整个教育系统中去,包括学校教育,技术、技能和公众教育。应该有一个大规模运动使每个中国人都知道他们的行动会怎样影响整个社会,他们的参与和行动又是如何重要……推进文明进程,使中国成为世界可持续发展典范。"[3] 中国已是全球生态文明建设的引领者,更应该有一个大规模教育行动使中国人都知道人类命运共同体、知道其行动会怎样影响整个社会更会影响世界。推进国际环境法学教育,有助于中国成为全球生态文明进程的法治教育典范。

---

[1] 参见杨洁篪:《深刻认识和用好国际法 坚定捍卫国家利益 共同维护世界和平与发展》,载《求是》2020年第20期。

[2] 中共中央办公厅《关于进一步加强法学会建设的意见》,2020年10月19日。

[3] 贾峰:《世界需要文明的变革》,载《世界环境》2018年第6期。

以联合国为代表的国际社会已认同中国生态文明法治经验对世界具有借鉴意义。[1] 但是,当今世界正经历百年未有之大变局,国际社会风云变幻,中国的生态文明主张在当前国际形势下可能面临一些困境:法治思维面临与国际环境问题政治化之间的冲突;法治方式面临与国际环境运动极端化之间的冲突;有关环境的贸易与国际贸易规则重塑之间的冲突。越是面临众多困境,越是需要我们有构建人类命运共同体的大国担当、坚定走国际环境法治的战略定力,越是需要我们树立国际环境法学教育的全球典范。

(二)国家层面:加强涉外环境法律人才的梯队建设

原环境保护部曾出台《生态环境保护人才发展中长期规划(2010—2020年)》,[2]以推进我国生态环保人才队伍建设,其中包括国际合作人才队伍,整体上已取得一定成绩,但是,随着"一带一路"和"国内国际双循环"的推进,随着新冠疫情与百年未有之大变局的叠加,中国"环境威胁论""污染转移论"等甚嚣尘上,新时代比以往更需要涉外环境法律人才提前化解对外投资的环境法律风险、有序推进国际环境公约履约、积极破解环境与贸易规则的问题,为中国特色大国外交、全球生态文明建设提供法治保障。

涉外环境法律人才需要请之即来、来之即用的顶级专家、拔尖人才,也需要长远谋划人才梯队建设。"十三五"时期,我国高等教育已进入普及化阶段,[3]在此背景下,法学高等教育更应当以新时代国家人才需求为导向。法学本科生是未来法律职业者的最大来源,相对于选拔面较窄的研究生教育,本科阶段的国际环境法教育是人才梯队建设的根基,是青训营,如此才能通过课程吸引更多学生继续深造,进而形成足够的储备人才。即使学生今后没有从事涉外环境法律工作,但在环境资源审判庭普遍设立、环境案件不断增加的情况下,国际环境法学对法科生来说也是有益的知识储备。[4] 再退一步来说,学生即使不从事法律职业,国际环境学教育也会引导学生关注国家和全球环境问题,以人类命运共同体理念和法治意识参与生态文明建设,成为有社会责任感的新时代公民。

---

[1] UNEP. Environmental Rule of Law, The First Global Report, UNEP. 2019.

[2] 2020年10月,最高人民法院院长周强在武汉大学国际法研究所调研时也指出目前迫切需要国际法人才。

[3] 《中国共产党第十九届中央委员会第五次全体会议公报》,2020年10月29日发布。

[4] 譬如《卡塔赫纳生物安全议定书》《巴塞尔公约》《国际水道非航行使用法公约》《关于汞的水俣公约》《拉姆萨尔湿地公约》《世界文化遗产公约》等,对国内相关立法执法司法均有重要作用。

(三)高校层面:助力法学本科课程建设国际化思政化

法学教育的国际化思政化,是新时代法学法律工作者的职责所在。[1] 随着对外开放的进一步加快,高校越来越重视国际化办学,课程建设不断国际化,法学亦不例外。显而易见,推进国际环境法学教育可以适应人才培养方案、课程建设国际化的要求。此外,国际环境法学符合全面推进课程思政建设的要求。

教育部《高等学校课程思政建设指导纲要》(教高〔2020〕3 号)强调推进新时代高校课程教学改革,在全国所有高校、所有学科专业全面推进课程思政建设,在思政课之外的其他课程(包括专业课和公共基础课)中挖掘特有的思想政治教育资源,将其融入课程教学,确保"要有宽广的国际视野。……要善于利用国内外的事实、案例、素材,在比较中回答学生的疑惑,既不封闭保守,也不崇洋媚外,引导学生全面客观认识当代中国、看待外部世界,善于在批判鉴别中明辨是非"。[2] 国际环境法学能将习近平生态文明思想、习近平外交思想、习近平总书记关于全面依法治国的重要论述融入课程,可以说,国际环境法学是十分适合运用习近平新时代中国特色社会主义思想来开展教学研究的法学课程。

四、推进国际环境法学本科教育的举措

新时代法学本科可以从教学安排、教材编写、教师发展等三方面采取措施推进国际环境法学教育。

(一)教学安排:从选修课到必修课有序推进

虽然教育部把环境法学、国际法学均设为法学本科核心课,但环境法学、国际法学课程一般都是 32 ~48 课时,即使在这两门课中顺带讲授国际环境法学,也不能满足新时代的国际环境法学教育。有条件的学校可以自发地先行先试,修改培养方案,安排国际环境学作为法学本科的选修课;略具备条件的学校,可以让国际法学、环境法学老师协作开设选修课;完全不具备条件的学校,可以要求在环境法学或国际法学课程中必须讲授至少 4 课时的国际环境法学。在选修课试点的基础上,再逐步开设必修课,必修课的开设由各高校法学院自主抉择,暂不由教育部统一要求。

---

〔1〕 法学法律工作者应当深入研究阐释、大力宣传贯彻习近平总书记关于全面依法治国的重要论述,发展和完善中国特色社会主义法治理论,打造具有中国特色和国际视野的学术话语体系。坚持用马克思主义法学思想和中国特色社会主义法治理论全方位占领法学教育,为构筑中国制度建设理论的学术体系、话语体系贡献力量,为坚定制度自信提供理论支撑。参见中共中央办公厅《关于进一步加强法学会建设的意见》,2020 年 10 月 19 日。

〔2〕 习近平:《思政课是落实立德树人根本任务的关键课程》,载《求是》2020 年第 17 期。

在教学安排中，需要注意两点，一是不能急于求成，倘若没有学生通过课程继续读研深造或者从事国际环境法律工作，也不能立马停开，因为人才梯队建设是十年树木、百年树人，不能急于一时，要有长远考虑。二是外文教学固然重要，但也要避免过于强调外文教学，可以从双语教学甚至中文教学逐步推进，这样可以让更多老师开设国际环境法学课程，而不至于吓退老师。

（二）教材编写：依托“马工程”进行推陈出新

作为教育的载体，国际环境法学的教材有必要推陈出新。一方面，国际环境法发展极其迅速、知识更新频繁，国内的国际环境法学教材都是编写于20世纪90年代和21世纪前十年，比较陈旧，没有反映近十年的新发展。另一方面，“马工程”教材的需要。按照教育部要求，包括法学在内的人文社科类学科，将统一使用“马克思主义理论研究和建设重点教材”，而目前的《“马工程”重点教材目录》中尚无国际环境法学教材，亟须进行新编。依托“马工程”进行教材新编，不仅有助于及时反映国际环境法新近发展，还有助于课程思政建设。

教材编写应立足于中国已是生态文明建设引领者的定位，要体现道路自信、理论自信、制度自信，阐述中国与国际环境法治的关系。既认识到角色转变的中国与国际环境法治的创新，如：生态文明理念与国际环境法新理念；生态文明原则与国际环境法新原则；生态文明体制改革与国际环境法新制度，也认识到角色转变的中国在国际环境法治创新中的现实困境，如：生态文明主张与当前国际形势之间的张力；生态文明行动与自身法治能力之间的矛盾；生态文明法治与所面临的挑战之间的冲突。

教材内容要坚持“绿水青山就是金山银山”的生态文明理念，坚持国际环境法学知识传授与中国特色大国外交相统一，国际环境法学显性教育与习近平生态文明思想、习近平外交思想、习近平总书记关于全面依法治国的重要论述隐性教育相统一，充分发掘国际环境法学中蕴含的“绿水青山就是金山银山”理念、绿色发展理念、全球生态文明建设、全面依法治国、人类命运共同体、“一带一路”、国内国际双循环、百年未有之大变局等习近平新时代中国特色社会主义思想内涵。如此，将基本知识、基本理论和基本技能通过中国话语体系，直接变成大学教材，有助于培养国际法的精英人才。[1]

（三）教师发展：多元途径推动本领提升

教师本身是国际环境法人才，也是国际环境法人才的培育者，推进国际环境法学教育特别需要重视教师的发展，应当通过多元途径推动教师教学本领提升，从而使其能够讲好全球生态文明建设的法治故事。鉴于“国际环境法发展

〔1〕 参见曾令良：《中国国际法学话语体系的当代构建》，载《中国社会科学》2011年第2期。

时日尚短,有造诣的学者不多,大多难被称为各国'权威最高之公法学家'"〔1〕,更有必要从长远和大局出发,培养自己的世界级学者。

多元途径包括:一是开展国内培训,利用高校、法学会等组织的教学培训班集中训练,提升教学本领,如中国环境资源法学会主办的阿里巴巴环境法青年教师培训班可增设国际环境法学专题。二是开展国际学习,不仅有常见的出国访学讲学,还可以参加国际环境法政府间会议,如《生物多样性公约》第十五次缔约方大会于2021年在云南昆明召开,可以安排高校老师列席会议进行近距离学习,这符合《联合国国际法教学、研究、传播和广泛理解计划》的要求。三是开展挂职交流,选派部分教师到相关实务部门挂职交流,既可以促使国际环境法教学接地气,也可以锻炼生态文明的国际法律咨政能力,让教师成为全球生态文明建设的智库成员。

〔1〕 邓烈:《论"可持续发展"概念在国际法上的意涵》,载《中国法学》2009年第4期。

论作为“专业通识课”的法理学

陈　辉*

摘　要:近些年来我国法理学学科内容、体系和价值遭遇质疑和危机:作为专业课程和学科,法理学专业性在内容与体系上与部分法有较高程度重合,存在冗余嫌疑;在价值和作用上遭遇法律实践无用论的质疑。法理学遭到如此质疑的根本原因在于法理学学科定位的问题:法理学不应作为法学专业教育课程,而应作为法学专业通识教育课程。作为“专业通识课”,法理学教学的根本目的在于确立学生问题意识,实现法律精神熏陶、法治观念启蒙和法律思维方式培育。

关键词:法理学　通识教育　专业教育　“专业通识课”

一、法理学学科定位与危机

在新中国成立以来的很长一段时间内,法理学与部门法学的关系被定位为指导与被指导的关系。[1] 新中国成立初期,由于部门法的不健全和部门法学研究的欠缺,法理学处于统领地位:“新中国成立初期,宪法、民法、刑法、诉讼法等主要法律都没有来得及制定,在法律不健全的情况下,法理学作为整个法律体系的意识形态起到统领作用,处于整个体系的‘合’的地位,但是这种‘合’是建立在没有‘分’或‘分’不发达的基础上。”[2]“文化大革命”结束后,法理学负有时代使命,即摆脱“以阶级性”来解释一切法律现象,因此可以说“时代需要社会主义法学理论有一个大发展,从而为法学各学科的繁荣和走向法制现代化开辟广阔的道路”[3]。可以说,这个时期法理学处于支配和指导地位,是法

---

* 作者简介:陈辉,南京师范大学法学院副教授,中国法治现代化研究院研究员。

〔1〕 参见刘作翔:《法理学的定位——关于法理学学科性质、特点、功能、名称等的思考》,载《环球法律评论》2008 年第 4 期;田夫:《法理学“指导型”知识生产机制及其困难——从法理学教材出发》,载《北方法学》2014 年第 6 期。

〔2〕 朱景文:《中国法理学学科体系的变迁和反思——以中国人民大学法理学教材为主线》,载《中国法律评论》2020 年第 1 期。

〔3〕 杨一凡:《愿贵刊为法学从幼稚走向成熟继续开拓》,载《学习与探索》1989 年第 2 期。

学“幼稚病”的时代需求。〔1〕

如果说法理学处于“指导”部门法学科的地位,那么接下来的问题是法理学如何指导、指导什么？这两个问题直接与法理学学科体系的建构相关,而通过学科体系,我们可以分析和展现法理学学科的性质。以法理学教材的名称和内容为典型表现,我国法理学学科体系的发展变化,大体可以分为三个阶段:1950 年至 1980 年“国家与法的理论”或“国家与法权理论”阶段、1981 年至 1993 年“法学基础理论”阶段以及 1993 年以后的“法理学”阶段。〔2〕“国家与法的理论”阶段我国的法理学学科体系基本上移植自苏联法理学,这个学科体系的内容不仅包括法的理论,而且有很大一部分内容是国家理论。〔3〕这个时期“其特点是国家理论与法学理论交织,法学连自己独立的研究对象都没有,法学实质上仍是政治学”〔4〕,如此,法理学对部门法学的指导主要是政治性的、意识形态的。而这种过于政治性的指导随着改革开放的进程显得日益空洞而无用。〔5〕可以说,对法学专业化、专门化的要求推动了我国法理学过渡到“法学基础理论”阶段。作为“法学基础理论”的法理学,其对部门法学的指导地位没有随着政治性、意识形态淡去,其“指导”体现在了另一个方面:法学基础理论就是部门法学的理论基础课程,是对部门法学具有普遍指导意义的学科;〔6〕“法理学是法学的基础理论学科,它在很大程度上反映着整个法学的发展状况和研究水平”〔7〕。问题在于,法理学基于这种基础性、抽象性、一般性和理论性

〔1〕 20 世纪 80 年代末开始,“法学幼稚说”流行起来:其一,法学学者们各有观点,但法学理论不成体系;其二,法学理论缺乏“个性”、特色,千篇一律;其三,法学研究缺乏深度。参见倪正茂:《法学在探索中创新——兼评法学“幼稚”说》,载《政治与法律》1988 年第 4 期。

〔2〕 关于这三个阶段的时段划分,学者大同小异,朱景文以 1994 年孙国华教授主编的《法理学教程》为第三个阶段的起点,瞿正龙以 1993 年教育部组织编写,沈宗灵教授主编《法理学》为起点。朱景文是以人大法理学教材为主线,因此,以孙国华教授的教材为界并不意外,也不算实质分歧。郭忠以法理学学科独立和改革为标准、雷磊以法的一般理论在新中国的发展为标准对新中国法理学的发展阶段进行了更为实质性的考量和划分。参见朱景文:《中国法理学学科体系的变迁和反思——以中国人民大学法理学教材为主线》,载《中国法律评论》2020 年第 1 期;郭忠:《中国法理学教材发展的阶段和趋势——基于 1950 年到 2010 年教材出版情况和内容的分析》,载《甘肃政法学院学报》2012 年第 4 期;瞿正龙:《新时代法理学教材的与时俱进》,载《中国大学教学》2018 年第 7 期;雷磊:《法的一般理论及其在中国的发展》,载《中国法学》2020 年第 1 期。

〔3〕 参见朱景文:《中国法理学学科体系的变迁和反思——以中国人民大学法理学教材为主线》,载《中国法律评论》2020 年第 1 期。

〔4〕 徐显明:《中国法理学进步的阶梯》,载《中国社会科学》2018 年第 11 期。

〔5〕 参见郭忠:《中国法理学教材发展的阶段和趋势——基于 1950 年到 2010 年教材出版情况和内容的分析》,载《甘肃政法学院学报》2012 年第 4 期。

〔6〕 参见尤俊意:《怎样学习法学基础理论?》,载《政治与法律》1986 年第 2 期。

〔7〕 刘瀚:《法理学的新突破与新起点》,载《中国法学》1997 年第 5 期。

而对部门法学进行指导是否有可能?〔1〕随着我国部门法的完善和部门法学的进步,“法理学无用论”的指责甚嚣尘上,最切中命脉的指责恰恰就在于:作为基础的、号称指导部门法学的法理学似乎根本无法指导部门法实践——抽象而无用、根本不能解决具体法律问题。〔2〕 更致命之处在于,即使部门法学愿意接受法理学的指导,也由于其基础性、抽象性不足,而无法进行全面指导。〔3〕 新中国成立以来至今,我国的法理学在总体框架上深受“苏联模式 + 民法原型”模式的影响。所谓苏联模式,其特征可以概括如下:其一,法理学肩负意识形态功能,即必须为政治服务,作为实现政治任务的工具;其二,主流法理学教材(规划教材和统编教材)目前为止依然深受苏联传统影响。我国法理学还受制于民法原型体现在许多的抽象概念和理论依然只能适用于民法,不能辐射全部部门法,并未能抽象和提炼出更具一般性的理论和学说。〔4〕 从“法学基础理论”阶段向“法理学”阶段的过渡,可以说是法理学无法再作为基础理论“指导”部门法学的必然。

随着“指导说”的困难,法理学应该包含什么样的内容和体系,其对法学的贡献是什么的问题就被提了出来。〔5〕 而一旦卸下“指导”的包袱,我们需要什么样的法理学,法理学学科体系是什么,其性质如何,就成了颇具争议性的话题。法理学越来越包罗万象,“法理分析”被泛化、泛滥。〔6〕 尽管法理学学科内容和体系越来越成为问题,法理学学科的价值和重要性从来没有遭受怀疑:在法学体系中,法理学是一门重要学科,是理论法学的主干,是理论性和思想性最突出的学科。〔7〕 似乎无论法理学学科体系和内容如何混乱,其价值本身不容置疑。

---

〔1〕 刘作翔老师的两篇论文很好表现了这种疑问。1994 年他认为法理学不能指导部门法学是因为我国的政治理论色彩浓厚、法理抽象到了政治层面以及有些地方抽象程度又不够直接照搬了部门法理论,2008 年,他认为“指导”这个定位是一个认识误区,应予以纠正。法理学理论性强,部门法学重视应用、实践,二者应该是平等的。参见刘作翔:《我们需要什么样的法理学——比较 · 借鉴 · 革新》,载《法学》1994 年第 8 期;刘作翔:《法理学的定位——关于法理学学科性质、特点、功能、名称等的思考》,载《环球法律评论》2008 年第 4 期。

〔2〕 参见刘作翔:《法理学的定位——关于法理学学科性质、特点、功能、名称等的思考》,载《环球法律评论》2008 年第 4 期。

〔3〕 田夫从法理学针对部门法学生产“指导”型知识以及部门法学帮助法理学生产“指导”型知识两个方面对此进行了详细分析和论证。参见田夫:《法理学“指导型”知识生产机制及其困难——从法理学教材出发》,载《北方法学》2014 年第 6 期。

〔4〕 参见雷磊:《法的一般理论及其在中国的发展》,载《中国法学》2020 年第 1 期。

〔5〕 参见刘作翔:《我们需要什么样的法理学——比较 · 借鉴 · 革新》,载《法学》1994 年第 8 期。

〔6〕 参见杨知文:《法理学的知识体系及其教科书编排》,载《法学教育研究》2013 年第 2 期。

〔7〕 参见朱景文主编:《法理学》(第 2 版),中国人民大学出版社 2012 年版,第 5 页;张文显主编:《法理学》(第 4 版),高等教育出版社 2011 年版,第 16 页。

然而,事实并未如此。2013 年陈景辉明确指出法理学学科缺乏共识、各个教材体系千差万别以及法理学知识冗余的问题。[1] 具体而言,法理学常常面临两种怀疑:其一,法律实践者对法理学的怀疑点在于它“缺乏实践效果”;其二,部门法学者对法理学的怀疑是认为“与部门法知识重合”,从而法理学就是一种“知识冗余”。第一种怀疑针对的不只是法理学自身,而是所有学科的理论问题。因此该种怀疑论上升到理论和实践的关系问题。而根据赖尔的说法,将理论和实践属于两个不同范畴,由于法理学的理论性而称其缺乏实践效果,属于“范畴错误”。第二个怀疑对于法理学来说显得相当致命:因为法理学所包含的话题,如权利、义务、责任、规则、条文等,通常也是部门法学讨论的对象。此外,由于部门法理论更能契合现行的实在法,所以部门法学反而更能符合法律实践的要求。因此,相对于部门法学,法理学就显得冗余、不具有价值和意义。[2]

2016 年徐爱国《论中国法理学的“死亡”》一文更具体地指出中国法理学学科存在如下问题:第一,我国法理学学科在 20 世纪末开始有了较大变化,最初主题一贯、逻辑体系化、论证严密的法学基础理论课程已经不复存在;第二,法学共识不存在,课程体系极具主观性,“沙质化”越来越严重;第三,自 2014 年以来法理学领域法教义学和社科法学的争论和分裂,进一步加重了法理学问题。[3]

“死亡说”一出,法理学的价值遮羞布被扯下,学界震动。中国法理学到底是生是死的问题成了众多法理学者关注的重要问题。《中国法律评论》编辑部为此专门组织了一期以“中国需要什么样的法理学”为主题的沙龙,请季卫东、舒国滢、徐爱国、桑本谦、陈景辉、聂鑫、马剑银等学者进行主题讨论。讨论结果是诸学者对法理学学科存在的问题基本达成共识,但是解决的策略却是各有建议。[4] 徐爱国提出的问题,涉及法理学学科的基础、价值和学科走向,显然不是一次沙龙可以解决。而要让法理学获得“新生”,学界需要对这些根本问题提出一些系统、可靠的解决路径和策略。

二、通识教育和专业教育的理念和实践

法理学的学科价值是什么,其应该具备什么内容和体系?对于这些问题的

---

[1] 参见陈景辉:《〈法理学〉课程体系的两个难题》,载《中国法学教育研究》2013 年第 1 期。

[2] 参见陈景辉:《法理论为什么是重要的——法学的知识框架及法理学在其中的位置》,载《法学》2014 年第 3 期。

[3] 参见徐爱国:《论中国法理学的“死亡”》,载《中国法律评论》2016 年第 2 期。

[4] 参见季卫东、舒国滢等:《中国需要什么样的法理学》,载《中国法律评论》2016 年第 3 期。

回答,在大学教育的理念和实践这个大背景下,可能会获得更为系统和可靠的思考。我国大学的目标和价值理念是什么呢?对此我们需要追溯德国大学和美国大学的目标和价值理念,可以说我国当代大学,尤其是 1978 年以来的大学目标和价值指向,深受这两个国家的影响。

1809 年柏林大学的建立者威廉·洪堡的大学理念是德国现代大学的开端,也是现代大学的起点。[1] 在中国学界,洪堡的教育理念具有广泛的影响,尤其是北京大学身上印有浓重的洪堡烙印:说到北京大学,必然想到蔡元培校长,而留德学者蔡元培先生则接受了以洪堡为代表的德国大学理念。[2] 1978 年以来,在我国恢复教育事业过程中,洪堡的大学教育理念也产生了重要影响。[3]

洪堡的大学教育理念是什么呢?“教育问题归根到底是人的问题。对教育家洪堡来说,问题实际上有三个:人是什么?什么是人的教育?这种教育应该如何付诸实施?这三个问题是层层推进的,而首先关键在于对人的本质的规定。”[4]洪堡教育思想的基石是以古希腊人为典范的古典主义人文理想。以这个理想为基础,洪堡创建了一种学校模式,这种学校模式以教育的普遍性和个性发展的整体性为着眼点:“确实存在着某种必须普及的知识,且还有某种谁也不能缺少的对信念和个性的培育。每个人显然只有当他本身不是着眼于其特殊的职业,而是努力成为一个良好和高尚、且按照他的状况受到教育的人和公民时,他才是一个好的手艺人、商人、士兵和经纪人。如果对他讲授为此所需要的课程,则他以后会轻而易举地获得他职业所需要的特殊能力,且一直保留着这样一种自由,即从一种职业转到另一行,而这是在生活中经常发生的。”[5]换言之,素质、个性和修养是第一位的,知识、专业和技能则在其次。现代大学教育越来越偏向于专业化的实务技能训练,这与洪堡的理念是相违背的,特殊(专业、职业)教育是简单的、束缚人的,只要实现了人的全面理想教育,人成为一个有信念、教养和个性的人,则能够获得充分的自由,包括更换职业的自

[1] 参见陈洪捷:《洪堡大学理念的影响:从观念到制度——兼论“洪堡神话”》,载《北京大学教育评论》2017 年第 3 期;陈洪捷:《洪堡的大学理念:如何解读,如何继承》,载《社会科学报》2017 年 7 月 13 日,第 6 版。

[2] 参见孙周兴:《威廉姆·洪堡的大学理念》,载《同济大学学报(社会科学版)》2007 年第 2 期;李学丽:《中国大学模式移植研究——历史的视角》,山东师范大学 2014 年博士学位论文,第 42~54 页。

[3] 参见侯怀银、温辉:《洪堡大学教育思想在中国的接受》,载《现代大学教育》2018 年第 4 期。

[4] 孙周兴:《威廉姆·洪堡的大学理念》,载《同济大学学报(社会科学版)》2007 年第 2 期。

[5] [德]威廉姆·洪堡:《文集》(五卷本),第四卷,斯图加特,1982 年,第 218 页。1809 年呈国王的工作报告。转引自孙周兴:《威廉姆·洪堡的大学理念》,载《同济大学学报(社会科学版)》2007 年第 2 期。

由。[1] 以此为目标,洪堡指出大学应该这样构建:第一,大学的使命在于开展纯粹学术研究;第二,大学的内在本质(终极目的)是人类“教养”或“教化”(bildung);第三,大学在外部组织上应该体现整体性和统一性,把学校教学和大学学习(研究)结合起来。因此,大学不再是“学校”,因为在大学里不应再有教师和学生,而只有受指导的研究者(学生)和独立的研究者(教授)。研究与教学的统一,亦即研究者与教师的统一,被视为德国大学的支柱。[2] 需要指出的是,对于洪堡大学理念以及洪堡在德国大学发展中的实际贡献和价值,存在一些所谓“洪堡神话”的争议,但是“洪堡神话恰恰说明洪堡大学思想的重要性,它对于过往和今人均产生了深远的影响。将洪堡式大学的理想型设定为大学锐意进取的未来目标并努力实践之,正是洪堡的大学思想具有持久价值的现实体现”[3]。

美国大学的理念需要从“威斯康星思想”(Wisconsin idea)说起,1904 年出任威斯康星大学校长的范 · 海斯在就职演说中第一次表达了“威斯康星思想”:由州所建立的大学应致力于无疆界的知识探索及社会服务,以及满足全州人民及其子女不同趣味和态度的需要。在州长拉福莱特的大力支持下,海斯提出了著名的“威斯康星计划”:其一,着重培养实用性知识人才;其二,向广大公众传播知识;其三,委派教师到政府部门兼职,向社会提供专家服务,开创了高校直接为政府服务的先例。威斯康星以其自身体现的以服务为鲜明特征的高等教育观念,使美国大学打破了传统的封闭状态,得以直面美国的现实社会生活。20 世纪 80 年代以来,美国联邦政府陆续出台促进、规范产业与大学之间合作行为的重要法案。至此,美国大学全身心投入到为国家和社会服务的科技竞争中,创业成为其新的智能,即大学除了教学和科研之外,还有创业的功能。[4] 需要指出的是,自从 19 世纪下半叶社会服务职能在美国高等院校确立,随着美国高等教育的国际影响力逐渐为世界各国高校模仿和借鉴。1985 年的《中共中央关于教育体制改革的决定》也强调高校与社会研究机构、企业公司建立各种形式的产学联合体,凸显高校的社会服务职能。[5] 美国大学的实用化和职业化的彻底程度是欧洲各大学所没有的。“与其说美国的大学指

[1] 参见孙周兴:《威廉姆 · 洪堡的大学理念》,载《同济大学学报(社会科学版)》2007 年第 2 期。

[2] 参见孙周兴:《威廉姆 · 洪堡的大学理念》,载《同济大学学报(社会科学版)》2007 年第 2 期。

[3] 张弢、何雪冰、蔡志楠:《洪堡神话的终结? ——德国史学界对洪堡与德国现代大学史之关系的解构以及相关思考》,载《德国研究》2018 年第 3 期。

[4] 参见王雁:《创业型大学:美国研究型大学模式变革的研究》,浙江大学 2005 年博士学位论文,第 36 ~ 37 页。

[5] 参见李学丽:《中国大学模式移植研究——历史的视角》,山东师范大学 2014 年博士学位论文,第 120 页。

导社会,不如说是大学顺应了社会的要求。”〔1〕

我们可以看到,以洪堡为代表的对素质、个性和修养优先的德国大学理念显然是精英化的指向,而以服务社会、实用性知识为指向的美国大学理念偏向大众化指向。这两种指向分别对应大学的博雅教育(liberal education)和专业教育。应该采用何种或者如何兼容这两种教育,一直以来是现代大学教育的难题。

“所谓‘博雅教育’,就是通过科学、人文、艺术、社会科学对人进行全面教育,而非专业技能的教育。”〔2〕先通识〔3〕后专业教育,可以说是美国大学的标志。〔4〕美国大学这种博雅教育和专业教育结合的方式和理念可以说非常契合洪堡的大学理念。然而,诚如韦伯所说,现代社会会成为一个没有灵魂的专家的世界,而这是一个现代社会难以摆脱的困境。因此,全世界的大学都面临一个严峻问题:上大学与找份好工作之间的关系如何协调?在市场越来越强调专业化并且竞争越来越激烈的今天,大学生们及其家长考虑更多的是专业学得好不好,是不是更有利于找到一份好工作。换言之,在生存面前,其他一切都要让步。甚至,尽管我们知道洪堡说得很有道理,只要我们塑造好了我们的素质、个性和修养,我们的能力不会为专业所羁绊。我们知道在专业教育之前,博雅教育很重要,人的全面教育很重要。关键在于,在市场规律面前,我们只能是个庸俗的功利主义者,我们只能先考虑眼前,否则我们不一定有长远。这也是博雅教育在美国逐渐遭遇困境的原因。〔5〕

大学生就业几乎是每一个大学都不得不关心的问题,国家每年都有各大学的就业率、各个专业的就业率排名。就业率对大学和专业的排名具有举足轻重的影响:一个就业率低的大学一定不是一个好大学,一个就业率低的专业不能算是一个好专业(如果不是一个差专业的话)。在市场、就业导向下,我国的大学教育很难不强调大众化、实用化走向。但是同时我国的(一些)大学又不得不负担一个沉重使命,那就是建设世界一流大学、一流专业,如此我们又不得不

〔1〕 王雁:《创业型大学:美国研究型大学模式变革的研究》,浙江大学2005年博士学位论文,第33页。

〔2〕 艾瑞克·艾萨克斯:《世界变化如此快,博雅教育容身何处》,载《文汇报》2017年4月21日,第10版。

〔3〕 需要指出的是,通识教育和博雅教育应该为同义词,所谓博雅教育的目标就在于突破专业限制,培养所谓通才。当然,有学者认为二者并不是一回事,并进行了区分。参见陆一:《“通识教育”在教育实践中的名实互动》,载《清华大学教育研究》2018年第2期。

〔4〕 参见艾瑞克·艾萨克斯:《世界变化如此快,博雅教育容身何处》,载《文汇报》2017年4月21日,第10版。

〔5〕 对此可以参见[美]艾伦·布鲁姆:《走向封闭的美国精神》,缪青、宋丽娜等译,中国社会科学出版社1994年版。

考虑博雅教育。

我国的博雅教育起步较晚,自2009年甘阳领衔的中山大学博雅学院建立以来,我国的博雅教育逐渐在各大高校普及开来。中国人民大学、复旦大学、北京航空航天大学、重庆大学等学校陆续设立了专门的博雅教育学院,而大多数高校都设有博雅课程。我国博雅教育的目标和美国等西方国家一样,"在博雅学院首要的目的并不是培养专家,但专家也是我们努力目标所在。我们首先希望能够有一个真正的人文精神的培养,然后在这个基础上再培养专家"[1]。如此,我国大学解决精英化和大众化理念冲突的方式是博雅课程和专业课程的结合。

然而,根本的问题在于,博雅课程的"经"很容易被念歪:博雅的基本理念在于打破专业的局限,重在素质、个性和修养的训练。但是这意味着什么,具体怎么展开?我国现在对博雅的做法就是选修课程突破专业的局限,即知识上的"博"。甘阳等主抓的博雅学院主张突破文理、中西区分,博雅学院的毕业学位和专业方向包括:哲学、历史学、汉语言文学、政治学与行政学、社会学、法学等。这和孔子所谓"礼、乐、射、御、书、数"的通识教育,理念上似乎并无差别。[2]"博"是"博"了,"雅"在哪里不知道。而我国博雅课程的标志就是:不设专业限制,全校范围内跨专业选课。如此一来,"水课"的一个重要来源生成:由于跨专业,我们很难对学生在学习内容的质量上有所要求。一个文科生选修理科"博雅课",对他(她)又太高的专业要求显然是不合适的,一方面是没有必要,因为他(她)选课只是为了提高自己的素质、修养[3],职业标注对他(她)不合适;另一方面学生未必有能力。由此,博雅课就理所应当地变成了"水课"。

要改变我国博雅课的"水课"现状,显然要抓住所谓素质、修养教育一个核心的问题,即批判性思维的训练。"批判性思维能力,在国际教育界被认为是和读、写一样基本的学习和学术技能,是创造知识和合理决策所必需的能力。"[4]我们可以说,批判性思维正是个人素质和修养的核心体现。因此,"任何教育系统都应包含这样的目标:传授批判性思维知识、发展批判性思维技能以及培养具有批判性思维态度和习性的批判性思维者——适当时候愿意并善

---

〔1〕 甘阳:《博雅教育:为大学和社会赋予灵魂》,载观察者网,https://www.guancha.cn/gan-yang/2013_06_30_154812.shtml。

〔2〕 参见李华芳:《甘阳事件与博雅教育》,载澎湃新闻,https://www.thepaper.cn/newsDetail_forward_1421800,最后访问日期:2022年3月20日。

〔3〕 而所谓素质和修养的提升,显然不是一门课、两门课的事情,而是一个长期的过程,如此,也就变成了无法考核的内容。

〔4〕 董毓:《批判性思维三大误解辨析》,载《高等教育研究》2012年第11期。

于进行批判性思维的人。”〔1〕驱除专业的枷锁,确立批判性思维的灵魂,就是将博雅课变成“金课”之关键。

专业教育有专业知识和技能的判准存在,确实很难成为博雅课那样的“水课”,然而,只是传授和灌输专业知识,而不培养专业能力和素养的课程,也难称得上是“金课”,作为“金课”的专业课,显然还得培养批判性思维。“批判性思维立足于理性反思某个问题及其相关证据得出判断,即‘为决定相信什么或做什么而进行合理的、反思性的思维’,包括澄清意义、分析论证、评估证据、判断论断的合适性和推导有根据的结论等技能。”〔2〕基于批判性思维的专业技能训练课程,才是真正的“金课”。

正如甘阳所说:“我们现在媒体上流行的、甚至我们很多教育者的流行说法常常给人们一个误导,似乎只要掌握一个诀窍,只要进行教学改革、有一个新的教学方法,那么学生就不一样了。我必须要说,今天大学的全部问题是,我们能不能让全部学生去努力、去主动学习,让他们明白要读书、要成长都必须吃苦;我觉得这是真正的全部关键所在。”〔3〕因此,“金课”的提倡,绝不可能只是新的教学方法的提倡,教学质量的问题绝不可能只是教学方法的问题,而是从理念到内容的彻底反思。

三、法理学作为“专业通识课”的可行性

通过对大学教育理念的考察,我们可以发现大学课程的设置围绕专业教育和通识教育两个方面展开。通识教育的进行和展开似乎都是以跨专业为目标,其基本理念在于打破专业的局限,重在素质、个性和修养的训练。然而,所谓跨专业是相对的,需要指出的是在专业划分越来越细化的今天,跨越法学、文学、哲学、物理学等是跨专业,而跨刑法、民法、经济学等显然也属于跨专业。因此,如果说专业课和通识课在今天的大学教育中都是必要的,各自目的在于专业知识的把握和个人能力、素养等的培养,那么专业课也可以进一步分为“专业的专业课”和“专业通识课”。

我国当前法理学遭遇的内容、体系和价值危机,我们认为根本原因在于误解了法理学的学科定位和价值:如果把法理学作为专业的专业课,那么目前对法理学学科和课程内容和价值质疑显然是成立的;然而当我们将法理学作为

〔1〕［加］戴维·希契科克:《批判性思维教育理念》,张亦凡、周文慧译,载《高等教育研究》2012年第11期。

〔2〕［加］戴维·希契科克:《批判性思维教育理念》,张亦凡、周文慧译,载《高等教育研究》2012年第11期。

〔3〕甘阳:《博雅教育:为大学和社会赋予灵魂》,载观察者网,https://www.guancha.cn/ganyang/2013_06_30_154812.shtml。

“专业的通识课”时，法理学学科目前遭遇的问题和危机就获得了解决的可能性。

作为“专业通识课”，法理学的内容体系显然需要普遍性、一般性地涵盖所有法学的知识体系，因此就必须与部门法知识如刑法、民法、宪法、经济法等重合，“法理学作为法学的一般理论、基础理论和方法论，是沟通法学诸学科的桥梁。它既要面向部门法（应用法学），为部门法的学习与研究、法的运作实践与研究实践提供理论指导，又要高于或超越于部门法（应用法学），站在法学学科发展的最前端，来追踪、吸纳人文科学、社会科学和自然科学的成就，反思法的基本问题，并从法学的角度对各种人文思潮作出回应”〔1〕。而作为“专业通识课”，其内容虽然覆盖全部部门法，然而其主要目的并不在于对部门法具体内容的把握，而在于通过系统性知识的概览获得法学专业的素质和个人能力，概言之，“法理学的根本目的应当是在学生心中建立一种问题意识，而不是向其灌输一种观点。”〔2〕更具体地说，“‘法理学’本科课程教学的目的和任务其实并不在于‘法学或者法律知识的传授’，其核心与重点恰恰在于对法学专业学生的‘法律精神熏陶’、‘法治观念启蒙’和‘法律思维方式培育’”〔3〕。

正因如此，对于法理学的学习来说，具体的专业知识、体系和方法从来不应占据重要位置：“……‘法理学’的教学和学习不是法学专业课程教学和专业学习的全部，作为法学专业课程中的一门基础课程，是学生法学专业学习的一个很重要但却是很小部分的内容；其课程教学和学习只是为法学专业其他众多的课程教学和学习提供基础知识和入门指引，绝对不可能取代法学专业其他课程的教学和学习；‘法理学’课程当然会提供法学的专业性的知识、理论与方法，但这些专业性的知识、理论与方法只是法学专业的最基础、最宏观、最普遍的一小部分的知识、理论与方法，它的核心和重点实际上并不在于这些基础性的法律专业知识、理论与方法，而恰恰在于揭示、展现和解释法律以及关于法律的那些道理。换句话说，不学习‘法理学’并非不能学习法学和掌握法律实践技能，但学习和学好‘法理学’更有利于学好法学和掌握法律实践技能。”〔4〕

因此，我们可以说，对于各种《法理学》教材体系存在巨大差异、缺乏基础性共识这个现象，从“专业通识课”这个视角来说可能根本不是个问题。因为

〔1〕 程朝阳：《论法理学本科教育的困境及出路》，载《中国法学教育研究》2009年第1期。

〔2〕 ［美］朗·富勒：《法理学在法学课程中的位置与用途》，王家国、丁璐译，载《法学教育研究》2014年第1期。

〔3〕 姚建宗：《“法理学”课程教学的基本理念与教材分析思路》，载《中国大学教学》2015年第10期。

〔4〕 姚建宗：《“法理学”课程教学的基本理念与教材分析思路》，载《中国大学教学》2015年第10期。

法理学学科的目的既然在于树立学生的问题意识、树立法治精神、启蒙法治观念和培育法律思维，那么内容和体系上的安排和设置就不必强求统一和共识，或者说只要各法理学教材的作者和编者能够以如上目标为导向，法理学教材的差异化设置也许反而更能让学生摆脱专业知识学习的惯性，促进个人法律素质、修养和个性的形成。

最后，还需要加以说明和辩护的是，将法理学作为“专业通识课”这种理念实际上早有相关的讨论。虽然我国当前的法律知识体系似乎将法理学作为专业课而非通识课，尤其体现如下界定：“法理学是法学专业核心课程之一，而法学通论主要是面向非法学专业学生设置的公共课和通识课。”〔1〕这种理解显然对于通识课的限定过于狭隘。日本学者对于法理学和法学通论之间关系的分析早已经显示法理学与法学通论之间的亲缘关系。奥田义人认为设置法学通论目的有三：第一，为专修法学者所必要；第二，为专修经济学及政治学者所必要；第三，为国民普通教育上所必要。从中我们可以看到，法学通论不只作为一般通识课程，更作为“专业通识课”而存在。〔2〕 而作为“专业通识课”的法学通论与法理学实际上就是一回事：“法学通论说明法学之概要，而明其根本的原则。其结果遂能调和法律之各部分，与法学之各原则。以统一的、或法律哲学的而说明之，以明各个之原则，实为互相牵连、互相调和之全体之一部分。故自此点言之，法学通论者，实为法律哲学之初步。法律哲学者，实为法学通论之终极。”〔3〕

---

〔1〕 田夫：《法理学与法学通论的关系——以近代中国对日本学说的引进为中心》，载《清华法学》2020 年第 5 期。

〔2〕 参见田夫：《法理学与法学通论的关系——以近代中国对日本学说的引进为中心》，载《清华法学》2020 年第 5 期。

〔3〕 [日]巽来治郎编：《早稻田大学政法理财科讲义》(第 3 编)，早稻田大学出版部 1907 年版。转引自田夫：《法理学与法学通论的关系——以近代中国对日本学说的引进为中心》，载《清华法学》2020 年第 5 期。

通识教育:法学本科教育的引领者

黄瑛琦*

摘　要:通识教育与法学专业教育是法学本科教育的双重主题。通识教育对法学本科教育起引领作用,根据在于法学专业教育是通识教育有机体的组成部分,通识教育是法律专业教育的"主导技艺",通识教育推动法学专业教育的精进。通识教育引领法学本科教育的路径包括:人文主义理念的引领,思想政治方向的引领,通识课程体系的引领。

关键词:通识教育　法学专业教育　引领路径

党的十九大报告指出,我国已经进入中国特色社会主义新时代,全面依法治国是中国特色社会主义的本质要求和重要保障。在这样的时代背景下,法学本科教育作为高等教育的重要组成部分,亦当站在增强竞争力的高度,着力培养高素质法治人才,加快推进社会主义法治国家建设。高素质的法治人才,不仅要有优秀的法律职业能力,更要有良好的综合素养。而综合素养的形成不仅需要以人的全面发展为逻辑起点的通识教育,更需要通识教育在法学教育中发挥引领作用。

一、通识教育的内涵与目的

现代意义的通识教育在思想上源于19世纪初德国教育家洪堡提出的"全面教育"理念。洪堡基于个人发展与国家建构相融合的设想,主张人要以真实的个性面目存在,并按照自己的意志成长为自身行动的主体;国家有义务通过"全面教育"促进人的价值实现,反过来,人的全面发展满足了国家建构的需要。在此意义上,"全面教育"具有了普适性,成为国民在专业教育前必须接受的教育,"每个人都要获得通识的教育。……整个民族国家或国家的学校,只能以通识的人的教育为目的……人们得到的是完善的人,和一个阶级完善的公民"[1]。虽然通识教育源于欧洲,但其教育理念和标准模式的定型则发生在美

---

* 作者简介:黄瑛琦,淮阴师范学院法律政治与公共管理学院讲师。

〔1〕 王世岳、陈洪捷:《威廉·洪堡的"全面教育"理念:目标、制度与知识观》,载《高等教育研究》2019年第6期。

国。1945年,《哈佛通识教育红皮书》宣示通识教育之目的在于培养"完整的人",即具备有效思考能力、清晰沟通能力、适切判断能力和价值认知能力的人。美国的通识教育旨在完成两件事:一是帮助年轻人成为个体的人,拥有独特的、个性化的生活;二是竭力使他们适应公共生活,成为公民和共同文化的继承者。故"完整的人"包含了"负责任的人和公民"双重含义。[1]

通识教育从思想渊源到理论定型,从德国到美国,虽然有所差异,但其基本内涵是一致的:通识教育不以职业和实用为价值导向,而是侧重于培养让不同类型、不同专业的学生未来终身受益的能力和素养,是有别于专业教育而又与专业教育相互渗透的教育。[2] 人作为自然个体和社会成员的双重属性,决定了通识教育目的的两重性:通识教育培养全面发展的、具有主体性自由的人,这是教育指向理想的内在目的。诚如德国哲学家雅斯贝尔斯所言,教育的本质意味着一个灵魂唤醒另一个灵魂。唤醒人的灵魂、启迪人的精神、实现人的自由,是通识教育的永恒目的,贯穿于人的一生。而通识教育培养有社会责任感、国家政治认同感、民族文明体认感的合格公民,这是教育切入现实的外在目的。个体亦是民族政治国家的公民,通识教育是为了让人更好地融入社会生活,为社会服务。

二、通识教育引领法学本科教育的根据

通识教育向来是大学本科教育的一个重要主题,它意味着所有不同专业的学生都应该在大学内接受一种共同的精神文化教育,从而为政治共同体建立共同的文化语言,传承共同的文化根基。[3] 法学本科教育亦不例外,除了专业教育外,亦要承担通识教育的使命。而法学专业教育与通识教育之间的关系,决定了通识教育理当对法学教育发挥引领功能。

(一)法学专业教育是通识教育有机体的组成部分

"通识教育是一个完全的、整合的有机体,专业教育是有机体的一个器官,他在有机体的整体范围内完成特殊功能。"专业教育为学生锁定学习的方法与内容,而通识教育则引导学生学习的方向与动机,专业化只有在宽广的通识语境下方能实现其目的。我们不否认"术业有专攻"在现代社会的重要性,社会分工和学科细化很难再造就百科全书式的人物,学生因其具备某种专业知识而具有了社会竞争力。但正如清华大学原校长梅贻琦所言:"通识,一般生活之

---

〔1〕 参见魏志强:《美国通识教育的探索历程与启示》,载《上海视觉》2019年第2期。

〔2〕 参见[古希腊]亚里士多德:《尼各马可伦理学》,廖申白译,商务印书馆2003年版,第174页。

〔3〕 参见刘诚:《在职业教育与通识教育之间——法学本科教育的一个初步思考》,载《中山大学法律评论》2010年第1期。

准备也,专识,特种事业之准备也”,[1]成才以成人为前提,这就决定了专业教育对通识教育的依赖作用。

同样,法学专业教育也需要借助通识教育,才能获得健康发展。毕竟,法学如同医学一样“人命关天”,法律人才不仅要专——专业性和技能性强,更要通——适应性和综合性强。因此,作为培养法治国家建设者和管理者的法学教育,只能是通识教育基础上的法学专业教育。纵观各个国家的法学本科教育,通识教育都是不可或缺的。日本的法学教育是法律学科教育,这是一种科学教育+人文教育+法律专业教育的混合体模式;美国的法学初级教育虽然是本科后教育,是一种以法律专业教育为基础的律师职业教育,但前提是要求学生在大学阶段完成通识教育[2];德国的法学教育则是法律学科教育与法律职业培训一体化的培养模式。由此可见,以通识教育为基础、通专融合的一体化教育已成为当今各国法学教育的共同选择。通识教育与法学专业教育构成了法学教育的双重主题,二者关系的正确处理,是法学教育健康发展的重要前提。

(二)通识教育是法律专业教育的“主导技艺”

现代社会多元化的矛盾与冲突,需要法律职业技能在内的多种专业技术进行有效应对与处理。但是,技艺只能局部展示世界的某些可控制的方面,技艺是有限度的;技艺一旦越位,就会作出妄断,甚至吞噬政治共同体的一些根本性的政治品质。因之,任何技艺都仰赖一种“主导技艺”。[3]

市场需求的急迫、功利主义的渗透,会无限放大法律的工具价值,强化法律作为一种技艺的地位。与之相对,则是法律职业(专业)教育的日臻醇熟,培养出大批精通法律逻辑、具有法律思维、熟悉法律文本的律师、法官等法律从业者。他们娴熟地处理法律纠纷与事务,专注于法律技艺的精进,往往不会去探寻法律背后正义与自由的精神,不关注法律的人本价值。然而,法律乃公正而善良的艺术,让国民在既定的环境中过上良善的生活,从来都是法治的使命和归宿。如果法律制度的运行旨在保护社会有机体的健康和人民的幸福生活,那么法律工作者就要承担“社会医生”的职责,或作为立法者致力于社会利益的增加,或作为司法者公平合理地解决纠纷。由此可见,法律从业者仅有娴熟的专业知识和技能是不够的,更要有判断善恶是非的道德良知、公平正义的信念和作为公民的人文精神与政治意识,后者作为法律技艺的主导技艺,只能依靠通识教育得以培养,这就决定了通识教育在法学教育中处于较高的层次,是专

---

〔1〕 王伟:《通识教育视角下面向未来的高校专业教育改革》,载《中国高等教育》2019年第7期。

〔2〕 参见[美]罗伯特·M.赫钦斯:《美国高等教育》,汪利兵译,浙江教育出版社2001年版,第18页。

〔3〕 [古希腊]亚里士多德:《尼各马可伦理学》,廖申白译,商务印书馆2003年版,第174页。

业教育的“主导技艺”。

法律人由于技艺和品德的分离,危害社会的事件并不鲜见。“学法律的人若是没有人格或道德,那么他的法学愈精,愈会玩弄法律,作奸犯科。”〔1〕因此,英国的全职法官被要求:具有法律知识和经验,判断和分析的能力,有良好的决定和交流技巧;富有权威、道德、公正、能够理解普通人和社会;性格温和,有礼貌和尊严,对社会服务具有责任感,〔2〕这种做法值得借鉴。法学教育不仅要为未来的法律人提供职业技能,更要通过通识教育这门主导技艺让他们增进心性,完善人格,驾驭法律技艺并突破其局限。著名法律教育学家孙晓楼先生将法律道德作为法律人才认定的三个标准之一,就是因为他认识到,司法的本质在于公正,而公正的保障最终取决于执法者的品德,只有具备了法律上需要的道德,才有资格执行法律。

(三)通识教育推动法学专业教育的精进

如今,诸多法学院意图将法学打造成具有独特的语言、思维和技能的品牌学科,以保持法律的独立性和法学的自主性,通识教育在法学教育中或多或少被忽视,这是不明智的。法律的独立不等于封闭,法律并不存在于“真空”中,其与社会生活相互融合。社会活动的多样化,使立法与司法活动常常牵涉到人文、社会科学与自然科学领域的诸多因素,如果法律人仅了解法律知识,不能对其他领域有足够的涉猎,则难以保证纠纷的解决和个案的正义。同理,法学的自主性不代表法学能够自洽,法学具有包容性、开放性,需要不断地从相关学科中汲取营养,而每一次自然科学、社会科学取得的研究成果都会对法学的发展产生深远影响。在学科交叉、渗透频繁的今天,离开了其他学科的理论滋养,法学发展必将日渐萎缩。

法律的社会性和法学的包容性决定了法学本科教育应当是以通识教育为基础的专业教育。通识教育的先行开展,有助于法学专业教育的精进,这体现在两方面:第一,通识教育为法科学生铺垫宽广的学科背景,让其练就多种能力。在通识教育的熏陶下,学生掌握了与法学相关的不同学科的知识,建立起学科之间的内在逻辑联系,逐渐形成对学科知识融会贯通、多元思维的能力。在此基础上再行法学专业教育,学生不仅有能力、有方法快速掌握法学专业知识和技能,并且能逸脱法学的视野,用广博的知识与多元的视角创造性地解决法律问题,奠定今后发展的延展性。第二,通识教育将育人的理念向法学教育渗透,契合了法学的内在品格。法学是规制人的行为的学科,是关乎人性、自由

〔1〕 杨兆龙:《中国法律教育之弱点及其补救之方略》,载孙晓楼:《法律教育》,中国政法大学出版社1997年版,第164页。

〔2〕 参见陈焱光:《法学专业通识教育的维度与路径》,载《通识教育研究》2015年第2辑。

之学,合格的法科学生不仅要有法律知识底蕴,还要有人文关怀、家国情怀和以追求自由、平等、正义等核心价值理念为目标的使命感,而后者依靠的正是通识教育这个培育人文科学精神、传承文化精髓的基础载体。通识教育与专业教育都在以自己的方式发挥着培养健全法律人才的作用,法科学生应形成以通识教育为经、专业教育为纬的网络状结构的知识体系。

三、通识教育引领法学本科教育的路径

(一)人文主义理念的引领

改革开放以来,随着法治国家的逐渐定型、市场经济的蓬勃发展,法学教育与职业需求紧密联系,由此导致法学教育过度的专业化。于学生而言,专业教育成为谋求体面工作、寻求上升空间的重要路径;于高校而言,专业教育是体现工作业绩各项指标的基础。然而,过度的专业化,致使法学教育专业口径过窄,制约着法科人才的发展后劲和社会竞争力。高校对法学专业教育的态度,凸显出其对教育过程中功利主义的过分看重,这是超越地域和文化的共性问题。以德国为例,“不管是在柏林,或是在德国其他地方,大学仍然主要是一个功利主义教学的地方”。的确,法学教育中的功利主义不可能完全抹杀。从微观而言,学生选择攻读法律,并不只是想成为一个知法懂法的高素质公民;从中观而言,法律专业教育的市场化、技术化以及高校服务社会的职能客观存在,这些都决定了法学教育一定程度上的功利性。然而,如果将功利性无限放大,只看到法学教育的工具性价值,那么学法就只是社会实用性的需求和个人谋生的手段而已,法律人才的人文情怀和高尚品格难以塑造。其实,法科人才较之其他的专业技术人才更需人文底蕴和人文精神的培养,因此,在培育法律人过程中,应充分发挥通识教育中人文主义理念的引领作用,向法学教育传递“以人为中心和目的,高扬人的主体性,体现人性尊严与良善”的精神,让学生在潜移默化的学习中明白未来匡扶正义、维护弱者的责任,这恰好与法治追求人的解放与发展、保障人的权利与自由的价值内核具有一致性,在这一点上,通识教育与法学专业教育达成了一致需求。

通识教育人文主义理念的引领,意在淡化法学教育中的功利主义色彩,让功利主义与人文主义保持均衡态势,和谐共生。人文主义理念的引领要落到实处,依托的是高校的重视与顶层设计。[1] 首先,建设一支具有高尚师德、广博知识、人文关怀和理性思维的通识教师队伍。教师,作为传道授业解惑者,不仅传授知识,更要培育人格,以育人为一切教学活动的主旨,才能促进学生的全面

---

〔1〕 参见[美]伯顿·克拉克:《探究的场所——现代大学的科研和研究生教育》,王承绪译,浙江教育出版社2001年版,第23页。

发展,通识教育实效性的发挥依托于优质的师资队伍。目前,队伍建设可行的做法是“内培外引”:对内,建立教师发展激励机制,鼓励教学效果好、有责任心的法学教师研修跨专业课程,非法学专业专职教师研修法学交叉学科,并定期送他们去国内外高校进行通识教育培训,以促成法学与自然社会学科教师之间的学科交叉融合。在培训之后让他们承担法学部分通识课程的讲授,并在课酬、职称评定上有所倾斜,让教师成为真正的引路人,引导学生对法学通识教育由“要我学”转向“我要学”。同时,学校管理部门要注意平衡通识课程和专业课程的师资力量,让高校中学术造诣高深的教师担负通识课程的教学任务。哈佛大学就让领军人物主讲通识课程,并配备助教协助其进行通识课程教学,包括补充教学、课外辅导、小组讨论、小组测试等,以减轻主讲教授的负担。对外,可运用社会力量,把当地专家、学者,其他高校教师纳入通识教育教师队伍。在经济条件允许的情况下,可以借鉴中山大学的做法,由学校提供一笔资金,在全国甚至全球范围内招聘担任一个学期或者一学年通识教育的领军型教师。通过提升整体的通识教育水平,让人文主义理念得到贯彻。

其次,建立科学的多元化的评价体系,让通识教育获得学生、管理者的重视和认同。第一,通识教育课程与专业课程同等地位,同等评价,考试成绩列入评奖评优的范围内,并给予学生一定的课程自由选择权,提高学生的重视度与兴趣。第二,教师应根据课程的特点采用多元评价,重视过程性评价,尊重学生的主体地位,使评价不仅科学客观,更能激励学习者的学习动力。第三,学校应设立负责通识教育的专门机构,职责之一就是负责通识课程的评价管理,审议、评估法学通识教育的课程设计和实施过程,科学评价予以制度化,来保障通识课程实施效果。

(二)思想政治方向的引领

我国法学教育受法律实证主义品格的影响,从20世纪70年代起就开始探索“法律与政治的分离”,“去政治化”倾向日益明显。法律与政治的分离似乎在某种程度上能让法律人摆脱政治意识形态的束缚,然而,马克思曾告诫我们,法律从来不能超越经济基础、民族国家和现实政治而孤立存在。法律人不仅是享有自然权利的独立个体,也是民主政治国家的公民,理当站在政治国家的立场捍卫国家尊严,传承民族文明。一个没有祖国的法律人,注定在政治上是无根的,他将不可避免地投入同样是无根的资本的怀抱中,最终其手中的法律技艺成为其腐化自身和腐化政治国家的幌子。[1] 因此,“法律人—政治家”的目标是同行的。法律人讲政治,旨在理解民族国家长远的政治利益是法学的基本

〔1〕 参见刘诚:《在职业教育与通识教育之间——法学本科教育的一个初步思考》,载中山大学法学院主编:《中山大学法律评论》第8卷,法律出版社2010年版,第435页。

问题,从而产生对国家的政治认同。以美国为例,虽然其以政治中立、文化多元而著称,但在大学的通识教育中,会设立“阅读西方经典”核心课程,为学生提供历史文明层面道德—政治的共同教育,以期形成对西方以及美国文明和政治国家的文化认同,以为美国社会提供共同的价值观和文化基础。

我国高校在开展通识教育时,也要注重对于人的全面发展所需要的政治素养的培育,发挥思想政治方向的引领功能,以促成通识教育与法学专业教育的同向同行。法学教育从未远离政治性,习近平总书记强调:“我国高等教育发展方向要同我国发展的现实目标和未来方向紧密联系在一起,为人民服务,为中国共产党治国理政服务,为巩固和发展中国特色社会主义制度服务,为改革开放和社会主义现代化建设服务。”〔1〕他在考察中国政法大学时明确提出要培养大批高素质法治人才,为加快建设社会主义法治国家提供有力的人才保障。这就决定了法学教育应当培养认同国家文化、信念、规范的法律人才,这是教育现代化的方向目标,与通识教育中“培养合格的民族国家公民”主旨具有一致性。

高校要想实现法学本科教育培养人才、服务社会的目标,必然要注重对学生的政治观念与公共精神的培养,让他们在潜移默化中知晓,今天的学习是为了以后更好地承担为国家、为社会、为弱者输送公平和正义,维护弱者利益和捍卫人性尊严的责任。为此,除了在通识教育课程中加重思想政治教育内容的比重外,最主要的是开展一系列通识教育活动。法学是一个思辨性强、学科交融度高的学科,首先要充分利用校园文化平台,积极组织和鼓励法科学生听取相关学科的讲座,政治、经济、历史、哲学,甚至自然科学的讲座,这对于提升学生的政治素养,抑或开阔眼界、开辟新的法律之门,都非常有帮助。法律学术讲座和实务讲座也是获取书本外的专业知识、研究前沿和热点问题的重要途径。其次,高校法学院系要为学生参加学术交流、国内外游学、创业创新、社区法律服务、送法下乡等教育文化活动创造机会和条件。整合校内与校外、课内与课外、知识与思维、人文与科学,建构包括通识课程和多元文化活动在内的丰富全面的育人体系。

(三)通识课程体系的引领

前文已述及,通识教育推动法学专业教育的精进,依赖的是前行的通识知识体系的展开,因此,通识课程体系建设不仅是实现通识教育目标的重要路径,亦是通识教育引领功能的体现。然而,除了少数高校尝试设立书院,系统地进行通识课程的设置与传授外,大多数高校均是在专业教育的行进中配套一定的

〔1〕 程永波:《人民日报新知新觉:推动高等教育事业迈上新台阶》,载《人民日报》2020年12月2日,第9版。

通识课程,关联度不高。于法学教育而言,通识课程多由一些的粗浅的全校通选课、平台课或者讲座课组成,且基本是人文社科类课程,课程的设置最初是为了满足通识课程建设的形式化要求以及教师的课时量需求,并未认真考虑法学专业教育与通识教育之间的本质联系,忽略知识的内部完整性与学生全面发展的需要。正如美国课程领域领军人物伊恩·韦斯特伯里教授所言:“我走过很多大学,观察过本科生课程,相当多的通识课程并不连贯。”这并不利于法学教育的健康发展。[1]

鉴于法学与相关学科天然的密切联系,笔者认为,应以培养法律人的良好品格为中心,根据学科对法学人才培养作用的不同,形成纲举目张、有内在逻辑性的法学通识课程体系。课程体系以政治学[2]为纲,包含人文学科(政治学、历史学)、社会学科(经济学、社会学、伦理学)、自然科学(数学、医学、生命科学)等方面的课程。法律与政治的密切关系决定了政治学的重要性:政治学的学习可以引领学生坚定思想政治方向,把握社会主义核心价值观,帮助大学生超越功利,形成正确的世界观、人生观和价值观;引导学生深刻洞见政府的结构与作用,妥善处理公法上的疑难问题;培养学生的政治担当,形成爱国主义和集体主义的理念和国家民族情怀。法律作为一种文明,需要历史的传承和延续。借由历史学的学习,学生在追溯法律历史的进程中,能准确理解本国法律产生、发展和演变的历史规律,以及法律赖以存续的历史文化背景,以辩证地看待民族国家的现在与未来。经济学注重推理与逻辑,有助于培养法科学生的理性品质,让学生在人文关怀与理性效率之间达致平衡。同时,经济学课程的训练也有助于学生理解法律与经济的关系,经济思考对司法裁判所起的重要作用,以便准确适用法律。社会学训练可以帮助学生深度认识法律所赖以形成的社会背景,促使法科学生直面社会现实,借助社会学知识合乎时宜地分析和妥善地解决法律问题。伦理学训练能提升学生的道德情操,有利于未来的法律人公正地执法和适用法律。在法学领域,科学精神与人文精神有同样重要的地位。根据法学教育的特点,增加自然科学类的通识课程,或许有事半功倍的效果。如数学、医学的学习就能使人思维缜密、行为严谨;生命科学能让学生了解生命的价值,从而在法律的适用上尊重和珍惜生命。自然科学的发展推动了法律思维和法律手段的精进,引导法科学生用科学的思维方法分析问题,排除凭臆断和情感形成的惩罚;引导学生将科技成果运用于法律的适用中,如利用疫学因果关系、DNA 技术对刑事犯罪进行有效的认定。

---

[1] 参见王海莹:《21 世纪通识教育的新样态——伊恩·韦斯特伯里教授访谈录》,载《江苏高教》2019 年第 8 期。

[2] 此处的政治学包含思想政治教育学科。

学校的通识教育专门机构应在上述法学通识课程体系的大框架下,结合自身学校(如经济、科技类等)的特点及教师的建议、学生的意见,将通识教育发挥引领的目标分解为可操作性的态度、观念和标准,对通识教育具体课程进行优化配置。具体而言,每门学科下设3~5种具体课程供法学学生选择,但要求学生每门学科至少选修一门课程(2学分),并且总通识课程数应达到学位课程的40%左右,总学分不得低于16学分。为了避免通识教育与法学专业教育在时间上发生冲突,通识课程应在大学一二年级大量开设,以课堂授课、老师导学、专家讲学、学生自学与网络教学等多种形式开展,为学生奠定宽广的学科背景和人文底蕴,让学生在课程的熏陶下,逐渐领悟法律所需要的人文精神和科学精神,使现代法学学生具备宽基础、懂政治、持正义、精法律、通经济、能应变、善创造的基本资质。

教育最本质的功能是促成人本身的全面发展,而不是把人仅仅训练成适应社会生产需要的工具。[1] 通过通识教育人文主义理念、思想政治方向与通识课程体系的引领,纠正法学教育专业化导致的人的片面发展,培养法科学生的完善人格、坚毅品格,让学生在未来能从容地应对交叉学科的发展、协同创新的推动和社会治理的复杂带来的诸多挑战。

---

[1] 参见周叶中:《以"成人"教育统领"成才"教育　推进通识教育改革》,载《中国高等教育》2019年第Z1期。

人工智能与法学教育融合发展研究

邹卫中　李萍萍*

摘　要：随着人工智能的深入推进，传统法学教育与社会发展的不相适应性日益呈现，国家对创新型、复合型、应用型卓越法治人才的现实需求不断扩大。通过梳理理工类大学法学教育与人工智能交叉融合的实践和特色，得出理工类大学法学教育在 AILE－耦合模式下更具有实际意义。AILE－耦合模式强调人工智能知识向法学学科领域进化的开放性、理工科品质向法学教育融入的思路转变、法学与人工智能交叉融合向教育范式中的持续拓展三个转向。ALIE－耦合模式以培养卓越法治人才为教育目标，通过构建"法学＋人工智能"交叉融合的理论类、应用类课程，加之系统化教育方式的创新以及综合性评价机制建设，试图探索人工智能与理工类大学法学教育的融合路径，为中国特色社会主义法治建设输出高质量法治人才。

关键词：AILE－耦合模式　法学教育　人工智能　理工类大学

一、问题的提出

20 世纪 70 年代末期，我国大陆开始恢复法学教育。此后，我国高校法学教育取得长足进展，法学教育规模不断持续扩大，法学教育对象已经从"精英式"向大众化转变，但是法学教育中单调刻板的学科理论框架和学院式教学方法，与不断发展变化的实践和实用性人才的巨大需求之间的矛盾日益突出。[1]到如今法学教育实际上面临着"饱和危机"和巨大的竞争压力。在法学专业就业情况连续被"亮红牌"的严峻态势下，若一味满足于现有的法学教育模式并持续扩大法学教育的规模无疑会招致法学教育虚假的繁荣。苏力在《当代中国法学教育的挑战与机遇》一文中，提出中国大陆高校的法学教育面临的最基本挑战是"法学院的产品，主要是毕业生和学术成果（并且这两者常常是交织

---

* 作者简介：邹卫中，常州大学史良法学院副教授；李萍萍，常州大学史良法学院硕士研究生。

〔1〕 参见王晨光、陈建民：《实践性法律教学与法学教育改革》，载《法学》2001 年第 7 期。

在一起的)能否满足中国社会发展的现实需要"[1]。法学教育和职业实践相结合是当前先进法学教育所追求的共同目标之一。可见,"怎样培养适用的法治人才"成为高校法学教育亟待解决的重要问题。如何以社会需求为导向,推进法学教育教学改革,成为法学教育总体改革思路的重要内容。[2]

当前,建立人工智能与学科教育相结合的教育体系是人工智能时代教育发展的趋势所向。早在2011年《关于实施卓越法律人才教育培养计划的若干意见》中,国家就开始提出要求培养的法律人才要具备应用型、复合型的特质。2017年国务院印发《国家教育事业发展"十三五"规划》的通知中要求深化本科教育教学改革,探索通识教育和专业教育相结合的人才培养方式,促进文科和理科的交融性发展,积极发展一批新兴学科、交叉学科。在2018年《坚持德法兼修实施卓越法治人才教育培养计划2.0的意见》中提出深化高等法学教育教学改革,明确以应用型、复合型、创新型法治人才为培养目标。[3] 2017年7月,国务院发布《关于印发新一代人工智能发展规划的通知》,将人工智能的进一步发展与规划提升到了战略新高度。2018年4月,教育部为支撑国家的人工智能发展制定了《高等学校人工智能创新行动计划》,明确提出高校要构建智能化的教育体系,同时要加快人工智能领域的学科建设及其专业建设。在2018年9月的全国教育大会上,习近平总书记指出:"要提升教育服务经济社会发展能力,调整优化高校区域布局、学科结构、专业设置,建立健全学科专业动态调整机制,加快一流大学和一流学科建设,推进产学研协同创新,积极投身实施创新驱动发展战略,着重培养创新型、复合型、应用型人才。"可见,法学与人工智能的交叉融合是当前及未来法学教育改革的重要指向。

在此背景下,"法学 + 人工智能"复合型人才培养新模式成为一些高校探索法学教育创新的关注焦点。2018年6月,清华大学法学院院长申卫星教授在"首届司法大数据论坛——新一代信息技术如何助力司法责任制改革"上指出,"法律 + 科技"是清华大学法学院未来的发展方向。为克服传统法学教育模式适用性差的弊端,我们试图在人工智能的时代背景下探讨一种"法学 + 人工智能"交叉融合的新型法学教育模式。

[1] 苏力:《当代中国法学教育的挑战与机遇》,载《法学》2006年第2期。

[2] 参见季卫东:《中国法学教育改革与行业需求》,载《学习与探索》2014年第9期。

[3] 参见杜启顺:《我国法律硕士培养模式优化研究——以卓越法治人才教育培养计划2.0及衔接法考改革为视角》,载《南宁师范大学学报(哲学社会科学版)》2019年第5期。

二、人工智能时代下新型法学教育模式的理论诠释

AILE－耦合模式是 AI（Artificial Intelligence）、L（Law）和 E（Education）的简称，耦合指两个或两个以上的实体相互作用、彼此影响或互相联合起来。AILE－耦合模式以培养“法学＋人工智能”交叉融合卓越法治人才为教育目标，致力于在理论层面和应用层面实现法学教育与人工智能的交叉融合、深度融合、体系化融合。

（一）AILE－耦合模式的理论溯源

AILE－耦合模式的建构具有特定的理论根基，这些理论贯穿于新型教育模式建构的始终，体现社会维度的实用性需求、学生自身维度的主体地位、教育者维度的任务要求，具体阐述如下：

第一，杜威的教育实用主义理论。杜威作为伟大的教育家，其思想形成于19 世纪末 20 世纪初美国从农业国向工业国转变的历史时期，而当时美国教育模式往往采取形式主义教学，大批毕业生在毕业后并不能有效将所学知识运用到生活实践、工作实践之中。杜威深刻认识到教育是为生活做准备的，强调“生活经验”在教育过程中的重要意义，力图发挥教育“实用性”之功能，更好地适应社会需求结构的变迁，促使个人通过教育获得持续不断的生长能力。AILE－耦合模式从杜威的教育实用主义理论出发，以培养“有用性”的卓越法治人才为出发点和归宿，试图回应人工智能时代的职业新要求，寻求培养“法学＋人工智能”交叉融合卓越法治人才的路径依赖。当前，人工智能正逐渐渗入到立法、执法、司法、守法等法律环节的各个方面。在此背景下，传统的法治人才受制于其所接受的培养模式、教育方式的保守性，及其自身思维方式的局限性，可能会出现断裂式发展。在具体实务中大批法律毕业生职业适应性低，学习内容适用性差等不足渐趋显现，不能满足于国家对创新型、复合型、应用型卓越法治人才的现实需求，AILE－耦合模式立足于当前法学教育的不适应性事实衍生出一种实用性的教育范式。

第二，罗杰斯“以学生为中心”的教育理念。被称为“人本主义之父”的心理学家罗杰斯，其人本主义思想形成于第二次世界大战后的美国。当时美国经济快速增长，人民生活质量大幅度提高，在经济繁荣的背后隐藏的社会矛盾、冲突愈演愈烈，主要原因在于国家和社会对美国公民内心需求关注的缺失使其陷入“自我迷失”的困境中。在此背景下，罗杰斯提出“以学生为中心”的教育理念，在充分尊重学生主体地位的前提下，追求自我需求的实现。“以学生为中心”的理念对世界各地的教育教学产生了持久深远的影响，同样在我国当代的教育教学中依然发挥重要地位。AILE－耦合模式围绕“以学生为中心”的理念

展开,在引导法科生自我发现、自我探究的乐趣之中,满足其内心学习需求,完成多次有意义的学习。法学教育与人工智能交叉融合的“教”和“学”都以学生为中心展开,在整个过程中教师和学生之间没有地位高低之分,教师与学生共同讨论解决问题的方式和方法。AILE-耦合模式围绕罗杰斯“以学生为中心”的教育理念,更侧重于对法科生学习需求的满足和个人全面发展的关注,不断激发法科生主动学习的兴趣和能力。

第三,梅贻琦“通才教育”的教育思想。1931 年任清华大学校长的梅贻琦先生特别强调文理结合,“通识为本,专识为末”的通才教育也成为清华大学的办学特色。梅贻琦先生“通才教育”的思想源于西方的通识教育,加之中国当时动荡不安的时代背景,孕育了梅贻琦先生以通应万变的“通才教育”思想。通才教育致力于实现学生的全方位发展,追求知识的整体性以及知识之间的互通性,其必然包含了教师渊博的学识和高尚的品格基础。在“通才教育”教育思想的指导下,教师通过不断激发学生的学习兴趣,引导其自主性学习,从而实现学生的全方面发展。AILE-耦合模式下法学教育和人工智能的交叉融合要求法科生具备多个学科的专业知识,在一定程度上体现了梅贻琦先生“通才教育”的教育思想,在逐步引导学生探寻法学学科和人工智能之间内部交互性的过程中,实现培养“法学+人工智能”交叉融合卓越法治人才的教育目标。

(二)AILE-耦合模式的结构形态

AILE-耦合模式作为一种新型教育模式是建立在传统法学教育模式基础之上的一种范式。AILE-耦合模式主要包括培养卓越法治人才的教育目标、“法学+人工智能”交叉融合的课程建设为主的教育内容、系统化教育方式、综合性评价机制四个要素,耦合是指法学学科与人工智能之间的关系并不是孤立的,要在寻找共通性的过程中实现二者的深度融合,同时也强调了四个要素之间具有紧密的内在关联性。

AILE-耦合模式的任务是以培养“法学+人工智能”交叉融合卓越法治人才为教育目标,不可避免地带来法学教育内容、教育方式、评价机制等一系列相关要素的改革。首先,在教育内容上,打造“法学+人工智能”交叉融合的精品课程,丰富卓越法治人才的理论知识储备,服务于培养卓越法治人才教育目标的实现。其次,在教育方式上,贯彻罗杰斯“以学生为中心”的教育理念,主要体现在:将教师主导的灌输式课堂教学改为以尊重学生需求为主的“学生本位”,勇于打破硬性学科藩篱,鼓励跨学科式的综合性学习,为“法学+人工智能”交叉融合教育内容的实现提供了路径支持。最后,在评价机制上,根据科学客观的标准,通过考量各种因素和收集资料,就教师的教学质量和学生的学习效果进行检验,形成科学客观的综合性评价,为 AILE-耦合模式的具体建设提供基础的要素保障。

（三）AILE－耦合模式的三个转向

1. 人工智能知识向法学学科领域进化的开放性

AILE－耦合模式在坚守法学学科本位的同时，致力于实现人工智能知识向法学学科领域进化的开放性建设，培养适应智能社会需求的卓越法治人才。“法学＋人工智能”作为新型交叉学科，正逐步促进法律实践朝更加专业化、精准化、智能化、便利化的方向发展，如重庆法院“易诉”平台拓宽了电子诉讼服务新形态、江苏检察机关的“案管机器人”颠覆了传统的办案方式、上海“刑事案件智能辅助办案系统”连通了公检法三机关的办案平台、天津市智能立法平台提高了立法的科学化水平、浙江省高院与阿里巴巴依托审务云的合作提高了司法效率等，但是法律与人工智能结合的不充分性制约着人工智能法律服务系统的进一步发展。部分法律工作者需要掌握人工智能的基本知识和理论运作原理，才能更好地在人工智能进入司法领域的进程中发挥其监督和协助之功能。在2013年美国威斯康星州诉卢米斯案中算法的正当性曾遭到质疑，算法的专业性和不透明性阻碍了“算法是否具有正当性”的问题回复。依赖法律专业人士参与算法的设计，在技术上实现法律意义上的正当规则成为一种不可或缺的新思路。法学教育作为培养法律人的基础环节，不可避免地面临人工智能所带来的法学研究内容、研究方法、逻辑思维和知识结构的变化。因此，法学学科应当在充分把握法学学科发展方向的基础上，充分发挥学科之间的包容性和互通性，实现培养“法学＋人工智能”交叉融合卓越法治人才的教育目标，担负起为我国当前及未来的法治建设输出高质量法治人才的时代重任。

2. 理工科品质向法学教育融入的思路转变

卓越法治人才的理工科品质应当是具备强大的信息数据的法律分析处理能力，关注文理思维的碰撞，综合运用理工科知识的实践能力。一般意义上的法学教育注重法律基本知识和理论的讲授，围绕法条、解读法律为主要学习内容，这恰恰忽视了理工科品质在法学教育中作用的发挥。人工智能时代对法治人才提出了更高的要求，除法学基本理论、法律方法的学习之外，对法科生思维能力的训练也是教师在教学环节需要关注的。在致力于实现“法学＋人工智能”交叉融合卓越法治人才的教育目标下，理工科品质除要求对人工智能基本知识的掌握和运用能力之外，还要求探寻“法学＋人工智能”交叉融合的思维认知路径和逻辑判断方法。法学教育的理工科品质要求跳出常规法律学习的“舒适圈”，深入理解法学与人工智能相结合的方式和逻辑基础，进一步通过运用法律大数据完善对法律问题的认知与判断。AILE－耦合模式在法学教育教学的改革中转变传统教育思路，对法科生掌握和运用人工智能的基本知识和运作原理等提出了一系列新的要求,在教师教育教学和学生自主学习的过程中塑造法科生理工科品质并逐步提升其理性思维能力。

3. 法学与人工智能交叉融合向教育范式的持续拓展

“法学 + 人工智能”作为一门新型交叉学科,强调“多层次体系化深度融合”,但我国高校跨学科发展相对落后,跨学科呈现“复而不合”的尴尬境地,学科之间的交叉呈现封闭僵化的特点。[1] 张文显教授在接受访谈时也提及交叉学科发展滞后于经济社会的发展和法治建设,学科相对封闭,融合度低。[2] 跨学科建设作为国外教育发展的方向和热点,对我国当前教育教学的改革具有良好的示范作用,如 Kashiwa、Komaba 和 Hongo 是东京大学的三个校区,以 Hongo 校区作为传统学科的依托、Komaba 校区致力于跨学科研究,Kashiwa 校区打造了新兴学科。传统学科、跨学科和新兴学科组成了三级结构[3](见图 1),该校提倡学术融合的跨校区建设,学科间的交叉融合是现代教育改革的方向所在。由于每个学科研究对象以及解决问题的方法不同,各个学科之间存在一定的天然性学科壁垒。打破学科壁垒,并不是指各个学科之间的任意叠加或组合,而是整体意义上的耦合。法学与人工智能的交叉融合是学科知识内部的动态交互过程,是一种体系化、系统化融合,并不涉及学科理念和学科内容的冲突或对抗,在尊重学科自身规律的基础上,促使法学与人工智能的交叉融合具有一定的广度和深度。

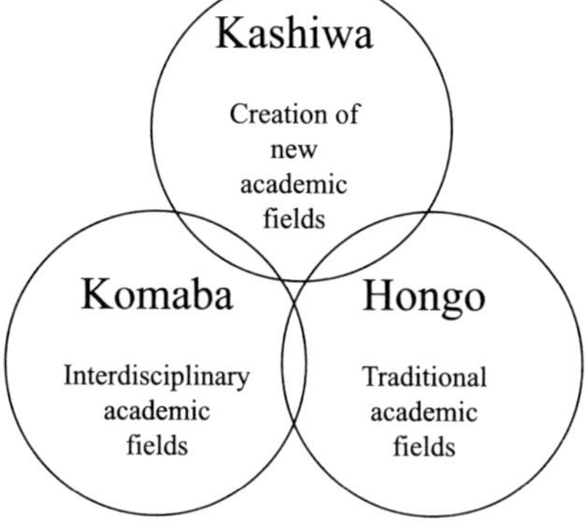

图 1　东京大学 GSFS 跨校区三级构造模式

[1] 参见刘海涛:《高等学校跨学科专业设置:逻辑、困境与对策》,载《江苏高教》2018 年第 2 期。

[2] 参见周杨:《在科学和法治的轨道上推进中国特色世界一流法学学科建设——张文显教授访谈录》,载《中国大学教学》2017 年第 8 期。

[3] About GSFS[EB/OL].[2019 - 11 - 2]http://www.k.u-tokyo.ac.jp/pros-e/index-e.htm.

三、理工类大学法学教育与人工智能交叉的实践和优势

各大高校在法学与人工智能交叉融合的初步探索中掀起了培养“法学 + 人工智能”创新型、复合型、应用型卓越法治人才的热潮。理工类大学(包括综合类大学的理工类专业)的天然优势使法学与人工智能的交叉融合更具有实际的操作意义。

(一)理工类大学法学教育与人工智能交叉的实践

理工类大学法学教育与人工智能学科的交叉融合是当前法学教育的全新抉择,法学教育与人工智能的交叉融合日益呈现,其实践类型有:第一,设立研究中心和实验室为法学与人工智能的交互提供智力支持。2017 年清华大学法学院设立法律与大数据研究中心、2018 年成立智能法治研究院。2018 年天津大学法学院成立中国智慧法治研究院,同年同济大学法学院成立中国法学会网络与信息法学研究会研究基地等。第二,新增课程、讲座等拓宽法科生对人工智能的思维认知。2017 级清华大学研究生培养方案将科技法讲座作为 2 学分的选修课程。天津大学法学院举办“新一代人工智能与法律规制”国际会议。同济大学法学院召开“人工智能与法律”学术研讨会等。北京理工大学法学院邀请德国法兰克福大学 Dr. Rolf Friedewald 教授主讲“人工智能与法律”的论坛等。第三,建立新型项目等探索人才培养新模式。2018 年清华大学启动“计算法学”全日制法律硕士学位项目进行法学与信息科学的交叉研究型学习。北京航空航天大学法学院将法学教育的改革定位于新型工业化背景之下,探索建立“标准化的常规培养”与“定制化的特色培养”相结合的人才培养模式,致力于形成“法学与科技产业结合”复合型法治人才培养机制。[1] 此外,综合类大学和政法院校也积极探索人工智能时代卓越法治人才培养模式,如西南政法大学成立人工智能法学院与人工智能法律研究院、四川大学设有法律大数据实验室、北京大学设立法律与人工智能研究中心、中国人民大学成立未来法治研究院、华东政法大学成立人工智能与大数据指数研究院等。四川大学法学院“法律大数据实验室”开设了人工智能司法应用的路径与前景、计算法学概论、深度学习概论等课程。复旦大学法学院举办“法律 × 人工智能——人工智能时代法律行业与司法的机遇与挑战”、吉林大学法学院举办“人工智能时代,法律人如何应对”、西南政法大学人工智能法学院举办“大数据与人工智能在法律中的运用”等讲座。2019 年 9 月,清华大学、上海交通大学、东南大学、华中科技大学、四川大学、西南政法大学六所高校法学院共同发起成立了中国计算

〔1〕 参见龙卫球、初殿清:《新型工业化时代的法学教育——以北航法学教育改革为个案》,载《中国大学教学》2017 年第 1 期。

法学发展联盟,在推动法律与信息技术交叉融合的过程中互相协作,为“计算法学”学科体系的发展探路。

(二)理工类大学法学教育与人工智能交叉的优势

以“法学+人工智能”为主要内容的“新法科”建设在理工类大学开设将最大化地发挥自身优势,主要体现在三个方面:第一,理工类大学丰富的理工科背景及沉淀,拓宽了法学教育的外延。第二,理工类大学的学习方式倾向于思维方式的训练,这种发散式思维与多向度视阈有利于法科生接受新鲜事物,不断地改变自身的内外部条件来适应外部环境的变化。第三,在人工智能时代下,理工类大学具有发展“法学+人工智能”交叉融合卓越法治人才的外部条件。理工类大学长期积累的理工科知识背景、文化氛围、馆藏资源等都是培养卓越法治人才的优势所在。理工类大学应抓住人工智能发展的时代机遇打造自己的特色法学学科体系,成为智能社会学科建设的创新型楷模,从而提高其法学专业的知名度和口碑,建设具有社会影响力的特色法学专业,高质量输出复合型法治人才。

法学教育与人工智能交叉融合的实践类型体现法学学科主动进入人工智能领域,寻求与人工智能知识相结合的尝试路径。理工类大学法学院通过设立与人工智能相关的课程、讲座、实验室和研究基地等在一定意义上推进了法学与人工智能的交叉融合,但不可否认的是,目前尚缺乏一套完备成型的以“法学+人工智能”为思路的新型教育模式,输出此类复合型人才的供给能力明显不足,因此我们有必要对法学教育与人工智能交叉融合的路径进行进一步探讨。

四、AILE-耦合模式建构的路径探索

人工智能的迅猛发展正挑战着传统法律服务市场的原本样态,对法治人才提出了更高的要求,AILE-耦合模式作为传统法律教育模式转型的路径之一,以理性的视角和多元化的思维方式探寻法学学科与人工智能的深度交叉融合,具体设计路径如图2所示。

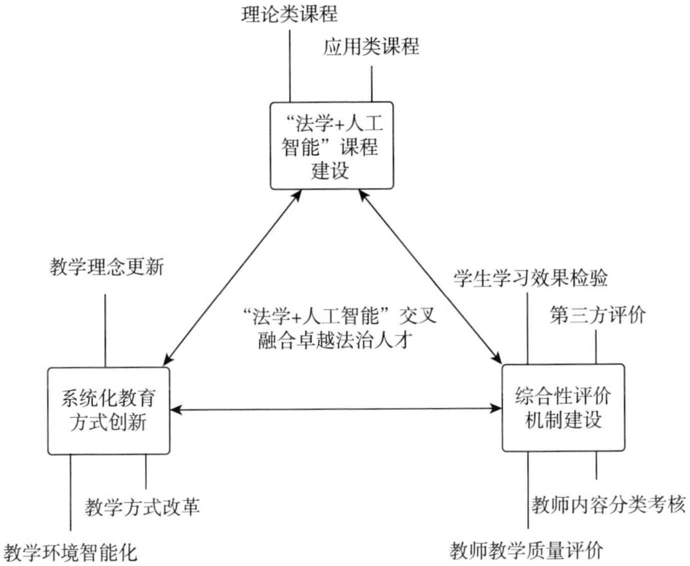

图2 AILE－耦合模式具体建构路径

（一）培养卓越法治人才的教育目标

教育的最终目的是培养完整意义上的"人"，除了身体上的完整，还有人的自我世界和外部世界的完整，即实现自我心理需求与外部环境的协调，以便于适应社会的发展。每个人都无法脱离社会而存在，法学教育必须联系外部世界，培养符合社会需求的法治人才，才能使法科生更加自信地融入技术变革的时代潮流中。人工智能时代法律职业面临多重挑战，部分重复性或辅助性法律服务工作者正在或将要被人工智能所取代。人工智能可以在自身系统和程序中囊括所有的法律规范、裁判文书、合同样本等并可以进行智能分析处理。法科生必须正视社会的转型期，仅仅以片面的学习法条、解读法律文本的学习方式恐难以满足社会对卓越法治人才的需求变迁。因此，法学教育必须及时调整思路，打破传统法学教育模式的桎梏，加快推进"新法科"建设，积极促进"法学＋人工智能"交叉融合卓越法治人才教育目标的实现。[1]

（二）"法学＋人工智能"交叉融合的课程建设

下面将对东南大学和美国斯坦福大学关于法学与人工智能的交叉融合的教育内容进行具体说明：

第一，以东南大学为例，东南大学是以工科为主要特色的综合性大学。

---

〔1〕 Edwina L. Rissland, Kevin D. Ashley, R. P. Loui, *AI and Law: A fruitful synergy*[*J*], Artificial Intelligence, 2003, 150(1): 1－15.

2017 年,最高人民法院在东南大学设立“人民法院司法大数据研究基地”。东南大学法学院致力于发展新型交叉性学科,在全国法学院校中较早开始探索以研究大数据司法为特色的新型学科领域。东南大学开设全日制法律硕士专业学位研究生,将大数据与互联网法学作为研究方向,法律大数据与人工智能导论作为专业基础学位课程,科技法学专题、法律大数据检索导论、法律大数据算法与逻辑等作为专业必修学位课程,探索培养复合型法治人才新模式。

第二,斯坦福大学被称为 21 世纪科技精神的象征,在发展计算机及现代信息科技产业方面独具优势,同时在法学教育与人工智能相交叉的研究领域中表现较为突出。斯坦福大学法学院已设有法律信息学研究中心(CodeX),其研究领域有:法律文件检索(Legal Document Management)、法律基础设施(Legal Infrastructure)、计算法学(Computational Law),以往开设的课程包括:法律信息学(Legal informatics)、人工智能的历史与哲学(The History and Philosophy of Artificial Intelligence)、法科技术与信息科学(Legal Technology & Informatics Class)、编程 = 法律(Code = Law)、计算机与法律(Computers and Law),同时设置了以法律和科技为研究领域的法学硕士(LLM in Law, Science & Technology)。综合东南大学和斯坦福大学法学院的具体课程设计,在 AILE - 耦合模式下法学与人工智能学科的交叉融合可以在原有法学基础课程上安排两大类课程。

第一类:法学与人工智能交叉融合的理论类课程。具体可包括:法律与人工智能的历史渊源、法律与人工智能的基本原理和理论、人工智能法律规制等。参照东南大学、斯坦福大学的相关课程,该类课程可选择性开设人工智能历史与哲学、人工智能与法律导论、法律信息科学、人工智能法律规制等。该类课程安排是为法学与人工智能的深度交叉融合搭建完整的知识框架,打通法学学科与人工智能之间的屏障,激发法科生主动学习人工智能相关学科的积极性。

第二类:法学与人工智能交叉融合的应用类课程。具体可包括:法律大数据、计算法学、智能法律服务系统应用等。参照东南大学、斯坦福大学、四川大学等高校的相关课程可选择性开设法律大数据检索、法律大数据算法与逻辑、人工智能司法应用前景、深度学习概论、计算法学等课程。该类课程着眼于人工智能在法律领域的深入推进,针对卓越法治人才提出的一项专业能力要求。法律与人工智能的结合不仅仅是一个应用领域,它的关注点还触及了人工智能的核心问题:推理、呈现和学习(reasoning,representation, learning)。AILE - 耦合模式立足于人工智能时代法律服务的实践需求,为法学教育与人工智能的交叉融合建构具体的课程内容,助力卓越法治人才教育目标的实现。

（三）系统化教育方式创新

1. 法学教育教学理念及时回应智能社会的现实需求

长期以来，高校自身对人工智能存在模糊认识，在一定意义上导致法学教育与人工智能交叉融合研究的教师队伍知识储备不足，从而制约法学教育改革思路的拓展。从客观角度分析，高校教师基本上接受的是传统法学教育，研究领域囿于法学理论的基本问题，对人工智能普遍缺乏深刻的认识，高校教师存在培养卓越法治人才能力不足的问题。从主观角度上看，法学院教师存在"想不想学"的问题，高校教师的研究领域往往限于特定范畴内的研究对象，其在自身研究领域颇有建树的情形下加入人工智能要素研究，增加了研究的难度和不可知性。

但是，事实上人工智能有别于其他技术工具的特征在于"智能"二字本身，人工智能历经六十多年的曲折发展凭借深度学习、人机协同、跨界融合等新特点以一种更深层次、更高水平、更具智能化的技术手段打破立法、执法、司法等各个体系的传统运作模式，未来我们也会迎来一个更强人工智能时代的到来。高校及教师应以积极的姿态回应人工智能的时代发展，在遵循法学本身内在规律的基础上肯定人工智能的发展对法律实践的促进作用，法学唯有跟上时代的发展才能焕发出新的前途。AILE－耦合模式下法学教育理念更多关注于社会的发展以及学生"学以致用"的实践能力，在重视法学与人工智能学科理论交叉融合的教育内容之外，引导学生关注无人驾驶、智能法律服务系统、智能机器人等的运作现状和原理，培养法科生独立思考和解决问题的能力。在人工智能时代下法学教育的教学理念有必要摒弃传统的"满堂灌式"的机械教学方式，以一种更加开放性的教学理念促进法科生思维方式的拓宽，实现法科生学习需求的及时满足。

2. 教育教学方式指引法科生关注自身发展

当前，培养学生跨学科学习、主动学习作为一种新的学习趋势，正逐步引导学生朝着终身学习的道路上逐步迈进。[1] 教师最首要的任务是使学生主动进入学习状态，继而才由教师因势利导，正如当前学者提倡的自主式探究学习法要求在教学上从原来的"教师为本"转变为"学生为本"。人工智能时代向人们的智力发出了挑战，这就要求每个人做好终身学习的准备，不断提升学习人工智能与法律相关知识的能力。AILE－耦合模式遵循"以学生为中心"的教育理念，法学与人工智能交叉融合的教学以学生为中心展开，尊重个体差异，关注法科生的学习需求。AILE－耦合模式致力于更新传统法学教育内容，提升法科

---

〔1〕 参见卢臻、覃淮宇：《高校法治教育的有效路径：自主式探究学习法》，载《广西师范学院学报（哲学社会科学版）》2018年第6期。

生主动建构自身学习经验和知识架构的综合能力。法科生从学校毕业不再意味着学习的结束,而只是新的学习的开始,终身学习的时代已经开启。

3. 人工智能时代教学环境智能化体验

AILE - 耦合模式下的法学教育方式,就是综合运用各种智能化、技术化的手段提高法学教育质量,实现培养卓越法治人才的教育目的。高校可利用人工智能技术辅助教师的教学与法科生的学习,打造智慧教室、智能辅助系统、智慧APP 等,营造一个互动式的学习环境,增强学生之间、学生和教师之间的对话。以北京航空航天大学法学院为例,该校在教学手段上致力于打造教学信息化建设,具体教学实践包括课程中心、智慧教室等。北京航空航天大学法学院的所有教师均需建设其所负责教授内容的"课程中心",课程实现全程在线化管理,同时引入教学软件平台的建设。此种做法类似于芝加哥大学法学院在课程中引入 Hot dpcs 等软件系统,要求法科生熟悉使用 1 ~2 个法律软件,以便于使学生做好科技时代下法律学习的改革性准备。

(四)综合性评价机制建设

传统意义上的法学教育评价机制亟须改革的原因如下:首先,对教师能力评价强调科研指标,导致教师过度关注自我的学术能力,轻视教学。其次,对学生学习效果的评价主要集中在理论层面,往往采取试卷考核的单一方式,忽视实践能力的考察。最后,完全统一化的教育评价标准阻碍了多元法治人才的建设,不利于创新型、复合型、应用型卓越法治人才的培养。当前在"法学 + 人工智能"交叉学科建设的呼吁下,各大高校仅仅达成了培养创新型、复合型、应用型卓越法治人才的理念共识,在具体的操作层面难免流于形式。法学教育评价标准的单一性是由我国法学教育内容、教育方式的"相似性"决定的,因此法学教育的改革是一项整体性的改革,是一个系统的工程。

AILE - 耦合模式下的评价机制主要包括以下四个方面。第一,教师教学质量评价。教师教学质量评价要尽可能细化各项评价要素,关注教师的教学理念、教学方式是否与人工智能的时代需求相适应,同时呼吁多方主体参与教师教学评价。高校教师可以使用特定课程管理系统(CMS)评价教师的教学水平。第二,学生学习效果的检验。在人工智能时代下,对法科生学习效果的检验突出考察法学学科与人工智能的交叉融合是否取得实质性效果,注重适用知识的灵活性与创造性,最终是否达到"法学 + 人工智能"交叉融合卓越法治人才的培养目的。第三,教育内容分类考核。根据法学教育内容的不同构建不同的评价标准,使评价要素具体可观。AILE - 耦合模式下的法科生学习内容可以存在差异,计算法学、大数据法学等在具体实践教学中可作为二级学科分别评价。第四,引入第三方评价。卓越法治人才的评价不仅仅依靠教育主管部门的评估,还需引入专业机构进行第三方评价,形成客观的评价报告,并据以衡量高校法学院法学专业的建设质量。AILE－耦合模式下的评价机制应在关注法科生自身的发展和进步的同时,着眼于教师后续教学的改进和提高。[1]

结　语

当前处于人工智能2.0阶段,人工智能的发展还存在一定的局限性,其辅助性特质决定其无法考量价值判断范畴内的道德、情理、伦理等,这是人工智能目前不可完全取代运用法律思维进行工作的法律职业人的根本原因,因此我们不可过分夸大人工智能的积极作用而否认法学专业本身所独具的专业性和伦理性。但是不可否认的是深度学习正加速推动社会智能化的进程,因此我们有必要对人工智能产品进入法律领域的客观现象进行整体性反思,除考虑人工智能便捷高效地满足于法律服务市场的短期需求外,其背后隐含着对创新型、复合型、应用型卓越法治人才的深层次要求。法学与人工智能交叉融合是在法律领域内人工智能以一种更加便捷、可视化的方式协助法律的良性运作,二者相辅相成共同保障法律制度的实现,助力中国特色社会主义法治国家的建设。

2018年教育部发布的《普通高等学校法学类本科专业教学质量的国家标准》规定了法学专业核心课程采取“10＋X”分类设置模式,其中“X”指各院校根据办学特色开设的其他专业必修课,该标准在一定程度上放宽了大学课程设置的自主权,为人工智能与法学学科教育的结合提供了一定的外部基础。理工类大学可以促进法学院与计算机院的交流与合作,积极引进研究“法学＋人工智能”交叉融合的国内外专家共同助力打造法学类人工智能精品课程,上传网络实现资源共享,助力推进“新法科”建设,创新人工智能时代的法学教育模式。AILE－耦合模式作为一种法学教育新范式,通过细化法学教育的四要素,实现法学学科与人工智能知识的体系化深度融合。法科生应采取开放的心态来看待智能社会的发展,不断提高法学和人工智能交叉融合的理论水平和实践能力,突破思维瓶颈。高校作为输送人才的第一堡垒,应引领法学教育,抓住人工智能发展的重大战略机遇期,加快推进创新型国家的建设,适应智能社会法律服务的新形态。

---

[1] Ronald W. Staudt, Andrew P. Medeiros, *Access to Justice and Technology Clinics: A 4% Solution*[*J*], Chicago-Kent Law Review, 2013,88(3):695－727.

“人工智能 +”背景下法学教育的挑战与机遇*

赵银仁　刘春莹**

摘　要：第三次工业革命蓬勃发展，人工智能凭借先进的信息技术在短期内快速发展，深刻影响当下的人类社会。在人工智能迅速发展的语境下，法律领域受到了深刻的影响，法律行业对于从业者的需求发生变动。一方面，传统法学交易模式无法适应人工智能冲击下的社会需求，法学教育模式亟待改变。另一方面，近年来我国提出建设社会主义法治社会的目标，也要求法学教育对时代需求做出积极的回应。基于此，为了进一步适应社会需要，法学教育需要改变传统的“填鸭式”教育模式，朝着培养复合性、职业化、理论化、实践化人才的方向发展。将人工智能为法学领域带来的挑战转化成机遇，运用人工智能拓展法学教育新领域。

关键词：人工智能　法学教育　法律人才培养

引　言

信息时代迅猛发展，带领人类进入第三次工业革命时代，信息浪潮席卷全球。人工智能本身就是一个模拟人类能力和智慧行为的跨领域学科。作为集研究、开发、应用、模拟于一体，能够延伸和扩展人的智能的理论、方法、技术的一门系统性的技术科学。人工智能凭借先进的信息技术迅猛发展，跻身世界三大尖端技术之一，正在深刻地改变当下的经济关系、政治关系、社会关系的法律结构和形态，将人类带入一个崭新的人工智能时代。〔1〕 人工智能在法学领域的运用对法律行业的运行模式产生极大的冲击，而法学行业运行模式的变动将及于对法学人才的需求变动，引发法学教育转型“阵痛感”，为法学教育带来更

---

* 本文系江苏省社会科学基金项目研究成果（项目编号：18FXC001），中央高校 B210207057 的阶段性成果。

** 作者简介：赵银仁，河海大学法学院讲师；刘春莹，河海大学法学院本科生。

〔1〕 参见齐延平：《论人工智能时代法律场景的变迁》，载《法律科学（西北政法大学学报）》2018年第4期。

多的冲击与挑战。人工智能为法律领域带来问题与挑战的同时,也为法学教育的结构优化、教学模式转型升级指引了新的方向。

一、人工智能在法律领域的应用与挑战

(一)人工智能在司法实践中的应用

人工智能能够提高办案效率从而降低司法救济成本,司法救济成本的降低能够推动司法公正的实现。以美国为例,每年律师事务所的客户为法律检索平均花费的成本高达840万美元,80%以上的美国人支付不起律师代理费,司法救济成本居高不下。在这样的背景下,人工智能律师应运而生。基于IBM Watson计算机系统的ROSS人工智能机器人律师可以通过深度学习研究法律条文、判例法及司法解释,并利用研究结果更新自身的信息,不断提高检索能力。〔1〕人工智能在司法工作中发挥的效用,不仅可以有效减少律师在查询资料等基础性工作中耗费的时间成本,也能使律师有更多的精力投入复杂的案情与逻辑分析之中,为案件的解决提供更多思路。由于司法案件本身具有复杂性以及法律内在精神存在高度抽象性,人工智能在司法领域的运用目前仍主要集中在较为简单的司法工作中。人工智能在证据的收集、案例分析、法律文件阅读与分析、数据库的建立等简单的基础性前期准备工作中的应用,已成为不可逆的时代趋势。人工智能在司法实践中的运用,为司法救济的有效实现提供了新思路,也为降低司法成本、合理配置司法资源提供可能性。

司法公正的实现与司法效率密不可分,目前司法领域大多仍依赖于投入大量人力资源以期实现司法正常运作。人力资源大量投入导致人力成本的负担巨大,进而引发司法周转效率低下、司法成本高昂等问题的产生。只有当司法效率达到一个较高的水准,我们所追求的司法公正才具备实现的可能性。人工智能律师的出现为司法成本的降低提供了可能性,也为更好地进行司法救济创造条件,从而使法律能真正成为维护国家稳定,促进社会发展,保障人身自由,维持社会秩序的工具。人工智能的法律援助,将促进司法可得性,帮助消除司法鸿沟。〔2〕

除此之外,人工智能在我国司法领域的应用也为我国的法治建设提供了新机遇。2016年"智慧法院"建设纳入《国家信息化发展战略纲要》《"十三五"国家信息化规划》。2019年2月,《人民法院第五个五年改革纲要(2019-2023)》

〔1〕 参见赵艳红:《人工智能背景下法学高等教育的改革》,载《北京航空航天大学学报(社会科学版)》2020年第5期。

〔2〕 参见曹建峰:《"人工智能+法律"十大趋势》,载《机器人产业》2017年第5期。

发布,提出要“构建中国特色社会主义现代化智慧法院应用体系”。[1] “智慧法院”的建设在提高司法效率,化解司法资源与司法救济请求的矛盾,对于减少司法资源的浪费等问题有重大意义。

作为定分止争,维护正义的终局性、公权救济机制,司法以公正为其最高理念。司法公正可谓是“司法机关的灵魂和生命线”。[2] 司法公正有双重的内在意涵,既指司法处置的实体公正,也指司法活动的程序公正。[3] 程序公正有赖于程序效率的实现,“智慧法院”通过提高程序效率从而减少对司法资源的占用与浪费,为实现程序公正提供可能性。随着时代的发展,人口增长以及商业高度繁荣,司法救济请求需求不断增加,而司法资源有限,无法及时有效地提供救济,实现程序正义成为司法实践中的棘手问题。而“人工智能 +”的出现为实现司法程序正义带来契机。

(二)人工智能在法律领域带来的挑战

1. 人工智能在法律职业带来的挑战

(1)对法学毕业生就业的挑战

人工智能时代的到来使海量信息可视度与透明度大大提高。知识可达性提高的同时引发了“文化下移”的现象:大量非法学专业的劳动者挤入法律领域,人人都可以自称为“法律人”。一方面,我国本身法律领域建设起步较晚,国家对于人才“速成”需求急迫,大量非法学专业学生涌入法律领域,法律职业“门槛”被大大降低,一大批“速成法律人”涌现。另一方面,法治建设不断推进,法学专业大量在各大高校开设,很多法学专业的本科生面临严峻的就业压力,这种就业环境主要是社会、学生自身和学校等因素相互影响的结果。[4]

在“速成法律人”大量涌现的背景下,国家仍对法学本专业学生采取“厚基础,宽口径”的培养模式,在本科教学中过程中发散性高,涉及面广而不够深入,这就导致法学专业培养的对口人才不足,法学专业毕业生无法有效满足司法实践所需,在司法实践中被淘汰。在法学领域“输入率”持续走高的同时,满足司法实践所需的法学专业人才“输出率”保持在一个较低水平,大量法学专业毕业生因无法适应法律领域实际工作的需求而被迫“出局”。法学专业毕业生就业率持续走低的同时,法学专业人才供不应求。在法学专业高“输入率”,低“输出率”的背景下,法学专业一度成为“难就业”专业的“领头羊”,“就业

[1] 黄玉芬、张迅雷:《智能技术在智慧法院建设中的应用研究》,载《河北软件职业技术学院学报》2020 年第 3 期。

[2] 参见陈光中:《刑事诉讼法》,北京大学出版社 2016 年版,第 12 页。

[3] 参见龙宗智:《影响司法公正及司法公信力的现实因素及其对策》,载《当代法学》2015 年第 3 期。

[4] 参见宋莹莹:《法学专业本科生就业现状与对策研究》,载《商》2016 年第 11 期。

难”问题令不少法学生如鲠在喉。

尤其在现代社会中,信息技术发展迅猛,人工智能在多学科已经取得了广泛的运用,在一些前沿工作领域,人工智能带来的“无人化”“智能化”“自动化”对行业的冲击巨大。以往依赖于基础人力的工作被人工智能轻易替代,甚至一些在公众看来具备较高技术含量和人才需求的工作岗位,都隐含着被人工智能替代的风险。如具备自然语言处理技术与自我学习能力的“写稿机器人”撰写文稿能力在某种程度上已超自然人编辑。[1] 由此观之,法律领域大部分工作被人工智能替代是时代趋势所在。法学生“就业难”问题需要从根源上着手,对传统的法学教育模式作出改变。

(2)对法律行业基础性从业者职业的挑战

纵观人类历史,每一次技术革命都会带来不同程度的人类社会分工和职业的兴衰变迁。[2] 信息时代的全面推进,人工智能对法律行业基础性工作的高度替代能力,引发了部分法律从业工作者的焦虑与对职业前途的担忧。人工智能技术不断成熟与发展,将对基础性法律行业工作的从业者产生一定程度的挤兑。人工智能能够代替法律工作者完成绝大多数机械性、重复性的工作,对于基础案件的整理,基础合同的订立等简单的法律工作依靠人工智能完全足以实现。除此之外,由于人工智能系统具有稳定性与统一性,在强大的算法逻辑支持下,其工作的完成度,甚至胜于相关法律从业工作者。法律行业基础性从业者极可能受到人工智能的挤兑乃至于最终淘汰,人工智能在法律领域的应用,无疑会对基础性法律行业产生冲击。

2. 人工智能的局限性带来的挑战

德国社会学家乌尔里希·贝克曾经提出,任何新兴技术的诞生与运用在给人们带来机遇与便利的同时,也可能产生风险与制造挑战。[3] 人工智能在实践与理论上自成系统,能够模拟人的思维过程和智能行为。不同于以往的工业机器仅限于简单的重复劳动,人工智能在模仿人的思维与智能基础上为人类带来更加高效精确的服务,其范围早已远远地超出计算机科学的范围。尽管如此,人工智能技术目前仍处于不成熟阶段。技术的成熟需要不断在失败与错误中发现问题,修正错误的过程也是技术进步的过程。在人工智能技术达到成熟阶段前,各种问题不可避免。人工智能在伦理情感方面的缺失,使人工智能在面对复杂案件时,仅能凭机械化直接性的算法逻辑推导出结果。而现实中的法

〔1〕 参见项贤明:《论大学的祛魅及返魅的可能》,载《高等教育研究》2017年第8期。

〔2〕 参见张恩典:《人工智能时代法律职业的变迁与法学教育变革》,载《法学教育研究》2020年第1期。

〔3〕 参见[德]乌尔里希·贝克:《风险社会》,何博闻译,译林出版社2004年版,第39页。

律案件往往并不是“非黑即白”,其中有许多需要法官进行自由裁量的部分。而人工智能对人类情感、道德伦理等方面的感性认识缺乏,无法通过对人伦情感进行价值衡量后做出正确价值判断与价值选择。人工智能在伦理方面的残缺,对人类社会而言将造成极大的挑战,因而人工智能在伦理方面的缺失要求必须有相应的专业性人才进行填补。

与此同时,人工智能在法学领域的运用带来的法律领域缺口,也引发“算法黑箱”等争议性问题,加大了司法领域的不透明性与不确定性。早在30多年前英国的著名法学者Susskind在其著作《明天的律师:预见你的未来》中即认为,律师行业200年之内变化最大的即是人工智能,面对全新的问题与挑战,法律是否能提供妥当的解决方案?[1]人工智能技术的发展引发的一系列对法律制度的思考,如人工智能的知识产权等问题,对于现实社会的意义是巨大的。无论从何种意义上来说,人工智能将为法律领域带来一定的冲击与挑战。而法律领域受到的冲击与挑战也将及于法学教育领域。

除此之外,人工智能平台的构建,海量资源的可见性大大提高,而目前没有相对有效的精确筛选方式。信息爆炸带来了更多的不确定,知识谱系更新速度加快,众多信息混淆视听,影响人的判断力。信息爆炸的背景下教师传道授业解惑的主体及其权威地位不断被削弱。人工智能技术的发展特别是非侵入性脑机接口结合人工技能技术而诞生的新型“教师机器人”足以撼动传统教师的教育主体地位。[2] 人工智能的发展与运用在当代人类社会带来的种种,既发起对法律领域的挑战,也为法律领域从业工作者带来冲击与挑战,从而对法学教育提出更高要求。转变法学教育发展方向,培养复合型、专业化法律从业工作者成为时代发展趋势。虽然目前人工智能仍存在一些局限性,但是我们需要发挥主观能动性,克服局限性,从而更好地利用人工智能,促进法学教育的升级转型。

二、“人工智能+”背景下法学教育转型的必要性与机遇

(一)“人工智能+”背景下法学教育模式转变的必要性

教育方式和教育理念对于可否造就真正能服务于社会的人才至关重要。法律具有相对的稳定性与一定程度上的滞后性,对于时代与社会的变革只能被动地作出响应。法学教育领域不同于法律,它要求更加积极主动地适应时代,培养时代所需要的人才,并将人才投入于司法实践之中。人工智能时代已经开

---

[1] 参见邢琤:《变革与挑战:当法律服务邂逅人工智能》,载《上海信息化》2018年第2期。

[2] 参见董毅智:《法律AI冲入法界,人工智能下的法学何去何从?》,载搜狐网,https://www.sohu.com/a/215733769_116132,最后访问日期:2020年11月1日。

始,时代发展趋势不可逆转,法学教育也必须顺应时代发展潮流,任何学科不可能游离于时代潮流之外。时代的发展也必然地要求法学模式在其传统教学模式基础上做出改变。传统法学教育缺乏对于法律理论的研究,秉持注重对于法律技能训练的教育理念与机制,却又忽视培养法律技能的有效训练,在法律实践教育上有很大的缺口。

在这样一个颠覆与创新的时代,人工智能塑造着一个全新的社会,引发了远比农业革命和工业革命更为深刻的重大社会变革。[1] 在这样的背景下,"人工智能+"成为不可避免的话题与时代趋势,也成为构建智慧时代不可分割的一部分。在一些发达国家中,人工智能技术已经开始在一些司法诉讼过程中发挥较为核心的作用。人工智能不仅能帮助律师完成一些重复性机械工作,在一些案件中,甚至能提供一些简单的解决争端的建议。一些律师事务所还会运用人工智能技术智能匹配客户群体,通过分析法院判决数据以评估客户胜诉的可能性。在一部分司法案件中,人工智能还能对案件案情进行有效划分,完成分析任务的自动化。人工智能在法律领域的广泛运用,必将带来法学行业的新业态,推动司法实践新模式的发展,这就要求法学教学中更加重视实践教学。

人工智能时代两个最突出的表现是传统工业社会为主导的制度体系的变革以及传统物理空间的变化,这种变化对法律的结构性影响不断加快、加深。[2] 狄更斯在他的《双城记》中言及:"这是一个最好的时代,这是一个最坏的时代。"法学教育在人工智能时代浪潮中亦是如此,虽然有种种风险,不断地带来冲击与挑战,但对于法学专业教育而言既是危机,又是机遇。问题的发现是不断完善发展最终走向完美的基础,法学教育目前仍处于未完全成熟的状态,传统教学模式的残缺让我们在应对人工智能带来的冲击所做出的反应十分被动,由此带来的"阵痛感"也倒逼法学教育发展不断走向成熟。为了适应时代需要与社会需求,法学教育模式必须做出一定的转变。

法律为了实现秩序,提出需要具有理性价值的初级要求。法律以正义作为它的评价标准,其目的是实现人的自由。法律的秩序、正义、自由需要通过司法公正加以实现。司法公正需要有司法人才进行保障。传统法学教育采取的"厚基础,宽口径"培养模式难以培育具有职业素养的顶尖专业法学人才,成才率低也是目前法学教育的一大"瓶颈"。人工智能时代的到来,使法学教育内部的矛盾被激发,法学教育的发展亟待法学教育模式的改变。

---

〔1〕 BAYNE S., *Teacherbot: Interventions in automated teaching*, Teaching in Higher Education, Vol.4, 2015.

〔2〕 参见冯果:《大数据时代的法学教育及其变革》,载《法学教育研究》2018 年第 2 期。

(二)“人工智能 +”背景下法学教育转型的机遇

1. 人工智能为法学实践教学提供机遇

教育的根本使命在于人才的培养。人才最基本的评判标准是其能否适应社会发展的需求、是否具备融入社会的能力。[1] 传统法学教育偏重理论教学,教学过程中的实践性有所欠缺。人工智能技术的应用,为弥补法学实践教育的缺口提供了机遇。依托人工智能构建的 VR 智能模拟法庭和 VR 智能教学系统,不仅能够为学生提供相对真实的实践平台,还能对学生进行职业实训。人工智能技术通过构建真实的环境,使学生身处其中能够直接代入法官、律师、检察官等法律从业者的身份,并模拟司法实践的过程。学生通过“沉浸式”的实践体验能够更好地掌握庭审程序,从法庭调查到法庭辩论,学生亲历的每一个庭审阶段都能给学生带来书本上永远无法学到的知识。在通过人工智能技术模拟司法审判的过程中,也能够提高学生在实践中发现问题、解决问题的能力,从而有效地提升学生的专业技能,为培养法学实践人才奠定基础。

人工智能技术除了应用于为学生搭建实践平台的过程中,在对实践效果的评定与数据的分析之中也能够发挥更大的效用。人工智能能够利用学生实践过程中的一系列数据,依托强大算法逻辑支撑,通过比对计算对学生的实践活动进行效果评定。依此找出学生在接受实践教育的过程中的问题所在,并在此基础上进一步优化实践教学方案,从而提高实践教学的质量,使实践教学落到实处。由此观之,人工智能在实践教学中的应用,为法学实践教学的实现提供了新的机遇。

2. 人工智能为提高教学质量提供机遇

人工智能在法学教育领域的运用,也为提高教学质量提供了新的机遇。传统的案例教学往往因为案例的记载不全面,资料欠缺等问题而影响实际教学效果。人工智能在法学教学过程中的应用能很好地解决这一问题。依托人工智能构建的数据库能够将大量司法资料与实际案例进行整合。海量可供查询的数据为法学教学过程中具体的案例讲解补充更多的参考与借鉴资料。数据库的建立,不仅能够提高教师传授知识的精确度与教学资料查询的效率,还能给予学生更多思考与拓展的空间,激发学生的兴趣,提高学生对知识的掌握程度,从而提高教学的质量。

与此同时,依托人工智能系统构建的教学辅助工具,不仅能帮助高校教师在教学过程中计算抬头率,出勤率,还能通过数据分析帮助教师及时了解学生的知识掌握程度,对于提高师生“交互式”沟通具有重要意义。人工智能辅助

[1] 参见马长山:《面向智慧社会的法学转型》,载《中国大学教学》2018 年第 9 期。

教学工具的使用也为实现教师及时对学生反馈的问题进行解决提供可能。总而言之,人工智能教育辅助工具在法学教育实际教学中的运用对提高教学的质量和效率,提升高校学生获得感,促进学生素质全方位提高有重要作用。

除此之外,人工智能还能构建虚拟场景教学,突破时空界限,为学生营造真实的场景,让学生在司法实践中体会法律的本质,领悟法的精神。利用人工智能构建的虚拟场景教学,能够提高教学的趣味性与实践性。使法学教学不再单纯是枯燥的名词讲解与法律法条的分析。学生在能相对真实的场景中能身临其境地做出反应,从而更好地融入课堂,提高课堂参与感,激发学生的学习兴趣,从而提高教育的质量与水平。

3. 人工智能为个性化教学提供机遇

个性化学习以反映学生的个性差异为基础,需要对每个学生的不同情况提出不同的培养方案。在传统教学中,个性化教学往往受制于教师资源不足、信息整理困难、学生反馈不及时等而无法实现。人工智能技术的应用,为教学个性化的实现提供了机遇。只有学生本人才真正了解自己学习过程中的薄弱之处和问题所在。在过去,学生缺乏自我学习、自我完善的个性化学习渠道,而智慧法学教育平台的构建,为"精准教育"的实现提供可能。法学专业学生可以通过智慧法学教育平台查询到大量的案例与完整的法律条文。从而针对自己薄弱的部分进行系统的学习与弥补。人工智能技术的出现使学生的个性化学习可达性大大提高。

除此之外,在法学教学过程中,教师作为人类精力有限,无法对每个学生进行细致的了解并在此基础上建立个性化培养方案。人工智能却能够代替教师完成这一工作。人工智能能够通过对学生进行各种数据的细致采集并且经过复杂的算法分析,掌握学生的学习习惯与思维惯性,发现学生在学习过程中的问题所在。基于此,建立适合不同学生的不同培养方案,从而帮助学生有针对性地解决问题,实现"精准教育"的目标。由此观之,人工智能在法学教育领域的运用,能够为个性化学习的实现提供可能。

4. 人工智能为协调分配教育资源提供机遇

我国高等教育事业起步较晚,法学教育的发展更是相对滞后。法学教育资源有限,并且区域间分配极不协调。人工智能的出现,有利于教育资源分配不协调问题的解决。依托人工智能技术推出的教育机器人,不仅能够高水平完成教学任务,还能够帮助学生及时解决教学过程中的问题。由于教育机器人有强大的算法逻辑和计算能力的支持,其教学质量与教学水平能够有一定的保障。在法学教育资源相对匮乏的地区投放人工智能法学教育机器人,将有助于改变法学教育资源地区分布不协调这一现状,为教育资源的合理分配提供机遇。

三、“人工智能＋”背景下法学人才培养新方向

(一)重视培养“人工智能＋法律”的复合型人才

在我国传统的法学教育体系中,仅仅在大学四年学习的法律知识,这样的人才很难适应人工智能下的新型法律应用状况。[1] “人工智能＋”作为不可逆的时代潮流,要求法学教育领域做出积极的回应。法学教育只有将培养复合型人才作为重中之重方能顺应时代潮流,回应时代的呼唤。跨学科、跨领域的协同创新既是科学发展新的增长点的基础,也是培养具有创新精神和创造能力人才的重要途径。[2] 人工智能时代的到来,使人机协同应用于司法实践日益常态化。一方面,司法实践中,法律领域从业者必然无法跳出人工智能框架。从分析案情到数据比对,从精准匹配用户群体到案件胜率的分析,人机协同将对司法实践产生深远的影响。另一方面,随着人工智能与法律的不断融合,法律人工智能创业类公司不断涌现,司法机构、法律服务机构不断引进法律人工智能产品和系统,法律人工智能从业者不断增加。[3] 并且已在智能辅助量刑、法律检索与咨询、合同起草与审查、案件预测等方面得到了大量的应用,其对法律职业的影响日益增强。[4] 基于此,要求法学专业学生对于人工智能领域的基础知识需要有一定掌握与了解,以期更好投入司法实践,提高司法效率,促进司法公正的实现。

2017 年 7 月 20 日,国家人工智能战略《新一代人工智能发展规划》提出了“人工智能＋X”的复合人才培养新模式,法学赫然在列,这是国家在向法学教育与法律领域释放的强烈的改革信号。我国的诸多知名高校对此也做出了积极的响应,西南政法大学成立了全国首个人工智能法学院;北京大学也成立了法律人工智能实验室和研究中心;中国人民大学法学院成立未来法治的研究院。从这些法学领域国内顶尖学府对人工智能时代的积极响应,我们也得以窥见,培养“人工智能＋法律”的复合型人才已为法学教育领域的大势所趋。这既是高等教育立德树人的根本任务在法律人才培养中的具体化,也是对以往法学人才培养中“育德”不足的纠偏。因而,法学教育需要重视对“人工智能＋法律”的复合型人才培养,在引导学生对人工智能的基础算法,核心思维和运作

---

[1] 参见薛应军:《应增设“人工智能＋法律”课程体系——北京化工大学文法学院副院长薛长礼谈智能时代的法学教育》,载《民主与法制时报》2018 年 8 月 16 日,第 5 版。

[2] 参见王渊、吴双全:《“互联网＋”时代法学教育变革研究》,载《高教探索》2019 年第 7 期。

[3] 参见韩大元:《跨学科教育与研究:新时代法学学科建设的实现路径》,载《中国大学教学》2018 年第 4 期。

[4] 参见贾引狮:《人工智能对法律职业的影响与法学教育面临的挑战》,载《法学教育研究》2018 年第 3 期。

方式进行掌握的同时,对人工智能技术内在精神的考量也必不可少。更重要的是,法学专业学生需要对人工智能衍生品能够熟练地运用,使之有效地服务于司法实践,最终实际落实于司法公正的实现。

(二)重视培养职业化法学人才

人工智能技术目前还未达到完全成熟的状态,其自身仍存在局限性,因而人工智能无法、也不能完全地替代职业化专业化的司法工作者。人工智能在法律领域带来的冲击与挑战,使法律行业基础性工作的从业者失去竞争力,倒逼法学教育对专业人才培养的进一步发展。当今时代下人类社会对职业化人才的刚需,要求法学教育更加重视培养职业化的人才。

就西方发达国家成功的法学教育为例,以实体法为基础的大陆法系与以判例法为基础的英美法系采取了不同的教育模式。[1] 不同法系的国家针对法学教育培养的方向与目标是不同的,在法律领域的司法实践也是不同的。英美法系国家法律渊源更加灵活,抗辩式诉讼程序与陪审团制度的存在使英美法系更加重视法律职业人才培养。在这种制度下,学生的实践能力得到了发展,并且与学生的才能相适应,发展方向也符合他未来的任务和特定的工作要求,这些工作就是他今后要从事的工作。[2] 在美国,法律职业教育是被定位在本科之后的研究生阶段的。同时,美国法学院只招收已在大学完成历史学、政治学、经济学、文学等专业并且取得学位的学生,抑或学习数学等自然科学并且取得理学学位的大学毕业生。美国的法学教学的目标是为促进律师职业发展或者为法律职业而做准备,是一种典型的律师教育。在此基础上美国的法律构建以律师为美国法律职业的基点,把检察官当作是国家机关聘请的政府律师,法官作为相应的法律职业管理者而存在。法律职业高度职业化,使其被人工智能替代的可能性大大降低。

人工智能技术无论如何发达,都不可能完全替代人类而完成所有的行为,尤其在法律领域,司法运行中的价值判断与价值选择,无论在何种情况下都不能完全地由人工智能替代人类做出决断。但是人工智能对在司法实践中较为基础的,不需要经过系统的司法技能训练的准备工作能实现高度的替代。因此,专业职业技能不足的法律从业者其在司法领域中被替代的可能性极大。

传统的中国法学教育模式,更加注重学生全面发展,要求学生对法律领域多学科全面覆盖。人类本身精力有限,无法像人工智能一样依靠强大的算法模式,将海量的数据精确高效地装入大脑中并能在需要的时候立刻调动。这种

---

〔1〕 参见曹建峰:《"人工智能+法律"十大趋势》,载《机器人产业》2017年第5期。

〔2〕 参见李若瀚、王宝磊:《中西方高等法学教育模式的差异及启示》,载《知与行》2018年第6期。

“宽领域”的教学模式使专业化人才稀缺。“人才”应当是在某一领域投入大量时间精力后,在其所在领域有一定的突破与发展的专业化的人才。要求法学学生在每一门学科专业课上都有所造诣是不切实际的。人类的精力、时间有限,将有限的精力与时间投入到多个学科将降低在单独一门学科中深入研究思考的可能。在这样的教育模式下,培养出更多看似样样精通实则样样都不精的“庸才”而非专业化的“人才”。因而,不立足于实际而采取“一刀切”的传统法学教育培养模式显然无法适应未来司法领域对于法律人才的需求,中国传统法学教育模式亟须转变。

党的十八届四中全会要求法学教育要培养懂国情,能贯彻中国特色社会主义法治理论的法治人才,这一目标决定了法学教育未来的教育模式就是职业教育。[1] 为了培育能够更适应未来司法实践领域的合格从业者,人才职业化培养必不可少。为了更好地进行职业化培养,除了像美国一样实行法学教育的律师化,延长本科阶段的法学教育时长也能起到一定效果,法学专业学生能有更多的时间去思考和探索法学领域的知识,也将投入更多时间精力在本专业的学习之中。

(三)重视培养法学实践人才

人工智能技术的发展使知识可达性大大提高,知识获取渠道拓宽的同时,通过实践获取知识的必要性似乎大大下降。而法学作为一门实践性极强的学科,脱离实践而谈教育是万万不可的。2017 年 5 月 3 日,习近平总书记在中国政法大学考察时提出:“法学学科是实践性很强的学科,法学教育要处理好知识教学和实践教学的关系”[2],为法学教育领域指出了一定的方向。职业化法学教育,指法学教育要培养学生运用法律解决实际问题的能力,在此过程中重点培养学生解决问题的能力。[3] 法学教育培养的人才将来都是要投入司法实践之中的,法学作为一门实践性极强的学科,要求在法学教育中注重对学生的实践培养,重视对学生的法律职业技能训练。我国法学教育与法律职业长期脱节,法学教育重视培养学生对法律基本原则等内在的法律知识体系的掌握,缺少对学生进行实务性的培养。有学者悲观地预计,三年之内,现有的法学院如果不顺应形势进行深度课程改革,加入智能科技课程内容,将导致大量的法科

---

[1] 参见徐显明、黄进、潘剑锋等:《改革开放四十年的中国法学教育》,载《中国法律评论》2018 年第 3 期。

[2] 申卫星:《人民日报新知新觉:积极推进法学教育改革创新》,载人民网,http://opinion.people.com.cn/n1/2017/0609/c1003-29327888.html。

[3] 参见李海龙:《对我国高等法学教育的反思》,载《现代物业(中旬刊)》2012 年第 2 期。

研究生缺乏必要的谋生技能,毕业之日就是失业之日。[1] 法学专业的特殊性要求从业者有相当的经验积累,这些是课堂之内无法获取的,只有在无数次司法实践中总结回溯才能够得到。

事实上,法学教育的精英性导致法学人才与社会需求之间的独特的供需矛盾,供远大于求但所需非供。[2] 中国法学教育的培养模式并不足以为司法实践输入足够的人才,导致大量法学教育培养出来的人才无法有效应用于司法实践之中,造成教育资源的浪费与法学人才资源的浪费。人才供不应求的同时带来的是司法运转周期过长,司法效率低下,司法资源不足等问题的发生,法学教育模式的转变迫在眉睫。对于法学专业在校生可以更多开展课堂之外的实践活动,如开展模拟法庭或者结合人工智能技术发展虚拟 VR 法庭,使学生在模拟司法实践的过程中逐步积累经验,提升法律专业技能。

在目前的人才培养模式下,培养理念与目标陈旧、培养实践资源匮乏、培养评估体系滞后都对人才培养模式的变革形成阻碍。[3] 高校应该更加注重对于学生课外进行实习的要求,甚至可以强制性要求学生进行实习。传统的学生实习可能更多地流于形式,学生实习的选择面狭小,难以找到兴趣所在,对实际专业素养的提升帮助不大。而人工智能的到来为法学实践人才培养的困境提供了新出路。运用人工智能技术能有效整合实践单位信息,给学生提供更多的实习机会选择。与此同时,运用人工智能技术还能计算出最适合学生的实习选择,避免无意义的实践工作,提高实践的效益,从而更好地培养法律领域的实践人才。

(四)重视培养法学理论人才

人工智能自身仍存在较多的局限,对于法律仅能掌握条文本身而无法深入了解法的精神与其背后的价值内涵。人工智能对事物的评判更多趋向于"非黑即白",而没有能力进行价值判断与中和协调。人工智能的局限性要求法学教育培养大量理论人才进行弥补。理论来源于实践并高于实践,在重视培养实践型人才的基础上,法律理论人才的培养也需要得到重视。我们需要法律人公共精神的养成,坚持"德法兼修"。[4] 随着人工智能审判辅助技术的发展,我们的职业伦理教育同样会面临一些革新。特别是技术伦理的导入、一般伦理学的

[1] 参见高云:《律师们都说大势将至,却不知未来已来》,载搜狐网,https://www.sohu.com/a/191790264_328962,最后访问日期:2022 年 4 月 20 日。

[2] 参见郜占川:《新时代卓越法律人才培养之道与术》,载《政法论坛》2019 年第 2 期。

[3] 参见古丽米拉·艾尼:《人工智能时代法学人才培养模式变革的缘由、困境及对策》,载《法学教育研究》2020 年第 1 期。

[4] 参见冯果:《论新时代法学教育的公共精神向度》,载《中国大学教学》2018 年第 10 期。

导入问题等,都需要我们在人才培养过程中予以加强。〔1〕 人工智能时代在多领域的应用对法律带来的挑战,要求理论人才运用所学的理论知识进行法律思考,从法律的精神和本质出发,去探求法律与人工智能的最佳平衡点。人类的意识和思维逻辑具有整体性,它是由人类在长期社会生活和社会实践中构建起来的体系,是简单的机械算法逻辑所无法完成的。培养一个机械适用法律条款的"法律工作者"并不难,任何人经过一定的特殊训练都可以掌握这项技能,但法律的适用并不是流水线上的工程作业,而是一门谨慎的"艺术",必须具备厚实的人文素养和敏锐的人性洞察力才能够胜任。〔2〕 由此观之,理论研究领域有极强的不可替代性,理论人才的培养需要引起足够的重视。

与此同时,人工智能带来的种种社会现象与社会问题,不是单纯的实践经验或者法律技巧所能解决的,一方面,需要对法的理念、法的精神有深入的思考与研究。理论人才培养要求更多地重视理论方面的学术研究,需要更多地探讨法律背后的精神和原则,在把握法律理念的基础上,进行进一步的理论创新,从而完善现有的法律体系,促进法律与时俱进地发展,紧跟时代潮流,对时代做出积极的响应。另一方面,可以运用人工智能技术,整合国内外各种学者、研究人员的理论以及相关的判例,收集先进的观点、观念从而为理论人才的培养提供更多的信息支撑。法学教育领域理论人才的建设,为应对人工智能的冲击,实现建设社会主义法治社会有重大的意义。

结　　语

在"人工智能+"时代,技术革新不断对社会提出新的要求,在对法律领域带来冲击与挑战的同时,也为法学教育带来转变的机遇。教育作为一种培养人的社会活动,在人工智能解放人类体力和部分脑力劳动的语境下,法学教育不能再是简单的职业培训。人文教育、通识教育变得尤为重要,以培养自由的人和创造性思维,最大限度地挖掘每一个人的潜力。〔3〕 社会不断向前发展,人工智能也不会是人类最后一项发明。未来社会仍然会不断发展,技术也会不断革新,在不断发展的社会潮流中,法学教育只有顺应时代,培养与人工智能时代相对口的能够适应人工智能时代的复合型、新型法律人才,才是唯一的出路。

---

〔1〕 参见周江洪:《智能司法的发展与法学教育的未来》,载《中国大学教学》2019年第6期。

〔2〕 参见李海峰、缪文升:《挑战与应对:人工智能时代高校应重视价值判断教育》,载《中国电化教育》2020年第2期。

〔3〕 参见刘文:《人工智能时代高等教育之变与不变》,载《黑龙江高教研究》2018年第3期。

第六编　法学“金课”的建设中专业课的教学教法

高校行政法学教学中大数据技术应用面临的挑战及其应对*

黎　慈**

摘　要:大数据技术作为一柄“双刃剑”,给高校法学课程教学改革带来新契机的同时,也带来了严峻的挑战与风险。高校行政法学课程教学中,应当正视大数据技术发展给教学带来的双重境遇,采取有效措施,推进课程大数据教学团队的建设、提升授课教师的信息化教学能力、规范公安信息网数据资源的使用、建立校局间紧密合作关系,主动融入大数据技术促进教育信息化建设的时代潮流,推动法学教育现代化的早日实现。

关键词:大数据技术　行政法教学　挑战　应对

引　言

2018 年 4 月,教育部发布的《教育信息化 2.0 行动计划》明确指出:“人工智能、大数据、区块链等技术迅猛发展,将深刻改变人才需求和教育形态。智能环境不仅改变了教与学的方式,而且已经开始深入影响到教育的理念、文化和生态。”[1]法学教学作为高等教育的重要组成部分,面对大数据技术发展带来的新机遇和新挑战,只有不断探索、迎头赶上,才能顺应教育信息化 2.0 时代的新要求,实现“法学教育现代化”,培养符合新时代发展要求的公安专门人才。为此,高校法学教师必须认清大数据技术给教学带来的有利条件,探索如何转变教学理念、改革教学方式,争取在教育信息化发展潮流中有所新作为、顺利步入法学教育现代化的新征程。

近年来,大数据技术应用于教学已经引发学者们的广泛关注和深入研究。

---

* 本文是江苏省教育科学“十三五”规划 2020 年度课题(D/2020/01/06)、江苏省研究生教育教学改革课题(JGLX19_101)、江苏省 333 高层次人才项目、江苏省“青蓝工程”资助项目、江苏高校优势学科建设工程项目(PAPD)以及江苏警官学院教育教学改革研究项目(2019A11)、“宪法与行政法学”教学团队建设项目。

** 作者简介:黎慈,江苏警官学院教授。

[1] 教育部关于印发《教育信息化 2.0 行动计划》的通知[EB/OL],载 http://www.moe.gov.cn/srcsite/A16/s3342/201804/t20180425_334188.html,最后访问日期:2022 年 3 月 20 日。

笔者以“大数据技术”“教学”为主题词在中国知网 CNKI 上进行搜索,结果显示:自 2013 年起始有研究,至 2019 年共发文 2542 篇;以“大数据”“教学”“公安”为主题词搜索,结果显示自 2016 年起始有研究,至 2019 年共发文 13 篇,且发文篇数主要集中于 2019 年(共 9 篇,占比近达 70%)。相较之下,(如图 1 所示)法学教学应用大数据技术的相关研究起步晚,且数量偏少。从研究主题来看,首先是大数据与公安实战化教学结合的研究,共发文 8 篇占比达 62%;其次是大数据与专业课程教学结合的研究,共发文 3 篇占比为 23%。通过上述数据分析,我们发现,大数据与法学教学结合的研究引发高校法学教师的关注度较低,但值得注意的是,2019 年的数量已经大幅增加,原因主要基于以下两个方面:一是习近平总书记在 2019 年全国公安工作会议上明确指出,要“把大数据作为推动公安工作创新发展的大引擎、培育战斗力生成新的增长点,全面助推警务工作质量变革、效率变革、动力变革”[1],这一指导思想的提出不仅强化了公安实战部门对大数据应用的关注,也使得高校法学教师就此开展研究;二是 2019 年 8 月“公安院校大数据条件下实战化教学改革论坛”在江苏警官学院举办,论坛征文与研讨的开展激发实战单位和全国公安院校行政法学教师的研究旨趣。[2] 因此,可以预测,大数据时代背景下,未来这方面的研究会逐年增加。

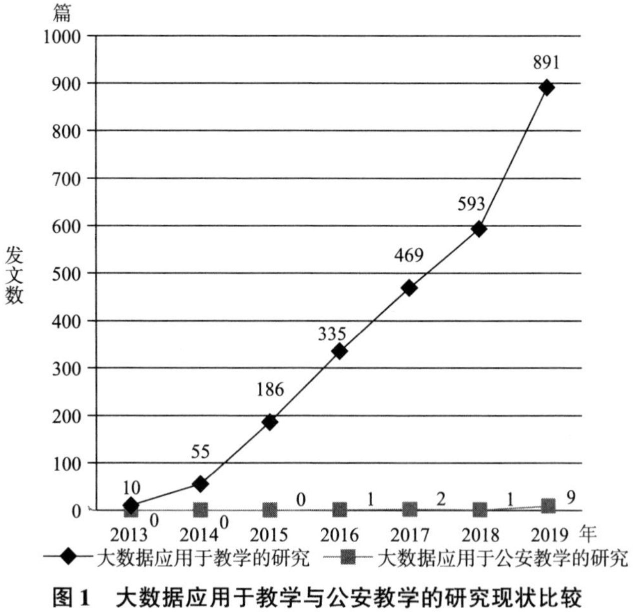

图 1　大数据应用于教学与公安教学的研究现状比较

---

[1] 张春艳:《大数据时代的公共安全治理》,载《国家行政学院学报》2014 年第 5 期。

[2] 参见石杨:《科技兴警:打造智慧公安　推动创新发展——全国公安机关贯彻落实全国公安工作会议精神巡礼之三》,载《人民公安报》2019 年 5 月 7 日,第 1 版。

至于本文关于高校行政法学教学与大数据技术应用相结合的研究,目前尚未发现有此研究。但是,诸多行政执法活动引发的行政争议警示我们,如何提升未来公安民警行政执法能力应当引发高校法学教师重视。已有研究表明,大数据技术应用于教学具有传统教学无法比拟的优势,如教师收集切合实际的教学资料,把握学生对知识的掌握程度从而实现精准教学、调动学生参与的积极性、提升学生动手能力等,应当成为大数据时代高校行政法学课程教学改革遵循的方向。

一、大数据为高校行政法学教学水平的提升夯实了技术基础

何为“大数据”? 至今尚未存在一个明确统一的界定。学者们在论及大数据相关问题时,大多引用维基百科的定义,即“大数据,或称巨量数据、海量数据、大资料,指的是所涉及的数据量规模巨大到无法通过人工,在合理时间内达到截取、管理、处理并整理成为人类所能解读的信息”。大数据具有的大量性、多样性、价值性等特点,为高校行政法学教学提供了丰富的教学素材。与此同时,基于智能数据库管理技术,学生的学习需要和个性特点被勾勒得更加清晰,为高校法学教师对行政法教学内容的精准择取、师生互动局面的形成、教学目标的高效实现等,奠定了坚实的技术基础。

(一)促进行政法课程教学的精准化

大数据记录具有的真实性,突破了传统课堂教学几乎凭借教师主观判断的局限,有助于高校行政法学课程教师深入了解大学生的学习状态和学习进度,准确确定教学重点难点、设计课堂提问、实施课后辅导答疑,促进教育现代化所要求的精准化教学。其一,实现课堂教学疑难知识点的精准化。通过运用大数据技术采集、分析学生对线上教学资源库的使用情况,教师可以从学生在网络平台发言区的反馈内容、课前测试板块的答题正确与否等方面,归纳总结出学生难于把握、难于理解的共性知识点,确定为课堂教学设计中的难点,并采取相应的教学方法予以突破。其二,实现课堂教学提问的精准化。从学生对线上课程平台的知识板块给予的关注程度,教师可以洞察学生的学习需求及其兴趣点,从而有针对性设置问题,以提升学生的课堂参与度,吸引更多学生开展有效讨论。其三,实现课后辅导答疑的精准化。基于学生学习能力的个体差异性,课后辅导答疑应当是一种个性化的补偿教学。教师可以从学生课后在线上学习和完成作业的情况,分析得出对知识掌握不充分、理解不透彻的学生名单,从而因材施教,有针对性地开展课后辅导答疑。其四,实现下一次教学的课前回顾精准化。运用大数据技术采集、分析学生课后质疑的共性问题,教师可以确定下一次课堂教学需要重点回顾、提示学生进一步把握的问题。

(二)推进行政法课程教学的民主化

民主,意味着"自由""权利""参与"。民主化教学,即教学应当建立在师生关系平等的基础上,鼓励学生积极参与教学活动,尊重学生的个性发挥和潜力发展,形成师生互动、生生互动的合作式教学氛围。大数据技术的发展,为法学院系大学生参与行政法教学,实现师生互动、生生互动的研究性学习奠定了坚实的基础。其一,大数据技术为民主化教学提供了交流互动的平台。以慕课(MOOC)为例,网上平台设置"论坛区""交流区""讨论区""答疑区"等支持多方互动的板块,有助于学生与老师之间、学生与学生之间、学生与实务专家之间、学生与其他网友之间的多方互动,促进学生深度参与教学。[1] 其二,大数据技术提升学生积极参与行政法课程教学的能力。大数据技术的发展,实现了教学资源的开放性和共享性,学生通过互联网搜索获得参与讨论所需的行政法知识和技能,为其参与行政法教学互动打下基础,学生进而会因为自己的发表的观点被认可、获得点赞倍受鼓励,从而增强其参与教学的积极性。其三,大数据技术拓展了学生参与行政法课程教学的自由度。与传统教学局限于授课教室不同,在大数据技术支持下,学生只要有平板电脑、智能手机等便携式移动设备,就可以开启数字化学习模式,在几乎不受时空限制的情况下,与教师、同学间开展互动交流,畅所欲言,在支持他人观点或与他人辩论中获取新知识。

(三)增进行政法课程教学的效能化

大数据技术的发展,不仅提高了行政法课堂教学的效率,而且强化了行政法教学的效果。一是学生依托大数据进行行政法课前预先学习,有助于课堂教学时间的有效利用。与传统授课方式不同,大数据时代背景下,高校法学教师引导学生在行政法教学资源库中学习专业课程的基本概念、基本原理,自行进行相关测试。一方面有助于学生通过访问本校或其他高校的教学资源库,全面透彻地理解并把握相关知识的内容;另一方面则有助于教师通过大数据分析,归纳总结学生课前学习遇到的难题,从而在课堂上集中时间和精力帮助学生予以突破,提升课堂教学的效率和效果。二是依托大数据进行行政法课堂教学,有助于学生积极有效参与。借助于大数据技术的监测功能,学生的预习不再是任意的,他们必须阅读相关文字资料、观看相关视频材料、完成相关课前测试等,从而保证课前预习的完成。相应地,因为经过课前的有效预习和思考,学生在课堂上不但能积极有效回答教师的提问,而且还可以提出自己在预习阶段对教学内容的质疑,与教师和同学进行深度交流讨论。尤其对于后一种情形,正如原复旦大学校长杨福家先生指出:"什么叫学问? 就是学习问问题,而不是

---

[1] 参见曾明星等:《MOOC与翻转课堂融合的深度学习场域建构》,载《现代远程教育研究》2016年第1期。

学习答问题。如果一个学生能够懂得怎样去问问题，怎样去掌握知识，就等于给了他一把钥匙，就能够自己去打开各式各样的大门。”[1]教学实践同样表明，学生在不断质疑和提出问题的过程中，综合素养与创新能力可以得到明显的提升。三是依托大数据进行行政法课后辅导，有助于学生课堂教学的延伸与拓展。大数据条件下，学生课后有疑问时，不仅仅局限于找自己的任课教师，也可以与其他教师甚至是行业专家交流求得解决，从而促成他们进行“深度学习”。深度学习是“一种主动探究性的学习”，有助于学生进行“深度的信息加工、主动的知识建构、批判性的高阶思维、有效的知识转化、迁移应用及实际问题解决”，以便切实提升学习效果。

二、高校行政法学教学运用大数据技术面临的挑战

大数据技术在高校行政法学教学中应用依赖于大数据资源的丰富程度。具体而言，行政法课程教学大数据指的是教学活动中产生的并基于教学需要采集的，试图推进教学模式改革以提升教学质量为目标形成的数据集合。根据教学活动的场所和时间阶段，可以分为课堂教学中产生的大数据、在线学习行为产生的大数据和课外教学辅导产生的大数据。当前，高校行政法学教学对大数据技术运用尚处于探索阶段，部分高校行政法学教学中使用了教学资源库，采用合格课程建设促进任课教师将教学课件、教学大纲、习题库等导入教学平台，但在线教学较广泛实施则是由于今年受新冠肺炎疫情而影响迫使教师不得不启用教学资源库。但是，从实际实施情况来看，行政法课程教学过程中收集的数据还不能称之为真正意义上的大数据，主要表现为各个学校甚至同校的行政法任课教师只负责自己的教学资源库的维护，尚未实现互联互通，也没有实现数据的共建共享，从而无法形成“大数据”(big data)。与此同时，行政法课程任课教师普遍感到运用大数据教学带来了压力和挑战。

(一)教师面临时间和精力不济的困境

大数据技术在高校行政法学课程教学中的运用，需要耗费任课教师大量的时间和精力，单凭教师个人自身力量往往难以达成应用大数据教学的目标。其一，教学资源库的建设，需要教师投入大量的时间和精力，预先准备好大量的教学素材，包括教学大纲的编制、教学课件的设计与制作、教学章节内容的安排、案例的编辑和分析、试题的编写和分析，还需要任课教师录制大量相关授课视频。以授课视频的录制为例，因为教师需要出镜，而教师的形象对于教学效果有着直接影响，因此首先得由专业人员进行形象设计，每次需要耗费的时间少

[1] 杨福家：《质疑，是培养杰出人才的关键》，载《教育文汇》2011年第8期。

则半小时,然后是进行行政法章节教学视频的录制,因为视频录制中的教师表情和语言受到高度关注,不能像传统课堂教学那样自由随意,因而经常会因为表情不佳、话语中有口语或语言不流畅等情形,而不得不重新录制,有时甚至是因为设备没有调试好影响拍摄效果需要重来。如此一来,行政法课程共102教学课时,每课时45分钟,总共录制时间长达4590分钟,根据在线教学的单位时间要求需要分为15分钟一小节,最终被分割为306小节。教学视频录制过程中因各种不能预见的情形出现,最终导致耗费的总时间无法精确计算。这不仅耗时耗力,而且往往得不到应有的课时费补偿和承认,因此,大多数教师并不愿意开展教学视频的录制。其二,学生课前个性化学习的具体情况,需要教师花费时间和精力进行统计、分析、梳理和归纳,以找到学生学习面临的共性问题并计算各自所占比例,才能提升课堂教学的普遍适用性。此外,学生在网络平台上的质疑,需要教师随时关注动态予以实时解答,才能保障学生参与教学的积极性。总体而言,采用大数据技术从事行政法课程教学,比较传统教学耗费的时间和精力都会成倍增加。

(二)教师的教学能力受到挑战

大数据技术作为一种高级网络技术,会改变行政法课程传统的教学生态系统,给任课教师教学能力带来挑战。这种挑战主要表现为:其一,对教师获取行政法理论和实践知识的能力形成挑战。基于大数据技术,学生通过互联网获取的行政法理论观点以及法律法规素材、执法案例素材等较为便捷,他们通过互联网若能迅速搜集到教师的授课内容,甚或是超越教师讲授的内容时,往往会觉得行政法课堂教学可有可无,因而不愿意全身心投入课堂教学;或者学生提出的问题得到教师的答复比不上网络平台提供的参考答案有价值时,他们会对行政法教师产生不信任,因而不愿意与教师建立良好的互动关系。其二,对教师应用大数据技术的能力形成挑战。部分行政法授课教师在处理数据方面能力不足,难以对教学中收集的数据进行多元分析和形成精准识别判断,如一些教师不能熟练运用EXCEL、SPSS等工具开展行政法课程教学数据分析与处理,进而导致对过程数据、结果数据的解读不深入和不精准,不能有效获得学生的学习状态和教学效果的现实状况,从而阻碍教学实践的改进。

(三)教师囿于传统教学方式的束缚

面对大数据技术的迅速发展,法学院系从事行政法课程授课的教师在教学方式上也需要发生变化。其一,由"单向传授"向"互动交流"转变。传统的教师单向灌输式教学、学生被动参与课堂的教学模式,已经不再适应大数据时代课堂教学民主化的要求,理应逐渐向学生主动参与、互动交流的教学模式转变。其二,由以"传授知识"为主向以"答疑解惑"为主转变。基于学生通过教学资源库的大数据平台,课前已经预先掌握了专业课堂教学的知识,故教师不再是传统意义上的以“传授知识”为主、以“答疑解惑”为辅的角色出现,而转向以“答疑解惑”为主现身于教学课堂,启发全体学生思考、引导学生讨论法律规定的相关术语如何理解、适用条件与具体案情如何相匹配、程序操作如何实现规范化等疑难问题。其三,由“经验凭借式教学”向“技术依托型教学”转变。传统的教学进程中,教师凭借自己的主观经验,揣摩学生学习中难于理解的知识点作为难点进行授课;大数据时代,教师需要运用大数据技术采集、分析课前学生预习的反馈、自我检测的实际情况,归纳出学生遇到的学习难题。

(四)教师使用公安行政执法信息存在泄密风险

高校行政法学课程教师利用大数据平台开展教学中,为了贴近实战,引用公安机关行政执法案例是必须的,但如果处置不当,极容易造成警务信息处于不安全状态。公安机关既是行政执法机关,又是刑事司法机关,对社会生活的诸多方面实施管理,拥有广泛的执法权,在公安网络系统中录入了大量侦查信息、情报研判、图像视频等数据信息。高校法学教师有机会进入公安信息网系统收集资料从事教学科研工作,如果没有遵循保密规定,基于疏忽大意,或是判断失误,极有可能将涉及商业秘密、个人隐私的行政执法信息移植到自己的教学资源库。基于普通互联网大数据资源的共享性,上述涉密信息一旦公之于众,容易引发网络涉警舆情、阻碍公安机关正常办案,或是导致威胁国家安全、损害商业利益、侵害公民个人隐私等不良后果的发生。

三、高校行政法学课程应用大数据技术教学的改进对策

大数据技术发展给高校行政法学课程教学带来的挑战甚至是风险客观存在,但相比之下,大数据技术为高校行政法学课程教学深化改革、培养出更符合公安实战要求的人民警察也带来了前所未有的契机。因此,法学院系应正视大数据发展给行政法课程教学所带来的双重境遇,采取有效措施,发挥大数据的优势效应,主动融入大数据技术推进教育信息化建设的时代潮流中。

(一)推进课程大数据教学团队的建设

高校行政法学课程大数据教学的顺利运行,涉及课程教学计划的制订、课程教学的网络资源建设、线下课堂教学的实施、课后线上线下辅导答疑等,需要网络技术、专业理论知识、公安实战经验的支撑,单凭一个教师的力量是无法完成的,必须组建强有力的教学团队。“教学团队”应当以行政法课程为单位,组织相关教学人员共同参与,以达到培养既掌握行政法理论知识、又掌握行政执法实战业务技能的人民警察为教学目标。具体而言,行政法课程大数据教学团队的组成应当包括:

其一,行政法课程教学骨干成员组。行政法课程教学骨干成员组应实行课程负责人制度,将教学骨干成员按照其身体条件、心理素质、个性特征进行教学任务的分类:对于心理素质好、善于在摄像镜头前讲话、有表演天赋、普通话标准程度高的教师,可以安排他们从事教学视频录制;对于善于从事文字编制、逻辑思维缜密、不大习惯甚至不愿意在摄像镜头前讲话的教师,可以安排他们从事文字类教学资源的收集、整理,组织学生在线讨论、辅导答疑,批改、点评学生完成的作业;对于交际能力较强、组织协调能力强的教师,可以安排他们与其他组之间开展联络工作。

其二,行政法课程教学实战教官组。行政法课程负责人按照课程的性质和任务,确定需要聘请的实战教官,报请系部和学校批准,由学校联系聘请教官,参与课程教学。公安业务实战教官需要承担的任务主要包括:一是参与课程视频录制,演示相关公安业务的操作规程;二是深入实训课堂,针对学生的实训活动进行纠错和评价;三是课后针对学生线上提出的业务工作问题给予答疑。

其三,行政法课程教学辅助人员组。行政法课程教学辅助人员由教学管理人员和学生管理干部组成,教学管理人员的工作任务是,为课程教学骨干成员组需要的办公条件、联系实战教官、确定视频拍摄单位等方面提供服务保障工作;学生管理干部包括大队长、中队长、教导员等成员,主要负责督促学生进行课前学习、按时完成平时在线学习考核。

其四,行政法课程教学技术支持人员组。主要负责团队教学线上教学平台的开发、指导教师上传教学资源和开展线上教学、回答学生线上学习所需技术支持的疑问、对教学系统进行维护等工作。

(二)提升授课教师的信息化教学能力

大数据信息资源的极大丰富,无论对高校行政法学课程教师的教学还是学生的自学,都提供了信息获取的便利。然而,基于网络信息资源的数量庞杂、良莠不齐,教师只有不断提升信息化教学能力,才能当好学生学习的设计者、引导者。

其一,提升高校行政法学课程教师对大数据信息资源的挖掘、整合能力。大数据对于法学院系的行政法课程教学是一把"双刃剑",教师使用得当,能有效获取教学参考资料,促进教学内容的丰富、学生学习积极性的提升;反之,教师如果只是充当"搬运工",将相关教学数据资料堆砌到教学资源库、教学课堂,则会导致教学重点不突出,影响教学效果。因此,教师面对浩瀚的大数据信息资源,只有具备较强的大数据信息资源的挖掘、整合能力,才能筛选出符合学生专业学习需要的最有价值的学习素材,降低学生在形形色色大数据信息海洋中学习时迷失方向的风险。为此,法学院系应当聘请其他院校教师来校开设相关讲座或论坛,为行政法课程教师提供指导;或是提供经费支持,鼓励教师外出参加有关培训。

其二,提升高校行政法学课程教师对大数据信息资源良莠度的判断能力。大数据时代的信息资源数量庞杂,良莠参差不齐,虚假信息比比皆是,有的甚至是网络谣言,无论对教师选择教学素材,还是对学生自行获取学习素材,都带来了严峻挑战。因此,大数据时代背景下,教师对大数据信息资源良莠度是否具有判断能力及其高低程度,具有十分重要的现实意义:一方面,有助于教师择取的教学资料符合社会主义核心价值观的要求,促进学生的身心健康和全面发展;另一方面,有助于教师引导学生提升大数据信息资源的甄别能力,以达成这样一种教学目标,即"不是想把世界上所有的知识教给他,而是想教给他怎样在需要的时候去获取知识,教给他如何准确地估价知识的价值"[1]。为提升大数据信息资源良莠度的判断能力,可以从以下三方面入手,一是在政治理论学习和教学业务探讨中,培育教师对大数据信息资源良莠度的识别意识;二是鼓励行政法课程教师与马克思主义院系的教师结对,由马院教师提供指导;三是设置专门的审核部门,在行政法课程资源库开放前进行审核。

其三,提升高校行政法学课程教师大数据时代背景下的个性化教学能力。传统的单向度灌输式教学无法再适应大数据时代的要求,体验式学习、创新性学习、高效性学习已经成为这个时代的鲜明特色。大数据时代背景下,高校行政法学课程教师必须关注学生的学习进度、学习兴趣等个性化特征,精心选取教学素材,开展个性化教学方案设计,才能真正调动学生的学习积极性,引导他们在体验、思考、探索中获取知识、创新知识。为此,需要提升行政法课程教师的处理数据能力,通过对学生的学习行为数据进行多元分析和形成精准判断,为个性化教学奠定基础。针对当前行政法课程教师的数据处理能力不足这一"瓶颈"问题,法学院系应鼓励教师参加 EXCEL、SPSS 等分析工具使用的有关培训;或是出台相关政策,鼓励校内计算机系教师或现代教育技术中心的工作人员参与行政法课程教学团队,提供技术指导和支持。

(三)规范公安信息网数据资源的使用

公安信息网是公安机关开展工作使用的内部专用计算机网络,也是行政法课程教师从事教学获取素材的重要渠道,但如果使用不当,极容易导致警务工作秘密、公民个人信息等不宜对外公开的信息遭到泄露,以至于妨碍公安工作的开展、侵害公民隐私权等情况的发生。因此,法学院系运用大数据技术开展行政法课程教学的过程中,亟须规范公安信息网数据资源的使用。

---

[1] [法]卢梭:《爱弥儿:论教育》,李平沤译,商务印书馆1978年版,第432页。

其一,提升教师的公安信息网安全使用意识。法学院系应当组织教师认真学习和贯彻《公安信息网安全管理规定(试行)》(公通字〔2017〕8 号),组织教师观看公安信息遭泄露带来不良后果的警示宣传片,让教师将公安信息网安全使用的规定内化于心,自觉养成安全使用公安工作信息资源的习惯。

其二,细化公安信息网安全使用的具体要求。法学院系应当根据《公安信息网安全管理规定(试行)》的要求,制定相关使用细则,明确教师使用公安信息网收集教学素材的范围,以及建设教学资源库禁止上传至互联网的公安工作信息范围。

其三,加大对教师教学资源库素材上传的审核力度。为了防止不宜对外公开的公安工作信息遭到泄露,法学院系应当成立专门机构、委派专业工作人员,对教师建设教学资源库使用的素材进行严格审核。

(四)建立校局间紧密合作关系

相对于高校行政法学课程教师,公安民警每天身处执法事务之中,他们对公安实战需要的业务知识和警务技能了如指掌,由他们参与行政法课程大数据教学团队,针对性更强,能促进法学院系培养的人才更加符合公安行政执法的需要。因此,建立校局紧密合作关系,邀请基层公安民警参与教学过程,应当成为大数据时代下行政法课程教学质量提升的有效路径。

其一,邀请基层公安民警通过大数据平台参与行政法课程教学。通过法学院系大数据教学平台,一线执法民警可以不受时间、空间限制,参与到法学院系的行政法课程教学中来。在学生课前预习阶段,公安民警可以了解到学生对行政执法业务知识和技能学习存在的困惑,并能在专门的答疑板块提供针对性指导;在课堂教学过程中,教师可以邀请公安实战教官和专家适时介入,发表专业性意见,有助于丰富课堂教学内容,同时,在实战专家的权威效应下,有助于提升课堂的吸引力,促进课堂教学的学生参与度;在课后辅导答疑阶段,学生在个性化查漏补缺时,仍然可以通过大数据教学平台和公安民警取得联系,与他们探讨行政执法实战业务的相关问题。

其二,邀请基层公安民警对行政法课程的实训教学进行考核评估。基于大数据教学平台,公安民警能全面了解到教师从事行政法课程实训教学的活动过程、学生在实训环节的具体表现,并能凭借实战经验、用专业的眼光作出专业性判断,既能为教师改进实训教学提供参考建议,又能为教师对学生参与行政执法实训活动进行精准化考核提供帮助。

结　　语

正如中央电化教育馆原副馆长王晓芜所言,“教育正在走向大数据时代,谁能够发现数据,谁就能够赢得未来的生存;谁能够挖掘数据,谁就能够赢得未来的发展;谁能够利用数据,并利用数据提供个性化的服务,谁就能够赢得未来的竞争。”[1]大数据时代背景下,法学院系应当充分发挥大数据优势,尽量避免大数据发展带来的风险,促进法学教育现代化的早日实现。如今,大数据技术发展正在对公安教育教学产生深刻影响,这场新技术带来的教学变革也注定是一项系统工程,仅凭教师个人自身的努力显然是无法完成的,还需要法学教学管理层的全面统筹、主管部门的全力支持、公安实战单位的通力合作以及法学院系大学生的积极参与。

---

[1] 华政:《“互联网+教育” 助力百年名校“网上升”》,载《中国教育报》2016年3月23日,第7版。

互动交融教学法探析

周忠学*

摘　要:互动交融教学法是在主体性教育、参与式教学等新型教育教学理念与方式的语境下生成的。它的生成有其全球化、现代化及教学改革的现实需求,又有其哲学依据,以及社会学和教育学的基础;互动交融教学法最终在以学生发展为终极目的的价值统率下生成。

关键词:互动交融教学法　现实语境　理论基础　发展路径

近年来,主体性教育、参与式教学等新型教育教学理念与方式在我国教育界逐渐兴起,并不断蓬勃发展,互动交融教学法就是在这一语境下生成的。

一、互动交融教学法现实语境

(一)互动交融教学法的全球化诉求

人们最初对全球化概念的分析多从经济层面展开,但事实上它绝非仅显现于经济层面,还应结合社会变迁、政治革新、文化融合等角度去解读全球化。正如里斯本小组在《竞争的极限:经济全球化与人类的未来》中所指出的那样,“金融市场和资本流动、消费市场、信息和通讯交往的基础设施以及服务业——更不用说军事上的高科技国防安全机构——的全球化”[1]正在人类社会、经济、政治、文化等一切领域中呈现多元的内容和多维的形式。当今时代,在日新月异的信息技术与网络媒体的促动下,各国经济、政治、文化越来越呈现“全球化”的趋势。许多学者指出了全球化对于教育教学的影响,如孙峰在《全球化与本土化视野下公民教育的价值追求》中通过“对全球化和本土化的实质、公民教育的基本特征和公民教育的价值追求的研究,对当代公民教育的理

* 作者简介:周忠学,常州大学史良法学院讲师。

〔1〕[美]里斯本小组:《竞争的极限:经济全球化与人类的未来》,张世鹏译,中央编译出版社2000年版,第4页。

论与实践进行建构”,[1]为公民教育在全球化与本土化之间寻求合理的价值追求与发展轨迹。

(二)互动交融教学法的现代化需要

20世纪末期以来,社会进入一个快速发展变化时期,伴随以计算机网络技术为代表的信息技术的飞速发展以及知识呈几何级别的增长,社会已步入了一个新时代——信息时代(又称知识经济时代),信息时代对包括教育等社会各领域提出了新的要求。正如胡定荣所指出,“信息时代有两个突出特征对教育产生了很大冲击。一是知识经济,二是多元文化。知识经济强调在教育过程中突出学生知识的主动的社会建构,多元文化强调尊重学生个体差异,提倡文化价值多元”[2]。目前,尊重和保护多元为越来越多的人所认同,多元共存日益成为一种共识。在多元共存之中,多元性、个体性、差异性理应得到尊重。与之相应,对学生的尊重、对学生权益的保护,不仅体现在学生得到关心与爱护,更体现在学生的意见获得应有的尊重。教学作为一种作用于、服务于学生的活动,学生对此当然应该获得自己的发言权。

(三)互动交融教学法的教学改革需求

近年来,我国教学领域出现了很多新变化,教学过程中对学生的关注逐步加强,越来越注重激发和调动学生的积极性和主动性,学生对教学参与度也不断增强。互动交融教学法是对教育部于2001年6月颁布了《基础教育课程改革纲要(试行)》提出“教师在教学过程中应与学生积极互动、共同发展,要处理好传授知识与培养能力的关系,注重培养学生的独立性和自主性,引导学生质疑、调查、探究,在实践中学习,促进学生在教师指导下主动地、富有个性地学习”的一种回应。互动交融教学法在很大程度上有助于解决学生参与式教学徒具参与的形式,实质上有助于表演与展示问题的有效解决,因为互动交融教学法是让学生主动参与,把他们当作教学的主体,这种情况下学生所表现出的积极性与主动性,是基于自身兴趣、爱好、需要等的满足而发出的,这是发自学生内心的积极性与主动性,是一种真实的主体性。

互动交融教学法虽然有其现实的需求,但其生成还要借鉴相关的理论。

二、互动交融教学法内涵探悉

仔细分析“教学方法”的定义可以发现其包含几层意思:首先,使用教学方

[1] 孙峰:《全球化与本土化视野下公民教育的价值追求》,载《西北大学学报(哲学社会科学版)》2007年第1期。

[2] 胡定荣:《回顾与反思:二十世纪课堂教学中学生主体参与的研究》,载《教育理论与实践》2002年第5期。

法的目的是达成一定的教学目标及教学任务。也就是教学方法是完成教学目标的手段,采用什么样的教学方法依据教学的目标和内容而定。其次,教学方法的施动者既包括教师,也包括学生。教师使用或设计某种类型的教学方法,在具体的课堂教学中,还要求学生的配合才能算真正使用了某种教学方法。最后,教学方法是教的方法与学的方法的有机结合与统一,而不仅仅是教师教的方法。根据以上几点,探究如下:

(一)互动交融教学方法的目标

互动交融教学法所要追求的是一种良性循环的和谐状态。这种和谐状态可以从短期目标和长期目标两个方面来分析。

1. 短期目标

短期目标是指从一节课或从短时间内来看要达到的状态。互动交融教学法的短期目标要达到师、生、教材间和谐的交流状态,达成良好的教学效果。互动交融不是僵化的单向的教师对学生知识传授和情感感染的过程,而是一种循环往复的师生交流的良性循环。它不仅强调教师运用一定的手段对学生的情感和认知发展发挥作用,而且在教学这一互动的过程中,建构教材与学生之间的主体意义,使学生与教材内容之间产生互动的同时,学生的认知和情感因素的准备状态和一系列变化也对教师产生一定的影响,以达成教师自身的认知与情感的发展。这种发展性的教学方法会使教学任务得到很好的完成,师生共同对教材中传递的各种信息有了较深入全面的理解,并能记得牢固和合理灵活地运用,达成良好的教学效果。

2. 长期目标

所谓互动交融的长期目标是指从一个较长的时间阶段来看所要达成的目标。互动交融教学方法追求的长期目标是达成一种良性循环,促使学生成为认知和情感和谐发展、并具有自主发展潜能的人。通过每一次课上的知情交融,学生的认知和情感都得到一定发展,而这种发展既提高了学生的感受性和理解水平,又会影响教师自身人格与理性的构建。这种发展会促使教师在以后的教学活动中对学生施加更加良好的影响,达成一种良性循环。这种“互动交融”的不断循环,不仅能够促进学生良性发展,也是教师所追求的最高境界。它有利于促进学生的自身持续发展,既满足目前的全面健康发展,又能保证将来其身心和谐、均衡、持久地发展。互动交融的教学方法适应学生认知和情感发展的需要,促进其和谐发展,并力促其获得自主发展的能力。这样在未来的生活中他们才能适应不断变化的环境,不仅能根据不同的环境要求产生合理认知而且具有较高的情感能力,并能不断充实自己成为可持续发展的“才情兼备”型人才。这正是互动交融教学法的独特魅力所在。

（二）互动交融教学方法中的师生互动

互动交融教学法强调师生之间认知与情感的交流互动。这种互动强调的不是师生之间认知上的互相影响互相启发，情感上互相交流，而是教师的知情因素综合对学生产生影响，而受激发的学生的知情因素又反过来对教师的认知和情感因素综合发挥作用。促使两者的知情因素交流融合，和谐发展。使师生在交流活动中相互沟通、相互影响、相互促进、相互启发，从而达成共识、共享、共进、共乐的境界。要做到良好的师生知情互动，首先，应建立和谐的学习氛围。只有建立起师生间沟通的绿色通道，才能营造教与学之间宽松、民主、和谐的氛围，才能为师生知情互动创造条件。其次，师生之间应能进行真挚的情感交流。师生之间的情感交流以及由此产生的心理氛围是促进师生积极互动的必要条件。最后，师生的知情互动还需要丰富的教学手段。课堂教学是师生相互交流、共同探究、合作共享的真实的生活经历和生命成长历程，教师在教学中要善于开拓创新、开放学习时空、激发学生参与，充分感受自主、合作、创新的乐趣。此外，还可以实行多元的学习评价。除了教师对学生进行评价以外，还可以实行学生自评、互评，学生对教师进行评价，以达到师生共同发展的效果。

总之，在知情交融的课上，课堂应该是师生互动的舞台。在互动中师生的认知和情感因素能够获得和谐交流，共同发展。

（三）互动交融教学方法中的教学统一

传统教学观认为教学是课程的传递，是学生接受知识的过程，而知情交融教学方法则体现了教学是课程的发展和创新，是学生参与获取知识的过程。它打破了“教材—教师—学生”的线性传递关系，试图建立教材、教师、学生相互作用构成立体交叉的教学形式。运用互动交融的教学方法进行教学，教师首先应科学地分析教材，使教材传递的知识和情感与学生的需要和兴趣相契合。充分挖掘教材中的可能与学生建立意义性连接的因素，以启发学生的求知欲和情感张力。同时，学生的学习也不是被动的，他们也有一个自主挖掘教材，建构教材与自身主体意义的过程。在这一过程中，他们会对教材形成自己的理解。这样在他们听课时会把自己的理解与教师教授的情况相对照，如果发现差异就会促使他们进一步进行交流，交换彼此的看法。在这种交流沟通中他们往往会发现许多自己所没有注意到的东西，从而加深对教材的进一步理解，有利于达成良好的教学效果。

概言之，互动交融教学法是指在教学过程中，学生主动参加（包括行为、情感、认知三个方面的投入）到教学，平等地与教师、同学等对话，共同完成知识的探求、获得，能力的提升以及个体的发展。互动交融教学法生成有其现实语境的诉求。

三、互动交融教学法的理论基础

(一)互动交融教学法的哲学依据

存在主义是一种把人的存在当作其基础和出发点的哲学,它以“人的存在”为全部哲学的研究中心,致力于“描述和揭露在充满矛盾和危机的现代社会中人的个性的丧失、人的自由的被剥夺、人之受物及一切异己力量的支配,论证怎样使人获得真正的自由,摆脱异化状态,恢复人的个性和尊严”[1]。存在主义认为:以人为中心,以人的存在为首要前提,尊重人的个性和自由;强调人对自己命运的主宰,即“人只是他企图成为的那样,他只是在实现自己意图上方才存在,所以他除掉自己的行动总和外,什么都不是”[2]。存在主义尊重人的个性和自由,强调人对自己命运的主宰,而人要对自己的命运进行主宰,那就必须对作用于自身的活动具有决策权,拥有选择的自由。互动交融教学法让学生主动平等参与教学,使学生拥有决定作用于自身的教学活动的权利,尊重了学生选择的自由,并锻炼了其选择的能力以及采取行动的能力,这符合存在主义的思想与理念。

(二)互动交融教学法的社会学基础

商谈对话理论可以追溯到中国文化和西方文化的早期奠定时期,在这一时期诸如中国的孔子、古希腊的苏格拉底等先哲都推崇通过“对话”来探究真理、知识以及通过对话的形式来教学等。而真正对对话理论进行系统研究的首推俄国文艺理论家巴赫金和德国哲学家马丁·布伯。巴赫金认为,他者是“一切与我相异且外在于我的主体或主体性存在,包括具体的你和他,也包括蕴涵意义的物质的或思想的存在与环境,甚至包括我试图摆脱的那部分自我或自我意识”[3]。对话理论认为,人的存在是人际的,人的思维需要人与人之间的思维互动,对话是人存在的基本方式,对话是人存在的本质。人与人之间的地位是平等的,同时又是有差异的,而互动交融教学法让学生与教师一起作为平等的主体共同参与到教学之中,有助于教师与学生之间的平等对话,使他人的声音更加自由地作用于自己,使大家在对话中生成新的思想和感受。

交往理论的创始人德国哲学家哈贝马斯指出,交往行为是人类行为的核心,人类奋斗的目标不是使“工具行为”等的合理化,而是“交往行为”合理化。哈贝马斯的交往理论使主体和客体之间由支配或从属关系转变为主体与主体

---

[1] 刘放桐等编:《新编现代西方哲学》,人民出版社2000年版,第334页。

[2] [法]让·保罗·萨特:《存在主义是一种人道主义》,周煦良、汤永宽译,上海译文出版社2005年版,第18页。

[3] 王建刚:《狂欢诗学——巴赫金文学思想研究》,学林出版社2001年版,第44页。

之间的话语交往关系。交往理论强调各类社会角色在发展过程中的平等参与,相互交往;参与意味着在社会中构建相互平等的伙伴关系。这种关系不仅意味着他们相互之间应该磋商,而且意味着他们的基本愿望和知识系统都得到充分的尊重。而互动交融教学法通过让学生参与体现了对学生的需求、学生的观点、学生的意见等的尊重与理解。

(三)互动交融教学法的教育学依据

终身教育作为一种教育思想,无论是在中国还是在国外,都是古已有之,比如中国流传的“活到老,学到老”“学不可以已”之类的古训以及西方的“Never too old to learn”之类的说法中已蕴含终身教育思想。近代,捷克教育家夸美纽斯、法国近代教育理论的奠基人孔道塞、美国教育家杜威、我国教育家陶行知等都对终身教育理论有所论述。1965 年 12 月,联合国教科文组织在法国巴黎召开了国际成人教育促进委员会第三次会议,这次会议被认为是终身教育走向世界的开始。学会认知、学会共同生活是终身教育得以实现的两大支柱,而互动交融教学法在教学过程中,学生必然要与教师、其他同学之间进行讨论、协商,有助于学生接纳他人意见与看法,也有助于学生学会如何与他人相处与协作,有助于学生学会如何共同生活。

主体性教育是 20 世纪 80 年代以来兴起的一股教育思潮,主体性教育是针对传统教育中严重忽视人的主体性发展问题而提出来的,它关注人的主体性的发挥与提高。主体性教育则是致力于培养与提高学生的主体性的教育,它将学生视为正在成长的主体,并充分尊重学生这种主体性,通过充分发挥教师和学生的主体性,来培养与提高学生的主体性,最终使每个学生都得到全面、自由、充分的发展。互动交融教学法倡导让学生参与教学过程,这有利于学生主体性的发挥与发展。

互动交融教学法有了现实的发展的诉求与理论的借鉴,最重要的就是发展的路径。

四、互动交融教学法发展路径

互动交融教学法并不只是教学技术的改革,它蕴含深刻的价值关怀,是技术和价值的统一。“教学方法体现了特定的教育价值观,指向于实现特定的课程与教学目标。有什么样的教育价值观,就会有什么样的课程与教学目标,也会有什么样的教学方法。脱离了特定的教育价值观和相应的课程与教学目标,就无法选择也不能理解教学方法。”[1]教学方法事实上,只有在正确的价值指

〔1〕 钟启泉、张华:《课程与教学论》,广东高等教育出版社 1999 年版,第 194 页。

导下,才能保证正确的改革方向与改革效果。

(一)互动交融教学法学生以掌握知识为基本目的

知识是课程的基本要素,任何教学方法都要以知识有效获得作为基本目的。课程知识与教学方法本身是存在一种内在关系的,根据广义上的抽象的知识概念,既然成为一种"知识",它必定是人类生产实践过程中的智慧、思想、经验结果的集合,也就是说,知识本身就包含着知识生产方法、技巧和知识内容的共同含义,是形式与内容的统一体。理想意义上的教学方法,必然是与课程知识存在一定内在联系的,教学方法改革实践中,课程知识是决定教学方法改革价值取向及内容的一个关键性基础要素之一。而互动交融教学法就是以掌握知识为基本目的的教学方法,它结合时代和传承历史,是社会条件、人们的认识水平等多方面因素共同促成的结果,是为了学习者能有效掌握知识。

(二)互动交融教学法以发展学生能力为重要目的

互动交融教学法以发展学生能力为重要目的,因为重视知识的有效运用比掌握知识本身要更加具有现实意义。尤其随着知识数量增多的社会发展,具备运用知识的能力更有利于人的生存。互动交融教学法强调个人的亲自观察、经历,因为只有在实际的问题解决过程中个体的能力才能得到训练、发展。美国学者杜威也强调"经验"是一种能动的、知性的、建构性的"实验性认识"。杜威的这种能力取向也是比较明显的,他主要关注的是,学习者基于自己的需要与兴趣的改造环境的能力。当然,互动交融教学法强调充分调动学生的主体性,与既有的知识与经验结合,发展自己的能力。

(三)互动交融教学法以学生发展为终极目的

教育属于人为系统,在传统的自然科学思维方式中,认识事物的科学性,是以排除主观意愿,研究客观事实为准则的。所以在教育研究中,有研究者用事实是什么的研究来否定是什么的研究的必要性和科学性,认为后者纯属主观意愿,没有研究价值。但在人为系统中,即人按照自己的意愿,为实现其意向而构建起来的系统中,结构是按照实现功能的要求设计的,要在实践中接受检验,进行修正,才能与功能匹配,实现优化。互动交融教学法正是按照学生的发展要求与充分发挥学生主体性的意愿建构而成,其终极目的就是发展学生个人。它让学生有效获得知识、塑造自己,因为"由于知识的创新者、实现者都是人,因此在知识经济时代,知识在本质上所体现的首先是人的存在价值,人的生存和发展的价值,这种价值的现实基础和表现形式就是人的实践地存在着"[1],同时互动交融教学法促使学生形成自己的人生态度与个人发展。

---

〔1〕 许斗斗、林林:《当前"知识价值"研究的现状与反思》,载《福州大学学报(哲学社会科学版)》2002 年第 2 期。

国际私法本课教学运用案例“例以辅律”的思考*

黄雅屏**

摘　要:随着“一带一路”倡议的实施,培养高质量的涉外型法律人才是法学教育面临的重大课题,案例教学法作为“国际私法”课程教学的重要教学方法之一,有助于提升我国培养的应用型涉外法律人才的价值、有助于对中国促进“一带一路”国际合作诉求的回应、有助于学生对我国涉外司法判决文书结构和逻辑体系的理解。但是,案例教学的方法有五个步骤必须遵循,尤其是案例的选择,必须选择精当、适度和相关的案例,通过翻转课堂等形式加以呈现,在有限的课时里将案例和教材的知识点密切结合,最终落地。

关键词:国际私法　司法实务　《涉外民事关系法律适用法》　案例教学

“例以辅律、彰公明义”,案例教学在我国教育尤其是法学教育中的重要性和迫切性日益突出。鉴于“国际私法”本身所具有的特点,运用真实的审判实践和案例进行教学的方法,对于较为晦涩、难以理解的“国际私法”的本科阶段的教学尤为重要。“知行合一、经世致用”是法学学科的最终目标和价值体现,只有通过法学教学能够最终为我国涉外实务和涉外审判工作输送人才,使我国涉外法律和审判工作者具备应对“一带一路”和网络时代的跨域国际私法纠纷的能力而非“纸上谈兵”,才是国际私法教学工作者的重心,要想实现这个目标,将案例融入教学和平常的研讨、作业以至于最后的考核之中,必不可少。

我国法学教学是否真正培养出了能在国际舞台上,流利使用多国语言,应对诉讼、主导谈判、甚至于主持仲裁的专业涉外法律人才?每年通过法律职业资格考试的数以千计的学生,是否能够应对哪怕是简单的诉讼?实习律师经过一年的磨砺,是否能够成长为一名独当一面的律师?是否都能独立哪怕起草一份合同或起诉状?通过国际私法课程的学习,能不能在涉外案件中,正确地“识别”“先决问题”,正确地理解“冲突规范”从而寻找到“准据法”?在“冲突

* 本文为河海大学课程思政示范课堂建设项目阶段性成果(项目编号:2019B20)。

** 作者简介:黄雅屏,河海大学法学院副教授。

规范”日益灵活化、意思自治化的背景下,能否灵活运用“复合连接点”和“最密切联系”的原则,找到最有利于当事人的出发点? 案件如何追求形式和实质的正义? “外国法如何查明”以及“判决能否得到承认与执行”? 其答案是否定的。分析其原因,大陆法系的传统,导致中国法学本科生注重法条的背诵记忆,[1]而对于案例,尤其是国内的有些经典案例和国外的里程碑英文案例缺乏了解,没有国外法学院校广泛而深入研究案例和判决书的传统和氛围。

在我国法学14门主干课程中,最适合开展“案例教学”,最需要研究国内外判例和法条的学科就是普遍在大三才开设的“国际私法”。教学过程中要通过分析生动且贴近生活的案例来引发学生们的兴趣,在教学中使用的国际私法教材各章节和分论部分,尤其是理论性较强的总论部分中,应穿插经典案例。

一、国际私法案件的特殊性

“国际私法”是以涉外(国际)民商事法律关系为调整对象的法律学科,法律关系是根据法律规定而结成的各种权利义务关系,它由主体、客体和内容这三要素组成。[2] 涉外(国际)民商事法律关系就是指其主体、客体和内容这三要素有一个或一个以上的因素与国外有联系的民商事法律关系。所以国际私法所涉及的内容往往牵涉到与多个主权国家有关的问题或者纠纷。例如,2014年的马航MH370失踪案,就是典型的国际私法案件,就主体而言,承运人马来西亚航空公司住所地和主要营业地在马来西亚,机上239人中有154名为中国籍,还有几位美国籍;就内容而言,飞机由吉隆坡飞往北京,途中失联,产生、变更或者消灭民事关系的法律事实发生在中华人民共和国领域外。再如,“一带一路”倡议中所有我国承揽的海外工程建设项目,就客体而言,标的物——工程都在中华人民共和国领域外,都属于国际私法案件。

国际私法案件主要通过“国际商事仲裁”和“国内司法诉讼”两种方式加以解决。随着“一带一路”倡议的推进,国际私法案件的数量迅猛增加,涉案标的也成几何式上升,单单2016年一年,中国251家仲裁委员会就受理此类案件二十余万件,案件标的总计四千六百多亿元,通过国内司法诉讼解决的则至少几倍于此。国际私法案件主要涉及一般货物买卖纠纷,服务合同纠纷,建筑房地产类纠纷等。以往国际私法案件的主体多为企业法人,而近几年来自然人作为主体的涉外案件也在不断增加。随着对外开放的不断深化,涉外服务种类日益多样,除传统的理财、法律服务外,其他如演出、居间、建筑设计、安保、海上护航

[1] 传统教学中,大多数教师将目标定位在教会学生如何掌握系统的知识体系,学会通过分析法条和逻辑推理得出正确的答案,却使学生无法得心应手地应用法律解决具体问题。

[2] 参见黄进主编:《国际私法》(第2版),法律出版社2005年版,第58页。

等涉外服务合同引起的纠纷也逐年增多。

国际私法案件的处理尤其强调整个流程和逻辑思路,就国际私法案件的司法处理流程而言:第一步判断是否是国际私法案件(必须能够认定外国公司的注册登记地,了解英文合同的标的物所在地,理解当事人的惯常居住地等)。第二步就争议的解决,判断是诉讼还是仲裁(必须能够透彻分析相关国际合同中的仲裁条款的有效性)。第三步就诉讼的管辖,我国法院有没有管辖权(必须看懂国际合同中的管辖权选择条款等)。第四步就案件的程序、定性和先决问题,按照法院地法的标准进行。第五步就直接调整的方法,看本案中是否可以适用统一实体法;有没有我国参加的国际条约可以直接适用于本案,优先适用国际条约,在司法中体现了“切实履行国际义务”的现代国际法基本准则(国际条约的理解和运用,涉及法条及我国保留的相关认识)。第六步就准据法的选择,依据我国参加的统一冲突法条约,没有条约的情况下,适用《涉外民事关系法律适用法》;结合其第一章中的当事人意思自治原则、最密切联系原则、强制性法律直接适用原则和公共秩序保留原则,选择应当适用的实体法(即便选择我国法律,也可能是我国参加的国际条约或者我国认可的国际惯例)。第七步在实体法的适用中,如果指向外国的实体法,涉及外国法的查明问题(外国法不光是法条,英美法系国家判例也有法律效力)。第八步判决作出以后的承认与执行(理解外国的判决,判断我国能否承认与执行)。

作为一个涉外审判工作者,没有深厚的国际私法功底,没有对法律精神、法律条款的精到理解力,没有对国际政治经济风云变幻以及国内经济社会现实的准确把握,是难以完成司法裁判者最基本的使命的。[1] 法院承担着将“书本上的法”(law in books)转化为“行动中的法”(law in action)的司法职能,司法介入跨国民商事争议纠纷的解决,通过案件判决和案例的提升形成司法判例,可以弥补国际私法成文法的局限。就这种意义上而言,对《涉外民事关系法律适用法》和国际私法学科的真实案例的教学与研究,也是我们国内法学教育工作者的一份责任。

二、国际私法学科的特殊性

1. 国际私法范围广泛,内容复杂。它既涉及内国民商法及其适用和外国的民商法及其在内国法院的适用问题,也涉及国际条约和国际惯例及其适用问题;它既涉及实体法,也涉及国际民事诉讼法和国际民商事仲裁法。基本理论特别深奥抽象且分歧较大,实践上各国做法又迥然相异,加上我国的法律在许

[1] 最高人民法院民事审判第四庭编著:《中华人民共和国涉外民事关系法律适用法:条文理解和适用》,法律出版社2011年版,第218页。

多问题上基于各种原因又未作规定,故学生难以理解和把握。在准据法的确定及其具体适用过程中不仅涉及区际冲突、时际冲突、人际冲突、先决问题、识别、反致、公共秩序保留、法律规避和外国法内容的查明等众多环节和制度,而且还涉及不同法律体系之间的规范比较甚至价值比较。这些特点决定了国际私法是最难学的一门专业课程。[1] 鉴于此,在该学科的学习中必须辅助案例加以理解。

2. 就国际私法的渊源而言:国际私法不仅有国内立法、司法解释作为其渊源,国际条约、国际惯例、国际判例甚至于国外的一般法律原则和学说都是其渊源。当我国的冲突法指向国外的时候,需要适用外国的实体法解决案件,外国的实体法很多包含判例法、条约惯例。

3. 就国际私法的特有制度而言:很多国际私法的特有制度,都是由于一两个经典案例或学说,而在西方确立并沿用至今,如由法国"福尔果案"创立的反致制度;"鲍富莱蒙案"创立的法律规避制度;意大利孟西尼创立的"公共秩序保留"制度。学习这些案例,再辅助中文的阅读材料,才能深入了解这些国际私法所独有的拗口制度的来龙去脉。

4. 就国际私法的法条而言:《涉外民事关系法律适用法》于2010年10月28日经第十一届全国人大常委会第十七次会议审议通过,并于2011年4月1日起施行。无论是其体例还是其条文,都是受到了西方国际私法法典化的影响,瑞士、美国和法国的立法都有所借鉴。但是《涉外民事关系法律适用法》在具体案例中的使用和理解以及司法解释也是必须掌握的内容。[2] 随着法律职业资格考试制度的改革,法学高等教育越来越注重理论与实践的结合,法律基本原理与条文的实际操作能力成为衡量法学人才的重要指标。案例教学法就是在这一历史背景下走上法学教育的课堂的。[3]

5. 基于法律实用主义的需要,美国法学院普遍采用"判例教学法",通过实际的判例分析和讨论来理解法律理论和原则,且案例教学法中的案例必须是真实的。国际私法教学案例是美国国际私法的起源和精髓,两次美国的冲突法重述都是基于其多州的审判实践,这不仅造就了美国国际私法的理论和司法实践,也引领了国际私法最新发展"最密切联系理论"的国际潮流。

---

〔1〕 参见王霖华:《〈国际私法〉课程的教学方法探讨》,载《广州大学学报(社会科学版)》2002年第12期。

〔2〕 参见马志强:《对国际私法教学的几点思考》,载《开封教育学院学报》2010年第3期。

〔3〕 参见王群:《国际私法复合式教学方法探究》,载《黑龙江高教研究》2016年第5期。

三、案例教学的五个重要步骤

1. 案例的选择：(1)案例教学法中的案例必须是真实、新颖、有影响力、操作性强的实际案例。在选择教学案例环节，应该寻找现实中近期发生的案例，给学生们一种新鲜感，最好是贴近学生的生活，容易理解。(2)国际私法案例教学案例的选择应该精当、适度[1]且相关，且案例应该与国际私法理论的知识点紧密结合，把国际私法总则里的知识点融入案例中，串联起国际私法分论中分散的知识点。(3)国际私法案例的长短应该有所控制，对于分论中一个问题，选择一个最有代表性的案例，对于复杂的案例进行裁剪，以使其适合课堂教学，并只就案件中最关键的事实予以呈现，提供案号供有兴趣的同学课后再加以搜索。(4)案例的准确性和典型性，不但要选择恰当的热点案例，难度要适当，过于综合和庞杂的案例，例如涉及股权并购的上市公司反倾销等，更加适合研究生阶段，同时也要尽量选择最高人民法院给出的指导案例，发达地区水平较领先的审判庭作出的判决也更加具有准确性和参考价值。[2] (5)由于前文提及的国际私法案件的8个处理流程，教学中对于学期末的个别总结性综合案例，案例分析中应寻找案例中的逻辑推理，找到判决理由和法律适用的具体法律依据。此外，还必须将实体法和程序结合起来进行案例教学，例如在侵权行为这一章节中，选择的教学案例基本案情：2015年8月1日，原告(7岁)和其母同第三人(旅社)签订出境旅游合同，搭乘被告所属蓝宝石公主号邮轮(船旗国英国)出境旅游。8月5日下午2时许，邮轮航行至公海海域时，原告在邮轮泳池溺水致残，经司法鉴定为致残程度一级，完全失去自理能力，只能依靠护理生存。原告之母作为法定代理人，以被告邮轮泳池未配备救生员，未尽安全保障义务为由，要求被告根据英国法就原告的损害承担如下责任：

(1)向原告及其法定代理人赔礼道歉；

(2)按80%的责任比例赔偿原告人身和精神损害共计3,948,455.26元；

(3)承担律师费、鉴定费83,020元；

(4)承担本案诉讼费用。[3]

这个案件是学生身边就有可能发生的，很贴近生活的旅游中发生的不幸事故，案件具有典型意义，而且案件的呈现只需要2~3分钟。

---

〔1〕 量要适度。案例运用过多，会使课堂变成故事会，从而偏离案例教学法的本意；案例运用过多，对案例的分析、讨论、评价就不会充分，降低了教学效果；案例过少，不能涵盖所有的知识点，不利于学生对专业知识的系统把握，在国际私法的教学中可根据具体知识点的难易确定所选案例的数量。

〔2〕 例如，《人民司法：案例》就是最高人民法院出版的案例指导用书。

〔3〕 案件字号：(2016)沪72民初2336号，本案已经审理完毕，双方没有上诉，判决已经生效。

2. 案例的呈现:要呈现原被告双方的观点,以法官的视角全面了解争议焦点。[1] 陈述时尽量归纳出该案例的要点和案件审理中的争点以便学生抓住重点思考。在争议焦点的呈现过程中,尽可能和总论与分论中的知识点相结合呈现,法条可以让学生检索选择,背法条不是重点,检索找到恰当的法条才是要义。

本案中被告辩称:(1)本案应依据涉外民事关系法律适用法(以下简称法律适用法)有关侵权行为准据法的规定适用中国法。(2)原告之母未尽看护义务,具有重大过失,被告未在邮轮泳池配备救生员系依照行业惯例,且就此已作充分提示和说明,对事故的发生不应承担责任。(3)原告的索赔项目和金额部分缺乏事实和法律依据,且被告有权享受人身伤亡赔偿责任限额。第三人辩称:(1)本案应适用中国法。(2)第三人对涉案溺水事故及原告损害不具有过错。(3)原告诉请应受海商法赔偿责任限额的限制,被告邮轮不配备救生员属国际惯例,被告对原告损害不具有故意。

焦点3个:(1)本案为涉外侵权纠纷,应确定本案的准据法。是按照中国法还是船旗国英国法?[2](2)被告是否可以享受承运人赔偿责任限额?被告主张其作为承运人,依据《海商法》或者中国加入的《1974年海上旅客及其行李运输雅典公约》(以下简称《雅典公约》)规定,有权享有承运人的赔偿责任限额46,666特别提款权,约折合人民币433,700元。法院认为被告的行为符合《雅典公约》第13条规定的"明知可能造成此种损失而轻率地不为",故其无权依据《雅典公约》的规定享有责任限制的利益。原告之母对未成年原告的人身安全负有保护义务,其未于原告溺水事故发生期间在现场看护,对事故的发生亦负有责任。法院认定原告应承担20%的责任,被告应承担80%的责任。(3)被告是否有过错,行业惯例是否应当认可?被告作为涉案邮轮经营者,负有对游客的安全保障义务。其所经营的邮轮以上海港为母港,且服务对象绝大部分为中国公民,自应依照中国游客的认知和习惯,审慎地做出与中国法律法规相符的安排,以确保游客的人身安全。被告虽主张邮轮泳池不配备救生员是行业惯

---

[1] 参见朱鹤群:《基于"问题中心主义"之案例教学法探讨——以"国际私法"案例教学为例》,载《中国农业教育》2018年第2期。

[2] 原告认为涉案事故发生于英国籍邮轮上,且被告为英国企业,本案侵权行为应为英国,适用英国法律。被告认为侵权结果发生地在中国,应适用中国法。法院认为:该案侵权行为地的特殊性和非典型性,本案无法适用《涉外民事关系法律适用法》第44条来确定其准据法,适用最密切联系原则确定准据法更为科学、公平,亦符合侵权损害赔偿的填补原则。根据最密切联系原则,该案应综合考虑以下连接点以确定准据法:侵权行为发生地、侵权行为结果地、受害人的住所地和经常居住地、涉案船舶的船旗国、船舶所有人国籍、船舶经营人国籍、合同签订地、邮轮旅客运输的出发港和目的港、被告公司营业地。最后法院选择中国法作为准据法。

例,但该做法未得到被告所在国英国有关部门的认可,亦与英国有关组织推荐的做法不符,更与中国相关法律相违背,法院对此不予认可。[1]

3. 案例的分析和与学生的互动[2]:案例教学和“翻转课堂”相结合,由教师引导、启发,学生提问、讨论、辩论,可以培养学生更强的思辨能力和调动学生参与案例教学的积极性,实现教师与学生两个积极性的互动结合;可以迅速地形成一定的情景和氛围,学生置身于这样的情景及氛围中极易活跃思维和激发创造力,实现学习与创造的有机结合;要促使学生敢于辩,勇于辩,乐于充分地表达自己的观点,变被动的学习为主动的学习,实现自我教育与实践能力提高的结合。

该案就应该充分地分析各国对于侵权行为和侵权行为地冲突规范(法律适用规则)的相关规定,关于侵权行为地的确定,不同国家采用不同的标准,但都规定了最密切联系原则进行调整,以试图平衡双方利益。我国《涉外民事关系法律适用法》第 44 条规定“侵权责任,适用侵权行为地法律,但当事人有共同经常居所地的,适用共同经常居所地法律。侵权行为发生后,当事人协议选择适用法律的,按照其协议。”[3]该条文针对一般侵权之债的法律适用问题规定了当事人意思自治、共同属人法、侵权行为地法三个法律适用层次。对于侵权行为地,一般理论认为既包括侵权发生地也包括侵权结果地,但是我国《涉外民事关系法律适用法》第 2 条设定了法律适用的兜底条款,该条规定“本法和其他法律对涉外民事关系法律适用没有规定的,适用与该涉外民事关系有最密切联系的法律”,本案就是基于此选择中国法作为准据法。

4. 重视案例的逻辑整体、适当提出问题:法律是很讲究逻辑的,中国法学属于文科,尤其要注意条理和逻辑思路的培养,案例教学中,老师应让案例至少事

---

〔1〕 参见盖聪:《发生在公海上的侵权行为的法律适用》,载微信公众号“国私案例研究”2019 年 11 月 24 日。

〔2〕 参见郭玉军、乔雄兵:《国际私法双语教学的思考》,载《武汉大学学报(哲学社会科学版)》2005 年第 3 期。

〔3〕 如果当事人对于法律适用达成合意,则适用当事人合意选择的法律;如果当事人之间没有就法律适用协商一致,而当事人具有共同属人法的,则适用当事人的共同经常居所地法律;如果当事人之间既没有就法律适用达成合意,也没有共同属人法,则适用侵权行为地的法律。关于“侵权行为地”,在《涉外民事关系法律适用法》施行之前,最高人民法院曾于 1988 年 4 月 2 日颁布《关于贯彻执行〈中华人民共和国民法通则〉若干问题的意见(试行)》(以下简称《民通意见》)中针对原《民法通则》第 146 条提及的“侵权行为地”进行了专门阐释。在《涉外民事关系法律适用法》施行后,原《民法通则》第 146 条被替代,针对该条文进行释义的《民通意见》第 187 条随即失效,法律选择领域对于侵权行为地的定义无据可循,这导致《涉外民事关系法律适用法》第 44 条经常陷入无法适用的境地。但是,我国《涉外民事关系法律适用法》第 2 条设定了法律适用的兜底条款,该条规定“本法和其他法律对涉外民事关系法律适用没有规定的,适用与该涉外民事关系有最密切联系的法律。”最密切联系原则作为一种补充性的法律适用规则而存在的,仅在没有侵权行为地法等其他一般性系属公式的特殊情形下适用。

实清楚、条理清晰、分析充分。

目前我国的案例教学法,通过案例事实的肢解,只注重结论,而忽视逻辑推理,导致学生对法学各理论之间的相互联系缺乏逻辑性和系统性把握,难以形成缜密而严谨的法律逻辑思维,从而造成案例教学与相关理论教学严重脱节。上文提及的国际私法案件处理流程中 8 个逻辑步骤要在学期总结最后用一个案例系统梳理全部的步骤。

案例的最后总结必须能够追溯整个案例中的逻辑推理,找到判决理由和法律适用的具体法律依据。此外,还必须将实体法和程序结合起来进行案例教学,把国际私法总则里的知识点融入案例中,串联起国际私法分论中分散的知识点。

在该案中就应该思考,该案识别为侵权案件是毫无疑问的,当事人固然是由于诉讼的方便和自身的住所地等因素选择在中国法院诉讼,中国法院获得管辖权,如果该案第二步选择去英国法院起诉,英国法院是否会受理?英国法院会如何认定侵权行为地,会如何适用法律?〔1〕英国会如何评价其在 1987 年就参加的《雅典公约》及其限制赔偿额条款以及不配备救生员的惯例?如果选择英国法作为准据法,能得到多少赔偿?

5. 总结和回归教材:进一步分析该判决的正确性以及存在的某些欠缺和值得探讨的问题。"以点带面",将学生的兴趣引导到教材中的基本理论和原理上来。案例教学的落脚点或始发点必须是书本上的有关教学内容,否则就会舍本逐末。学生不但可以更系统和全面地掌握教材中的内容,而且还能从案例教学中相应地发展和掌握运用有关的理论或原理去分析和解决实际问题的能力和技巧。笔者在进行前述的案例教学时,在作相应的评价时或评价后就适时地将该案所涉及的有关问题融汇到教材中的教学内容之中,从而使书本上的抽象理论和原理具体化、形象化,并且以该案为突破口,循序渐进地分析本案中,我国法院是否应该适用英国法作为准据法更加符合实质正义以及保护弱者和未成年人的宗旨。

本案中,原告年仅 7 岁,完全失去自理能力,只能依靠护理生存,国家卫生健康委员会发布的《2018 年我国卫生健康事业发展统计公报》显示,"居民人均预期寿命由 2017 年的 76.7 岁提高到 2018 年的 77.0 岁",这意味着未来七十

〔1〕 1995 年《英国国际私法杂项规定》将侵权案件进行分类,对侵权行为地的认定问题给出了具体的认定办法。在第 11 条第 2 款规定中,英国立法者将涉外侵权案件分为四类,包括人身伤害、人身伤害致死、财产损害、人身伤害和财产损害以外的侵权案件,依照案件的不同性质提供了侵权行为地的具体认定规则,其中,对于人身伤害和财产损害以外的侵权行为的侵权行为地是认定,是与侵权行为相关事项有最密切联系的地方。

年的时间,原告为其生存需要支出高昂的医疗费、护理费等,而法院判决的2,906,432.06元相较于原告未来需要支付的费用而言是远远不够的。相较而言,适用赔偿额更高的英国法对于保护原告(受害人)更为有利。那么,本案是否可以适用英国法呢?〔1〕

四、“案例”打造国际私法教学的迫切性

自2013年秋天,习近平主席提出共建“一带一路”倡议以来,“一带一路”建设逐渐从理念转化为行动,从愿景转变为现实,建设成果丰硕。推进“一带一路”建设,必然会遇到一系列法律纠纷,需要通过高效公正的纠纷解决机制加以解决,许多学者和司法工作者已将目光聚焦涉“一带一路”纠纷。这种涉外纠纷都属于“国际私法”的范畴。

由此可见,国际私法作为一门应用性非常强的法学学科,天生具有贴近社会,立足实践的内在属性,国际私法理论研究和国际私法教学应积极回应经济与社会发展的诉求,学习和研究国际私法案例,从国际私法司法实践与法律判例的分析和研究中引导学生全面了解国际私法的总论和分论中抽象的理论和具体的法律适用理论和规则。

法学本科教学始终把服务于中国、服务于社会的法治建设作为秉承的使命,凭借学校优良的平台,积极开展中外联合培养国际法人才的路径。“一带一路”倡议是习近平主席推行的中国经济与文化走向世界的战略构想,而加强涉外法律职业人才培养则是“一带一路”经济带建设的重要法律保障,强化涉外法律职业人才对“一带一路”所涉及的法律问题和案例进行研究,无疑是中国经济与文化走向世界的重要保障。

---

〔1〕 我国原《民法通则》第142条第3款规定,“中华人民共和国法律和中华民共和国缔结或者参加的国际条约没有规定的,可以适用国际惯例”。对于船舶内部发生侵权行为的法律适用,我国法律没有作出规定,也没有缔结或参加的国际条约规定,所以可以适用国际惯例。根据国际惯例,发生在船舶内部的侵权无论该船舶是处于公海或某国领海,一般适用船旗国法。因此,根据国际惯例,该案可以适用船旗国法,即英国法,这更有利于实现该案的实质正义。根据弱者利益保护原则,该案可以考虑适用英国法。国际私法越来越重视关于弱者利益的保护,所谓弱者利益保护,是指在涉外民商事纠纷中,一方当事人显然处于弱者地位,适用与其有最密切联系的法律,可便于法院在众多连结因素中选择最有利于保护该当事人的连接点。许多国家在其国际私法的立法和司法实践都体现了这一理念。我国2012年《涉外民事关系法律适用法》也加入了弱者利益保护的相关规定,第25、28、29、30、42、43、44、45、46条集中规定了弱者利益保护的相关制度。《儿童权利公约》也体现了弱者利益保护的原则。在准据法的确定中,弱者利益保护原则是除最密切联系原则和意思自治原则这两个标准之外的更能体现实质正义的另一标准。因此,在本案中,适用对于作为弱者的原告更为有利的法律,即英国法,更有利于实现实质正义。参见盖聪:《发生在公海上的侵权行为的法律适用》,载微信公众号“国私案例研究”2019年11月24日。

充分认识国际私法司法实践的意义,强化国际私法案例的学习与研究,也有助于对中国促进“一带一路”国际合作诉求的回应和充分发挥国际私法在调整涉外民商事法律关系方面的作用,更好地贯彻实施我国进一步对外开放政策,保障我国对外民商事交往,承载促进“一带一路”国际合作的重要历史使命。〔1〕

〔1〕 参见徐冬根:《论国际私法案例研习的正当性》,载《中国国际私法与比较法年刊》2018年第1期。

心理学知识在证据法教学中的应用实例
——以证人证言的准确性为例*

陈苏豪　秦康美**

摘　要:在证据法教学中导入心理学知识是一种跨学科的尝试。以证人证言为例,心理学关于人类记忆规律的研究,对证言的审查及相关规则构建,具有直接借鉴意义。具有如实陈述动机的证人,仍会受到常识、事件意义、诱导性询问、他人观点的干扰,提供不准确的证言。公正司法程序不仅应当能够识别伪证,还应当设置科学的证据规则,防止不准确证言阻碍案件真相的查明。心理学知识可以为之提供理论依据。围绕这些内容进行讲授、讨论并组织课堂实验,有助于加深学生对相关知识点的理解,培养其对心理学与证据法交叉研究的兴趣。

关键词:心理学　证据法　准确性　可采性　可信性

心理学实验表明,人类的记忆并不像录音录像设备一样准确。在记忆中,人们甚至有可能看到那些原本没有看过的东西,讲出那些原本没有讲过的话,见到那些原本没有见过的人。[1] 证人记忆的准确性,会受到常识、事件意义等内部因素,以及诱导性询问、他人观点等外部信息的干扰。因此,在诉讼中,事实认定者不仅会被说谎的证人所误导,还会被善意作证但提供信息不准确的证人所影响。在后一种情况下,甚至证人自己都没有意识到其所作陈述与真实情况不符。对于这种真实的"谎言",既有诉讼程序并没有很好的应对办法。在教学中首先介绍相关心理学研究成果并展开课堂实验,有助于学生全面理解证言的准确性,为后续规则与案例的讲解提供认识论基础。

---

* 本文是南京审计大学国家一流专业(法学)建设专项课题"卓越法治人才2.0背景下证据法课程群建设研究"的阶段性成果(课题编号:2020JG144)。

** 作者简介:陈苏豪,南京审计大学法学院讲师;秦康美,南京审计大学法学院教授。

〔1〕 参见[日]高木光太郎:《证言的心理学——相信记忆、怀疑记忆》,片成男译,中国政法大学出版社2013年版,第11页。

一、内部因素的视角

美国“水门”事件中约翰·丁的证言可以作为一个有趣的教学案例,用于说明证人记忆的准确性会受到常识和事件意义的影响。〔1〕约翰·丁是尼克松总统的法律顾问,与尼克松一方掩盖窃听事件的工作有密切关系,其在参议院特别调查委员会上证明尼克松参与了这一活动。他的证言很详细,对尼克松办公室中的情况描述非常生动,以至于当时的媒体称其为“人体录音机”。然而,总统办公室的秘密录音随后被公开,证明约翰·丁的证言存在很多与真实情况不符的细节。心理学家对此种差异进行了深入的分析。

在其证言中,约翰·丁对 1972 年 9 月 15 日发生的事件描述如下:“那天下午晚些时候,我接到了叫我去总统办公室的电话。我到总统办公室的时候,哈德曼(总统首席助理)和总统在那里。总统跟我说请坐。两个人看上去心情不错,对待我的方式也很热情而有诚意。总统告诉我鲍勃(指哈德曼)一直把我处理水门事件的相关情报传达给自己。总统跟我说,我办了个好事,还高度评价我完成了非常棘手的工作,而且很高兴该事件在里迪那里停了下来。我回答说,别人做的事情比我棘手很多,所以不能说是我的功劳。总统谈到那一事件的现状时,我对他讲了我能做到的所有一切是封锁事件,帮助撇清白宫的关系。我接着对他讲了这个问题要得到解决还有很长的路要走,也许等不到问题得以解决的日子,也许我不能保证一定解决问题。”需要指出的是,当天陪审团决定只起诉案件的实施者和几名白宫工作人员,这意味着约翰·丁等人想掩盖总统本人参与窃听事件的工作取得阶段性成功。

不久之后,总统办公室的录音被公布出来。对比录音内容,约翰·丁的证言与实际情况存在很多细节差异:总统没有请他坐下来;总统没有说到哈德曼关于工作情况的报告;总统虽然夸奖了约翰·丁的工作情况,但那是在对话快要结束的时候,并且总统没有说“办了好事”;总统没有说他的工作是非常棘手的;总统没有说很高兴事件在里迪那里停了下来;约翰·丁没有说“不是我的功劳”;约翰·丁没有对总统说自己“能做的所有的一切是封锁事件,帮助撇清白宫的关系”;约翰·丁没有说“也许等不到问题得到解决的日子”,相反,他说了从现在开始的54 天里(到 11 月的选举为止的期间),我想不会发生任何惊人的致命的事情。

尽管约翰·丁的证言未能准确反映全部交谈细节,但他并没有尝试隐藏对话的核心部分,即尼克松知晓窃听事件及后续掩盖工作。那么,为什么具有如

〔1〕 关于该案例的细节及分析,参见[日]高木光太郎:《证言的心理学——相信记忆、怀疑记忆》,片成男译,中国政法大学出版社 2013 年版,第 11～16 页。

实作证意愿的证人,还是会给出不准确的证言呢?由这一问题展开,可以组织课堂讨论,由学生们提出自身经历过的记忆不准确事件。在此基础上,再引入心理学家阿列克·奈瑟的理论解释。他认为,约翰·丁的记忆可能受到了常识与事件意义两种因素的影响。第一,心理学称关于事件的一般程序为知识的脚本,例如访问他人房间,劝客人入座是非常自然的场景。人们无意间用这样的脚本填充记忆中模糊的、缺失的部分。约翰·丁可能也是在自己意识不到的情况下使用脚本修复了记忆中模糊不清的部分,这才提到了总统请他入座等没有发生的细节。第二,人们关注与自己有关的事情对自己的意义,这种一个人特有的视点和意义化,也会填补记忆的空白。约翰·丁的证言讲述的不是实际进行的会谈,而是他空想出来的。在他看来,尼克松应该对起诉就到里迪停止感到高兴,哈德曼应该向尼克松报告了他办了一件多么了不起的事情,尤其是对他的赞赏应该被突出。

从更为一般意义上来说,人们通常记住的是事件的框架,但忽略了很多细节,而常识和意义的填补功能,使人们产生与实际体验不同的记忆。记忆中脆弱的细节与司法程序对证言细节的高要求之间存在不可调和的矛盾,这是审查和运用证人证言时所必须予以重视的客观规律。

二、外部因素的视角

除常识和事件意义等内部因素外,证人的记忆还会遭受外部因素的污染,例如诱导性询问或他人对于所涉事件的描述。这种信息混淆的实际影响,已经由心理学家通过实验证明。其中一些操作相对简单的实验,完全可以在课堂上进行复验,通过学生的亲身参与增强其对相关知识点的理解。

伊丽莎白·洛夫塔斯是将心理学方法应用到司法场景的先驱,她通过实验证明,诱导性询问会改变证人的记忆。[1] 在其中一项实验中,实验对象集中观看了一段视频,视频的内容是一辆红色的汽车在让车信号处没有减速,径直撞上了一辆蓝色的车。随后,工作人员询问部分实验对象"那辆车撞击(hit)蓝色的车时车速有多快",得到的回答平均值为 34 英里每小时;另一部分实验对象则被要求回答"那辆车猛冲(smash into)向蓝色的车时车速有多快",此时所得的平均车速为41 英里每小时。一周之后,所有的实验对象都被要求回答"当时有没有碎玻璃","撞击"组中有 14% 的肯定回答,而"猛冲"组有 32% 的肯定回答。该实验说明,提问的方式不仅会影响人们当时对问题的回答,这种影响还

〔1〕 See Elizabeth F. Loftus & John C. Palmer, *Reconstruction of Automobile Destruction: An Example of the Interaction between Language and Memory*, 13 Journal of Verbal Learning and Verbal Behavior 585 (1974).

会持续到一周之后。初次回答问题时出现的差异,可以归结于需求特征(demand characteristics),即促使实验对象按照某一方式行动的因素。在此案例中,“猛冲”显然比“撞击”的剧烈程度更高。而在一周后回答关于碎玻璃的问题时,两组实验对象回答中出现的差异说明,他们的记忆已经被最初的提问所改变。教师至少可以通过这一实验结果说明,警察询问证人或是组织辨认过程所惯常使用的诱导性提问方式,隐含着错误风险;同样是考虑到此种错误风险,证据规则通常对法庭上的诱导性询问施加更严格的限制,例如《美国联邦证据规则》第611条禁止在主询问中提出诱导性问题,再如我国《人民法院办理刑事案件第一审普通程序法庭调查规程(试行)》第20条第2项规定,不得采用诱导方式向证人发问。

实验表明,证人对自身经历事件的记忆还会受到他人谈论该事件的影响。典型的实验设计是,安排实验对象观看一段视频或事件后,先要求他们各自报告所见所闻,再让他们互相交流。实验结果通常是,经过互相交流后,最初陈述的差异逐渐缩小,但修正后的报告并不一定更加准确。[1] 曾有研究者在大学课堂进行了此类实验,被试学生事先并不知情。实验中,一个年轻人进入正在上课的教室后,突然抢了一个学生的手提包逃走。教室顿时变得吵闹起来,过了一会,学生们被告知这是为了进行心理学实验安排的一出戏。随后,研究者要求学生回忆刚才的事件并回答一份关于事件的问卷。接着,研究者将学生分成若干小组。经过分组讨论后,学生们被要求再次回答相同的问卷。对比前后的结果可以发现,分组讨论虽然帮助学生回想起更多细节,但也产生了更多与事实不相符合的细节,共同回忆具有双向效果。[2] 这一实验结果,可以直接用于解释部分证据规则的设置,例如询问证人应当单独进行,再如证人一般不得旁听庭审。

三、教学应用

新冠肺炎疫情期间,笔者所在的学校普遍采用了直播平台线上教学的形式。直播平台自带的视频播放、随堂问卷等功能,为开展实验教学尝试提供了条件保障。在证据法线上教学中,笔者组织学生观看了一段时长为15秒的撞车视频,并要求学生回答问题。视频中,黑色三菱SUV撞击警车,致使警车保险杠脱落。黑色SUV驾驶员留有山羊胡,外形特征比较明显。问题形式为选

---

〔1〕 See Suparna Rajaram & Luciane P. Pereira-Pasarin, *Collaborative Memory: Cognitive Research and Theory*, 5 Perspectives on Psychological Sciences 649 (2010).

〔2〕 See Andrea Apler, Robert Buckhout, Susan Chern, et al., *Eyewitness Identification: Accuracy of Individual vs. Composite Recollections of a Crime*, 8 Bulletin of the Psychonomic Society 147.

择题,6 个选项分别为:40 ~ 50km/h,50 ~ 60km/h,60 ~ 70km/h,70 ~ 80km/h,比以上都快,比以上都慢。

向第一个教学班提问方式为:视频中黑色的车撞击警车时速度有多快?

向第二个教学班提问方式为:视频中黑色的车把警车保险杠撞掉时速度有多快?统计结果见表 1:

表 1 视频中车速估计的情况统计

视频中车速情况	法会 3 班(收回 31,有效 29)	法会 4 班(收回 42,有效 42)
	视频中黑色的车撞击警车时速度有多快?	视频中黑色的车把警车保险杠撞掉时速度有多快?
40 ~ 50km/h	13.8%	0.0%
50 ~ 60km/h	3.4%	9.5%
60 ~ 70km/h	27.6%	21.4%
70 ~ 80km/h	10.3%	24.4%
比以上都快	44.8%	47.6%
比以上都慢	0	0

从以上结果来看,法会 3 班对速度的感知低于法会 4 班。按既有心理学研究结果,这可能是受到了提问方式的诱导。第二周课上公布这一结果时,有少部分学生能够意识到结果差异可能是受到了诱导。由此介绍洛夫塔斯的原型实验,并引出提问方式可能影响证人的可信性这一知识点,说明心理学与证据法交叉研究的必要性。

在此基础上,再组织学生对车辆和驾驶员进行辨认。法会 3 班辨认情况如下:

下列车辆中,哪一个与撞车视频中的车型号相同?

A.

C.

B.

D.

统计结果为:A 选项(2 人,6.9%),B 选项(9 人,31.0%),C 选项(10 人,34.5%),D 选项(1 人,3.4%),以上都不是(7 人,24.1%)。正确选项为 B。

撞车视频中,黑色车的驾驶员是谁?

A.
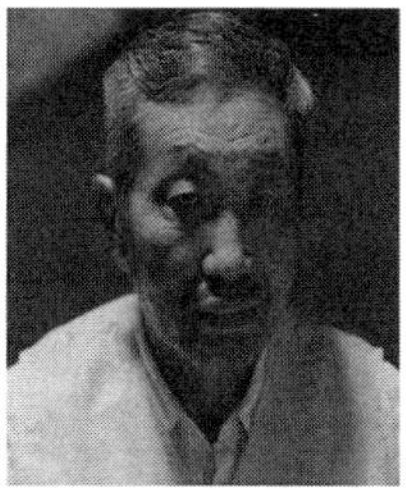

C.

B.

D.

统计结果为:A 选项(6 人,20.7%),B 选项(6 人,20.7%),C 选项(8 人,27.6%),D 选项(9,31%)。正确选项为 B,演员曹明华。学生解释,C 选项一看就是坏人,D 选项一看就像演员,所以选 C、D 较多。

法会 4 班辨认情况如下：

下列车辆中，哪一个与撞车视频中的车品牌相同？

A.

C.

B.

D.

统计结果为：A 选项(4 人，9.8%)，B 选项(13 人，31.7%)，C 选项(13 人，31.7%)，D 选项(7 人，17.1%)，以上都不是(4 人，9.8%)。正确选项为 B。

相较于法会 3 班，法会 4 班的学生选择 C 选项的比例反而下降，似乎并没有受到颜色的干扰。

撞车视频中，黑色车的驾驶员是谁？

A.
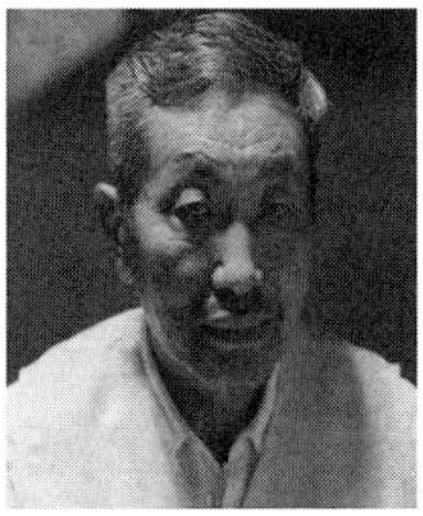

C.

B.

D.
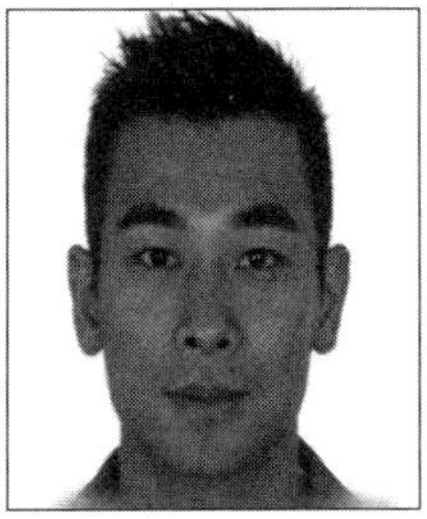

统计结果为：A 选项(6 人，14.0%)，B 选项(7 人，16.3%)，C 选项(28 人，65.1%)，D 选项(1 人，2.3%)，以上都不是(1 人，2.3%)。正确选项为以上都

不是。在没有明显是“演员”的对象干扰下,“坏人”被辨认的概率明显升高。

结　语

心理知识的导入,能够帮助学生认识到,即使证人没有故意撒谎,其提供的证言同样可能是不准确的。证据规则构建应当以全面提高证言的准确性为导向,不能仅仅着眼于识别故意作伪证者。然而,将心理学研究结果应用于司法场景也存在无法逾越的障碍。不同于心理学实验,在现实案例中,没有人能够百分之百肯定,真实的情况究竟是什么,毕竟像约翰·丁这样的个案仅是少数。因此,证人证言的准确性问题,需要进一步转化为证言的准入和评价,分别对应着证言可采性规则与证言可信性检验。在这两个方面,心理学知识同样具有应用空间。

从教学相长的角度来说,在教学中导入跨学科知识,既能促进教师开展相关研究,又有利于拓展学生的知识面,落实复合型法学专业人才的培养目标。对于今后从事实务工作的学生来说,了解跨学科知识将提高其法律职业能力。少部分学生还将成长为未来的研究者,较早接触跨学科知识与方法将为其今后进行开拓性研究打下良好基础。希望本文在督促笔者继续坚持心理学和证据法交叉研究的同时,能够为证据法教学提供一些参考。

会读才会写:法学读书会与研究生科研能力培养

彭亚媛*

摘　要:法学读书会的教育功能,可以补足法学教育中学术训练不足的缺憾,培育学生的智识和品性。目前高校通行的两种读书会模式各有优劣:“精英俱乐部”模式重在理论和原典阅读,容易形成规模效益但维持成本极高;“博雅通识”模式关注大众读物,虽然参与度高但对学术写作帮助不大。在批判借鉴的基础上,江苏大学法学读书会创建了阅读学术期刊文章的“普适性”模式,旨在实现“会读会写会查资料”技能目标和“共享共进合作共赢”育人目标。

关键词:读书会　精英俱乐部　博雅通识

引　言

法科研究生的毕业论文写作,是老师和学生最要“课题”。研究生自己选的题目被老师评价为非法律问题,导师给的选题研究生又觉得太难写不出来或者生搬硬造写得毫无逻辑。教师看得受累,学生改得痛苦。这个问题在国外教育界同样也非常普遍。加拿大安大略理工大学法学教授菲利普·钟和顺(Phillip Chong Ho Shon)也因天天批改学生的低劣论文,被那些一再重复出现的错误折磨到绝望。于是,他不断摸索和实践,总结出了一套文献阅读的技巧,写成了本畅销书《会读才会写:导向论文写作的文献阅读技巧》。法学读书会的教育功能,可以补足法学教育中学术训练不足的缺憾,培育学生的智识和品性。目前高校通行的两种读书会模式各有优劣:“精英俱乐部”模式重在理论和原典阅读,容易形成规模效益但维持成本极高;而“博雅通识”模式关注大众读物,虽然参与度高但对学术写作帮助不大。在批判借鉴的基础上,江苏大学法学读书会创建了阅读学术期刊文章的“普适性”模式,旨在实现“会读会写会查资料”技能目标和“共享共进合作共赢”育人目标。

* 作者简介:彭亚媛,江苏大学法学院讲师。

读书和写作向来不分家,写作问题可以通过阅读和学习来进行改进。而法学读书会的阅读训练,是帮助学生写出合格论文的重要途径。

本文试图论证,“会读才会写”是法学读书会最基本的使命也是最实际的要求,普适性读书会应该尽量囊括法律硕士和法学硕士。本文首先从读书会的教育功能入手,分析法学读书会对研究生智识和品性的影响;其次对中国高校院所现有的法学读书会模式进行类型化,阐述“精英俱乐部”读书会模式与“博雅通识”读书会模式的利弊;最后详细阐述江苏大学法学读书会(以下简称“江大读书会”)的制度设计。“江大读书会”借鉴了菲利普·钟和顺教授的文献阅读经验,致力于让学生阅读顶级的期刊文献,让每一位研究生通过“学习模仿—吸收内化—写作输出”三个步骤以培养科研学术思维。“江大读书会”模式可以为其他高校院所提供可复制可推广的经验“江大经验”。

一、法学读书会的教育功能

(一)法学读书会的显性教育功能

第一,法学读书会可以补足中国法科研究生教育体系在科研学术训练方面的缺憾。随着法学博士“申请制”的推广,高校对于研究生文献阅读和写作的要求越来越高。而大部分高校院所中,“文献检索课”“学术研究与论文写作”等课程无法向法科研究生提供针对性学术训练。一般高校院所将“文献检索”等课程设置为选修或者通识课程,上课的学生来自各个专业,授课老师也往往多为理工科。即使有实力的高校专门设置了“法学论文写作与资源检索”课程,也往往过多聚焦于技术层面。例如,清华大学何海波教授的《法学论文写作》,北京大学凌斌教授的《法科学生必修课论文写作与资源检索》,均将论文写作拆解为选题、开头、结尾等部分,对于阅读写作经验较少的法科研究生而言“只见树木不见森林”,概论性的课程无法有效指导研究生在学科具体方向上的文献阅读和论文写作。反观之,英国牛津大学出版的“牛津学术手册系列”,会邀请学术大家对每一个子学科的发展,前沿问题和研究方法进行详细论述。在缺乏完备的法科学术研究方法和学术阅读训练的前提下,法学读书会是学生获得针对性学术训练的少数通道之一。因此法学类高校院所纷纷开设读书会,以补充现有教学体系的不足。

第二,法学读书会可以加深学生对法学基础理论和知识的理解。无论是西北政法大学“终南山学术小组”,还是北京大学的“法意读书会”,吉林大学的“小南湖读书小组”都注重培养学生对外文原著与法学理论著作的阅读。例如,西北政法大学“终南山学术小组”组织阅读了哈特、耶林、福珂、黑格尔、康德等著作,学生据此撰写的读书报告和论文,在学术期刊上发表了15篇论文。

而郑正来组织的“小南湖读书小组”将读书成果汇编成书,在学界引起了很大的反响。

(二)法学读书会的隐形教育功能

法学读书会的隐形教育功能,主要在于对学生品格的培养。从布鲁诺教育金字塔理论来看,读书会也属于高级认知的部分,是整个教育学最难,最锻炼人的部分。布鲁诺将教育分为六个层次:知识、领会、应用、综合与评价。大学老师上课是知道知识,期末考试或司法考试主要考验学生是否领会,这些都是低级认知。而读书会则结合了读、写、检索和报告等多种方式,涉及分析、应用与评价,属于高级认知。这些高级认知的背后,考验的是学生的心性。

第一,法学读书会培养学生的批判思维与创新精神。研究生的定位应该是具有科研能力的研究者,但大部分法科研究生还保留着“学生思维”,缺乏对法学理论和学术观点的深度思考。尽管法学读书会有各种各样的形式,但都旨在培养学生的独立思考能力和批判性思维。批判思维最为核心的是对某一现象或事物之长短利弊的评断,它要求人们对所判断的现象和事物有其独立的、综合的、有建设意义的见解。[1] 法学读书会,不仅仅是让学生知其然,知其所以然,而且还要指出前人研究的不足,挖掘现有研究的空白点,针对这些不足和空白,进行创新。

第二,法学读书会能锻炼学生即兴演讲与快速反应能力。大部分法学读书会会要求学生做 10 ~ 15 分钟的读书会报告。例如浙江大学的“郑本清源”读书会就要求学生“线下精读、沉淀思考、现场分享”,并会有师长点评。[2] 因此,法学读书会相当于提供给学生表达自我的舞台。同时,在接受师长点评提问时,学生需要快速反应,准确地提炼有效信息,并给予针对性的回答。对于学生而言,法学读书会不仅是一个小型“翻转课堂”,而且还考验着学生面对质疑时的反应能力。

二、法学读书会的“精英俱乐部”模式与“博雅通识”模式

(一)“精英俱乐部”读书会模式

长期以来,法学读书主要以小型的“精英俱乐部”读书会模式为主。“精英俱乐部”读书会模式有两大特点。一是专业性强,围绕特定学科方向在专门教师带领下完成文献阅读。二是人数较少,主要针对学术型的法学硕士博士,法

---

〔1〕 参见岳晓东:《批判思维的形成与培养:西方现代教育的实践及其启示》,载《教育研究》2000年第8期。

〔2〕 浙江大学,月轮山峦读书会“郑本清源”读书会:纵舟于法律之海,涵永法学经典,载 http://www.ghls.zju.edu.cn/ghlscn/2020/0711/c13699a2166465/page.htm,最后访问日期:2022 年 3 月 16 日。

律硕士参与程度较低。较为著名的专业性法学读书会有:北京大学知识产权沙龙读书会、湘潭大学民事诉讼法学专业专题读书会、华东理工大学法学读书会、中国政法大学法理学专业读书会、中南财经政法大学知识产权学院文泓读书小组。[1]

“精英俱乐部”读书会模式的优点在于专业性,而缺点在于维持成本较大。“精英俱乐部”读书会模式因为研究方向较为一致,容易形成规模效应。无论是对读书会成果汇编(小南湖模式),还是鼓励学生写成论文投稿(西北政法模式),都可以形成一批有价值的科研成果。对于学生而言,其科研能力得到了提升。然而,“精英俱乐部”读书会模式比较依赖于大量的资源投入:带教老师的时间精力投入,邀请著名专家学者的成本投入,以及学生的质量和数量,都会影响法学读书会的成效。因此,即使是资源丰厚的五院四系,也大多是“兴趣驱动”的小型读书俱乐部。

(二)“博雅通识”读书会模式

“博雅通识”读书会是博雅教育的一个重要体现,旨在培养出博雅君子和通识人才,即博览群书,学贯古今,知自然历史,晓天文地理,博闻强识,明达事理,多才多艺的人。“博雅通识”读书会的读物主要集中在文史哲法等人文社科类,学科跨度较大,但由于读物较为通俗,所以大众参与度较高,一般由出版社、网络平台或图书馆组织。比较著名的华中师范大学图书馆的“风雅读书会”,樊登读书会,三联读书会等。

“博雅通识”读书会的优点是博览群书,缺点是专业性以及学术深度不够。“博雅通识”读书会中法学类书籍主要集中在法理学,耶林、哈耶克等著名法学家常常在列。但这种模式读书会主要以普及知识为主,对于法科研究生文献阅读和论文写作帮助不大。

三、江苏大学法学院“普适性”读书会的制度设计

“江大读书会”旨在创设一个可以囊括法学硕士和法律硕士的“普适性”读书会模式,帮助法科研究生培养学术思维,规范论文写作。“江大读书会”希望改变现有的“精英俱乐部”读书会的模式,对法律硕士开放学术训练的渠道;兼采“博雅通识”读书会的大众普及性,形成一套可复制可推广成本可控的“普适性”读书会模式。江苏大学在读书会目标、读书会材料、读书会主题和读书会形式进行了一定的创新。

---

[1] 参见万春珍:《国内高校读书会发展策略研究》,载《新世纪图书馆》2016 年第 7 期。

(一)读书会目标要“跳一跳够得到”

“江大读书会”结合自身实际情况,将读书会目标设置为“会读会写会查资料,共享共进合作共赢”。

第一个“会读会写会查资料”,是技能型目标。江苏大学 2017 年开始硕士招生,包括:法律硕士、法学硕士,其中全日制和非全日制研究生都有。“会读会写会查资料”这些技能,可以帮助这些研究生具备写作毕业论文基本能力,避免临时胡拼乱凑出现学术不端情形。第一,会读,是指能够通过阅读来把握文献的研究问题和研究思路。第二,会写,是指能够完成文献综述,提炼文献核心观点并能挖掘出现有研究的空白点。第三,会找资料,是指能够熟练地使用法学数据库,寻找和自己论文相关的中外文文献。“会读会写会查资料”这三个技能,可以通过反复练习获得。

第二个“共享共进合作共赢”,是以培养研究生学术品格为目标。社会竞争激烈、同龄人压力以及急于求成的心态很容易影响到研究生的身心健康状况。所以要发挥读书会的隐形教育功能,培养研究生互帮互助,团队合作的精神。第一,共享是指研究生之间共享学术信息和文献资料。读书会要求研究生在群里共享学术讲座、征文以及研究资料等信息。第二,共进是指要认识到学习不是一蹴而就的,而是要经过“学习模仿——内化吸收——写作输出”三个阶段慢慢进步的。读书会要求研究生写作首先从模仿前人的写作框架和遣词造句开始,再慢慢形成自己的逻辑和语言风格。第三,合作共赢是指让研究生通过团队合作的方式完成读书会的任务。读书会要求 2 ~ 3 个学生组成小组,分担资料查找、报告演讲、写作总结等诸多工作。

(二)读书会材料要最新最好且简短

“江大读书会”的一大特色是读期刊论文,而不是原著经典。原著经典和外文文献最大的问题是晦涩难懂,内容过多,对于学生而言反而是一种负担。反观之,优秀的期刊论文比较合适,主要有三个理由。第一,期刊论文篇幅较短,不会占用研究生过多的时间。期刊论文一般在 8000 ~ 15,000 字左右,半小时内可以读完,2 小时可以做到精读。第二,期刊论文信息量大,既有基础知识点也有最新的学术观点。这可以帮助研究生掌握学界最新动态,也可以复习基础知识。第三,期刊论文质量有保证,易于理解。期刊论文一般是三审三校,文章语言都经过反复雕琢,研究问题明确,观点清晰,比较适合初入门的研究生进行模仿。

(三)读书会主题体现交叉学科

“江大读书会”第二大特色是交叉学科。江大的研究生数量较少但是专业领域多而且比较分散,涉及法理学、法制史、民商法、经济法、刑法。因此,如何设计读书会主题,让不同研究方向的同学都可以参与,并且考虑读书会的连续性,就是一个重要的问题。“江大读书会”就设计了交叉学科,以一个学科作为主轴,兼顾理论与时事,进行设计。本学期“江大读书会”设计了如下四个主题:(1)知识产权法哲学;(2)知识产权与公共健康;(3)知识产权与数字经济;(4)自贸区中的知识产权法律问题。第一项,知识产权法哲学,主要考虑到法理学的学术比较多,而且这是整个学科的理论基础,放在第一期比较好。第二和第三个选项是和时事结合在一起的,新冠肺炎疫情让人们重新思考知识产权与公共健康的关系,知识产权与数字经济的选题,则是恰逢我国数据相关法律的出台。最后一个选题自贸区中的知识产权,是我国经济发展中的重要课题,可以允许学生结合自己学科自由发挥。

(四)读书会形式报告与诘问并存

组织读书会最难的地方在于吸引学生积极参与。传统的“讲座报告式”的读书会方式,很难保证每一位同学都认真参与。如果主讲人讲得不够精彩,即使有“师长点评”也无法防止其他同学走神溜号。而“讨论式”的读书会,对学生的知识水平和主动性又有很高的要求,对于初入门的学生很容易碰到“冷场”的问题。

“江大读书会”在处理这个问题时,基本思想是“以文献为中心,以学生为中心”。“江大读书会”设置了两个环节。第一个是报告环节,由主讲小组阐述本期文献的研究问题,研究思路,优点与不足。第二个问答环节,每一位同学必须提出一个和文献期刊内容相关的问题,主讲小组成员迅速回答,其他小组成员可以帮助回答,指导老师可以对相关知识和理论做适当引导。读书会还要求主讲小组整理出已经解决的问题和未决问题,等待下次继续讨论。通过报告和诘问两个环节,每位同学都参与了讨论,而且这种问答讨论的氛围会促使每一位同学认真听别人讲话,积极帮助主讲小组回应问题。

(五)读书会成果展现

“江大读书会”的成果也同样延续了“重基础,重文献”的风格,形成读书会《主题论文摘要综述》和各个学科的《文献月报》。第一,读书会的每期讨论会,都会形成关于这个主题近五年的文献摘要综述,而这些内容完全由同学自发去法学数据库寻找和下载,并在整理之后在同学老师之间共享。第二,“江大读书会”也会关注各个专业的学科动态,让同学们按照学科方向合作形成各学科的《文献月报》。

指导老师需要在读书会成果形成中做大量的工作,指导学生培养文献检索能力和团队合作。指导老师需要撰写一份《文献检索和管理指南》并且进行实操教学,指导学生如何查找论文,如何做出文献综述,如何进行文献分类和文献

Annual Report of

CHINA

International Investment

Arbitration Forum

(2020—2021)

中国国际投资仲裁常设论坛年度报告

(2020—2021)

漆 彤 张 昕・主 编

肖 军 任 清・执行主编

法律出版社

LAW PRESS・CHINA

北京

图书在版编目（CIP）数据

中国国际投资仲裁常设论坛年度报告. 2020—2021 / 漆彤，张昕主编. -- 北京 : 法律出版社，2022
ISBN 978-7-5197-6339-8

Ⅰ. ①中… Ⅱ. ①漆… ②张… Ⅲ. ①国际投资法学-研究报告-中国-2020-2021 Ⅳ. ①D994

中国版本图书馆 CIP 数据核字(2022)第 003164 号

中国国际投资仲裁常设论坛年度报告
（2020—2021）
ZHONGGUO GUOJI TOUZI ZHONGCAI CHANGSHE LUNTAN NIANDU BAOGAO（2020—2021）

漆　彤　张　昕　主　　编
肖　军　任　清　执行主编

责任编辑　黄倩倩
装帧设计　李　瞻

出版发行 法律出版社
编辑统筹 学术·对外出版分社
责任校对 王晓萍
责任印制 陶　松
经　　销 新华书店

开本 710 毫米×1000 毫米　1/16
印张 18.5　　**字数** 300 千
版本 2022 年 2 月第 1 版
印次 2022 年 2 月第 1 次印刷
印刷 三河市龙大印装有限公司

地址:北京市丰台区莲花池西里 7 号(100073)
网址:www.lawpress.com.cn
投稿邮箱:info@lawpress.com.cn
举报盗版邮箱:jbwq@lawpress.com.cn

销售电话:010-83938349
客服电话:010-83938350
咨询电话:010-63939796

书号: ISBN 978-7-5197-6339-8　　**定价:** 92.00 元

凡购买本社图书,如有印装错误,我社负责退换。电话:010-83938349

中国国际投资仲裁常设论坛年度报告
顾问委员会和编辑委员会

顾问委员会

编辑委员会

目 录

中国声音

热点追踪之一:《外商投资法》

热点追踪之二:投资争端调解

年度案例

规则选登

序　言

2019 年 2 月 23 日，中国国际经济贸易仲裁委员会（CIETAC）与西安交通大学法学院倡议发起，并联合厦门大学法学院、武汉大学法学院、复旦大学法学院、对外经贸大学法学院、中国人民大学法学院、中国政法大学国际法学院共 6 家研究机构和中伦律师事务所、环中律师事务所、环球律师事务所、瑛明律师事务所等实务机构共同设立“中国国际投资仲裁常设论坛”（China International Investment Arbitration Forum，CIIAF）。这是我国第一个全国性的国际投资法律理论与实践研究合作平台，也是我国仲裁界第一个投资仲裁专业研究平台。作为一个非营利性和开放性的合作平台，论坛立足中国、面向世界、积极为国际投资法治建设发出中国声音、贡献中国智慧，致力于打造一个立足中国自身需求、把握国际发展动态、促进国际投资仲裁的研究和交流的专业平台。作为论坛的标志性成果，CIIAF 以编辑并出版《中国国际投资仲裁常设论坛年度报告》的形式总结分析最新的国际投资法政策与实践。《中国国际投资仲裁常设论坛年度报告》（2020—2021 年）由武汉大学编写，设置年度特稿、年度聚焦、中国声音、热点追踪、年度案例、规则选登等栏目。

第一部分年度特稿（第一章），关注新冠肺炎疫情可能引发的国际投资仲裁危机及其应对。

东道国疫情管控措施可能引发投资仲裁索赔。投资仲裁机制相对偏重投资者保护而忽视东道国规制权，其特有的机制安排和运行特征，可能助长投资者滥诉倾向。近年来，各国通过国际投资条约强化东道国规制权的尝试，以及习惯国际法上的免责抗辩事由，在应对疫情索赔时存在较大不确定性，有待个案检验。通过国际合作化解疫情相关措施可能引发的投资仲裁危机、进而防止投资仲裁滥诉的倡议，具有一定的合理性，但也存在局限性和实际操作中的困难。国际社会宜以此为契机，探索平衡公私权益的长效机制。各国应尽可能确保疫情防控相关措施的合法性，并完善投资条约中的例外条款设置。

第二部分年度聚焦（第二章到第七章），关注 ISDS 改革。

第二章从文献综述的视角归纳了有关 ISDS 上诉机制改革的各种意见分歧并进行展望。ISDS 上诉机制改革是当前国际投资争端解决领域的讨论焦点。

从理论起点到制度设计,再到各国立场,均存在明显的意见分歧。关于建立ISDS上诉机制的理论起点,争议主要集中在上诉机构在解决ISDS机制一致性、准确性问题方面的作用以及有关终局性与效率的讨论。关于ISDS上诉机制的制度设计,分歧主要存在于审查范围与标准、上诉效力、审裁员选任、裁决执行等方面。作为由政府领导型的改革,国家在ISDS改革中扮演着重要角色,并由此反映出不同的路径偏好和动力差异。尽管如此,ISDS上诉机制改革仍有望在提高仲裁员的公正性与专业性、提高仲裁效率等已有较高程度共识的领域形成突破并向前发展。保护主义抬头及新冠疫情肆虐下的外部环境,亦呼唤ISDS上诉机制改革为提升全球投资治理结构注入新的活力。

第三章继续讨论ISDS改革方案的分歧、借鉴与妥协。ISDS改革是近年来全球经济治理的热点问题。各国提出与实施的改革方案既有显著分歧,也有相互借鉴。中国提出的改革方案是在维护现有投资仲裁机制的基础上,设立基于条约的多边常设上诉机制。中国方案介于坚持投资仲裁的改良派和主张投资法院的革命派之间,与两者各有共鸣之处,与它们的分歧也并非不可逾越的障碍,因此能够成为各种不同改革方案的折中。

第四章结合《美墨加协定》(USMCA)讨论了区域自贸协定投资争端解决的多元化安排。新近生效的USMCA投资争端解决机制呈现出诸多重大政策调整,如在相当程度上限制了投资仲裁机制的适用,而一贯为发达国家反对的东道国当地救济将成为解决投资争端的重要途径。目前,国际投资争端解决机制改革正在包括UNCITRAL、ICSID等多边场合进行加速推进,一些经济体在双边或区域自由贸易协定谈判中也积极尝试。作为投资双向流动均稳步增长的中国而言,提出符合国家利益的ISDS改革方案是当前面临的重要课题。深入剖析USMCA国际投资争端解决条款文本及其赖以产生的政策取向,将对国际投资争端解决机制未来走向的研判以及中国方案的实践提供有益参考。

第五章探讨ISDS中投资者弃权义务争议及晚近投资条约的回应。作为一个可能影响ISDS仲裁庭管辖权的要素,弃权条款由NAFTA首创,并逐渐得到更多投资条约的采纳。相比避免投资者寻求重复救济的其他工具,弃权条款具有一定的优越性。但包括NAFTA第1121条在内的弃权条款在解释和适用中引发了有关弃权要求的性质和效力、做出弃权的时间要求、有缺陷的弃权可否弥补、弃权可否附条件或保留、弃权的前瞻性效力、弃权义务与司法终局原则的矛盾等问题的争议。而CETA、USMCA以及加拿大缔结的投资条约对其中部分争议做了回应。

第六章讨论 ICSID 裁决承认与执行机制的新发展。上诉机制的构建旨在应对现行国际投资仲裁机制的正当性危机，通过制度安排和规则设计，改善现有机制的内在缺陷。从一裁终局到上诉机制，需要解决一审 ICSID 裁决、二审裁决在上诉机制参与国和非上诉机制参与国的承认与执行问题。在 ICSID 裁决承认与执行新机制的构建上，可通过缔结多边公约，在现有投资仲裁基础上增设常设多边上诉机制，在上诉机制参与国间修改《ICSID 公约》，在非上诉机制参与国间借由《纽约公约》使二审裁决获得承认与执行。从中国立场看，为保障上诉机制下一审 ICSID 裁决和二审裁决在我国的承认与执行，应在国际层面积极参与上诉机制改革的多边讨论，在国内层面对相关规则予以完善，并通过法律明确我国在执行豁免上所持的立场。

第七章结合 UNCITRAL 起草的《ISDS 审裁员行为守则草案》探讨了投资仲裁员行为准则的晚近发展。晚近以来，随着国际投资仲裁从国际商事仲裁体系中逐渐剥离，投资仲裁员行为准则也正在经历从“商投合一”到“商投分离”的去商事化过渡。国际投资仲裁与国际商事仲裁在程序和实体上的区别，对投资仲裁员的行为规范提出更为明确、具体、严格和自成体系的要求，从而更加符合投资者和东道国对国际投资仲裁机制的期待。为投资仲裁员制定专门的行为守则，能够弥补投资仲裁道德领域国际立法的缺失，从制度上对投资仲裁员进行系统规范和约束。而行为守则的核心在于广泛的信息披露，因此，落实仲裁员的披露义务能够有效促进行为守则的落地。总之，投资仲裁员行为准则的全新发展能够有效弥补投资仲裁的制度缺陷，推动投资法治日趋完善。

第三部分中国声音（第八章到第九章），重点关注中国在 ISDS 机制改革方面的声音。

本年度收录了中国关于 ICSID WORKING PAPER 4 的修改意见原文并提供了参考译文。同时，它也包含了武汉大学国际法研究所漆彤教授撰写的《中国的 ISDS 改革政策：多元化时代的制度选择》。该章节是在英文版论文 *China's policy on ISDS reform: institutional choice in a diversified era*（in Yuwen Li, Tong Qi & Cheng Bian eds., China, the EU and International Investment Law, Routledge 2019）的基础上精简而成。该文指出，ISDS 的混合性特征可能意味着无论是传统的商事仲裁（即使是一些渐进式的改革）还是纯司法性的投资法庭（作为制度改革的结果），都不是 ISDS 改革的最佳选择。中国面对 ISDS 改革的政策选择由三部分构成:一是在积极利用现有 ISDS 制度的同时,针对中国的关切完善 ISDS 机制;二是积极推动 UNCITRAL 第三工作组正在进行的多边谈判,并与欧盟等其他重要参与方增进共识;三是尝试在“一带一路”沿线建立由中国主导的 ISDS 机构,该机构应具有更多类似范式改革者的特征,如强调争端预防政策及双方主管部门之间的协调。

第四部分热点追踪之一(第十章到第十二章),关注 2020 年初生效的中国《外商投资法》。

第十章讨论外商投资国家安全审查决定的司法审查问题。外资安审是东道国管理外资的重要法律工具之一,但因国家安全概念的模糊性、审查标准的抽象性以及有限的救济手段而饱受诟病。从国际比较来看,在保留安审机制灵活性的同时,提升安审决定的可预见性和可问责性代表了未来的发展趋势。基于对国家安全与程序正义两类价值取向的不同侧重,各国对于安审决定是否应当受到当地司法审查采取了不同立场。《外商投资法》第 35 条正式纳入外资国家安全审查制度,这对于维护我国国家安全具有重要意义。出于对正当程序和保护外国投资者合法权益的考量,在落实该条第 2 款的具体配套工作中,我国应考虑赋予外国投资者必要的司法审查救济权利,在有效保障国家安全的前提下提升投资保护水平。

第十一章讨论《外商投资法》新司法解释对外商投资合同效力认定的影响。2019 年最高人民法院正式发布《最高人民法院关于适用〈中华人民共和国外商投资法〉若干问题的解释》,该司法解释对外商投资合同范围作了扩大性解释,采取了尽可能认定合同有效性原则并对《外商投资法》施行之前的合同适用“从新兼有效”原则。在新旧外资法更迭期间,该司法解释仍面临新旧法律适用重叠等问题。外商投资安全审查制度的全面确立,对外商投资合同的效力认定也带来不确定性,有待司法实践的检验。立法机关应进一步明确投资合同违反负面清单制度的行政法效力,废止与该司法解释相互重叠或冲突的法律法规。司法机关应结合以往的司法实践为当事人采取必要措施规定具有弹性的时限,明确外资安审管理制度下的外资合同效力认定原则,从而实现外资行政管理权与司法裁判权的有效平衡,更好地处理管理外资与法治保障外资之间的关系。

第十二章讨论《外商投资法》视野下的大湾区投资法治的协调与统一。投资法制的协调与统一对粤港澳大湾区建设具有重要意义。以“准入前国民待遇加负面清单”为核心制度的《外商投资法》大大缩小了内地与港澳特区投资体制的差异,但大湾区投资规则的协调与统一还任重而道远。根据《外商投资法》及其配套法规,港澳投资应视为"特殊国内投资"。《外商投资法》实施后,《CEPA投资协议》在大湾区投资法制协调与统一中的制度性优势基本丧失,区际投资法制协调亟须强化"一国"元素,与时俱进。"谢某深诉秘鲁案"与"世能诉老挝案"彰显了在国际层面协调大湾区投资规则的现实需求,中外投资协定适用于港澳特区符合"一国两制"原则,符合《外商投资法》对港澳投资的定位。

第五部分热点追踪之二(第十三章到第十六章),关注《新加坡调解公约》生效后的投资争端调解。

第十三章就《新加坡调解公约》能否及如何适用于投资争端和解协议进行了讨论。《新加坡调解公约》的出台和生效,有望解决和解协议跨境执行困难这一困扰国际商事调解制度发挥作用的核心问题。但其能否缩小投资调解与投资仲裁在可执行性方面的差距,从而增强调解作为国际投资争端解决方案的吸引力和竞争力,取决于公约能否适用,以及如何适用于投资争端和解协议。符合公约适用范围的投资争端和解协议,需同时满足"因调解所产生""为解决商事争议""以书面形式订立""国际性"四个条件,并考察缔约方是否做出商事保留和双方同意保留。公约对国际投资争端解决机制改革、国际投资条约实践及各国国内法体系均具有重大影响。

第十四章讨论了投资调解机制的晚近发展与制度困境。国际投资争端调解并非新生事物,但在实践中的使用率和成功率均不理想。晚近以来,随着多元化争议解决方式的兴起,加之传统投资仲裁机制饱受诟病,调解的优势重新被各界所认识。调解规则领域出现一系列改革新动向,运用调解方式解决国际投资争端受到前所未有的重视。调解机制能否真正在投资争端解决中发挥重要作用,取决于能否有效解决和解协议的可执行性欠缺、东道国政府调解意愿欠缺以及调解保密性与投资争端解决透明度需求之间的冲突。《新加坡调解公约》的通过为解决和解协议的可执行性指明了方向,政府对问责制回避也不应成为放弃调解的理由,平衡调解保密性与投资争端解决透明度需求,将是调解能否真正"复兴"的关键。

第十五章讨论投资争端调解中的透明度问题。投资仲裁以商事仲裁为范本,晚近经历透明度改革浪潮的洗礼后,逐渐摆脱商事仲裁的保密性,走向透明和公开。另一从国际商事争端解决模型中借鉴而来的制度——投资调解也面临着同样的透明度压力。但仲裁与调解的透明程度存在区别,在审理公开、文件披露、第三方参与等透明度规则设计上二者存在诸多制度差异。投资调解的成功应用离不开恰当的透明度定位。调解需在坚持保密原则的基础上适当回应投资争端解决的透明度需求,其透明度应总体介于商事调解的保密与投资仲裁的透明度之间。在构建投资调解透明度规则时,仍需考量其他诸多因素,不存在普遍适用的最佳透明度。

第十六章分析了《新加坡调解公约》商事保留条款与中国的对策。《新加坡调解公约》的落地是多元化解决国际商事争议的又一个里程碑。《新加坡调解公约》第 8 条中的商事保留条款,着眼于争议主体的商事性,也称“公共机构保留”。由于工作组借鉴和延续了《纽约公约》中公共机构适用公约问题的做法,客观上造成了《新加坡调解公约》商事保留条款和适用范围在文义上的瑕疵,需要利用历史解释和体系解释的方法澄清该保留的真实含义。《新加坡调解公约》可以适用于投资者诉东道国争端解决机制中达成的和解协议,声明商事保留的主观目的与客观效果并不一致,放弃商事保留更符合我国国家利益。中国不妨以更加开放的态度放弃商事保留,同时保持清醒,尽量完善必要的制度衔接,为公约在我国的正式生效做好充分准备。

第六部分为年度案例,本年度选取了黑龙江国际经济技术合作公司等诉蒙古仲裁案予以分析。该案是中国投资者与“一带一路”沿线国政府解决投资条约争端的典型案件,并且涉及中国“第一代”BIT 争端解决条款中的普遍争议——对“涉及征收补偿款额的争议”这一术语作何种解释。在“谢某深诉秘鲁案”“世能公司诉老挝案”“北京城建公司诉也门案”三个案件中仲裁庭均作出广义解释的背景下,黑龙江国际经济技术合作公司等诉蒙古案仲裁庭却“打破常规”作出狭义解释。因此,分析本案将有助于多角度理解中国 BIT 中类似管辖权条款的具体含义及仲裁庭的条约解释倾向。

第七部分为规则选登,本部分选取了 2018 年 12 月 20 日通过、2020 年 9 月 12 日生效的《联合国关于调解所产生的国际和解协议公约》。该公约有望缩小投资调解与投资仲裁在可执行性方面的差距,从而增强调解作为国际投资争端解决方案的吸引力和竞争力。

年度报告的撰写得到了中国国际经济贸易仲裁委员会、环球律师事务所、武汉大学国际法研究所研究团队的大力支持。感谢武汉大学国际法研究所博士研究生范晓宇等同学在翻译和整理方面的协助与支持。由于时间仓促,年度报告中难免有错漏之处,敬请方家指正。

年度特稿

第一章　新冠肺炎疫情下的国际投资仲裁危机及其应对*

2020 年新冠肺炎的全球大规模流行，对国际私人直接投资造成了严重的冲击，也深刻地影响了国际投资法的诸多方面。联合国国际贸易法委员会（UNCITRAL）第三工作组的国际投资仲裁机制改革进程被延缓，[1]一些正在进行中的投资仲裁案件也被迫延迟或中止。[2] 疫情还对各国的投资法产生影响。为防止外资借疫情"趁火打劫"，对国内关键企业或资产进行"掠夺性收购"，一些国家选择收紧外资审查政策。[3] 从长远影响来看，疫情还转变了各国对产业链安全的看法，使一些国家出台了某些刺激制造业回流的政策措施，[4]进而可能改变整个国际生产格局。[5] 在产生上述影响的同时，对防疫相关措施可能引发投资仲裁浪潮的担忧，也正在国际上蔓延。一些学者和实务界法律人士指出，疫情期间以及疫情过后，国际社会可能会迎来一波因防疫相关措施而引发的投资者诉东道国索赔浪潮，产生类似于 2001 年阿根廷因经济危机而深陷投资仲裁泥沼的极端情形。也有反对意见认为，此种担忧不足为虑，投资仲裁机制的存在，恰恰有助于防止国家在防疫过程中滥用威权，损害外国投资者利益。[6] 基于以上背景，本章拟首先阐述各国所采取的防疫相关措施与投资保护义务之间的联系，然后就东道国可能的抗辩理由及其不足进行分析，第三部分讨论投资者—东道国争端解决机制（ISDS）是否会放大这种不足，第四部分就国际社会开

---

* 本章同名文章由漆彤发表于《武大国际法评论》2020 年第 3 期，有删改。

〔1〕 The 39th session of the Working Group scheduled for 30 March to 3 April at UN Headquarters in New York was postponed, See UNCITRAL, Status of work UNCITRAL Working Group Ⅲ (ISDS reform), May 14, 2020, https://uncitral.un.org/sites/uncitral.un.org/files/mediadocuments/uncitral/en/wgiii_status_of_work_as_of_14_may_2020.pdf.

〔2〕 Damien Charlotin, Second UNCITRAL tribunal refuses to suspend proceedings against Bolivia in light of COVID－19 pandemic, May 22, 2020.

〔3〕 UNCTAD, Investment Policy Responses to the Covid－19 Pandemic, May 4, 2020.

〔4〕 See such as, Japan to Fund Firms to Shift Production Out of China, April 9, 2020, https://finance.yahoo.com/news/japan-fund-firms-shift-production-090152175.html.

〔5〕 UNCTAD, World Investment Report 2020: Key Messages and Overview, p. 22.

〔6〕 Prabhash Ranjan, Covid－19 and ISDS Moratorium-An Indiscreet Proposal, 2020.

展合作以防止出现投资仲裁危机的选项及可行性进行分析,最后提出结论和建议。

一、防疫相关措施与东道国投资保护义务

(一)各国因疫情防控而采取的相关措施

为了应对新冠疫情这一“黑天鹅”事件,防止病毒扩散,化解病毒大流行对经济社会的冲击,各国采取了广泛而又严厉的防控措施。根据目的划分,这些措施可分为以下四类。

1. 为防止病毒传播而采取的各种隔离措施

这些措施主要包括各种行动限制、交通管制、关闭边境、关闭非必要公共场所、限制国际航班流量等限制人员和物资国际流动的隔离措施。一些国家还采取了“宵禁”“封城”甚至宣布全国进入“紧急状态”等更为极端的措施以应对疫情。这类隔离措施通常具有普遍性,并不直接针对外资企业本身,但是会给外资企业带来极为明显的负面影响,延缓投资项目进度、降低外资企业收入、增加外资企业成本。

2. 病毒相关公共卫生强化措施

这些措施包括临时或永久征用私人财产,如征用旅馆作为病房,征用医疗器械、口罩和其他防护设备,将私人医院国有化,以及强制生产、强制获取药品和医疗设备等。例如,美国政府根据1950年《国防生产法》启动战时生产法案,强制通用汽车等公司将生产转向大规模生产呼吸机等与新冠疫情紧急情况有关的制成品上。[1] 西班牙颁布第463/2020号皇家法令,授权政府干预和临时占用工厂、生产单位和私人医疗设施,临时征用所有类型的货物或强制提供个人服务,以充分保护公共卫生。[2] 针对可用于抗击疫情的药品专利,加拿大、智利、德国、厄瓜多尔等国家还颁布了允许授予强制许可的紧急法令。[3]

---

〔1〕 Memorandum on Order Under the Defense Production Act Regarding General Motors Company of 27 March 2020. See UNCTAD, Investment Policy Responses to the Covid - 19 Pandemic, May 4,2020.

〔2〕 See de España, Gobierno, Real Decreto 463/2020, Article 13.

〔3〕 See Canada, COVID - 19 Emergency Response Act of 2020; Chile, Resolution 896, adopted on 18 March 2020; Ecuador, Resolution, adopted on 20 March 2020; Germany, the Prevention and Control of Infectious Diseases in Humans Act, adopted on 28 March 2020.

3. 为确保充足食物和医疗供应而采取的措施

这些措施主要包括价格监管和出口限制，如禁止出口基本食物、药品和个人防护用品等。出于公共卫生和国家安全考虑，许多国家采取了设置价格上限、颁布临时出口禁令、增加临时出口许可证要求等措施来规范医疗用品、生活用品市场，以确保疫情不至于切断供应链。例如，根据联合国贸易和发展会议(UNCTAD)的调查，截至2020年4月14日，至少有47个国家实施了一项或多项措施，影响了与疫情相关公共卫生产品或子产品的出口。[1] 这些产品包括医疗用品(如口罩、手套和礼服)和一般的个人防护用品、消毒剂产品，医用呼吸机和其他设备、药品、药物成分和PPE制造用原材料。[2] 外资企业，如涉及相关产品的生产销售，也在影响范围之列。

4. 为缓解疫情所带来的经济影响而采取的措施

这些措施主要包括加强外国直接投资审查、暂停偿还贷款和股息、刺激和救助等项措施。据统计，截至目前，共有包括欧盟、澳大利亚、意大利、印度、加拿大、德国、西班牙、法国、美国和日本在内的10个国家(地区)对其外资准入及国家安全审查制度进行修改，扩大审查范围，降低审查门槛，加强审查力度。[3] 上述国家(地区)之所以于疫情期间选择收紧外资审查政策，一方面，是近期逆全球化和保护主义趋势的延续和放大；另一方面，部分源自保护国内相关产业和企业的需要。在一些国家看来，已经率先走出疫情影响的国家可能会趁重启经济之机对其企业进行“掠夺性收购”，出于保护国内相关企业和产业、避免其国家战略资产和关键技术流失之目的，出台了新的投资保护措施。此外，它们还利用外国直接投资审查来保护可能特别容易受到外国敌意收购的其他关键国内企业和技术。为应对疫情冲击，一些东道国政府还颁布了暂停支付政策，暂时取消公民的一些基本生活消费支出，以减轻国民的经济负担。如萨尔瓦多和玻利维亚都暂时中止了所有公民的水电费付款。由于许多公用事业公司是外国投资者拥有权益的公司，这项措施将中断此类外国投资者的收入来源。

---

[1] See UNCTAD, Investment Policy Responses to The Covid - 19 Pandemic, May 4, 2020, https://unctad.org/system/files/official-document/diaepcbinf2020d3_en.pdf.

[2] See World Trade Organization, Annex of COVID-19-related trade measures, April 14, 2020, https://www.wto.org/english/tratop_e/covid19_e/covid_measures_e.pdf.

[3] See UNCTAD, Investment Policy Responses to the Covid - 19 Pandemic, May 4, 2020, https://unctad.org/system/files/official-document/diaepcbinf2020d3_en.pdf.

(二)各国均面临陷入投资仲裁危机的威胁

1. 新冠肺炎疫情引发的投资仲裁担忧

新冠肺炎疫情对全球产业链和供应链产生了巨大的负面影响,对国际投资造成了严重的冲击。根据UNCTAD预计,2020年全球外国直接投资(FDI)下滑幅度将达30%~40%,[1]在2005年后首次低于1万亿美元,全球FDI在2021年还将继续下降5%~10%并于2022年才会开始复苏。[2]

与此同时,各国为抗击疫情而广泛采取的各种紧急措施,对存量投资也有巨大的负面影响。长期强制关闭企业,将私人财产国有化或进行征收,或者因采取严厉的管控措施导致企业停产停工,可能直接或间接损害其境内的外国投资者的相关投资利益,致使外资企业及其投资者遭受损失,甚至导致外资企业的破产倒闭,这些都是国际投资法关注的焦点,是投资保护中的重要内容,可能引发投资者与国家间的投资争端。[3] 疫情使许多企业陷入困境,而境况不佳的企业往往倾向于使用各种法律工具来弥补利润损失,例如,根据投资条约向东道国政府提出索赔主张。

虽然东道国的疫情相关措施从健康角度来看至关重要,但是否合理合法仍取决于其具体的实施方式。不合理的征收征用,如不予补偿地征收投资者的财产、征用投资者的厂房,有可能违反国际投资协定(International Investment Agreements,IIAs)中的征收条款。在关停工厂、延缓颁发许可证等方面的歧视性措施,亦有可能违反国际投资条约中的国民待遇、最惠国待遇、公平与公正待遇等条款。如因东道国政府的抗疫措施导致投资项目不能正常开展,投资者还可能根据投资合同提起违约索赔、诉讼或仲裁。在一些地区,疫情可能激化投资者与当地利益相关者之间的矛盾,导致群体性排斥事件。在治安较差的东道国(地区),甚至可能出现趁疫情之危的武装抢劫。东道国亦有可能未尽到投资条约下提供充分保护与安全的义务。

---

〔1〕 See UNCTAD,Global Investment Trends Monitor:Impact of the COVID-19 Pandemic on Global FDI and GVCs Updated Analysis 2,https://unctad.org/en/PublicationsLibrary/diaeiainf2020d3_en.pdf.

〔2〕 See UNCTAD,World Investment Report 2020:International Production Beyond the Pandemic.

〔3〕 See UNCTAD,Investment Policy Monitor:Investment Policy Responses to the COVID-19 Pandemic 12.

鉴于此,许多机构和学者预测新冠肺炎疫情将引发大量的投资仲裁索赔案件。[1] 他们认为,东道国防疫措施可能导致外商投资企业被迫停业而遭受损失、货物或财产也可能被征收或国有化,因而各国可能面临巨大的被诉风险,且这种投资者与国家间仲裁的威胁将在未来几年笼罩着各国政府。例如,2020 年 4 月 6 日英国智库 Henry Jackson Society 发布的《新冠肺炎疫情索赔报告》列举了因疫情防控可能损害外国投资者利益的情形,如国家违反投资条约义务对投资者造成损害、无正当理由歧视外资行为(如仅给予中国的企业优惠待遇),并举例称一家英国公司 JSP 拥有的两家工厂"被政府要求为中国政府机构制造一次性的呼吸防护设备(RPE)"。[2]

2. 外国投资者提出索赔请求的法律基础

(1)外国投资者与东道国订立的投资合同

如外国投资者与东道国政府之间签署的投资合同中包含争端解决条款,投资者可据此诉诸国际仲裁,并援引合同中规定的东道国义务条款提出索赔,具体包括禁止非法征收或征用条款、自由汇兑和转移条款、公平公正待遇条款、稳定条款等。从仲裁实践来看,区别于投资条约仲裁,合同之诉可能在抗辩理由和审查标准上存在不同,这主要取决于特定的投资条约或特许协议的措辞用语。例如,为抗击疫情,包括我国在内的一些国家出台了暂停对道路网收取通行费的法案,如果收费公路存在外国投资者与东道国政府之间的特许协议,可能会引发多项基于合同的投资索赔请求。[3] 秘鲁官方近期曾发出警告,其国会通过的中止国家公路网收费的紧急措施法案可能引发多个持有特许权的外国投资者在国际投资争端解决中心起诉。[4]

(2)东道国国内法

各国的投资法和相关法律中,往往有涉及投资保护的内容,其中部分国家的

---

[1] See Federica Paddeu & Kate Parlett, covid-19-and-investment-treaty-claims; Nicholas J. Diamond, Pandemics, Emergency Measures, and ISDS; AhmedBakry, the COVID – 19 Crisis and Investment Arbitration: A Reflection From the Developing Countries.

[2] See Matthew Henderson, Dr. Alan Mendoza, Dr. Andrew Foxall, James Rogers, and Sam Armstrong, Coronavirus Compensation? Assessing China's Potential Culpability and Avenues of Legal Response, April, 2020.

[3] 外资也参与了我国许多高速公路项目的建设和运营,交通运输部关于暂定 6 月 30 日之前高速公路免费的通知,存在类似秘鲁相关措施的被诉风险。

[4] See Cosmo Sanderson, Peru Warned of Potential ICSID Claims Over COVID – 19 Measures, April 15, 2020.

投资法还明确规定争端可通过国际仲裁解决。据统计,全球范围内有74个国家制定了涉及投资者与东道国争端解决的投资法,其中42个对诉诸国际仲裁明确表示同意。[1] 换言之,这些法律为仲裁庭管辖外国投资者对东道国政府的索赔案件提供了法律依据。例如,1993年的《阿尔巴尼亚外国投资法》第8(2)条规定,"……外国投资者得将争端提交国际投资争端解决中心"。[2] 2003年,吉尔吉斯斯坦共和国修改其投资法并同意就投资争端进行国际仲裁。根据统计,自2003年至今该国在14个已知的仲裁案件中作为被告,其中至少5个案件的管辖权主张是基于2003年投资法。[3] 有学者据此认为,在国内投资法中直接授权国际仲裁,对于东道国而言成本过高。[4]

(3)国际投资条约

总数达3000多个的国际投资条约为投资者提供了实质保护和程序救济,是当前国际投资法的主要渊源。当各国因抗击疫情采取的措施干扰或影响了外国投资者的利益时,投资者可根据投资条约中的仲裁同意条款寻求救济,并根据投资条约中的实体性标准要求东道国赔偿损失。投资条约中的公平公正待遇(FET)、充分保护与安全(FPS)、间接征收、国民待遇标准、保护伞条款等,均可能成为基于国家疫情防控措施提出索赔的基础。例如,东道国受疫情大流行影响而采取的各种形式的紧急措施,可能在间接征收、公平公正待遇等投资条约义务方面引发投资争议,国家行动不足或完全不采取行动也可能引发违背充分保护与安全义务的指控。[5] 例如,墨西哥5月15日发布了一项有关国家电力供应系统的新规,以使其国有电力公司(CFE)能够在新冠肺炎疫情大流行导致电力需求减少的情况下确保电力系统的可靠性,[6]受该措施影响的某些西班牙投

---

〔1〕 See Hepburn, Jarrod, *Domestic investment statutes in international law*, American Journal of International Law, 2018, 112(4): 658 - 706.

〔2〕 See Albania, Tradex Ⅴ, *Decision on Jurisdiction, 24 December 1996*, ICSID Review-FILJ, 1999, 14: 161 - 174.

〔3〕 Sistem v. Kyrgyzstan, ICSID Case No. ARB(AF)/06/1, Award, September 9, 2009, para. 176; Nadel. v. Kyrgyzstan(2012); Levitis v. Kyrgyzstan(2012); Stans Energy v. Kyrgyzstan(Ⅱ), PCA Case No. 2015 - 32(2015), August 20, 2019; Consolidated Exploration v. Kyrgyzstan(2013).

〔4〕 See Tarald Laudal Berge & Taylor St John, Why Do States Consent to Arbitration in National Investment Laws, June 20, 2020.

〔5〕 See Lucas Bento & Jingtian Chen, Investment Treaty Claims in Pandemic Times: Potential Claims and Defenses, April 8, 2020.

〔6〕 See Lisa Bohmer, Changes to Mexico's Electricity Regulation in Light of Pandemic Prompt Threats of Investment Arbitration Claims, May 18, 2020.

资者拟提起基于墨西哥与西班牙双边投资条约的仲裁程序。[1]

二、现有国际投资法治应对公共健康危机的困境与不足

几乎每一次重大的社会动荡和经济危机,都可能带来大量的纠纷和诉讼。疫情的广泛传播及其巨大破坏力,给各国人民带来了不可估量的损失,寻求救济是人之常情。从投资仲裁的历史经验来看,无论是阿根廷经济危机还是希腊债务危机或是"阿拉伯之春"运动,均表明政府在危机阶段采取的管控措施往往并不能豁免于投资者与东道国的争端解决机制。2001 年,阿根廷面临经济的全面崩溃。[2] 在此期间,政府采取了冻结公用事业费率、资产国有化、放弃固定汇率、重组主权债券等一系列紧急措施。截至 2014 年年底,阿根廷在 50 多个 ISDS 案件中成为被告,其中大部分是针对其在危机期间采取的措施。[3] 已知对阿根廷的最终赔偿总额超过 20 亿美元,[4] 并以数亿美元的代价和解解决了几项索赔。[5] 2011 ~2012 年经历"阿拉伯之春"的社会和政治动荡之后,针对北非和中东政府的 ISDS 索赔案件激增,[6] 其中许多是源于东道国为应对危机影响而采取的措施。例如,由于暴力和社会动荡导致国内天然气供应下降,埃及认为,这"对社会基本功能和维护内部稳定构成威胁",[7] 并决定暂停向一家西班牙投资者拥有的工厂(Unión Fenosa Gas,UFG)出售天然气,以便优先为国内电力市场供应天然气,这导致投资者的索赔,并被仲裁庭认为违反 1994 年埃

[1] See Lisa Bohmer, Mexico round-up: an update on treaty-based disputes against the state, June 3, 2020.

[2] See Lavopa, F. Crisis, emergency measures and the failure of the ISDS system: The case of Argentina (Investment Policy Brief #2), South Centre, July, 2015.

[3] See UN, United Nations Conference on Trade and Development (2015), Recent trends in ⅡAs and ISDS.

[4] See UNCTAD, Investment policy hub: Argentina, https://investmentpolicy.unctad.org/investment-dispute-settlement/country/8/argentina/.

[5] See for example, La Nacion, El Gobierno pagó US $ 677 millones por juicios perdidos ante el Ciadi, October 19, 2013, https://www.lanacion.com.ar/1630428-el-gobierno-pago-us-677-millones-por-juicios-perdidos-ante-el-ciadi.

[6] See Franc-Menget, Laurence, *The Impact of the Arab Spring on International Arbitration*, Int'l Bus. LJ, 2017. p. 133.

[7] Koroteeva, K, Egypt found liable for the shut-down of an electricity plant during the 2011 uprising, December 21, 2018.

及—西班牙双边投资条约项下的 FET 条款而被判决赔偿超过 20 亿美元。[1]

晚近以来,东道国规制权(right to regulate)与投资保护(investment protection)的关系问题,成为国际投资法领域的焦点问题。国际投资法体系正在朝着强化东道国规制权、平衡东道国公共利益和投资者私人利益的方向发展。但是,投资仲裁历史表明,在严重危机时期,国家的公共利益措施仍可能会受到投资者诉诸国际投资仲裁的挑战。在突发的新冠肺炎疫情面前,现有投资法规则仍存在覆盖面不够广、法律性质和后果不清、协调性不足、援引困难等多重困境与不足。就抗疫政策或措施所引发的国际投资仲裁,东道国可能援引的抗辩理由主要包括投资合同项下的抗辩,投资条约中的例外条款抗辩,以及习惯国际法中的警察权理论(the police powers doctrine)、不可抗力(force majeure)、危难情形(distress)、"紧急情况"(necessity)抗辩。应当注意,这些抗辩理由均需满足必要的条件,才可能得到仲裁庭的支持。具体可能援引的抗辩理由与条件限制分析如下。

(一)合同法下的抗辩

外国投资者与东道国政府之间签订的投资合同,通常又被称为特许协议(concession)或国家契约(state contract)。如前所述,投资合同可能成为投资者的索赔基础。对于特许协议的性质,国际法上存在较大纷争。这些纷争实际上是围绕东道国政府是否有权中止或改废特许协议,其不履行或违反契约的行为是否需要承担国际法责任等问题而展开。实践中,因东道国改废特许协议而引发的国际投资争端屡见不鲜。政府能否基于本国公共利益的需要,修改或废止某一特许协议或采取减损外国投资者某些既得利益的行为,各方观点不一。西方一些学者的观点认为,由于特许协议中往往包含当事双方同意适用国际法的内容,由此将协议"国际化",国家若单方违约应承担国际责任。但此种观点一直受到第三世界国家学者的批评和抵制,他们认为,特许协议本身是国内法契约,其法律适用也以东道国法律为主,东道国基于公共利益可以修改合同。一些西方国家的判例和立法也支持了后一种观点。例如,在著名的"安非特莱特诉国王案"中,英国法院认为,"契约不能妨碍国王在有关国家公益事项上的行动

---

〔1〕 See Unión Fenosa Gas, S. A. v. Arab Republic of Egypt, ICSID Case No. ARB/14/4, Award, August 31, 2018, para. 50 – 8.

自由”;[1]在法国法下,特许协议作为行政契约,政府一方为了公共利益的需要,在行政法院的监督之下,有单独控制或变更契约执行的权力,除了支付适当的补偿之外,并不承担其他额外的责任。[2] 由此一些西方学者提出一种折中意见,即国家可以有限制地改废国际契约,但是其限制条件包括,其目的是保护公共利益,给予外国投资者补偿并尊重合同的财产平衡,无歧视,符合善意原则等。但是,由于各国对“公共利益”“善意原则”的规定和认知存有差异,实践中如何具体认定仍然没有清晰的界线。

国际投资项目往往持续时间较长,为规避非商业风险、保障自身权益,投资者通常会要求在合同中纳入稳定条款(stabilisation clauses)。而东道国往往也会主张在合同中订入诸如情势变迁(hardship)、不可抗力、重新协商或调整条款(renegotiation clauses),以应对未来可能出现的意外事件或情况变化。投资合同中的稳定条款和重新协商条款表面看似矛盾,但从实践来看,由于投资周期的长期性,要想完全避免合同适用规则发生变化几乎是不可能的,因此,稳定条款更多体现为有关监管稳定性的框架性承诺,以便在监管变化发生时触发重新谈判从而恢复合同的经济平衡(economic equilibrium),有学者形象地称为“动态稳定”(dynamic stability)。[3] 对于稳定条款的效力,仲裁实践解释不一。例如,在Liamco诉利比亚案中,仲裁庭肯定了稳定条款对东道国政府的约束力,认为“除非双方同意不得更改本协议所创立的合同权利”。而在Aminoil诉科威特、Amoco International Finance诉伊朗等案中,仲裁庭多数意见认为,合同中典型的稳定性条款不能被理解为东道国据此丧失剥夺特许协议的权利,并由此支持东道国享有修改合同的权利。相较于稳定条款,重新协商条款或调整条款更加关注合同双方经济的均衡性,一般是在遇到情势变更等双方约定的特定事项发生并影响双方经济均衡时,合同双方通过重新协商或调整某些条款的方式达到经济的均衡性。经济均衡条款规定投资者必须遵守新法,但东道国必须补偿投资者因遵守新法遭受的损失。尽管重新协商条款比稳定性条款更为灵活,提供了

---

〔1〕 参见应松年等主编:《中外行政诉讼案例选评》,中国政法大学出版社1989年版,第214~216页。

〔2〕 参见斯泰勒与华兹:《跨国法律问题》,第508页。转引自姚梅镇:《特许协议的法律问题》,载《姚梅镇文集》,武汉大学出版社2010年版,第176页。

〔3〕 See Lorenzo Cotula, Investment Contracts and Sustainable Development: How to Make Contracts for Fairer and More Sustainable Natural Resource Investments 68(No. 20. IIED. 2010).

更为宽泛的空间,但是重新协商条款的实际操作性与实用性仍然有待实践的验证。对于经济均衡概念本身仲裁庭众说纷纭,仍然需要法律上的确定,重新协商的责任最终依赖于争议双方的诚意,因此,重新协商条款实际效果仍然存疑。[1]

投资合同还可能包含特定的艰难情形或不可抗力条款。即使合同未订入此类条款,双方所选择的准据法中也可能包含具有类似效果的合同原则,如英美法系中的合同落空和履行不能,或大陆法系中的情势变更,国际统一私法协会(UNIDROIT)编撰的《国际商事合同通则》还同时规定了艰难情形和不可抗力条款。[2] 不可抗力与艰难情形多有共同之处。两者都发生在合同订立之后,且不能预见,不能控制,风险不由当事人承担等。两者的适用范围有所不同,艰难情形适用于"由于一方当事人履约成本增加,或由于一方当事人所获履约的价值减少,而发生了根本改变双方均衡的事件",[3]而不可抗力则适用于合同永久或障碍存在期间不能履行。因适用范围不同,法律后果也有所不同。艰难情形并非导致合同绝对不能履行,只是履行会严重破坏合同双方的利益均衡,受到不利影响的当事人有权要求重新谈判,如在合理时间内不能达成协议,任何一方当事人均可诉诸法院,法院可根据情况终止或调整合同。不可抗力是灾难性事件造成合同的履行不能,法律后果是终止合同或暂停履行,且不履行方应予免责。尽管艰难情形和不可抗力有以上区别,甚至还可以从其他角度找出差异,但是,两者定义皆为一般性概括,加之两者有诸多共同点,客观情况又是丰富多彩的,有些情形很难截然区分其是艰难情形抑或不可抗力,[4]二者之间存在交叉和竞合,有时还可以相互转换。[5]

针对因受到新冠肺炎疫情及防控措施的影响而导致的诸多合同无法正常履行的现状,国际商会(ICC)近期发布了《不可抗力及艰难情形条款2020》及相关指导文件《商业合同中不可抗力条款应当考虑的一般因素》,以帮助各国企业更

---

〔1〕 参见[德]多尔查、[奥]朔伊尔编:《国际投资法原则》(第2版),中国政法大学出版社2014年版,第88页。

〔2〕 UNIDROIT, Principles of International Commercial Contracts, 2016, Art. 6. 2. 2 – 3, 7. 1. 7.

〔3〕 Ibid., Art. 6. 2. 2.

〔4〕 参见郭洪俊:《艰难情形与不可抗力的区别及其不同法律效果探讨》,载《现代法学》1998年第5期。

〔5〕 参见杨振山:《试论我国民法确立"情势变更原则"的必要性》,载《中国法学》1990年第5期。

好地理解和使用不可抗力条款。[1] 根据上述文件，瘟疫和流行病是触发使用该条款的推定障碍的示例；对于这种推定的障碍，援引该条款的当事人仅需证明其无法避免或克服此障碍。[2] 不过，文件也指出，不可抗力条款因合同而异。新冠肺炎疫情是否构成国际投资合同项下的艰难情形或不可抗力，要具体看合同条款的规定。在前述 UFG 诉埃及案中，尽管双方之间的《天然气买卖协议》采取非穷尽方式列举了诸如战争、罢工等不可抗力事件，[3] 但仲裁庭仍然认为，埃及减少 UFG 天然气供应的决定并非由国内革命、国际金融危机导致，而是其自身政策使然，因此不能援引不可抗力逃避公正与公平待遇项下的责任。[4]

综上所述，无论投资合同是否明确规定了不可抗力，或者其不可抗力条款是否明确包含瘟疫（如新冠肺炎疫情），均并不必然导致不履行义务一方的责任免除，仍需根据合同或准据法中的规定及具体情形，对新冠肺炎疫情是否构成艰难情形或不可抗力并予免责进行逐案分析。

（二）投资条约下的例外抗辩

东道国要对外国投资给予充分的保护，维护外国投资的可持续发展，外国投资者也肩负一定的社会责任，不得损害全球公共利益及东道国的根本公共利益，这已逐渐发展成为国际投资法领域的共识。国际法并不否定东道国在疫情防控中享有一定的规制空间。例如，G20 杭州峰会达成的《全球投资指导原则》第 6 条指出，政府有权为实施合法公共政策而管制投资。在具体规则层面，这一原则表现为越来越多的投资条约开始注重纳入更为广泛的例外条款，以维护东道国的规制主权，保留其维护公共秩序、基本安全利益、公共利益等重要价值目标的政策空间，降低规制风险。与适用于最惠国待遇或国民待遇等特定条款的例外相比，此类例外条款被称为一般例外条款（general exceptions）。除了基本安全利益的保护之外，一般例外条款所要保护的价值目标还包括人类、动物和植物的生命和健康，不可再生自然资源，公共道德和公共秩序，环境和劳工标准，与 IIA 规定不相抵触的东道国法律或法规的遵守，紧急情况（emergency exceptions），国际

---

〔1〕 See ICC, ICC Force Majeure and Hardship Clauses, March, 2020; Force Majeure Clauses in Commercial Contracts: General considerations, March, 2020.

〔2〕 See ICC Force Majeure and Hardship Clauses.

〔3〕 See Unión Fenosa Gas, S. A. v. Arab Republic of Egypt, ICSID Case No. ARB/14/4, Award, August 31, 2018, para. 3. 14 – 15.

〔4〕 Ibid., para. 9. 122 – 144.

和平与安全等,金融审慎措施条款和利益拒绝条款(denial of benefits)也属于一般例外条款。[1]

美国较早注重投资条约的规制功能,自20世纪80年代起就开始在其对外签署的双边投资协定中纳入专门的"非排除措施"条款(nonprecluded measures, NPM),将国家为维护根本安全等重要利益而采取的措施排除在条约义务之外。晚近以来,其他国家也越来越重视对例外条款的引入。例如,包括《中国—加拿大双边投资协定》《中国—东盟自贸区投资协议》在内的国际条约也通过一般例外条款对东道国采取"保护人类、动物或植物生命或健康所必要的措施"的规制空间予以强调。

本次疫情表明,在投资条约中引入包括公共卫生在内的各种例外条款确有必要。以2015年签署并生效的《中澳自由贸易协定》(ChAFTA)为例,这是我国少有的纳入公共卫生例外的包含投资章节的协定,能在很大程度上隔离公共卫生措施可能引发的投资仲裁请求。从仲裁实践来看,对根本安全例外的外延呈扩大解释趋势,因此即便没有专门的公共卫生例外,根本安全例外通常也可以用于为公共卫生安全措施进行合法性抗辩。如《中国—印度BIT》第14条允许东道国基于保护本国基本安全利益或在极端紧急情况下采取行动而不受条约义务约束,由此排除东道国国家行为的违法性并免除其相应的国家赔偿责任。当然,东道国能否成功援引该条款,尚取决于仲裁庭如何判断所采取措施的必要性,以及疫情是否达到威胁"国家基本安全利益"或处于"极端情况"的程度。同时,仲裁实践表明,在根本安全等例外条款中引入自裁决(self-judging)的措辞,如增加"其认为"(it considers)的表述十分关键。此外,援引本项抗辩的前提是东道国与投资者母国间存在投资条约且条约包含此类例外条款。根据统计,我国正在生效期的104个双边投资条约和12个自由贸易协定中,只有9个规定了"公共卫生和公共健康"例外,17个规定了安全例外。由此推知,在全球3000多个投资协定中,将有相当比例的老旧协定缺少此类例外规则。

投资条约对规制权的肯定以及例外条款的引入,并不表明东道国可以据此任意地免责,仍需遵从仲裁庭对于条约用语的具体解释。在当今国际争端解决实践中,条约解释及其规则日益重要,几乎所有国际争端解决案件最后都要落脚到通过条约解释来解决。但传统条约解释方法存在较为明显的缺陷,如文义解

---

[1] See OECD, Novel Features in Recent OECD Bilateral Investment Treaties, 2006, 165.

释易受主观因素影响,其他解释方法又过于依赖文义解释,动态解释同回归缔约者原始目的的解释方法相背离等。[1] 老一代投资条约往往片面规定了不受限制的公平公正待遇和间接征收条款,并不利于东道国行使正当公共利益管制权。以 ICSID 受理的以阿根廷为被告的数 10 起仲裁案件为例,其中不少涉及一般例外条款的适用和解释,仲裁庭基于投资条约保护投资者权益的宗旨和目的,大多对一般例外条款进行了限制性解释。除个别案件外,仲裁庭在裁决中并未对东道国规制主权和政策空间给予应有的考量和尊重。有学者认为,这种解释方法显然没有真正考量缔约方在投资条约中纳入一般例外条款的意图。[2] 不过,在 Philip Morris 诉乌拉圭案中,受晚近以来强化规制权的趋势影响,仲裁庭在适用《维也纳条约法公约》(VCLT)第 31 条第 3 款 c 项援引习惯国际法解释和适用公平公正待遇和间接征收条款时,认定东道国善意、合理、非歧视、合比例地行使公共健康管制权,并不违反投资条约中不受限制的公平公正待遇和间接征收条款。这表明,即使面对老一代投资条约,仲裁庭也能够通过条约解释平衡保护投资者私人权益和东道国公共健康。当然,通过条约解释保护公共健康的进路是不稳定和不可预测的,各国应在投资条约中明确限定公平公正待遇的内容和间接征收的概念,加强保障东道国正当行使的公共利益管制权。[3]

(三)习惯国际法下的抗辩

关于条约解释,VCLT 第 31 条第 3 款 c 项规定,“应与上下文一并考虑者尚有适用于当事方之间关系的任何有关国际法规则”。根据以往案例的解释,此处的“任何有关国际法规则”应当包含习惯国际法规则。[4] 根据习惯国际法,在特定情况下,实施国际不法行为的国家可以被免除国家责任。2001 年联合国大会通过的《国家对国际不法行为的责任条款》(以下简称《草案》)第五章就解除行为不法性的情况规定了 6 种排除事由,适用于各类国家违法行为。其中,与新冠肺炎疫情有关的抗辩主要有三种,即不可抗力、危难情形、“紧急情况”。不

---

[1] 参见漆彤、窦云蔚:《条约解释的困境与出路——以尤科斯案为视角》,载《中国高校社会科学》2018 年第 1 期。

[2] 参见衣淑玲:《国际投资协定一般例外条款探析》,载《河南财经政法大学学报》2016 年第 3 期。

[3] 参见王彦志:《国际投资仲裁中公共健康保护的条约解释进路——以 Philip Morris v. Uruguay 案中 VCLT 第 31 条第 3 款 c 项的适用为视角》,载《当代法学》2017 年第 6 期。

[4] See Ambiente Ufficio S. p. A. and others v. Argentina, ICSID Case No. ARB/08/9, Decision on Jurisdiction and Admissibility, para. 603.

过,现有国际法实践表明,在具体分析与应用中,这三类排除不法行为的情形均存在证明难点,国际法对免责事项存在严格限制的总体倾向,以防止扩大解释可能带来的滥用风险。具体而言,体现在以下几个方面。

《草案》第23条对"不可抗力"作出了详细的规定:"一国不遵守其国际义务的行为:1.如起因于不可抗力,即有不可抗拒的力量或该国无力控制、无法预料的事件发生,以致该国在这种情况下实际上不可能履行义务,则该行为的不法性即告解除。2.下列情况下第1款不适用:(a)不可抗力的情况是由援引这种情况的国家的行为单独导致或与其他因素一并导致;或(b)该国已承担发生这种情况的风险。"[1]据此,要成功援引第23条须同时满足5个条件:(1)发生不可预见或不可抗拒的事件;(2)不受国家控制;(3)国家实际上无法履行义务;(4)不可抗力的情况并非由于国家行为所导致;(5)国家未承担发生该情况的风险。

危难是指"代表国家行事的机关或个人在极端危难的情况下,为了挽救其生命或受其监护之人的生命,除此之外别无他法,因而作出的违背国际义务的行为,该行为的不法性应予排除"。《草案》第24条第2款进一步补充规定:"下列情况下第1款不适用:(a)危难情况是由援引这种情况的国家的行为单独导致或与其他因素合起来导致;或(b)有关行为可能造成相仿的或更大的灾难。"据此,援引第24条危难须证明:(1)存在"迫在眉睫"的生命威胁;(2)国家与有关人员间存在特殊关系;(3)除此行为之外别无其他合理方法应对这种威胁;(4)该危难情形并非由东道国促成;(5)没有造成更大的灾难。在危难中对人员生命的威胁必须是"迫在眉睫"的,并且做出违背国际义务的行为必须是在"别无他法"的情况下。

《草案》第25条规定了紧急情况:"1.一国不得援引紧急情况作为理由解除不遵守该国所负某项国际义务的行为的不法性,除非:(a)该行为是该国保护基本利益、对抗某项严重迫切危险的唯一办法;而且(b)该行为并不严重损害作为所负义务对象的一国或数国的基本利益或整个国际社会的基本利益。2.绝不得在以下情况下援引紧急情况作为解除其行为不法性的理由:(a)有关国际义务排除援引紧急情况的可能性;或(b)该国促成了该紧急情况。"援引第25条紧急情况,须满足4个条件:(1)存在严重且迫切的危险;(2)威胁到基本利益;(3)不得严重损害其他基本利益;(4)国家所采取的措施是为保护根本利益免受即将

---

[1] UN. DOC. A/RES/56/83.

发生损害的“唯一方法”。但如果有关国际义务排除了紧急情况的适用，或国家促成了紧急情况的发生，则不能再援引该条。

在东道国可能的抗辩理由方面，除了例外条款和习惯国际法外，保护公共卫生也被视为国家警察权力的重要体现，并在若干投资仲裁先例[1]中获得承认，即一国善意、非歧视地行使采取管制措施的权力而给外国投资者造成损害无须赔偿。根据经济合作与发展组织(OECD)1967年《有关外国财产保护的公约草案》对警察权所作解释，东道国为了追求政治、社会或经济上的目的而实施的管制措施不构成可以要求支付补偿的征收。国家警察权力的行使并非绝对和没有限制，国际习惯法对基于警察权的抗辩则有更加严格的解释，国家为了维护公共政策目标而采取的普遍性措施，应符合善意、非歧视、正当程序等条件。只有行使非歧视的和善意的管制措施才不构成间接征收，进而不存在补偿问题。

综上所述，尽管存在上述抗辩理由，东道国为追求公共健康目的而采取措施的权力通常也会获得仲裁庭的肯定，但疫情防控相关措施的正当性抗辩仍可能由于以下原因而失败。例如，措施具有歧视性；公共卫生被用作另一动机的借口，比如，刻意打压外国投资者；国家行为加剧了危机的程度并因此损害投资；国家本可采取措施同时履行投资条约义务及保护公众健康义务。投资条约体系的碎片化，以及仲裁实践的不一致性，均表明现有国际投资法治在应对公共健康危机方面缺乏系统的、稳定的解决方案。

三、投资仲裁机制的内在缺陷可能放大危机

投资仲裁机制本身的规则、程序和运行特征，可能进一步助推投资者通过这一机制寻求救济。许多学者指出，疫情期间和疫情过后东道国将面临较大的投资仲裁请求风险和压力，这种担忧与投资仲裁机制本身的内在缺陷不无关系。投资仲裁机制的内在缺陷可能放大疫情所导致的滥诉风险，主要原因如下。

1. 整体而言，投资仲裁在机制设计和实际运行效果上更为偏向投资者而不利于东道国

大多数双边投资条约规定了公平公正待遇条款。该条款是近些年来投资者向东道国索赔的主要依据，并得到不少仲裁庭的支持。仲裁庭往往依据国际法

---

[1] See Catharine Titi, “Police Powers Doctrine and International Investment Law”, in Andrea Gattini et al. eds., *General Principles of Law and International Investment Arbitration* 327(Brill 2018).

上的善意原则,对此条款作出宽泛解释,认为公平公正待遇要求提供稳定和可预见的法律与商业环境,不影响投资者的合理预期,不需要传统国际法标准所要求的专断和恶意,只要违反公平公正待遇条款就必须给予赔偿。[1] 此外,双边投资条约中的"保护伞条款",亦可能被解释为将东道国与投资者间的商事合同义务转化为一项国际法上的义务。[2] 外国投资者可就其与东道国签订的特许经营协议的履行受到影响而依据投资条约通过仲裁索赔。

2. 投资仲裁庭通常只关注争端的经济方面,不考虑东道国的公共利益

早期投资条约以及投资仲裁机制的设计初衷,主要是为了保护投资关系中处于弱势一方的外国投资者,相对忽视东道国的公共利益。[3] 仲裁庭在条约解释时通常只关注争端的经济方面,在适用法上更倾向于投资条约本身,不愿考虑人权等其他问题或国际公约的相关性。疫情措施与习惯国际法中的"紧急情况"具有相似性,而东道国有关"紧急情况"的抗辩在国际仲裁中有着丰富的实践。例如,在21世纪初阿根廷因经济危机而采取管制措施引发的系列投资仲裁案件中,东道国阿根廷均援引了"紧急情况"这一抗辩理由,但大多被仲裁庭驳回。[4] 投资仲裁的这一弊端已经被国际社会普遍承认,虽然晚近以来的投资条约改革开始注重投资者保护与东道国公共利益的平衡,但成效并不显著。因此,在潜在的因疫情措施引发的投资仲裁案中,仲裁庭仍有可能仅考虑东道国的投资保护义务和赔偿责任,而不论这种背离是否存在投资条约以外的其他可适用的正当化理由。

3. 国家豁免问题在投资仲裁体制下自成体系,其"安全阀"效果大打折扣

与国内法院相比,专为外国投资者挑战东道国设计的投资仲裁机制,为国家承担赔偿责任设计了一套独特制度,国家豁免的防御作用将大打折扣。目前,学者们普遍认为,通过美国国内法院起诉中国政府的系列案件,由于要受到《外国

---

[1] 参见余劲松、梁丹妮:《公平公正待遇的最新发展动向及我国的对策》,载《法学家》2007年第6期。

[2] 参见余劲松:《国际投资条约仲裁中投资者与东道国权益保护平衡问题研究》,载《中国法学》2011年第2期。

[3] 参见张光:《论国际投资仲裁中投资者利益与公共利益的平衡》,载《法律科学(西北政法大学学报)》2011年第1期。

[4] See CMS Gas Transmission Company v. the Republic of Argentina, ICSID Case No. ARB/01/8, Award, May 12 2005; Enron Corporation and Ponderosa Assets, L. P. v. Argentine Republic, ICSID Case No. ARB/01/3, Award, May 22, 2007; Sempra Energy International v. the Argentine Republic, ICSID Case No. ARB/02/16, Award, Sep. 28, 2007.

主权豁免法》的制约而基本不具有威胁。正因如此,美国国内已出现要求修订《外国主权豁免法》以剥夺中国国家豁免权的声音。有关投资仲裁裁决的承认与执行,分为《关于解决国家和他国国民之间投资争端公约》(以下简称《ICSID公约》)和《承认及执行外国仲裁裁决公约》(New York Convention on the Recognition and Enforcement of Foreign Arbitral Awards,以下简称《纽约公约》)两套机制。对于依据 ICSID 以外仲裁规则作出的裁决,投资者可援引《纽约公约》在公约成员国寻求裁决的承认和执行。对于依《ICSID 公约》所作裁决而言,根据《纽约公约》第 54 条的要求,任何缔约国均有义务承认和执行裁决(其效力等同于本国法院的最终判决)。加入公约以及同意 ICSID 仲裁等同于在承认裁决结果的程序中放弃豁免,相对于《纽约公约》而言更加严格和自成一体。实践中,绝大多数败诉国均主动履行了 ICSID 裁决义务。[1]

4. 投资仲裁员群体把持于非常封闭的西方法律精英俱乐部

投资仲裁具有高度的技术性和复杂性,导致仲裁员群体形成日趋封闭的西方法律精英圈子,呈现出保护投资者的明显偏好,可能对东道国构成不利。根据统计,在 10 个以上 ICSID 案件中被委任为仲裁员的人数仅约 30 人,形成了较为稳定的“精英仲裁员俱乐部”。少数仲裁员垄断投资仲裁案件市场,已成为投资仲裁的常态。经验越丰富的仲裁员越能成为核心,而越是外围的仲裁员则越远离核心。这种由西方仲裁员垄断把持的格局,呈现对投资者保护的明显偏好。[2] 一方面,大多数仲裁机构所在地、著名的国际仲裁员和从业人员的居住地、大多数索偿投资者公司及其律师事务所的总部所在地,均位于西欧或北美的发达国家,这些国家大多是世界上重要的资本输出国,具有较强的保护本国海外投资倾向;另一方面,仲裁员选任制度使当事人更倾向于选择那些投资者友好型的仲裁员,而不是那些更加公正或者是偏向于东道国的仲裁员,只有更加偏向投资者,仲裁员才能提高被再次委任的机会。同样,只有当仲裁结果基本符合投资者的法律预期时,才会有更多的投资者诉诸仲裁。

5. 第三方资助的存在和繁荣助长了投资仲裁领域的滥诉现象

近年来,投资仲裁案件急剧膨胀,其标的额动辄上百万美元。正是在这一背

---

〔1〕 参见陈辉萍:《ICSID 仲裁裁决承认与执行机制的实践检视及其对中国的启示》,载《国际经济法学刊》2011 年第 2 期。

〔2〕 参见徐树:《国际投资仲裁庭管辖权扩张的路径、成因及应对》,载《清华法学》2017 年第 3 期。

景下,投资者的投资仲裁请求迅速成为第三方风险基金(venture capital fund)或“秃鹫基金”(vulture fund)的投资产品和逐利工具。实践中,投资者可能由于仲裁成本、败诉风险等因素而不愿提起投资仲裁,而此时风险基金的介入即可为投资者承担与仲裁请求相关的一切法律费用,条件是在获得有利裁决后与投资者就该裁决金额按比例分成。[1] 风险基金通过为投资者的仲裁请求提供第三方出资,承担了该仲裁请求的败诉风险,但同时也享受按比例分享胜诉利益的权利。风险基金的介入,使投资者的投资仲裁请求开始“商品化”“产业化”,一定程度上助长了投资仲裁领域的滥诉现象,也导致投资仲裁机制偏离其创设初衷,沦为外国私人挑战主权国家的有力工具。

6. 发展中国家可能遭受更加不利的影响

新冠肺炎疫情大流行未能得到有效遏制,对于卫生等基础设施落后的发展中国家具有更加不利的影响。首先,在疫情威胁下,较不发达国家更有可能因采取措施不足、草率制定政策、政策缺乏协调、在制定或实施防控措施中滥用权力或过度管控(如无期限的管控措施),而成为外国投资者提起仲裁请求的靶子。其次,绝大多数发展中国家严重依赖发达国家的“硬通货”——主要通过食品、石油和旅游等商品和服务出口赚取,他们通过海外侨民的汇款以及获得优惠和基于市场的借贷——支付进口和偿还外债,疫情危机使发展中国家的债务居高不下甚至不断上升,有可能导致发展中国家的一系列主权违约。[2] 再次,疫情对正在进行中的涉发展中国家投资仲裁程序具有直接影响,例如,因为管控措施而无法遵守程序的时限要求,投资者也可能主张因国内法院暂时关闭而无法寻求东道国当地救济,甚至要求越过冷静期或用尽当地救济等前置条件而直接诉诸国际仲裁。最后,从技术层面来说,一些机构已经开始尝试仲裁程序的网络电子化,疫情可能加速这一进程,不过发展中国家可能因为基础设施不足而处于劣势。[3]

四、危机应对下的国际合作路径及其有效性

疫情措施可能引发大量国际投资仲裁案件的风险,各国均感同身受。为应

---

〔1〕 参见郭华春:《第三方资助国际投资仲裁之滥诉风险与防治》,载《国际经济法学刊》2014年第2期。

〔2〕 See UN/DESA Policy Brief #72:COVID - 19 and sovereign debt.

〔3〕 See Ahmed Bakry,The COVID - 19 Crisis and Investment Arbitration:A Reflection from the Developing Countries.

对疫情相关政策或措施可能引发的投资仲裁浪潮,避免讼累可能给发展中国家乃至整个国际社会抗击疫情带来的威胁,多个组织或机构近期发出呼吁或倡议,要求采取集体行动避免 ISDS 案件激增。例如,哥伦比亚大学可持续投资中心(CCSI)倡议国际社会考虑在疫情期间立即暂停(immediate moratorium)投资者与东道国间争端解决机制,并永久限制(permanent restriction)所有与针对新冠肺炎疫情大流行本身及其影响而采取的健康、经济和社会层面的政府措施有关的投资仲裁请求。[1] 国际可持续发展研究院(IISD)在近期的一份报告中也发出类似呼吁,指出各国应考虑签署一个双边或多边临时声明或协定,旨在暂时冻结现有投资协定中的争端解决条款,以防止因为疫情引发的投资争端暴增。[2]

CCSI 在倡议中指出,特殊时期要求采取特殊措施,面对新冠肺炎病毒大流行这一自第二次世界大战以来对人类的最大威胁,国际社会需要采取非常规的合作以应对挑战。具体而言,暂停 ISDS 机制的途径有:(1)在国际层面,通过 UNCTAD、贸易法委员会国际商事仲裁示范法(UNCITRAL)等国际组织缔结协议或安排;(2)在双边或多边层面,发布政府间同意共同中止涉疫情防控相关措施 ISDS 诉求的联合声明;(3)在单边层面,东道国撤回其在国内法或国际投资条约中所作的单边仲裁同意。[3] 此外,也有国际组织(如 UNCTAD)呼吁各国加快国际投资协定实体规则改革进程,通过修改实体规则来降低由疫情相关政策或措施引发的投资仲裁风险。

相对而言,通过双边或多边合作、达成暂停 ISDS 机制的协议或安排,在时间和效率上更具优势,具有一定的可行性。而修改国际投资协定实体规则的方案则难度较大且耗时太长,远水不解近渴。不过,就暂停 ISDS 机制的协议而言,即便国际社会能够达成共识并促成安排,其能否真正发挥作用,比如,在案件中得到仲裁庭的认可仍是未知数。国际投资仲裁中东道国和投资者的仲裁合意是仲裁庭管辖权的基础,与商事仲裁不同之处在于,东道国与投资者之间的仲裁是一种无默契仲裁。如前所述,这种仲裁合意可能存在几种法律基础。国家间的合意,能否达到修改此前东道国在合同、国内法甚至投资条约中所作仲裁同意,进而产生"缔约方合意优先于条约文本"的效果,可能会在仲裁实践中遭受质疑。

---

〔1〕 See CCSI, Call for ISDS Moratorium During COVID – 19 Crisis and Response.

〔2〕 See IISD, Protecting Against Investor-State Claims Amidst COVID – 19: A call to action for governments.

〔3〕 See CCSI, Call for ISDS Moratorium During COVID – 19 Crisis and Response.

就条约必须信守的一般原则而言,东道国通常不得单方撤回其在条约中所作的仲裁同意,除非条约另有约定。此外,从现有关于缔约方联合解释的投资仲裁实践来看,此类嗣后合意的效力也并不确定,可能进而引发一系列的问题,如能否溯及既往,是否构成对条约的修订,是否妨害了投资者的合法期待等。因此,有关暂停 ISDS 的倡议,其实际效果可能并不理想。据此所达成的协议或文本,在形式上可能更接近于是一种表达某种共识的无约束性的国际文件。[1]

CCSI 认为,需要采取集体行动暂停 ISDS 的理由主要有三方面:(1)疫情防控相关各种措施虽然必要,却导致了商业环境发生前所未有的变化,这可能会引发大量不合理的索赔。所有企业都面临外部商业环境的恶化,通常情况下本国公司无法依据法律或条约提出索赔诉求。政府有责任为保护其公民而采取必要的防控措施,而不必担心外资企业或外国股东提起诉讼。(2)政府需要将注意力放在管控新冠肺炎疫情危机上,而不应被外国公司和股东的索赔诉求分散注意力,他们可能会依据模糊的投资条约标准提出主张。(3)对政府的索赔动辄数百万美元甚至数十亿美元,可能导致尤其是受疫情影响严重的发展中国家的经济状态进一步恶化甚至陷入严峻的财政危机,各国政府应确保 ISDS 机制不会加深不可避免的财政危机。

某种程度上来说,鉴于 ISDS 机制确实存在一些程序性和实质性缺陷,CCSI 和 IISD 有关暂停或限制 ISDS 机制的倡议具有一定合理性。例如,在疫情相关措施影响的救济方面,投资仲裁机制确实可能赋予外国投资者某种超国民待遇,而此等待遇是通常情况下国民所不具有的。此外,碎片化的投资条约体系、含糊其词的条约框架、临时设立的不同仲裁庭、对条约标准本身以及所适用习惯国际法的解释不一致,亦有可能导致对不同国家甚至相同国家所采取的同一或类似疫情防控相关措施作出截然不同的价值判断,从而带来无法预测的结果。

但是也应注意到,一方面,上述倡议的现实可操作性并不高;另一方面,达成

---

[1] 例如,近期中国商务部与新加坡、加拿大、澳大利亚等 11 国发布联合声明,基本内容是表达各国在避免实行出口管制、取消贸易限制、确保贸易畅通、维持边境开放等方面的意愿和共识。See Australia, Brunei Darussalam, Canada, Chile, People's Republic of China, Lao People's Democratic Republic, The Republic of The Union of Myanmar, Nauru, New Zealand, Singapore, The United Arab Emirates, And Uruguay, Joint Ministerial Statement Affirming Commitment to Ensuring Supply Chain Connectivity Amidst the Covid - 19 Situation, April 14, 2020, https://www.mfat.govt.nz/en/media-and-resources/ministry-statements-and-speeches/joint-ministerial-statement-affirming-commitment-to-ensuring-supply-chain-connectivity-amidst-the-covid-19-situation/.

暂停或中止 ISDS 机制的国际协议亦可能产生额外的负面影响。首先,暂停 ISDS 索赔倡议的根本缺陷是,它假定国家是无害的行为者,不得滥用其监管权力损害外国投资者。但是,并不能排除一些国家可能借防控疫情之名行保护主义之实。ISDS 机制至少在防止东道国滥用其监管权力损害投资者利益方面可以发挥必要的正面作用。例如,确保东道国的疫情防控措施不会存在任意而武断的情形,确保东道国措施的公开性、透明度、一致性和稳定性,确保必要的正当法律程序和程序正义等。其次,ISDS 机制确实存在缺陷和不足,但也应肯定其在促进国际投资法治中的巨大的积极正面作用,即 ISDS 机制作为有限的且有效的国际争端解决机制,对于防止国家滥用其监管权力损害外国投资者权益至关重要。从投资仲裁的实践来看,诸如 Philip Morris 诉乌拉圭等案件已经展现出承认东道国监管权空间的某种良好的趋势,即只要东道国所采取的措施是基于非歧视和善意的基础,且不会对外国投资造成不成比例的损害,则此类措施的正当性应受到肯定。[1] 因此,解决问题的办法是改革,而不是完全抛弃。考虑到新冠肺炎疫情的规模以及各国需要足够的监管空间来应对这一事实,与其削弱或者终止 ISDS 机制而让国际投资法治走向历史的倒退,不如鼓励仲裁庭在裁决外国投资者与国家之间的争端中形成更为成熟有效的做法以平衡投资者私人利益和东道国规制主权,进而实现国际法治。

五、结论与建议

(一)积极探索可能的国际合作路径,寻求平衡公私权益的长效机制

有关通过集体行动规避疫情引发的投资仲裁索赔浪潮的倡议,对于正当行使公共健康规制权的政府免受投资者的滥诉无疑是有益的。各国可以对如下议题进行广泛讨论,例如,如何恰当地将以疫情相关措施为对象的滥诉排除在 ISDS 的适用范围之外?在异常时期如何更有效地适用国际法上的抗辩?能否暂时撤回投资仲裁承诺,直至达成多边解决方案?但是,一概中止针对疫情相关措施的投资仲裁同意或武断地撤回投资仲裁承诺,有可能损害投资者的正当利益。因此,寻求东道国公共利益和投资者私人利益之间的长效平衡机制,仍然是国际投资法体制改革的重中之重。

---

〔1〕 See Prabhash Ranjan, Covid - 19 and ISDS Moratorium-An Indiscreet Proposal, June 15, 2020, http://opiniojuris.org/2020/06/15/covid-19-and-isds-moratorium-an-indiscreet-proposal/.

(二)完善投资条约一般例外条款,建立公共卫生与国家根本安全防火墙

本次疫情表明,在投资条约中引入包括公共卫生在内的各种例外条款确有必要。从仲裁实践来看,对根本安全例外的外延呈扩大解释趋势,因此如果没有专门的公共卫生例外,根本安全例外通常也可以用于为公共卫生安全措施进行合法性抗辩。早期投资条约缺少此类例外规定,需要考虑重新拟订。已纳入例外条款的协定文本往往也存在内容、范围以及措辞用语等方面的巨大差异,需要综合论证,形成用于今后修约、订约的示范性文本。

(三)确保疫情防控相关措施的合法性

在疫情防控和投资者保护双重压力下,东道国应厘清合法行使公共健康规制权的边界,遵守国际投资法的规定,以便在投资争议发生时能有效援引抗辩。具体而言,疫情相关政策或措施至少应满足下列条件:(1)合法性。东道国行政机关在制定政策、采取措施时应具备法定权限,依循法定程序,符合法律、法规规定。(2)公平性。东道国应以善意、非歧视的方式采取疫情相关政策或措施,不得对外国投资者及其投资采取歧视性的禁止、限制或其他类似措施。(3)稳定性。东道国政府,尤其是地方政府应降低政策的随意性,避免滥用行政权,明确疫情相关政策或措施的具体意图、时效期间,以维护外国投资者的合理预期。(4)透明性。东道国制定、公布、施行疫情相关政策和措施,应保障行政行为的透明度。

年度聚焦:ISDS 改革

第二章 文献综述视角下的 ISDS 上诉机制改革

——分歧与展望*

一、问题的提出

投资者—东道国争端解决机制作为国际投资争端去政治化的解决方式和东道国吸引外资的重要手段在国际范围内得以广泛应用。经济合作与发展组织 2012 年的一项研究显示,93% 的国际投资协定包含 ISDS 条款。[1] 联合国贸易和发展会议《2019 年投资者与东道国间争端解决案件报告》显示,截至 2020 年 1 月 1 日,已知的基于国际投资协定提起的 ISDS 案件已逾千起。[2] 在 ISDS 机制被广泛应用、ISDS 案件迅速增长的同时,对 ISDS 正当性危机的批评及化解危机的讨论也愈加热烈。ISDS 正当性危机的主要来源之一为裁决缺乏一致性、连贯性、可预测性和准确性,是否应当以及如何在投资争端解决中引入上诉机制,成为解决危机的热议方案之一。

事实上,上诉机制改革并非新鲜话题,建立上诉机制的设想在 21 世纪初已有初步尝试。美国《2002 年贸易促进授权法案》规定,该法在国际直接投资方面的目标之一即协商建立"一个上诉机构或类似机构以确保贸易协定解释的一致性"。[3] 国际投资争端解决中心(ICSID)于 2004 年公布了设立 ICSID 上诉机构的讨论稿,提议设立上诉机构并将其应用于基于《ICSID 仲裁规则》、ICSID 附加

---

* 本章原载于《国际商务研究》2021 年第 3 期,有删改。

[1] See ICSID Secretariat, Possible Improvements of the Framework for ICSID Arbitration (Discussion Paper), 2004.

[2] See UNCTAD, Investor-State Dispute Settlement Cases Pass the 1000 Mark: Cases and Outcome in 2019.

[3] Bipartisan Trade Promotion Authority Act of 2002, 19 USC § 3802(b)(3)(G)(iv)(2002).

便利规则以及联合国国际贸易法委员会(UNCITRAL)仲裁规则提起的上诉。[1] 但这些尝试最终都未能得以落实。

2013 年,欧盟委员会首次提出包含上诉机制的投资法院构想[2]并在此后签订的多个双边条约中进行了初步尝试。2017 年,UNCITRAL 第三工作组就 ISDS 的可能改革开展工作,上诉机构改革被正式纳入多边议程。目前,关于上诉机构的形式,主要有专案上诉、常设上诉机构(包括独立的上诉机构与多边投资法院的二级机构)两种方案。这些不同形式的上诉机构,都共同面临上诉范围与理由、一二级机构之间关系等方面的具体安排与设计问题。[3] 2020 年 7 月 20 日,第三工作组总结了多国提交的关于上诉机构改革议案,再次发布了上诉机构改革方案的征求意见稿,标志着 ISDS 上诉机构改革进入了一个新的阶段。[4]

与国际海洋法法庭(ITLOS)、国际刑事法庭(ICC)和世界贸易组织(WTO)争端解决机构等基于唯一的条约或公约建立起来的裁判机构不同,国际投资仲裁并不专属于单一的特定裁判机构管辖。ISDS 案件包括机构仲裁和临时仲裁,就机构仲裁而言,存在许多可以审理国际投资争端的仲裁机构,每个机构都有自己的仲裁规则,例如 ICSID、国际商会(ICC)、深圳国际仲裁院(SCIA)等机构均受理投资仲裁案件。[5] 就仲裁庭的管辖依据而言,投资者不仅可以基于数量庞大的投资条约提起国际投资仲裁,还可以依据投资合同或东道国国内法提起。国际投资争端解决机制的碎片化与复杂现状,使 ISDS 上诉机构的改革困难重重。围绕设立 ISDS 上诉机构的理论起点和具体方案设计,各种意见纷沓而至,各国立场也存在不同的政策考量和路径偏好。如何在扑朔迷离的讨论中找到正

---

[1] See ICSID Secretariat, Possible Improvements of the Framework for ICSID Arbitration (Discussion Paper), 2004.

[2] See European Commission, Investment Protection and Investor-to-State Dispute Settlement in EU agreements, 2013.

[3] See UNCITRAL Working Group Ⅲ, Possible reform of Investor-State Dispute Settlement (ISDS) Appellate and Multilateral Court Mechanisms.

[4] See UNCITRAL Working Group Ⅲ, Appellate Mechanism and Enforcement Issues, 2020, https://uncitral.un.org/en/working_groups/3/investor-state.

[5] See Yuwen Li et al., *China, the EU and International Investment Law* (Abingdon: Routledge, 2020), p. 116 – 118.

确方向,在"混沌无序"(chaos)的局面中寻找有序,成为当务之急。[1] 本文尝试通过广泛梳理国内外文献,充分展现各种观点和意见分歧,进而从中找到共识和可能的答案。

二、分歧之一:设立 ISDS 上诉机构的理论起点

裁决的一致性(consistency)和准确性(correctness)是争端解决机制长久保持合法性的保障,[2]设立 ISDS 上诉机制的初衷,正是为了回应对于 ISDS 仲裁裁决缺乏一致性、准确性的批评。从 Franck 首次提出正当性危机起,围绕着一致性、准确性是否存在及需要解决,上诉机构能否回应一致性、准确性的需求,以及投资仲裁裁决终局性的价值能否被打破进行了大量讨论,充分展现了学者们在这一理论起点问题上的认知分歧。

(一)有关一致性的讨论

一致性问题是 ISDS 上诉机制改革的重要起因。Franck 在比较 Lauder 案、SGS 案、NAFTA 案等一系列案件的裁决后指出,国际投资仲裁中存在严重的裁决不一致的问题,有三种表现:(1)不同的仲裁庭对于同一条约中的同一标准得出了不同的结论;(2)依据不同条约成立的仲裁庭对于同一事实、同一当事方、相似的投资权利却得出了不同的结论;(3)对于相似的商业情境与投资权利,不同仲裁庭却得出了相反的结论。而上诉机构的设立可以提高国际投资仲裁的一致性与可预期性,对化解正当性危机具有重要意义。[3]

一些学者就一致性问题持有与 Franck 类似的看法,[4]但并非所有学者都承认 ISDS 仲裁裁决一致性问题的突出性。有学者认为,国际投资法还处于发展的

---

[1] See Teresa Cheng, *The Search for Order within Chaos in the Evolution of ISDS*, ICSID Review, 2020, (5): 1-19.

[2] 参见刘笋:《建立国际投资仲裁的上诉机制问题析评》,载《现代法学》2009 年第 5 期。

[3] See Susan D. Franck, *The Legitimacy Crisis in Investment Treaty Arbitration: Privatizing Public International Law through Inconsistent Decisions*, Fordham Law Review, 2005, 73(4): 1521-1625.

[4] See Anna Joubin-Bret, Why We Need a Global Appellate Mechanism for International Investment Law, 2015; Xian Yu Huang and David Chi Yu Cheng, *Protection of International Investment-the Study of Establishing Appellate Mechanisms in International Investment Arbitration*, International Review of Management and Business Research, 2014, 3(4): 1819-1827; David A. Gantz, *An Appellate Mechanism for Review of Arbitral Decisions in Investor-State Disputes: Prospects and Challenges*, Vanderbilt Journal of Transnational Law, 2006, 39(1): 39-76.

初期,一定程度的不一致反映了一个新兴法律领域所要历经的“生长痛”。[1] Gill 则认为,除了几个特例外,国际投资仲裁整体上并不存在一致性问题。即使是在国内法院的裁判中,裁决不一致的情况也时有发生。不同的裁决意见在经过长期的发展后会形成一个相对统一的法律意见。[2] 还有学者认为,尽管投资仲裁机制仅初具雏形、双边投资协定(BIT)复杂多样,但国际投资仲裁已经在一定程度上实现了裁决的一致性,为投资法的多边化发展做出了重要贡献。[3] Stern 甚至认为,不一致的现象是 ISDS 生命之所在,当矛盾停止时,ISDS 也将丧失生机。[4]

另有学者承认一致性问题需要得以解决,但不认为上诉机构是解决一致性问题的优解。Paulsson 认为,上诉机构并不能有效解决一致性问题,理由有三:(1)国际投资法还是一个新的领域,对许多术语还没有达成共识;(2)投资条约与投资合同自身不完善,仲裁员非立法者,对此情况也无能为力;(3)一些基本原则是开放式的。[5] Appleton 认为,出现一致性等问题的根源在于投资仲裁庭未能适当地适用国际法,在上诉机构改革困难重重难以达成共识的情况下,不应将对 ISDS 的改革继续聚焦于是否建立上诉机构;确保仲裁员对国际法有较高的掌握程度,是提高投资仲裁一致性最为简单有效的方式。[6] 相似观点认为,一致性问题完全可以通过合并审理、增加程序透明度、便利东道国特定利益群体对

---

〔1〕 See Sylvia Constain, *ISDS Growing Pains and Responsible Adulthood*, in Jean E. Kalicki and Anna Joubin-Bret(eds.), Reshaping the Investor-State Dispute Settlement System(Leiden: Brill, 2014), p. 344 – 350.

〔2〕 See Judith Gill, *Inconsistent Decisions: An Issue to be Addressed or a Fact of Life?*, in Federico Ortino et al. (eds.), Investment Treaty Law(London: British Institute of International and Comparative Law, 2006), p. 23 – 28.

〔3〕 See Stephan W. Schill, *The Multilateralization of International Investment Law* (Cambridge: Cambridge University Press, 2009), p. 287, 321 – 339.

〔4〕 See Brigitte Stern, To Examine the Desirability (or Undesirability) of Replacing Ad Hoc Arbitrator by Full-Time Judges, ISDS Reform Conference—Mapping the Way Forward, Hongkong, 2019.

〔5〕 See Jan Paulsson, *Avoiding Unintended Consequences*, in Karl P. Sauvant and Michael Chiswick-Patterson(eds.), Appeals Mechanism in International Investment Disputes(New York: Oxford University Press, 2008), p. 258 – 259.

〔6〕 See Barry Appleton, *The Song is Over: Why It's Time to Stop Talking about an International Investment Arbitration Appellate Body*, American Society of International Law Proceedings, 2013, 107: 23 – 26.

程序的参与以及法庭之友等制度加以解决,上诉机制不必要也不可行。[1]

一些学者对一致性问题做了更深层次的剖析。如有学者认为,作为事后复审的上诉机制难以避免与"一裁终局"发生冲突,相比之下,作为事前预防性质的预审制度,即对正式裁判中可能出现的与"先例"相冲突的问题进行预审并作出预判,最终在先前预判的指导下对案件作出判决,才是促进决策一致性更为有效的方式。[2] Zarra 则进一步将 ISDS 面临的一致性问题分为内部一致性与外部一致性问题,内部一致性是指国际投资法领域内的一致性,而外部一致性是指与国际法其他领域如人权法之间的一致性;国际投资法并非一个封闭的领域,目前包括上诉机构改革在内的提议主要针对内部一致性而忽视了外部一致性。[3] Arato 从另一角度对一致性问题进行了分类讨论并认为,尽管一致性对于整个投资仲裁来说都是十分重要的,但不同对象对于不一致的可接受度有所不同。与标准(standard)相比,对规则(rule)的解释更难以接受不一致的存在。[4] 相应地,相较于公平公正待遇(FET)、充分保护与安全(FPS)等成为标准的基本主要义务(basic primary obligations),最惠国待遇(MFN)、合同与条约的关系等次级规则(secondary rules)对不一致的接受程度更低。同时,一致性问题的突出程度在基本主要义务与次级规则内部也有所不同,例如,对 FET 解释的不一致情况较 FPS 更严重。解决一致性问题,一方面需要国家在"前线"对投资条约中一致性问题较为突出的条款进行有针对性的进一步阐释,另一方面也需要作为"后方"努力地进行机构性改革来纾缓,设立上诉机构正是这类机构性改革的方案之一。[5]

(二)有关准确性的讨论

准确性是 ISDS 上诉机制改革的另一重要原因。准确性与一致性是两个存

---

〔1〕 参见谢宝朝:《投资仲裁上诉机制不是正当性危机的唯一解药》,载《世界贸易组织动态与研究》2009 年第 4 期。

〔2〕 See Christoph Schreuer, Revising the System of Review for Investment Awards, 2009.

〔3〕 See Giovann Zarra, *The Issue of Incoherence in Investment Arbitration: Is There Need for a Systemic Reform?*, Chinese Journal of International Law, 2018, 17(1): 137 - 185.

〔4〕 该文作者认为,标准在表述上较规则更为模糊,此种模糊是法律制定者有意为之的。在制定规则时,法律制定者希望通过更准确的表述来对裁决者的自由裁量权加以限制;而在制定标准时,法律制定者则往往是通过相对模糊的标准来推迟一些重要决定的做出,这可能是因为各方制定者暂时无法就某些细节达成一致,或是对于未来发生的关系做出过于准确的规定不合时宜。

〔5〕 See Julian Arato et al., *Parsing and Managing Inconsistency in ISDS*, Journal of World Investment and Trade, 2020, 21(2 - 3): 336 - 373.

在一定联系但又相互区别的问题。相较于一致性,UNCITRAL 工作组认为,准确性更为重要。[1] 早期则有研究认为,准确性并非仲裁当事方的最终追求,当事方追求的是胜诉。举例而言,如果想要美国支持设立 ICSID 上诉机构,只有当其身陷不利裁决的囹圄之中,特别是其认为该不利裁决存在法律错误时才有可能。[2] 关于准确性与一致性的关系,Feldman 比较了利益拒绝(denial of benefits)条款在《能源宪章条约》(ECT)仲裁与非 ECT 仲裁中形成的两套截然不同的判例体系,认为在这一问题上每个体系内部都体现了一致性与连贯性,而其中只可能有一个是正确的,因而一致性并不能保证准确性。[3] 但 Sardinha 认为,判断一项裁决是否正确是一件十分困难且带有主观色彩的事情。有许多国际投资条约的表述模糊且相似,例如,公平公正待遇条款,不同仲裁庭、不同背景的仲裁员难免在说理上有所不同,想要避免这样一种现象,更为可取的方式是由国家对投资条约进行细化。[4]

纠错机制的缺乏,是 ISDS 机制准确性质疑的重要来源。《ICSID 公约》的撤销程序在一定程度上起到纠错的作用,但可撤销的理由过于狭窄,仅限于第 52 条第 1 款规定的程序性错误却并未涉及实体性错误。[5] 与 WTO 争端解决程序的上诉范围相比而言,ICSID 裁决撤销程序存在较大的局限性,建立 ISDS 上诉机构虽然面临诸多困难,但不失为一个有效的方法。[6] 但也有学者认为,在上诉机构仲裁员的资质并不高于下级仲裁庭仲裁员的情况下,设立上诉机构并不一定能提高裁决的准确性。[7] Luca 等表达了类似的观点,认为正确的 ISDS 决

---

〔1〕 See UNCITRAL Working Group Ⅲ, Possible Reform of investor-State dispute settlement (ISDS): Consistency and related matters, 2018, https://undocs.org/en/A/CN.9/WG.Ⅲ/WP.150.

〔2〕 See Thomas W. Walsh, *Substantive Review of ICSID Awards: Is the Desire for Accuracy Sufficient to Compromise Finality?*, Berkeley Journal of International Law, 2006, 24(2): 444-445, 461.

〔3〕 See Marke Feldman, *Investment Arbitration Appellate Mechanism Options: Consistency, Accuracy, and Balance of Power*, ICSID Review, 2017, 32(3): 528-544.

〔4〕 See Elsa Sardinha, *The Impetus for the Creation of an Appellate Mechanism*, ICSID Review, 2017, 32(3): 513-515.

〔5〕 See Andrea Kupfer Schneider, *Error Correction and Dispute System Design in Investor-State Arbitration*, Yearbook on Arbitration and Mediation, 2013, 5: 197.

〔6〕 See Yenkong Ngangjoh-Hodu and Collins C. Ajibo, *ICSID Annulment Procedure and the WTO Appellate System: The Case for an Appellate System for Investment Arbitration*, Journal of International Dispute Settlement, 2015, 6(2): 308-331.

〔7〕 See Ian Laird and Rebecca Askew, *Finality Versus Consistency: Does Investor-State Arbitration Need an Appellate System*, The Journal of Appellate Practice and Process, 2005, 7: 285-302.

策制定包含两个核心要素,即正确地阐明与准确地适用准据法。上诉机构在促进裁决的一致性与可预测性方面或能发挥有利作用,但在准确性方面却未必。上诉机构与准确性关系中的一个关键因素是上诉机构决定作出者对于国际公法的通晓程度。[1]

(三)有关终局性与效率问题的讨论

建立上诉机构意味着仲裁的传统价值"一裁终局"将被打破。Clapham 认为,相较于投资仲裁裁决的准确性而言,投资争端的双方将更青睐于捍卫投资仲裁"一裁终局"的原则。为了保持投资仲裁的吸引力,投资仲裁裁决的终局性不容挑战。[2] 但 Ten Cate 则认为,投资仲裁与商事仲裁不同,商事仲裁的主要功能在于纠纷解决,而投资仲裁因其公私交织的特性,其功能除了纠纷解决外,还要担负着完善投资法律制度、形成法律共识的重任。而设立上诉机构为兼顾这两种功能的良方,因此终局性并非应当首要考虑的因素。[3] 即便是在商事仲裁领域,对于终局性的争议也在增加,早有学者主张商事仲裁领域应当引入上诉机制,认为其不仅能够起到纠错作用,还能保障裁判程序的完整性,减小因国内法院对仲裁裁决的审查而给仲裁程序效率造成的不利影响。[4]

终局性背后的价值是效率,因而有学者认为教条式地坚持"一裁终局"不可取,效率才是上诉机制设计应该兼顾的价值之一。[5] 在论及上诉机构将给投资仲裁效率可能带来的影响时,有学者认为,上诉机构的设立会使 ICSID 仲裁程序延长,降低其解决纠纷的效率,与 ICSID 的目的背道而驰,建立 ICSID 上诉机构的议案永远无法被正式考虑。[6] 但 Zárate 等则认为,上诉机构对 ISDS 程序耗时的影响需要客观评价。一方面,上诉机制作为对原审裁决的救济程序,在启动

---

[1] See Anna De Luca et al., *Responding to Incorrect ISDS Decision-Making: Policy Options*, Journal of World Investment and Trade, 2020, 21(2-3): 374-409.

[2] See Janson Clapham, *Finality of investor-state arbitral awards: has the tide turned and is there a need for reform?*, Journal of International Arbitration, 2009, 26(3): 437.

[3] See Irene M. Ten Cate, *International Arbitration and the Ends of Appellate Review*, New York University Journal of International Law and Politics, 2012, 44(4): 1109-1204.

[4] See Carreteiro, Mateus Aimoré, *Appellate Arbitral Rules in International Commercial Arbitration*, Journal of International Arbitration, 2016, 33(2): 185-216.

[5] 参见肖军:《建立国际投资仲裁上诉机制的可行性研究——从中美双边投资条约谈判说起》,载《法商研究》2015 年第 2 期。

[6] See Christian J. Tams, *An Appealing Option? The Debate about an ICSID Appellate Structure*, Transnational Economic Law, 2009, (57): 15.

时将使纠纷解决期间延长;但另一方面,考虑到非 ICSID 仲裁下当事方在不同国家国内法院申请排除仲裁裁决的冗长程序,以及 ICSID 仲裁下当事方在申请撤销程序失败后再次重新提起仲裁所要历经的漫长过程,上诉机构对纠纷作出的最终裁决或将缩短争端解决的时长。但具体效果还要视上诉机构的具体设计而定。[1]

三、分歧之二:ISDS 上诉机构改革的制度设计

(一)有关上诉机构审查范围的讨论

有关上诉机构审查范围的争论主要涉及两个方面:首先是在“法律错误”与“事实错误”之间如何选择,又是否限于“明确”、“严重” 或“明显”的错误。[2]对此,有学者主张应效仿 WTO 上诉机构关于审查范围的规定,上诉机构应当只负责法律审查。[3] 但也有学者认为,WTO 将审查范围限于“法律错误”的做法人为制造了区分“法律错误”与“事实错误”困境,为了更好发挥上诉机构的纠错功能,应当赋予上诉机构全面审查的权力。在全面审查的同时,为了不降低效率,可引入“禁止反言”原则,将可上诉的事实范围限制在一审有争议或者未涉及的事实范围内。[4]

其次是撤裁程序与上诉程序之间该为何种关系。二者之间的关系存在三种可能:第一种是相容且平行的关系,当事方可以在撤销仲裁裁决程序与上诉程序之间进行选择;第二种是相容且垂直的关系,当事方对撤裁程序中的不满事项进行上诉,上诉审实质成了第三审;第三种是互斥关系,二者之间只能存一,撤裁程序被取缔,但可以考虑将撤销裁决的理由纳入上诉范围。同时,若拟建立的上诉机构为 ICSID 仲裁与非 ICSID 仲裁机构共同的上诉机构,还需要对 ICSID 仲裁与非 ICSID 仲裁分开讨论。对于 ICSID 仲裁而言,其有自身的撤销程序,由专门

---

[1] See José Manuel Álvarez Zárate et al., *Duration of ISDS Proceeding*, Journal of World Investment and Trade, 2020, 21(2-3): 300-35.

[2] See UNCITRAL Working Group Ⅲ, Appellate mechanism and enforcement issues, 2020, https://uncitral.un.org/en/working_groups/3/investor-state.

[3] See Huber, Mark and Tereposky, Greg, *The WTO Appellate Body: Viability as a Model for an Investor-State Dispute Settlement Appellate Mechanism*, ICSID Review, 2017, 32(3): 545-594.

[4] 参见王军杰:《ICSID 上诉机制建构的法理基础及制度选择》,载《社会科学辑刊》2018 年第 5 期。

的撤销委员会负责;而对于非 ICSID 仲裁,其撤销由仲裁地法院做出。[1]

(二)有关上诉效力的讨论

关于上诉效力的争论主要有以下几个方面:上诉程序的启动能否中止一审裁决的效力;上诉机构能否确认、推翻、修改和撤销原审判决;上诉案件能否发回重审;对于上诉裁决中的错误能否再审。其中,发回重审可能面临较大的制度设计困难,例如,如何再次建立一审仲裁庭,特别是在一审仲裁庭已经解散的情况下;发回重审后所作的一审裁决能否再次上诉;是否所有的争议当事方都有资格提起再审;因一审仲裁庭组成不合法等程序性事项时发回重审是否合适。[2]

(三)有关上诉机构案件负担的讨论

对案件负担的处理是所有争端解决机制设计面临的重要问题。案件负担主要涉及两方面因素:应处理案件数量与案件审理期限。[3] 以 WTO 为例,由于上诉率较高,至 2017 年 WTO 案件的平均上诉率为 68%,上诉机构因此饱受案负之扰。[4] 有学者认为,涉案利益重大、对原审的改判率较高,或是败诉国趋于上诉的原因。[5] 根据 DSU 第 17.5 条,WTO 上诉机构的审理期限为 90 天,相对于案件的数量和复杂程序,这一审限规定显得过短,导致上诉案件存在较为严重的超期审理现象。[6] 与 WTO 相比,国际投资仲裁同样涉及东道国的公共政策等重大利益,但国际投资仲裁的案件数量更为庞大。确定合理的上诉范围与标准、合适的审理期限,建立有效的案前审查机制,安排得当的费用负担等,是处理案件负担需要考量的重要方面。[7]

(四)有关上诉机构成员选任的讨论

国际投资仲裁中,仲裁员“旋转门”(revolving door)、“两顶帽子”(double

---

[1] See UNCITRAL Working Group Ⅲ, Appellate Mechanism and Enforcement Issues, 2020, https://uncitral.un.org/en/working_groups/3/investor-state.

[2] *Id.*

[3] *Id.*

[4] See Joost Pauwelyn and Weiwei Zhang, *Busier than Ever? A Data-Driven Assessment and Forecast of WTO Caseload*, Journal of International Economic Law, 2018, 21(3): 461 – 487.

[5] See Joost Pauwelyn, *WTO Dispute Settlement Post* 2019: *What to Expect?*, Journal of International Economic Law, 2019, 22(3): 310.

[6] 在 2011 年,曾有 5/7 的上诉案件超期审理。See WTO, Appellate Body Annual Report for 2011, 2012, https://www.wto.org/english/res_e/booksp_e/ab_annual_report11_e.pdf.

[7] See UNCITRAL Working Group Ⅲ, Appellate Mechanism and Enforcement Issues, 2020, https://uncitral.un.org/en/working_groups/3/investor-state.

hating)的现象[1]招致了众多批评,也被诟病为有支持投资者的倾向,[2]因此改革仲裁员选任制度的呼声高涨。Langford 等对 ISDS 改革中有关审裁员选任的各种可能方法进行了分析,认为上诉机构审裁员的选任可以遵循常设一审仲裁庭(该文中的另一种改革形式)的模式:候选审裁员应当由各国选派的人员组成,实行非终身制且任期固定,人数规模视上诉范围等具体设计而定,每个具体的案件中审裁员应当由机构任命而非当事方指定。[3] Bjorklund 等分析了北京国际投资仲裁中心(BIAC)投资仲裁规则(草案)中的上诉规则、美国司法仲裁调解机构(JAMS)选择仲裁上诉程序规则等上诉规则,认为这些规则并未将投资仲裁上诉程序的裁判者与一般仲裁员的选任相区分,允许当事方从大量候选仲裁员中选择上诉程序裁判者将不利于裁决的一致性,也无法确保上诉裁定比一审裁定的准确性更高。[4] 汇集多方意见于一体的 UNCITRAL 第三工作组上诉机构改革第 169 号文件则提出,在选任上诉机构成员时,主要考虑国籍与资质两方面的标准,国籍应当体现多样性,资质则包括专业素养与独立公正等道德标准。[5]

(五)有关执行机制的讨论

无论是《ICSID 公约》下的裁决执行还是非《ICSID 公约》的裁决执行,实践中均面临相应的难题:《ICSID 公约》下的执行难主要体现在对于《ICSID 公约》第 53 条、第 54 条及第 55 条之间相互关系的理解与适用上,而执行地法院掌握的审查仲裁裁决的权力则使非《ICSID 公约》下的仲裁裁决难以得到快速有效执行。[6] ISDS 上诉机构改革则可能为投资仲裁裁决的执行带来新的难题。

---

[1] See Malcolm Langford et al. , *The Revolving Door in International Investment Arbitration*, Journal of International Economic Law,2017,20(2):301 -331.

[2] See Pia Eberhardt et al. ,Profiting from Injustice:How Law Firms,Arbitrators and Financiers are Fueling an Investment Arbitration Boom.

[3] See Langford,Malcolm et al. ,The Quadrilemma:Appointing Adjudicators in Future Investor-State Dispute Settlement (Academic Forum on ISDS Concept Paper 2019/12),2019.

[4] See Andrea Bjorklund et al. , Selection and Appointment of International Adjudicators: Structural Options for ISDS Reform(Academic Forum on ISDS Concept Paper 2019/11),2019.

[5] See UNCITRAL Working Group Ⅲ, Possible Reform of Investor-State Dispute Settlement (ISDS)Selection and Appointment of ISDS Tribunal Members,2020(9).

[6] See Kamal Huseynli,*Enforcement of Investment Arbitration Awards:Problems and Solutions*, Baku State University Law Review,2017,3(1):54 -58.

1. 与《ICSID 公约》裁决执行规则之间的冲突

《ICSID 公约》第 53 ~ 55 条规定了仲裁的承认与执行,其中第 53 条第 1 款规定:“裁决对双方具有约束力。不得进行任何上诉或采取除本公约规定外的任何其他补救办法。除依照本公约有关规定予以停止执行的情况外,每一方应遵守和履行裁决的规定。”第 54 条规定缔约国有义务执行仲裁裁决。设立 ISDS 上诉机构无疑会与上述条文产生冲突。解决冲突的方案之一是对《ICSID 公约》进行修改。但根据该公约第 66 条之规定,修改须经所有缔约国批准。在目前各国对 ISDS 改革态度分歧巨大的情况下,该方案的可行性甚微。

另一种方案是根据《维也纳条约法公约》(VCLT)第 41 条第 1 款之规定,〔1〕仅在特定成员国之间对《ICSID 公约》进行修改。根据 VCLT 规则,仅当条约规定有作此种修改之可能或有关之修改非为条约所禁止,同时不影响其他当事国享有条约上之权利或履行其义务,且不关涉任何如予损抑即与有效实行整个条约之目的及宗旨不合之规定者,多边条约两个以上当事国方可通过协议在彼此间修改条约。不过,有学者质疑了在特定成员间对《ICSID 公约》第 53 条进行修改的可行性。Calamita 认为,《ICSID 公约》的目的和宗旨与第 53 条的排除上诉之规定紧密相连,《ICSID 公约》在制定时选择了与《纽约公约》不同的独立体系,意图排除任何来自外部救济和对其决定的审查,因此,修改第 53 条不能满足目的条件。同时,该修改也难以避免地会影响到第三方的权利,因为根据《ICSID 公约》第 54 条,每一缔约国应承认并执行 ICSID 仲裁裁决。〔2〕 Reinisch 也认为,《ICSID 公约》第 1 条第 2 款明确规定,公约的目的与宗旨为“依照‘本公约的规定’为各缔约国和其他缔约国的国民之间的投资争端,提供调解和仲裁的便利”。从该款的字面意思来看,对《ICSID 公约》规定的任何修改都将与《ICSID 公约》的目的与宗旨不符。〔3〕 但也有学者认为,在特定当事方之间修改

---

〔1〕 VCLT 第 41 条第 1 款规定:“多边条约两个以上当事国得于下列情形下缔结协定仅在彼此间修改条约:(a)条约内规定有作此种修改之可能者;或(b)有关之修改非为条约所禁止,且:(i)不影响其他当事国享有条约上之权利或履行其义务者;(ii)不关涉任何如予损抑即与有效实行整个条约之目的及宗旨不合之规定者。”

〔2〕 See N. Jansen Calamita, *The (In) Compatibility of Appellate Mechanisms with Existing Instruments of the Investment Treaty Regime*, Journal of World Investment and Trade, 2017, (18): 619 - 623.

〔3〕 See August Reinisch, *Will the EU's Proposal Concerning an Investment Court System for CETA and TTIP Lead to Enforceable Awards? —The Limits of Modifying the ICSID Convention and the Nature of Investment Arbitration*, Journal of International Economic Law, 2016, 19(4): 775 - 776.

《ICSID 公约》存在可能性,因为在《北美自由贸易协定》(NAFTA)与《美墨加协定》(USMCA)中已有相关实践。[1]

2. 与《纽约公约》裁决执行机制之间的冲突

Calamita 认为,设立上诉机构与《纽约公约》的冲突可能有如下方面:(1)上诉机构的裁决能否被纳入第 1 条第 1 款的"仲裁裁决"的范畴,特别是在上诉机构作为投资法院的二级机构时;(2)《纽约公约》第 5 条规定了执行地主管机关可以拒绝承认与执行仲裁裁决的情形,上诉机构作出的裁决能否被拒绝承认与执行。[2] 日内瓦国际争端解决中心(CIDS)的一份研究则认为,设立上诉机构与《纽约公约》的冲突并不明显,德国有实践表明未上诉的案件可以在上诉期届满后再承认执行,在《纽约公约》的起草阶段也曾提及内部机构性上诉(internal institutional appeals)。[3]

四、分歧之三:国家间分裂的政治立场与动力困境

ISDS 改革是政府领导型的改革,国家在其中扮演着重要角色。依据对 ISDS 改革所持的不同态度,Roberts 将不同国家划分为三个派别:改良派(incrementalists)、体系性改革派(systemic reformers)与范式转移派(paradigm shifters)。[4] 改良派不赞同对现有 ISDS 进行任何实质性修改,体系性改革派支持 ISDS 的继续存在,但需要进行体系性的改革,如用多边投资法院代替投资仲裁,范式转移派则主张完全抛弃 ISDS 而用其他对东道国主权限制更小的机制代替。在此基础上,Titi 进一步将之简化为包含 ISDS 的改革与排除 ISDS 的改革两大阵营进行讨论,并指出两大阵营之间立场的分裂性,要达成统一的方案道阻

---

〔1〕 See A. J. van den Berg, *Appeal Mechanism for ISDS Awards: Interaction with the New York and ICSID Conventions*, ICSID Review, 2019, 34(1): 169 - 171.

〔2〕 See N. Jansen Calamita, *The (In) Compatibility of Appellate Mechanisms with Existing Instruments of the Investment Treaty Regime*, Journal of World Investment and Trade, 2017, (18): 619 - 623.

〔3〕 See Gabrielle Kaufmann-Kohler and Michele Potestà, Can the Mauritius Convention Serve as a Model for the Reform of Investor-State Arbitration in Connection with the Introduction of a Permanent Investment Tribunal or an Appeal Mechanism? Analysis and roadmap, 2016.

〔4〕 See Anthea Roberts, *Incremental, Systemic, and Paradigmatic Reform of Investor-State Arbitration*, American Journal of International Law, 2018, 112(3): 410 - 411.

且长。[1] Herranz-Surrallés 则从另一个维度描述了国家间对 ISDS 改革的分化态度：就目前已经向 UNCITRAL 提交的意见来看，可以分为横向的公法化与私法化之争和纵向的国际法化与国内法化之争；寻求国家间投资争端解决（SSDS）模式是公法化的极端，而维持现有的 ISDS 并对投资条约进行修改则是较为私法化的选项；主张建立多边上诉法院是国际法化的极端，而主张将投资争端交由国内法院解决则是国内法化的方案。[2] Pearsall 构建了 ISDS"三位一体"（trinity）模型来说明国家在 ISDS 中扮演的三重角色：法律制定者、投资保护者和被诉方；各国政府在做出 ISDS 改革选择时会从其扮演的三种角色出发，当然不同的国家对于三种角色考量的占比或许不同；要想就 ISDS 改革达成一致，重要前提是平衡好这三种角色的利益。[3]

就发展中国家而言，部分南方国家（地区）存在回归东道国救济的明显趋势。例如，印度、南美洲国家联盟、南非、印度尼西亚等国（地区）采取依靠内部救济的方式，而巴西则依赖于国家间争端解决。回归东道国救济的趋势背后，体现了东道国对外资政策进行重新掌控的意图。[4] 从南非、巴西向 UNCITRAL 第三工作组提交的意见书中，也可以清晰地看出其对 ISDS 的漠然态度。[5] 因此，发展中国家对 ISDS 改革的态度，正如学者所归纳的：大多数国家持观望状态，部分国家采取极端的方式远离 ICSID（玻利维亚、厄瓜多尔、委内瑞拉），部分国家退出旧 BIT 建立新的范本（印度），部分国家用国内立法代替 BIT（南非），还有国家自始就排除 ISDS（巴西）。[6]

在发达国家内部，对于 ISDS 改革的态度也大相径庭，从《全面经济贸易协

---

〔1〕 See Catherine Titi, *Who's Afraid of reform? Beware the Risk of Fragmentation*, American Journal of International Law, 2018, 112(3): 232 – 236.

〔2〕 See Anna Herranz-Surrallés, *"Authority Shifts" in Global Governance: Intersecting Politicizations and the Reform of Investor-State Arbitration*, Politics and Governance, 2020, 8(1): 336 – 347.

〔3〕 See Patrick W. Pearsall, *The Role of the State and the ISDS Trinity*, American Journal of International, 2018, 112(3): 249 – 254.

〔4〕 See Sonia E. Rolland, *The Return of State Remedies in Investor-State Dispute Settlement: Trends in Developing Countries*, Loyola University Chicago Law Journal, 2018, 49(2): 387 – 404.

〔5〕 See South Africa, Possible reform of Investor-State dispute settlement (ISDS)-Submission from the Government of South Africa, 2019, *UNCITRAL*; Brazil, Possible reform of Investor-State dispute settlement (ISDS)-Submission from the Government of Brazil, 2019, *UNCITRAL*.

〔6〕 See Kidane Won, Alternatives to Investor-State Dispute Settlement: An African Perspective (GEGAFRICA Discussion Paper), 2018.

定》(CETA)、《跨大西洋贸易与投资伙伴协议》(TTIP)到《欧盟—新加坡自由贸易协定》(EU-Singapore FTA),再到近期生效的《欧盟—越南自由贸易协定》(EU-Vietnam FTA),作为体系性改革派的代表,欧盟始终坚定捍卫并尝试推行其于2013年首次提出的投资法院方案,因此在上诉机制改革方面不太可能接受除常设多边投资法院以外的其他方案。[1] 美国则一贯主张在ICSID的框架下对现有ISDS机制做出技术性的改革,反对将ISDS改革讨论提交UNCITRAL,且至今也未向第三工作组提交任何书面意见。[2] 至今尚未在任何案件中成为投资仲裁被诉方的日本,同样反对投资法院的设立,其与欧盟在投资法院上难以消弭的分歧也导致2019年生效的《欧盟—日本经济伙伴协定》不包含任何ISDS条款。[3]

主要国家间的分歧也体现在新近的几个重要区域贸易协定中,在《美墨加协定》(USMCA)中,仅美国与墨西哥达成了关于ISDS的协议;《全面与进步跨太平洋伙伴关系协定》(CPTPP)虽然继承了TPP中有关ISDS的规定,但成员国新西兰却单方与5个国家签署了补充协议(side letter),排除ISDS的有关适用;2020年11月签署的《区域全面经济伙伴关系协定》(RCEP)中最终没有就ISDS作出相关规定,而仅在投资章节的第18条中规定:缔约方应当在本协定生效之日后的两年内对ISDS进行讨论,并在该讨论开始后的三年内结束讨论;2020年末完成初步谈判的中欧《全面投资协定》(CAI)也仅将ISDS列为后续谈判条款。有评论表示,RCEP最终未能包含ISDS条款的部分原因是马来西亚、印度对ISDS持有的强烈反对态度,而RCEP目前的成员方又十分期望印度将来能够

---

〔1〕 See Yong Liang and Daiwei Zhao, *The Developments of ISDS Mechanism Initiated by the EU Investment Court System and China's Choice*, Indian Journal of International Economic Law, 2019, (11):127 - 165; European Commission, Fact Sheet on EU-Japan Trade Agreement, 2018, https://trade.ec.europa.eu/doclib/docs/2017/july/tradoc_155684.pdf, the related part is "A new system-called the Investment Court System, with judges appointed by the two parties to the FTA and public oversight-is the EU's agreed approach that it is pursuing from now on in its trade agreements. This is also the case with Japan. Anything less ambitious, including coming back to the old Investor-to-State Dispute Settlement, is not acceptable. For the EU ISDS is dead."

〔2〕 See Anthea Roberts and Taylor St. John, UNCITRAL and ISDS Reforms: The Divided West and the Battle by and for the Rest, *EJIL: Talk*!.

〔3〕 See Yuka Fukunaga, *ISDS Under the CPTPP and Beyond: Japanese Perspectives*, Kluwer Arbitration Blog.

加入。[1]

除了上述一些已经明确表明态度的国家,还有许多国家未表明自己的态度,有学者将这类国家称为“多边的务实主义者”,因大国间存在巨大分歧而不敢贸然站队。[2] 总体而言,国家间的分裂态度将使 ISDS 上诉机构改革充满不确定性,多方出于自身利益的考虑而进行的博弈直接使关于 ISDS 的多边谈判进展缓慢,动力不足。

五、总结与展望

(一)ISDS 上诉机构改革的困境根源

如前文论述所示,目前关于 ISDS 上诉机构改革的分歧主要在于理论起点、制度设计以及国家立场三方面。有关 ISDS 上诉机构改革理论起点的争议虽不绝于耳,但反对意见主要认为 ISDS 上诉机制不存在一致性、准确性方面的问题,或认为 ISDS 上诉机构不是解决上述问题的优解,而对设立 ISDS 上诉机构在促进裁决一致性、准确性方面的功效,已在学者中基本形成共识。作为一种新兴的“公私结合”的争端解决方式,ISDS 本身正在不断发展完善,不断脱离传统私主体之间的商事仲裁而逐步形成自身的特色,在变革过程中围绕机制设立的理论起点存在争议在所难免。对于 ISDS 是否存在一致性、准确性问题以及这些问题是否亟待解决的类似争议,会随着 ISDS 实践的不断发展,随着投资争端重复博弈的出现,而逐渐消弭。而看起来较为棘手的如何平衡效率与公正的关系并解决 ISDS 上诉机制对效率的挑战,则更多是一个具体的制度设计上的问题。因而,对于 ISDS 理论上的争议并不是目前在多边层面 ISDS 上诉机构改革难以达成一致的主要原因。

ISDS 上诉机构制度设计与模式选择的分歧与国家的政治立场紧密相关。如前文所述,一些国家对 ISDS 上诉机构改革持消极态度,是因为其本身就排除 ISDS 作为解决投资争端的一种方式;而在支持 ISDS 上诉机构的国家中,就上诉机构能否作为投资法院的二级机构,欧盟与美日之间的分歧颇大,欧盟有其重塑

---

[1] See Julien Chaisse, The Regional Comprehensive Economic Partnership's investment chapter: One step forward, two steps back?, 2020.

[2] See Anthea Roberts and Taylor St. John, UNCITRAL and ISDS Reform: In Sickness and In Health, *EJIL: Talk!*

世界投资法治格局的远大抱负,美日亦有维护其既有架构的现实需求,目前尚看不出各方有妥协的迹象。与上诉机构模式选择密切相关的其他问题,如审裁员遴选程序、上诉效力等,短期内亦难以在欧美之间达成一致。

ISDS上诉机构改革的分歧与困境,深刻反映了世界投资治理格局及各国在国际资本流动中的地位转变。与中国、拉美一些国家相似,许多发展中国家都经历了一个迫切需要外来资本促进本国经济增长的时期,在这一时期,发展中国家在国际投资中处于弱势一方,掌握资本的发达国家成为规则的制定者,发展中国家则被迫成为规则的接受者。随着发展中国家经济的增长以及经济全球化的深入发展,资本流动转向多极化,"华盛顿共识"逐渐瓦解,[1]作为"华盛顿共识"理论基础的新自由主义[2]遭遇众多挑战,而嵌入式自由主义则得到越来越多的国家认可。相对于新自由主义的投资法范式,嵌入式自由主义的投资法范式更强调东道国在重要领域监管空间的保留。[3] 一方面,发展中国家的投资治理理念由片面吸引外商投资、提高经济效益的"经济理性"朝着强调国家主权利益、重视国家安全的"政治理性"转变。[4] 另一方面,发达国家更加依赖发展中国家的投资市场,美欧等发达国家在规制资本流动方面也出现了立场分歧,并典型体现于对ISDS上诉机构改革的不同态度上。总体而言,目前全球国际投资法治正在围绕南北矛盾及公私矛盾的发展演化寻求新的平衡,ISDS及其上诉机构改革则是这一再平衡过程中的关键环节。

(二)ISDS上诉机构改革的前景展望

2004年,ICSID试图建立上诉机构的做法在当时被认为时机尚未成熟而失败。与16年前相比,全球经济形势的变化毋庸置疑地使各国对于投资体制改革的兴趣与参与度有较大程度的提升。2008年全球金融危机爆发后,全球价值链

---

〔1〕 See Dani Rodrik, *Goodbye Washington Consensus, Hello Washington Confusion? A Review of the World Bank's Economic Growth in the 1990s: Learning from a Decade of Reform*, Journal of Economic Literature, 2006, 44(4): 973-974.

〔2〕 参见廖凡:《华盛顿共识、新自由主义与国际货币基金组织》,《法制日报》2008年12月14日,第10版。

〔3〕 参见漆彤、余茜:《从新自由主义到嵌入式自由主义——论晚近国际投资法的范式转移》,载《国际关系与国际法学刊》,2014年第4卷第00期。

〔4〕 See Georgios Dimitropoulos, *The Conditions for Reform: A Typology of "Backlash" and Lessons for Reform in International Investment Law and Arbitration*, The Law & Practice of International Courts and Tribunals, 2019, 18(3): 416-435.

扩展放缓,贸易增长乏力,[1]而投资在过去的十多年中增速迅猛,在总体上超过了国际贸易与全球经济生产量。[2] WTO 上诉机构停摆,多哈回合谈判停滞不前,贸易领域的改革红利下降,而投资领域改革的势头正在到来。实现全球投资的良法善治成为各国更迫切的追求,包括上诉机构改革在内的所有 ISDS 改革都是为了实现这一最终目标而进行的努力,虽然因其目前只涉及程序而未触及国际投资条约碎片化实质性根基而受到质疑。[3]

在此背景下,尽管各国之间对于 ISDS 上诉机构改革有巨大的分歧,但在某些特定领域各方已经展现了一定的趋同性。根据 UNCTAD《变动中的国际投资条约(IIA)格局:新条约与政策新发展》,2019 年新签订的 22 个 IIA 中,有 14 个包含了 ISDS 改革要素。[4] 签订这 14 个协定的国家涵盖欧盟、澳大利亚等发达国家,中国、巴西等发展中国家,以及布基纳法索等最不发达国家,其中只有巴西签订的 3 个条约排除了 ISDS。在未排除 ISDS 的 11 个条约中,有 10 个条约包含设置提交 ISDS 的时间限制的要素,位列第一,审裁员选任制度改革次之,其余有关完善 ISDS 程序的要素也均存在于 7 个条约之中。[5] 据此可知,在一些程序性事项,如提高仲裁员的公正性与专业性、提高仲裁效率、限制仲裁庭的救济权力(remedial power)等方面已经有较高程度的共识。出于提高审裁员的公正性与专业性的考虑,可能的共识是对审裁者披露义务进行必要规定,并对审裁者的教育背景和工作经历作出要求;出于效率与限权考量,可能的共识是尽量缩短审案时限、将复审范围仅限于(明显的)法律争议。各国在以上方面不存在明显的政治立场分歧,因而更有可能形成推动规则发展的一致力量。

2020 年初,在吸纳上诉机构改革讨论稿的部分内容并结合各国议案与权威

---

〔1〕 See World Bank, World Development Report 2020 — Trading for Development in the Age of Global Value Chains.

〔2〕 See Globalization 101, Investment and Globalization, 2013.

〔3〕 See Anthea Roberts and Taylor St. John, UNCITRAL and ISDS Reforms: Agenda-Widening and Paradigm-Shifting, *EJIL: Talk!*.

〔4〕 该报告共列出 10 个要素,分为排除 ISDS、设立 ISDS 常设法庭、限制 ISDS 与完善 ISDS 程序四大类。“排除 ISDS”与“设立 ISDS 常设法庭”下分别只包含一个要素即其本身。在“限制 ISDS”大类下包含 3 个要素:要求投资者优先寻求或穷尽东道国国内救济、限制 ISDS 可涵盖的条约条款与政策领域、设置提交 ISDS 的时间限制。在“完善 ISDS 程序”大类下包含 5 个要素:增强国家在 ISDS 中的作用、提高审裁的专业性与公正性、提高争端解决效率、对第三方与公众公开 ISDS 程序、限制仲裁庭救济权利。

〔5〕 See UNCTAD, The Changing IIA Landscape: New Treaties and Recent Policy Development.

学者观点的基础上,UNCITRAL 第三工作组公布上诉机构改革方案草案与审裁员行为守则草案,其内容在技术上有重大进步,体现了国际社会对 ISDS 上诉机构改革的更深认识,ISDS 多边层面的改革又更进了一步。但正如前文所述,对主权的强调使主要国家在有关 ISDS 改革的某些重要方面难以达成一致,投资保护主义也可能打着主权的幌子而逐渐滋生,给 ISDS 改革带来阻力。同时,2020 年暴发的新冠肺炎疫情也给 ISDS 上诉机构的改革带来了诸多不确定的因素。一方面,疫情或许意味着改革机遇。疫情期间出现的滥诉现象备受瞩目,有观点认为,对国际投资条约中的有关标准应该如何适用于 COVID－19 相关措施和缺乏有拘束力的先例制度将驱使投资者和第三方资助者在世界范围内对东道国措施提起司法程序。[1] 在此情况下,各国可能加快达成建立上诉机构的方案,以形成国际投资条约标准适用于 COVID－19 相关措施的统一法律意见。但另一方面,疫情更有可能带来的是挑战,对于东道国规制权的尊重、政策空间保留的呼声在疫情期间达到了一个新的高潮,投资保护主义也或将乘势进一步高涨。出于维护公共政策与国家利益的考虑,在未来一段时间内排除 ISDS 的声音可能会增加,对作为其中重要组成部分的上诉机构亦是如此。

总之,就 ISDS 上诉机制改革而言,可以借用狄更斯在《双城记》中的一句话,“这既是最好的时代,也是最坏的时代”。目前的经济形势给予了国际投资体制改革持续进行的动力,已存的多种实践样态能够为国际投资体制改革生产充盈的养分,ISDS 上诉机构改革在这样一种浪潮下能够得以充分讨论。与此同时,多种实践样态的分化也说明,在投资领域各国的共同利益仍等待被发掘,要达成一致的意见还要历经漫长的谈判,实现投资领域良法善治的终极目标更是任重道远。国际社会应该秉持求同存异的原则展开多方合作,这不仅需要主要国家发挥其国际影响力,积极肩负推动改革进程的重任,也需要尚处于沉默状态的多数国家更加积极地参与治理,促进全球范围内关于改革的良性互动与合作。

---

[1] See UNCTAD, Protecting Against Investor-State Claims Amidst COVID－19: A Call to Action for Governments.

第三章 投资者—东道国争端解决机制改革方案

——分歧、借鉴与妥协*

一、问题的提出

投资者—东道国争端解决(ISDS)机制的改革是近年来“全球经济治理的最具争议问题之一”。[1] 外国投资者与东道国之间因投资产生的争端无疑可以通过协商解决而不必诉诸司法程序,还可以通过东道国国内法院诉讼解决。如果这些方式能够解决争端,通常更有效率,也有利于促进双方的进一步合作,原则上无须国际法介入。因此,作为“最具争议问题”的 ISDS,在此语境下指的是主要为国际投资条约(International Investment Agreements,IIAs)所规定的、以投资仲裁为核心的争端解决机制。在关于 ISDS 的争议中,协商或者东道国国内法院诉讼可以作为投资仲裁的替代方案或者前置程序成为讨论的对象,但它们本身所具有的作用与价值不应是争议问题。同样,以此种作用和价值为由,完全否定投资者对 ISDS 的需求也是不恰当的。不少投资争端无法通过协商或者东道国法院解决,是客观存在的事实。学者也指出,无论国内法院是否真的具有不利于外国人的倾向,对国内法院“本地式公正”(hometown justice)的担忧是真实存在的,考虑到此种担忧而设立的 ISDS 因而也具有价值。[2]

在投资条约的 ISDS 条款中,东道国通常一般性地同意接受仲裁庭管辖权;在一个具体争端发生后,作为当事另一方的投资者提出仲裁申请,构成其仲裁同

---

* 本章曾发表于《国际经济法学刊》2021 年第 2 期,有删改。

[1] Colin M. Brown, *A Multilateral Mechanism for the Settlement of Investment Disputes: Some Preliminary Sketches*, ICSID Review, 2017, 32(3): p. 675.

[2] See Matthew Happold, *Investor-State Dispute Settlement using the ECOWAS Court of Justice: An Analysis and Some Proposals*, ICSID Review, 2019, 34(2): p. 497.

意,通过此种要约与承诺便形成当事双方之间的仲裁协议。[1] 在此意义上,投资者单方面享有启动仲裁的权利,而国家总是处于被动应诉的地位。尽管少数国家在其国内外资法中规定了类似的一般性仲裁同意,投资者与东道国直接签署的投资合同也可能将投资仲裁作为争议解决方式,但实践中大多数投资仲裁案件是以投资条约为依据。根据这些条约,投资者可以选择不同的仲裁机构,如“解决投资争端国际中心”(ICSID),或者常设仲裁法院(PCA)、斯德哥尔摩商会仲裁院等。

如果以1966年ICSID建立为里程碑,在其后的头30年里,投资仲裁案件很少。但自20世纪90年代中期开始,案件数量激增。截至2020年1月1日,已知基于条约的案件数量达到1023件,涉及被诉国家和地区120个。[2] 仲裁庭时常裁定被诉东道国支付巨额赔偿。[3] 同时,由于国际社会迄今未能达成一部内容全面的全球性IIA,因此双边投资条约(BITs)构成当前投资条约体系的主体,也是ISDS的主要法律基础。BITs的总体结构相似,但具体条款用语不尽相同,以此为依据产生了不少(至少表面上)不一致的仲裁裁决。这些因素使ISDS成为国际社会的关注焦点,对于仲裁员公正性、程序透明度、裁决一致性等问题的担忧成为社会舆论的主流。由于国家在ISDS中单方面被诉,[4]且投资条约规则约束了国家的权力(尽管这是国际法的应有之义),“公私冲突”走上投资争端解决的前台。[5] 各国乘社会舆论之东风,在维护国家规制权的旗帜下纷纷着手改革ISDS,具体措施包括:修改BIT范本;在双边和区域层面上退出、修改或者重新签署投资条约;在多边层面上推动修订ICSID仲裁规则,在联合国国际贸易法委员会(UNCITRAL)第三工作组讨论ISDS改革方案。

各国提出与实施的ISDS改革方案既有显著分歧,也有相互借鉴,本文拟分析这些分歧与借鉴,探讨各国在UNCITRAL第三工作组推动的多边ISDS改革

---

〔1〕 学者因此称之为“无默契仲裁”(arbitration without privity)。See Jan Paulsson, *Arbitration Without Privity*, ICSID Review, 1995, 10(2), p. 232.

〔2〕 联合国贸发会(UNCTAD)统计数字。See UNCTAD, Investor-State Dispute Settlement Case Pass the 1000 Mark: Cases and Outcomes in 2019, p. 1.

〔3〕 尽管赔偿额的大小本身并不能说明是非曲直,但巨额赔偿更易受到关注。迄今为止,仲裁庭裁定的最高赔偿额发生在三个尤科斯公司股东诉俄罗斯的案件中,共计500亿美元。

〔4〕 虽然存在国家提出反诉的可能,但成功的机会较小,参见肖军、康雪飘:《国际投资仲裁中国家反诉的仲裁同意问题》,载《武大国际法评论》2018年第5期。

〔5〕 参见单文化、张生:《从“南北矛盾”到“公私冲突”:卡尔沃主义的复苏与国际投资法的新视野》,载《西安交通大学学报(社会科学版)》2008年第4期。

中形成妥协的可能性。

二、ISDS 改革分歧的形成原因

（一）ISDS 本身是分歧与妥协的历史产物

回顾历史，关于采取何种方式解决投资者与东道国之间的争端，分歧一直存在，当今的 ISDS 也是这种分歧发展到一定阶段的产物。

19 世纪在拉丁美洲盛行的卡尔沃主义要求，外国投资者应将其与东道国之间的争端交给东道国法院解决，放弃寻求母国外交保护的权利。西方国家主张的外交保护制度则是通过国际法解决外国人与东道国之间的争端，但是将其上升至国与国的层面。因此，对投资者与东道国间争端解决方式的分歧早已存在。学者将晚近国家所采取的一些 ISDS 改革措施称为“卡尔沃主义的复活”，[1] 清晰地表达了此种分歧的历史渊源。

正是为了解决这种分歧，发达国家和发展中国家在妥协的基础上设立了投资仲裁机制。《ICSID 公约》第 26 条和第 27 条明确表达了此种妥协：一旦选择 ICSID 仲裁，意味着排除投资者母国的外交保护，仅在东道国拒绝遵守和履行仲裁裁决的情形下母国可以行使外交保护权；同意 ICSID 仲裁也意味着排除东道国当地救济，除非东道国将“用尽当地救济”作为同意仲裁的条件。

值得注意的是，一些国家从未接受 ISDS。其中，最典型的代表是巴西，其既未加入 ICSID，也未批准包含投资仲裁机制的投资条约。[2]

（二）对 ISDS 缺陷的认知分歧

对于当前投资仲裁机制存在缺陷且需要改革，应该已经形成共识。但是对缺陷的性质和程度则不乏争议，此种争议与分歧是各国选择不同的 ISDS 改革方案的另一重要因素。

根据 2019 年 4 月的 UNCITRAL 第三工作组报告，各国已确定对 ISDS 三个方面的关切：裁决缺乏一致性、连贯性、可预测性和正确性；仲裁员与裁判者；

---

〔1〕 参见韩秀丽：《再论卡尔沃主义的复活——投资者—国家争端解决视角》，载《现代法学》2014 年第 1 期；单文化、张生：《从“南北矛盾”到“公私冲突”：卡尔沃主义的复苏与国际投资法的新视野》，载《西安交通大学学报（社会科学版）》2008 年第 4 期。

〔2〕 巴西在 1990 年代初曾签署 14 个 BITs，但都未批准。

ISDS的费用和延续时间。[1] 由于难以依据单纯的定量分析作出判断,对于前两个关切,理论界存在不同认知。

仲裁员的公正性是投资仲裁制度遭受质疑的重点之一。晚近学者对投资仲裁中仲裁员的选任情况进行了细致的数据分析,[2]证实存在下述现象:尽管超过500人至少担任过一次仲裁员,但仅有20余人被选任次数超过20次;[3]仲裁员还常常先后甚至同时在不同案件中担任当事方代理人。[4] 对如何评价此种现象,则意见不一。最为激烈的指控是,仲裁员和律师在投资仲裁中"从不公正中营利"。[5] 有学者强调,投资仲裁的非对称性(只有投资者才是原告)激励仲裁员作出有利于投资者的裁决。[6] 但是也有学者指出,实践中当事方非常倾向于重复任命某些仲裁员,因为他们的立场和观点是可预见和为人熟知的,而且有丰富经验的仲裁员更有可能说服仲裁庭其他成员。[7] 另一位学者则指出,当事方任命的仲裁员的立场常常偏向于该当事方,诸多裁决的异议意见明显地说明了这一点。[8]

仲裁员的公正性问题与仲裁裁决结果密切相关,对后者的评价同样存在分

---

〔1〕 联合国国际贸易法委员会:《第三工作组(投资人与国家间争端解决制度改革)第三十七届会议工作报告》,A/CN.9/970,第16段。

〔2〕 See e.g. Roberto Echandi, *The Debate on Treaty-Based Investor-State Dispute Settlement: Empirical Evidence*(1987 - 2017) *and Policy Implications*, ICSID Review ,2019,34(1):p.32 - 61; Malcolm Langford *et al.*, *The Revolving Door in International Investment Arbitration*, Journal of International Economic Law 2017,20(2),p.331; Sergio Puig, *Social Capital in the Arbitration Market*, European Journal of International Law 2014,25:387 - 424.

〔3〕 See Roberto Echandi, *The Debate on Treaty-Based Investor-State Dispute Settlement: Empirical Evidence*(1987 - 2017) *and Policy Implications*, ICSID Review 2019,34(1):34 - 42.

〔4〕 这被形象地称为"旋转门"(revolving door)或者"两顶帽子"(double hating)现象。两个词常被混用,不过前者更多指的是同时在不同案件中分别担任仲裁员和当事方律师。See Malcolm Langford *et al.*, *The Revolving Door in International Investment Arbitration*, Journal of International Economic Law 2017,20(2),p.301.

〔5〕 See Pia Eberhardt, Cecilia Olivert, *Profiting from Injustice: How Law Firms, Arbitrators and Financiers are Fuelling an Investment Arbitration Boom*, Corporate Europe Observatory and the Transnational Institute,2012.

〔6〕 See Gus Van Harten, *Arbitrator Behaviour in Asymmetrical Adjudication: An Empirical Study of Investment Treaty Arbitration*, Osgoode Hall Law Journal,2012(50),p.219.

〔7〕 See Roberto Echandi, *The Debate on Treaty-Based Investor-State Dispute Settlement: Empirical Evidence* (1987 - 2017) *and Policy Implications*, ICSID Review,2019,34(1),p.41.

〔8〕 See Albert Jan van den Berg, *Dissenting Opinions by Party-Appointed Arbitrators in Investment Arbitration*, in Mahnoush H. Arsanjani *et al.* (eds.), Looking to the Future: Essays on International Law in Honor of W. Michael Reisman(Brill Nijhoff 2010):821 - 843, p.824.

歧或差异。主流观点认为裁决偏袒投资者,倾向于作出不利于发展中国家的裁决。但也有学者指出,低收入国家成为被诉东道国的案件仅占3%;[1]自20世纪90年代中期开始,高收入和中上等收入国家被诉次数略高于低收入和中下等收入国家。[2] 就裁决结果而言,实证研究表明仲裁裁决是不偏不倚的,例如,在考察的548个已结案件中,36.5%驳回了仲裁请求,28%裁定东道国支付赔偿,但平均赔偿额远低于投资者的赔偿请求,其他案件则和解或者终止。[3] 不过,对于这些数据也可以作出支持主流观点的解读:投资者主张的赔偿额不合理;在和解的案件中,东道国可能被迫作出赔偿或撤销有关规制措施,事实上也是不利的结果。但是再换个角度来看,投资者胜诉可能是因为(客观上)他们本就应该胜诉,故而不等于他们得到偏袒。此外,有学者指出,仅仅考察最终的裁决结果具有局限性,转而利用内容分析(content analysis)方法对管辖权裁决的法律解释进行量化研究,发现存在明显的有利于申请人的扩张解释倾向;不过,该学者一再说明,这并不构成系统性偏见的确切证据。[4]

尽管普遍认为投资仲裁裁决存在不一致问题,它也已经成为ISDS改革的关注焦点,但对不一致性的严重程度同样存在不同看法。有观点认为,真正存在冲突的裁决是少数情形,仲裁庭的不同解释可能是源于条约规定的不同;而且投资法是一个相对新生的领域,它的成熟需要时间,评判是否存在不一致性应以晚近判例为基础。[5] 通过分析最惠国待遇条款适用的不一致问题,笔者曾指出,尽管绝大多数相关裁决的说理首先从条款用语出发,不一致看似源于不同条约规定,但事实上最惠国待遇条款本身的解释只是争议的表象,该条款适用于争端解决事项的反对者的根本出发点是,国家同意是仲裁庭管辖权的基石,不能被最惠

---

〔1〕 See Roberto Echandi, *The Debate on Treaty-Based Investor-State Dispute Settlement: Empirical Evidence (1987 - 2017) and Policy Implications*, ICSID Review 2019, 34(1), p. 46.

〔2〕 See Thomas Schultz, Cédric Dupont, *Investment Arbitration: Promoting the Rule of Law or Over-empowering Investors? A Quantitative Empirical Study*, European Journal of International Law 25:4 (2015), p. 1155 - 1156.

〔3〕 See Roberto Echandi, *The Debate on Treaty-Based Investor-State Dispute Settlement: Empirical Evidence (1987 - 2017) and Policy Implications*, ICSID Review 2019, 34(1): 53 - 55.

〔4〕 See Gus Van Harten, *Arbitrator Behaviour in Asymmetrical Adjudication: An Empirical Study of Investment Treaty Arbitration*, Osgoode Hall Law Journal 50(2012), p. 211, 215, 251 - 252. 需要说明的是,该论文研究的是截至2010年的裁决。

〔5〕 See Albert Jan van den Bert, *Appeal Mechanism for ISDS Awards: Interaction with the New York and ICSID Conventions*, ICSID Review, 2019, 34(1), p. 33 - 34.

国待遇的适用所动摇,无论后者如何规定;另外,由于反对适用的观点得到晚近条约实践的背书,近年来的仲裁裁决倾向于拒绝最惠国待遇适用的一致立场。[1]

由于仲裁员行为和仲裁机制运作受多重因素影响,评价者作出的评价也离不开其自身立场,上述认知分歧并不令人意外。参考这些不同认知,各国基于其在 ISDS 中的利益需求与立场,选择了不同的 ISDS 改革方案。

三、不同的 ISDS 改革方案

学者对各国应对 ISDS 改革的做法的概括大体相似,主要分为三类,按照一位学者的话来说,它们是"政治化的拒斥派"、"沿袭商事化的改良派"和"准司法化或司法化的改革派"。[2] 基于本文中 ISDS 的定义,放弃 ISDS 机制的做法不宜界定为"改革",因此上述三分法中的后两类才能被视为改革方案,本文分别称之为"改良派"和"革命派"。另外,基于三点原因仍有必要讨论放弃 ISDS 的国家实践:第一,放弃 ISDS 是促使其他国家启动改革的原因之一,也在相关讨论范围内;第二,相关国家对 ISDS 的摒弃有着程度和范围的差别,即仍在不同程度上有选择地接受 ISDS,是一种摒弃和改革的实践混合体;第三,这些国家提出的替代方案可以为 ISDS 改革提供借鉴。此外,如下文所示,一国立场可因时因地发生变化,对某些国家难以简单地进行类型化界定。

(一)放弃 ISDS 的国家实践

几个南美国家——玻利维亚(2007 年)、厄瓜多尔(2009 年)和委内瑞拉(2012 年)——先后退出 ICSID,[3]成为放弃 ISDS 的先锋。[4] 此后,印尼和南非退出 BITs,意大利也于 2015 年因多次被诉而退出《能源宪章条约》(ECT)。

2011 年,澳大利亚曾表示意图放弃 ISDS,但此后实践是根据每部条约的具

---

〔1〕 参见肖军:《规制冲突裁决的国际投资仲裁改革研究——以管辖权问题为核心》,中国社会科学出版社 2017 年版,第 81～82 页。

〔2〕 参见梁咏:《国际投资仲裁机制变革与中国对策研究》,载《厦门大学学报(哲学社会科学版)》2018 年第 3 期。

〔3〕 但 2007 年以来,签署或批准 ICSID 公约的国家更多,包括佛得角、加拿大、吉布提、伊拉克、科索沃、墨西哥、摩尔多瓦、黑山、瑙鲁、卡塔尔、圣马力诺、圣多美和普林西比、塞尔维亚、南苏丹等。

〔4〕 需要说明的是,退出 ICSID 并不等于完全退出 ISDS,投资者仍可利用 UNCITRAL 规则等其他非 ICSID 仲裁。此外,退出 ICSID 和有关 BIT 的法律后果也曾是一个激烈争论的问题。

体情况作出选择。例如,2015 年中国—澳大利亚《自由贸易协定》(FTA)纳入了 ISDS,但明确将非歧视的和出于公共健康等合法公共利益目标的措施排除在其适用范围之外,并且规定了独特的"公共利益通知"程序。澳大利亚加入的 2018 年《全面与进步跨太平洋伙伴关系协定》(CPTPP)也规定了 ISDS,但是澳大利亚和新西兰共同声明该条约的 ISDS 不适用于两国之间的投资。

前已述及,巴西一直拒绝接受 ISDS,是传统投资条约的"旁观者"。[1] 但是,巴西在 2015 年推出一个完全排除 ISDS 的《合作与促进投资条约》(CFIA)范本,并在数年时间里迅速与 10 余个发展中国家签订了 CFIA。有理由认为,巴西的主要目的并非促进双边投资,而是希冀在当前 ISDS 改革的浪潮中推行一种替代方案,主动影响乃至引领改革。[2] CFIA 提供的替代方案是争端预防加上国家—国家仲裁的模式。在争端预防方面,缔约国国内设立联络点(focal point),为投资者提供支持,处理投资者的投诉,预防争端的发生,并为此与缔约另一方的联络点保持联系。如果联络点不能解决争议,CFIA 要求缔约方将争端提交给条约下的联合委员会。委员会由两国代表组成,在听取各方陈述后发布报告,说明争议和各方立场。如果还不能解决争议,则可以进入国家—国家仲裁程序。在与非洲国家签订的 CFIA 中,只有在具体争端发生后缔约双方作出特别同意才能启动仲裁,而与美洲国家的 CFIA 则规定只需缔约一方提出即可启动。因此,CFIA 提供的替代方案具有两个特点:第一,以政治解决取代 ISDS 的司法解决方式,争端能否解决主要取决于两国的政治意愿;第二,国家—国家仲裁审查的是缔约方措施是否符合 CFIA,强调的是合规性,而不是 ISDS 所侧重的对投资者的损害赔偿。[3] 在一定程度上,它是向投资仲裁之前的外交保护模式的回归。[4]

---

〔1〕 参见魏丹、唐妍彦:《从国际投资规则的旁观者到引领者——巴西 CFIA 模式研究》,载《武大国际法评论》2019 年第 5 期。

〔2〕 See Geraldo Vidigal, Beatriz Stevens, *Brazil's New Model of Dispute Settlement for Investment: Return to the Past or Alternative for the Future?*, Journal of World Investment & Trade, 2018, 19, p. 475.

〔3〕 与墨西哥和哥伦比亚的 CFIA 规定,如果缔约双方另有同意,仲裁庭可以作出赔偿裁决。而 2020 年巴西—印度《投资合作与促进条约》第 19.2 条明确规定,仲裁庭不得裁决赔偿。

〔4〕 See Joaquim P. Muniz *et al.*, *The New Brazilian BIT on Cooperation and Facilitation of Investments: A New Approach in Times of Change*, ICSID Review, 2017, 32(2), p. 415.

另一个发展中大国印度曾经对签订 BITs 持较为积极态度,[1]但在近年来多次被诉的情形下,2015 年也推出新的 BIT 范本,严格限制 ISDS;并且,对于旧的 BITs,印度要求与缔约另一方基于新范本重新谈判,或者予以终止。最终,印度单方面终止了与澳大利亚和中国等国的 BITs。新范本主要对 ISDS 实施了两个方面的限制:第一,缩限条约适用范围及可提请仲裁的争议范围,例如,不适用于地方政府采取的措施;投资定义以企业为基础,[2]排除司法、行政或仲裁命令或裁决;仲裁庭不得审理合同争议,不得审查缔约方法院判决的实体问题。第二,设置严格的用尽当地救济要求:第 15.1 条要求投资者首先在知晓争议措施及损害结果后一年内寻求东道国的国内救济,只有在用尽当地救济仍未解决争议的情形下才能诉诸仲裁,并且须遵循若干严格时限要求,包括:在投资者知晓争议措施 5 年[3]后发出"争议通知",在得知争议措施的 6 年之内或者在国内诉讼结束后 12 个月之内提出仲裁申请。并用几项时限规定可能造成的问题是,假设投资者在 4 年内用尽当地救济,便不可能同时满足"5 年"和"12 个月"的限定了。[4] 上述规定与条约实体条款结合在一起,实质上可能迫使投资者放弃 ISDS,因为他必须诉诸国内救济,胜诉固然无需 ISDS,而如果败诉,禁止审查国内法院判决等规定极大地限制了诉诸仲裁的可能。[5]

加拿大在 2018 年签署的《美国—墨西哥—加拿大协定》(USMCA)中没有加入协定的 ISDS。但是,加拿大和墨西哥都是 CPTPP 缔约方,该条约的 ISDS 适用于两国投资,因此加拿大退出的只是与美国之间的 ISDS。此外,加拿大与欧盟之间的 CETA 规定了投资法院制度。因此,即使加拿大在 USMCA 的选择可以视为放弃 ISDS,也仅限于其与美国的双边关系。

---

〔1〕 参见陶立峰:《印度投资条约之投资者与国家争端解决机制的最新发展与中国应对》,载《社会科学》2017 年第 12 期。

〔2〕 也有学者认为这是一种兼以资产为基础的混合式定义。See Grant Hanessian, Kabir Duggal, *The Final* 2015 *Indian Model BIT*: *Is This the Change the World Wishes to See*?, ICSID Review, 2017, 32(1), p. 218.

〔3〕 规定 5 年期限是考虑到印度司法系统因负担过重而运行迟缓。从该条款的通常含义来看,即使国内诉讼已在更早时间结束,投资者也需要等到 5 年期限届满。

〔4〕 See Grant Hanessian, Kabir Duggal, *The Final* 2015 *Indian Model BIT*: *Is This the Change the World Wishes to See*?, ICSID Review, 2017, 32(1), p. 222.

〔5〕 See Sonia E. Rolland, *The Return of State Remedies in Investor-State Dispute Settlement*: *Trends in Developing Countries*, Loyola University Chicago Law Journal, 2017, 49, p, 392. 尽管投资者可在仲裁庭主张东道国违反条约义务,但在东道国法院判决被诉措施不违反国内法或投资合同的情况下,投资者胜诉的难度很大。

(二)改良派

发达国家一贯支持以国际法解决投资者与东道国之间的争端,是投资仲裁机制的倡导者,但是近年来部分发达国家也频繁成为投资仲裁案件的被诉国,因此它们首先选择的是在保留 ISDS 的基础上加以改良,其中美国分别在 2004 年和 2012 年修订其 BIT 范本,成为改良派的引领者。由此可概而言之,改良派主要是以美国为代表的发达国家,ICSID 和 UNCITRAL 等国际组织也积极参与其中。在此基础上,由于部分发达国家和地区在投资仲裁中的不同经验,才"分裂"出像澳大利亚、加拿大那样的选择性拒绝和革命派的欧盟投资法院方案。

由于 ISDS 的改良涉及投资仲裁程序的全过程,涵盖范围广,而且不同国家实践采取的措施存在差异,细节繁多,基于比较不同改革方案的主旨,本文仅简要介绍 ICSID 和 UNCITRAL 的改革措施,因为在这两个多边机构框架下的措施能够反映大多数国家的共识。

ICSID 于 2006 年修订其仲裁规则,涉及临时措施、程序透明度、仲裁员披露义务以及快速审议程序。尽管改良力度较小,但仍在两个方面对此后的 ISDS 改革产生重要影响。首先,ICSID 第 41.5 条增设"明显缺乏法律依据之诉请"异议程序,为尽早驳回当事方的"轻浮之诉"提供了较为有效的途径,[1]迄今已在 30 余件 ICSID 仲裁中被援用。其次,此次修订讨论了设立上诉机制问题,尽管因缺乏足够支持而最终未被接受,但其引发的讨论和研究对此后改革方案中的上诉机制倡议极具借鉴意义。

在各国推动 ISDS 改革的力度不断加大的背景下,ICSID 于 2016 年再次启动规则修订,且其力度和范围前所未有:"毫不夸张地说,每个单词和标点都受到审核。"[2]修订涵盖所有 ICSID,并按程序进程整理所有条文,力图实现用语的简明、平实与现代化。ICSID 先后 4 次公布修改建议稿,征求各方意见,2020 年 2 月公布的第四稿将成为最终版本。根据第四稿的修改建议,对仲裁规则的实质性修订主要包括:仲裁申请书应说明的信息清单;第三方资助信息披露;仲裁员质疑程序;费用担保及费用裁决考量因素;若干明确时限规定;更多透明度要求。

2014 年 4 月 1 日,UNCITRAL 制定的《投资者—国家间基于条约仲裁透明

---

〔1〕 参见肖军:《< ICSID 公约仲裁规则 > 第 41(5)条的解释与适用》,载《国际经济法学刊》2012 年第 3 期。

〔2〕 Meg Kinnear, *Moving with the times: amending the ICSID rules*, Columbia FDI Perspectives, No. 233, August 27, 2018, p. 1.

度规则》(以下简称《透明度规则》)正式生效,同时被并入 UNCITRAL 仲裁规则。《透明度规则》对仲裁程序及文件公开、法庭之友及非争端缔约方意见书、透明度的例外情形等作出了高标准的规定。[1] 同年,为促进《透明度规则》的实施,有关国家签署《联合国投资者与国家间基于条约仲裁透明度公约》(以下简称《透明度公约》)。该公约可以方便缔约方灵活确定《透明度规则》何时以及如何适用于公约范围内的投资仲裁。

2020 年 5 月,ICSID 和 UNCITRAL 共同发布《投资者—东道国争端解决审裁员行为守则草案》(Draft Code of Conduct for Adjudicators in Investor-State Dispute Settlement,以下简称《ISDS 审裁员行为守则草案》或《守则草案》)。[2] 该草案指出,无论对于现有投资仲裁中的仲裁员还是建议中的常设法院法官而言,制定守则保证其[3]独立性和公正性,避免利益冲突,已获得广泛支持。草案由 14 条组成,涵盖关涉下述问题的基本原则和具体规定:独立性和公正性;利益冲突与披露义务;多重角色的限制;廉洁、公平和胜任;勤勉和高效;保密;任命前面试;费用;守则的实施。

应该指出的是,上述多边机构最终实现的规则修订常常是各方妥协的结果,从中可窥见共识与分歧。以第三方资助问题为例:一方面,ICSID 仲裁规则新增第 14 条"第三方资助的通知",表明各方一致认可规制的必要性;另一方面,对规制的范围与力度,各方意见不一,第 14 条的具体规定因而数易其稿。最终,第四稿的第 14 条仍然仅要求披露资助方姓名和地址,拒绝了强制披露更多信息的建议,但新增了第 5 款,授权仲裁庭在必要时要求作进一步披露。[4]

(三)革命派

革命派指的是欧盟倡导的投资法院(Investment Court System,ICS)方案,系于 2015 年在《跨大西洋贸易与投资伙伴关系协定》(TTIP)谈判中首次提出。[5] 尽管美国特朗普政府上台后 TTIP 谈判搁浅,但欧盟在其他投资条约谈判中坚定

---

〔1〕 参见朱明新:《联合国国际贸易法委员会"投资仲裁透明度规则"评析》,载《武大国际法评论》2017 年第 1 期。

〔2〕 UNCITRAL,Code of conduct for Adjudicators in Investor-State Dispute Settlement.

〔3〕 正是基于这一考虑,草案使用了"裁定人"(adjudicator)一词,以便于涵盖仲裁员、法官以及其他类型的裁判者。

〔4〕 See ICSID,Proposals for Amendment of the ICSID Rules:Working Paper #4 – Volume 1,p. 295.

〔5〕 See European Commission,Text of the Proposal on Investment Protection and Resolution of Investment Disputes and Investment Court System in TTIP.

推行投资法院方案,近 5 年来签署的 CETA、《欧盟—越南自由贸易协定》(EUVFTA)、《欧盟—新加坡投资保护协定》和《欧盟—墨西哥原则协定》均规定了投资法院制度。[1] 由于该制度的核心特征是以事先任命的固定任期的法官组成两级常设法院(初审和上诉法院),取代仲裁庭审理投资争端,因而被视为具有司法或准司法性质,[2]是一种“最为激进的改革方案”,[3]笔者则因其推翻仲裁机制而称为“革命派”。相应地,投资法院成为晚近 ISDS 改革讨论的焦点,[4]自其提出以来,国内外学者研究的成果十分丰富,鉴于此,笔者不再全面介绍其具体内容。

欧盟不仅继续在双边谈判(如中欧 BIT)中推广投资法院制度,而且以之为基础提出多边投资法院(Multilateral Investment Court,MIC)建议。正是在欧盟的积极推动下,UNCITRAL 第三工作组着手研究包括 MIC 在内的 ISDS 改革问题。

2019 年 7 月,我国向 UNCITRAL 第三工作组提交《中国关于投资者与国家间争端解决机制改革的建议文件》,明确提出 ISDS 改革的中国方案:“投资者与国家间投资争端解决机制是一个总体上值得维护的机制。”现有机制存在的问题可以通过完善机制建设予以解决,包括:第一,设立基于国际条约的常设上诉机制;第二,在投资仲裁的一审环节,当事方指定仲裁员的权利应该予以保留。[5] 中国方案兼具改良派和革命派的特征:从一审继续由当事方选任的仲裁庭负责来看,其符合改良派继续保留仲裁机制的基本立场;就设立常设性上诉机制而言,又与欧盟投资法院建议有相通之处,即最终的裁判权交给事先任命的固定任期的法官。因此,将中国建议称为“改革派”方案或许最恰如其分。

四、不同 ISDS 改革方案的相互借鉴

国家和国际组织采取的改革措施尽管各不相同,但并不是彼此孤立的,而是

---

〔1〕 但由于日本对投资法院持怀疑态度,2019 年 2 月 1 日生效的《欧盟—日本经济伙伴关系协定》未包含 ISDS 规则。

〔2〕 参见梁咏:《国际投资仲裁机制变革与中国对策研究》,载《厦门大学学报(哲学社会科学版)》2018 年第 3 期。

〔3〕 参见张庆麟:《欧盟投资者—国家争端解决机制改革实践评析》,载《法商研究》2016 年第 3 期。

〔4〕 参见黄世席:《欧盟国际投资仲裁法庭制度的缘起与因应》,载《法商研究》2016 年第 4 期。

〔5〕 中国关于投资者与国家间争端解决机制改革的建议文件。See UNCITRAL, A/CN. 9/WG. Ⅲ/WP. 177, 19 July 2019, p. 2 – 4.

在坚持基本立场的同时相互借鉴。

首先,从历史发展的一般规律来看,任何在先的改革措施,无论成功或者失败,都会为在后实践提供借鉴。ISDS 上诉机制问题是这方面的典型例证。无论是 2006 年 ICSID 修订时上诉机制设想的搁浅,还是始自 2015 年的投资法院制度中上诉法院的正式设立,都使上诉成为改革的热点问题,对上诉在 ISDS 中的作用和面临的问题的思考和分析因而不断深入。正是在充分考虑常设法院和仲裁各自的优缺点以及上诉机制作用的基础上,中国方案提出设立常设上诉机制。此外,如果追根溯源,所有改革措施,尤其在其最初引入 ISDS 之时,都借鉴了有关国家国内法或者其他国际司法机制,尽管这种追溯不在笔者讨论和比较不同 ISDS 改革方案的范围内。

其次,双边和多边规则相互借鉴。晚近 ICSID 修订显然不是凭空臆想而来,其具体内容都在此前各国缔结的双边条约中有所体现,而多边层面上相关规则的制定与实施也能反哺双边条约实践。多边规则促进双边规则发展的典型例子是应对“轻浮之诉”的快速审议程序。2006 年 ICSID 仲裁规则增加“明显缺乏法律依据之诉请”异议程序,是受到 2004 年美国 BIT 范本引入“法律上不成立之诉请”这一类似程序的影响。但在后者几乎不被援用的情形下,前者在 ICSID 的实践表明该程序能够较为有效地处理“轻浮之诉”,因而 CPTPP、欧盟晚近签署的 CETA 等投资条约也规定了“明显缺乏法律依据之诉请”程序,使其可以适用于这些条约下的非 ICSID 仲裁。[1] 当然,在大多数情形下,由于各国意见差异,能够达成共识的多边规则的改革力度要小于双边规则,例如,CETA 等欧盟投资条约规定的透明度义务范围和强度超出《透明度规则》,更是明显强于 ICSID 的 2020 年修改建议稿中的相关规则。即便如此,由于该修改建议稿的透明度规则体现了各国共识,依然可以对此后双边条约的实践提供指导。

再次,改良和革命方案相互借鉴。大部分改良仲裁程序的措施可能为革命派的投资法院制度所借鉴,而后者的革命性质则对仲裁机制的改良施加了新的压力,促使改良派回应其关切。例如,2016 年以来 ICSID 的规则修订之所以有前所未有的力度,一方面得益于各国条约实践的经验积累,尤其与 2006 年规则

---

〔1〕 不过,这些条约同时也规定了“法律上不成立之诉请”程序,带来了如何处理两个类似程序之间关系的问题。参见肖军:《国际投资条约中“法律上不成立之诉请”条款探析》,载《上海对外经贸大学学报》2019 年第 1 期。

修订时相比；另一方面，很大程度上应该是对投资法院倡议的反应，因为若投资法院制度得到广泛接受，将取代或者至少架空 ICSID。又如，在具体规则方面，前述《守则草案》被设计为同时适用于仲裁机制和投资法院制度，其内容综合了两者实践——大部分规则是在仲裁机制下发展而来，关于“多重角色的限制”的规定则是投资法院倡议最为关注的问题。

最后，实践中各种 ISDS 改革方案的相互借鉴往往同时展现上述三个方面的特征。例如，上诉机制构想也是在双边和多边规则、改良与革命方案的互动中趋向成熟：引入 ISDS 上诉机制的国家实践始于美国 2004 年 BIT 范本及此后美国以之为基础缔结的若干双边条约；受美国 BIT 范本的推动，2006 年的 ICSID 修订开启了多边层面上的研究；[1]欧盟投资法院吸收了 ICSID 上诉机制研究的成果，将上诉程序正式规定于双边条约中；基于几项双边条约实践的经验积累，欧盟积极推动多边层面即 UNCITRAL 关于 MIC 构想的讨论；欧盟在双边（如中欧 BIT）和多边层面上着力推广投资法院制度，促使各国认真思考自己的应对策略，着眼于多边上诉机制的中国方案在相当程度上是这种应对的体现。

五、妥协的可行性

既然各种 ISDS 改革方案之间已经有诸多相互借鉴，那么能否及如何进一步实现妥协，是制定在 UNCITRAL 进行的 ISDS 改革多边谈判策略的重要依据。首先应该指出的是，尽管有学者认为，没有巴西、印度等地缘政治新势力的参与，ISDS 改革是难以想象的，[2]但是鉴于巴西等国的一贯反对立场，短期内与其达成妥协的可能性较小。而加拿大、澳大利亚等国虽然在某些情形下放弃 ISDS，但其立场灵活，在另一些条约中分别选择接受改良派或革命派方案。因此，本文仅讨论改良派和革命派之间妥协的可能性。其次，因为在多数具体程序问题上，改良派和革命派之间可以而且已经相互借鉴，例如，裁定人行为守则等，所以妥协的关键在于两者之间的根本分歧：仲裁还是（投资）法院？如前所述，中国方案介于改良派和革命派之间，或可成为各方妥协的适当选择。

---

〔1〕 参见肖军：《建立国际投资仲裁上诉机制的可行性研究——从中美双边投资条约谈判说起》，载《法商研究》2015 年第 2 期。

〔2〕 See Julien Chaisse, Matteo Vaccaro-Incisa, The EU investment court: challenges on the path ahead, Columbia FDI Perspectives, No. 219, February 12, 2018.

(一)改良派接受中国方案的可行性

中国方案保留了一审中当事方选任仲裁员的权利,符合改良派的立场。而在一审仲裁之上增加一个常设上诉机制,能否被改良派接受,需要考虑两个问题。

第一个问题是对仲裁"一裁终局"的放弃。有研究指出,基于三点原因"一裁终局"并非 ISDS 改革不可逾越的障碍:首先,"一裁终局"代表的高效率虽然是仲裁的优点,但裁决的准确性也是仲裁追求的目标;其次,由于 ISDS 涉及国家及公共利益,效率与公平之间的平衡考量与商事仲裁有所不同;最后,实践中已有仲裁规则引入上诉机制的先例。[1] 当然,这也意味着,在寻求公平与效率之间新的平衡时,应注意上诉程序的效率,通过时限和费用方面的规定,更大限度地争取改良派的接受。

第二个问题涉及上诉机构的常设性,即个案当事方无权任命上诉法庭成员。当事方选任仲裁员,从理论上来看体现了仲裁的公平与合法性,从实践的角度而言则有利于挑选最适合的裁定人。[2] 尤其在案件事实十分复杂的投资仲裁中,特殊的专业知识可能对于裁定人来说十分重要。因此,如果将多边上诉机构的职能限定为审查投资条约规则的解释和适用问题,并以此为专业素质标准遴选上诉机构成员,可以满足当事方选任裁定人的专业素质要求。对于公平性的要求,由于常设上诉机构成员仅由国家在具体争端发生之前任命,应考虑在国家提名和候选人考察中采取适当措施,听取广泛意见。

综言之,改良派应该可以接受中国方案,但上诉机制设计需要注意上述问题。

(二)革命派接受中国方案的可行性

革命派方案的投资法院具有常设性和上诉机制两个基本特征,中国方案的常设上诉机构也是如此,所以在上诉审方面符合革命派立场。从理念上来说,革命派方案若接受当事方选任裁定人的选项,则因失去其基本特征而不再能称为"投资法院",故而无法在这一点上妥协。从欧盟近年来的双边条约实践来看,

---

〔1〕 参见肖军:《建立国际投资仲裁上诉机制的可行性研究——从中美双边投资条约谈判说起》,载《法商研究》2015 年第 2 期。

〔2〕 See Charles N. Brower, Charles B. Rosenberg, *The Death of the Two-Headed Nightingale: Why the Paulsson-van den Berg Presumption that Party-Appointed Arbitrators are Untrustworthy is Wrongheaded*, Arbitration International, 2013, 29(1): p. 7 – 26.

其坚定推行投资法院制度,似乎也是不可妥协的立场。

CETA 等欧盟投资条约为了方便裁决的执行,在条文中作出了若干妥协,例如,不使用“法官”而是法庭“成员”一词,规定裁决是 ICSID 公约或纽约公约意义上的裁决。但是,这些妥协仅是名义上的,与当事方选任裁定人问题上的根本性妥协相差很大,难以成为革命派接受中国方案的可能基础。

然而,应该注意到,设立常设上诉机构将以多边条约为基础,该条约应该仅就这一多边机构本身作出规定,而不涉及一审程序规则,如裁定人的任命。易言之,一审选择仲裁还是投资法院,应仍然以相关国家的双边或区域投资条约为依据。因此,愿意保留当事方选任仲裁员权利的国家(如中国)可以继续在其投资条约中规定一审的仲裁机制,欧盟也可以仍然坚持在其投资条约中纳入初审法院模式。从实践的角度而言,只要设立常设上诉机构的多边条约不涉及一审模式选择,就不妨碍革命派的接受。

当然,希望这一妥协成为现实,也有一些问题需要解决:第一,规定了投资法院的已有欧盟条约能否允许多边上诉机构规则取代条约中的上诉规则?这些条约均含有向多边机制过渡的规定,但用语并不相同。其中,CETA 第 8. 29 条规定:“缔约方应与其他贸易伙伴寻求设立多边投资法庭和上诉机制,以解决投资争端。若此种多边机制设立,CETA 联合委员会应作出决定,规定本节下投资争端的裁决应依据该多边机制,并作出适当过渡安排。”由于“多边机制”一词的含义灵活,第 8. 29 条似乎可以允许多边上诉机构规则取代 CETA 上诉规则。但是,这一点在 EUVFTA 下却不甚明确,因为其第 3. 41 条尽管也规定了类似过渡安排,但是针对的是“规定多边投资法庭——结合或独立于多边上诉机制——的国际条约”。不过,该问题无疑可以通过缔约方联合解释予以解决,从而允许过渡至多边上诉机构规则——最终还是取决于缔约方的政治意愿。第二,中国在中欧 BIT 谈判中如何选择?是像在 UNCITRAL 第三工作组提交的建议中那样坚持当事方选任裁定人的仲裁机制,还是在中欧 BIT 中接受投资法院,以换取欧盟支持多边上诉机构?如果中国决定在中欧 BIT 接受投资法院,应注意争取类似于 CETA 第 8. 29 条的过渡规则,最好明确规定为多边常设上诉机构。

六、结语

虽然近年来学者致力 ISDS 的实证研究,但关于 ISDS 是否存在仲裁员偏见等问题仍然争论不止。一方面,即使这些问题只是“感知的”(perceived),公众因此产生的不信任也是 ISDS 改革的充分理由;另一方面,即使对东道国法院诉讼的“本地式公正”担忧也只是“感知的”,ISDS 也有存在的价值和意义。在晚近一些国家和地区的“逆全球化”力量不断增强的背景下,中国提出多边常设上诉机构方案,对于全球化和国际法律制度的发展具有特殊意义。中国方案与坚持投资仲裁的改良派和主张投资法院的革命派各有共鸣之处,与它们的分歧并非不可逾越的障碍,因此有可能成为各种 ISDS 改革方案的妥协。

第四章　USMCA投资争端解决机制研究

——兼论区域自贸协定投资争端解决的多元化安排

美国正在构建以“美国优先”(america first)并以美国为中心的全球经贸新格局,包括但不限于以下方面:第一,反思乌拉圭回合以来的多边贸易体制,主要体现在对WTO体制的挑战;第二,重构区域自由贸易协定政策,退出TPP,搁置TTIP,以《美墨加贸易协定》(The United State-Mexico-Canada Agreement,USMCA)的达成、新签美韩协定,以及正在谈判的美日协定为代表;第三,重新评估中美经贸关系,包括无限期搁置已经过30多轮的中美BIT谈判,在不断升级的贸易摩擦中进行中美贸易谈判。2020年7月1日,美国、墨西哥和加拿大达成的USMCA正式生效,以取代1994年《北美自由贸易协定》(NAFTA)。时任美国总统特朗普和贸易代表莱特希泽先后发表演讲庆祝该协定的签署,并宣称USMCA创造了历史,称其为“历史上最现代、最先进、最平衡的贸易协定”,更为重要的是,莱特希泽称USMCA将成为美国今后贸易协定谈判的范本。[1] USMCA值得关注,尤其在当前中美经贸摩擦的背景下,研究USMCA释放出的政策信号显得尤为重要。正如《关于中美经贸摩擦的事实与中方立场》白皮书所示,中国将坚定维护并推动改革完善多边贸易体制,坚定深化改革扩大开放,也要坚定推进中美经贸关系的健康发展。

尽管实施效果有待观察,但就其文本而言,与NAFTA相比,USMCA已经呈现出诸多重大政策调整,例如,USMCA在很大程度上限制了投资仲裁机制的适用,而一贯为发达国家反对的东道国当地救济将成为解决投资争端的重要途径。目前,国际投资争端解决机制(ISDS)改革正在UNCITRAL、ICSID等多边场合加速推进,而不同国家在双边或区域谈判中也积极尝试,作为投资双向流动均稳步增长的中国而言,提出符合国家利益的ISDS改革方案是当前面临的重要课题。深入剖析USMCA国际投资争端解决条款文本及其赖以产生的政策取向,

[1] 莱特希泽总结了USMCA的三大支柱:公平;保护美国竞争优势的数字产品、知识产权、服务贸易条款;消除不公平贸易的条款,包括对国有企业、汇率操纵、与非市场经济体的关系等方面的严格规定等。

将对国际投资争端解决机制未来走向的研判以及中国方案的形成提供有益参考。

一、USMCA 缔约方关于 ISDS 的政策取向

USMCA 生效后,加拿大与美国之间、加拿大与墨西哥之间的投资争端将不再适用 ISDS,ISDS 条款仅有限制地适用于美国与墨西哥间的投资争端。尽管就 NAFTA 第 11 章 ISDS 的设立初衷而言,是为了防止来自美国、加拿大的投资者在墨西哥受制于后者所奉行的卡尔沃主义,但在 NAFTA 运行的 20 多年间,加拿大却出人意料地以被诉 41 次稳居 ISDS 被诉东道国榜首。[1] 尽管裁决结果输赢各半,[2]但据不完全统计,加拿大在 NAFTA 第 11 章下已向外国投资者支付的损害赔偿金及和解补偿达 2.19 亿美元,并耗费了约 9500 万美元无法回收的法律费用。[3] 因此,摆脱 ISDS 条款困扰成为加拿大在 USMCA 谈判桌上的核心目标之一。值得注意的是,2015 年加拿大在 CETA 中接受了欧盟的常设投资法院方案,除了在投资实体规则方面的改进,该方案最重大的变革在于仲裁员选任制度和增设上诉程序。通过限缩 ISDS 受诉范围,把仲裁员名单制定权完全收归国家手中,强化仲裁员利益冲突规则,增加裁决纠错机制等举措,以回应国际社会针对 ISDS 制度正当性的非议。常设投资法院方案以增加国家对投资争端解决的主导作用、弱化争端解决机制的商事化特征为要务。目前,UNCITRAL 第三工作组正在推进 ISDS 改革议题,中国提出的常设上诉机构方案和欧盟倡导的多边投资法院构想已成为会议讨论的主要备选方案之一,但美国对此持保留态度。

如果说加拿大对 ISDS 的态度根本性转变源自其惨烈的被诉体验,那么在 NAFTA 第 11 章 ISDS 案件中从未败诉过也未支付过投资者任何和解赔偿金、并对海外投资一直奉行高标准保护规则的美国为何在 USMCA 谈判中也表现出对

---

〔1〕 截至 2018 年 1 月 1 日,NAFTA 第 11 章下共发生 85 起 ISDS 案件,加拿大作为被诉方的案件占 48%,从 2005 年的 12 起被诉案件激增到 41 起,而墨西哥被诉 23 次,美国被诉 21 次。

〔2〕 在已结案件(包括和解结案)中,加拿大赢了 9 起,输了 8 起。其中,在 Ethly 案、AbitibiBowater 案和 St. Mary's 案中,加拿大政府与投资者达成和解,并向后者支付赔偿金。而在以和解结案的 Dow Chemical 案中,加拿大政府并未向投资者支付赔偿。但在另一些以投资者撤诉而告终的 ISDS 案件中,据称争议双方达成了未向公众披露的附加条件。See Scott Sinclair, Canada's Track Record Under NAFTA Chapter 11, p. 4

〔3〕 Scott Sinclair, Canada's Track Record Under NAFTA Chapter 11, p. 1.

ISDS 制度的遏制倾向？毕竟在加拿大被诉的 NAFTA 第 11 章 ISDS 案件中，多达 39 起索赔来自美国投资者的贡献。而在联合国贸易与发展会议（UNCTAD）的统计中，最频繁利用投资仲裁机制的投资者也是来自美国。[1] 在 USMCA 谈判过程中，特朗普政府以担忧 ISDS 对国家主权的过度侵蚀为出发点，并考虑到 ISDS 鼓励美国企业将生产转移到低工资水平的国家（如墨西哥），因此主张对 NAFTA 第 11 章 ISDS 条款进行大幅度限制性修订。美国主张缔约国可在双边基础上协商一致选择适用（opt-in）或选择不适用（opt-out）ISDS，令有限的 ISDS 具有足够的灵活性以满足不同国家的政策取向。2017 年 6 月，美国贸易代表莱特希泽公开表示，最担忧、最难以忍受的是（在 ISDS 下）美国法可能被一群外国人（仲裁员）认定为无效。[2] 除了所宣称的国家主义外，令一些制造业回流美国增加就业岗位也被认为是其主张削弱 ISDS 的原因之一。[3] 如果美国投资者试图新设或继续投资于墨西哥，就将不得不慎重考虑未来在 USMCA 下，被遏制的 ISDS 将不再是解决投资争端的理想途径。此外，ISDS 令在美投资的外国人获得比美国国民在美国法院更加优惠的待遇，也是现行 ISDS 的另一大"罪状"。[4] 尽管上百个美国商业组织联合致信政府，表达了对 ISDS 重要性的关切——认为 ISDS 是保护美国海外投资抵御剽窃、歧视和不公正待遇的核心要素，强烈反对在 USMCA 谈判中削弱 ISDS。[5] 但莱特希泽对此回应称美国海外投资者应购买必要的海外投资保险抵御政治风险，以克服 ISDS 受限所产生的不利影响。此外，投资者在合同中签订仲裁条款也同样可以防范投资风险，而不必以牺牲美国主权利益为代价。

墨西哥于 2019 年 6 月 19 日率先批准 USMCA，作为发展中国家为了保持对外资的吸引力，其在一定程度上希望保留 ISDS。其自 2013 年启动国内能源改革，修改宪法和法律，引进国内外私人资本打破持续近 80 年之久的能源垄断体制。但 2018 年新总统洛佩斯上任后，开始质疑上届政府与外国投资者签订的能

---

〔1〕 See UNCTAD, Investor-State Dispute Settlement Cases Pass the 1000 Mark: Cases and Outcomes in 2019, IIA Issues Note, July 2020, p. 3.

〔2〕 See Bob Davis, U. S. Bid to Exit Nafta Arbitration Panels Draws Ire From Businesses.

〔3〕 See Brent Pateerson, Why does Trump oppose Chapter 11, support higher wages for Mexican autoworkers?

〔4〕 See Simon Lester, Brady-Lightzier ISDS Exchange.

〔5〕 See COA Joins U. S. Businesses in Letter Supporting Investor-State Dispute Settlement in NAFTA Talks.

源投资合同的合法性,并暂停石油开采权拍卖,引发外界对其改革可持续性的质疑。一方面,墨西哥深厚的民族主义传统(20 世纪 30 年代墨西哥能源行业的大规模国有化运动)令外国投资者心有余悸;[1]另一方面,墨西哥政府对本国司法体制的公正性和效率有较为充分的认识,如果令投资争端完全回归东道国当地救济,将严重损害外国投资者的信心,导致外资规模下滑,也将令其本身已充满不确定性的能源改革更加举步维艰。因此,在 USMCA 第 14 章呈现遏制 ISDS 适用的前提下,其附件 14 - E 专门就美、墨两国在石油、天然气、基础设施等部门的投资争端保留全面的 ISDS 作出规定。

至于 USMCA 下墨西哥与加拿大间的投资争端将不再适用 ISDS,考虑到两国均为 CPTPP 缔约国,利用其中的 ISDS 的可能性仍然存在。

二、USMCA 项下 ISDS 的变革

(一)限缩 ISDS 条款的适用范围

根据 USMCA 第 14 章的规定,可诉诸 ISDS 的争端仅包括以下三类:第一,过渡条款所指的遗留投资争端(legacy investment claims)和未决投资争端(pending claims);[2]第二,美国、墨西哥间的投资争端;[3]第三,特定领域中美国、墨西哥两国间与政府合同有关的投资争端。[4]

1. 遗留投资争端和未决投资争端

由于 NAFTA 本身并未规定"日落条款",因此 USMCA 必须对过渡期事项作出安排。遗留投资指自 1994 年 1 月 1 日 NAFTA 生效之日起至 NAFTA 终止之日,缔约方投资者在另一缔约方领土内设立或获取的并且在 USMCA 生效之日仍然存在的投资。对基于此部分投资所产生的争端,缔约方在 NAFTA 第 11 章项下所作的仲裁同意仍然有效,直至 NAFTA 终止之日起满 3 年。而在 NAFTA 第 11 章项下已经启动的、尚未结案的 ISDS 程序则可继续进行。

---

〔1〕 See Emily Pickrell, Mexico's New President Promises More Nationalistic Energy Approach, BLOOMBERG.

〔2〕 Annex 14 - C, USMCA.

〔3〕 Annex 14 - D, USMCA.

〔4〕 Annex 14 - E, USMCA.

2. 美国、墨西哥间投资争端

与 NAFTA 第 11 章项下 ISDS 管辖范围显著不同,美国、墨西哥两国投资者针对对方国家提起的 ISDS 索赔请求仅限于国民待遇和最惠国待遇(不包括准入前阶段),以及直接征收(排除了间接征收)。

此外,附件 14 – E 中明确规定,在石油、天然气、基础设施、电力、运输和电子通信领域,与东道国政府或政府实体签订了合同的美国或墨西哥投资者,仍然有权诉诸全面的 ISDS,即传统的公平公正待遇、间接征收等投资保护规则仍然可以作为索赔依据。上述领域中的外国投资通常资金规模大、风险高、回报周期长,并且更容易受到东道国规制措施的不利影响,考虑到发展中国家在这些领域仍然保留了大量的国有企业,外国投资者与之竞争或合作均存在较大政策风险。

3. 非市场经济国家条款

值得注意的是,USMCA 把来自或受控于非市场经济国家的投资排除在 ISDS 适用范围之外。美墨间无论是规定了有限适用 ISDS 的附件 14 – D 还是 14 – E 所列明的 5 个可全面适用 ISDS 的行业领域,如果一缔约方认为来自另一缔约方的投资者被美、墨以外的第三国拥有或控制,而该第三国被一缔约方认为是非市场经济体,那么该投资者不能作为 ISDS 下的适格申请方,[1] 以防止所谓非市场经济国家投资者利用 ISDS 抵御美国制裁。这与 USMCA 第 32.10 条被喻为“毒丸条款”的规定一脉相承,即要求任一缔约国在与非市场经济国家进行 FTA 谈判时必须通知其他缔约国,并在与该非市场经济国家缔约前至少 30 日内,将拟签订的 FTA 全文提交其他缔约国审查,以确定该协议的签署是否会对 USMCA 产生影响。而其他缔约国有权在提前 6 个月通知的条件下终止 USMCA,并且用双边协定取而代之。[2] 在当前中美贸易摩擦尚未得到妥善解决的背景下,该条款被解读为旨在遏制中国,使美国通过 USMCA 的签署有效控制加拿大或墨西哥未来与中国商签任何贸易协定,迫使加、墨两国紧随美国政府的步伐。此外,不排除美国在其他贸易协定中纳入类似条款,以自身谈判优势迫使其他国家或地区在中美贸易摩擦背景下“选边”“站队”,与美国外交立场保持一致,加大对中国的遏制力度,并对目前正在进行的 FTAs 谈判产生负面影响。

---

〔1〕 Article 14. D. 1, USMCA.

〔2〕 Article 32. 10, USMCA.

(二)限缩 ISDS 案件诉由

除附件 14 – E 中明确列举的领域外,可作为投资者诉诸 ISDS 的索赔根据仅包括国民待遇条款和最惠国待遇条款(不包含准入前阶段),以及直接征收(排除间接征收)。[1] 与 NAFTA 第 11 章项下涵盖范围广泛的 ISDS 案件诉由相比,USMCA 对此进行了大幅度缩减。而就 USMCA 仅保留的 ISDS 案件诉由而言,缔约方也进行了精细化修订,旨在进一步限制仲裁庭的自由裁量空间。

1. 国民待遇和最惠国待遇

首先,该两项待遇排除了与投资的设立或获取有关的事项,即只涉及投资准入后阶段外国投资者及其投资所享有的待遇。对于国民待遇条款和最惠国待遇条款中所指的“相似情形”(like circumstances),USMCA 作出了澄清,即东道国给予外国投资者及其投资的待遇是否违反国民待遇或最惠国待遇,需要考虑有关投资者及其投资的总体情况,包括东道国给予差别待遇是否基于正当的公共福利目标。[2]

最惠国待遇条款中的“待遇”一词排除了其他国际贸易或投资协议中规定的争端解决程序或施加的实体义务,只包括东道国为了履行其他国际贸易或投资协议项下实体义务所采取或维持的措施。[3]

2. 直接征收

对于征收及补偿,USMCA 除了第 14.8 条规定之外,以附件 14 – B 对该条款作出澄清,最大限度防止仲裁庭过度解释。首先,投资者声称遭受东道国征收行为损害的有形或无形财产权,该财产权是否存在应以东道国法律为依据。其次,直接征收是指投资被东道国国有化或通过正式转移所有权或整体剥夺。USMCA 在征收问题上大幅度提高了投资者诉诸 ISDS 的门槛,毕竟从目前投资仲裁的实践来看,间接征收才是投资者的主要诉由,而要举证东道国行为构成直接征收却非常困难,东道国考虑到直接征收将承担的法律后果,轻易也不会采取赤裸裸的直接征收行为。至于在投资风险非常高并且极易受到东道国政策变化影响的能源、基础设施等领域的外资保护,美、墨两国已在附件 14 – E 中做出了特别约定。考虑到美、墨之间资本流动的客观现实,投资于墨西哥能源、电力、基

[1] Article 14. D. 3, USMCA.
[2] Article 14. 4, Article 14. 5, USMCA.
[3] Article 14. D. 3, USMCA.

础设施领域的美国投资者仍然可以间接征收为由诉诸ISDS机制,但间接征收条款的例外规定仍然对投资者的诉权构成了严格限制。即除非在罕见情况下,东道国出于保护正当的公共福利目的,如健康、安全和环境保护所采取的非歧视性规制行为,不构成间接征收。[1]

3. 最低标准待遇

备受争议的最低待遇标准,包括公平公正待遇和全面保护和安全,被剔出美、墨ISDS可诉范围,仅可作为涉及附件14－E所规定的特别领域的ISDS索赔诉由。而与NAFTA第1105条及自由贸易委员会(FTC)做出的解释相比,USMCA进一步修正了最低标准待遇条款,以确保国家正当规制权的行使。除了继续保留FTC对NAFTA第1105条所做的澄清,即该条款不要求东道国给予外国投资者超越习惯国际法中有关外国人待遇的最低标准待遇,或为外国投资者创设额外的实体权利;违反协定中的其他条款或另一项单独的国际协定,并不构成对最低待遇标准的违反。USMCA第14.6条对缔约国在最低标准待遇下的具体义务进行了列举:(1)公平公正待遇包括根据世界主要法律制度中所体现的正当程序原则,不得在刑事、民事或行政裁判程序中拒绝司法;(2)全面保护和安全要求缔约国给予习惯国际法下所要求的治安保护水平。此外,仅就缔约国的作为或不作为与投资者期待不符合这一事实本身,并不构成对最低待遇条款的违反,即使因此给所保护的投资造成损失或损害。[2]

(三)增强东道国当地救济的重要性

USMCA下美、加之间不再适用ISDS,意味着此类争端将完全回归东道国当地救济,在发达国家间基于对彼此司法体系的信任基础,这并不成问题。而即使在附件14－E所列明的领域内,美、墨之间可适用ISDS,但用尽当地救济作为前置条件仍然要求投资者在提交仲裁请求前经历了为期30个月的国内救济期间,除非此种国内救济是明显毫无效果的。[3] 这是美国自1981年颁布首个BIT范本以来,首次在投资协定中纳入该要素。这意味着有相当一部分国际投资争端将交由东道国司法系统解决,就两国投资双向流动的现实而言,美国投资者与墨西哥政府间的争端将更有可能诉诸墨西哥国内司法救济。

---

[1] Annex 14－B, USMCA.

[2] Article 14.6, USMCA.

[3] Article 14.D.5, USMCA.

(四)强化国家间争端解决机制

为了缓解国内商业组织对于遏制 ISDS 的深刻担忧,莱特希泽表示,国家间争端解决机制将成为 USMCA 下缔约方违反投资保护义务的重要救济途径。[1]

(五)其他程序改革措施

USMCA 吸收了诸多近期国际社会广泛讨论并部分付诸实践的 ISDS 程序改革要素,包括:(1)提高程序效率,压缩仲裁庭组成时间[2]和审理周期。[3] (2)克服利益冲突。仲裁员选任适用与《IBA 国际仲裁利益冲突指南》(International Bar Association Guidelines on Conflicts of Interest in International Arbitration)一致的要求,以解决被长期诟病的仲裁员身份冲突(double hatting)问题。[4] (3)提高程序透明度,规定非争端缔约方的参与,法庭之友,[5]仲裁文件公开和听审公开。[6] (4)防止滥诉,在裁决仲裁费用分配方面防止投资者或东道国滥用诉权。[7] (5)强化缔约方作用,限制仲裁庭的酌处权。USMCA 自由贸易委员会(Free Trade Commission)(由缔约方部长级代表组成)[8]就协定所作的解释对仲裁庭具有约束力,以加强对后者自由裁量权的限制。[9] 特别是如果被告东道国认为涉案措施属于不在措施清单范围,则仲裁庭应当提请自由贸易委员会解释,该解释对仲裁庭具有约束力,除非自由贸易委员会怠于行使职责,仲裁庭才能径行裁断。[10]

三、USMCA 后美国投资争端解决机制的政策选择

强化投资保护一直是美国对外关系中坚定不移的政策目标,美式投资协定范本以其高标准实体保护规则和强有力 ISDS 程序条款为特征,特别是 NAFTA

---

[1] Brady-Lightzier ISDS Exchange, https://worldtradelaw. typepad. com/ielpblog/2018/03/brady-lighthizer-isds-exchange. html.

[2] Article 14. D. 6, USMCA.

[3] Article 14. D. 7, USMCA.

[4] Article 14. D. 6, USMCA.

[5] Article 14. D. 7, USMCA.

[6] Article 14. D. 8, USMCA.

[7] Article 14. D. 7, USMCA.

[8] Article 30. 1, 30. 2, USMCA.

[9] Article 14. D. 9, USMCA.

[10] Article 14. D. 10, USMCA.

项下 ISDS 被投资者频繁援用,令 NAFTA 第 11 章被学者们喻为“投资者权利宪章”。[1] 在 USMCA 谈判中被大刀阔斧改革后的 ISDS 则被称为“ISDS 3.0”,尽管其实施效果有待观察,据美国国际贸易委员会(The U. S. International Trade Commisssion)评估,USMCA 项下 ISDS 条款将减少赴墨西哥的美国投资,同时可能小幅度增加美国投资回流(增幅并不足以对美国经济产生实质性的广泛影响),但对美国制造业和采矿业资本输出的影响却是非常重大的。[2] 值得注意的是,USMCA 的签署是否构成美国投资保护政策的分水岭,倾向于维护国家主权的 ISDS 改革举措是否将继续出现于美国对外商签的投资协定中。[3] 需要评估的因素包括但不限于,国家主权、投资者平权以及国家间争端解决机制和东道国当地救济的有效性。

(一)国家主义复兴

2018 年 9 月,来自美国 50 个州的超过 300 名州议员致信莱特希泽,敦促美国终止 NAFTA 项下的 ISDS。指出美国州议会联合会(National Conference of State Legislatures,NCSL)将不支持 BITs 或 FTAs 给予外国公司的实体或程序权利比美国公司在美国宪法下享有的权利更加优惠,特别是其中的 ISDS 程序。NCSL 坚信,任何以公共福利为目的的非歧视性的法律法规都不应被认为是对投资协定的违反,即便外国投资者的期待因此受挫。国际争端解决机制的裁决或国际贸易投资协定本身不应对美国各州具有法律约束力。[4] ISDS 被视为对美国各州主权的巨大威胁。而维护国家主权也是莱特希泽在众议院筹款委员会(The House Ways & Means Commitee)听证会上主张限制 ISDS 的主要

---

〔1〕 See Steven Shrybman, *An International Bill of Rights for Foreign Investors*, Ricardo Grinspun and Yasmine Shamsie (edited), Whose Canada? Continental Integration Fortress North America, and the Corporate Agenda, McGill-Queen's University Press 2007, p. 299 – 316; Donald S. Macdonald, *Chapter* 11 *of NAFTA: What are the Implications for Sovereignty*, Canada-United States Law Journal, 1998, 21: 281 – 288.

〔2〕 *United States-Mexico-Canada Agreement: Likely Impact on the U. S. Economy and Specific Industry Sectors* (Investigation No. TPA – 105 – 003, USITC Publication 4889, April 2019), p. 194.

〔3〕 2018 年 9 月,在已达成的韩美 FTA 修订文本中,ISDS 条款基本保持原貌,增加了防止投资者滥诉及维护国家规制权的条款。See Chapter 11, U. S. – Korea FTA.

〔4〕 More Than 300 State Legislators From All 50 States Sign Letter to USTR Lighthizer Urging the End of ISDS in NAFTA September 12, 2018, https://www.citizen.org/wp-content/uploads/migration/state-legislator-letter-isds-nafta-sept-2018.pdf.

理由。[1]

(二)当地救济的回归

通常,在经济发达程度和法治水平相当的国家间对彼此国内司法体系的认同度较高。美国在 USMCA 投资争端解决机制中表现出对当地救济的强调并非突然,2018 年欧盟法院(CJEU)在 Achmea 案判决中就指出,双边投资条约中建立的投资者—国家间争端解决机制妨碍了此类争端以确保欧盟法律整体有效性的方式获得解决。[2] 因此,欧盟法院对欧盟成员国间缔结 BITs 中的 ISDS 条款不予支持。欧盟成员国也就此发表了共同声明,认为上述 ISDS 条款因与欧盟法相抵触而无效。[3] 国内法院将取而代之成为解决投资争端的基本场所,以确保欧盟境内的外国投资获得有效的司法保护。[4] 2020 年 5 月,23 个欧盟成员国正式签署《终止协议》(termination agreement),[5] 以终止成员国间签订的所有 BITs,包括其中的日落条款,以避免条约终止后有关投资保护条款继续得以沿用。[6] 其中特别对截至 2018 年 3 月 6 日(Achmea 案判决日期)前已经启动但未决的 ISDS 程序作出安排,[7]《终止协议》提供过渡机制以促成此类争端通过非仲裁方式如协商解决,或者由投资者诉诸东道国国内法院,诉讼时效甚至可以被忽略。在此日期后启动的 ISDS 程序将因为缺乏有效的仲裁条款而无效。《终止协议》要求成员国通知仲裁庭及国内法院,包括第三国法院有关 Achmea 案判决的法律后果,要求法院对基于欧盟成员国间 BITs 项下 ISDS 程序作出的

---

[1] See USTR Lighthizer Ways and Means Hearing, March 22, 2018, https://www.awpa.org/2018/03/22/ustr-lighthizer-ways-and-means-hearing/.

[2] See Slowakische Republik (Slovak Republic) v. Achmea BV, Case C – 284/16, 6 March 2018, ECLI:EU:C:2018:158, para. 56.

[3] See Declaration of the Member States of 15 January 2019 on the legal consequences of the Achmea judgment and on investment protection.

[4] See Communication from the Commission to the European Parliament and the Council, Protection of intra-EU investment, Brussels, July 19, 2018, COM(2018)547 final, para. Ⅳ.

[5] See EU Member States sign an agreement for the termination of intra-EU bilateral investment treaties, https://ec.europa.eu/info/files/200505-bilateral-investment-treaties-agreement_en.

[6] 需要注意的是,《终止协议》并不适用于《能源宪章》;也不适用于未签署该协议的 4 个欧盟成员国,即奥地利、芬兰、爱尔兰和瑞典,意味着这些欧盟成员国间所签订的 BITs(32 个)得以保留。对于脱欧后的英国,自然也不发生效力。

[7] 至于在 2018 年 3 月 6 日前已结案的 ISDS 案件,包括已作出裁决或达成和解的案件,只要裁决未处于司法审查或撤销、修改或执行程序中;或者在《终止协议》生效前裁决已被撤销的案件,则不受《终止协议》的影响。

裁决予以撤销或不予执行。

一些主张彻底废除 ISDS 的国家更是力推东道国当地救济应当成为解决投资者与东道国间争端的主要甚至是唯一途径。如果这些国家只是通过修订现有国际投资协定,删除其中的 ISDS 条款和国家间争端解决条款,那么其国内法院还有可能适用经修订的投资协定;但如果这些国家选择终止包含 ISDS 条款的投资协定,那么就意味着其国内法将成为国际投资争端解决的唯一标准。以南非为例,近年来终止了绝大多数投资协定,[1]根据其 2015 年《投资保护法》,除了特定例外,在实体保护权利和法律救济程序方面,内外资在相似情形下待遇平等,外国投资者与南非政府间争端只能诉诸国内法院。而以用尽当地救济为前提条件,南非政府仅在逐案同意的基础上将争端提交国家间仲裁。[2]

印度在其《2015 年投资协定范本》中则选择令一些敏感领域的投资争端回归东道国当地救济,如地方政府采取的措施、涉税争议以及与知识产权相关的强制许可、政府采购、补贴以及与政府职能行使有关的服务提供。[3]

毫无疑问,当地救济的强势回归将使国内法院的公正性受到多方质疑,而国际法治精神也因此再次蒙上阴霾。但一些发达国家和发展中国家仍然作出上述选择,其原因令人深思。而目前正在进行的 ISDS 改革进程要取得国际社会的普遍认同,必须对这些原因加以考虑并采取应对措施。

(三)投资争端解决条款的多元化安排

USMCA 基于美墨加三国对 ISDS 的不同需求及改革意愿,容纳了多层次和多元化的投资争端解决机制,并就与 NAFTA 的过渡作出了清晰安排,如尚未结案的 NAFTA 第 11 章投资仲裁程序和 NAFTA 遗留的投资争端,三国间仍然适用原有的 ISDS;美墨之间在石油、天然气、基础设施、电力、运输和电子通信领域,与东道国政府或政府实体签订了合同的美国或墨西哥投资者,仍然有权诉诸全面的 ISDS;而美加、墨加之间投资争端解决则不再适用投资仲裁机制。就短期而言,美、加、墨就 ISDS 去留问题及改革方向的分歧难以弥合,加拿大、墨西哥

---

〔1〕 See Mbengue MM and Schacherer S, *The "Africanization" of international investment law: the Pan-African investment code and the reform of the international investment regime*, J. World Invest Trade 2017, 18(3): 414 - 448.

〔2〕 Article 9, Article 13, South Africa, Protection of Investment Act 2015 (Act 22 of 2015), Government Gazette, 606, No. 39514, 15 December 2015.

〔3〕 India Model BIT (2015), Article 2, para. 2.4.

先行一步,在两国分别与欧盟缔结的自由贸易协定中已接纳常设投资法庭方案,表明了对现行ISDS改革的决心和方向,因此在USMCA谈判中就投资争端解决机制安排问题上,加拿大不可能再延续NAFTA模式;而美国对现行ISDS只愿意在改良基础上予以部分保留,同时考虑到美墨之间投资以单向流动为主的客观现实,两国间投资争端解决条款作出类别化、差异性安排也是较为科学的选择。

四、未来区域自贸协定投资争端解决的多元化安排

综观UNCITRAL第三工作组正在积极推进的ISDS改革议题磋商所讨论的方案,以及近年来一些国家在对外缔约中付诸实践的ISDS改革措施,总体可划分为以下三类:第一,改良派,仅限于对现行ISDS进行局部调整或完善,以CPTPP和USMCA(美墨之间安排)为代表;第二,改革派,以中国提出的"投资仲裁+常设上诉机制"和欧盟的"常设投资法院机制"为代表,前者体现在2019年7月中国向UNCITRAL第三工作组正式提交的案文,后者已在欧盟分别与加拿大、越南、新加坡和墨西哥签订的FTA中得到相应规定;第三,放弃派,指全面抛弃现行ISDS,主张投资争端解决应回归东道国当地救济,或诉诸国家间争端解决机制,前者主要以退出《ICSID公约》或终止包含ISDS条款的国家,如玻利维亚、委内瑞拉、厄瓜多尔等国,以及印度2015年投资协定范本为代表,后者则以巴西投资合作与便利化协定范本为典型。

基于过去近40年在投资争端解决中的不同经历和由此产生的认知分歧,在国际投资双向流动中扮演不同角色的国家均产生了强烈的改革意愿,但在改革方向和径路的选择上,各国分歧难以弥合。尽管在特定历史时期,多边主义受到严峻挑战,但通过国际合作使投资争端获得妥善解决,以确保投资者信心和国际投资的流动性,仍是国际社会的共识,这也是UNCITRAL第三工作组的ISDS改革议题讨论得以展开并持续推进的深层原因。与此同时,在双边或少数国家参与的多边层面的缔约实践中,不同的改革方案已经付诸实践,而同一国际条约中容纳多种投资争端解决途径,呈现明显的多元化趋势,也是目前国际投资条约争端解决条款的重要特征。有关现行ISDS优缺点的讨论已然不再是ISDS改革问题的争论焦点,在国际社会分歧难以消弭,但有效促进和保护投资仍是国际社会共识的背景下,如何在同一国际投资条约中容纳差别化的投资争端解决途径,实现多层次、分类别、多元化的争端解决安排,持不同政策目标的国家能够各取

所需,[1]是未来多边基础上国际投资协定谈判面临的现实挑战,目前 CPTPP 和 USMCA 的投资争端解决机制均采取这样的方式,以最大限度实现"求同存异"。

2020 年 11 月 15 日,RCEP 正式签订,标志着全球体量最大的自贸区正式启航,也实现了区域内经贸投资规则的优化和整合。在投资规则方面,涵盖了投资保护、自由化、促进和便利化 4 个方面,是对原"东盟'10+1'自由贸易协定"投资规则的整合和升级,包括承诺最惠国待遇、禁止业绩要求、采用负面清单模式做出非服务业领域市场准入承诺并适用棘轮机制(未来自由化水平不可倒退)。投资便利化部分还包括争端预防和外商投诉的协调解决。此外,RCEP 采用负面清单方式对制造业、农业、林业、渔业、采矿业 5 个非服务业领域投资作出较高水平的开放承诺,极大提高了各方政策透明度。中方投资负面清单反映了国内改革的最新进展,这也是中国首次在自贸协定项下以负面清单形式在投资领域进行的承诺。不过,外界一直关注的 RCEP 投资争端解决条款被暂时搁置。[2] 考虑到中国、东盟十国、日本、韩国、澳大利亚和新西兰在投资争端解决安排问题上已呈现的深刻分歧,[3]未来 RCEP 投资争端解决条款很可能基于不同国家的政策取向作出差异化、多元化安排。

---

[1] See Stephan W. Schill, Geraldo Vidigal, *Cutting the Gordian Knot: Investment Dispute Settlement à la Carte*, International Centre for Trade and Sustainable Development(ICTSD) and the Inter-American Development Bank(IDB), November 2018, Geneva, p. 27.

[2] 根据 RCEP 第 10.18 条"工作计划"的规定,缔约方在不损害其各自立场的前提下,在不迟于本协定生效之日后的 2 年内,应当就一缔约方与另一缔约方投资者之间投资争端的解决进行讨论,讨论结果须经所有缔约方同意,并在 3 年内结束讨论。

[3] 兼具 CPTPP 成员和 RCEP 成员身份的国家包括澳大利亚、新西兰、日本、文莱、马来西亚、新加坡和越南,CPTPP 附件二列出了暂停条款(list of suspended provisions),其中载明了"投资协议"和"投资授权"条款被暂定适用,即因投资协议或投资授权所引发的投资争端不得诉诸投资仲裁机制。2018 年 3 月,新西兰与文莱、马来西亚、秘鲁、越南和澳大利亚分别签署了附加协议(side letter)以排除强制性的投资争端仲裁。

第五章　ISDS 中投资者弃权义务争议及晚近投资条约的回应

一、问题的提出

近十年来,投资者—东道国争端解决机制(ISDS)持续占据国际投资法制改革的焦点位置。其中,投资仲裁庭的管辖权问题无疑是重中之重。而决定仲裁庭是否对申请人提出的争议请求有管辖权的一个要素是投资者或投资是否满足提起仲裁请求的条件。除了通常受到争议的投资者和投资的适格性、冷静期、仲裁时限外,投资争端所依据的投资条约[1]还可能规定提起仲裁请求的其他条件,尤其是为避免投资者获得重复救济而设定的一些条件,包括用尽当地救济规则、岔路口条款、弃权条款等。早期,用尽当地救济规则似乎是避免投资者寻求重复救济最常用的制度工具,但随着国家对投资仲裁的开放度提高,岔路口条款得到更多的适用。作为岔路口条款的一种特殊形式,[2]弃权条款虽然早在 20 多年前就出现了,但近年来似乎被越来越多投资条约采用。

所谓弃权(waiver),即对权利的放弃。从可知的国际投资条约文本来看,弃权条款的产生可追溯至 1992 年签订的《北美自由贸易协定》,该协定第 1121 条规定的申请方“提交仲裁请求的前提条件”包括第 1 款(b)项和第 2 款(b)项的要求:“投资者和企业放弃就被申请方被控构成违反第 1116 条/1117 条的措施根据缔约方国内法向任何法院或行政法庭或任何其他争端解决程序发起或继续任何程序的权利,除非是根据被申请方国内法向行政法庭或法院寻求不涉及损害赔偿的禁止性、确认性或其他特殊救济的程序。”此为弃权的含义和内容。第 3 款进一步明确:“本条所要求的同意和弃权应当以书面形式做出,并发送给被

---

〔1〕 本章所述“投资条约”,包括双边投资条约等专门性的投资协定,也包括含有投资章节的自由贸易协定等综合性经贸协定。

〔2〕 关于弃权条款和岔路口条款的关系,有人将弃权条款作为一种独立于一般性岔路口条款的条款,但也有人认为弃权条款是岔路口条款的一种。笔者认为无论表述如何,关键都在于认识到弃权条款和一般的岔路口条款有区别,但二者有相似性。

申请人,且应包含在仲裁请求书中。"这构成弃权的形式要求。

作为投资者享受投资条约规定的程序性权利所应满足的条件,弃权要求构成权利的限制,属于附随义务。而且,弃权是一种类似于承诺的单方法律行为,可影响弃权方的权利义务。[1] 一旦做出有效的弃权,弃权方便负有在行为上符合弃权要求的义务。[2]

相比用尽当地救济规则和一般的岔路口条款,弃权条款存在一定的优势。首先,较之用尽当地救济规则,弃权条款既不排斥当地救济,也不要求投资者先在东道国寻求当地救济,更不要求其用尽当地救济,可以说赋予了投资者更大的自主选择权。对于一开始就希望通过国际仲裁解决投资争端的投资者而言,根据弃权条款能节约更多时间和相应的成本。和一般的岔路口条款相比,弃权条款同样给予了投资者更大选择空间,因为即便其在先选择东道国当地救济,也不会排除之后诉诸国际仲裁的可能性。从这个意义上来说,弃权条款似乎还给投资者提供了"反悔"的空间。同时,从 NAFTA 第 1121 条开始,弃权条款就充分考虑了由投资者代表自身,或由投资者代表自身及其所有或控制的企业,以及投资者及其投资共同作为申请方提起投资仲裁请求的多种情形,在弃权主体上更加全面。

NAFTA 第 1121 条似乎规定了完备的弃权条款。此后,NAFTA 缔约方纷纷在其对外签订的投资协定和贸易协定中纳入弃权条款,为弃权条款的适用和弃权义务的解释创造了许多机会。但其实,在投资仲裁中,弃权条款的适用产生了许多争议,仅对 NAFTA 第 1121 条的弃权条款,就有许多不一致的解释,甚至不同的仲裁裁决;反过来,这也影响了投资条约中弃权条款本身的发展。

对此,本章将总结 ISDS 实践中弃权条款的解释和适用所产生的争议,以及现有投资条约中的弃权条款,最主要的是探究弃权条款在 ISDS 中的适用和投资条约中弃权条款的发展是否回应了弃权条款在先前实践中引发的争议。

二、ISDS 中投资者弃权义务的争议点

虽然早期含有弃权条款的投资条约并不常见,但自 NAFTA 生效至今,有关

---

〔1〕 See Waste Management Inc. v. United Mexican States, ICSID Case No. ARB (AF)/98/2 ("Waste Management v. Mexico"), Arbitral Award, 2 June 2000, p. 228 – 229.

〔2〕 *Id.*, p. 229.

NAFTA 等其他投资条约中弃权条款和投资者相应弃权义务的解释已经产生了许多争议。

(一)弃权要求的性质和效力

首先,关于弃权义务的性质和效力,即弃权是否为仲裁申请有效的必要条件,进而影响仲裁庭对仲裁请求的管辖权,或者仲裁请求本身的可受理性,在不同的 ISDS 案件中产生了不同的解释,投资者和被诉东道国也通常有不同的主张。

在早期依据 NAFTA 提起的 Ethyl v. Canada 案中,被申请方加拿大提出的管辖权异议之一是申请方没有按照 NAFTA 第 1121 条第 3 款的规定在仲裁申请书中加入弃权声明。[1] 但申请方认为其在仲裁庭审理管辖权异议问题时已提交了弃权声明,已满足 NAFTA 第 1121 条关于提起仲裁请求的所有条件。[2] 面对被申请方的质疑和 NAFTA 第 1121 条的明确规定,该案仲裁庭认为需对影响仲裁庭管辖权和仲裁请求可受理性的问题进行区分,并将第 1121 条归为程序性要求,属于影响仲裁请求可受理性的问题。[3] 所以,“申请方在遵守第 1121 条方面未加解释的延迟并不影响本案的管辖权”,而只是让仲裁程序推迟,并由申请方承担因处理管辖权异议所产生的程序成本。[4]

在之后的 Waste Management v. Mexico 案中,仲裁庭的裁决意见与 Ethyl v. Canada 案仲裁庭的观点截然不同。本案申请方为美国废物管理有限公司(Waste Management),其在墨西哥的子公司 Acaverde 为墨西哥阿卡普尔科市提供废物管理服务却遭到拒绝支付,首先依据墨西哥国内法以对方违约为由向当地法院和仲裁机构提起了针对相关墨西哥公共机构的两项诉讼和一项仲裁。[5] 后来,Waste Management 以墨西哥违反 NAFTA 的公平公正待遇和征收条款为由向 ICSID 提起了本案的附加便利仲裁。在本案中,申请方严格按照 NAFTA 第 1121 条第 3 款的规定以书面形式在仲裁通知中做出弃权声明,并发送给了被

---

〔1〕 See Ethyl Corporation v. the Government of Canada, Award on Jurisdiction, NAFTA/UNCITRAL Case, 24 June 1998, paras. 14, 89.

〔2〕 *Id.*, para. 46.

〔3〕 *Id.*, paras. 74 – 75.

〔4〕 *Id.*, paras. 91 – 92.

〔5〕 See Waste Management Inc. v. United Mexican States (ICSID Case No. ARB (AF)/98/2), Award, 2 June 2000, § 25, p. 232 – 233.

申请方。仲裁庭多数成员认为申请方的弃权满足了形式要件,[1]但弃权义务构成管辖权的实质要件。在申请方提起仲裁请求时,作为申请方投资的子公司Acaverde依然在墨西哥国内继续着其他法律程序,因而被认定违反弃权义务。[2] 但是,本案申请方指定的仲裁员 Keith Highet 采取了与 Ethyl v. Canada 案仲裁庭相同的观点,其认为弃权要求影响的是仲裁请求的可受理性,而不是仲裁庭的管辖权。[3]

(二)做出弃权的时间要求

弃权条款的形式要求通常都包含做出弃权的时间要求,一般是在提起仲裁请求时,如前述 NAFTA 第 1121 条第 3 款的规定。还有一部分则要求申请方在仲裁通知中做出弃权。[4] 在后一种情况下,申请方做出弃权表示的时间就是向被申请方发送仲裁通知时。但是,即便弃权条款对此有明确的规定,投资争端方和仲裁庭在解释弃权的时间要求时仍然存在争议,甚至作出违背条款字面意思的解释。

例如,在依据 NAFTA 产生的 Pope & Talbot v. Canada 中,申请方 Harmac 没有在仲裁请求中提交弃权,而是在仲裁程序开始后才通过援引 NAFTA 第 1121 条第(1)款(b)项做出弃权。[5] 对此,被申请方加拿大认为:“该弃权在时间上受到 NAFTA 第 1116 条第(2)款的阻碍,如允许该弃权有追溯效力,将对加拿大的利益造成实质损害。”因此,其主张该弃权只能自 2000 年 1 月 10 日以后有效,相应地,与 Harmac 有关的仲裁请求也只能在该日期之后有效,由此产生的后果是,这些请求超出了 NAFTA 第 1116 条所规定的 3 年期限。[6] 所以,在本案中,申请方做出弃权的时间认定成为关键。不过,仲裁庭并未支持被申请方的主张,其通过援引 Ethyl v. Canada 案仲裁庭的表述认为,同意仲裁以及发起仲裁程序

---

〔1〕 See Waste Management Inc. v. United Mexican States(ICSID Case No. ARB(AF)/98/2), Award,2 June 2000, §23,p.231.

〔2〕 *Id.*,p.231–239.

〔3〕 See Waste Management Inc. v. United Mexican States(ICSID Case No. ARB(AF)/98/2), Dissenting Opinion(Attached to the Award)(June 2,2000),paras.56–63.

〔4〕 例如,2019 年《吉尔吉斯斯坦政府与印度政府之间的双边投资条约》第 15 条第 5 款。

〔5〕 See Pope & Talbot Inc. v. Government of Canada, Award in Relation to Preliminary Motion by Government of Canada to Strike Paragraphs 34 and 103 of the Statement of Claim from the Record, 24 February 2000, paras. 2,5.

〔6〕 Id.,paras.6,9.

可以被视为对启动其他法律程序的推定弃权(constructive waive),第1121条的弃权要求不是必须和绝对的。由于"投资者未实施第1121条第(1)款(b)项的弃权只会构成对投资者的不利条件",所以仲裁庭最终决定"第1121条第(3)款所规定的'弃权需包含在仲裁申请书中'的要求,在请求完全做出之前并非一项必需的条件。相反,这只是要求在仲裁庭处理请求之前,弃权应当有效"。[1] 很显然,仲裁庭为了投资者的利益,对弃权做出的时间要求做了完全不符合NAFTA第1121条第(3)款文义的解释。

(三)有缺陷的弃权可否补救

前述Ethyl案的裁决不仅涉及弃权义务的性质和效力,还间接地肯定了弃权如有缺陷,是可以补救的。从NAFTA第1121条第3款的字面含义来看,弃权的意思表示应当以书面形式作出,那么不能是口头表达;弃权声明应当发送给被申请方,那么应当包含在仲裁通知中;弃权应当包含在仲裁申请书中,那么不能在仲裁申请提出之后另行补充。而在本案中,申请方的弃权声明并未包含在仲裁申请书中,但也得到了仲裁庭的认可。

但是,在后来的Detroit International v. Canada案中,仲裁庭的态度截然相反。本案申请方同样没有在仲裁通知中提交弃权声明,引起了加拿大对仲裁庭的管辖权异议。虽然后来申请方进行了补充弃权声明,但仲裁庭认为这不符合第1121条的要求,因而认定对本案无管辖权。[2]

(四)弃权可否附条件、保留或限制

除了从形式和实质要件两方面分析一项弃权的要求和效力,Waste Management v. Mexico案仲裁庭还提到,弃权必须是无条件的,并且对于申请方作出的疑似附保留的弃权声明,ICSID反复请其确认具体意思。[3] 可见,弃权不能附条件、保留或限制,否则可能使弃权无效。这一点也遭到了仲裁员Keith Highet的反对,其认为,NAFTA第1121条并未提及任何可能会或可能不会被附

---

〔1〕 See Pope & Talbot Inc. v. Government of Canada, Award in Relation to Preliminary Motion by Government of Canada to Strike Paragraphs 34 and 103 of the Statement of Claim from the Record, 24 February 2000, paras. 16 – 18.

〔2〕 See Detroit International Bridge Company v. Government of Canada, UNCITRAL, PCA Case No. 2012 – 25, Award on Jurisdiction, 2 April 2012, paras. 153 – 155, 320 – 335.

〔3〕 See Waste Management v. Mexico, Arbitral Award, p. 219 – 221, 229.

加于一项弃权的条件;对弃权的实质不具有否定效力的保留或条件无足轻重。[1] 所以,该仲裁员不赞成弃权附条件或保留就当然使弃权无效,而要根据所附保留、条件或限制的实质效果进行分析。

在后来的 Renco v. Peru 案中,申请方也在弃权声明中包含了权利保留。被申请方对这一弃权的有效性提出异议,[2] 得到了仲裁庭的支持。仲裁庭裁决认为 Renco 没有遵守基础投资条约对于弃权的形式要求,因为权利保留是该条所不允许的,也违背了该条的宗旨和目的,不符合该条的禁止回转(no U-turn)要求。而且 Renco 事后撤回该权利保留也无济于事,因为其不能单方面补救有缺陷的弃权。因此,仲裁庭驳回了 Renco 的请求。[3] 可见,该仲裁庭与 Waste Management v. Mexico 案仲裁庭多数裁决的立场是相同的,都认为弃权是无条件的,且无论所附条件、保留或限制的性质和效力如何,弃权附条件必然使弃权本身丧失效力,即使弃权一旦附条件撤回也无济于事。这进一步呼应了前述 Detroit International v. Canada 案仲裁庭所主张的有缺陷的弃权不可弥补的观点。

(五)弃权的前瞻性效力

弃权条款在 ISDS 中的适用还引发了广泛的"前瞻性"(prospective)争议。前瞻性可与溯及力相对,指的是由于弃权条款普遍要求申请方在提起仲裁请求时就做出弃权,而仲裁庭在审查弃权的有效性时通常拒绝考虑实体问题,比如,前述 Waste Management v. Mexico 案仲裁庭在审查申请方的弃权申请时就认为没有必要分析争议的实体问题,只要有证据证明在国内法院或法庭的诉争活动针对的是在当前的仲裁程序中被控违反 NAFTA 的措施。[4] 由此,最后可能会出现弃权有效而仲裁请求事后不一定被仲裁庭受理的情况。如果仲裁请求没有通过投资仲裁得到审查和解决,而投资者已经放弃了东道国当地救济等其他争端解决机制,那么其遭受的损失将无法得到救济。[5]

因此,弃权的这种前瞻性效力饱受争议。Keith Highet 在 Waste Management

---

〔1〕 See Waste Management v. Mexico, Dissenting Opinion, paras. 4 – 9.

〔2〕 See the Renco Group Inc. v. Republic of Peru, ICSID Case No. UNCT/13/1 ("Renco v. Peru"), Decision as to the Scope of the Respondent's Preliminary Objections under Article 10. 20. 4, 18 December 2014, para. 45.

〔3〕 See Renco v. Peru, Partial Award on Jurisdiction, 15 July 2016, paras. 132, 193.

〔4〕 See Waste Management v. Mexico, Arbitral Award, p. 235.

〔5〕 参见洪昕卉:《中国国际投资协定中的禁止回转条款研究》,厦门大学 2018 年硕士学位论文,第 29 页。

v. Mexico 案的少数仲裁员不同意见中就提出,NAFTA 第 1121 条的弃权只针对特定和有限范围的“措施”,即违反 NAFTA 中国际义务的国家行为。而国家行为可能包含着不违反条约层面国际义务的当地行为要素,它们根据 NAFTA 不可诉但原本可能通过东道国司法程序等其他途径予以救济。所以,仲裁庭在审查管辖权异议时有必要将考察延伸到实体层面,对弃权所涉请求是否为投资仲裁的“可诉事项”做出决定。[1] 有学者甚至严肃地指出这种前瞻性地适用 NAFTA 第 1121 条弃权的做法是错误的方法,认为“相比仅基于假设考察第 1121 条弃权的有效性,弃权的适用应当取决于对根据 NAFTA 作出的请求的实体问题进行真实的事实性调查”。[2]

确实,如果要求投资仲裁的申请方在提交仲裁请求时就做出弃权,而仲裁庭在没有确定审理仲裁请求时就要求弃权发挥效力,那么投资者的确承担着请求得不到救济的风险。除非仲裁庭在适用弃权条款时将弃权与之涉及的请求得到仲裁庭处理解释成互为条件,即如果仲裁请求未得到审理和解决,则弃权也不再发生效力。

(六)弃权义务与司法终局原则的矛盾

弃权义务引发的另一项争议是针对东道国司法行为产生的投资仲裁。因为在 ISDS 中被诉的东道国措施并不一定是东道国中央政府或最高一级权力机构所采取的措施,还可能包括地方政府或次一级权力机构采取的措施或做出的决定,其中包括非最高司法机关的行为和决定。但是,根据习惯国际法上的司法终局原则(judicial finality),只有一国司法机关作出的最终决定才有可能产生国家责任。而根据弃权条款,投资者需放弃在东道国国内发起或继续进行诉讼等法律程序,可能尚未获得相关司法机关的最终决定。所以,弃权义务和司法终局原则似乎是存在矛盾的。

Loewen v. US 案充分说明了这一矛盾。本案申请方作为美国密西西比州法院受理的一起诉讼的被告,对该法院的处理不满,而在提起上诉时又遭遇密西西比州高等法院对其减少上诉保证金请求的拒绝,因而依据 NAFTA 以密西西比州法院对其构成歧视等为由向 ICSID 提起针对美国的仲裁。在管辖权审理阶

---

〔1〕 See Waste Management v. Mexico, Dissenting Opinion, paras. 13, 30.

〔2〕 See Jacob S. Lee, *No Double-Dipping Allowed: An Analysis of Waste Management Inc. v. United Mexican States and the Article 1121 Waiver Requirement for Arbitration under Chapter 11 of NAFTA*, Fordham Law Review, 2001, 69(6): 2678.

段,被申请方美国提出,当一项损害请求的基础在于特定情况下的司法行动时,只有当该国的司法系统整体上做出了最终裁判时才产生国家责任。美国还提出这是习惯国际法的实体要求,与作为程序性要求的用尽当地救济规则是有区别的。[1] 申请方给出的回复是,“NAFTA 第 1121 条第(1)款(b)项要求仲裁申请人放弃而不是用尽当地救济……首先,该条消除了用尽东道国行政或司法法院所提供的当地救济的必要性;其次,所谓的实体终局原则与当地救济规则并无区别”。[2] 对此,本案仲裁庭在管辖权问题的初步决定中表示,司法终局原则和用尽当地救济规则内容相似但服务于不同的目标,用尽当地救济规则作为程序性原则是为了保证被控违反国际法的国家有机会在其法律体系项下解决这种违法,而司法终局作为实体性规则是为了保证国家不会因其低级别法院的行为承担国际法的责任。[3] 在后续的实体裁决中,仲裁庭表示,“如果国家将因其地方官员或低层司法官员违反国际法而承担责任,但国内上诉程序并未适用,更不用说用尽,那会很奇怪。如果第 1121 条具有这种效果,将鼓励诉诸 NAFTA 仲裁庭,而不是东道国的上诉法庭和审查程序”。[4] 因此,其裁决认为 NAFTA 第 1121 条的弃权义务不包括在因司法行为产生的国际法违法申请中放弃寻求当地救济的义务。[5]

当然,弃权义务与司法终局原则的矛盾只针对因司法行为产生的投资仲裁,Loewen v. US 案仲裁庭也明确:“如果申请人提出的并非因司法行为产生的国际法违法请求,第 1121 条将发挥效力。”

三、晚近投资条约中弃权条款的发展及其对弃权义务争议的回应

对于前述投资仲裁中弃权条款的解释争议,除了在后续仲裁案件和学术研究中不断引发讨论外,国际投资条约中的弃权条款本身也在进行针对性的回应。

(一)晚近投资条约中弃权条款的发展情况

首先,就投资条约中弃权条款的发展总况而言,已知弃权条款可能是 1992

---

[1] See The Loewen Group Inc. and Raymond L. Loewen v. United States of America, ICSID Case No. ARB(AF)/98/3(“Loewen v. USA”), Decision on hearing of Respondent's objection to competence and jurisdiction, 5 January 2001, paras. 61 – 62.

[2] *Id.*, para. 63.

[3] *Id.*, paras. 67 – 68.

[4] Loewen v. USA, Award, 26 June 2003, para. 162.

[5] *Id.*, para. 164.

年缔结的 NAFTA 首创,因此在时间上,弃权条款已历经近 30 年的发展。以“waive right to initiate”这一弃权条款的必要表述在联合国贸易和发展会议收录的所有可知的投资条约样本中检索,可以得到 76 个这样的条约。[1] 这可能接近现有含弃权条款的投资条约数。

其次,从时间上来看,虽然弃权条款在 20 世纪就已出现,但在近 10 年间缔结的国际投资条约中有明显的增加。因为,以前述方式得到的 76 个可能含有弃权条款的条约中,有 32 个是 2010 年 1 月 1 日以来缔结的。这一定程度上可能是由于用尽当地救济规则和岔路口条款在近十年都有所式微的缘故。

最后,就含有弃权条款的投资条约而言,大部分是由 NAFTA 成员方对外签订的。一个例证是,中国与 NAFTA 成员方签订的投资条约包括 2008 年《中国—墨西哥 BIT》以及 2012 年《中国—加拿大 BIT》,二者都含有弃权条款。[2]

(二)CETA 对弃权义务前瞻性效力争议的回应

前文已述,以 NAFTA 第 1121 条为代表的弃权条款在适用过程中出现了关于弃权义务前瞻性效力的争议。因为弃权条款要求投资者在提起国际仲裁请求时放弃其他的争端解决方式,但弃权所涉仲裁请求并不必然能得到投资仲裁庭的审查和处理,所以存在投资者弃权后不能获得救济的风险。2016 年加拿大和欧盟缔约的《综合经济与贸易协定》(CETA)对这种争议和风险作出了回应。

CETA 投资章节第 8. 22 条第 1 款(g)项和第 2 款首先规定了与 NAFTA 第 1121 条第 1 款(b)项和第 2 款(b)项等经典弃权条款相似的弃权要求。然后,该条的最后一款规定:“如果出现下列情况,根据第 1 款(g)项或第 2 款规定的弃权应当停止适用:(a)仲裁庭以未满足第 1 和 2 款的要求,或其他程序性或管辖权为依据驳回请求;或(b)仲裁庭根据第 8. 32 条或第 8. 33 条驳回了请求;或(c)投资者在仲裁庭组成之后的 12 个月内撤销其根据第 8. 23. 2 条的可适用规则提出的请求。”[3] 其中,第 8. 32 条针对“明显缺乏法律价值的请求”,第 8. 33 条则涉及“在法律上没有根据的请求”,第 8. 23. 2 条是指投资者提交仲裁请求所

---

〔1〕 截至 2020 年 6 月 30 日,因 UNCTAD 所统计的国际投资条约大多只有英文文本或有英文和其他文本,所以笔者以英文表述作为检索词。样本列表参见 https://investmentpolicy. unctad. org/international-investment-agreements/advanced-search,2020 年 6 月 30 日访问。

〔2〕 参见 2008 年《中国—墨西哥关于促进和相互保护投资的协定》第 13 条第 4 款;2012 年《中国—加拿大关于促进和相互保护投资的协定》第 21 条第 2 款。

〔3〕 参见 2016 年《欧盟和加拿大综合经济与贸易协定》投资章节第 8. 22 条第 5 款。

依据的仲裁规则。

为避免投资者承担弃权义务而仲裁请求未得到解决的风险,一个可行的解决方案是为弃权规定效力终止事由。CETA 采取的就是这种方法。

(三) USMCA 对弃权义务与司法终局原则矛盾的回应

如前所述,在 ISDS 中被诉的措施可能包括东道国最高法院以外的其他司法机关做出的可上诉或审查的决定。认定一国在国际法上的责任,需获得并针对该国司法机关做出的最终决定,而弃权条款普遍要求投资者在提起投资仲裁请求时放弃发起或继续进行其他法律救济程序的权利。所以,投资者的弃权义务和司法终局原则之间似乎是存在矛盾的,而这并未通过仲裁庭对弃权条款的解释得到妥善解决。既然 NAFTA 成员方决定重新谈判协定,可以合理期待这是解决矛盾的一个契机。现已缔结和生效的《美墨加协定》的确提供了解决的方法。

尽管争论了很久,但 USMCA 仍然保留了 ISDS 机制,不过只在美国和墨西哥之间适用。相比 NAFTA 第 1121 条,该协定投资章节第 14. D. 5 条对投资者提起仲裁施加了多种约束和限制。除了该条第 1 款(e)项所要求的书面弃权外,(b)项还要求"申请人或企业获得了被申请人最后诉诸法院的最终决定或者自(a)项的程序提起之后已经过了 30 个月"。虽然这项要求可能不是为了限制弃权义务的适用,而是为了强调东道国的当地救济,因为其并未明确是针对"因东道国司法行为产生的投资仲裁请求",而是普遍性地要求投资者或其投资的企业先在东道国寻求当地救济,直至获得最终决定或遭遇"拒绝司法"。但无论动机如何,这确实可以规避弃权义务与司法终局原则之间的矛盾。

(四) 加拿大式投资条约对弃权义务的特别回应

1. 提供符合形式要求的标准弃权模板

除了上述争议之外,与弃权义务有关的争议还有很大一部分是形式上的。对此,加拿大作为缔结了最多含有弃权条款的投资条约的国家,也对弃权义务的形式要求做出了一些特殊的安排。最显著的是,在加拿大缔结的多项投资条约中都出现了弃权的模板。

例如,2006 年《加拿大—秘鲁 BIT》第 26 条规定了弃权要求,其中第 3 款是类似于一般弃权形式要求的规定,但其援引了以"符合本协定第 26 条的标准弃权和同意"为标题的附件 C. 26:该附件根据投资仲裁申请方情况的不同(申请方为自然人或法人,申请方以自己名义抑或代表自己所有或控制的企业提起仲裁)提供了各种弃权标准格式。除此之外,2008 年《加拿大—秘鲁 FTA》等其他投资条约也有相似的规定和安排。[1] 如此细致的安排无疑可以为投资者作出弃权提供更便利化的指引,同时也有助于投资仲裁被申请方和仲裁庭判断申请方是否作出了符合要求的弃权,减少弃权形式要求上的争议。

2. 弃权条款对当地救济规则的吸收和尊重

近年来加拿大缔结的含有弃权条款的投资条约还有另外一种趋势,即尊重和吸收用尽当地救济规则。

前述 USMCA 已经体现了弃权条款对当地救济规则的吸收。虽然 USMCA 仍然保留了 ISDS,但第 14. D. 5 条第 1 款已经原则性地要求投资者寻求当地救济,即便之后诉诸该协定项下的投资仲裁,也必须先获得最终决定或被拒绝司法。当然,这一机制对加拿大不适用,但这也意味着加拿大认可了其投资者在美国和墨西哥投资遭遇可能违反 USMCA 的措施时只能寻求东道国当地救济。

另外,2012 年《中国—加拿大 BIT》也能说明加拿大在弃权条款方面对当地救济原则的尊重。与其他投资条约中的弃权条款不同的是,《中国—加拿大 BIT》的弃权条款只适用于涉及加拿大措施的诉请。如果诉请涉及中国政府的措施,投资者不负弃权义务,且中国政府应先要求投资者使用行政复议程序。所以,加拿大投资者在中国投资过程中如遭遇中国政府的违法规制措施,可以充分地利用中国当地的救济程序,即便之后选择国际投资仲裁,仍然可以适用中国国内的法律程序。

四、结语

和其他为避免投资者重复救济而产生的制度工具一样,弃权条款有其优势,也有其不足之处。而无论优劣,都是相对的,既在横向层面相对于同类制度工具,也在纵向上相对于各个发展阶段。作为对投资者施加程序性义务的一种条约规定,弃权条款的适用产生了诸多争议:有些通过嗣后案件中当事方和仲裁庭反复的解释和交叉援引逐渐形成共识,消弭了争议;有些依靠投资条约的革新,为弃权义务存在的争议和矛盾提供了解决方案。无论是投资仲裁中的解释,还是个别投资条约做出的回应,在法律上其效力都只及于特定的主体或争议范围。

---

〔1〕 参见 2008 年《加拿大和秘鲁自由贸易协定》第 823 条、附件 823. 1。

因此,不能说 ISDS 中弃权义务引发的争议都已经解决或不复存在。但是,一个已经显现的趋势是,弃权条款未来的发展方向可能是与当地救济规则相结合。如果能在这一点上形成相对统一的路径,或许可以解决有关弃权要求的一些争议。

第六章 从一裁终局到上诉机制：ICSID 裁决承认与执行机制的新发展

一、背景

国际投资仲裁裁决可分为 ICSID 裁决和非 ICSID 裁决。前者指根据 1965 年《ICSID 公约》、由 ICSID 仲裁庭所作的裁决；后者指根据《ICSID 附加便利规则》《UNCITRAL 仲裁规则》或争端当事方选择的其他仲裁规则、由临时仲裁庭或其他国际仲裁机构所作的裁决。据联合国贸易和发展会议统计，截至 2019 年 12 月 31 日，全球已知的基于国际投资协定提起的投资仲裁案件共计 1023 起，其中适用《ICSID 仲裁规则》的案件共计 540 起，占案件总数的 52.8%。[1]

国际投资仲裁往往涉及高额赔偿，裁决的承认与执行与争端当事方，尤其是投资者利益的实现紧密相连。就 ICSID 裁决的承认与执行而言，国内现有研究主要立足于一裁终局的前提，所关注的问题包括：审判监督程序或公共秩序保留制度是否适用于 ICSID 裁决；[2] ICSID 裁决执行过程中国家是否享有主权豁免；[3] 一国国内法如何与《ICSID 公约》接轨[4]等。

---

[1] 截至 2019 年 12 月 31 日，适用《UNCITRAL 仲裁规则》的案件共计 326 起，占案件总数的 32.9%；适用《ICSID 附加便利规则》的案件共计 63 起，占案件总数的 6.2%；适用其他国际仲裁机构仲裁规则的案件共计 71 起，占案件总数的 6.9%，相关规则包括《斯德哥尔摩商会仲裁院仲裁规则》《国际商会仲裁规则》《伦敦国际仲裁院仲裁规则》等。See UNCTAD, Investment Dispute Settlement Navigator, https://investmentpolicy.unctad.org/investment-dispute-settlement, visited on 10 July 2020.

[2] 参见王海浪：《论国际投资仲裁裁决的承认与执行——以执行法院的审查权为中心》，载《国际经济法学刊》2018 年第 4 期；肖芳：《国际投资仲裁裁决在中国的承认与执行》，载《法学家》2011 年第 6 期。

[3] 参见黄世席：《国际投资仲裁裁决执行中的国家豁免问题》，载《清华法学》2012 年第 6 期；张建：《投资仲裁中国家执行豁免问题的法律思考》，载《研究生法学》2016 年第 1 期；孙南申、孙颖：《论国际投资仲裁裁决在〈纽约公约〉下的执行问题》，载《广西师范大学学报（哲学社会科学版）》2020 年第 1 期。

[4] 参见张倩雯：《多元化纠纷解决视阈下国际投资仲裁裁决在我国的承认与执行》，载《法律适用》2019 年第 3 期；宋俊荣：《美国承认与执行 ICSID 仲裁裁决的立法与实践评析》，载《上海对外经贸大学学报》2019 年第 5 期。

随着国际投资仲裁案件数量的不断上涨,针对 ISDS 的关注与讨论不断涌现。首先是裁决的不一致性。碎片化的国际投资协定、东道国与投资者订立的投资合同、东道国国内法中所载规则的不同表述为仲裁庭自由裁量创设了空间,加之不同仲裁庭在条约解释上不尽相同,在一定程度上导致了投资实际保护程度的不确定性和不稳定性。[1] 为回应 ISDS 的正当性危机、在利益相关方间寻求平衡,多个国家和地区在多边或双边层面提出了上诉机制方案。

回溯过往,早在 2004 年,ICSID 秘书处便曾起草过《上诉便利规则》,提议设立一个涵盖 ICSID 裁决与非 ICSID 裁决的上诉便利机制,对符合裁决撤销的情形、严重的事实错误和明显的法律错误进行上诉审查,[2]但彼时多数成员认为该想法尚不成熟。[3] 尽管《ICSID 公约》缔约国最终未能就上诉便利机制达成政策共识,但由此可知,关于上诉机制的制度需求早见端倪。随着投资仲裁的不断发展,关于上诉机制的制度安排和规则设计陆续体现于约 25 个已订立的国际投资协定中,[4]以美国 2004 年 BIT 范本为例,该范本在第 28 条规定了在未来设置多边上诉机制的可能,在附件 D 规定了关于双边上诉机制的限期谈判条款。[5] 但此类规定多沦为一纸空文,缔约国并未实际订立关于上诉机制的多边协定或设立双边上诉机制。即便部分国家在限定期间内曾就双边上诉机制展开谈判,此类谈判也往往无疾而终。[6]

2020 年 7 月 20 日,继第 185 号文件之后,UNCITRAL 第三工作组就上诉机制和有关执行事项发布草案以征求意见。[7] 草案对上诉机制运行与建立的要素、上诉机制与《ICSID 公约》和《纽约公约》的衔接进行了阐述,并提供了可供考虑的选项及草拟约文。据第 185 号文件,上诉机制的建立形式可概分为

---

[1] See Pohl, Joachim, Kekeletso Mashigo and Alexis Nohen, Dispute Settlement Provisions in International Investment Agreements: A Large Sample Survey.

[2] See ICSID Secretariat, Possible Features of an ICSID Appeals Facility.

[3] See Antonio Parra, *The History of ICSID*, Oxford University Press, 2012, p. 251.

[4] See Albert Jan van den Berg, *Appeal Mechanism for ISDS Awards: Interaction with the New York and ICSID Conventions*, ICSID Review 34(1), 2019, p. 160 – 161.

[5] 参见美国 2004 年 BIT 范本第 28 条第 10 款。

[6] See Albert Jan van den Berg, *Appeal Mechanism for ISDS Awards: Interaction with the New York and ICSID Conventions*, ICSID Review 34(1), 2019, p. 161.

[7] See UNCITRAL Working Group Ⅲ, Appellate Mechanism and Enforcement Issues, available at https://uncitral.un.org/en/working_groups/3/Investor-State, visited on 23 July 2020.

两种:其一,在现有投资仲裁基础上增设上诉机制,如通过双边或多边条约设立适用于特定裁决的上诉机制,或设立常设多边上诉机制;其二,建立常设多边投资法院,将上诉机制作为法院的二审机构。不论采取何种建立形式,上诉机制的构建无疑将为 ICSID 裁决原有承认与执行机制带来新的变动与挑战。

基于前述背景,本章拟讨论两个问题:第一,上诉机制下,一审 ICSID 裁决和二审裁决的承认与执行机制相较于原 ICSID 裁决的承认与执行机制面临哪些变动与挑战;第二,如何构建上诉机制下 ICSID 裁决承认与执行的新机制,使其与原机制接轨,具体包括与《ICSID 公约》的兼容、与非上诉机制参与国投资仲裁裁决承认与执行机制的协调。下文所称"ICSID 裁决承认与执行机制"包括一审 ICSID 裁决和二审裁决的承认与执行机制。

二、上诉机制改革下 ICSID 裁决承认与执行机制的变化

(一)现行 ICSID 裁决承认与执行机制

《ICSID 公约》第六节对 ICSID 裁决的承认与执行机制作出了规定。其中,第 53 条规定了 ICSID 裁决对争端当事方的约束力。该条重申"有约必守"(*pacta sunt servanda*)这一习惯国际法原则,[1]除《ICSID 公约》第 50 ~ 52 条所规定的解释、修改、撤销外,仲裁庭所作裁决不受任何上诉程序或其他救济方法的约束,争端当事方应遵守和履行裁决的规定。实践中,绝大多数东道国主动履行了 ICSID 裁决义务,一方面,承认与执行 ICSID 裁决为东道国的条约义务,倘东道国拒绝履行,投资者母国可依据《ICSID 公约》第 27 条和第 64 条行使外交保护权或向国际法院提起诉讼;另一方面,若东道国拒绝履行裁决义务,可能给其投资环境造成负面影响,甚至影响东道国从世界银行或国际货币基金组织获取贷款。[2] 此外,东道国拒绝履行裁决义务的行为还可能构成对投资者的间接

---

〔1〕 See Aron Broches, *Awards Rendered Pursuant to the ICSID Convention: Binding Force, Finality, Recognition, Enforcement, Execution*, 2 ICSID Review-Foreign Investment Law Journal, 1987, p. 290 – 291.

〔2〕 See Anoosha Boralessa, *Enforcement in the United States and United Kingdom of ICSID Awards Against the Republic of Argentina: Obstacles That Transnational Corporations May Face*, New York International Law Review, 2004, p. 66 – 67.

征收,进而引发新的投资争端。[1]

公约第 54 条规定了裁决对于《ICSID 公约》缔约国的约束力,即“任何缔约国应承认根据公约作出的裁决具有拘束力,且在其境内像执行本国法院的终审判决一样执行裁决中规定的金钱义务”。根据《ICSID 公约》第 55 条,ICSID 裁决的执行“不得解释为背离任何缔约国现行的关于该国或任何外国执行豁免的法律”。仲裁实践中,美国哥伦比亚特区法院在 LETCO v. Liberia 案中便以国家豁免为由,驳回了 LETCO 根据 ICSID 裁决要求对利比亚驻美大使馆银行账户采取强制执行措施的申请。[2] 然而,在《ICSID 公约》下,国家豁免可以作为一项针对强制执行的抗辩理由,却不能构成缔约国怠于履行义务的借口。[3] 如缔约国以绝对豁免为由抗辩,可能构成对《ICSID 公约》第 53 条和第 54 条下条约义务的违反。

(二)ICSID 裁决与非 ICSID 裁决在承认与执行上的区别

不同于 ICSID 裁决承认与执行机制,非 ICSID 裁决主要通过《纽约公约》执行。两类裁决的承认与执行机制在法律依据、义务范围、司法审查和裁决撤销上的区别如表 6 - 1 所示。根据《纽约公约》第 5 条,执行地国法院依申请对当事方无行为能力或仲裁协议无效、当事方因缺乏适当通知或其他原因未能申辩、裁决超过仲裁协议的范围、仲裁庭组成不当、裁决尚未生效或被废止的情形进行审查,依职权对违反可仲裁性和公共政策的情形主动审查;如认定存在前述情形,执行地国法院可以拒绝承认或执行。可见,相较于《纽约公约》,《ICSID 公约》建立了一个自治的、简化的裁决承认与执行制度,[4] 裁决一旦作出,除非出现

---

〔1〕 在 Saipem S. p. A. v. Bangladesh 一案中,投资者诉称东道国在事实上撤销国际商会仲裁院所作的裁决、不予履行裁决义务的行为构成间接征收,仲裁庭认为其对此享有管辖权。See Saipem S. p. A. v. The People's Republic of Bangladesh, ICSID Case No. ARB/05/07, Decision on Jurisdiction and Recommendation on Provisional Measures(21 March 2007), paras. 129 - 134.

〔2〕 See Liberian Eastern Timber Corp. v. Government of the Republic of Liberia, 659 F. Supp. 606.

〔3〕 See Maritimr International Nominees Establishment v. Republic of Guinea, ICSID Case No. ARB/84/4, Interim Order No. 1 on Guinea's Application for Stay of Enforcement of the Award(12 August 1988), para. 25.

〔4〕 See Schreuer, C., Malintoppi, L., Reinisch, A., Sinclair. A, *The ICSID Convention: A Commentary*, Cambridge University Press, 1118(2001).

《ICSID 公约》第 52 条规定的、限于程序性事项的撤销情形,[1]裁决便是终局性的、具有强执行力的,执行地国法院无权对其进行司法审查。

表 6-1　ICSID 裁决与非 ICSID 裁决在承认与执行上的区别

<table>
<tr><th>分类</th><th>ICSID 裁决的承认与执行</th><th colspan="2">非 ICSID 裁决的承认与执行</th></tr>
<tr><td rowspan="3">承认与执行的法律依据</td><td rowspan="3">《ICSID 公约》、国际投资协定(如有)</td><td rowspan="2">执行地国为裁决地国</td><td>内国裁决——该国仲裁法、国际投资协定(如有)</td></tr>
<tr><td>非内国裁决——《纽约公约》、互惠原则、国际投资协定(如有)</td></tr>
<tr><td colspan="2">执行地国非裁决地国——《纽约公约》、互惠原则、国际投资协定(如有)</td></tr>
<tr><td>承认与执行的义务范围</td><td>金钱义务</td><td colspan="2">所有义务</td></tr>
<tr><td rowspan="3">承认与执行是否受制于执行地国法院司法审查</td><td>执行地国为东道国——应履行裁决规定</td><td rowspan="2">执行地国为裁决地国</td><td>内国裁决——依据该国仲裁法进行司法审查</td></tr>
<tr><td rowspan="2">执行地国为非东道国——裁决视为缔约国法院最终判决,裁决执行受该国法院关于执行判决的现行法的管辖</td><td>非内国裁决——依据《纽约公约》进行司法审查</td></tr>
<tr><td colspan="2">执行地国为非裁决地国——依据《纽约公约》进行司法审查</td></tr>
<tr><td>裁决撤销</td><td>ICSID 专门委员会依据《ICSID 公约》第 52 条,决定是否撤销裁决</td><td colspan="2">裁决地国法院依据该国仲裁法决定是否撤销裁决</td></tr>
</table>

尽管存在区别,上述两种裁决承认与执行机制并非完全割裂。首先,在义务范围上,ICSID 裁决下的非金钱义务可以通过《纽约公约》执行,非金钱义务包括要求东道国归还扣押财产、停止不合理的税收征收、允许投资者自由汇兑等。其次,在依据国际投资协定提起的投资仲裁中,如相关协定对裁决承认与执行作出

[1] 参见《关于解决国家与他国国民之间投资争端公约》(1965 年)第 52 条第 1 款。

规定,两种机制下的争端当事方均须遵循国际投资协定中的规定。以《中国—乌兹别克斯坦双边投资协定》为例,该协定第 12 条第 9 款对 ICSID 裁决和非 ICSID 裁决执行的前提条件分别作出规定。[1] 但相当数量的国际投资协定并未对裁决承认与执行作出规定,或仅宽泛地要求缔约方对裁决负有执行义务。最后,两种机制下,裁决的最终执行均需通过执行地国国内法的相关程序,国家主权豁免可能对裁决的执行产生一定影响。

(三)上诉机制改革下 ICSID 裁决承认与执行机制的变动与挑战

在 ISDS 上诉机制改革的背景下,ICSID 裁决的承认与执行面临着新的变动与挑战。

首先,一审 ICSID 裁决承认与执行的法律依据不同以往。《ICSID 公约》第 53 条第 1 款规定,"不得进行任何上诉或采取本公约规定外的任何其他救济方法。除依照本公约有关规定予以暂停执行的情况外,每一方应遵守和履行裁决的规定"。因此,如欲就 ICSID 裁决提起上诉,需在全体或部分《ICSID 公约》缔约国间修改《ICSID 公约》。对于上诉机制参与国而言,ICSID 裁决承认与执行的法律依据除了《ICSID 公约》和国际投资协定中关于裁决执行的规定外,还包括设立上诉机制的条约;对于非上诉机制参与国而言,在一审裁决上诉期限内或上诉审查期间,其是否仍有义务依照《ICSID 公约》第 54 条执行一审裁决须进一步明确。

其次,裁决性质直接影响裁决的承认与执行,然而,对于非上诉机制参与国,二审裁决是否会被视为《ICSID 公约》下的裁决、作为 ICSID 裁决还是非 ICSID 裁决获得承认与执行具有不确定性。以《欧盟—越南投资保护协定》(EU - Vietnam Investment Protection Agreement,EVIPA)第 3.57 条为例,该条规定,根据 ICSID 裁决提起上诉作出的上诉裁决,也应作为《ICSID 公约》第 54 条下的可执行裁决,但此类规定仅对上诉机制参与国有拘束力。若非上诉机制参与国将二审裁决视为非 ICSID 裁决,将会引发另外两个问题:第一,在缺乏仲裁"一裁终局"性,甚至由常设多边投资法院进行上诉审查的情况下,二审裁决是否属于执行地国国内仲裁法或《纽约公约》规定的"仲裁裁决";第二,包括我国在内,《纽约公约》约 1/3 的缔约国提出了商事保留,即仅对按照该国法律属于商事法律关系引起的争议适用《纽约公约》,对于主张商事保留的国家,如

---

[1] 参见《中国—乌兹别克斯坦关于促进和保护投资的协定》(2011 年)第 12 条第 9 款。

其将投资争议排除在商事争议范围之外,则二审裁决的承认与执行无法适用《纽约公约》。

以我国为例,根据我国加入《纽约公约》时所作的商事保留声明,我国仅对"按照我国法律属于契约性和非契约性商事法律关系所引起的争议"适用《纽约公约》。我国最高人民法院1987年发布的关于执行我国加入《纽约公约》的通知中对商事争议予以界定,规定"'契约性和非契约性商事法律关系',具体的是指由于合同、侵权或者根据有关法律规定而产生的经济上的权利义务关系……但不包括外国投资者与东道国政府之间的争端"。[1] 对此,有学者指出,我国自1993年加入《ICSID公约》以来陆续在国际投资协定中规定投资者有权将投资争端诉诸ICSID仲裁,在相当程度上修正了我国关于商事保留的态度,[2] 且我国在不少双边投资协定中允许将投资争端提交ICSID仲裁或临时仲裁,这在事实上修改或变更了加入《纽约公约》时所作的商事保留声明。[3] 然而,一方面,《ICSID公约》与《纽约公约》下的裁决承认与执行机制并不相同,我国根据《ICSID公约》负有承认与执行ICSID裁决的义务,并不同于有义务依《纽约公约》承认与执行非ICSID裁决;另一方面,尽管个别国际投资协定中规定了裁决执行事项,现行有效的大多数国际投资协定仅规定争端当事方可将投资争端提交仲裁,而未在条约中明确缔约方承认与执行裁决的义务。

三、上诉机制改革下ICSID裁决承认与执行机制的构建

(一)规定上诉机制的文书

上诉机制的建立形式可分为在现有投资仲裁基础上增设上诉机制或建立常设多边投资法院,两种建立形式均涉及对《ICSID公约》的修改,以突破《ICSID公约》第26条"同意排除任何其他救济方法"[4] 和第53条"不得进行任何上诉

[1] 《最高人民法院关于执行我国加入的〈承认及执行外国仲裁裁决公约〉的通知》(1987年4月10日)第2条。

[2] 参见张建:《论国际投资仲裁裁决在中国的承认与执行》,载《南华大学学报(社会科学版)》2017年第2期。

[3] 参见孙南申、孙颖:《论国际投资仲裁裁决在〈纽约公约〉下的执行问题》,载《广西师范大学学报(哲学社会科学版)》2020年第1期。

[4] 参见《关于解决国家与他国国民之间投资争端公约》第26条。

或采取除本公约规定外的任何其他救济方法"[1]之规定。根据《ICSID 公约》第66条,[2]在全体缔约国间修改公约需要所有缔约国的同意,且相关修改不得影响任何缔约国在修改生效之前既已同意受 ICSID 管辖而产生的权利和义务。迄今为止,尚无缔约国对《ICSID 公约》提出修改请求。鉴于各国在上诉机制构建上态度不一,[3]直接修改《ICSID 公约》,如对第52条的撤销理由予以补充或直接修改第53条,以上诉机制取代原有裁决撤销制度或增设上诉机制供缔约国自行选择,在实践中难度较大。

为使上诉机制与《ICSID 公约》兼容,可依循《维也纳条约法公约》第41条,[4]通过缔结条约,在两个以上的《ICSID 公约》缔约国间修改《ICSID 公约》,这也体现在当前投资条约的实践中,如《欧盟与加拿大全面经济贸易协定》《欧盟—越南投资保护协定》等协定将 ICSID 裁决作为可上诉的一审裁决之一。不过,这一做法在理论上存在一定争议。反对者认为,这与《维也纳条约法公约》第41条不符:一方面,第41条规定不得进行条约禁止的修改,而《ICSID 公约》第26条和第53条明确排除了上诉救济;另一方面,第41条规定条约的修改不得妨碍条约整体目的和宗旨的实现,而上诉机制的设立可能导致 ICSID 仲裁结构碎片化,分为允许上诉的 ICSID 仲裁程序和一裁终局的 ICSID 仲裁程序。[5]赞成者则认为,《ICSID 公约》并未禁止修改第53条,且上诉机制的设立并未违背公约目的与宗旨,相反,增设上诉机制有利于增强 ISDS 的合法性。[6] 本文认为,第一,《ICSID 公约》并未明确禁止部分缔约国有权在相互之间订立条约以修改公约,上诉机制参与国有权缔结条约。2004年 ICSID 秘书处起草的《上诉便

---

〔1〕 参见《关于解决国家与他国国民之间投资争端公约》第53条第1款。

〔2〕 参见《关于解决国家与他国国民之间投资争端公约》(1965年)第66条第1款。

〔3〕 例如,欧盟主张针对 ISDS 的系统化缺陷进行体系化改革;中国、印度、阿根廷等国主张在现有投资仲裁基础上增设上诉机制;美国、智利、日本、俄罗斯等国主张对现有投资仲裁进行一定改良。

〔4〕 参见《维也纳条约法公约》(1969年)第41条第1款。

〔5〕 See Nicolas Jansen Calamita, *The (In) Compatibility of Appellate Mechanisms with Existing Instruments of the Investment Treaty Regime*, Journal of World Investment and Trade 18(4), 2017, p. 585 – 627.

〔6〕 See Gabrielle Kaufmann-Kohler and Michele Potestà, Can the Mauritius Convention serve as a model for the reform of Investor-State arbitration in connection with the introduction of a permanent investment tribunal or an appeal mechanism. See also Albert Jan van den Berg, *Appeal Mechanism for ISDS Awards: Interaction with the New York and ICSID Conventions*, ICSID Review 34(1), 2019, p. 170.

利规则》同样援引了《维也纳条约法公约》第 41 条作为公约修改依据。[1] 第二,上诉机制的设立旨在改善现有投资仲裁机制的内在缺陷,回应投资仲裁的正当性危机,与《ICSID 公约》鼓励外国投资的目的与宗旨相符。

总体而言,《ICSID 公约》部分缔约国根据《维也纳条约法公约》第 41 条,通过缔结条约设立上诉机制具有可行性,规定上诉机制的文书形式有两种:其一,在新缔结的双边或多边国际投资协定中设立上诉机制,具体包括在现有投资仲裁基础上增设上诉机制或建立常设多边投资法院,如欧盟与加拿大、越南、新加坡等国订立的自由贸易协定或投资保护协定中规定了常设多边投资法院方案。但如大量采用此方式,在不同国家间各自建立适用于不同条约下投资争端的 ISDS 模式,可能导致不同上诉机构间的不统一,乃至加剧裁决的不一致性和不正确性。其二,制定《上诉机制公约》,在条款设计上兼顾灵活性与可预见性,通过独立的条约在现有投资仲裁基础上增设上诉机制或建立常设多边投资法院。比如,参考《透明度公约》模式和《实施税收协定相关措施以防止税基侵蚀和利润转移的多边公约》模式,前者通过公约将《透明度规则》规定的实质性标准渗透至碎片化的投资协定体系,并设置了数量有限的保留;后者通过公约对现有税收协定的适用范围作出调整,并允许缔约方自主决定排除不反映最低标准的条款。相较于在新缔结的双边或多边国际投资协定中设立上诉机制,第二种文书形式将新设国际规则引入现有国际投资协定体系,避免对相关条约展开逐一修订,有助于上诉机制与现有国际投资协定体系的协调与衔接。

(二)ICSID 裁决承认与执行机制的调整

在《上诉机制公约》下,为协调裁决在非上诉机制参与国的承认与执行,ICSID 裁决承认与执行机制需要在现有机制基础上作出相应调整。

对于一审裁决,就上诉机制参与国而言,《上诉机制公约》可规定在上诉期限内或上诉审查期间,争端当事方不得申请承认与执行一审裁决,上诉机制参与国应拒绝此类裁决的承认或执行。就非上诉机制参与国而言,其并不受《上诉机制公约》约束,但若非上诉机制参与国在上诉审查期间仍依据《ICSID 公约》第 54 条执行一审裁决,显然不利于上诉申请方的权益保护。《ICSID 公约》第 54 条规定了承认与执行裁决的程序性要求,即在缔约国承认或执行裁决的一方应

---

〔1〕 See ICSID Secretariat, Possible Features of an ICSID Appeals Facility.

向该国主管机构提供“经秘书长核证无误的裁决副本一份”。因此,为避免非上诉机制参与国在上诉期限内或上诉审查期间执行一审裁决,可在《上诉机制公约》中规定:对于上诉期限内或上诉审查期间的一审裁决,秘书长不予核证。[1]

对于二审裁决,就上诉机制参与国而言,《上诉机制公约》可规定将二审裁决视为《ICSID 公约》下的裁决,从而在上诉机制参与国适用 ICSID 裁决的承认与执行机制,这有利于保障二审裁决的顺利执行,使一审裁决与二审裁决的承认与执行机制相统一。就非上诉机制参与国而言,除非另有约定,二审裁决为非 ICSID 裁决。二审裁决在仲裁地国通过国内仲裁法获得承认与执行,其是否属于“仲裁裁决”、相应的司法审查程序如何进行皆依该国国内法而定;在非仲裁地国则通过《纽约公约》获得承认与执行。《纽约公约》第 1 条第 2 款规定,仲裁裁决包括“当事人提请裁断之常设公断机关所作裁决”,实践中,美伊求偿庭所作裁决也已通过《纽约公约》获得承认,[2]故上诉机制所作二审裁决可归属于《纽约公约》下的“仲裁裁决”,作为非 ICSID 裁决获得承认与执行,受执行地国法院司法审查。综合上述,对于二审裁决,在上诉机制参与国与非参与国间存在不同的裁决承认与执行机制,这可能成为争端当事方选择执行地的考量因素之一。

四、中国因应

随着我国对外开放水平的不断提升,“走出去”战略和“一带一路”倡议的不断深化,中国投资者诉外国政府和外国投资者诉中国政府的国际投资仲裁案件数量不断攀升。截至 2020 年 12 月底,已公开的中国投资者(含港澳地区投资者)诉外国政府的投资仲裁案件已达 10 起,其中 70% 为 ICSID 案件;已公开的外国投资者诉中国政府的国际投资仲裁案件已达6 起,其中83% 为 ICSID 案件。

(一)积极参与和推动 ISDS 上诉机制改革

作为双向投资大国,中国具有高风险投资结构、处于高风险投资时期,[3]应

---

[1] 参见肖军:《建立国际投资仲裁上诉机制的可行性研究——从中美双边投资条约谈判说起》,载《法商研究》2015 年第 2 期。

[2] See Jansen Calamita, UNCITRAL Working Group Ⅲ Debate: Enforceability of awards by an appellate mechanism or an investment court under the ICSID and New York Conventions.

[3] 参见单文华、王鹏:《均衡自由主义与国际投资仲裁改革的中国立场分析》,载《西安交通大学学报(社会科学版)》2019 年第 5 期。

积极参与和推动ISDS上诉机制改革,在多边场合提出中国倡议,发出中国声音。我国曾在2019年7月就ISDS改革向UNCITRAL第三工作组提交意见书,对于第三工作组在2020年7月就上诉机制和裁决执行事项发布的草案,我国也应积极提出建议。一方面,积极参与规则的制定有利于提升我国在国际规则中的话语权和影响力;另一方面,随着涉华投资仲裁案件数量的逐年上涨,中国投资者也需要更完善的ISDS制度作为投资的法律保障。

结合前述分析,可考虑通过独立的《上诉机制公约》在现有投资仲裁基础上增设常设上诉机制。首先,在上诉机制基础文书形式上,参考《透明度公约》模式和《实施税收协定相关措施以防止税基侵蚀和利润转移的多边公约》模式,有助于将上诉机制安排嵌入我国现阶段的国际投资协定体系,并与日后缔结的国际投资协定相互衔接。[1] 其次,在上诉机制建立形式上,相较于建立常设多边投资法院和临时上诉机制,在现有投资仲裁基础上增设常设上诉机制与现有国际投资协定体系的协调难度更小。比如,设立常设多边投资法院需对现有国际投资协定进行修改,以常设法院一审取代现有投资仲裁,且争端当事方无法任命一审法官。

(二)完善国内法关于ICSID裁决承认与执行的相关规定

《ICSID公约》第54条第2款规定,缔约国应将为承认与执行ICSID裁决而指定的主管法院或其他机构及随后关于此项指定的任何变动通知秘书长。因此,指定国内主管ICSID裁决的主管机构为《ICSID公约》缔约国的条约义务。根据我国《民事诉讼法》第283条的规定,当事人可向中级人民法院申请承认与执行国外仲裁机构的裁决,但该条既未明确"国外仲裁机构的裁决"是否包括ICSID裁决,也未指定具体主管机构。此外,我国尚未就ICSID裁决承认与执行的具体法律程序作出规定。

为保障ICSID裁决在我国的承认与执行,可从以下两个方面加以完善:其一,鉴于ICSID案件的主体、标的额、复杂性和专业性不同于一般案件,宜指定最高人民法院作为ICSID裁决承认与执行的主管机构;其二,可由最高人民法院出台司法解释,制定ICSID裁决承认与执行的具体法律制度,包括执行期限、司法审查等,明确审判监督程序或公共秩序保留制度对ICSID裁决的适用问题。

---

[1] 参见张皎、李传龙、郑淑琴:《中欧投资协定投资者与国家争端解决条款设计——基于条款价值的考量》,载《欧洲研究》2020年第2期。

2020 年 7 月 22 日,最高人民法院与发改委在发布的意见中指出,应“探索建立健全国际投资仲裁领域的司法审查机制”。[1] 就 ICSID 裁决的司法审查,根据《ICSID 公约》的规定,可分为两种情况:

第一,当我国作为东道国时,《ICSID 公约》第 53 条规定,除依照公约有关规定予以停止执行的情况外对 ICSID 裁决不享有司法审查权。例如,Sempra Energy v. Argentine 一案中,专门委员会指出,由一国国内法院决定该国是否履行其在国际条约下的义务与国际法基本原则不符,阿根廷国内法的相关规定与本案裁决执行无关。[2]

第二,当我国并非东道国时,《ICSID 公约》第 54 条规定,缔约国应将 ICSID 裁决视为该国法院的最终判决,且裁决的执行应受该国关于执行判决的现行法律的管辖。从条约文本看,《ICSID 公约》并未直接授予缔约国法院司法审查权,但关于第 54 条是否通过“受该国关于执行判决的现行法律的管辖”间接授权缔约国进行司法审查,在理论上存在不同观点。多数学者认为,结合《ICSID 公约》的缔约历史和条文措辞,缔约国在执行 ICSID 裁决时不得进行任何形式的实体审查,包括关于可仲裁性和公共秩序的审查;[3] 也有观点指出,《ICSID 公约》并未排除执行地国法院对 ICSID 裁决进行最低限度的司法审查,而通过将之视为本国法院最终判决的方式“有限制地间接授权”,[4] 即如果该国在执行本国法院最终判决时需进行司法审查,则可对 ICSID 裁决进行同等审查,具体审查范围根据各国国内法而定。笔者认为,首先,从缔约历史和仲裁实践上看,缔约国司法机构无权对裁决进行任何审查,裁决的终局性也排除了关于国际公共秩序或一般国际法的审查,[5] 因此,国内审判监督程序和公共秩序保留制度不应适用于 ICSID 裁决。其次,参考《纽约公约》的相关实践,即便我国将公共秩序保留

---

〔1〕《最高人民法院 国家发展和改革委员会关于为新时代加快完善社会主义市场经济体制提供司法服务和保障的意见》(法发〔2020〕25 号)第 27 段。

〔2〕 See Sempra Energy International v. Argentine Republic, ICSID Case No. ARB/02/16, Decision on the Argentine Republic's Request for a Continued Stay of Enforcement of the Award(5 March 2009), paras. 59 - 64.

〔3〕 See Albert Jan Van Der Berg, *Some Recent Problems in the Practice of Enforcement under the New York and ICSID Conventions*, 2 ICSID Review, 1987, p. 439.

〔4〕 参见王海浪:《论国际投资仲裁裁决的承认与执行——以执行法院的审查权为中心》,载《国际经济法学刊》2018 年第 4 期。

〔5〕 See Christoph H. Schreuer, *The ICSID Convention: A Commentary*, Cambridge University Press, 2001, p. 1129.

这一所谓的“安全阀”适用于ICSID裁决,司法机关在具体案件中也应审慎裁断,避免构成对条约义务或国际法责任的违反,给我国“仲裁友好国家”形象造成负面影响。[1]

(三)完善国内法关于非ICSID裁决承认与执行的相关规定

不论我国是否加入《上诉机制公约》,完善关于非ICSID裁决承认与执行的相关规定均有其意义。如前所述,ICSID裁决与非ICSID裁决的承认与执行机制并非割裂,对于ICSID裁决中的非金钱义务,也可通过《纽约公约》执行。此外,如我国暂未加入《上诉机制公约》,或《上诉机制公约》未明确将二审裁决视为ICSID裁决,二审裁决仍可能作为非ICSID裁决在我国获得承认与执行。非ICSID裁决承认与执行的相关规定的完善可从以下两个方面进行:第一,修正我国关于《纽约公约》商事保留中“商事争议”的范围认定,允许投资仲裁裁决通过《纽约公约》在我国获得承认与执行。正如前述,最高人民法院关于执行我国加入《纽约公约》的通知中将投资争端排除在商事争端之外,这可能阻碍二审裁决在我国获得承认与执行。第二,加快《仲裁法》的修订进程,明确投资仲裁的可仲裁性,引入临时仲裁制度。《仲裁法》第2条将仲裁主体限于“平等主体”,[2]而投资仲裁案件中,东道国与投资者分别为公法主体和私法主体。因此,有必要加强国内仲裁立法与国际仲裁实践的衔接,为投资仲裁裁决在我国的承认与执行创设良好的法律环境。

(四)完善国内法关于国家主权豁免的相关规定

国家主权豁免包括管辖豁免和执行豁免,二者彼此独立,东道国对管辖豁免的放弃并不构成对执行豁免的放弃。[3] 在管辖豁免上,东道国订立包含“无默契仲裁条款”的国际投资条约或仲裁协议通常构成对管辖豁免的放弃。在执行豁免上,存在“绝对豁免”和“限制豁免”的不同立场,后者依据国家财产性质的不同决定是否予以执行豁免。我国于2005年9月签署《联合国国家及其财产管辖豁免公约》,目前该公约暂未生效;于2011年刚果(金)案中重申了我国关于我国国家及其财产的绝对豁免主张。不论我国持绝对豁免还是相对豁免立场,

---

[1] 参见肖芳:《国际投资仲裁裁决在中国的承认与执行》,载《法学家》2011年第6期。

[2] 参见《仲裁法》(2017年)第2条。

[3] 参见[英]伊恩·布朗利:《国际公法原理》,曾令良、余敏友等译,法律出版社2003年版,第367页。

宜尽快填补立法空缺,明确国家豁免权的适用范围,以应对可能在我国提起的投资仲裁裁决承认与执行申请。

五、结语

从一裁终局到上诉机制,包括 ICSID 仲裁在内的国际投资仲裁面临着新的发展与挑战。尽管投资仲裁的目的之一是使投资争端去政治化,受限于投资争端本身的性质,投资仲裁难以完全摒除公法性及政治性,这也是 ISDS 改革难以改变之处。[1] 面对现有仲裁机制的内在缺陷,碎片化实体投资规则基础之上,上诉机制的构建是"抱薪救火"抑或"釜底抽薪"仍是一个未知数。

具体至上诉机制下 ICSID 裁决的承认与执行机制,缔结《上诉机制公约》,在现有投资仲裁基础上增设常设多边上诉机制,有助于更好地实现上诉机制与《ICSID 公约》《纽约公约》及现有国际投资协定体系的协调与衔接。除了通过《上诉机制公约》和《ICSID 公约》对一审 ICSID 裁决和二审裁决在上诉机制参与国的承认与执行作出规定外,还应通过《纽约公约》保障二审裁决在非上诉机制参与国获得承认与执行。

最后,从中国立场看,作为双向投资大国,在国际层面,不论《上诉机制公约》最终能否缔结,也不论中国是否加入《上诉机制公约》,中国均应积极参与 ISDS 改革的多边讨论,推动符合自身利益的改革方案,提升国际规则话语权,以更好地实现东道国规制权与投资者权益、发达国家利益与发展中国家利益、资本输出国利益与资本输入国利益的良性平衡;在国内层面,应尽快完善国内法关于投资仲裁裁决承认与执行的具体规则,通过法律明确我国在执行豁免上所持立场,增强国内仲裁立法与国际仲裁实践的衔接,为上诉机制改革下一审 ICSID 裁决和二审裁决在我国的承认与执行提供坚实的法律保障。

---

[1] See Fernando Dias Simões, UNCITRAL Working Group Ⅲ: Would an Investment Court Depoliticize ISDS.

第七章 投资仲裁员行为准则的晚近发展

——兼评《ISDS 审裁员行为守则草案》

投资仲裁深受国际商事仲裁的影响,这种“投资仲裁商事化”的现象[1]也体现在投资仲裁员的身上。一方面,由于相当一部分投资争端系采用国际商事仲裁机制予以解决,[2]对于投资仲裁员的行为规范自然也按照商事仲裁员的标准来进行要求;另一方面,投资仲裁员多是活跃于国际商事仲裁领域的商事仲裁员,他们利用成熟的商事案件管理经验接手投资仲裁案件,[3]潜移默化地将商事裁决思维引入投资仲裁中。近年来,商事仲裁员和投资仲裁员的融合逐渐暴露出一些问题,例如,根据商事仲裁实践,某一个体同时在不同案件中担任仲裁员和法律顾问等多重角色并不构成利益冲突,而这一做法在国际投资领域则越来越受到质疑,[4]甚至成为国际投资仲裁机制饱受诟病的原因之一。如何制定能够充分反映投资仲裁本质特征的、去商事化的专属规则,是近年来投资仲裁规则和投资条约的制定者一直在思考的问题。

围绕投资仲裁员行为准则的晚近发展,本章的讨论分为 5 个部分:第一部分梳理投资仲裁员行为准则的现行法律框架,系统地呈现其由“商投合一”到“商投分离”的发展历程;第二部分回顾《ISDS 审裁员行为守则草案》(《守则草案》)的孕育和诞生;第三部分分析这一国际立法的主要亮点和不足;第四部分聚焦投资仲裁员的披露义务及其落实;第五部分对投资仲裁员行为准则的晚近发展进行总结,并对其未来发展予以展望。

一、投资仲裁员行为准则的现行法律框架

随着国际仲裁领域的不断发展,许多国家的律师协会、仲裁机构和国际组织

〔1〕 参见蔡从燕:《国际投资仲裁的商事化与“去商事化”》,载《现代法学》2011 年第 1 期。

〔2〕 同上。

〔3〕 参见 Karl-Heinz BÖckstiegel、傅攀峰:《商事仲裁与投资仲裁:当今两者差异几何?》,载《仲裁研究》2014 年第 2 期。

〔4〕 参见蔡从燕:《国际投资仲裁的商事化与“去商事化”》,载《现代法学》2011 年第 1 期。

均制定了有关仲裁员的道德规范准则,这些行为准则有的既适用于商事仲裁,又适用于投资仲裁,是"商投合一"的仲裁员行为准则;有的则仅适用于投资仲裁,是"商投分离"的仲裁员行为准则。它们或对仲裁员具有约束力,或仅为当事人提供一般性指导。

(一)"商投合一"的仲裁员行为准则

"商投合一"的仲裁员行为准则并未区分其所适用的案件类型是国际商事仲裁案件,还是国际投资仲裁案件,而是对"商事"做广义理解,将投资视为商事交易的子类型,进而统一适用商事案件的仲裁规则。这些"商投合一"的仲裁员行为准则或自成一体,或被纳入其他法律文本中,笔者将其归为以下三类。

1. 各国国内法及判例法

曾经,各国的仲裁法律一度将仲裁程序简单地等同于法院诉讼,条文不完整、内容太宽泛,不成体系,未能处理与仲裁相关的所有仲裁事项。[1] 传统的本国概念被强加于国际案件,这本就难以满足实践所需,各国诉讼法律的千差万别又加剧了国内法的国际适用困境。为了改进和协调、统一各国有关仲裁的法律,尤其是调整国际商事仲裁的法律,[2]联合国国际贸易法委员会(UNCITRAL)于1985年主持制定了《联合国国际贸易法委员会国际商事仲裁示范法》(UNCITRAL Model Law on International Commercial Arbitration,以下简称《仲裁示范法》),试图提供一套国际立法标准,以反映各国就国际仲裁实践的各项原则和重要问题达成的共识。[3] 《仲裁示范法》是典型的"商投合一"的法律文本。其关于适用范围的条文未对"商事"作出界定,但注释对此进行了广义解释,将投资视为具有商事性质关系的事项之一,[4]由此产生的争端若诉诸国际仲裁,均可适用《仲裁示范法》。截至2020年6月,《仲裁示范法》已被包括中国在内的83个联合国成员国作为蓝本,[5]在制定国内仲裁法律时稍作补充和修

[1] See Explanatory Note by the UNCITRAL secretariat on the 1985 Model Law on International Commercial Arbitration as amended in 2006, para. 6.

[2] *Id.*, para. 10.

[3] *Id.*, para. 2.

[4] See UNCITRAL Model Law on International Commercial Arbitration(2006), Art. 1.

[5] See UNCITRAL, Overview of the status of UNCITRAL Conventions and Model Laws, adopted on 16 June 2020.

改或直接转化适用。[1]

《仲裁示范法》整体上没有对仲裁员的行为规范进行过多要求。在仲裁员的指定方面,《仲裁示范法》只在第11条笼统规定,法院或其他机构应适当顾及当事人约定的仲裁员所需具备的任何资格,以及有可能确保指定独立和公正的仲裁员的考虑因素。[2] 在申请仲裁员回避方面,第12条明确规定,仲裁员应当充分履行全面、持续、及时的披露义务,当且仅当"对仲裁员的公正性或独立性产生正当怀疑",或者"仲裁员不具备当事人约定的资格"时,才能申请仲裁员回避,[3]这与指定仲裁员的两个要求相对应。在申请撤销和申请拒绝承认或执行裁决方面,第34(2)(a)(iv)条和第36(1)(a)(iv)条均表明,仲裁庭的组成"与当事人的约定不一致"或者不符合相关法律都是否定仲裁裁决的理由。[4] 此外,"仲裁员不具备当事人约定的资格"除了能够作为当事人申请仲裁员回避的理由外,其还属于仲裁庭的组成"与当事人的约定不一致"的情形,也就是说,如果存在违反第12条的情形,还可以依据第34条申请撤销或者依据第36条申请拒绝承认与执行裁决。

由于《仲裁示范法》未对"独立性"、"公正性"和"正当怀疑"等主观用语加以界定,在实践中,各国法院往往根据自己的标准进行解释。[5] 2012年,UNCITRAL发布《〈国际商事仲裁示范法〉判例法摘要》(UNCITRAL 2012 Digest of Case Law on the Model Law on International Commercial Arbitration),对部分具有代表性的法院判决进行了整理和归纳,强调公正性和独立性要求的强制性,展示了不同国家的不同法院对于仲裁员披露义务的不同分析和理解,举例说明对仲裁员公正性和独立性的正当怀疑的解释标准及其在特定情况下的应用。[6] 通过一系列解释性判决,各国通常会逐渐形成其关于仲裁员行为规范的认定标准。例如,德国多个法院在2000~2006年先后作出的4份判决对仲裁员公正性

[1] See UNCITRAL, Arbitration Centres, available at https://uncitral.un.org/en/texts/arbitration/contractualtexts/arbitration/centres.

[2] UNCITRAL Model Law on International Commercial Arbitration(2006), Art. 11.

[3] *Id.*, Art. 12(2).

[4] *Id.*, Art. 34(2)(a)(iv), 36(1)(a)(iv).

[5] UNCITRAL, Settlement of commercial disputes: Possible future work on ethics in international arbitration, para. 17, adopted on 29 April 2016.

[6] See Digest of Case Law on the Model Law on International Commercial Arbitration, p. 64 - 67.

或独立性的判断均采合理怀疑标准,不要求证明实际存在偏袒,[1]这可谓形成了一种事实上的判例法。同理,在仲裁裁决的执行抗辩中,当事人试图以仲裁员缺乏公正性和独立性为由,依据《承认和执行外国仲裁裁决公约》(Convention on the Recognition and Enforcement of Foreign Arbitral Awards)向相关法院申请不予执行仲裁裁决,此时,相关法院作出的判决也有可能形成关于仲裁员行为规范的事实上的判例法。

2. 国际组织和仲裁机构制定的指导意见

作为当事人评价仲裁员公正性和独立性以及申请仲裁员回避的参考,[2]国际律师协会(International Bar Association, IBA)制定的《国际仲裁利益冲突指引》(IBA Guidelines on Conflicts of Interest in International Arbitration,以下简称《利益冲突指引》)亦明确其"商投合一"的适用属性,且不论仲裁员是否由法律专业人士担任,对其行为规范的调整均为该指引所覆盖。[3] 负责起草《利益冲突指引》的"国际商事仲裁利益冲突工作组"[4]最初仅设想将该指引适用于国际商事仲裁实践,但又希望该指引能像《国际商事仲裁证据获取规则》(IBA Rules on the Taking of Evidence in International Commercial Arbitration)那样被整个国际仲裁界接纳,[5]因此,在最终定稿时,决定将其适用范围扩展到包括投资在内的所有类型的仲裁案件,而不仅仅是商事案件。[6]

《利益冲突指引》在"公正、独立和披露的一般标准"的框架下,通过建立红色、橙色和绿色适用清单,进一步对可能构成利益冲突的情形进行非穷尽式的归类和列举,向仲裁各方提供明确且具体的指引。红色清单包括"不可弃权"和"可弃权"两部分,若出现前者规定的情形,当事方不得放弃任何潜在的利益冲突,仲裁员必须拒绝接受任命;若仅出现后者规定的情形,则仲裁员可以向所有

---

[1] See Digest of Case Law on the Model Law on International Commercial Arbitration, p. 65 – 66.

[2] IBA Guidelines on Conflicts of Interest in International Arbitration (2014), p. 3.

[3] *Id.*

[4] See Otto L O de Witt Wijnen, Nathalie Voser & Neomi Rao, Background Information on the IBA Guidelines on Conflicts of Interest in International Arbitration, *Business Law International*, 2004, 5(3), p. 433.

[5] *Id.*, at p. 435.

[6] See Otto L O de Witt Wijnen, Nathalie Voser & Neomi Rao, Background Information on the IBA Guidelines on Conflicts of Interest in International Arbitration, *Business Law International*, 2004, 5(3), at p. 440.

仲裁参与方充分披露,在经过各方明确同意后,方可继续接受任命。[1] 橙色清单列举的是在当事人看来可能对仲裁员的公正性或独立性产生怀疑的情形,仲裁员有义务披露这些信息,[2] 如果当事人没有及时提出异议,则推定其接受该仲裁员。[3] 绿色清单列举的是从客观角度看不存在表面或实际利益冲突的情形,不强制仲裁员对其进行披露。[4]

各专业性仲裁机构针对仲裁员的行为规范制定的行为准则数量庞大,例如,美国仲裁协会的《商事争议中仲裁员的行为道德规范》(Code of Ethics for Arbitrators in Commercial Disputes)和新加坡国际仲裁中心的《仲裁员道德准则》(Code of Ethics for an Arbitrator)等,在此不一一列举。

3. 商事仲裁规则

《贸易法委员会仲裁规则》(UNCITRAL Arbitration Rules,以下简称《UNCITRAL 仲裁规则》)是最具代表性的商事仲裁规则。该规则对仲裁员披露义务的规定与《仲裁示范法》基本一致,对仲裁员公正性和独立性的评判也采取"正当怀疑"检测标准,[5] 与《仲裁示范法》的不同主要体现在申请仲裁员回避的理由方面。正如上文所述,《仲裁示范法》严格规定只有在两种情况下可以申请回避,而《UNCITRAL 仲裁规则》的规定则较为宽松:一方面,只要对仲裁员的公正性和独立性存在正当怀疑,当事人就可以要求仲裁员回避;[6] 另一方面,如果仲裁员不作为,或由于法律上或事实上的原因无法履职,当事人也可以申请该仲裁员回避。[7]

(二)"商投分离"的仲裁员行为准则

"商投分离"的仲裁员行为准则主要存在于投资仲裁规则和投资条约中。作为世界上第一个专门解决国际投资争端的仲裁机构的成立依据,《ICSID 公约》对投资仲裁员的行为规范作出三个高度抽象且概括的要求:(1)高尚的道

---

〔1〕 See IBA Guidelines on Conflicts of Interest in International Arbitration (2014), General Standard 4(b), (c).

〔2〕 *Id.*, at General Standard 3(a).

〔3〕 *Id.*, at General Standard 4(a).

〔4〕 *Id.*, at p. 19.

〔5〕 See UNCITRAL Arbitration Rules (2013), Art. 11; UNCITRAL Model Law on International Commercial Arbitration (2006), Art. 12.

〔6〕 UNCITRAL Arbitration Rules (2013), Art. 12(1).

〔7〕 *Id.*, Art. 12(3).

德品质;(2)在法律、商务、工业和金融方面公认的专业能力,尤其在法律方面的能力;(3)可被信赖独立作出判断。[1] 公约同时规定,当事人可以建议取消明显缺乏上述资质要求的任何仲裁员的资格。[2] 此外,《ICSID 仲裁规则》也简单地对其仲裁员名册中的仲裁员行为规范作出一些要求,例如,保密、公正审判、不得接受任何与仲裁程序有关的指示或报酬等。[3] 该规则历经三次修订,[4] 对于仲裁员应当在签署的声明中作出的陈述,2003 年版侧重于要求仲裁员披露可能影响其独立性的情形,[5] 现行 2006 年版则进一步要求对可能影响公正性的情形也进行充分披露,且首次要求在整个仲裁过程中持续履行该披露义务。[6]

大量现有投资条约并未载有任何仲裁员行为准则,[7] 然而,最近缔结的一些投资条约已经开始将 ISDS 仲裁庭成员的行为准则囊括其中。[8] 2018 年9 月缔结的《白俄罗斯共和国和印度共和国投资条约》(Treaty between the Republic of Belarus and the Republic of India on Investments)第 19 条"预防仲裁员利益冲突和回避"规定,仲裁员在整个仲裁过程中应当保持公正和独立、避免任何利益冲突,如获提名或委任,应当持续地以书面形式披露任何在争议各方看来可能引起对其资格产生怀疑的情况,[9] 同时列出 8 项应当视为存在正当怀疑的因素。[10] 该条还明确规定了当事人一方或双方选择适用其他行为准则时两个准

---

〔1〕 Convention on the Settlement of Investment Disputes Between States and Nationals of other States, Art. 14(1).

〔2〕 *Id.*, Art. 57.

〔3〕 See ICSID Arbitration Rules(2006), Rule 6.

〔4〕 See ICSID Convention Arbitration Rules.

〔5〕 ICSID Arbitration Rules (2003), Rule 6 (2): "... A statement of my past and present professional, business and other relationships(if any) with the parties is attached hereto."

〔6〕 See ICSID Arbitration Rules(2006), Rule 6(2).

〔7〕 See UNCITRAL, Report of Working Group Ⅲ (Investor-State Dispute Settlement Reform) on the Work of its Thirty-sixth Session(Vienna, 29 October – 2 November 2018), at para. 75, adopted on 6 November 2018, https://undocs.org/en/A/CN.9/964.

〔8〕 See UNCITRAL Working Group Ⅲ, Possible reform of Investor-State dispute settlement (ISDS): Background Information on A Code of Conduct, at para. 11, adopted on 31 July 2019, https://undocs.org/en/A/CN.9/WG.Ⅲ/WP.167.

〔9〕 Treaty between the Republic of Belarus and the Republic of India on Investments, Art. 19.1, 19.2.

〔10〕 Treaty between the Republic of Belarus and the Republic of India on Investments, Art. 19.10.

则的关系,即由双方协商一致决定该条不予适用或作为补充。[1] 2018年4月缔结的《阿根廷共和国和阿拉伯联合酋长国关于相互促进和保护投资的协定》(Agreement for the Reciprocal Promotion and Protection of Investments between the Argentine Republic and the United Arab Emirates,以下简称《阿根廷与阿联酋BIT》)C节"关于仲裁员行为的规定"共8条,系统地规定了仲裁员接受任命前、后以及任职结束各阶段应当履行的义务,还规定了当事人可以申请仲裁员回避的理由,并明确,若该节与《利益冲突指引》不一致,以前者为准。[2]

此外,有的投资条约中的行为准则不仅适用于仲裁员,还适用于调解员,是"仲调合一"的行为准则。《加拿大—欧盟综合经济与贸易协定》(Comprehensive Economic and Trade Agreement between Canada, of the one part, and the European Union and its Member States, of the other part)附件29-B《仲裁员和调解员行为准则》(Code of Conduct for Arbitrators and Mediators)共21条,前20条规定的都是仲裁员应当遵守的行为规范,最后1条补充规定,在细节上作必要修改后,该准则适用于调解员。

(三)对现行法律框架的评述

从上述列举的法律文本可以看出,投资仲裁员行为准则的现行法律框架具有如下特征。

1. 规则体系的碎片化和多元化

首先,投资仲裁员行为准则的现行法律框架具有细小零碎、多而分散的特征,与当前整个国际投资法体系的碎片化结构相一致,不仅如此,在某种意义上,前者的碎片化程度甚至更高。从法律文本的数量上看,由国家或地区政府缔结的双边投资条约目前共有2901个,真正有效的也有2343个之多;[3] 而投资仲裁员行为准则的制定通常可由一个主体独立完成,再加上相关国际组织也可能出台规范或提供指引,因此,虽然目前还暂时没有对此类法律文本数量的精确统

[1] Treaty between the Republic of Belarus and the Republic of India on Investments, Art. 19. 11.

[2] Agreement for the Reciprocal Promotion and Protection of Investments between the Argentine Republic and the United Arab Emirates, Art. 34(1).

[3] UNCTAD, International Investment Agreements Navigator, https://investmentpolicy.unctad.org/international-investment-agreements, visited on 2 December 2020.

计,但根据 UNCITRAL 官网的一份不完全仲裁中心清单,[1]再结合近年来缔结的投资条约逐渐纳入行为准则这一趋势,可以推测,有关投资仲裁员行为准则的法律文本的数量也很可观,碎片化程度也很深。

其次,每个法律文本中关于投资仲裁员行为规范的规定散见于各章节条款,在内容的结构上亦呈现碎片化特征。一般而言,有关投资仲裁员行为规范的内容通常出现在仲裁员的选任和回避以及裁决的撤销和不予执行等多个部分,这样分散的结构不利于当事人和仲裁庭对仲裁员进行整体评价。相关法律文本的历次修订都在不断丰富仲裁员行为规范的内容,但无一对这些散落在各部分中却又相互关联的内容进行系统的整合。尽管有学者认为,国际仲裁采取的是当事人主义而非职权主义,但不可否认的是,仲裁员对仲裁程序的推进仍然起到一定的主导作用。对仲裁员的规范和管理不成体系,必定会影响仲裁的质量和效率。

最后,拥有不同文化背景和社会传统的司法管辖区所制定的仲裁员行为准则呈现多元化特征。任何法律体系都不可能脱离特定的社会而存在,[2]本土文化与传统在法律全球化的背景下仍具有强烈的生命力,[3]投资仲裁员行为准则的制定也深受本土司法理念的影响,难逃窠臼。各国在根据《仲裁示范法》这一国际仲裁立法模板制定各自的仲裁法律时,并非机械地照搬每一个条文,而是因地制宜,将相关规则进行改良,使其更好地与地方文化和传统配对、融合。这种国际规范的本土化(localized globalism)[4]是导致仲裁员行为准则具有多元性的一个原因,而随着本土理论观念、实践做法和制度体系的适用超越领土界限,被投射到国际领域(globalized localism),[5]本土化了的国际规范再次国际化,便又巩固了这一多元格局。总之,仲裁员行为准则在制定和实施阶段体现出来的“接收与反馈”这组双向互动关系共同导致了准则的多元化,且仲裁法律和实

---

〔1〕 UNCITRAL, Arbitration Centres, https://uncitral.un.org/en/texts/arbitration/contractualtexts/arbitration/centres, visited on 21 June 2020.

〔2〕 Fan Kun, *Glocalization of Arbitration: Transnational Standards Struggling with Local Norms through the Lens of Arbitration Transplantation in China*, 18 Harvard Negotiation Law Review (2013), p. 219.

〔3〕 参见樊堃:《仲裁的全球本土化——国际标准和本土文化的挣扎》,载《北京仲裁》2013 年第 4 期。

〔4〕 Fan Kun, *Glocalization of Arbitration: Transnational Standards Struggling with Local Norms through the Lens of Arbitration Transplantation in China*, 18 Harvard Negotiation Law Review (2013), p. 177.

〔5〕 *Id.*, p. 217, 219.

践的统一化趋势也不会彻底消除这种必要的多元性,反而会继续向“全球本土化”(glocalization)的方向发展。[1]

2. 解释性内容和适用标准缺失

许多现行准则,特别是较早的准则,通常缺乏对条文关键词的解释。以《UNCITRAL 仲裁规则》和《ICSID 仲裁规则》这两个具有代表性的仲裁规则为例,二者均阐明了仲裁员的公正性和独立性原则,也载明了当事人可以申请仲裁员回避的理由及回避程序等具体规则,但相关规定过于笼统,缺乏对核心概念的解读,这不仅显得条文内容空泛,而且在实践中也缺乏可操作性。

此外,现行法律框架对于何为公正性和独立性的评判标准、如何在仲裁员的回避问题上适用这些标准也都缺乏明确且具体的规定,这使仲裁参与各方对于标准被遵守的情况的评估仁者见仁、智者见智。随着国际仲裁领域的发展和相关规则的完善,各方对投资仲裁员的基本道德标准逐渐达成一种普遍共识,然而,对此种标准的落实情况的评估或是以相当不同的方式进行的,[2]一千个仲裁参与者眼中或有一千个评判标准,对标准的适用的理解很可能大相径庭。

3. 规则间冲突或规则与当事人意思自治冲突

国际仲裁员可能同时受到不止一种行为准则的约束,这取决于该仲裁员的国籍,与律师协会或相关机构的归属关系,受理案件的仲裁机构、仲裁地等不确定因素,[3]若存在双重甚至多重国籍的情形,诸多准则的实际适用情况就更加复杂,规则间冲突难以避免。例如,在中国平安诉比利时案中,被申请人任命的仲裁员菲利普·桑兹是伦敦大学学院的教授和 Matrix Chambers 的律师,[4]具有英国和法国双重国籍,[5]在整个仲裁程序中,他的行为除了要受国籍国法和

---

〔1〕 Fan Kun, *Glocalization of Arbitration: Transnational Standards Struggling with Local Norms through the Lens of Arbitration Transplantation in China*, 18 Harvard Negotiation Law Review (2013), p. 217, 219.

〔2〕 See UNCITRAL, Possible future work in the field of dispute settlement: Ethics in international arbitration, para. 41.

〔3〕 See UNCITRAL, Report of the United Nations Commission on International Trade Law (Forty-eighth session), para. 150.

〔4〕 IA Reporter, Philippe Sands-Arbitrator Profile and Appointments, https://www.iareporter.com/arbitrator/Sands, visited on 20 July 2020.

〔5〕 Ping An Life Insurance Company of China, Limited and Ping An Insurance (Group) Company of China, Limited v. Kingdom of Belgium, ICSID Case No. ARB/12/29, Award (30 April 2015), para. 15.

仲裁地法的约束,还要受所属律所的相关规则规范,甚至还要符合高校的纪律要求。多重规则叠加作用于仲裁员,不仅会导致仲裁员程序负担过重,还容易造成对不同义务的混淆和遗忘,仲裁员在面对规则冲突时,很有可能因为无所适从而善意或恶意地规避义务。

此外,有的准则还允许当事人自行约定仲裁员的行为规范,在具体案件中,可能又面临着是尊重当事人意思自治,还是遵循既定规则的困境。协调独任仲裁庭一名仲裁员背负的行为准则适用问题相对容易,若组成的是三人庭,且多名仲裁员都被多个准则约束,那么要实现对整个仲裁庭成员行为规范的有效监督和管理,将是一项不小的挑战。

综上所述,投资仲裁员行为准则的现行法律框架还存在诸多理论上的不足和实践上的困扰,亟须对其进行改革和完善。

二、ISDS 改革:制定统一的投资仲裁员行为守则

投资仲裁员行为规范本身的不足以及国际立法的刚性缺失,客观上不利于仲裁员相关义务的落实,主观上也不利于对仲裁员具体行为的统一评价。2015年,阿尔及利亚政府在 UNCITRAL 第 48 届会议上首次提出,应当制定投资者与东道国仲裁领域的仲裁员行为规范。阿尔及利亚政府认为,仲裁是建立在当事人以合同形式表达的意愿之上的、认为可以信任的一种综合而可持续的替代司法机制,多年来,仲裁已经成为一项真正的有偿公共服务。〔1〕 由于允许选择仲裁员是信任的一种体现,且仲裁员的道德又是保证仲裁程序及其成功的关键要素,因此,对仲裁员的道德进行要求是必要的。然而,仲裁隐含着灵活性、实用主义、现实主义和妥协,而道德要求一定的公正性、透明度、脱离物质影响、某种程度的不妥协以及有能力清楚而简单地区分什么是可接受的、什么是不可接受的,二者并不总能很好地结合。〔2〕 据此,阿尔及利亚政府提出,应当构建一套仲裁各方都尊重或确保尊重的、包含仲裁哲学表达的价值观的投资仲裁员道德规范。〔3〕

阿尔及利亚政府的提案得到多国附议,多国均认同有必要在多边一级制定

---

〔1〕 See UNCITRAL, Proposal by the Government of Algeria: Possible Future Work in the Area of International Arbitration between States and Investors—Code of Ethics for Arbitrators, p. 2.

〔2〕 *Id.*

〔3〕 *Id.*

投资仲裁员行为守则。[1] 欧盟主张建立争端解决常设机制,[2]通过强健且透明的任命程序吸纳独立于政府的全职审裁员,[3]为其制定严格的道德要求,确保道德高标准;[4]比照其他国际法院采用资格要求,设置具体标准;[5]确保地域和性别多样性。[6] 泰国则认为可以探讨在 UNCITRAL 现有的 ISDS 规则中纳入仲裁员行为守则,使其包括各国对仲裁员施加的规则,或至少应就仲裁员的披露义务、允许进行的外部活动和避免出现不当或偏见的职责作出规定。[7]

智利、以色列和日本共同提出两个阶段的行动计划,主张第一阶段应当确定且继续深化就该议题已经达成的共识,即制定规范仲裁员道德行为的共同准则是可取的,并且是优先的改革事项,同时,应当确定对此可能进行的改革;第二阶段则应在现有改革的基础上推进具体改革,允许酌情创新,争取通过制定广泛认可的行为守则,统一目前存在的多种仲裁员道德规范改革模式。[8] 在这三个国家看来,进行仲裁员道德规范的改革不会触碰到敏感的 ISDS 制度或结构改革问题,并且可以对投资争端案件产生立竿见影的效果,因此,制定仲裁员行为守则是有益的。[9] 哥斯达黎加也两度提交意见书,先后在其解决办法指示性清单中将"仲裁员和决策者"列为优先关切的三大事项之一,提出制定行为守则、改进仲裁员的任命和回避制度、加强仲裁员回避方面的管控以及关注对仲裁员的要求和对不遵守行为守则的制裁,[10]并就该议题的推进作出了与上述三国提议相

---

〔1〕 See UNCITRAL Working Group Ⅲ, Possible reform of Investor-State dispute settlement (ISDS): Background information on a code of conduct, para. 6, adopted on 31 July 2019.

〔2〕 See UNCITRAL Working Group Ⅲ, Possible reform of Investor-State dispute settlement (ISDS): Submission from the European Union and its Member States, para. 11, adopted on 24 January 2019.

〔3〕 *Id.*, at paras. 16 – 17, 19.

〔4〕 *Id.*, at para. 18.

〔5〕 *Id.*, at para. 20.

〔6〕 *Id.*, at para. 21.

〔7〕 See UNCITRAL Working Group Ⅲ, Possible reform of Investor-State dispute settlement (ISDS): Submission from the Government of Thailand, para. 21, adopted on 8 March 2019.

〔8〕 See UNCITRAL Working Group Ⅲ, Submission from the Governments of Chile, Israel and Japan, p. 9, adopted on 15 March 2019.

〔9〕 *Id.*

〔10〕 See UNCITRAL Working Group Ⅲ, Submission from the Government of Costa Rica, p. 4, adopted on 22 March 2019.

似的两阶段进度安排。[1]

土耳其强烈建议为仲裁员、决策者和 ISDS 制度的其他参与人制定具有约束力的行为守则和其他道德要求,并且提议,UNCITRAL 可以参考世界贸易组织的相关经验,编制一份全面的说明性仲裁员名单,创建一个仲裁员数据库,增强仲裁员任命过程的透明度,提前预防兼职(double-hatting)和利益冲突。[2] 我国也提出了当前的投资仲裁领域缺乏针对仲裁员的行为守则,并表达了对制定此种行为准则的关注和支持。[3]

2018 年 11 月,UNCITRAL 第三工作组第 36 届会议将制定行为守则作为解决仲裁员缺乏独立性与公正性的可能的改革方案,[4]并提出守则应当是全面的,涵盖与决策者及其他 ISDS 参与方有关的所有问题。[5] 与此同时,会议对制定一部适用于现行 ISDS 制度的行为守则是否足以解决对仲裁员独立性和公正性的关切也有所质疑,认为或许有必要在确保决策者不受政治干扰的前提下进行更系统的体制改革。[6] 2019 年 4 月,第 37 届会议商定,由 UNCITRAL 秘书处与 ICSID 秘书处共同制定行为守则,并就如何在现行 ISDS 制度中、在结构性改革的背景下推行守则等问题开展准备工作。[7] 此后,各国就如何制定以及制定什么样的行为守则进行深入讨论,广泛表达意见,提出有益的实践经验和可能的解决办法,[8]切实有效地推进行为守则的制定工作。在合理权衡各方提出的意见和建议、充分结合 ISDS 改革和 ICSID 改革的具体情况后,2020 年 5 月 1 日,

---

〔1〕 See UNCITRAL Working Group Ⅲ, Possible reform of Investor-State dispute settlement (ISDS): Submission from the Government of Costa Rica, p. 4, adopted on 31 July 2019.

〔2〕 See UNCITRAL Working Group Ⅲ, Submission from the Government of Turkey, p. 2, adopted on 11 July 2019.

〔3〕 See UNCITRAL Working Group Ⅲ, Submission from the Government of China, p. 3 – 4, adopted on 19 July 2019.

〔4〕 See UNCITRAL Working Group Ⅲ, Possible reform of Investor-State dispute settlement (ISDS), p. 18, adopted on 5 September 2018.

〔5〕 See UNCITRAL, Report of Working Group Ⅲ (Investor-State Dispute Settlement Reform) on the work of its thirty-sixth session (Vienna, 29 October-2 November 2018), at para. 77.

〔6〕 *Id.*, at para. 79.

〔7〕 See UNCITRAL, Report of Working Group Ⅲ (Investor-State Dispute Settlement Reform) on the work of its thirty-seventh session (New York, 1 – 5 April 2019), para. 84.

〔8〕 See UNCITRAL, Report of Working Group Ⅲ (Investor-State Dispute Settlement Reform) on the work of its resumed thirty-eighth session (Vienna, 14 – 18 October 2019), paras. 51 – 78, adopted on 28 January 2020.

UNCITRAL 和 ICSID 联合发布《ISDS 审裁员行为守则草案》(《守则草案》)。

三、《守则草案》的亮点及不足

《守则草案》共 12 条,包含对所拟定条款的解读与评论。第 1 条明确了《守则草案》的适用对象,放弃了此前会议中提到的对特设仲裁员和常设机构审裁员或法官的行为规范作出区分[1]的想法,有效防止规则进一步碎片化,还原力求守则普遍适用的初衷。第 2 条简单地对《守则草案》的适用作出了原则性规定。第 3 条列举了第三工作组历届会议重点讨论过的审裁员的职责和义务,并在接下来的第 4 ~ 9 条中依次展开对于"独立性与公正性"、"利益冲突:披露义务"、"多重角色限制"、"正直(integrity)、公平和胜任(competence)"、"时间投入(availability)、勤勉、修养(civility)和效率"和"保密性"的具体要求。其中,第 5 条"利益冲突:披露义务"所占篇幅最大,涵盖广泛披露、重复任命和议题冲突(issue conflict)三大议题。第 10 条和第 11 条分别规定了"任命前接触"(pre-appointment interviews)和"仲裁费用"(fees and expenses)问题,反映了对仲裁员收费标准化问题的关切。第 12 条就如何实施《守则草案》这一根本性问题进行了开放式讨论,并结合 ISDS 改革未来可能的走向提出了多种构想。

《守则草案》将现行法律框架中关于行为准则的内容进行了整合,在总结已有经验的基础上加以创新和发展,为减少现有行为准则及其适用方面的不确定性和不一致性[2]做出了巨大的努力,可以说初步实现了规则由零到整、由多元到统一的过渡。在此阶段,《守则草案》以灵活的方式起草,几乎涵盖第三工作组和其他利益攸关方关注的所有议题,同时还提供若干政策选择以供各国讨论。[3] 然而,《守则草案》还存在许多尚无定论、仍有较大商榷空间的问题,例如,对于审裁员兼职的规制,还需进一步思考不能同时扮演的角色、禁止或限制兼职的程度、禁止兼职的合理时间限制和禁止兼职的案件范围等。UNCITRAL

---

〔1〕 See UNCITRAL, Report of Working Group Ⅲ (Investor-State Dispute Settlement Reform) on the work of its resumed thirty-eighth session (Vienna, 14 - 18 October 2019), para. 55.

〔2〕 See UNCITRAL, Settlement of commercial disputes: Possible future work on ethics in international arbitration, para. 23, adopted on 29 April 2016, https://undocs.org/A/CN.9/880, visited on 23 June 2020.

〔3〕 See Chiara Giorgetti, *ICSID and UNCITRAL Publish the Anticipated Draft of the Code of Conduct for Adjudicators in Investor-State Dispute Settlement*, Kluwer Arbitration Blog.

和 ICSID 还应继续对相关议题进行更多的精细化探索,增强规则的合理性和可操作性,以提高行为守则的可接纳度。

投资仲裁员行为准则由从前的多而散到如今初具雏形的统一,这种数量的变化对于具体规则的精简、加工和扩展不无影响,体现着量变与质变的微妙关系。UNCTAD 和 ICSID 充分研究现行法律文本,寻找明显或隐藏的法律漏洞,所作《守则草案》在内容上的突破及缺憾主要体现在以下几个方面。

(一)"审裁员"(adjudicator)代替"仲裁员"

《守则草案》首次使用"审裁员"一词,将守则所针对的适用对象从以往法律文本中单一的"仲裁员"[1]扩展至其他三类在投资者与国家间仲裁中发挥裁判作用的主体,即特设机构成员、撤销或上诉委员会成员和 ISDS 常设机构法官,[2]涵盖所有层次的仲裁程序。[3] 该定义虽然广泛,但并未将《守则草案》的适用范围延伸至不行使审判职能的法律顾问、专家和其他仲裁程序参与者,而是强调,为仲裁程序的每一类参与者单独制定其所属类别的行为规范能够更好地对彼此不同的道德义务进行更详尽、更有针对性的监管。[4] 《守则草案》聚焦 ISDS 仲裁案件,补充现行法律文本遗漏的调整对象,部分扩大适用范围,具有充分的针对性。此外,《守则草案》也排除了无裁判职能者的一揽子概括适用,让审裁员行为守则发挥先行先试作用,为给其他投资仲裁参与者制定行为守则奠定基础,体现了国际组织精细化的立法技术,具有一定的合理性。

《守则草案》不仅适用于审裁员,还适用于审裁员的助理,这与其他现行法律文本的规定毫无二致,但第 2 条明确指出审裁员有义务确保由其直接管理的助理知悉并遵守《守则草案》的相关规定,这是之前没有的内容。然而,该规定并未明确,如果助理违反规定,审裁员将如何承担监管不力的责任,是无过错替代责任,还是按份责任或其他类型的责任。目前版本的《守则草案》只对审裁员的义务进行简单罗列,并未制定、区分违反不同义务的相应的法律后果或可能的

〔1〕 See Comprehensive and Progressive Agreement for Trans-Pacific Partnership (CPTPP), Chapter 9 Section B; Free Trade Agreement between the European Union and the Republic of Singapore (EUSFTA), Annex 14 – B; Comprehensive Economic and Trade Agreement between Canada and the European Union (CETA), ANNEX 29 – A.

〔2〕 Draft Code of Conduct for Adjudicators in Investor-State Dispute Settlement, Art. 1(1).

〔3〕 *Id.*, at para. 16.

〔4〕 *Id.*, at para. 14.

补救方法,从客观上看,这属于整体内容的缺失,或可将其放入对审裁员的监督部分进行统一规定。

(二)独立性和公正性原则的延续和创新

关于最常提及的、构成审裁员道德规范核心要素的[1]独立性和公正性义务,任一现行法律文本均有措辞不同但出发点一致、内容如出一辙的广泛规定,《守则草案》将其置于审裁员具体义务的第1条,再次强调了二者的重要性。第4条在原则性地阐明审裁员应当始终保持独立和公正的积极义务后,穷尽式地列举了5类禁止行为,包括不被动接受自身产生的或外界各种复杂关系施加的影响和不主动采取行动制造影响两大方面,详细程度有所提高,对审裁员也起到明确的警示和指引作用。

尽管《守则草案》较好地总结了以往的立法和实践经验,力求充实独立和公正的内容,但该草案没有设置兜底条款,未能将其他5项没有包括的、难以包括的或立法时尚未预测到的其他任何可能影响审裁员独立性和公正性的行为包括在内,有失法律的周延性。为了确保审裁员更好地遵守正当程序、实现公正审判,未来的正式文本似应考虑纳入一个兜底条款,并且继续关注和参考其他国际惯例,不断丰富“不可为清单”。

(三)强化披露义务

《守则草案》用较大篇幅阐述了为避免利益冲突,审裁员须履行的全面而具体的披露义务,是现行法律文本的加强版。《守则草案》第5条除了继续要求审裁员披露过去5年内与案件当事人有关的人际关系以及任何直接或间接的财务利益,还创新性地要求披露所有曾经或即将参与的国际仲裁案件以及所有出版物和相关公开演讲,[2]而“曾经发表的法律意见”被IBA归入《利益冲突指引》的非强制披露绿色清单。[3] 这一全新规定似乎借鉴了《阿根廷与阿联酋BIT》第35条第1款的做法,刷新了大量现行法律文本对于在客观上何种情形可能存在表面和实际利益冲突的认知,突破了传统的有限披露的观念。此外,《守则草案》秉持“疑有冲突鼓励披露”原则,即在对是否应该披露存在不确定或情况超

---

[1] See UNCITRAL Working Group Ⅲ, Possible reform of Investor-State dispute settlement (ISDS): Background information on a code of conduct, para. 15, adopted on 31 July 2019.

[2] See Draft Code of Conduct for Adjudicators in Investor-State Dispute Settlement, Art. 5(2).

[3] See IBA Guidelines on Conflicts of Interest in international arbitration(2014), p. 19, 25 – 26.

出《守则草案》调整范围的情况下,为了保证当事人能够全面掌握事实,进而做好知情决策,同时也为了避免审裁员的中立地位出现瑕疵,审裁员应当尽可能地披露。[1] 同时,《守则草案》也保留了“法律不理微事”的规定,[2]且继续采用“第三人正当怀疑”的标准评价所要求披露的信息的相关性,抓大放小,重点突出。

《守则草案》对审裁员的广泛披露要求还体现在审裁员的任命前面试上。《守则草案》将面试中能够讨论的内容限制在审裁员的可用性问题范围内,且为保证面试程序的透明度,还要求最终被任命的审裁员向所有当事人充分披露面试的情况。[3] 《守则草案》这一规定的严格程度远超先前的标准,例如,英国特许仲裁员学会《面试未来的仲裁员指引》(Interviews for Prospective Arbitrators)仅禁止直接或间接地讨论案件的实体问题,且不要求披露面试的内容;[4]又如,IBA《国际仲裁当事人代表指引》(IBA Guidelines on Party Representation in International Arbitration)认为,为确定仲裁员人选而在面试中讨论其专业知识、能力、可用性、意愿和存在潜在的利益冲突等问题并无不当,[5]并且只要面试不涉及案件的实体和程序问题,所谈的仲裁员的可用性和任职资格内容也属于《利益冲突指引》绿色清单中无需强制披露的部分。[6] 《守则草案》严格把控面试环节、大幅提高披露标准,力求实现对审裁员的全过程规范和监督。

《守则草案》几乎所有条款的内容都与披露有关、围绕披露展开,全面、有效、持续的披露义务构成《守则草案》的核心。强制披露义务与鼓励披露原则相结合所形成的披露体系旨在通过审裁员广泛的信息披露,来检验其是否独立和公正。要求审裁员充分地进行披露固然有利于当事人更好地获取、评估相关信息以作出更合理的知情决策,然而,过度披露可能会给审裁员带来沉重的程序负担,进而影响其在实体审理方面的专业性的发挥,在极端情况下,甚至可能迫使个人放弃担任仲裁员这一角色。明确披露信息固然是避免混乱和减少冲突的一种具有吸引力的方式,但若按照当前的方式实施,此种大规模的、笼统的披露义

---

〔1〕 See Draft Code of Conduct for Adjudicators in Investor-State Dispute Settlement, Art. 5(4).

〔2〕 *Id.*.

〔3〕 See Draft Code of Conduct for Adjudicators in Investor-State Dispute Settlement, Art. 10.

〔4〕 See Chartered Institute of Arbitrators, International Arbitration Practice Guideline 1 Interviews for Prospective Arbitrators, Art. 3 & Commentary on Article1 Paragraph 6.

〔5〕 See IBA Guidelines on Party Representation in International Arbitration(2013), p. 6 - 8.

〔6〕 See IBA Guidelines on Conflicts of Interest in International Arbitration(2014), p. 26 - 27.

务可能会导致审裁员在一案中的保密义务与在另一案中的广泛披露义务产生紧张关系,[1]进而再度引发其他不可预见的连环问题。《守则草案》严把信息披露之关,对利益冲突持更为谨慎之态度,其出发点是值得肯定的,但应当把握好相关标准的刚柔程度,避免用力过猛,导致投资仲裁员领域陷入"劣币驱逐良币"的尴尬局面。

(四)三层次执行框架

由于审裁员的任命程序严重依赖于个案的具体情况,具有分散化和专设化的属性,要在ISDS领域执行任何一套道德准则和行为守则都是一项极富挑战性的工程。[2] 对此,《守则草案》第12条初步构建了三个层次的执行(enforcement)框架:(1)审裁员和候选人自愿遵守:第一层架构更多的是起到提醒注意的作用,是最基础也是将来最主要的一种通过个人努力予以贯彻落实的方式。(2)机构规则继续适用:第二层架构允许各仲裁机构单独制定的取消资格和撤换程序的规则沿用,也就是说,《守则草案》统一制定具体的行为规则,而仲裁机构可以自行制定且执行相应的惩戒规则。(3)咨询中心或常设机构可能的附加制裁:第三层架构目前尚未构建完毕,取决于未来《守则草案》以何种方式实施(implementation)。就目前而言,无论是采取金钱制裁还是声誉制裁,条件都尚不成熟,难以实现,因为如果要通过设立"违反行为守则的审裁员黑名单"来对审裁员进行监管,首先需要确定一个有权管理、收集和核实相关信息的主体,而建立咨询中心或常设机构可能会对《守则草案》的实施产生影响,因此还有待商榷。[3] 此外。如何统筹协调《守则草案》与其他既存行为准则的关系也还需要做进一步考量。[4]

总的来说,相较于现行法律文本,《守则草案》内容更全、标准更高、要求更严,表现出了较大的优越性。然而,法律的进步不应仅体现在形式上,真正的进步应该是要让良法可以切实落地。在此意义上,如何使《守则草案》落地生威,得到有效的实施和良好的遵守,或许是更值得各方继续关注和深入思考

---

〔1〕 See Fahira Brodlija, *Transparency and Data Analytics: The Keys to the Transformation of the ISDS Adjudicator Appointment Process*, Kluwer Arbitration Blog.

〔2〕 Ibid.

〔3〕 See Draft Code of Conduct for Adjudicators in Investor-State Dispute Settlement, paras. 93 - 95.

〔4〕 *Id.*, at para. 96.

的问题。如上所述,仲裁员的披露义务贯穿仲裁始终,是评价仲裁员独立性和公正性以及其他行为规范的基础和重要依据,而加强版的披露义务更是《守则草案》的重头戏,详尽的信息披露对于《守则草案》的落地具有积极意义。据此,《守则草案》如何落地这一抽象问题也可具体转化为,如何落实仲裁员的披露义务。

四、投资仲裁员信息披露义务的落实

从理论上来说,只有全面且充分地获取与仲裁员相关的信息,才能相对准确地对仲裁员是否践行行为规范、是否始终保持独立与公正作出判断。然而现状却是,仲裁参与各方获取仲裁员信息的渠道以及由此获得的信息具有一定的差异,也即信息不对称。一方面,这种信息不对称是由于仲裁员自身披露不足所致,而这种不充分披露既有可能是无心之举,也有可能是故意为之;另一方面,当事人尽职调查不到位同样会导致对仲裁员信息的把握过于片面或有所疏漏。但无论出于哪种原因,信息不对称都会给后续仲裁程序带来一定的负面影响。当事人在仲裁员选任阶段若不能及时发现隐秘的仲裁员不适格问题,一旦仲裁程序开始,要想申请取消不适格仲裁员的任职资格,所需达到的证明标准非常高,[1]且在实践中,这样的提议极少得到支持——截至目前,在 ICSID 公开的 76 个取消仲裁员资格的决定中,只有 5 个是给予支持的。[2] 虽然最新公布的撤销 Eiser 诉西班牙案仲裁裁决决定[3]首开先河,成为 ICSID 有史以来第一起因仲裁员缺乏独立性与公正性,[4]导致撤销委员会以仲裁庭组成不当和严重背离基本程序规则为由[5]撤销裁决的案件,但是,此举也只是亡羊补牢,并不能起到提

---

〔1〕 See Sophia Herbst & Devin Bray, *Developing an Archetypal ISDS Arbitrator: Unicorn or Rhinoceros*, Kluwer Arbitration Blog.

〔2〕 See ICSID, Decisions on Disqualification, https://icsid. worldbank. org/en/Pages/Process/Decisions-on-Disqualification. aspx, visited on 28 July 2020.

〔3〕 Eiser Infrastructure Limited and Energía Solar Luxembourg S. àr. l. v. Kingdom of Spain, ICSID Case No. ARB/13/36, Decision on the Kindom of Spain's Application for Annulment (11 June 2020).

〔4〕 See Sophia Herbst & Devin Bray, *Developing an Archetypal ISDS Arbitrator: Unicorn or Rhinoceros*, Kluwer Arbitration Blog.

〔5〕 See Josep Gálvez, Maximilian O'Driscoll, Ander García Uriarte, *Dangerous Liaisons in International Investment Arbitration: The Annullmment of the Eiser v. Spain ICSID Award*, Kluwer Arbitration Blog.

前预防的作用。因此,有必要在仲裁程序伊始及时、高效地落实仲裁员的披露义务,以减少后续各方的程序、时间和经济负担。

当前,获取投资仲裁员信息来源的渠道主要有两个:(1)在专业网络中进行个性化调研,收集最近与相关仲裁员有过接触经验的特定人员的反馈;和(2)由合伙人准备涉及相关仲裁员先前投资裁决的总结。[1] 这些以个案需求为基础的机械的传统信息收集方法显然已经不能满足数字时代的信息披露实践需求。其实,落实仲裁员披露义务的方式可以有很多种,除了依靠行为守则严格的"强制披露清单"和广泛的"鼓励披露清单"来给仲裁员自我披露施加压力,还可以通过第三方外部披露进行查漏补缺。近年来,国际投资仲裁领域逐渐有相关机构开始提供收集、整理、发布仲裁员相关信息的服务,为当事人选任仲裁员提供足够的参考信息,营造更加公平的对抗环境。这种由中立的第三方提供的信息披露服务可以作为仲裁员自我披露的重要辅助手段,共同为弥补各方信息差、落实披露义务发挥作用。

投资仲裁报道(Investment Arbitration Reporter,IA Reporter)和仲裁员情报(Arbitrator Intelligence)这两个网站在投资仲裁员信息外部披露方面的考虑及行动颇具前瞻性。IA Reporter 为活跃在 ISDS 领域的每一位仲裁员建立了仲裁员简介(Arbitrator Profiles),提供该仲裁员曾经参与的所有已知案件的清单、每个案件任命仲裁员的主体及相关细节、任命模式分析、被选定的仲裁员作出的裁决以及与其他仲裁员重叠的案件等信息。[2] 迄今,Arbitrator Profiles 已经收录 216 名仲裁员的信息,几乎囊括所有国际投资仲裁案件仲裁庭的组成人员,为当事人任命仲裁员提供了选择的参考依据。然而,这些基础性的信息收集和整理工作虽为信息检索提供了便利,但资源整合仍不够全面和细致,主要表现为 Arbitrator Profiles 对每一条信息都浅尝辄止,未对相关内容进行深入挖掘。不可否认,对每位仲裁员在历次仲裁中的行为进行综合整理和系统评价是一项庞大且复杂的工程,需要额外信息予以支撑。

Arbitrator Intelligence 收集、整合、分析有关国际仲裁员决策的关键信息,致力于通过增加对仲裁员及其所作决策等重要信息的获取机会,促进国际仲裁员

---

[1] See Catherine A. Rogers, Fahira Brodlija, Gregory King & Marios Tokas, *Arbitrator Intelligence Investment Reports: Catching Lightning in a Bottle*, Kluwer Arbitration Blog.

[2] See IA Reporter, Arbitrator Profiles, https://www.iareporter.com/arbitrator-profiles-directory/, visited on 25 June 2020.

遴选的透明度、公平性和问责性。[1] 其掌握的信息大部分无法为一般人通过公开渠道获得，这使潜在的仲裁当事人能够根据其给出的报告，就仲裁员选任和办案策略作出更明智的、由数据驱动的决定。[2] 目前，该项目还处于早期发展阶段，但值得注意的是，其当前聚焦的 5 名仲裁员在 IA Reporter 的名册中均未出现过。未来，两个机构是否会通过交换和分享仲裁员信息进行合作，形成资源互补，同时避免重叠报告，值得期待。

Arbitrator Intelligence 的首批仲裁员报告呈现如下特点：(1) 选取的仲裁员分别来自不同国家，代表不同的地域、文化和性别等特征，报告对象的选择具有多样性，而非仅针对传统的国际仲裁员俱乐部[3]成员。(2) 报告的对象既有履历和经验颇丰的资深仲裁员，也有初出茅庐的新一代仲裁员，为后者发布的小型报告甚至只基于一起仲裁案件收到的反馈而作出。Arbitrator Intelligence 并非等到积累足够多的素材时再形成全面的报告，而是将相关信息即时整理发布，[4] 这样的处理方式对此类仲裁员意义重大，是防止国际仲裁员垄断的表现，有利于降低新晋仲裁员的竞争门槛、促进新老仲裁员的代际更新。(3) 部分信息反馈源于众多非公开案件的参与者，报告给出的综合评价更全面、更具参考性。(4) 报告涵盖仲裁员在各阶段中的表现，即包括初审和撤销裁决等阶段，可为当事人在不同阶段有所侧重地任命仲裁员提供宝贵建议。

ISDS 的发展是动态的，而法律则是相对静态的，且具有滞后性，仅靠行为守则的既定原则和规则对仲裁员的披露义务进行模式化要求和调整，难以满足现实的需求。且行为守则要求的这种自我披露融主体与客体于一体，极具个人色彩，每一个体的社会自觉性不同，对利害关系的认知和判断不同，自我披露的程度和效果自然也不同。正如 Arbitrator Intelligence 的创始人和首席执行官 Rogers 女士所言，一些对仲裁员行为的担忧至少在一定程度是市场问题，因此需要相应的市场解决方案。[5]

---

〔1〕 See Arbitrator Intelligence, FAQS, https://arbitratorintelligence.com/faqs/, visited on 29 June 2020.

〔2〕 *Id.*

〔3〕 See Joseph Mamounas, ICCA 2014, *Does "Male, Pale, and Stale" Threaten the Legitimacy of International Arbitration? Perhaps, but There's No Clear Path to Change*, Kluwer Arbitration Blog.

〔4〕 See Catherine A. Rogers, *The Market for Arbitrators and The Market for Lemons*, Kluwer Arbitration Blog.

〔5〕 *Id.*

第三方外部披露能够有效减轻仲裁员自我披露的程序负担。有了权威的第三方外部披露,仲裁员可以不用再在每一起案件中重复披露"众所周知"的一般性事项——这类事项已经成为经第三方查证属实的"免证事实",仲裁员只需着重披露与个案相关的特别或特殊事项,这使其可以将精力和重心更多地放在案件的实体审理方面。此外,自我披露也能弥补第三方外部披露的不足,第三方可以依靠仲裁员在个案中的额外披露对其数据库进行更新。总之,自我披露与第三方外部披露的结合,也是仲裁员主动披露与被动披露的结合,二者互为补充,能够共同确保仲裁员披露义务的高效落实。

五、总结与展望

继国际投资争端解决和投资政治风险担保这两个构想的成功付诸实践,规范投资仲裁员职业操守作为新的突破口,成为建设统一的国际投资保护制度的新的努力方向。《守则草案》的制定不仅是投资仲裁员行为准则从"商投合一"到"商投分离"的质的跨越,更是投资领域国际立法由碎片化向统一化迈出的关键一步。投资仲裁员虽未被职业化,但随着《守则草案》的发布,对投资仲裁员的规范和管理正在朝着体系化的方向发展,这不仅能够提高国际投资仲裁的公信力,还可以有效促进 ISDS 的可持续发展。仲裁员外部披露体系的形成以及与自我披露的结合不仅有助于行为守则的落地实施,还有利于营造更加透明、公平的国际投资争端解决环境。相信投资仲裁员行为准则去除商事元素、突出投资特征的全新发展能够有效弥补投资仲裁的制度缺陷,推动投资法治日趋完善。

中国声音

第八章　中国关于 ICSID WORKING PAPER 4 的评论意见

COMMENTS SUBMITTED BY CHINA ON ICSID SECRETARIAT WOKRKING PAPER #4

China welcomes this opportunity to submit written comments to the proposed changes put forward by the ICSID Secretariat in its Working Paper #4. Further to the written comments submitted by Chinese government on December 28, 2018, China hereby proposes the following comments. China is looking forward to working with other Member States and Secretariat to this rules amendment process.

Unless otherwise noted, all rules referenced in the comments are those rules stipulated in the ICSID Arbitration Rules.

1. ON TREATY INTERPRETATION AND APPLICATION RULES

To avoid erroneous or manifestly inappropriate interpretation of treaties, which may affect the correctness and predictability of rules of treaties, China suggests that the Arbitration Rules add a requirement that the rules as codified in Article 31 and 32 of the Vienna Convention on the Law of Treaties shall be adopted by the tribunal in treaty interpretation. Therefore, China proposes to add an individual article in Chapter Ⅳ with the title of "Treaty Interpretation".

Treaty Interpretation

When rendering its orders, decisions and awards, the Tribunal shall interpret the rules of international laws referred to in Article 42 (1) of the Convention in accordance with Article 31 and 32 of the *Vienna Convention on the Law of Treaties*, and other rules and principles on international law applicable between the Parties.

2. ON DISCLOSURE OF THIRD-PARTY FUNDING

Considering the potential influence of third-party funding on the fairness of arbitration, China proposes to increase transparency of third-party funding, and the relevant legal consequences shall be clarified:

1) to avoid potential conflict of interests between arbitrator and the funder due to third-party funding, apart from those information as required in Rule 21(2), other information of the funder shall also be disclosed, such as the contents of the funding contract or arrangement and nationality. Therefore, China proposes to amend the Rule 14(1) as follow,

Rule 14 Notice of Third-Party Funding

(1) A party shall file a written notice disclosing the name, address, contents of the funding contract or arrangement, nationality and where applicable, ultimate beneficial owner and corporate structure, of any non-party from which the party, its affiliate or its representative, individually or collectively, has received, directly or indirectly, funds for the pursuit or defense of the proceeding through a donation or grant, or in return for remuneration dependent on the outcome of the dispute ("third-party funding").

2) the party receiving the funding may not refuse to disclose the above mentioned information on the excuse that such information are business confidential information. Therefore, China proposes to add a separate paragraph in the Rule 14 as follow,

Rule 14 Notice of Third-Party Funding

For greater certainty, the party receiving the third-party funding may not refuse to disclose the information referred to in paragraph (1) on the excuse that such information are business confidential information.

3) the relevant legal consequence shall also be clarified. For instance, the party receiving the funding shall bear the obligation to provide security for costs, upon the request of the other party. Therefore, China proposes to amend the Rule 53(4) as follow,

Rule 53 Security for Costs

4) The Tribunal shall consider all evidence adduced in relation to the circumstances in paragraph (3). The existence of third-party funding sufficient to justify an order for security for costs. Upon request of the other party, the Tribunal shall order the party receiving the third-party funding to provide security for costs.

3. PROTECTION OF CONFIDENTIAL INFORMATION

As the investment disputes may involve information of protected information relating to government measures under dispute, or the information which the respondent considers contrary to its essential security. Such information shall be protected from disclosure. Therefore, China proposes to add a separate paragraph in the Rule 36 as follow,

Rule 36 Evidence: General Principles

The respondent shall not be required to disclose protected information by the law of the respondent, or any information which it considers contrary to its essential security interest. The tribunal may not draw adverse inference based on the fact that such information is not disclosed by the respondent.

参考译文[1]

中国关于 ICSID 秘书处第 4 号工作文件的评论意见

中国愿就 ICSID 秘书处第 4 号工作文件中的修改建议递交书面评论意见。继 2018 年 12 月 28 日中国政府递交书面评论意见后，中国进一步提出以下意见。中国期待与其他成员国和秘书处一道，共同推进本次规则修订进程。

除非另有说明，本意见书中援引的所有规则均为《ICSID 仲裁规则》项下的规则条款。

---

[1] 该参考译文由武汉大学国际法研究所博士研究生范晓宇翻译，漆彤校对。

一、关于条约解释和适用规则

为避免错误或明显不当的条约解释影响条约规则的正确性和可预测性,中国建议,《ICSID 仲裁规则》应当增加一项要求,即仲裁庭在解释条约时,应当适用《维也纳条约法公约》第 31 条及第 32 条中的规则。因此,中国建议在第四章单独增加一条规则,标题为"条约解释"。

条约解释

仲裁庭在作出命令、决定和裁决时,应根据《ICSID 公约》第 42 条第 1 款、《维也纳条约法公约》第 31 条和第 32 条以及双方之间适用的其他国际法规则和原则,解释国际法的相关规则。

二、关于第三方资助的披露

鉴于第三方资助对仲裁公正性的潜在影响,中国建议提高第三方资助的透明度,并对相关法律后果予以明确:

(1)为避免仲裁员与出资人因第三方资助而产生潜在的利益冲突,除了要求披露第 21 条第 2 款规定的信息外,还应披露出资人的其他信息,如出资合同或资金安排的内容、第三方出资人的国籍等。因此,中国建议对第 14 条第 1 款作出如下修改:

第 14 条　第三方资助的通知

(1)一方应以书面通知形式,披露姓名、地址、资助合同或资金安排的内容、国籍,"第三方资助"是指非争议当事人的自然人或法人作为最终受益人,通过向当事人或其附属机构、其代表提供捐助、补偿金或者依据争议结果换取补偿的方式,直接或间接承担部分或全部的仲裁费用。

(2)接受第三方资助的一方当事人不得以上述信息属于商业保密信息为由拒绝披露。因此,中国建议在第 14 条中单独增加一款,内容如下:

第 14 条　第三方资助的披露

为了更加明确,接受第三方资助的一方当事人不得以第(1)段所述信息属于商业保密信息为由拒绝披露。

(3)还应明确相关法律后果。例如,接受资助的一方应根据另一方当事人的要求承担提供费用担保的义务。因此,中国建议对第 53 条第 4 款作如下修改:

第 53 条　费用担保

(4)仲裁庭应考虑第 3 款所述情况提出的所有证据。第三方资助的存在足以证明有理由发出费用担保令。根据另一方当事人的请求,仲裁庭应发出命令要求接受第三方资助的一方当事人提供费用担保。

三、保护机密信息

鉴于投资争议可能涉及有争议的政府行为有关的受保护信息,或被申请人认为披露将有违其根本安全的信息。此类信息应受到保护,不得披露。因此,中国建议在《ICSID 仲裁规则》第 36 条中单独增加一款,内容如下:

第 36 条　证据:基本原则

被申请人不应被要求披露国家法律所保护的信息,或任何被申请人认为违反该国基本安全利益的信息。仲裁庭不得基于被申请人未披露此类信息而作出不利于被申请人的推断。

第九章　中国的 ISDS 改革政策：多元化时代的制度选择*

利用 ISDS 来解决基于条约的投资争端是现行国际投资法框架最显著的特征。根据联合国贸易和发展会议的统计，截至 2020 年 7 月 31 日，已公开的 ISDS 索赔案件总数已达 1061 件。[1] ISDS 案件数量的激增，充分表明该机制的重要性。与此同时，ISDS 也日益暴露出严重制度性缺陷，引发了广泛的改革呼声。[2]

面对 ISDS 改革机遇，中国如何实现从规则执行者向规则制定者的转变，可以提供什么样的改革选项和中国治理方案？本章第一部分聚焦于中国对目前 ISDS 主要改革方案及当前 ISDS 争端管理机构竞争态势的可能选择，第二部分分析中国打造由自己主导的 ISDS 机构的愿望、能力及障碍，第三部分为结论和展望。

一、从规则遵守者到规则引领者？多元化时代的制度选择

（一）中国对 ISDS 主要改革方案的态度

不同的利益攸关方对 ISDS 改革提出了不同的方案。一些国家主张维护现行的 ISDS 制度，另一些国家则支持建立一个多边投资法院制度。有的侧重于强调市场机制在解决争端中的作用，有的则侧重于强调国家主权对争端解决的控制。所有这些建议可以分为三种方式：增量改革者（incrementalists）、体系改革者

---

* 本章为译文，作者在原文基础上进行了更新和删减。原文为 Tong Qi, *China's Policy on ISDS Reform: Institutional Choice in a Diversified Era*, in Yuwen Li, Tong Qi and Cheng Bian, eds., the EU and International Investment Law, Routledge, 2019, p. 112。

〔1〕 See UNCTAD, Investment Policy Hub, https://investmentpolicy.unctad.org/investment-dispute-settlement.

〔2〕 See Stephan Schill, Reforming Investor-State Dispute Settlement (ISDS): Conceptual Framework and Options for the Way Forward, E15 Task Force on Investment Policy Think Piece.

(systemic reformers)和范式改革者(paradigm shifters)。[1]

增量改革者倾向于淡化现有ISDS问题的严重性,认为投资者与东道国仲裁机制仍然是目前的最佳选择。因此,增量改革者赞成在保留现有争端解决制度的情况下,对现有机制进行适度改革以解决具体问题。增量改革者通常声称,任何有待解决的问题都可以通过有针对性的改革得到充分解决。例如,美国指出,有争议或不一致的条约解释问题可以通过起草更详细的新条约或采用权威性的解释来纠正。[2]

体系改革者则主张进行更大的系统性改革,如以多边投资法院和上诉机构取代投资仲裁机制。欧盟、加拿大和毛里求斯是体系改革派的主要倡导者。体系改革者强调,条约解释的不一致性、不可预测性,以及临时仲裁员委任所引起的合法性问题,都是严重的系统性问题,无法通过渐进式的改革得到充分解决。欧盟主张,投资争端是基于国际公法条约,规范国家对投资者主权行为的公法纠纷。[3] 阿根廷认为改革需要走"系统化"和"多边"的道路,肯尼亚呼吁"整体性"而非"零碎性"改革,阿尔及利亚主张"深入"而非"轻率"的改革。[4] 摩洛哥认为,"通过建立一个具有上诉机制的常设性多边机构,可以确保裁决的一致性"。[5]

范式改革者中最具代表性的国家是巴西和南非,其否认外国投资者对东道国直接提出国际索赔的合法性,无论投资者是通过仲裁庭还是法院主张索赔。范式改革者认为现有的制度存在不可弥补的缺陷,需要全面替换,并建议采用国内法院、监察员和国家间仲裁等替代办法。[6] 巴西解释说,其之所以从未批准投资条约,是因为担心投资者与东道国之间的仲裁会"对国内投资者造成歧视,

---

〔1〕 See Anthea Roberts, *Incremental, Systemic, and Paradigmatic Reform of Investor-State Arbitration*, American Journal of International Law, 2018, 112(3), p. 410 – 432, at 410.

〔2〕 See Anthea Roberts and Zeineb Bouraoui, *UNCITRAL and ISDS Reforms: Concerns about Consistency, Predictability and Correctness*, EJIL: Talks.

〔3〕 See UNCITRAL, Possible Reform of Investor-State Dispute Settlement (ISDS)-Submission from the European Union, U. N. Doc. A/CN. 9/WG. Ⅲ/WP. 145, 12 December 2017, p. 2 – 3.

〔4〕 See Anthea Roberts and Zeineb Bouraoui, *UNCITRAL and ISDS Reforms: What are States' Concerns?*, EJIL: Talk.

〔5〕 *Id.*

〔6〕 Anthea Roberts, *The Shifting Landscape of Investor-State Arbitration: Loyalists, Reformists, Revolutionaries and Undecideds*, EJIL: Talk.

因为相比之下,国内投资者只能在国内法院解决问题,而没有机会诉诸国际仲裁”。[1] 同样,南非谴责由公共预算来支付仲裁案件的“高昂费用”,并指出“提起ISDS索赔是属于外国投资者的特权,国内投资者不能提起ISDS争端,这与平等诉诸司法的理念相违背”。[2]

对于这三种改革建议,目前中国的官方立场仍然是模糊和开放的。在提交UNCITRAL关于ISDS改革意见征询的答复中,中国表示:“我们仍在对这些方案进行深入研究,我们的出发点是,投资者与东道国仲裁机制应是一个有效、高效,并在投资者保护和政府监管权之间取得适当平衡的制度。”[3]尽管如此,仍可找到关于中国潜在政策选择的一些线索。

首先,ISDS的改革是一个动态过程。其中一些重要的变化,往往来自规模较小但更容易实现的增量改革方面。相比之下,规模较大的改革不太可能被广泛采用,也难以取得最终成效。考虑到保护迅速增长的中国海外投资的迫切需求,一个有效的ISDS对中国来说变得空前重要。许多中国学者之所以倾向于采用增量改革路径,部分原因是渐进式的改革可以尽快见到成效,而建立常设法院或上诉机构等制度性改革则需要更多的时间。中国双边投资条约在过去几十年的演变历史表明,中国政府和投资者对投资仲裁的接受程度在不断提高。在1998年后的投资条约缔约实践中,几乎所有的中国双边投资协定都包含了ISDS条款,早期条约中对ICSID仲裁范围的保留被新的仲裁条款取代,这证明中国愿意接受投资仲裁。与那些饱受投资仲裁之苦的国家不同,中国至今在所有已结案的5个案件中,有3个案件胜诉,2个案件败诉。[4] 这一结果对于中国政府似乎是可以接受的,没有任何历史包袱使中国抗拒接受投资仲裁。

其次,中国可能会在不同的条约中作出不同的战略选择,而不是采用一种

---

〔1〕 Anthea Roberts and Zeineb Bouraoui, *UNCITRAL and ISDS Reforms: What are States' Concerns?*, EJIL: Talk.

〔2〕 *Id.*

〔3〕 UNCITRAL, Settlement of Commercial Disputes, Investor-State Dispute Settlement Framework, Compilation of Comments, A/CN. 9/918/Add. 1, p. 3.

〔4〕 China as a respondent won in Ansung Housing v. China, ICSID Case No. ARB/14/25 (2014); and Chinese investors as claimants won in Tza Yap Shum v. Peru, ICSID Case No. ARB/07/6 (2007), and Sanum Investment v. Laos, PCA Case No. 2013 - 13 (2013). Chinese investors lost in Ping An v. Belgium, ICSID Case No. ARB/12/29 (2012); and China Heilongjiang et al. v. Mongolia, PCA Case No. 2010 - 20 (2010).

排他性的方法。正如罗伯茨(Anthea Roberts)所指出的,这三种战略代表的是三种理想化类型,并不是所有国家都适合于一个单一的阵营:国家可能会在不同的条约或跨条约中采取综合的方法。例如,在一些条约中进行增量改革,在另一些条约中进行更系统的改革。[1] 中国在享受现行制度的好处、推动制度渐进式改革的同时,也强调要为ISDS的"系统性"问题找到"整体"和"全面"的解决方案。[2] ISDS极有可能走在一个从增量改革开始,过渡到系统性改革,然后再过渡到范式改革的历程中,并整体呈现不断前进的势头。[3] 因此,中国应该乐于利用任何机会推动ISDS的系统性改革。不过,中国对欧盟投资法庭系统(Investment Court System,ICS)提案所代表的系统性改革做法仍有一些疑虑。例如,欧盟的ICS提案设想建立一个由法官组成的法庭,该法庭将作为一个常设仲裁庭工作,但其管理和执行仍将完全依赖于《UNCITRAL仲裁规则》(UNCITRAL Arbitration Rule)和《纽约公约》等现行规则架构。因此,这种结构的改变似乎还不足以解决合法性问题,还需要更彻底的改进。

与双边投资法庭系统相比,中国可能更倾向于具有中国元素的多边投资法庭(Multilateral Investment Court,MIC)。这些元素可能包括强大的争端预防机制和灵活的非诉讼争端解决机制,以及不仅在新的双边投资条约中纳入投资法庭制度,而且通过类似《毛里求斯透明度公约》(Mauritius Convention on Transparency)的"opt-in"机制在"旧"双边投资条约中纳入投资法庭制度。虽然国际投资法庭的改革倡议可以被认为是由欧盟驱动的,但欧盟作为单方面支持者的立场,可能会削弱其他国家对国际投资法庭模式的采纳。相比之下,对于促进多边投资法庭的发展,联合国国际贸易法委员会可能是一个更好的选择,因为它是一个被广泛接受的、全球性的、政府间的、向所有利益相关者开放的机构,并且具有启动多边条约谈判的能力和经验。[4] 此外,多边投资法庭方案还可能涉

---

[1] See Anthea Roberts, *Incremental, Systemic, and Paradigmatic Reform of Investor-State Arbitration*, American Journal of International Law, 2018, 112(3), p. 410 – 432, at 414.

[2] See Anthea Roberts and Zeineb Bouraoui, *UNCITRAL and ISDS Reforms: What are States' Concerns?*, EJIL: Talk.

[3] See Anthea Roberts, *Incremental, Systemic, and Paradigmatic Reform of Investor-State Arbitration*, American Journal of International Law, 2018, 112(3), p. 410 – 432, at 413.

[4] See UNCITRAL, Report of the United Nations Commission on International Trade Law of its Fiftieth Session, UN Doc. A/72/17(2017), para. 264.

及建立一个新国际机构所需的费用和预算问题。[1] 考虑到中国在国际投资协定和全球资本流动领域的重要作用和影响,可以预期,如果欧盟能够争取中国对多边投资法庭方案的支持,将是有益的。[2]

最后,中国与范式改革者的根本区别在于,中国并不抗拒接受投资仲裁,也不会因为中国对外投资的增长而放弃 ISDS。但是,中国可能会在某些方面与范式改革者找到共同的价值观。例如,中国可能对《巴西合作与便利化投资示范协定》(Brazil Model Cooperation and Facilitation Investment Agreement,CFIA)中包含的争端预防政策(Dispute Prevention Policies,DPP)和投资便利化措施(Investment Facilitation Measures)感兴趣。[3] 中国也可能在国家间争端解决(State-State Dispute Settlement,SSDS)中采取与南非类似的态度。从中国对"一带一路"(The Belt and Road,B & R)沿线国家的投资来看,中国对争端解决的首选不会是效率低下的国内法院和当地救济。[4] 另外,中国目前对投资仲裁的看法是,投资仲裁具有对抗性且成本高,这与中国偏好友好解决争端的做法相反。以互利共赢为目的的"一带一路"倡议(the Belt and Road Initiative,BRI)正是中国偏好友好解决争端的佐证。[5] 因此,一些中国学者提出建立一个包含中国元素(如调解)的"一带一路"争议解决机制的建议,[6]并正在被中国政府认真考虑。[7] 协商、调解等非诉讼纠纷解决方式(Alternative Dispute Resolution,ADR)

---

〔1〕 See Caio Cesar Esteves Soares, Investor-State Dispute Settlement: An Analysis of the Reform Proposals on its Institutional Structure.

〔2〕 参见漆彤、宁红玲:《论欧盟投资法院系统与中国的选择》,载中国国际法学会主办:《中国国际法年刊 2017》,法律出版社 2018 年版,第 178 页。

〔3〕 See Brazil Model Cooperation and Facilitation Investment Agreement(2015), Art. 1 and 25.

〔4〕 See States with strong interests as capital-exporters may be reluctant to empower domestic courts in certain developing states owing to concerns about the quality and timeliness of the justice they dispense.

〔5〕 See David Gaukrodger and Kathryn Gordon, Investor-State Dispute Settlement: A Scoping Paper for the Investment Policy Community, OECD Working Papers on International Investment.

〔6〕 参见王贵国:《"一带一路"战略争端解决机制》,载《中国法律评论》2016 年第 2 期;漆彤、宁红玲:《构建"一带一路"争议解决中心的若干思考》,载《一国两制研究》2017 年第 4 期。

〔7〕 2017 年 4 月 21 日,中国首席大法官、最高人民法院院长周强在会见世贸组织直属总干事罗伯托 – 阿泽维多时表示,中国愿意建立和完善"一带一路"投资争端解决机制,保护投资者权益,推动投资争端解决机制法制化。

在提高效率、节约成本、[1]达成双方都能接受的解决方案等[2]方面具有明显的优势。协商、调解的实质内容并不完全局限于损害赔偿、[3]条约解释、违约认定等方面，更重要的是，通过独立谈判解决争端有利于投资者与东道国保持良好的投资关系、延续后续合作。[4] 从金砖国家峰会的宣言[5]和 WTO 投资便利化对话[6]中可以看出，中国政府对促进投资便利化表现出浓厚的兴趣。中国政府在 2015 年《外国投资法》草案中也表现出对投资纠纷协调机制的兴趣，并正在研究投资便利化问题。自 2015 年以来由巴西倡导达成的 CFIA，在指定监察员、组建由两国官员组成的联合委员会、强调争端预防等方面进行创新。[7] 如果争端仍未能解决，巴西和南非则倾向于选择国家间仲裁。

（二）投资者与国家间仲裁的机构竞争

现行 ISDS 的主要问题，在于 ISDS 是基于商业仲裁模式的仲裁。尽管投资者—东道国争端可能涉及公共法律政策，但 ISDS 依靠临时仲裁庭和当事人指定的仲裁员来解决一次性的争端。[8] ISDS 争端解决机构不仅包括 ICSID 等国际组织，也包括国际商会等商业组织，伦敦国际仲裁院（London Court of International Arbitration，LCIA）等国内机构。这些机构都在投资纠纷解决服务中发挥着重要作用。目前，在国际投资法领域还没有一个类似于 WTO 法下的 WTO 争端解决机构（Dispute Settlement Body，DSB）那般具有强制管辖权的统一

---

[1] See UNCITRAL, Possible Reform of Investor-State Dispute Settlement (ISDS), Note by the Secretariat, A/CN. 9/WG. Ⅲ/WP. 142, 18 September 2017, http://undocs. org/en/A/CN. 9/WG. Ⅲ/WP. 142.

[2] Note: Mediation of Investor-State Conflicts, Harvard Law Review, 2014, 127(8), p. 2543 – 2564, at 2552.

[3] See UNCTAD, *Investor-State Disputes: Prevention and Alternatives to Arbitration*, Geneva: UN Publication, 2010, p. 23 – 24.

[4] See Rebecca Golbert, *The Global Dimension of the Current Economic Crisis and the Benefits of Alternative Dispute Resolution*, Nevada Law Journal, 2011, 11(2), p. 502 – 522, at 509.

[5] BRICS, Outlines for BRICS Investment Facilitation.

[6] See WTO, Joint Ministerial Statement on Investment, Facilitation for Development, WT/MIN (17)/59, 13 December 2017; WTO, DG Azevêdo Addresses the Informal Dialogue on Investment Facilitation.

[7] See José Henrique Vieira Martins, Brazil's Cooperation and Facilitation Investment Agreements (CFIA) and Recent Developments, IISD Investment Treaty News.

[8] See Sergio Puig and Gregory Shaffer, *Imperfect Alternatives: Institutional Choice and the Reform of Investment Law*, American Journal of International Law, 2018, 112(3), p. 361 – 409, at 366.

机构。ISDS 案件可以向不同的机构提起。自半个世纪前引入投资者与东道国仲裁以来,能够管理 ISDS 案件的仲裁机构逐渐增多。随着近年来 ISDS 案件的增加,ISDS 机构也出现了多元化的趋势。根据 UNCITRAL 的统计,已知的 ISDS 案件主要由以下几个机构管理:ICSID(655 个案件)、常设仲裁法院(Permanent Court of Arbitration,PCA)(174 个案件)、斯德哥尔摩商会(Stockholm Chamber of Commerce,SCC)(50 个案件)、国际商会(20 个案件)、伦敦国际仲裁院(5 个案件)、莫斯科工商会(Moscow Chamber of Commerce and Industry,MCCI)(3 个案件)、开罗国际商事仲裁区域中心(Cairo Regional Centre for International Commercial Arbitration,CRCICA)(2 个案件),香港国际仲裁中心(Hong Kong International Arbitration Centre,HKIAC)(1 个案件)。[1]

一般认为,ICSID 是在解决投资者与东道国之间投资争端中最普遍使用的常设仲裁机构。尽管 ICSID 机制下每个案件的仲裁庭都是临时组成的,但 ICSID 有固定的争端解决地点、专门的行政人员、完整的制度体系,是管理投资仲裁案件的最重要机构。[2]

常设仲裁法院是世界上历史最悠久的争议解决机构之一。对于投资者与东道国之间的投资争端,PCA 专门制定了《国家与非国家间争端仲裁备选规则》(Alternative Rules for Arbitration of Disputes between State and Non-State Parties),并于 2012 年在 2010 年《UNCITRAL 仲裁规则》的基础上更新了其原仲裁规则。PCA 对原仲裁规则作出的修改主要体现在以下方面:反映国际公法内容、指明 PCA 秘书长(Secretary-General)的作用与具体职能,强调仲裁的灵活性和当事人的自主性。[3]

国际商会是一个在国际商事争议解决领域具有领导地位的仲裁机构。与常设仲裁院一样,国际商会也为通过仲裁解决争端提供了广泛的服务。2017 年,ICC 成立了"一带一路"委员会(the Belt and Road Commission),瞄准"一带一路"项目争端解决的服务市场。[4]

伦敦国际仲裁院是世界上另一个历史最悠久的仲裁机构之一,为争议当事

---

[1] See UNCTAD, Investment Dispute Settlement Navigator, Institutions.

[2] As of June 30, 2018, ICSID had registered 676 cases under the ICSID Convention and Additional Facility Rules. See ICSID, The ICSID Caseload-Statistics, Issue 2(2018).

[3] See PCA Arbitration Rules 2012.

[4] ICC, Belt and Road Dispute Resolution.

人提供广泛的争议解决服务。2014 年 10 月,LCIA 颁布了最新版本的仲裁规则。为方便仲裁程序,LCIA 分别于 2016 年 4 月和 2017 年 10 月发布了《参与者指导说明》(Guidance Notes for Participants)和《仲裁员指导说明》(Guidance Notes for Arbitrators)。值得注意的是,LCIA 的行政收费以及指定仲裁庭所收取的费用并不是以争议金额为基础的。为确保提供具有成本效益的服务,LCIA 规定当事人在提出仲裁请求并支付登记费后,LCIA 的行政收费及仲裁员收费将采用小时费率。[1]

此外,许多传统商事仲裁机构也对管理投资仲裁案件表示了兴趣,新的参与者不断涌现。例如,2016 年 12 月,新加坡国际仲裁中心(Singapore International Arbitration Centre,SIAC)发布了第一版《投资仲裁规则》(Investment Arbitration Rules),作为其"寻找商业机会最大化的新途径"。[2] 中国仲裁机构也开始对国际投资仲裁表现出浓厚兴趣。中国有 250 多个国内仲裁机构,但目前尚未有机构审理过投资者与东道国之间的仲裁案件。近年来,为了给"走出去"的中国企业提供强有力的法律支持,在政府有关部门的鼓励和支持下,在对境内外企业进行深入调查的基础上,中国仲裁机构开始探索为投资者与东道国之间纠纷提供服务的可能性。深圳国际仲裁院(Shenzhen Court of International Arbitration,SCIA)率先于 2016 年 12 月更新了仲裁规则,成为一家可以受理投资者与国家间仲裁案件的机构。[3] 2017 年,中国国际经济贸易仲裁委员会(China International Economic and Trade Arbitration Commission,CIETAC)发布了自己的国际投资争端仲裁规则。这些举措旨在支持中国企业"走出去",进一步推进中国的"一带一路"倡议,并为那些由于对当地法律和实践缺乏了解而担心可能在海外仲裁中遭受偏见的中国投资者提供选择余地。

二、中国主导 ISDS 机构的愿望、能力及障碍

(一)愿望

中国有动力在治理国际投资方面包括投资者与东道国之间的争端解决方面

[1] See LCIA Releases Updated Costs and Duration Analysis.

[2] See Jonathan Mackojc, *SIAC's* 2017 *Investment Arbitration Rules*: *An Overview and Key Changes*, Kluwer Arbitration Blog, 4 February 2017.

[3] Art. 2. 2 of the SCIA Arbitration Rules accepts arbitration cases related to investment disputes between states and nationals of other states.

形成自己独特的模式。目前,中国正在积极推进“一带一路”建设,建立“一带一路”争端解决机制的呼声不断。现有的国际争端解决机制以对抗性为程序特征,程序冗长、成本高,不能完全满足“一带一路”建设的需要。来自西方发达国家的仲裁员占大多数,其并不能代表发展中国家的利益。因此,中国法律学者提出,建立一套有效的、适用于贸易和投资争端的争端解决机制将有利于“一带一路”建设。建立上诉机制,并将调解和仲裁结合起来,将使“一带一路”地区发生的争端得到公正、协调、友好的解决。[1] 此外,“鉴于‘一带一路’沿线国家多为发展中国家,这一独立争端解决机构的建立也可以使发展中国家更加融入世界经济主流”。[2]

在此背景下,中国政府近年来对建立中国主导的争端解决机构表现出前所未有的热情。2018 年 1 月 23 日,中共中央全面深化改革领导小组批准了《关于建立“一带一路”争端解决机制和机构的意见》。根据设计方案,最高人民法院于 2018 年 6 月 29 日在深圳、西安分别设立了第一国际商事法庭和第二国际商事法庭。此外,根据相关安排,中国国际贸易促进委员会将负责与国外机构合作,共同建设新的国际争端预防和解决机构。

在建立预防和解决投资者与东道国争端的新国际组织之前,需要澄清一些先决问题。比如,中国是要建立一个类似于 ICSID 那样基于政府间公约的正式的新国际组织,还是一个类似于 LCIA 等其他商事仲裁机构的纯民间机构?中国是想建立一个像 PCA 那样解决各类争端的统一争端解决机制,还是只针对投资者与东道国投资纠纷的争端解决机制?目前,中国法学界的主流意见是采用非政府机构的方式,因为基于政府间条约的正式机构似乎很难实现。但是,关于建立正式国际机构的意见是,新的民间机构似乎并不具备任何竞争优势,因为目前已有很多民间机构在管理投资者与东道国之间的争端。如能通过与其他国家进行谈判进而设立政府间争端解决机构似乎更可取,如以改善包括“一带一路”沿线国家在内的亚洲区域社会、经济现状为使命的亚洲基础设施投资银行(the Asian Infrastructure Investment Bank,以下简称亚投行或 AIIB)为平台。[3]

---

〔1〕 参见王贵国:《“一带一路”战略争端解决机制》,载《中国法律评论》2016 年第 2 期。
〔2〕 同上。
〔3〕 参见漆彤:《一带一路国际经贸法律问题研究》,高等教育出版社 2018 年版,第 135 页。

(二)能力

随着综合国力和国际影响力的提升,中国有望在国际投资争端治理中承担更多责任。2014 年,中共中央在中国共产党第十八届中央委员会第四次全体会议上倡导“加强中国在国际法律事务中的话语权和影响力”“用法律手段维护中国主权、安全和发展利益”。[1] 在国际上,成立亚投行的成功经验、G20 杭州峰会达成的《全球投资政策指导原则》(Guiding Principles for Global Investment Policies)、2017 年金砖国家第七次经贸部长会上达成的《金砖国家投资便利化合作纲要》(Outlines for BRICS Investment Facilitation)、WTO 第十一届部长级会议上关于投资便利化的新举措等,都显示了中国在国际投资治理中的主导能力。

2014 年亚投行的成立被认为是中国适应新的制度权力地位和全球治理角色的重要一步,尽管伴随着一些西方国家的质疑和争议。[2] 作为一个在布雷顿森林体系之外运作、由发展中国家主导、专注于区域基础设施投资的新型国际金融机构,亚投行的成功成立是中国从体制外推动国际金融治理的改革,进而回应对布雷顿森林体系内金融机构和秩序中存在问题的重要尝试。[3] 作为世界上最大的发展中国家之一,中国的法律文化与西方的价值观不同。如果中国试图建立自己主导的国际争端解决体系并以之作为当前 ISDS 改革的一个选择,显然也需要面对来自西方的质疑。

2016 年通过的 G20《全球投资政策制定指导原则》表明,代表全球 2/3 以上对外直接投资的发达经济体、发展中经济体和转型期经济体之间已就投资问题达成了初步的多边共识。该原则于 2016 年 7 月在中国上海举行的 G20 部长级会议上达成,并在 2016 年 9 月的杭州峰会上得到了 G20 领导人的认可。G20 的指导原则不具约束力,旨在作为审查和制定国家投资政策和战略的指导工具,同时也作为起草和谈判国际投资条约的重要参考。2017 年 1 月 6 日和 7 日,在德国担任 G20 主席国期间,G20 贸易和投资工作组在德国柏林召开会议,其中与投资相关的讨论内容包括投资便利化和反保护主义监督等。继 2016 年中国担任主席国后,德国在担任 2017 年 G20 主席国时继承并进一步发展了 2016 年 7

---

[1] 参见《中国共产党第十八届中央委员会第四次全体会议公报》。

[2] See Evan A. Feigenbaum, *China and the World: Dealing with a Reluctant Power*, Foreign Affairs, 2017, 96(1), p. 33 – 40.

[3] 参见漆彤:《论亚投行对全球金融治理体系的完善》,载《法学杂志》2016 年第 6 期。

月通过的《全球投资政策制定指导原则》。[1]

中国、俄罗斯、印度、巴西、南非等国领导人在2017年G20峰会上举行会晤通过了《金砖国家投资便利化合作纲要》,作为《金砖国家领导人厦门宣言》的一部分。[2] 投资便利化的概念包括一系列有助于营造良好国家投资环境的各种措施、机制和行动,具有很强的程序性和实践性。通过将讨论严格集中于投资便利化议题上,最终可以对国际投资采取一种建设性的、有效的方式,以避免过去关于投资保护和争端解决可能的多边规则的争议。[3]

2017年12月13日,在阿根廷布宜诺斯艾利斯举行的世贸组织第11届部长级会议最后一天发布《投资便利化部长联合声明》(Joint Ministerial Statement on Investment Facilitation for Development)。由此,70个世贸组织成员认识到投资、贸易和发展之间的联系,并宣布计划进行分阶段讨论,以制定一个投资便利化多边框架。[4] 占全球贸易约73%、占全球外来直接投资66%的"为促进发展的投资便利化之友"(Friends of Investment Facilitation for Development, FIFD)的倡导者,商定于2018年初举行会议,就投资便利化专题进行分阶段讨论且扩大组织规模。《投资便利化部长联合声明》的签署方还鼓励所有其他WTO成员积极参与这项工作。作为FIFD的重要成员,中国为推动这一部长联合声明做出了积极贡献。[5]

过去几年,以英国脱欧、特朗普担任美国总统等一系列意外事件为特征,贸易保护主义和反全球化情绪不断升温。相比之下,中国正逐步成长为经济全球化的有力推动者,在积极参与国际规则制定、促进全球经济可持续发展方面发挥着重要作用。我们有理由期待中国为ISDS改革做出实质性贡献。

(三)障碍

从理论上讲,建立一个统一的、符合"一带一路"需要的争端解决机制无疑

---

〔1〕 See UNCTAD, UNCTAD Facilitates G20 Consensus on Guiding Principles for Global Investment Policymaking.

〔2〕 See BRICS, Outlines for BRICS Investment Facilitation.

〔3〕 See Felipe Hees and Pedro Mendonça Cavalcante, Focusing on Investment Facilitation-Is It That Difficult? Columbia FDI Perspectives No. 22.

〔4〕 See WTO, Joint Ministerial Statement on Investment Facilitation for Development, WT/MIN(17)/59, 13 December 2017; WTO, DG Azevêdo Addresses the Informal Dialogue on Investment Facilitation.

〔5〕 See WTO, Possible Elements of Investment Facilitation-Communication from China, JOB/GC/123.

非常理想。然而,这样的设想面临着许多现实挑战。中国的“丝绸之路”是以古代陆上丝绸之路和海上通道为基础,为增进中国与100多个国家和国际组织之间的互联互通而制定的经济框架。“一带一路”倡议旨在通过基础设施建设、交通和经济走廊将不同地区连接起来,搭建中国与世界其他地区在物理、金融、数字和社会方面的连接桥梁。作为一种新型的多边主义,中国的“一带一路”倡议得到了广泛的积极评价,并被写入了联合国宣言。“一带一路”合作框架的一个明显特点是,它看起来更像一个项目导向的合作模式,而不像一个规则导向的体系。由于缺乏法律保护和国际法的支持,“一带一路”建设面临着巨大的风险。事实上,对于将大量财政资源投入到低回报项目和高风险国家是否明智的问题,曾引起过激烈的争论。[1] 区域内国家的多样性极大地限制了“一带一路”沿线国家的合作水平,建立中国主导的ISDS机构面临同样的现实挑战。这也解释了为什么一些中国法律学者认为,包括争端预防机制在内的投资便利化与合作可能才是目前中国的最佳选择。[2]

囿于目前中国的法治发展程度,中国是否有足够的政治和法律影响力获得“一带一路”国家对其提案的支持也是一个疑问。例如,要发展一个中国主导的机构,中国首先需要克服国内立法的诸多障碍。中国有大量的仲裁机构,但从未管理过任何投资者与东道国的仲裁案件。如上所述,以中国国际经济贸易仲裁委员会为代表的仲裁机构在2017年公布了新的投资仲裁规则,尝试在国际投资仲裁中“试水”。然而,要想受理国际投资仲裁案件,中国仲裁机构还需要在国内法中找到更为坚实的法律依据。1994年《仲裁法》第2条将可仲裁事项范围限制在平等主体之间的商事纠纷,第3条第2项规定依法应当由行政机关处理的行政争议不能仲裁。另外,1987年最高人民法院发布的《最高人民法院关于执行我国加入的〈承认及执行外国仲裁裁决公约〉的通知》第2条明确规定,契约性和非契约性商事法律关系不包括“外国投资者与东道国政府之间的争端”。[3] 因此,中国的首要任务是尽快修改和更新《仲裁法》。

---

〔1〕 See François Godement, “*One Belt, One Road*”: *China's Great Leap Outward*, European Council on Foreign Relations China Analysis (June, 2015), https://ecfr.eu/archive/page/-/China_analysis_belt_road.pdf.

〔2〕 参见漆彤:《论“一带一路”国际投资争议的预防机制》,载《法学评论》2018年第3期。

〔3〕 参见最高人民法院关于执行我国加入的《纽约公约》的通知。

三、结论

目前关于 ISDS 的激烈争论和机构间的竞争表明,要实现一个广泛接受的、理想的 ISDS 模式还有很长的路要走。未来几十年,ISDS 更有可能呈现多样化的特征。中国对 ISDS 改革的基本目标是:投资者与东道国之间的仲裁制度应该是有效、高效,且在投资者保护和政府监管权之间取得适当平衡的,而不应存在任何固有的偏向投资者或东道国的制度倾斜。任何有利于实现这一目标的方案中国都会考虑和接受。如上所述,增量式改革不足以解决对现行制度的所有担忧,而 ISDS 的司法化将切断仲裁员与指定方之间潜在的商业联系,并引发对国家过度倾斜的担忧。因此,投资者与东道国争端解决的混合特征可能意味着,无论是传统的商事仲裁(即使是一些渐进式的改革)还是纯司法性的投资法庭(作为制度改革的结果),都不是 ISDS 改革的最佳选择。有理由推测,中国将对所有的选择保持开放的态度,而不是在目前的改革方案中进行简单的选择。中国对 ISDS 改革的政策选择应包含以下三个部分:一是中国应在利用现有 ISDS 的同时,针对中国的关切完善 ISDS;二是中国应积极推动 UNCITRAL 下的多边谈判,并与欧盟等其他重要参与方达成共识;三是中国应尝试在“一带一路”沿线建立一个由中国主导的 ISDS 机构,并将其建设成更多类似于范式改革者的特征,如强调争端预防政策、双方主管部门之间的协调等。

关于 ISDS 改革的未来,本章引用孟子的名言“大乱之后必有大治”作为注解。

热点追踪之一:《外商投资法》

第十章　论外商投资国家安全审查决定的司法审查*

一、序言

2019年3月15日，第十三届全国人民代表大会第二次会议表决通过《外商投资法》，并自2020年1月1日起施行。《外商投资法》第35条规定："国家建立外商投资安全审查制度，对影响或者可能影响国家安全的外商投资进行安全审查。依法作出的安全审查决定为最终决定。"作为促进、保护和管理外商投资的基础性法律，《外商投资法》首次将外商投资国家安全审查制度（以下简称外资安审制度）提高到法律的层面上，对于维护我国国家安全和经济主权具有重要意义。〔1〕 为落实第35条的原则性规定，相关部委正在紧锣密鼓地开展安审机制的具体制度配套工作。通过对外资安审制度的完善，我国将构筑由产业政策、竞争政策和国家安全政策组成的"三位一体"的外国投资管理体系。〔2〕

外资安审制度是东道国为保障本国的国家安全利益，授予特定机关对可能威胁国家安全的外国投资进行审查，并采取限制性措施以消除国家安全威胁的法律制度，是国家主权的重要体现。与此同时，东道国通常也负有保护投资者合法利益、促进投资自由化的义务。对于投资者来说，东道国基于安审决定而采取的限制性措施不可避免地会损害其利益，导致投资意向的夭折、投资成本的增加乃至被迫撤回投资。标准模糊、程序不透明、缺少外部监督的外资安审制度，更是与东道国促进和保护外资的目标背道而驰。因此，在依法对外商投资开展国家安全审查的同时，东道国如何确保安审机制符合程序正义的要求，做到于法有据、规范透明，在维护国家安全利益的同时，不致损害投资自由化和外国投资者

---

* 本章原由漆彤发表于《武汉大学学报（哲学社会科学版）》2020年第3期，有删改。

〔1〕 此前，我国外资安审制度主要体现在部门规章或规范性文件之中，内容零散、法律层级较低。

〔2〕 参见漆彤：《外资国家安全审查立法中的若干重要问题》，载《中国法律评论》2015年第1期。

的积极性,是一个不容忽视的重要问题。

在遭受东道国外资安审调查不利决定时,外国投资者可以采取哪些救济措施来维护自己的合法权益,对于平衡东道国国家安全与投资自由化目标具有重要意义。我国《外商投资法》第35条第2款规定"依法作出的国家安全审查决定为最终决定",这是否意味着主管机关作出的安审决定绝对豁免于行政复议或司法审查?从维护国家主权和安全的角度来看,豁免于行政复议和司法审查一定程度上有利于维护安审决定的权威性,但从投资者的角度,豁免于行政复议和司法审查的做法意味着被审查的外国投资者将缺乏维护自身合法权益的必要救济途径。新法的这一规定与美国现行外资安审立法类似,也是对2015年《外国投资法(草案)》第73条"行政复议和诉讼的豁免"的延续。但是,结合当今国际经贸格局的复杂态势和中国的角色定位,笔者认为,《外商投资法》下的我国外资安审制度不宜机械照搬美国做法,而应坚持扩大对外开放、加强投资保护的立法精神,尽可能提升外资安审制度的公正合理性,努力实现维护国家安全与促进投资自由化之间的平衡。

外国投资者对东道国的外资安审决定不服,通常意味着被审查的外国投资者和东道国政府之间存在基于投资活动而产生的法律争议。解决这种争议的途径既包括东道国当地救济,也包括国际救济。东道国当地救济,是指被审查的外国投资者对安审决定不服的,可以依据东道国的法律提起行政复议或行政诉讼。行政复议是行政机关内部自我纠正错误的一种监督机制,申请人一般应向上一级行政机关提出复议申请。行政诉讼则是一种外部的审查纠错机制,原告通常应就具体行政行为向属于司法系统的普通法院或者行政法院提起诉讼申请,请求对具体行政行为依法进行审查并作出裁决,这在许多国家也被称为司法审查。

投资者也可能依据投资协定将争议提交国际投资仲裁。早期的大多数国际投资协定并未明确提及安审问题,晚近以来,东道国公共利益的维护乃至国家安全问题逐渐引发各国关注,一些投资协定开始纳入一般例外和根本安全例外条款。尽管东道国安审行为存在接受国际仲裁庭审查的可能,但截至目前涉及安审措施的国际投资仲裁实践仍十分匮乏。为了在国家安全与投资仲裁之间筑起一道防火墙,一些国际协定明确排除了安审措施的可仲裁性,例如,NAFTA第

11 章第 1138 条规定,NAFTA 争端解决机构无权审查并购交易的国家安全措施。[1] 2015 年中国与澳大利亚签订的自由贸易协定也规定,一方采取的非歧视的和出于公共健康、安全、环境、公共道德或公共秩序等合法公共利益目标的措施,不应作为本节项下诉请的对象。[2] 就纳入了国家安全例外的投资协定而言,例外条款是否包含对国家安全问题的"自决性"(self-judging)描述,也会对安审决定寻求国际救济产生实质性影响。如前述中澳自由贸易协定在"不符措施清单"中进一步规定,澳方有权采取或维持"其认为出于保护基本安全利益所必需的任何措施"。[3] 通常,仲裁庭可以对"非自决性"的国家安全进行实质审查,而拒绝对"自决性"的国家安全例外进行审查。

限于篇幅,本章主要讨论安审决定的国内司法审查问题,拟首先考察各国有关安审决定国内司法审查的立法模式以及安审决定司法审查规则与实践在晚近以来的发展,然后讨论影响安审决定司法审查制度的主要考量因素,最后分析我国对外资安审决定司法审查问题应持的立场,并就《外商投资法》第 35 条第 2 款的理解和具体落实提出建议。

二、安审决定国内司法审查的三种立法模式

对于安审决定的国内司法审查,有学者认为目前各国存在三种立法例,即以法国、日本为代表的允许申请司法审查,以德国、澳大利亚为代表的不排除司法审查,以及以美国为代表的明确排除司法审查。[4] 根据 2016 年经济合作与发展组织的报告,在受调查的 17 个国家中,绝大多数国家均赋予了投资者对不利安审决定寻求行政救济或司法救济的权利,其中澳大利亚、加拿大、芬兰、卢森堡、新西兰和俄联邦仅提供司法审查而拒绝给予行政复议,只有美国一国完全拒绝行政复议和司法审查。[5] 结合上述学者观点和国际组织的分类统计,笔者认为,就司法审查而言,将各国做法划分为实体可诉、实体不可诉(程序可诉)和基

---

〔1〕 参见陶立峰:《外国投资国家安全审查的可问责性分析》,载《法学》2016 年第 1 期。

〔2〕 《中澳自由贸易协定》第 9 章第 11 条第 4 款。

〔3〕 《中澳自由贸易协定》附件 3 第 2 节。

〔4〕 参见王东光:《国家安全审查:政治法律化与法律政治化》,载《中外法学》2016 年第 5 期。

〔5〕 See Wehrlé, F. and J. Pohl, *Investment Policies Related to National Security: A Survey of Country Practices*, OECD Working Papers on International Investment, February 2016, OECD Publishing, Paris.

本不可诉三种模式更为直观。

(一)以法国、日本为典型的实体可诉模式

这种模式是指司法机关不仅有权就安审程序是否存在瑕疵进行审查,也可以就主管机关所作安审决定的实质内容进行审查,投资者享有全面的司法救济权利。例如,根据法国《货币与金融法》第 L. 151 – 3 条的规定,若经济部长认为外国投资正在或已经违反第 L. 151 – 1 条、第 L. 151 – 2 条,他可以作出命令投资者停止进行交易、改变交易的性质或是自费恢复到交易前状态的决定,投资者可就上述决定寻求司法救济,法国法院对审查机关的决定享有全面进行管辖的权力(a remedy of full jurisdiction)。[1] 若法院查明部长决定未正确适用或违反了《货币与金融法》有关国家安全审查的规定,可以推翻原有的审查决定,在审查决定对投资者的合法权益造成损失时,法院可裁决审查机关对投资者的损失进行赔偿。如果审查决定违反欧盟条约,投资者还可以在欧洲法院对该决定提出疑问。[2] 日本除了允许法院对审查机关作出的安审决定进行司法审查外,同时给予了投资者对否定性决定进行行政复议的救济权利。日本进行国家安全审查的法律依据是《外汇及外国贸易法》,该法第 56 条详细规定了“听取申述不服的程序”,尽管主管大臣可命令投资者变更或中止可能威胁国家安全的投资计划,但是投资者可就主管大臣对该法或基于该法的命令的处分提交异议申诉和审查请求,主管大臣应公开听取其意见;事先需对案件的内容、公开听取意见的时间、地点进行预告;在听取意见时,应给予投资者提交证据和陈述意见的机会。此外,在 2017 年对《外汇及外国贸易法》修法前,依据第 57 条的要求,若依据第 56 条提出的异议和审查请求未作出决定或裁定,投资者不能够针对否定性国家安全审查结论提起取消处分的诉讼,这意味着在 2017 年前针对审查决定提起的诉讼,需在申诉决定作出之后才能提起。但在最新的修订版本中,第 57 条已被删除,即日本不再在这个问题上强调行政复议与诉讼的关系。[3]

(二)以澳大利亚、新西兰为代表的实体不可诉模式

澳大利亚法院可以对财政部长基于《1975 年外国收购接管法》(Foreign

---

〔1〕 See Monetary and Financial Code(Legislative Section), Article L. 151 – 3.

〔2〕 See Gao, Foreign Investment: Laws and Policies Regulating Foreign Investment in 10 Countries, GAO – 08 – 320, February 2008, p. 58.

〔3〕《外国為替及び外国貿易法》第 56 条。

Acquisitions and Takeover Act 1975,FATA,2015 年修订)作出的审查决定进行司法审查,但是,法院通常会认为,一项特定交易是否有损于国家利益属于财政部长的自由裁量权范围,因此仅限于审查与程序公正性、自然正义以及其他行政法基本规则相关的问题。[1] 例如,在休闲娱乐公司诉澳大利亚联邦财政部长拉尔夫·威利斯案(Leisure and Entertainment Pty Ltd. v. the Honourable Ralph Willis)中,法院认为是否有权以国家利益为由做出决定属于部长自由裁量权范围,且这一权力不应服从于任何外部强制。[2] 显然,澳大利亚法院的司法审查更接近于形式审查,而非实质审查。新西兰的做法与之类似,外国投资者也可以将主管机关基于《海外投资法》(Overseas Investment Act)作出的决定诉诸于法院司法审查,但这种审查仅限于程序性事项。[3] 有学者指出这种实体不可诉的做法赋予了主管机关过度的自由裁量权,未能向投资者提供充分的救济手段,并建议在该法中引入对安审决定实质性内容的司法审查以提升潜在投资者的信心;此外,考虑到投资仲裁裁决的不一致性,在国内引入实质性的司法审查也有助于提升司法确信。[4]

(三)以美国为代表的不可诉模式

美国是世界上最早建立起外资安全审查制度的国家。1975 年美国成立了外国投资委员会(The Committee on Foreign Investment in the United States,CFIUS),其职责就包括外商投资交易的审查。在国家安全审查的救济制度方面,美国采用的是不可诉模式。例如,在对《埃克森—佛罗里奥修正案》的第四次修订,即 2007 年 6 月 29 日通过的《外国投资和国家安全法》(Foreign Investment and National Security Act of 2007,FINSA)中,第 6 节第 e 条明确规定美国总统的下列行为或者裁定不受司法审查:一是总统在第 d 条第 1 款下的行

---

〔1〕 See Vivienne Bath, *Foreign Investment, the National Interest and National Security-Foreign Direct Investment in Australia and China*, Sydney Law Review, 2011, 34(5), p. 13.

〔2〕 See Leisure and Entertainment Pty Ltd. v. the Honourable Ralph Willis, Federal Treasurer of the Commonwealth of Australia, Janola Dale Pty Ltd. and Kenneth John Stout and Ross Andrew Duus As Receivers and Managers of Dreamworld Productions Pty Ltd. (Receivers and Managers Appointed) [1996] FCA 1189.

〔3〕 See Paul Comrie-Thomson, Uncertain Opportunities: Chinese Investors Establishing Investments in New Zealand, China Research Paper, 2013, 1 University of Wellington, p. 17.

〔4〕 See Dave Heatley and Bronwyn Howell, Overseas Investment: is New Zealand Open for Business? (New Zealand Institute for the Study of Competition and Regulation Inc, 2010), p. 36.

为,即一般而言,在不违反第 4 款的情况下,总统可在总统认为适当的时候采取此类行动,以暂停或禁止任何可能损害美国国家安全的有关交易;二是总统在第 d 条第 4 款下的裁定,即有可靠的证据表明,总统认为行使控制权的外国利益可能采取损害国家安全的行动的裁定。[1]

三、安审决定国内司法审查规则与实践的晚近发展

需要指出的是,尽管多数国家在立法上赋予了安审决定的可诉性,但这只解决了此类案件的管辖权问题,即法院有权对安审决定进行司法审查。除个别国家之外,外资安审在大多数国家尚处于制度构建的初步摸索阶段,相关审查实践较少,诉诸司法审查的案例尤为匮乏,因此,实践中各国法院具体如何区分实体事项与非实体事项并开展司法审查,几无先例可循。就现阶段而言,立法赋予对安审决定的救济权似乎更多只是一种宣示作用,实践意义有限。但是,晚近的一些司法实践和立法趋势表明,这一问题并非空穴来风,未来可能成为外资安审实践中的一个焦点性问题,未雨绸缪开展前瞻性研究十分必要。

2012 年的 Ralls 诉 CFIUS 和奥巴马政府案(以下简称 Ralls 案)表明,即使是外资立法对外资安审决定采取“不可诉”模式的美国,其安审决定在正当程序方面仍可能受到法院基于宪法权力而开展的违宪审查。[2] 2012 年 9 月 28 日,奥巴马以涉嫌威胁国家安全为由,签署总统令叫停 Ralls 公司在俄勒冈州投资的风电项目,2012 年 10 月 1 日 Ralls 公司递交诉状,认为奥巴马此举违反了美国宪法第五修正案规定的正当程序条款。地方法院驳回了 Ralls 公司的诉讼请求,Ralls 公司进行上诉。上诉法院认为,除非有明确且令人信服的证据材料证明国会立法者在当初立法时意图将侵犯公民宪法权利的诉请排除在司法审查外,否则仍然需要接受宪法权利的司法审查。从条文上看,FINSA 中只是规定了总统的行动或者裁定等实体性事项不受司法审查,但并没有禁止对正当程序等程序性事项进行司法审查。上诉法院认为,本案中被审查并购交易的当事人以其正当程序权利受到侵害为由向法院起诉,实际上涉及总统决策程序的违宪问题,因此不受禁止对国家安全审查进行司法审查的限制。这一案例意味着美国的不可诉模

[1] See Foreign Investment and National Security Act of 2007, Public Law 110 - 49, Sec 6(e).

[2] See Ralls Corporation v. Committee on Foreign Investment in the United States, et al., 758 Federal Reporter, 3d Series, 2014, p. 296.

式亦并非绝对,即虽然总统或者CFIUS对国家安全审查的结果是法律明文禁止受到司法审查的,但如果在审查过程中存在与宪法性权利相抵触的事项,则仍需接受司法审查。

2018年8月13日,美国总统特朗普正式签署《外国投资风险评估现代化法案》(Foreign Investment Risk Review Modernization Act of 2018,FIRRMA),该法案是对FINSA 11年来的首次修改,在强化外资安全审查的同时进一步细化了安审决定的司法审查规则。FIRRMA在第15节中规定了不受司法审查的范围,其中在第1条中规定了美国总统的行为或者裁定不受司法审查,[1]第2条第1款扩大了排除司法审查的范围,即CFIUS的行为也不受司法审查。[2] 在扩大司法审查排除范围的同时,受Ralls案的影响,新法又进一步细化了投资者行使宪法性救济权利的规则。根据FIRRMA第14节第2条第2款,不迟于总统或CFIUS就所涉交易采取行动之日后60天,所涉交易的任何一方均可根据本款在哥伦比亚特区上诉法院(the United States Court of Appeals for the District of Columbia Circuit)提出申诉,声称CFIUS的行动违反宪法权力、权利、基本人权或豁免权。[3] 如果裁决涉及保密信息,这些信息将由法官进行非公开查阅并保密。[4] 总的来看,新法案坚持并扩大了外资安审决定的不可诉性,并在申诉范围、主体、时限、依据和管辖法院等方面对投资者诉诸违宪审查的权利予以规范和限制。

在美国修法的同时,近期欧盟层面外资审查规则的一些新变化也值得关注。2019年3月19日欧洲议会和理事会通过了《建立欧盟外商直接投资审查框架的条例》(Establishing a Framework for the Screening of Foreign Direct Investments into the Union,以下简称《条例》)。此前,对外国直接投资的审查是欧盟成员国的专属责任,欧盟层面没有基于安全或公共秩序的单一集中外资审查机制。新的《条例》允许欧盟委员会审查对多个成员国的安全或公共秩序构成威胁或可能破坏整个欧盟感兴趣的项目的投资,虽无权发表否定性意见,但可向投资涉及的成员国提出无拘束力的意见。《条例》也同样关注到了对外资安审决定的投

---

〔1〕 See The Foreign Investment Risk Review Modernization Act of 2017, S. 2098 /H. R. 4311, Sec. 14(1).

〔2〕 *Id.*, Sec. 14(2)(A).

〔3〕 *Id.*, Sec. 14(2)(B)(ii)(I).

〔4〕 *Id.*, Sec. 14(2)(B)(ii)(II).

资者救济问题,并指出成员国应允许对决定寻求救济。《条例》指出,审查机制必须透明并明确规定审查理由及出具审查规定的时限,审查程序不得歧视对待非欧盟国家的投资者,并应允许对国家安全审查决定寻求救济。[1] 尽管《条例》并未细致规定有关投资者针对国家安全审查决定如何获得救济,但从整体层面表明欧盟对于安审决定可诉性问题持开放的态度。

四、安审决定国内司法审查问题的复杂性

行政机关作出的外资安审决定是否接受以及能在多大程度上接受国内法院的司法审查,关乎一国在对外政策上的价值取向、政治立场、法律体系及经济政策等多方因素,是多种价值相互交织、冲突、博弈的结果。不论是采用实体可诉、程序可诉还是完全不可诉模式,均有其自身的内在合理性与侧重考量。在决定是否应给予投资者救济权利这一问题上,需从国家和投资者两个不同视角去分析其合理性。

(一)安审制度的浓厚政治性色彩

外资安审制度的核心在于判断外国投资是否危害国家安全,而"国家安全"是一个包含浓厚政治性色彩的概念。国家安全审查虽然处于法律的语境之下,但其内核却是一个政治问题,法律化的外在表现形式不会改变国家安全审查制度的内在政治特质。[2] "国家安全"概念的政治性色彩可以从几个方面来理解。

(1)"国家安全"概念的模糊性。"国家安全"是一个不确定的概念,缺少明确的定义,其内涵会随着经济、社会的发展而不断发生变化。从历史来看,国家安全的概念经历了由侧重国防、军事、政治逐渐向经济、科技乃至社会、文化、网络安全的扩展。因此,各国立法均避免对国家安全进行清晰界定或采取穷尽式列举。

(2)缺少明确的审查标准。国家安全概念的模糊性导致主管机关对"国家安全"的审查标准会根据国家利益需求的变化而变化,进而带有较为浓厚的主观判断色彩。对于"国家安全"的界定,各国普遍认为其属于自由裁量的范围,倾向于采取"自决原则"。例如,1994 年关贸总协定以及一些投资协定中的安全

---

[1] Regulation 2019/452, Establishing a Framework for the screening of foreign direct investments into the Union, March 19, 2019, Article 3, paragraphs 2 & 5.

[2] 参见王东光:《国家安全审查:政治法律化与法律政治化》,载《中外法学》2016 年第 5 期。

例外条款均规定,东道国有权在“自己认为必要的情况下”采取措施。[1]

(3)从国家安全审查制度的实施上来看,各国职司安审的机构都集中在中央政府层面,且成分复杂,跨越诸多部门和领域。如美国外资投资委员会是一个联邦政府委员会,由财政部长、国防部长、国土安全部长、国务卿、商务部长、能源部长、司法部长、美国贸易代表、白宫科技政策办公室主管等政府机构的最高长官组成,其中财政部长担任委员会主席。此外,管理和预算办公室、经济指导委员会、国家安全委员会、国家经济委员会、国土安全委员会、国家情报局和劳工部等亦可作为观察员参与 CFIUS 审查活动。

(4)尽管外资安审制度作为一般性制度适用于所有外国投资者及其投资项目,而非针对特定投资者,但是其本身所具有的政治性特征,往往导致主管机关在审查外国投资时,还会考虑投资者母国与本国之间的关系以及双方的国际政治立场是否对立,从而在相同或者类似的投资项目上对来自不同国家的投资者进行区别对待。例如,CFIUS 通常更能接受英国、荷兰、德国等西方企业对本土企业的收购,但对不属于西方阵营的别国企业尤其是中国企业进入美国市场则十分警惕。国际法上的非歧视原则、“法律面前人人平等”的法治精神,在面对外资安审制度的政治性特征时往往荡然无存。

(5)在作出安审决定的过程中,尽管国际趋势越来越倡导程序的公开透明,但在实践中东道国往往只能做到审查流程的基本透明,而具体的安审决定理由通常不会告知投资者。同时,由于威胁国家安全的认定很可能包含有国家机密信息,审查机关通常也不愿将此公开。支持安审决定不可诉的重要理由之一就是,出于对国家秘密的保护,在司法机关对安审决定进行审查的过程中,涉及国家秘密的材料将不得作为证据交换或是在法庭辩论环节公开,这会导致司法机关的审查在客观上无法进行。

正是基于国家安全审查制度的上述特征,个别国家规定司法机关不能对国家安全审查进行司法审查。即便大多数国家并未排除甚至明确规定了安审决定的司法审查,往往也并不意味着法院在诉讼程序中实质审查安审结论的正确性,而是从法律角度审查安审程序是否存在瑕疵,即法院不能就投资是否危及国家安全以及安审决定本身是否正确作出判断。此外,一国的国家安全审查机关作

---

[1] See OECD, Protection of "Critical Infrastructure" and the Role of Investment Policies to National Security, Geneva: Organization for Economic Cooperation and Development, 2008, p. 3.

出安审决定的过程是一个极为复杂的过程,具有高度的专业性,往往涉及外交、国防、科技等多领域、多层次的问题,司法机关客观上也无法胜任这样的实质审查工作。从现有的司法实践来看,法院通常会充分尊重审查机关在实质问题上的决定。

(二)程序正义视角的投资者保护

尽管安审是各国基于国家主权所应有的权力,是保护国家安全的一道有效防线,但由于国家安全审查的内核是政治问题,安审实体标准模糊不清,这一制度也可能成为东道国政府阻挠外国投资进入的合理借口。当审查机关滥用权力不当审查或存在程序瑕疵时,极有可能会损及投资者的合法投资利益。从一般意义上来说,正当程序体现的法治精神要求任何行政行为都应受到法律制约和监督,国家安全审查行为也不例外。因此,有学者认为,程序正义是约束政府行为、保护投资者的重要原则,基于正当程序的国家安全审查行为是政府行为的应有之义,缺少救济的安审机制违背了程序正义的基本要求。[1]

正当程序体现的程序正义观念,其古典表述在英国为自然正义,在美国则为正当法律程序,[2]但无论其称谓如何,按照程序正义的原则,任何权力都须公正行使,对当事人不利的决定皆须听取其意见。[3] 严格的法律程序有助于塑造审查结论的正当性与合法性,外资安审制度作为一种法律制度,无疑应遵循必要的程序正义要求。“国家安全”本身具有模糊性和抽象性,审查主体具有较大的自由裁量权,容易损害外国投资者的权益。如果再缺少了程序正义,加强外资保护、促进投资自由化就会变为一种虚伪的口号,也将不利于东道国树立良好的投资环境形象。基于此,国家安全审查制度不应绝对排除投资者的救济权利。

程序正义原则作为约束政府行为、保护投资者的重要原则,涉及整个安全审查制度的方方面面,例如,提高程序透明度、保障投资者必要知情权等,而不仅仅限于安审决定的实质性司法审查。即使就明确排除司法审查的国家而言,法院不能裁决国家安全审查决定的实质正当性,但并不意味着整个安审程序均不得接受司法干预,对于审查机构是否遵循了正当程序原则,法院应具有管辖权。[4] 国家安全审查在本质上是包裹政治内核的法律问题,程序的合法性与正当性属

---

〔1〕 参见陶立峰:《外国投资国家安全审查的可问责性分析》,载《法学》2016 年第 1 期。

〔2〕 参见陈瑞华:《程序正义理论》,中国法制出版社 2010 年版,第 12 页。

〔3〕 参见王名扬:《英国行政法》,北京大学出版社 2007 年版,第 151 ~ 152 页。

〔4〕 参见王东光:《国家安全审查:政治法律化与法律政治化》,载《中外法学》2016 年第 5 期。

于纯粹的法律问题,完全可以也应当接受司法审查。虽然由于国家安全审查本身的复杂性和专业性,司法机关客观上无法胜任实质审查工作,但司法机关对程序正义与正当具有天然的判断能力和优势。

在美国宪法中,正当程序原则也得到一定体现,如其《宪法修正案》第 14 条规定:"不经正当法律程序,不得剥夺任何人的生命、自由或财产;对于在其管辖下的任何人,亦不得拒绝给予平等法律保护。"[1] 前述 Ralls 案已为这一原则在国家安全审查行为中的体现提供了现实突破。该案中,法院认为 Ralls 公司要求其审查的并非国家安全问题本身,而仅仅要求法院根据"正当程序条款"判决其有权获知总统作出决策所依据的证据,以及享有反驳的机会,而这并不属于政治问题。[2] 基于此,法院受理了原告方关于"正当程序"的诉讼请求。尽管美国哥伦比亚特区联邦地方分区法院排除了对"国家安全"的实体考察,只从"正当程序"方面对涉案总统令的程序正义进行司法审查,但这无疑也是维护外国投资者合法权益的重要保障。[3]

(三)国家安全和投资促进、自由化之间的平衡

国家安全审查作为投资管理的一种方式,与投资促进和投资自由化之间具有密切的联系,会对投资促进和投资自由化产生重大影响。良好的国家安全审查制度会有助于吸引外资和促进投资自由化的实现。但是,"国家安全"本身具有模糊性、灵活性和伸缩性,这会使东道国有权进行扩张性解释和限制性解释,具有较大的自由裁量权,会导致国家安全审查在实践中具有不确定性,一些国家还可能借助国家安全审查来阻碍外资的进入,不利于投资保护和投资自由化目标的实现。因此,如何在国家安全审查中平衡两种不同甚至截然相反的政策目标,在有效维护国家安全利益的前提下创建具有可预见性并开放的投资环境,是世界各国都面临的难题。

2009 年 5 月 OECD 发布的《与国家安全有关的外国投资政策指南》为东道国对外资进行安全审查确立了应遵循的四项原则:非歧视(non-discrimination)、透明度和可预见(transparency/predictability)、监管的均衡性(regulatory proportionality)、问责制(accountability),以帮助各国秉承善意而非保护主义采

[1] 《美国宪法》(1868 年修正案)第 14 条第 1 款。

[2] Ralls v. CFIUS, p. 32.

[3] 参见陶立峰:《外国投资国家安全审查的可问责性分析》,载《法学》2016 年第 1 期。

取与国家安全相关的投资措施。[1] 其中问责制意指东道国应通过建立政府内部审查程序、国会监督、司法审查、管制效果的定期评估等机制,以及确保由高级别政府层面作出重要决策(包括阻止投资的决定),以确保对执行机构的责任约束。[2] 显然,加强外资国家安全审查的问责制,将有助于增强其程序上的透明度和实体上的确定性,进而有助于在维护国家安全的同时促进吸引外资和投资自由化目标的实现。例如,一方面,问责制有助于从程序上保障外国投资者的权利,使其享有知情权和救济权,增强国家安全审查的透明度;另一方面,问责机制也会对任意裁量产生一定的约束作用,有助于实现国家安全审查的确定性,促进投资自由化。若投资者可以通过法院的诉讼程序启动对安审决定的外部监督,可以大幅度降低因概念模糊、审查标准不清而带来的不确定性干扰。通过保护外国投资者权利,一方面可以改善营商环境,有利于吸引外资;另一方面会增加程序的透明性和可确定性,为实现投资自由化提供制度保障。

五、我国外资安审救济制度的构建

外国投资国家安全审查是包裹政治内核的法律问题,其政治本质虽然可以赋予审查机构一定的特权,但并非没有边界。国家安全至关重要,但并不意味着可以任意凌驾于投资者的私人财产权之上,也不意味着必须牺牲投资者的正当救济权利。片面强调安审机构的自由裁量权而牺牲投资者的救济权利并不妥当。因此,在《外商投资法》第35条第2款的具体配套制度构建中,我国应考虑如何平衡国家安全与投资者保护,对安审决定的司法审查作出妥善安排。具体建议如下。

(一)赋予投资者必要的救济权利

我国《外商投资法》第35条明确规定依法作出的安全审查决定为最终决定。这说明我国的安全审查决定原则上具有豁免性,即被审查的外国投资者对安全审查决定通常不得提起行政复议和行政诉讼。但是,我国安全审查具有豁免性并不意味着绝对地排除被审查外国投资者提起行政复议或行政诉讼的可能。“作出的安全审查决定为最终决定”与“依法作出的安全审查决定为最终决

[1] OECD, Guidelines for Recipient Country Investment Policies Relating to National Security, May 25, 2009.

[2] *Id.*

定”在豁免程度上应作不同理解。“作出的安全审查决定为最终决定”意味着特定的审查机关对外资予以审查后,作出的决定为最终决定,被审查主体不得提起行政复议和行政诉讼,完全具有豁免性。与此相反,“依法作出的安全审查决定为最终决定”意味着只有依据法律规定作出的安全审查决定才为最终决定。我国《外商投资法》对安审仅有一条原则性规定,安审决定具体如何作出尚有待配套立法加以解决。因此,这里的“依法”首先应理解为具体的安审配套实施细则。除安审细则外,此处的“依法”还应当包括依据《宪法》、《外商投资法》及其他与安审相关的国家立法。

(二)安审决定可享有行政复议豁免

在明确安审决定具有可诉性的同时,我国需要考虑如何把握赋予安审决定救济权的范围与幅度。考虑到作出安审决定的机构已经是国家最高行政机关,而行政复议在性质上属于内部救济的范畴,赋予对安审决定提起行政复议的救济权利,意味着行政机关需要对自己的决定过程再进行一次重复审查,这往往起不到真正的监督作用,对投资者而言也没有太大意义,因此,在外资安审配套立法中可考虑进一步明确安审决定豁免于行政复议程序。我国《外商投资法》第26条还规定了外商投资企业投诉工作机制“及时处理外商投资企业或者其投资者反映的问题”“协调完善政策措施”并协调解决行政行为侵权的问题。该机制不同于一般意义上的行政复议,对于化解普通外商投资行政纠纷具有一定的优势,但鉴于国家安全事项显然不属于可通过投诉工作机构与投资者之间“协调解决”的范畴,因此也不宜作为安审救济的替代方案。

(三)安审决定的司法审查仅限于程序救济并应遵循保密例外

国家安全审查不可诉性主要体现在司法不能介入具有政治性色彩的安审结论;审查决定作出的过程和依据可能涉及国家秘密;审查决定的作出具有较强的专业性和复杂性。由此可见,实际上真正不可诉的应是国家安全审查决定或是结论,也就是不应对国家安全审查作出实质性审查。但是,审查程序的合法性,包括启动安全审查的决定的合法性,安审程序应遵守法定的时限要求以及透明度要求,是程序正义的重要体现,不应该被排除于司法审查之外。在配套立法的制度设计中,我国可考虑采用允许对国家安全审查进行程序审查但限制对其进行实质审查的做法。对于司法审查过程中接触到的机密信息,可规定仅得由法官进行非公开查阅并保密。如此一方面可维护国家安全审查的权威性,使该制度能够妥善维护我国的国家利益;另一方面又不会导致审查机关恣意滥用权力对投资者权益造成损害,充分保障外国投资者对该制度的信赖和利益。

(四)通过指定最高人民法院或特设法庭管辖此类案件

安审决定的程序性司法审查可考虑合宪性审查和一般行政审查两种路径。按照世界合宪性审查模式——立法机关审查模式、司法机关审查模式和专门机关审查模式——的划分,我国属于立法机关审查模式。十八届四中全会《中共中央关于全面推进依法治国若干重大问题的决定》提出,应完善全国人大及其常委会宪法监督制度,健全宪法解释程序机制。习近平总书记在党的十九大报告中明确指出要"推进合宪性审查工作"。2018 年 3 月 11 日通过的现行宪法第五次修正案第 70 条第 1 款将"法律委员会"修改为"宪法和法律委员会",表明全国人大常委会在维护宪法权威、保证宪法实施方面有望发挥更加积极的作用。就现阶段而言,赋予投资者救济权利的更为现实的路径是完善一般行政审查,可考虑将安审决定的司法审查权交由指定高级别法院或特设法庭进行专属管辖。安审决定的司法审查可采取"不告不理"方式,同时将法院的审查范围局限于审查具体行政行为的作出是否严格遵循法定程序要求,判决结果包括驳回原告诉讼请求、撤销或者部分撤销安审决定并判决被告重新作出行政行为等。

(五)通过提升透明度等方式完善其他监督机制

良好的监督机制和可问责性不仅体现于外部的司法审查,而应贯穿于国家安全审查的整个过程,进而与司法审查共同构成有效的安审监督机制。2017 年 10 月 23 日,国家发展改革委等五部门联合发布的《公平竞争审查制度实施细则(暂行)》,对公平竞争审查程序提出了四个方面的程序约束:一是建立健全自我审查机制,二是要求形成书面审查结论,三是细化征求意见规则和程序,四是建立定期报告和评估机制。[1] 这对于安审程序的配套设置具有重要指引作用。

(六)注意与投资条约的衔接

赋予安审决定必要的司法审查,打造一整套监督和问责机制,也有助于避免我国因违反投资协定保护义务及透明度规则而可能面临的被诉风险。就投资协定层面而言,我国也应考虑与国内法立场的统一与衔接,尤其应考虑在"国家安

---

〔1〕 参见宋晓燕:《中国外商投资制度改革:从外资"三法"到〈外商投资法〉》,载《上海对外经贸大学学报》2019 年第 4 期。

全例外”条款中引入“自决性”的表述,将安审决定排除在实质性国际司法审查之外,这对于维护国家主权与安全十分必要。此外,亦可考虑在双边投资协定中就安审的司法审查引入对等原则,以避免在反制特定国家时处于被动局面。

六、结语

虽然目前在实践层面各国法院对安审决定的司法审查经验乏善可陈,但这并不意味着将安审行为纳入司法审查范围毫无意义。从某种程度上来说,权利存在即正义而无论其行使与否。对于采取国家安全审查可诉模式的投资东道国而言,赋予投资者以救济权不是突兀或任意的选择,而是将其作为国家安全审查制度的有机部分,为保持其与国家安全审查制度的其他各项内容相呼应和配套而决定的。我国《外商投资法》的颁布,从法律的层面规定了建立外商投资国家安全审查制度,具有十分重要的意义。但是《外商投资法》中仅做了原则性的规定,外商投资国家安全审查具体制度的构建仍然需要走很长的路,需要经过大量的论证推敲和利益平衡。包含正当程序、公开透明、合法救济、非歧视等内涵的程序正义原则越来越成为世界各国在构建法律制度时所需考虑的一个重要因素。在维护东道国国家安全利益和投资者的私人利益这对矛盾中,如何实现这两种利益之间的平衡,需要程序正义发挥指导和制约的作用,贯穿外商投资国家安全审查制度的方方面面,使审查范围明确清晰、审查权力合法运行、审查程序公开透明、事后救济有效保障,从而既能够维护国家安全利益,又能够保护投资者的合法利益,促进投资自由化的发展,构建一个自由、法治、透明、规范的营商投资环境。

第十一章　外商投资法司法解释下投资合同的效力认定

一、引言

在外商投资合同纠纷中，外商投资合同效力认定问题是其中最主要的争议焦点。根据“中国裁判文书网”的统计，自2013年来以原“外资三法”[1]及其实施细则或实施条例、2010年《最高人民法院关于审理外商投资企业纠纷案件若干问题的规定（一）》（以下简称2010年《规定（一）》）、2016年《外商投资企业设立及变更备案管理暂行办法》（已失效）（以下简称《备案暂行办法》）作为主要法律依据，涉及平等主体间产生的外商投资合同纠纷案件的有131篇裁判文书。经笔者统计，其中90%左右的案件在解决主要争议过程中都需要认定外商投资合同的效力问题。除《民法典》合同编中认定一般合同有效、无效、未生效等基本效力认定标准外，由于外商投资本身属于国家特殊指导、管理和保障范畴，因此外商投资合同与一般合同效力认定的规则标准是不同的。外商投资合同效力认定是国家意志的体现，突出反映国家对私法的干预，[2]是国家行政权介入司法权以成功认定外资交易以及确立当事人权利义务的关键法律要件。行政审批在我国外商投资领域一直扮演着极其重要的角色，也是外资企业不同于内资企业的主要方面。[3] 2020年正式施行的《外商投资法》对处理外商投资合同效力问题作出了重要指引。为贯彻落实《外商投资法》，2019年12月27日，最高人民法院发布了《最高人民法院关于适用〈中华人民共和国外商投资法〉若干问题的解释》（以下简称新《司法解释》），以简短的7项条款为我国法院在未来司法审判中如何判定平等主体间达成的外商投资合同效力问题作出明确规定。

---

〔1〕 原“外资三法”分别指《中外合资经营企业法》、《外资企业法》以及《中外合作经营企业法》，其主要针对含外资成分的企业。《外商投资法》自2020年1月1日起施行，原“外资三法”同时废止。

〔2〕 参见王德山：《合同效力研究》，中国政法大学出版社2015年版，第1页。

〔3〕 参见刘贵祥：《合同效力研究》，人民法院出版社2012年版，第175页。

相比分类细化的原“外资三法”及其相关规定,新《司法解释》尚存一些问题值得进一步推敲,例如,现存规则体系是否足以解决外商投资合同效力问题,是否可满足司法实践需求?又如,新旧外资法解释及相关规则之间的重叠与冲突问题对认定外资合同效力有何影响?再如,更具行政强制性的外资安审制度是否会对外资合同效力认定产生影响,如有,如何运用法治方式平衡国家行政权与司法裁判权之间的关系,是否需要进一步突出司法权?以上问题都需在新《司法解释》正式施行背景下进行深入探究。因此,本章拟从分析新《司法解释》的核心内容及其首个司法实践案例入手,以新《司法解释》所呈现的三大基本导向为主线,就解决外商投资合同效力认定问题,分别阐释其与我国以往法律制度在理论与司法实践中存在的共性和个性问题,再基于上述事实和理论的分析就外商投资合同效力认定规则仍未解决的法律问题展开分析论证,最后提出具体的完善建议。

二、新《司法解释》的主要内容及其司法实践

新《司法解释》的内容对准外商投资合同效力认定问题,在首个以《外商投资法》及新《司法解释》为主要法律依据的案件中,更是充分体现了我国结合负面清单管理制度认定外商投资合同效力的规则与实践革新。

(一)新《司法解释》发布的背景及主要内容

2020 年我国《外商投资法》全面正式施行。该法规定我国对外商投资实行准入前国民待遇加负面清单管理制度,确立了新时代外资管理新体制。在此背景下,一方面,2010 年《规定(一)》已无法全面解决新制度下外商投资企业所产生的纠纷问题;另一方面,外商投资合同纠纷尤其是外商投资合同效力认定,始终是司法实践中较为突出的法律问题。因此,为贯彻落实《外商投资法》并回应司法实践关切,最高人民法院发布新《司法解释》,着重对外商投资合同效力认定问题进行具体规定。

新《司法解释》共 7 条,其中第 1 条是对《外商投资法》第 2 条的衔接与补充,对新《司法解释》适用的投资合同范围进行界定与细化;新《司法解释》第 2 ~ 5 条针对投资合同效力这一具体问题展开,对外商投资合同效力认定的 4 种具体情形进行规定;新《司法解释》第 6 条是针对来自港澳台居民和在国外定居的中国公民在境内的投资,规定可参照适用;第 7 条则规定了新《司法解释》的适

用时间及适用上的“从新原则”。总之,新《司法解释》立足于全面贯彻落实准入前国民待遇加负面清单管理制度,明晰了投资合同范围,确立“从新兼有效”的合同效力认定原则,是我国在投资合同效力认定问题上行政权导向进一步向司法权导向衡平的有益结果。

此处需指明,外商投资合同不仅包括平等主体间因投资达成的相关协议,还包括政府与外国投资者间因投资而签订的相关协议,此类合同也被称为“国家契约”,具有行政协议性质。为保障《外商投资法》的顺利施行,最高人民法院于2019年11月12日还正式发布了《最高人民法院关于审理行政协议案件若干问题的规定》(以下简称《规定》),该《规定》就规范行政协议案件作出专门解释。其中第2条明确指明行政协议的范围,第12～14条明确界定了行政协议有效、无效、未生效及可撤销等几种效力状态,为司法机关处理此类争端提供了明确的法律依据。篇幅有限,本章仅就新《司法解释》下平等主体间签订的外商投资合同的效力问题展开研究。

(二)我国首个涉新《司法解释》案例

1. 案件事实及争议焦点

2020年5月,上海市第一中级人民法院公开宣判一起涉外股东资格确认纠纷上诉案,[1]该案是《外商投资法》及新《司法解释》施行后全国首例境外自然人要求确认股东资格案。《外商投资法》颁布前,我国法律未承认中外合资经营企业中中方自然人的投资主体资格。本案原告程某(外籍)通过签订《股份协议书》的形式,将其实际出资的51%的股份分于其弟程某1(中国籍)和被告张某(中国籍)名下以达到共同创办合资企业的目的。而后由于被告张某否认其代持有原告26%的股份,从而引发隐名股东资格确认纠纷。

本案争议焦点可归纳为三点:一是隐名股东资格确认问题;二是代持股协议下的股权变更问题;三是涉案企业变更为外商投资企业是否存在法律障碍的问题。

2. 案件法律依据

该案一审由上海市浦东新区人民法院根据《涉外民事关系法律适用法》第14条确认本案应适用中华人民共和国法律并依法定程序对本案展开审理。在

---

〔1〕 参见中国裁判文书网:海纽鑫达进出口有限公司与Carson Junping Cheng股东资格确认纠纷二审案件二审民事判决书。

实体规则层面,该案裁判规则是《外商投资法》、新《司法解释》、《外商投资法实施条例》及我国《外商投资准入特别管理措施(负面清单)》(以下简称负面清单)。具体来讲,就本案焦点争议,法院的审判依据如下。

第一,隐名股东确认资格问题。本案法院根据原、被告及第三人之间的账务往来证明、《验资报告》、《出资证明书》等证据认定原告实际参与了投资,认可其隐名股东身份。原告虽是外籍,但根据《外商投资法》第 4 条确立的负面清单管理制度,法院认定本案涉外商投资不属于负面清单范围,原告享有国民待遇且程序上其股东资格确认无须行政机关的审批。

第二,变更股权问题。首先,合同效力的认定原则上适用行为时法律,但根据新《司法解释》第 2 条第 2 款的规定,新法与旧法确定合同效力的规定不同,且本案符合人民法院在《外商投资法》施行时尚未作出生效裁判的情况。因此,应适用新法认定当事人之间的《股权协议书》的效力。同时,根据《外商投资法》的规定,涉案外商投资不属于外商投资准入特别管理措施的范围,《股权协议书》的效力无须经行政机关审批即生效。其次,在确认原告是境内公司隐名股东的基础上,法院认定原告有权依据合同约定取回股权。

第三,涉案企业变更为外商投资企业是否存在法律障碍的问题。根据我国《外商投资法》第 2 条的规定,取消了原先中外合资经营企业中对中方自然人合资限制。《外商投资法实施条例》第 3 条则进一步明确了中外合资企业中中方自然人的合资资格。本案企业经营范围也不属于我国负面清单范围,双方投资主体亦符合外商投资主体的身份。因此,涉案公司变更为外商投资企业的备案手续不存在法律障碍。

3. 案件司法价值

本案是隐名投资纠纷中首个境外自然人确认股东资格纠纷案件,是我国审判机关贯彻落实《外商投资法》及其相关配套法规的典型指导案例。本案最突出的价值有以下两点。

(1)有助于“隐名股东确认股东资格”(“确认委托履行协议效力”)问题实现司法实践的统一。具体来讲,在《外商投资法》及其相关配套法规施行前,我国先前的立法与司法实践一直未对隐名投资进行实质性的定义,即使 2010 年《规定(一)》第 14 ~20 条一定程度上填补了法律空白。然而,以往司法实践在处理股东资格确认纠纷问题上存有因各地区法院对法律理解不统一,而造成司法处理结果乱象等问题。在通过“中国裁判文书网”检索到的 2016 年之前的隐名投资合同纠纷中,所有引用2010年《规定(一)》第14条败诉的案例中,败诉理由较多集中在不满足第14条第3款的规定上。以往主要存在三种司法处理结果:

一是以北京、江苏、浙江为例的法院,其做法较为统一。以上地区法院的做法是将行政机关的审批和同意作为确认隐名投资者股东资格,认定委托履行协议效力的必要法律要件。例如,李某春与昆山理盈车材有限公司股东资格确认纠纷案中,一审法院在征得昆山市商务局回复后才确认其隐名股东资格。二是以上海市法院为典型例子,法院在认定股东资格问题上,除依据当事人提交的证据外,还需审查投资企业是否为法律禁止外商涉足的产业,只要满足以上两点即可确认,未将行政审批视为必备要件。三是法院仅根据当事人提交的证据予以确认,广州市中级人民法院就是此种做法,体现出较强的司法权导向与弱化行政权的趋势。

在2016年《备案暂行办法》出台后,行政审批不作为股东资格认定及协议生效的必备要件有了明确的法律依据,上述问题一定程度上得以缓解。例如,在江苏瑞鹏投资有限公司、吴某侃与中国地毯控股有限公司股东资格确认纠纷案中,由于本案时间跨度到2016年备案管理制度改革,对相关条文规定的设立外商投资和变更相关事项需要审批的,改为适用备案管理。因此,地毯公司虽未获得行政审批,但其主张是瑞鹏公司的股东依法得到法院支持。[1] 对比以往立法与司法实践,《外商投资法》施行后的首个案例,则是在把关涉案证据(《股份协议书》《出资证明书》)合法有效的基础上,严格遵照准入前国民待遇加负面清单管理制度,并致函上海市商务委员会,就确认程某的股东资格以及将涉案公司变更为外商投资企业进行提前咨询。该案综合体现了司法权与行政权的有效衔接与平衡,更为外籍"隐名股东"无须特殊行政审批即可确认其境内公司股东身份、变更股权以及认定委托履行协议有效扫清了法律障碍。

(2)该案是承认国内自然人与外国人签订外商投资合同有效性,认可其成立外资企业的司法实践先例。在因中方自然人投资主体不适格所引发的投资合同效力认定纠纷问题上,在2020年《外商投资法》施行前,《合资企业法》第1条未承认中方自然人作为投资主体的资格,对中方自然人同外方投资者签订的相

---

〔1〕 参见中国裁判文书网:江苏瑞鹏投资有限公司、吴某侃与中国地毯控股有限公司股东资格确认纠纷二审民事判决书。

关投资协议,我国法院不承认双方合作的有效性并判定该类投资合同归于无效。《外商投资法》颁布后,《外商投资法实施条例》第 3 条对中国自然人作为外商投资主体资格给予明确规定。在《外商投资法》实施之前发生的如戴某云与镇江新景源高压气瓶制造有限公司新增资本认购纠纷、买卖合同纠纷案件、[1]董某与环球(天津)医疗设备有限公司公司增资纠纷案、[2]刘某、窦某旺等与鹤壁煤业(集团)有限责任公司股权转让纠纷案等都涉及此项争议,法院均根据《合资企业法》或《合作企业法》第 1 条的规定并结合原《合同法》第 52 条认定属于合同无效的法定情形判定涉案投资合同为无效合同。该案作为适用 2020 年《外商投资法》的首个案例,其审判结果则明确回应了关于国内自然人能否与外国人成立外商投资企业的问题,成为认可中方自然人与外商投资者签订成立外资企业合同有效性的先例,有利于未来司法实践的统一。

三、新《司法解释》下外商投资合同效力认定规则的基本导向

据前文所述,可总结出新《司法解释》中外商投资合同效力认定规则中突出的三大基本导向。

(一)对"外商投资合同"作扩大性解释

新《司法解释》第 1 条重点指向外商投资实践中平等主体之间达成的投资合同范围及其适用法律的问题,该条对"外商投资合同"作出的扩大性解释体现在以下三个方面。

首先,从具体内容来看,新《司法解释》第 1 条第 1 款规定的投资合同范围是外国的自然人、企业或者其他组织,因直接或者间接在中国境内进行投资而形成的相关协议。也即,该合同范围包括实践中可能为投资者所采用的任何一种合同,这足以体现合同范围之广。对比我国原"外资三法"及原《合同法》等专门的单行基本法,新《司法解释》发布前,从未有法律规定对外商投资合同的定义及范围作出统一界定。以往法律是根据外国投资者参与的不同投资形式所作的分别规定。例如,原"外资三法"中分别对不同类型的中外合资企业合同、中外合

---

[1] 参见中国裁判文书网:戴某云与镇江新景源高压瓶制造有限公司新增资本认购纠纷、买卖合同纠纷二审民事判决书。

[2] 参见中国裁判文书网:董某与环球(天津)医疗设备有限公司公司增资纠纷一审民事判决书。

作企业合同是什么以及合同内容、效力等作出规定。此外,涉及投资并购、股权转让等投资合同类型也是分规而定的。

其次,从使用的措辞来看,新《司法解释》使用"相关协议"一词进一步扩大了该解释适用的范围。隐名投资纠纷是实践中最常见的司法纠纷,隐名股东与显名股东间签订的协议是否属于投资合同可能不可一概而论。比如,当事人之间采取信托模式,其法律关系可能不完全属于投资合同,该类协议的性质可能存有较大争议。因此,为保证新《司法解释》的充分适用性,避免此类合同无据可依,采用"相关协议"一词能较好地规避法律适用难题。

最后,从立法模式来看,新《司法解释》第1条第2款还采用"列举式"对投资合同的内容进行了细化规定,即设立外商投资企业合同、股份转让合同、股权转让合同、财产份额或者其他类似权益转让合同、新建项目合同等协议,符合外商投资法指向的"绿地投资"、外资并购和新建项目的情形。究其立法用意则是考虑到我国改革开放以来外商投资在我国形成和发展的现状,以及我国法律、行政法规、国务院规定已经认可了其他外商投资形式,这是对《外商投资法》中原则性的规定进行的细化与补充,也体现了外商投资合同范围扩大之所在。

(二)确立"尽可能认定合同有效"的价值趋向

新《司法解释》第2~5条是基于我国负面清单管理制度对外商投资合同效力认定作出的具体规定,更是贯彻落实《外商投资法》第28条、第36条的充分体现。合同的效力认定标准及规则体现一定的效力价值趋向。合同效力价值是指对合同诸如有效、无效、未生效、可撤销等效力的评判,其背后无不体现出法律对当事人订立合同的价值考量,是对与合同有利害关系的各方当事人之间权益平衡的结果。[1] 行政审批对民商事合同效力的影响一度成为影响审理该类合同纠纷的瓶颈。[2] 我国契约无效制度的立法精神经历了一个由权力扩张型思路向权力限缩型思路演变的过程。新《司法解释》正是传达了契约立法"尽量使契约得以生效"的基本精神,把契约无效限制在较为狭窄的范围内,更彰显我国对契约行政干预的减轻和契约当事人自由权利的张扬。[3]

新《司法解释》仅在第3条和第4条第1款对无效投资合同认定标准进行规

---

〔1〕 参见王德山:《合同效力研究》,中国政法大学出版社2015年版,第6~7页。

〔2〕 参见刘贵祥:《合同效力研究》,人民法院出版社2012年版,第175页。

〔3〕 参见柴振国:《契约法律制度的经济学考察》,中国检察出版社2006年版,第114页。

定。即对外国投资者投资外商投资准入负面清单规定禁止或限制投资的领域,法院认定外商投资合同无效。该标准体现国家对私法领域合同效力认定强有力的干预,是新《司法解释》对负面清单的严格贯彻落实,其背后是国家保障政治、经济等国家安全及社会公共利益的价值体现。除此之外,新《司法解释》第2条、第4条第2款以及第5条是对有效投资合同认定标准的规定。在对有效合同的认定上,其体现出"尽可能认定合同有效"原则,是国家鼓励与保障外商投资交易、有效平衡行政管理与司法监督的价值体现。具体表现如下:

(1)国家负面清单范围缩减。一方面,对比有效与无效条文的设置安排,我国在认定外商投资合同有效性问题上已十分重视,对不属于负面清单管理范围的外商投资合同,有关行政主管部门的批准、登记不作为合同生效的要件;另一方面,从2020年版的负面清单来看,我国在针对外资准入问题上禁止投资和限制投资的范围越来越小,证明行政审批范围也在大幅度缩减,审判机关"尽可能认定合同生效"的价值趋向已十分明确。

(2)"必要补救措施"的规定。《外商投资法》第36条第2款赋予合同当事人在规定时限内采取必要措施补正合同效力瑕疵以满足准入特别管理措施要求的权利。由此,新《司法解释》第4条第2款规定了人民法院作出生效裁判前,当事人采取必要措施满足了准入特别管理措施要求的,投资合同可以认定为有效。这也体现了"尽可能认定合同有效"的基本司法态度。

(3)确立了基于动态调整的负面清单制度认定合同效力的规定。新《司法解释》第5条规定,即便在投资合同签订时未符合负面清单的要求,但在生效裁判作出前,负面清单调整放宽了限制性要求的,投资合同也可以认定有效。

新《司法解释》通过这些制度设计,在依法维护和保障外资管理秩序的前提下,尽可能促进投资合同有效,以最大限度保障投资者的合法权益。

(三)效力认定适用"从新兼有效"原则

新《司法解释》第2条第2款确立了外商投资合同效力认定的"从新兼有效"原则。该款不仅与我国《民法典》认定合同效力的原则保持一致,还注意到投资合同签订于《外商投资法》施行前,但人民法院在《外商投资法》施行时尚未作出生效裁判的情形,规定应按新《司法解释》认定合同效力。[1] 该条款是对合

---

〔1〕 丁丁:《助力外商投资法实施 护航改革开放新征程》,载《人民法院报》2020年1月5日,第2版。

同效力认定适用“行为时法律”原则的灵活变通。前文分析论证的《外商投资法》颁布后的首个案例,该案法院的审判依据即充分体现了“从新兼有效”原则的运用。

与此同时,司法实践中应重点关注本条适用的前提条件。当事人以本条款为法律依据向法院主张投资合同无效时,其理由应仅是因协议未经审批而非其他。以李某东与顾某春合同纠纷案[1]为例,法院判定本案中被告主张应适用《外商投资法》和新《司法解释》认定涉案外商投资协议无效是不正确的。原因是本案投资协议虽符合签订于《外商投资法》生效之前且尚未裁决,但是本案原告是依据原《合同法》第 52 条(合同无效的情形)主张涉案投资协议无效的,并非以该协议未经审批为由。由此,法院认定涉案委托投资及股权代持协议的效力不属新《司法解释》第 2 条规定的内容,适用本条款的实质性条件应特别注意。

四、外商投资合同效力认定规则之检视

尽管新《司法解释》在认定外商投资合同效力上体现一定的法治进步,但在立法、司法等多角度上仍存在不足之处,值得进一步商榷。

(一)对限制投资领域投资合同效力认定不精准

新《司法解释》第 4 条对合同效力界定不够精准,应将本条第 1 款规定的合同效力界定为未生效合同而不是无效合同。修订理由从以下两个层面进行论证:首先,该条款与《外商投资法》第 36 条第 2 款体现的基本原则相矛盾,不符合我国《立法法》第 104 条所要求的司法解释应符合基本法的立意。《外商投资法》第 36 条第 2 款赋予违反负面清单中限制性准入特别管理措施的外商投资者限期补正合同效力瑕疵的权利,那么基于外商投资者追求交易成功,降低投资风险的心理状态,当事人之间订立的投资合同效力应准确定性为“未生效合同”,不可全盘否定其效力。其次,从理论层面上讲,合同无效与合同未生效本质上存在区别。合同无效是因合同具有法律规定的无效事由而确定地自始不具有约束力,不具有可履行性、可补救性,即使已经履行的也要恢复到原来的状态。[2] 但是未生效合同则是处于效力不确定状态,可以通过补救而成为有效合同,在法律

---

〔1〕 中国裁判文书网:李某东与顾某春合同纠纷一审民事判决书。

〔2〕 参见刘贵祥:《合同效力研究》,人民法院出版社 2012 年版,第 185 页。

规定的时限内未满足要求的才认定为无效合同。显然,基于《外商投资法》基本原则及具体法律措施的规定,新《司法解释》第4条第1款对合同效力的界定应再做考量。

(二)新《司法解释》应予界定的其他事项

1. 未界定投资合同违反负面清单的行政法效力

新《司法解释》开诚布公地规定其适用于人民法院审理平等主体间达成的民商事投资合同所产生的纠纷案件,并就该类投资合同的民商事效力状态,即认定外商投资合同有效、无效等情形进行分别规定。然而,由于我国实行外商投资准入特别管理措施,涉及国家主权权力的行使及行政管理权的介入,是国家公权力对认定平等主体间投资合同效力这一私权利行为的介入,如对此类民商事性质的"投资合同"违反负面清单管理模式的行政法效力、行政责任以及可能的刑事责任避而不谈的话,负面清单管理制度本身所包含的公权力价值在这些问题上将难以落实。

某种程度上来说,明晰负面清单管理模式下民商事性质的"投资合同"的民事效力和行政责任之间的关系似乎更不可或缺,否则《外商投资法》中规定的负面清单管理模式包括备案登记、限制性规定等有被架空之嫌。

2. 未明确负面清单未尽事项的投资合同效力

外商投资合同的效力认定以负面清单管理为基本导向。新《司法解释》第3条界定了投资合同认定为无效的范畴,即对外国投资者投资负面清单规定禁止投资领域的投资合同,法院认定为无效合同。然而,根据2020年版负面清单中规定的对于清单中未列出的文化、金融等领域与行政审批、资质条件、国家安全等相关措施,该类合同的效力应如何认定,新《司法解释》也未予以明确。由于上述类型的合同涉及行政审批、认证以及国家安全问题界定等行政事由,虽未明确纳入负面清单范畴,但对于此类合同也不可简单将其归为负面清单外范畴认定其为有效合同,如此将会造成不合理弱化行政权的情况,故在实践中应采取相对灵活的方式视情况认定不可或缺。

3. 缺少必要的程序性规定

《外商投资法》第36条第2款赋予违反负面清单中限制性准入特别管理措施的外商投资者限期改正并采取必要补救措施的权利,出于对司法实践的考虑,外商投资者采取必要措施以满足投资准入条件的,需要协调处理当事人采取必要措施和法院作出生效裁判之间的时间问题。缺乏时限规定,一方面不利于维护投资当事人的合法权益;另一方面,时间期限不确定,如若当事人故意拖延时间也会造成司法资源的浪费。由于新《司法解释》对此尚未作出具体规定,因此,有必要结合具体实践明确规定当事人采取必要措施的时限。

(三)新旧法重叠与冲突下部分规则有待调整

随着新《司法解释》的正式施行,其所针对的外商投资合同效力认定问题,在2010年《规定(一)》中也早有涉及,由此不同司法解释在认定外商投资合同效力问题上不可避免地存有重叠与冲突,将对我国法律适用造成一定影响。根据法律适用理论,具有同等法律效力的新旧法律重叠问题,存在两种不同的情况:一种是表述不同,但新规则并未改变旧规则的意境的重叠。对于此类重叠,需要立法者表示两者并无差异的"意思",并对表述不同的规则作出统一的解释和适用,否则易造成适用不统一现象;另一种是表述不同,而且新规则已在不同程度上改变了旧规则的意境。此种情况下,模糊的"意思"就不足以解决实践中可能发生的冲突,同样需要立法者给出明确的指引,即确定当两者出现不一致时,"优先适用"哪一个规则。[1] 基于上述分析,对同一事项的规定无论表述或意境是否一致,为避免实践中出现的法律适用错误或不统一,都需要在立法中另行明确。

1. 新旧司法解释的重叠

(1)表述不同且意境不同

新《司法解释》第7条规定,本解释施行前本院作出的有关司法解释与本解释不一致的以本解释为准。该条是对同一事项规则存有冲突的情况该如何适用法律的规定,为实践中认定外资合同效力明确了法律依据。因此,明确的法律适用规定可为实践中认定外商投资合同效力排除障碍。经梳理,在新《司法解释》与2010年《规定(一)》中就同一事项所规定的合同效力规则,表述不同且意境完全发生变化的规定有两项。

其一,合同生效要件。2010年《规定(一)》在确认外商投资合同效力问题上适用"审批制"。而新《司法解释》全面实行准入前国民待遇加负面清单管理制度,合同无须经审批即可生效。对于两种截然不同的制度冲突,新《司法解释》应当优先适用。其二,外商投资合同范围。外商投资合同范围直接影响认定各类投资合同效力是否有法可依的问题。新旧司法解释表达上的差异体现在新

---

[1] 参见刘宁元:《论我国法律适用法体系及其协调和冲突》,载《东方法学》2011年第3期。

《司法解释》采取统一界定的方式,对投资合同范围作扩大性解释,形式上又以列举式对外商投资合同的范围进行了界定。2010年《规定(一)》采取分列式,对各类外商投资合同问题进行分别规定。意境上的差异体现在,虽然新解释囊括了旧解释中所约束的外商投资合同范围,尤其是实践中纠纷问题较多的股权转让合同、股权质押合同等合同类型。然而,隐名股东与显名股东间签订的协议涉及信托方式的合同效力问题,2010年《规定(一)》未予明确,显然新《司法解释》的规定在意境上已超越旧的解释,很好地解决了部分投资合同效力认定无据可依的难题。

(2)表述不同但意境相同

新旧司法解释表述不同但意境相同的例子有部分投资合同效力认定规定的重叠,2010年《规定(一)》第13条、第15条对应新《司法解释》第2条。2010年《规定(一)》第13条、第15条分别是对外商投资中股权质押合同及隐名投资纠纷中委托履行协议的效力认定规则。确定无疑的是,两类合同都属于外商投资合同范畴,同时合同生效都不以行政审批为必然要件。在《外商投资法》施行前,我国虽未全面确立负面清单管理制度,但是根据现行规定属于负面清单外订立的上述两类合同的生效规定与新《司法解释》第2条所规定的效力认定规则在意思表示上是一致的。新旧规则虽然表述不同,但同样都认可此类合同"成立即生效"的认定规则。那么,在2010年《规定(一)》现行有效的情况下,实践中无论适用新解释还是旧解释,虽不影响合同的效力认定,但出于法律适用的统一性,在立法中予以明确十分必要。

2. 新旧法的冲突

前文探究的新旧司法解释重叠问题是在同一法律效力位阶下,下文就认定外商投资合同效力时,在不同法律位阶下对同一事项的不同规定进行阐释。其一,外商投资中涉及股权转让合同的效力认定问题。我国原"外资三法"、2010年《规定(一)》第11条规定必须遵守一致同意原则,即一方转让股权必须经各股东一致同意,未经其他股东一致同意的股权转让合同属可撤销合同范畴。原"外资三法"废止后,现则统一适用《公司法》第71条规定,针对有限责任公司,原则上半数以上股东同意即可,无须所有股东的一致同意。实践中单就认定股权转让合同效力而言,不存在法律适用上的冲突,然而在2010年《规定(一)》现行有效的情形下,为维护法制统一性,适时修改或废止2010年《规定(一)》中与《公司法》相互冲突的规定亦有必要。

其二,外商投资中的关联并购合同效力问题。《关于外国投资者并购境内企业的规定》(以下简称10号文)第11条就境内企业关联并购问题明确规定应报商务部审批,显然审批是该类合同生效的必备要件。然而,根据《外商投资法》规定的外商投资准入管理制度,只将属于负面清单的限制类和禁止类外商投资列入管理范畴。从严格逻辑来讲,关联并购类投资并不属于外资准入的管理范围。那么,该类合同的效力自然不由行政审批定夺。由此产生的问题在于,原"外资三法"废止的情况下,继续将关联并购列入商务部审批范围,似乎不仅缺乏法律依据,[1]而且10号文与《外商投资法》就关联并购合同效力认定规则的冲突也成为不可忽视的问题。

(四)外商投资国家安全审查制度下合同效力认定缺乏依据

《外商投资法》确定了我国外商投资信息报告制度,[2]商务部与国家市场监管总局共同发布《外商投资信息报告办法》(以下简称《报告办法》)并废止2016年《备案暂行办法》。《报告办法》规定自2020年1月1日,外国投资者或外商投资企业应通过企业登记系统及国家企业信用公示系统向商务主管部门报送投资信息(初始报告、变更报告、注销报告、年度报告等),[3]各级商务主管部门不再受理外商投资企业设立及变更的审批和备案业务。那么,对于外商投资合同来讲,不涉及负面清单范围的投资合同一经成立即生效。外商投资者或外商投资企业设立或涉及重大实质变更的,只要不违反我国负面清单的规定,投资合同及其补充协议只需通过企业登记系统报送相关变更登记及备案投资信息即可,投资者或企业报告与否不影响投资合同效力。

随着我国全面确立外资安审制度,根据我国2021年1月18日正式施行的《外商投资安全审查办法》第2条、第3条的规定,对影响或者可能影响国家安全的外商投资实施安全审查,并建立外商投资安全审查工作机制,由国家发改委、商务部牵头承担外资安全审查日常工作。就本文探讨的外商投资合同效力认定问题而言,应注意到实践中对已经投资信息上报或未经投资信息上报的外商投资项目,发改委、商务部门在履行监督检查职责过程中,或是有关机关、企业、社

---

〔1〕 See KaiDing Wang et al. ,Into A New Era:Changes and Challenges in the Foreign Investment Legal Regime of China,King & Wood Mallesons,13 March 2019.

〔2〕 参见《外商投资法》第34条。

〔3〕 参见《外商投资信息报告办法》第2条、第8条。

会团体、社会公众〔1〕发现该项投资可能存在影响国家安全的因素或风险的,外商投资安全审查工作机制办公室应依职权通知该项目负责人申请外资安全审查。对于进入外资安全审查程序的外商投资,一旦外资安审工作机制办公室认定该项投资未通过我国外资安全审查,相应的涉案投资合同的效力会因外资安审这一行政行为而立即失效,还是需由司法程序认定该投资合同违反我国法律的强制性规定而被判定为无效合同呢?对于关乎国家安全的问题不容小觑,新制度影响下如何在立法中体现司法权与行政权之间的有效衔接亟需明确。

五、完善外商投资合同效力认定问题的法治建议

推进科学立法,提高立法质量是关键。〔2〕就外商投资合同效力认定问题,应从加强立法、司法等多角度完善相关法治。

(一)进一步细化外商投资合同效力认定规则

为消除投资者疑虑并减少司法审判障碍,建议在《外商投资法》及新《司法解释》中进一步修订、增补以下内容:(1)应将新《司法解释》第4条第1款规定的合同效力由无效合同修订为未生效合同,具体可通过进一步加强司法解释的途径实现。由于本次新《司法解释》具有覆盖范围小、针对事由单一的特性,最高人民法院针对《外商投资法》制定全面的司法解释的步伐并未停歇,上述方式可行性较强。(2)通过加强立法或司法解释的方式增补新的条款以明确外商投资合同违反负面清单制度的行政法效力。进一步而言,建议在《外商投资法》或新《司法解释》中明确民商类投资合同的民事效力与行政责任之间的关系。根据不同民事合同的效力状态进一步明确对应在《外商投资法》及《报告办法》中规定的行政责任。(3)对于投资合同涉及负面清单中未列出的文化、金融等领域与行政审批、资质条件、国家安全等相关措施的,建议在立法中以相对开放的态度规定此类合同的效力,不可一概而论,而是要分情况认定。具体建议在各级行政审批机关、资质许可机关以及外资安全审查主管机关审批、许可及审查范围内对不存在违规行为的,认定此类合同为有效合同。如果在此过程中发现此类合同不符合相应法律规定的情形或需要其他有效措施消除违规行为所造成的影

〔1〕参见《外商投资安全审查办法》第15条。

〔2〕参见肖永平:《全面依法治国的新阶段:统筹推进国内法治与国际法治建设》,载《武大国际法评论》2018年第1期。

响的,则认定此类合同为未生效合同。

(二)明确程序上“采取必要措施”的时限

根据前文建议,新《司法解释》应将外国投资者投资负面清单中规定的限制投资领域的合同准确定性为未生效合同。新《司法解释》不仅在实体层面赋予该类合同的投资者采取必要措施满足投资合同生效的特殊权利,同时在程序上也设置了时限要求,即在人民法院作出生效裁判前。程序既是现代法治的规则,又是理论法治的规则保障。[1] 出于保障投资者利益、节约司法资源的多重考量,本文建议在动态化的投资合同认定规则下,细化相关程序性规定,对“人民法院生效裁判前”的时间进一步予以明确。

从2020年版的负面清单规定来看,我国对限制投资领域一般会作出股权要求、高管要求等。一方面,上述事项都涉及外商投资的核心利益,会产生各种利益博弈,同时投资者采取必要措施的方式多为召开多轮股东会作出决议,需要较长时间的协调处理;如若依据我国《民事诉讼法》规定的普通程序6个月的审限要求,无疑不利于促成投资者交易。另一方面,从节约国家司法资源角度,投资者如因特殊事由申请延长审理期限,由此可能会因无法预期而造成案件的长期搁置,浪费司法资源。因此本文建议协调处理当事人采取必要措施和法院作出生效裁判之间的时间问题,明确规定当事人必须在人民法院确定该违规事实后的6个月内,采取必要措施以满足投资准入要求。同时,赋予投资者一次延长审理时限的机会,增加程序适用的灵活性。建议规定6个月期满后合同当事人如满足我国《民事诉讼法》规定的特殊情况,需经本院院长批准将审理期限再次延长6个月。至于确定投资者满足“特殊情况”的法定条件,需在长期司法实践的基础上逐渐细化。

(三)废止或修订存有重叠与冲突的法律法规

我国《外商投资法》规定外商投资准入负面清单以外的投资领域,实行内外资一致的管理原则。这与我国依据原“外资三法”发布的各项规范性文件存在很大冲突。为贯彻实施《外商投资法》,我国商务部于2019年12月26日发布《商务部关于废止部分规范性文件的公告》,决定自2020年1月1日起废止56项有关外商投资的规范性文件,涉及内容包括中外合资经营企业的期限、外商投

〔1〕 参见胡利明:《论程序的法治价值》,载《中州大学学报》2017年第4期。

资企业投资总额和注册资本等。就本文所探究的问题来讲,建议直接废止前文所述2010年《规定(一)》中与新《司法解释》相重叠的内容或者考虑直接废止2010年《规定(一)》,通过进一步充实细化新《司法解释》的方式达到规则层面的统一,为司法实践中适用法律扫清障碍。

对于10号文与《外商投资法》下负面清单管理制度的冲突问题,10号文应随着"外资三法"的废止而尽快修订。如果规定关联并购合同继续需要由商务部审批,本文则建议至少需要行政法规层面的规定。例如,在负面清单中直接规定,而不是通过10号文作出授权性规定。[1] 由此可增强认定关联并购合同效力的强制性与可操作性。

(四)确立外资安审制度下外商投资合同效力认定规则

随着我国《外商投资国家安全审查办法》的正式发布,外资安全审查工作机制办公室将对影响或者可能影响国家安全的外商投资实施全面的安全审查,承担起外商投资安全审查的日常工作。对投资合同存在可能影响国家安全的情形,该制度的全面确立是否会对未来实践中认定外商投资合同效力产生影响呢?答案是肯定的。在坚守契约精神作为法治精神核心原则的前提下,[2]对于外资安全审查这一关乎国家安全利益且极具政治色彩的制度而言,实践中具有强制性行政权的介入难免会对司法权认定合同效力造成一定影响,尽管我国对外经济合同法自改革开放以来就强调有效合同的约束力问题。[3] 就外资安审制度发展相对成熟的美国来讲,美国宪法传统赋予总统在决定国家安全事务方面极大的自由裁量权。CFIUS作为一个跨部门委员会,在外商投资准入领域发挥了行政权导向的作用。CFIUS虽然可直接建议禁止交易,但是最终命令仍要由美国总统本人下达,总统在任何情况下都有权阻止或取消对国家安全有不利影响的交易,[4]体现了较强的行政干涉性。

就我国立法来讲,一方面应尊重私法自治,另一方面对国家安全问题也应保

---

〔1〕 See KaiDing Wang et al. ,Into A New Era:Changes and Challenges in the Foreign Investment Legal Regime of China,King & Wood Mallesons.

〔2〕 参见郭德香、李璐玮:《"一带一路"倡议下我国对外投资保险法律制度的完善》,载《中州学刊》2018年第10期。

〔3〕 See Zheng,H. R. ,*The Comparative Analysis of the Foreign Economic Contract Law of the People's Republic of China*,China L. Rep. ,1986,3(4):250.

〔4〕 See Daniel C. Schwartz & Jennifer K. Mammen,*The Role of Cfius in International Business Transactions*,International Business Law Journal,2017,2:116.

持严谨的态度,遵守适度的行政干涉原则。外资安全审查通过与否将决定该项投资能否成功,进而成为影响外资合同效力认定的新的行政性因素。根据《外商投资安全审查办法》,一项外商投资最终将面临“未通过”、“通过”和“附条件通过”三种审查结果。因此,本章首先建议未来立法应明确的宗旨是在外资安全审查决定作出前,对于备案类投资合同,应当坚定合同成立即生效的合同法基本原则。其次,对于未通过我国外资安全审查的投资合同,也不可因为这一行政决定直接影响该类合同的效力,也就是未通过外资安审的投资合同并不当然无效。结合正当程序所体现的法治精神要求,任何行政行为都应受到法律制约和监督。[1] 就实践中的具体做法,建议外资安全审查工作机制办公室对未通过的投资保留审查证据,在外资安审“未通过”决定作出后,将审查资料移交司法审判部门作为确认该类合同无效的法定证据。由此在保障必要适度行政权介入的基础上,确保司法权对行政权形成有效监督。在外商投资合同效力认定问题上整体上突出司法权导向,主动契合负面清单管理制度所体现的由“权力本位”向“权利本位”的转变。[2] 这也是贯彻我国在《备案暂行办法》以及新发布生效的《报告办法》中认定外商投资合同效力司法权导向的价值趋向,可实现行政权与司法权的有效平衡。

---

〔1〕 参见漆彤:《论外商投资国家安全审查决定的司法审查》,载《武汉大学学报(哲学社会科学版)》2020 年第 3 期。

〔2〕 唐晶晶:《负面清单管理模式:行政审批制度改革的新方向》,载《理论与改革》2016 年第 6 期。

第十二章　《外商投资法》视野下的大湾区投资法治的协调与统一*

一、引言

根据“一国两制”原则，回归后的香港特别行政区和澳门特别行政区继续保持原来的社会制度和法律制度，以利于港澳特区的繁荣与稳定。与此同时，“两制”之下港澳特区与内地的互联互通互信可能受到制度障碍的潜在影响，不利于中华民族的真正统一。为了帮助港澳特区融入祖国发展大局，促进港澳特区与内地经济的深度融合发展，2015 年 3 月发布的《推动共建丝绸之路经济带和 21 世纪海上丝绸之路的愿景与行动》首次提出要“深化与港澳台合作，打造粤港澳大湾区”；2019 年 2 月发布的《粤港澳大湾区发展规划纲要》将粤港澳大湾区建设上升到国家战略高度。

跨境投资是粤港澳大湾区经济融合发展的重要方式，香港特区一直是中国内地“外商投资”的最大来源地，也是中国内地企业赴海外投资的重要中转地；澳门特区经济形态相对单一，需要借助内地以使经济适度多元发展。建设粤港澳大湾区离不开规则与法治保障，内地与港澳特区投资法制的协调乃至未来可能实现的统一对于粤港澳大湾区发展战略的落地具有重要意义。

改革开放以来，中国内地投资法制采用大多数发展中国家的“双轨制”模式，将内资与外资区分对待。港澳特区则采用发达国家的立法模式，没有专门的外商投资立法，而是通过一般国内法对所有市场主体予以规制，对内资和外资均实行非歧视待遇。2019 年 3 月 15 日表决通过并于 2020 年 1 月 1 日起施行的《外商投资法》是中国投资法制领域具有里程碑意义的重要法规。《外商投资法》的核心是“准入前国民待遇加负面清单”管理制度，它实际上确立了外商投

* 本章系司法部 2020 年度国家法治与法学理论研究专项任务课题“国际投资法视角下粤港澳大湾区法制协同的路径研究”（编号：20SFB4065）的阶段性研究成果。本章是在发表于《华南理工大学学报（社会科学版）》2021 年第 1 期的论文《粤港澳大湾区法制协调及其实现路径——以外商投资法制为视角》的基础上删改完成的。

资"原则自由,例外限制"的投资自由化原则,[1]意味着中国外商投资体制从内外有别的"双轨制"基本转向单轨制的根本性变革。这大大缩小了中国内地与港澳特区投资体制的差异。

在《外商投资法》实施背景下,粤港澳大湾区投资法制协调与统一还存在哪些困难和问题?为此,笔者首先分析港澳投资在中国外商投资法制中的定位,然后以《〈内地与香港关于建立更紧密经贸关系的安排〉投资协议》《〈内地与澳门关于建立更紧密经贸关系的安排〉投资协议》(以下合称《CEPA 投资协议》)为基础分析当前投资法制区际协调中存在的问题,最后通过中外投资协定在港澳的适用问题探讨粤港澳大湾区投资法制在国际层面的协调和统一问题。

二、《外商投资法》对港澳投资的定位

《外商投资法》实施后,粤港澳大湾区投资体制的差异除了体现在负面清单外,还体现在外商投资立法对港澳投资的定位。

(一)外商投资立法的相关规定

1979 年全国人民代表大会颁布的《中外合资经营企业法》、1986 年全国人民代表大会颁布的《外资企业法》以及 1988 年全国人大常委会颁布的《中外合作经营企业法》(以下合称外资三法)均无明文提及港澳投资。但由国务院发布的《外资企业法实施细则》第 80 条提到"香港、澳门、台湾地区的公司、企业和其他经济组织或个人以及在国外居住的中国公民在大陆设立全部资本为其所有的企业,参照本实施细则办理"。与之相似,国务院发布的《中外合作经营企业法实施细则》也存在"参照适用"的规定。但国务院发布的《中外合资经营企业法实施条例》中没有"参照适用"的条文。《最高人民法院关于审理外商投资企业纠纷案件若干问题的规定》(法释[2010]9 号)第 22 条规定,"人民法院审理香港特别行政区、澳门特别行政区、台湾地区的投资者、定居在国外的中国公民在内地投资设立企业产生的相关纠纷案件,参照适用本规定。"

2020 年实施的《外商投资法》及其配套法规继续沿袭了"外资三法"的立法模式。全国人民代表大会通过的《外商投资法》无条款提及港澳投资,但同步实施的由国务院公布的《外商投资法实施条例》明确港澳投资者在内地投资参照

[1] 参见孔庆江等:《〈中华人民共和国外商投资法〉解读》,法律出版社 2019 年版,第 32 页。

适用《外商投资法》和《外商投资法实施条例》。由最高人民法院发布的《最高人民法院关于适用〈中华人民共和国外商投资法〉若干问题的解释》(法释[2019]20号)亦明确港澳投资者在内地投资产生的纠纷参照适用此解释。

(二)"参照适用"对粤港澳大湾区投资法制协调与统一的意义

在全国人大或者全国人大常委会颁布的外商投资立法中未明确提及港澳投资,但由国务院颁布的行政法规和由最高人民法院发布的司法解释却规定港澳投资"参照适用"外商投资立法。此种立法模式意味着赋予港澳投资怎样的法律地位,它对于粤港澳大湾区投资法制协调与统一的意义何在?

首先,"一国两制"原则的基础是"一国",港澳投资无疑属于中国投资,粤港澳大湾区投资法制协调必须立足"一国"之本。作为全国人大颁布的法律,《外商投资法》的规制对象主要为外国投资者,即便是"参照适用"的措辞,亦可能有损"一国"之尊严。基于此,《外商投资法》未明确提及港澳投资。换言之,港澳投资不属于外国投资,这是粤港澳大湾区法制协调与统一的政治基础。

其次,"两制"之下,港澳特区属于单独关税区,港澳投资者到内地投资,应属于"特殊国内投资",当前还不宜直接认定为境内投资,国家对港澳特区投资的管理和规范,一直适用特殊的政策。[1] 这可能主要基于两方面的原因:第一,在高度自由开放的港澳特区,跨国公司的国籍已经变得非常模糊,将港澳投资者等同于内地普通投资基本意味着对全世界外资开放,这会在实质上架空《外商投资法》,当前中国的经济管理体制尚不能承受此等压力;第二,目前吸引港澳投资特别是香港投资对中国内地经济发展仍然非常重要,尽管《外商投资法》规定外资与内资享有同等待遇,现实中外商投资仍然享有某些优惠待遇,且通过《外商投资法》保障其合法权益符合港澳投资者的预期。

最后,《外商投资法》的留白和行政法规、司法解释的"参照适用"表明,将港澳投资视为准外资仅为当前阶段的过渡性安排,港澳投资的最终定性应为国内投资。此种立法模式为粤港澳大湾区投资法制更紧密的协调乃至未来可能实现的统一预留了立法空间。《外商投资准入特别管理措施(负面清单)》2019年版和2020年版均明确《内地与香港关于建立更紧密经贸关系的安排》及其后续协议、《内地与澳门关于建立更紧密经贸关系的安排》及其后续协议对符合条件的投资者有更优惠开放措施的,按照相关协议或协定的规定执行。这无疑有利于

---

〔1〕 参见孔庆江等:《〈中华人民共和国外商投资法〉解读》,法律出版社2019年版,第29页。

推动粤港澳大湾区的进一步融合发展。

三、投资法制区际协调与统一的检视

2003 年,内地与香港特区、澳门特区政府分别签署《关于建立更紧密经贸关系的安排》(以下简称 CEPA);2017 年 10 月,香港特区和澳门特区签署《香港特别行政区和澳门特别行政区关于建立更紧密经贸关系的安排》(港澳 CEPA)。CEPA 以世贸规则为基础,是深化"一国两制"原则的成功实践,是内地与港澳制度性合作的新路径,在性质上属于我国家主体与香港特区、澳门特区单独关税区之间签署的自由贸易协议。2018 年 1 月内地与香港特区、澳门特区分别签署的《CEPA 投资协议》开始实施,开启了大湾区投资规则的区际协调模式。2020 年 1 月《外商投资法》实施后区际协调还面临着哪些问题?下面分别从实体条款和争端解决程序进行检视。

(一)《CEPA 投资协议》实体条款

1. 投资待遇条款

内地与港澳签署的《CEPA 投资协议》基本相同,其中实体条款部分在形式和内容上与世界上通行的双边投资协定相似,包括投资和投资者的定义、最低待遇标准、国民待遇、最惠待遇、业绩要求、"高级管理人员、董事会成员与人员入境"、不符措施、特殊手续和信息要求、征收、损失补偿、代位、转移、法律与政策的透明度、拒绝授予利益、例外、金融审慎、税收例外条款、环境措施等条款。除"最惠待遇"在措辞上与世界上通行的双边投资协定中的"最惠国待遇"有所区别外,其他方面并无实质性差异。

在投资待遇方面,《外商投资法》规定了征收条款、转移条款和准入后的国民待遇条款,这些规定与《CEPA 投资协议》以及世界上通行的双边投资协定既有相似之处,也存在细微差异。以征收为例,《外商投资法》第 20 条规定在特殊情况下,国家为了公共利益的需要,可以依照法律规定对外国投资者的投资实行征收或者征用,征收、征用应当依照法定程序进行,并及时给予公平、合理的补偿。但该条规定过于原则,缺乏可操作性;而新一代双边投资协定对征收(特别是间接征收)的构成以及征收补偿额的规定则更为具体。[1]《CEPA 投资协议》

---

〔1〕 参见陈咏梅、何圳申:《中国外商投资法的变革及其与国际协定的协调》,载《国际商务研究》2019 年第 6 期。

采用新一代双边投资协定的模式,在征收补偿额上规定“补偿应相当于采取征收前或征收为公众所知时(以较早者为准)被征收投资的实际价值,并应包括直至补偿支付之时按通常商业利率计算的利息”。尽管如此,除最低待遇标准外,以双边投资协定为模板的《CEPA 投资协议》所规定的投资待遇条款基本上均能体现在《外商投资法》及其配套法规中。

2. 投资准入条款

《CEPA 投资协议》中国民待遇条款和最惠待遇条款均涵盖投资的设立环节,这与中外投资协定存在重大差别,它意味着《CEPA 投资协议》在投资准入环节采取的是“准入前国民待遇加负面清单”模式。在《外商投资法》实施之前,内地通过《CEPA 投资协议》给予港澳投资者以负面清单为例外的准入前国民待遇,这无疑彰显了内地对港澳深度开放的决心,有助于粤港澳大湾区经济的紧密融合。

在以“准入前国民待遇加负面清单”为核心制度的《外商投资法》实施后,《CEPA 投资协议》的制度性优势基本丧失。与作为《外商投资法》组成部分的《外商投资准入特别管理措施(负面清单)(2020 年版)》(以下简称 2020 年负面清单)相比,《CEPA 投资协议》负面清单中的某些条款已经滞后。当然,与 2020 年负面清单相比,港澳投资者仍然享有诸多优惠待遇。此外,还有一些特别管理措施在两个负面清单中措辞相似,但存在细微差异,在某些方面《CEPA 投资协议》中的负面清单对港澳投资的领域和范围限制更少,某些方面则限制更多。对于不同协议下负面清单的差异,2020 年负面清单作了协调性规定,港澳投资者可以按照更优惠的清单执行。尽管如此,在投资准入方面,《CEPA 投资协议》如何与时俱进,更好地促进粤港澳大湾区经济深度融合发展是值得思考的问题。

(二)争端解决程序

《CEPA 投资协议》的争端解决程序与世界上通行的双边投资协定明显不同。《CEPA 投资协议》在 CEPA 联合指导委员会机制下设立了投资工作小组,投资工作小组在争端解决方面的职责主要包括两方面,一是协商解决协议双方之间关于《CEPA 投资协议》的解释、实施和适用的争端;二是负责通报和协调处理港澳投资者与内地政府之间的投资争端以及内地投资者与港澳特区政府之间的投资争端。对于港澳投资者与内地政府之间的投资争端,港澳投资者除了可以选择将其提交投资工作小组协调解决外,还可以通过争端双方友好协商、由内地外商投资企业投诉受理机构协调、在内地行政复议、提交内地调解机构调解或者在内地提起司法程序解决;内地投资者与港澳特区政府之间的投资争端解决方式基本相同。总之,无论是《CEPA 投资协议》缔约双方之间的争议,还是一方投资者与另一缔约方之间的投资争议,均不能通过国际投资仲裁机制解决。

国际投资仲裁机制建立在对东道国司法体制不信任的基础上,并且是以东道国让渡部分司法主权为基础。国际投资仲裁机制在为投资者提供去地方化的国际争端解决机制的同时,也牺牲了东道国法治发展的机会,而且诸多仲裁裁决在条约解释上超越国家同意的范畴,构成对主权包括司法主权的侵犯。所以,国际投资仲裁机制不利于区域一体化的发展。在斯洛伐克诉阿奇米亚(Slovak Republic v. Achmea BV)一案中,欧盟法院指出,欧盟成员国内部双边投资协定所规定的投资者—国家仲裁条款不仅使成员国之间的相互信任成为问题,而且由欧盟司法体系之外的仲裁机构解释欧盟法律也使《欧盟运行条约》第 267 条所保障的维持欧盟法律特质成为问题,因而与《欧洲联盟条约》第 4(3)条规定的真诚合作原则不相容,对欧盟法的自治具有负面效果。[1] 欧盟法院对斯洛伐克诉阿奇米亚案的判决对粤港澳大湾区的法治建设具有重要的借鉴和启示意义。《CEPA 投资协议》在投资争端解决方面采取协商、投诉、协调、调解以及国内(或区内)司法救济方式,摒弃国际仲裁,符合"一国"之本。粤港澳大湾区进一步制度性融合必须也只能通过内地与港澳在立法、执法和司法上更加密切的交流、沟通与合作来实现。

尽管如此,不容忽视的一个事实是,欧盟存在统一的法院——欧盟法院来确保欧盟法律的统一适用,但粤港澳大湾区却不存在一个统一的法院来确保《CEPA 投资协议》的统一适用。相反,除了行政化的投资工作小组,《CEPA 投资协议》的争端解决机构实质上是各自为政的当地救济。与世界通行的包含国际仲裁机制的双边投资协定相比,《CEPA 投资协议》争端解决程序条款与实体条款存在明显的不匹配:原则性、框架性的统一适用的实体条款匹配当地化、碎片化的司法机制。所以,理论上,《CEPA 投资协议》实施效果可能尚不如双边投资协定,其在促进粤港澳大湾区紧密融合上发挥的作用更为有限。本质上,《CEPA 投资协议》争端解决机制与《外商投资法》并无差异,二者实行的均为当地救济。《粤港澳大湾区发展规划纲要》提出要"加强粤港澳司法交流与协作,推动建立共商、共建、共享的多元化纠纷解决机制,为粤港澳大湾区建设提供优

---

[1] Case C-284/16, Slovak Republic v. Achmea BV, Judgement of the Court (Grand Chamber), 6 March 2018.

质、高效、便捷的司法服务和保障,着力打造法治化营商环境”。如何构建有效的大湾区投资争端解决机制,还需要深入探索。

综上所述,《外商投资法》实施后,《CEPA 投资协议》的制度性优势基本丧失。《CEPA 投资协议》更多体现的是“两制”,而缺乏“一国”整合,在某种程度上未能体现《外商投资法》对港澳投资“留白”的深意。

四、投资法制国际协调与统一的检视

由于大量双边投资协定的存在,粤港澳大湾区投资法制的协调与统一不仅涉及国内法、区际法问题,也涉及国际法问题,粤港澳大湾区发展规划下中国应考虑如何在国际层面促进内地与港澳特区外商投资法制的协调统一。

(一)谢某深诉秘鲁案和世能诉老挝案引发的讨论

谢某深诉秘鲁案涉及 1994 年《中华人民共和国政府与秘鲁共和国政府关于鼓励和相互保护投资的协定》(以下简称中秘双边投资协定)对香港特区的适用问题。谢某深是香港居民,其间接持有秘鲁某公司 90% 的股份。2004 年,秘鲁税务机关对该秘鲁公司进行了常规审计并根据审计结果对其进行了税务处罚。随后,税务机关又对该秘鲁公司采取了临时措施限制其资金流动,对公司经营产生重大影响。2007 年谢某深依据中秘双边投资协定向国际投资争端解决中心提起仲裁,请求认定秘鲁税务机关的行为构成间接征收。2009 年国际投资争端解决中心仲裁庭作出管辖权裁定,认为谢某深系香港特区居民,具有中国公民身份,可以依据中秘双边投资协定提起仲裁,仲裁庭具有管辖权。[1] 2011 年仲裁庭作出最终裁决,裁定秘鲁税务机关的临时措施构成间接征收并承担相应的赔偿责任。[2] 随后秘鲁依据《ICSID 公约》第 52 条申请撤销仲裁裁决,但该申请于 2015 年被驳回。[3] 本案中,仲裁庭并未讨论 1994 年中秘双边投资协定是否适用于香港特区的问题,而是以谢某深具有中国公民身份从而符合双边投资协定中的投资者定义条款回避了这一问题。

世能诉老挝案涉及 1993 年《中华人民共和国政府与老挝人民民主共和国政

〔1〕 Tza Yap Shum v. Peru, ICSID Case No. ARB/07/6, Decision on Jurisdiction, 19 June 2009.

〔2〕 Tza Yap Shum v. Peru, ICSID Case No. ARB/07/6, Summary of the Award, 7 July 2011.

〔3〕 Tza Yap Shum v. Peru, ICSID Case No. ARB/07/6, Decision on Annulment, 12 February 2015, paras. 1 – 5, 210.

府关于鼓励和相互保护投资的协定》(以下简称中老双边投资协定)对澳门特区的适用问题。世能投资有限公司于2005年根据澳门特区法律组建,2007年与一家老挝企业合资投资博彩和酒店产业。2012年世能投资有限公司以老挝实施的歧视性税收措施构成征收为由,依据中老双边投资协定提起仲裁。老挝对仲裁庭的管辖权提出异议,认为中老双边投资协定不适用于澳门特区,并且征收诉求超出了中老双边投资协定同意的范围。2013年仲裁庭作出管辖权裁决,认为中老双边投资协定适用于澳门特区,仲裁庭具有对征收诉求的管辖权。[1] 随后老挝就仲裁庭的管辖权裁决向新加坡高等法院起诉并获得支持。[2] 不过新加坡高等法院的判决又被新加坡上诉法院推翻,新加坡上诉法院确认中老双边投资协定适用于中国澳门特区,仲裁庭具有对征收诉求的管辖权。[3]

谢某深诉秘鲁案与世能诉老挝案引发了学界对中外投资协定是否适用于中国港澳特区的热烈讨论。与谢某深诉秘鲁案不同的是,在世能诉老挝案中,中国政府表明了立场,一是外交部通过外交照会的方式回函老挝外交部,表达了中老双边投资协定不适用于澳门特区的观点;二是在新加坡上诉法院对世能诉老挝案作出判决后,外交部官员在新闻媒体公开批评该判决对中老双边投资协定适用于中国澳门特区的事实认定是错误的。[4]

(二)粤港澳大湾区投资法制的国际协调

中国政府已经同世界上一百多个国家和地区缔结了双边投资协定。除2006年《中华人民共和国政府和俄罗斯联邦政府关于促进和相互保护投资的协定》外,其他中外投资协定并未明确是否适用于港澳特区;与此同时,港澳特区也各自缔结了少量双边投资协定。根据《香港特别行政区基本法》第151条和《澳门特别行政区基本法》第136条,港澳特区在经贸领域享有单独缔约权。对于中央政府缔结的双边投资协定,根据《香港特别行政区基本法》第153条第1

---

〔1〕 Sanum Investments Limited v. The Government of the Lao People's Democratic Republic, PCA, Award on Jurisdiction, 13 December 2013.

〔2〕 Originating summons No. 24 of 2014 between Sanum Investments Limited and the Government of the Lao People's Democratic Republic, [2015] SGHC 15.

〔3〕 Civil Appeals No. 139 and 167 of 2015 between Sanum Investments Limited and the Government of the Lao People's Democratic Republic, [2016] SGCA 57.

〔4〕 2016年10月21日外交部发言人华春莹主持例行记者会,见中华人民共和国外交部网站;2016年10月22日外交部条法司司长徐宏在《法制日报》发表文章《国际条约适用香港和澳门特区的实践》。

款和《澳门特别行政区基本法》第138条第1款,中央政府在征询港澳特区政府的意见后,决定是否适用于港澳特区。然而,对于已经缔结的一百多个中外投资协定,中央政府并未征求港澳特区的意见,也未做出其是否适用于港澳特区的决定。

暂且不论仲裁裁决和法院判决的正确性,谢某深诉秘鲁案仲裁裁决与世能诉老挝案仲裁裁决和新加坡上诉法院判决至少具有统一中外双边投资协定的客观效果和作用,而双边投资协定系大湾区投资法制的重要组成部分;在更为广义的层面,谢某深诉秘鲁案仲裁裁决与世能诉老挝案仲裁裁决和新加坡上诉法院判决在中外投资协定适用方面有效维护了中国"一国"之尊严。否则,如若中外投资协定不能自动适用于港澳特区,中国还须逐一与一百多个缔约对方沟通协商,这不仅有损"一国"主权之尊严,还给企图分裂中国的内外势力以可乘之机。在世能诉老挝案中,中国与老挝的利益不同。老挝出于自我辩护的动机,向仲裁庭提出了若干项程序性和实体性抗辩以避免承担国家责任,中老双边投资协定不适用于澳门仅是老挝的抗辩事由之一。中国除了睦邻友好的考虑外,更要从长计议,考虑内地与港澳特区法制的协调乃至未来可能实现的统一,在国际条约适用方面维护"一国"领土完整。

问题在于,当前中外投资协定适用于港澳特区是否有违"两制"之策?首先,从形式上,尽管港澳特区在"一国两制"原则下享有高度自治权,港澳特区政府并不能自行确定国际条约在港澳特区的适用,中央权力机关或者宪制性法律才拥有最终决定权。对于需要事先征求港澳特区意见后才决定是否适用的条约,有学者认为,中央政府在决定条约适用前征询港澳特区政府的意见,表明了中央对港澳特区高度自治的尊重,但是这种征询仅仅是中央决策过程中的必要程序,而非决定本身,最终决定权仍在中央。[1] 其次,从本质上,世界范围内双边投资协定在结构和内容上趋同,中央政府和港澳特区政府对外缔结的双边投资协定也不例外,而且在内地与港澳特区共同适用的《CEPA投资协议》实体规则正是效仿通行的双边投资协定,所以,中外投资协定适用于港澳特区不违背港澳特区的高度自治权。

根据《外商投资法》及其配套法规对港澳投资作为"特殊国内投资"的定位,

---

〔1〕 参见饶戈平:《国际条约在澳门的适用问题研究》,澳门理工学院一国两制研究中心2011年版,第25页。

不宜将港澳特区投资者明确排除在中外投资协定的适用范围之外。粤港澳大湾区发展规划下,中央政府应重新考虑中外投资协定在港澳特区的适用问题,在国际层面促进粤港澳大湾区投资法制的统一。有学者提出,在通过国内法程序征询港澳特区意见之前,至少中央政府可以保持沉默。[1] 如此,便可以与《外商投资法》的立场一脉相承,给粤港澳大湾区投资法制协调乃至未来可能实现的统一预留法律与政策空间。

五、结论

粤港澳大湾区发展规划是对“一国两制”原则的新发展,其不仅保障“一国两制”原则下港澳特区的高度自治权,更要立足“一国”之本,促进内地与港澳特区经贸关系的深度融合发展,推动港澳特区融入祖国发展大局。粤港澳大湾区战略的实现离不开规则与法治的保障。以“准入前国民待遇加负面清单”为核心制度的《外商投资法》实施后,内地与港澳特区在投资体制上的差异大大缩小。尽管如此,粤港澳大湾区投资规则的协调与统一还任重而道远。对于港澳投资,《外商投资法》的留白及其配套法规“参照适用”的措辞意味着中央政府秉持以往传统,将其定位为“特殊国内投资”;而且,“特殊国内投资”只是“一国两制”原则下的过渡性安排,这为粤港澳大湾区投资法制的协调乃至未来可能实现的统一奠定了基调。

作为区际投资法制协调载体的《CEPA 投资协议》,在实体规则上效仿世界通行的双边投资协定,但在争端解决机制中却摒弃了传统的国际投资仲裁机制。以负面清单为例外的准入前国民待遇和最惠待遇凸显了内地对港澳深度开放的决心。2020 年《外商投资法》实施后,《CEPA 投资协议》的制度性优势基本丧失。总体而言,《CEPA 投资协议》对“两制”彰显有余,而“一国”整合不足,在某种程度上不符合《外商投资法》对港澳投资作为“特殊国内投资”的定位,粤港澳大湾区规划下区际投资法制协调与统一还需与时俱进。

谢某深诉秘鲁案与世能诉老挝案彰显了在国际层面协调粤港澳大湾区投资法制的现实需求。中外投资协定适用于港澳特区符合“一国两制”原则,符合《外商投资法》对港澳投资作为“特殊国内投资”的定位,更符合粤港澳大湾区规

---

〔1〕 参见刘京莲:《“一国两制”下双边投资条约在港澳台适用性问题研究》,载《一国两制研究》2017 年第 4 期。

划促进港澳特区融入祖国发展大局的宗旨。中央政府应面向未来,本着融合而非分化的宗旨适时推进中外投资协定在港澳特区的适用问题,当前至少应当与《外商投资法》的立场保持一致,给粤港澳大湾区投资法制未来可能实现的统一预留法律与政策空间。

热点追踪之二：投资争端调解

第十三章 《新加坡调解公约》对投资争端和解协议的适用

一、问题的提出

《联合国关于调解所产生的国际和解协议公约》(United Nations Convention on International Settlement Agreements Resulting from Mediation,以下简称《新加坡调解公约》或《公约》)于2018年12月20日在纽约由联合国大会通过,并于2020年9月12日正式生效。目前已有包括中国、美国在内的53个国家签署该公约,其中白俄罗斯、刚果民主共和国、斐济、卡塔尔、沙特阿拉伯、新加坡6个国家已批准公约。[1] 我国是《公约》的创始缔约国之一,但目前尚未通过国内立法程序批准该公约。

调解在解决商事争议领域中具有独特价值,如减少因争议导致商业关系终止的情形、节省国家司法行政费用、有助于发展和谐的国际经济关系等。然而,由于缺乏使和解协议具有法律效力的跨境执行机制,调解作为替代性纠纷解决方法之一,其实际使用率并不理想。大量调查研究表明,和解协议的执行难题已成为阻碍调解机制发展的主要障碍。[2] 如果所达成的和解协议不能得到实际履行,则意味着纠纷并没有得到彻底解决,当事人仍需寻求其他的争端解决方式如仲裁、诉讼,直到获得最终的履行结果。这不但会造成时间、金钱成本的消耗以及调解资源的浪费,而且增加了通过调解解决争议的不确定性。没有能够强制执行的和解协议作为最终结果,调解就会变得毫无意义。

在解决投资者与东道国争端(Investor-State Dispute Settlement,以下简称投资争端)方面,调解常作为一种替代性争端解决方式规定在IIAs中,但实际使用

---

〔1〕 See UN, Status: United Nations Convention on International Settlement Agreements Resulting from Mediation.

〔2〕 See International Mediation Institute, IMI Survey Results Overview: How Users View the Proposal for a UN Convention on the Enforcement of Mediated Settlements.

率并不高。[1] 调解适用于投资争端的最大挑战,亦来自所达成和解协议的执行难题。[2] 相对而言,国际仲裁的一个主要优势是仲裁裁决的可执行性,这部分解释了为何仲裁成为当前国际投资争端解决的主要方式。就依据《ICSID 公约》作出的投资仲裁裁决而言,其执行问题由公约本身作出规定;就非《ICSID 公约》裁决(包括依据《ICSID 附加便利规则》及其他仲裁规则作出的投资仲裁裁决)而言,通常可依据《纽约公约》寻求缔约方的承认与执行。截至 2021 年 1 月,《ICSID 公约》有 155 个缔约方,[3]《纽约公约》已有 166 个缔约方,[4]可见仲裁裁决已经形成了较为广泛的国际执行机制。相比之下,调解的执行困境很大程度上阻碍了其在国际投资争端解决中获得与仲裁相当的地位。

晚近以来,随着仲裁案件数量的增加,投资仲裁的一些弊端逐渐显露,如仲裁时间长、费用高、仲裁裁决实体方面的错误无法纠正、仲裁员的公正性难以得到保障等,并且几乎所有的投资仲裁都严重影响了外国投资者与东道国的正常合作关系。在这样的背景下,将调解用于投资争端解决的关注度在不断提升。[5] 国际组织和争端解决机构纷纷更新其投资争端调解规则,新一代的国际投资协定大多也在投资争端解决条款中纳入了更为详尽的调解程序安排,寻求更大限度地发挥调解在投资争端解决中的作用。

《新加坡调解公约》旨在鼓励通过调解方式解决商事争议,并为各国提供关于跨境执行调解所产生的国际和解协议的一致标准,有望解决和解协议跨境执行难这一困扰国际调解制度发挥作用的核心问题,为国际商事争议的多元化解决开辟新的篇章。[6]《公约》的出台和生效,能否缩小投资调解与仲裁在可执行性方面的差距,从而增强调解作为国际投资争端解决方案的吸引力和竞争力,首先取决于《公约》能否适用,以及如何适用于投资争端和解协议。根据《公约》规

---

[1] 截至 2019 年 12 月 31 日,ICSID 仅处理 12 起案件,远远低于选择仲裁的 733 起案件。

[2] 2020 ISDS Mediation Working Group Report, *Unlocking Value Through Stakeholder Engagement: New Forms to Resolve Investor-State Disputes*, p. 8.

[3] See ICSID, List of Contracting States and other Signatories of the Convention.

[4] See UNCITRAL, Status: Convention on the Recognition and Enforcement of Foreign Arbitral Awards.

[5] 参见漆彤、张生、黄丽萍:《调解在国际争端解决中的发展与应用》,载《武大国际法评论》2020 年第 2 期。

[6] 尽管存在良好的发展契机,调解机制能否真正在争议解决中发挥重要作用,仍取决于调解本身制度特性可能带来的不利因素能否在理论和实践层面得到有效解决。参见漆彤、范晓宇:《投资争端调解机制的晚近发展与制度困境》,载《中南大学学报(哲学社会科学版)》2020 年第 5 期。

定,“调解达成的国际和解协议”专指调解所产生的、当事人为解决商事争议而以书面形式订立的协议(“和解协议”)。[1] 据此,符合《公约》适用范围的投资争端和解协议,需同时满足“因调解所产生”“为解决商事争议”“以书面形式订立”“国际性”四个条件。本章拟分别从以上四个方面,就《公约》能否适用于投资争端和解协议进行分析,进而讨论《公约》对国际投资条约及投资争端解决机制可能产生的系统性影响。

二、是否“因调解所产生”

《公约》能否适用于投资争端和解协议,首先需要考察其是否属于公约所规定的“调解达成的国际和解协议”(International Settlement Agreement Resulting from Mediation)。

《公约》第 2 条第 3 款专就何为“调解”作出解释,即“调解”不论使用何种称谓或者进行过程以何为依据,指由一名或者几名第三人(“调解员”)协助,在其无权对争议当事人强加解决办法的情况下,当事人设法友好解决其争议的过程。[2] 据此,公约所称的“调解”是由第三方调解员协助的友好解决争议的过程。之所以强调调解的“第三方参与”属性,是为了与未经独立的商事调解程序及无第三方调解员协助而仅由当事人双方自行达成的和解协议,以及司法或仲裁期间达成的和解协议进行区分。换言之,《公约》排除了无第三方调解员协助而仅由当事人双方自行达成的和解协议,也排除了可经由法院及仲裁程序确认并予执行的和解协议的适用。[3] 排除前者是因为,在没有调解人主持或参与的情况下由争议方自行达成的和解协议,只是一份纯粹的商事合同,而非《公约》所称的和解协议。[4] 排除后者则是为了避免与现有的仲裁裁决和判决的执行机制发生重叠。

根据上述规定,适用于《公约》的投资争端和解协议,应经由调解而产生。

---

〔1〕 Singapore Mediation Convention, Article 1. 1.

〔2〕 Singapore Mediation Convention, Article 2. 3.

〔3〕 Singapore Mediation Convention, Article 1. 3.

〔4〕 参见温先涛:《〈新加坡公约〉与中国商事调解——与〈纽约公约〉〈选择法院协议公约〉相比较》,载《中国法律评论》2019 年第 1 期。又如,根据我国最高人民法院于 2009 年印发的《关于建立健全诉讼与非诉讼相衔接的矛盾纠纷解决机制的若干意见》第 10 条规定,经商事调解组织调解后达成的调解协议,经双方当事人签字或者盖章后,具有民事合同性质。

进一步来说,如果该和解协议未经第三方调解员的协助,仅由当事人双方自行达成,则不能寻求公约项下的执行机制;如果该和解协议经由法院批准或者系法院在相关程序过程中订立的,或者已记录在案并可作为仲裁裁决执行,也不在公约的适用范围之内。

对于投资争端而言,上述规定客观上排除了相当数量的和解协议寻求《公约》项下执行的可能性。根据ICSID统计,截至2020年12月5日,ICSID仅受理了11起依据《ICSID公约》提出调解请求以及2起依据《ICSID附加便利规则》提出调解请求的案件。[1] 不过,基于调解的保密性,除了这13起案件之外,还有许多未进入公众视线的投资争端调解案例,其中相当数量的案件可能在未进入正式调解程序的情况下以当事人双方达成协议的形式予以解决。例如,我国的外商投诉协调处理机制因其在实践中化解了大量的潜在投资争端,而被作为一种宝贵的“东方经验”正式写入2020年《外商投资法》。但是,按我国立法规定,外商投诉人与被投诉的行政主管机关之间所达成的和解协议,并不属于《公约》所规定的第三方调解范围。例如,2020年10月1日起施行的我国《外商投资企业投诉工作办法》(以下简称《办法》)第18条规定:投诉人和被投诉人签署和解协议的,应当写明达成和解的事项和结果。依法订立的和解协议对投诉人和被投诉人具有约束力。被投诉人不履行生效和解协议的,依据《外商投资法实施条例》第41条的规定处理。换言之,《办法》已直接赋予了此类和解协议法律效力,不属于需要根据《公约》申请执行的范围。

此外,在“诉调结合”乃至仲裁与调解相结合的多元化争议解决方式大行其道的背景下,亦有相当数量的和解协议可能来自法院或仲裁程序之中。例如,通常而言,ICSID的调解和仲裁是平行的,但《ICSID公约》也提供了另一种可能,即如果需要,缔约方可以在ICSID仲裁程序进行期间进行调解,如调解不成则继续仲裁程序。1984年,ICSID在其仲裁规则中引入了当事人要求“预审”的可能性与法庭举行会议,审议有争议的问题,以期达成和解。[2] ICSID《仲裁规则》第43条第1款和第2款,分别规定了在当事人同意解决争端或终止程序时,以程序令或裁决书的方式记录下当事人要求解决或终止争端的书面请求。此时,

---

[1] ICSID, http://icsiddev.prod.acquia-sites.com/cases/case-database.

[2] ICSID Convention Arbitration Rules 1984, Rule 21(2).

和解获得了与仲裁裁决同等的法律效力。[1] 除第 43 条的明示终止之外,《仲裁规则》第 44 条和第 45 条还分别规定了默示终止以及因当事人未能采取行动而导致的程序终止。这三条规定的仲裁程序终止均隐含了一个前提,即争端双方已就争端解决达成和解协议。据 UNCTAD 数据库的统计,在 1972 年 1 月到 2020 年 6 月终止的根据 ICSID《仲裁规则》审理的 181 件国际投资争端中,依《仲裁规则》第 43 条终止的有 112 起(61.8%),依《仲裁规则》第 44 条终止的有 48 起(26.5%),依《仲裁规则》第 45 条终止的有 5 起(2.7%),依 ICSID《行政与财务条例》第 14 条终止的有 15 起(8.2%),终止依据不明的有 1 起(0.5%)。[2] 可以看出,大部分案件(91.2%,165 起)基于仲裁规则第 43 条和第 44 条争端双方明示或默示的同意(和解)而终止。

由于《公约》要求和解协议须经独立的调解程序,因此,一般来说,ICSID 仲裁程序中达成的和解协议似乎不属于《公约》的适用范围。有法官或仲裁员参与调解达成的和解协议,是否一律被排除在《公约》适用范围之外?本文认为,这一问题仍存在一定的不确定性。首先,调解是由第三方调解员协助的友好解决争议的过程,但《公约》并未对调解员资格提出任何形式要求。实践中,仲裁员或法官亦存在身份的转换可能,在行使调解职能时充当调解员,如调解不成则恢复仲裁员或法官身份。[3] 但是,这也可能导致严重的独立性和公正性问题。例如,在身份转换的过程中,调解员可能将其对案件的看法带入调解不成后的仲裁或司法程序之中。因此,国际律师协会和其他国际专业组织均认为,仲裁员和调解员通常不应误入对方的领地。其次,就仲调结合程序而言,《公约》第 1 条第 3 款规定的不适用范围是"已记录在案并可作为仲裁裁决执行的协议"。这表明,一项被记录在案的和解协议并不必然被排除在公约适用范围之外,还需要同时满足第二个条件即"可作为仲裁裁决执行"。换言之,对于那些虽已"被记录在案"但不能作为仲裁裁决执行的协议,《公约》仍可得以适用,从而解决此类和解协议缺乏执行保障的困境。因此,仅记录在案并不表明不能根据《公约》获

---

[1] ICSID Convention Arbitration Rules 1984, Rule 43.

[2] 该数据由作者根据 UNCTAD 数据库整理而得。

[3] 2017 年,CIETAC 发布了《国际投资争端仲裁规则》,该规则的一个显著特点是纳入了允许将调解与投资仲裁相结合的条款。规则第 43 条规定,仲裁庭有权在征得当事人同意后,可以按照其认为适当的方式进行调解,并且调解过程应保密。这种将调解纳入投资仲裁的方法相当新颖,是在中国特色的仲裁与调解相结合的基础上将其适用于投资争端的一种尝试。虽然该方法在解决商业纠纷方面取得了重大成功,但其在处理投资纠纷方面的表现如何仍有待观察。

得执行。考虑到不同法域对于以裁决形式记录的和解协议的可执行性的态度差异,此类和解协议的可执行性问题应留给主管当局确定。如根据 ICSID《仲裁规则》加以解读,在符合第 43 条第 2 款规定的情况,即将当事各方完整的书面和解案文写入裁决书时,以裁决形式记录的和解协议具有可执行性。该和解协议根据《ICSID 公约》第 53 条对双方具有约束力,根据第 54 条对每一缔约国具有约束力且应予承认并执行。。[1]

三、是否“为解决商事争议”

《公约》第 1 条规定:“本公约适用于调解所产生的、当事人为解决商事争议以书面形式订立的协议。”因此,《公约》在适用范围上提出了和解协议的“商事性”要求,排除了对非商事和解的适用。投资争端和解协议,因其一方为外国投资者私人、另一方为东道国政府的混合性质,而区别于纯粹的商事主体间关系,是否满足《公约》的“商事性”要求,需要考察《公约》的具体规定。

《公约》本身并未对“商事”一词的含义进行界定,也没有规定解说性清单。根据公约起草工作组的用意,公约中的“商事”与公约附件二,即 2018 年新修订的 UNCITRAL《调解示范法》中“商事”的含义相一致。而《调解示范法》明确规定,应该对“商事”一词进行广泛解释,以涵盖所有具有商业性质关系所引起的争端,包括投资。[2] 因此,不同于《联合国国际货物销售合同公约》(United Nations Convention on Contracts for the International Sale of Goods, CISG)完全排除对不平等主体之间货物销售合同的适用,《公约》并不认为政府实体完全不能参与商事活动,应当鼓励政府实体与其商业伙伴通过调解处理其商事纠纷,涉及公共实体(国家、政府实体以及代表其行事的其他实体)的和解协议不应被自动排除在《公约》所规定的救济范围之外,[3] 而《公约》应扩大适用于那些具有商

[1] ICSID《仲裁规则》第 43 条第 2 款规定:“如果当事各方向秘书长提交其和解的完整案文,并以书面形式要求仲裁庭在裁决书中体现这种和解,则仲裁庭可以其裁决书的形式记录和解。”

[2] Model Law on International Commercial Mediation and International Settlement Agreements Resulting from Mediation of the United Nations Commission on International Trade Law, Annex Ⅱ, United Nations, General Assembly Resolution 73/199, United Nations Convention on International Settlement Agreements Resulting from Mediation, U. N. Doc. A/RES/73/199.

[3] A/CN. 9/861, para. 46; A/CN. 9/867, paras. 109 – 112, 114; A/CN. 9/WG. Ⅱ/WP. 198, para. 36.

业性质的投资争端。[1] 当然,《公约》虽认为具有商业性质的关系范围非常广泛而未对“商事”从正面进行界定,但并非毫无边界,而是参照《国际货物销售时效期限公约》第4条(a)项、《联合国国际货物销售合同公约》第2条(a)项及《法院选择协议公约》第2条(a)项,通过消极列举的方式将几种典型的非商事和解协议排除在公约适用范围之外。[2] 《公约》采取穷尽式列举消极适用范围的做法,目的在于使该公约尽可能得到国际社会的广泛使用。《公约》未将政府实体排除在适用范围之外,也从侧面反映出调解的独特价值——因为有些政府实体的确从事商业活动,处于不平等地位的双方当事人往往倾向于排斥他种权力如仲裁权、司法权对商业关系的管辖,而调解则属于平权结构,为不平等主体之间的争议提供了纾解通道,有助于在高效解决政商纠纷的同时维护其长期友好关系。

排除涉及政府实体的和解协议将完全剥夺此类协议根据《公约》获得执行的机会。处理这一问题较为灵活的方式是,允许那些希望将此种协议排除在外的国家作出保留或声明。[3] 因此,为了适应不同国家的选择性需求,《公约》并未采取“一刀切”的做法,而是借鉴《纽约公约》引入了“商事保留”条款。《公约》第8条第1款(a)项赋予缔约国排除该公约适用于该国、任何政府机构或者代表政府机构行事的任何人为一方当事人的和解协议,第8条第1款(b)项则赋予缔约国保留适用公约以“和解协议当事人已同意适用本公约”为前提。[4] 因此,投资争端和解协议能否适用《公约》,还需要满足不在缔约国声明保留[5]的形式范围之内且经争端各方同意[6]两项条件。换言之,除非缔约方根据该条作出明确的“商事保留”,否则公约适用于东道国政府与外国投资者私人间达成的和解协议。此外,即便缔约国根据第8条第1款(b)项作出了“事前同意保留”,也不能完全排除投资争端和解协议的适用。只要当事人在和解协议

[1] T. Schnabel, *The Singapore Convention on Mediation: A Framework for the Cross-Border Recognition and Enforcement of Mediated Settlements*, 19(1) Pepperdine Dispute Resolution Law Journal, p. 22-23.

[2] 《公约》第1条第2款第2项规定:“本公约不适用于以下和解协议:(a)为解决其中一方当事人(消费者)为个人、家庭或者家居目的进行交易所产生的争议而订立的协议;(b)与家庭法、继承法或者就业法有关的协议。”

[3] A/CN. 9/861, para. 46.

[4] Singapore Mediation Convention, Article 8. 1. a.

[5] Ibid.

[6] Singapore Mediation Convention, Article 8. 1. b.

中明确约定同意适用,公约仍可得以适用。[1] 由于投资争端涉及国家财产,在《公约》起草过程中还讨论了与国家主权豁免有关的问题,并指出《公约》只处理商业纠纷,此等问题应当留给执行当局根据本国国家豁免相关规则作出决定。因此,整体来看,《公约》通过灵活的制度设计赋予了政府实体在是否接受《公约》约束问题上较大的选择权和决定权,这对于扩大《公约》的接受度、协调国际商事活动中的政商关系、提高争议解决效率、改善营商环境均大有裨益。

四、是否"以书面形式订立"

如不存在"事前同意保留",《公约》允许一方当事人在未经另一方明确同意的情况下请求强制执行调解产生的和解协议,但这种请求需满足"最低限度的形式要求"并遵守缔约国的国内程序。[2] 首先,以书面形式订立和解协议是使其得以执行的必要条件。为此《公约》第 1 条对和解协议的书面形式提出要求,同时为适应电子通信技术在全球范围内的迅速发展和互联网线上调解的需求,《公约》对书面形式的定义包括所含信息可调取以备日后查用的电子通信形式。[3] 其次,调解的合意性质以及这一过程所产生的和解协议使当事人的签字具有重要意义,为此《公约》第 4 条规定了依赖和解协议的手续,即争议方应向主管机关提供由争议方签署的和解协议以及和解协议产生于调解的证据,如:(1)调解员在和解协议上的签名;(2)调解员签署的表明进行了调解的文件;(3)调解过程管理机构的证明;或者(4)可为主管机关接受的其他任何证据。此外,如果和解协议不是以寻求救济所在公约当事方正式语言拟订的,该条第 3 款规定主管机关可请求提供此种语言的和解协议译本。

规定和解协议的书面形式和调解过程的证明方式,要求当事人在申请执行时通过适当方式表明调解人参与了程序并且和解协议产生于调解,有利于从速执行和解协议并减少当事人获得救济的障碍。[4] 同时,由于和解协议是一种当

---

〔1〕 工作组曾指出,似应澄清,如一国不在加入公约时作出这一保留,即使和解协议当事人选择不适用公约,该国可否自动适用公约。See A/CN. 9/WG. Ⅱ/WP. 205, para. 30.

〔2〕 A/CN. 9 /WG. Ⅱ /WP. 198, paras. 26 – 27.

〔3〕 See article 2 (2) of the United Nations Convention on International Settlement Agreements Resulting from Mediation.

〔4〕 A/CN. 9/861, para. 53.

事方高度意思自治的合意体现,主管机关很难把握其真实性。对形式作出规定,并通过调解员签名要求来证明其“三方结构”,也有助于将和解协议与其他协议区分开来,防止虚假调解并避免为不必要的诉讼创造可能性。[1] 当然,与仲裁相比,如《仲裁示范法》第7条以及2006年关于《纽约公约》第2条第(2)款的解释的建议,《公约》在形式要求方面体现了更多的灵活性。首先,考虑到严格的形式要求可能损害调解过程的非正式性质和友好气氛,《公约》仅简短列出和解协议的“最低限度的形式要求”。这样一来,既可以赋予促成和解协议的程序必要程度的确定性,又可以保留调解过程的灵活性。其次,形式要求问题可留给主管机关处理,因为国内主管机关将需要确定是否满足了这些要求。[2] 由于《公约》目的并非统一各国国内调解立法,而是侧重于执行通过调解所产生的国际和解协议,因此,只设定最低限度要求有助于为各国提供灵活性,使国内主管机关能够自由提出其他形式要求。例如,国内主管机关可要求当事人提供任何必要文件,以核实当事人是否遵守了《公约》的相关要求。最后,鉴于目前的普遍做法,书面要求可以灵活方式确定,如将使用电子签名等其他形式纳入“书面要求”范围内。

希望寻求公约救济的投资争端和解协议,在满足《公约》所要求的书面形式方面通常不会存在争议,但如何遵守缔约国的国内程序则存在不确定性。一方面,参照《纽约公约》的做法,《公约》在国际和解协议的执行上采用直接执行机制,即国际和解协议如同法院判决和仲裁裁决一样,具有直接的执行力;另一方面,《公约》同时要求当事方遵守国内程序规则,这有可能给当事方带来额外的负担。《公约》第3条第1款规定,本公约每一当事方应按照本国程序规则并根据本公约规定的条件执行和解协议。第4款规定,主管机关可以要求提供任何必要文件,以核实本公约的要求已经得到遵守。由此可见,尽管《公约》规定以必要为限,但并不排除缔约国国内程序视情况对和解协议提出额外的形式要求。尤其是在处理投资争端和解协议的执行问题上,因其与一般商业调解不同,往往涉及国家责任,且执行与否可能影响国家间关系,主管机关可能会设置更加严格的形式要求,尽管这有违《公约》认为在形式审查上不宜引入过多司法权干预的

---

〔1〕 Chang-Fa Lo, Desirability of a New International Legal Framework for Cross-border Enforcement of Certain Mediated Settlement Agreements, (2014) 7 Contemporary Asia Arbitration Journal, p. 119 – 138.

〔2〕 A/CN. 9/861, paras. 65 – 66.

精神。《公约》还要求当事方遵守公约本身规定的条件,这主要是指《公约》第5条规定的拒绝准予救济的情形,包括主动审查和被动审查。其中第1款规定了被执行人向缔约国主管机关申请拒绝准予救济时所要提出的证明,对于这些事项,主管机关不能主动审查,仅在当事人提出抗辩以及证据的情况下才可以进行审查。但主管机关可以根据第2款规定就和解协议内容是否违反执行地公共政策、争议事项根据执行地法律是否无法以调解方式解决主动进行实质审查。

五、是否满足《公约》的"国际性"要件

《公约》适用范围与《纽约公约》类似,均旨在规范仲裁裁决或和解协议的"跨境"执行,但二者在国际性的认定标准上存在明显区别。仲裁裁决的国籍往往是由仲裁地决定的,当事方可以基于双方合意对仲裁地进行约定,由此"仲裁地"成为国际仲裁领域一个重要的法律概念。但是,不同于仲裁裁决通常都有一个决定其"外国"性质的裁决下达地,查明和解协议与某一调解地或法定调解地的关联因素则十分困难。[1] 因此,《公约》采用了当事人营业地标准,即着重考量当事人的营业地是否处于不同国家,或营业地与和解协议履行地/与和解协议所涉事项关系最密切地是否处于不同国家,以此体现出"国际性"。此外,《公约》要求和解协议在订立时具有国际性,而不论其产生于国内调解程序还是国际调解程序。相对于仲裁地标准,营业地标准无疑更加客观。因为,营业地与其设立、注册和运营有关,只能根据各国国内法确定,而非基于当事人的合意。不过,由于各国关于营业地的认定标准不一,可以预见,就"营业地"的界定,实践中可能出现更多的不明确及争议,也会涉及外国法查明,需要引起当事方的格外注意。

就投资争端和解协议而言,《公约》要求在和解协议订立时至少有两方当事人在不同国家设有营业地的规定,对当事方能否选择调解可能产生重大影响。在国际投资中,一种经常出现的可能是,具有东道国国籍的自然人或营业地位于东道国境内的法人与东道国政府之间发生争端。如严格按照《公约》规定,则此类当事方之间通过调解达成的和解协议因不具有国际性而不能根据《公约》寻求执行。

就这一问题,在投资仲裁领域具有广泛影响的《ICSID公约》有不同规定。

---

[1] A/CN. 9/861, para. 15.

根据《ICSID 公约》第 25 条第 2 款 a 项和 b 项,对于自然人而言,具有作为争端一方的缔约国国籍的投资者,哪怕其同时具有外国国籍(如双重国籍人或多重国籍人),公约也不予保护;对于法人而言,虽然具有东道国国籍但是为另一缔约国国家实际控制的法人实体且双方一致同意,则公约得以适用。换言之,在投资仲裁中,考虑到了东道国经常要求外国投资者必须通过在东道国境内注册的公司实施投资,以确保外国投资者遵守东道国法律并缴纳税款,因此,《ICSID 公约》允许这种特殊的法人投资者有资格作为向 ICSID 申请仲裁的主体,只要双方同意把这种在东道国境内设立但由外国控制的法人视为"另一缔约国国民"。

这一问题在《公约》的谈判历史中曾被专门提及,并有专家建议,"国际"和解协议的定义可能需要加以扩展,以便还包括当事人营业地在同一国家,但和解协议仍然含有某种国际要素的情形,例如,当事人的母公司或股东位于不同国家。这种扩展将反映当前全球商业做法以及复杂的公司结构。[1] 晚近以来,投资者的国籍日渐呈现淡化和模糊的趋势。UNCTAD《2016 年世界投资报告》[2]以"投资者国籍:政策挑战"为主题,对这一问题进行了深刻的阐述和分析。外国子公司投资者和所有者的国籍日益变得模糊,而这种变化对国家和国际投资政策具有重要影响。鉴于此,在公约谈判过程中,代表们普遍认为,考虑外国控制问题将涉及非常复杂的情况,要想提供一项全面定义覆盖复杂的公司结构将十分困难。[3] 因此,最终工作组删除了此前纳入这一情形的草案第 2 款(c)项,并商定《公约》不应适用于其营业地设在同一国家的当事人订立的和解协议的执行,即使是在另一国家寻求执行的。[4]

在《公约》采取的以营业地为主、实际履行地和最密切联系为辅的标准中,后两种辅助性标准具有较为严格的限制,可能很难为当事方所用。比如,实践中可能出现这种情况,即 A 国的当事方与 A 国政府之间的投资争端,试图通过 B 国寻求执行 A 国政府在 B 国的财产,执行地 B 国法院则有可能以该国不是《公约》所规定的与和解协议所涉事项关系最密切的国家或者不是和解协议所规定的相当一部分义务履行地国为由,拒绝当事方的请求。

---

〔1〕 A/CN. 9/929, para. 32.

〔2〕 UNCTAD, *World Investment Report* 2016-*Investor Nationality*: *Policy Challenges*, p. 123 - 187.

〔3〕 A/CN. 9/929, paras. 32 - 35.

〔4〕 A/CN. 9/896, para. 23.

此外,就投资争端和解协议而言,《公约》第 1 条在规定“国际性”时所使用的营业地概念亦可能引发误解。在投资者与东道国争端中,当事方一方为外国私人(自然人或法人),另一方为东道国政府。各国投资法及国际投资条约实践中,自然人能否作为适格投资者通常以国籍为判断标准,通常不存在“营业地”之说。就和解协议的另一端即东道国政府而言,如严格遵循条约的文义解释,也不能简单套用《公约》第 1 条所使用的“营业地”概念。从谈判文件及最终文本中的“商事保留”规定来看,《公约》事实上默许了政府可作为和解协议的当事一方,并未因其不存在“营业地”而被排除适用。这种前后文本上的矛盾及其可能引发的歧义会对实践产生何种影响,仍有待观察。

六、结论与展望

(一)结论

《公约》并未排除投资争端和解协议的适用,其出台和生效将有助于缩小投资调解与仲裁在可执行性方面的差距,增强调解作为国际投资争端解决方案的吸引力和竞争力。需要注意的是,在适用《公约》寻求投资争端和解协议的执行时,除应满足《公约》的一般性要求之外,应特别考虑以下几个方面的问题。

1. 应注意区分非经第三方调解而在当事方之间自愿达成的和解协议,以及经由法院批准或者系法院在相关程序过程中订立的,或者已记录在案并可作为仲裁裁决执行的和解协议。例如,根据我国《外商投资企业投诉工作办法》在投资者与主管机关之间达成的和解协议,因被赋予了直接的法律效力,而不属于需要根据《公约》申请执行的范围。在诉调结合或仲裁与调解相结合的程序中,应区分虽已“被记录在案”但不能作为仲裁裁决执行的协议和“已记录在案并可作为仲裁裁决执行的协议”,前者虽并未被排除在《公约》适用范围之外,但需注意法官/仲裁员/调解员身份转换可能对案件产生的影响。

2. 应注意商事保留及事前同意保留对投资争端调解协议能否适用《公约》的影响。《公约》能否适用投资争端和解协议,需考察作为和解协议一方的缔约国是否根据第 8 条作出保留声明。如缔约方未作出商事保留,则表示其接受《公约》适用范围延伸至投资者与东道国之间通过调解方式就争端达成的和解协议。此外,就事前同意保留而言,应注意即便缔约国根据第 8 条第 1 款 b 项作出保留,也并不完全排除投资争端和解协议的适用,只要当事方在和解协议中纳入同意适用的特别约定,公约仍可得以适用。

3. 在依赖和解协议的手续方面,应注意除《公约》本身所规定的"最低限度的形式要求"之外,缔约国国内程序仍可能在形式审查和实质审查方面提出额外要求。《公约》的目的并非统一各国国内调解立法,而是侧重于执行通过调解所产生的国际和解协议,虽设定了最低限度要求,但也为各国提供了充分的灵活性。因此,缔约国仍可根据需要在国内程序中提出其他要求,以核实《公约》的要求已得到遵守,当事方在寻求和解协议执行时,应结合缔约国的国内程序要求进行综合考量。因投资争端和解协议的执行往往涉及国家责任并影响国家间关系,主管机关有可能在实践中采取更严格的形式和实质审查标准,尽管这有违《公约》认为在形式审查上不宜引入过多司法权干预的精神。

4. 应注意《公约》对于国际性的判断标准不同于《纽约公约》,在适用范围上也与《ICSID 公约》有实质性不同。仲裁裁决通常都有一个决定其"外国"性质的裁决下达地,但确定和解协议与某一调解地的联系则十分困难。相对于基于当事人合意的仲裁地标准,《公约》所采取的营业地标准更加客观,只能根据各国国内法来确定。由于各国关于营业地的认定标准不一,实践中可能存在不确定性,需引起注意。此外,《公约》不适用于营业地设在同一国家的当事人订立的和解协议的执行,即使是在另一国家寻求执行。这是《公约》与投资仲裁的显著区别,例如《ICSID 公约》规定在东道国境内设立但由外国控制的法人有资格作为向 ICSID 申请仲裁的主体,只要双方同意将此类实体视为"另一缔约国国民"。尽管《公约》谈判中曾讨论当事人营业地在同一国家的情形,但考虑到外国控制问题的复杂性最终将其排除在《公约》适用范围之外。

(二)展望

1.《公约》对国际投资争端解决机制改革的影响

晚近以来,外国投资者私人与东道国公共利益之间的矛盾日益突出,公私冲突代替南北矛盾成为国际投资法领域的主要焦点,表现为投资者与国家间争端案件数量的急剧上升与投资争端解决机制改革议题广受关注。相对于投资仲裁,投资调解具有一些独特优势,能够在尊重争议当事人各方利益的基础上通过高度自治、灵活的方式解决投资争议。投资仲裁裁决通常仅限于金钱义务的执行,这一局限是导致当事方之间不平衡的重要原因。而《公约》的执行范围则涵盖所有类别的和解协议,不仅允许有条件的义务,也不局限于涉及金钱义务的和解协议,不对这类协议中规定的补救办法或义务的性质作任何限制,[1]这些都对当事方选择调解方式解决争端具有独特的吸引力。通过《公约》为投资争端和解协议提供跨境执行机制,无疑将鼓舞投资者通过调解方式解决争端的信心,从而避免投资仲裁可能浪费的时间和成本以实现更有效的目标。

但也应看到,到目前为止,仲裁仍然是解决投资争端的主要方式,调解只是作为解决投资争端的一种独立方法或投资仲裁的一种补充方法而存在。在投资争端解决方面,二者各有优劣。例如,虽然投资调解可以促进潜在争议当事人避开投资条约的严格法律解释,进而促使当事人低成本和更有效地解决争议,但和投资仲裁相比,投资调解所具有的一些内在特点如保密性、自愿性,也会在一定程度上阻碍投资调解的顺利推广。因此,投资调解与投资仲裁之间更有可能是形成一种可选择的互补关系,而不是取代投资仲裁的地位。

2.《公约》对国际投资条约的影响

《公约》的谈判和签署,客观上已经对新一代投资协定产生重要影响,这表现为新一代投资协定开始纳入更为详细的自愿性调解规则,个别激进的条约甚至已经开始了强制性调解的尝试。在对调解的重视程度方面,相比于 2012 年美国 BIT 范本中关于调解的简单规定,欧盟在与加拿大、[2]新加坡、[3]越南[4]等国签署的自贸协定中均对调解作出详细规定,展现出对调解用于投资争端解决的高度重视。2019 年签署的《香港—阿拉伯联合酋长国双边投资协定》(HK-UAE BIT)[5]和《印尼—澳大利亚全面经济伙伴关系协定》(IA-CEPA),[6]还添加了强制调解的特殊条款,将调解作为仲裁的前提条件。根据该条款,被请求国可以要求将争端提交至该缔约一方的主管当局或仲裁中心进行和解。对于投资者而言这一调解程序是强制性的,且只能由东道国提出,投资者没有要求强制调

---

〔1〕 A/CN. 9/861, paras. 47 - 50.

〔2〕 参见 CETA 第 8 章第 8 条及附件 29 - C 调解程序。

〔3〕 参见 2019 年 6 月 30 日签署的《欧盟—越南投资保护协定》的《附件 9:投资者与东道国争议的调解机制》。

〔4〕 参见 2019 年 11 月 21 日生效的《欧盟—新加坡自由贸易协定》第 15 章。

〔5〕 HK-UAE BIT, Article 8. 3: it shall be submitted to the competent authorities of that Contracting Party or arbitration centres thereof, for conciliation.

〔6〕 IA-CEPA, Article 14. 23. 1: If the dispute cannot be resolved within 180 days from the date of receipt by the disputing party of the written request for consultations, the disputing party may initiate a conciliation process, which shall be mandatory for the disputing investor, with a view towards reaching an amicable settlement.

解的相同权利。伦敦玛丽女王大学的一份报告也显示，有64%的受访者（主要是内部法律顾问以及一些跨国公司管理人士）倾向于将调解作为投资仲裁的强制性先决条件。[1] 以上动向表明，国际投资协定在争端解决方面已不再完全依赖于投资仲裁机制，各国在谈判、签订或修改投资条约时不仅可以纳入调解条款，还可进一步规定投资争端解决的优先顺序，比如规定调解的优先或者调解前置原则。[2]

3.《公约》对各国国内法的影响

如前所述，《公约》的目的并非统一各国国内调解立法，而是侧重于执行通过调解所产生的国际和解协议，因而在设置最低限度要求的同时为各国提供了充分的灵活性。从另一个角度来说，仅仅签署和批准公约对于保障和解协议的执行是不足够的，还需要各缔约国采取必要的国内立法措施来保障《公约》的适当实施。例如，作为率先批准《公约》的两个国家之一，新加坡政府为了促进《公约》在本国的顺利实施，于2020年2月4日专门通过了《调解公约法》，规定国际和解协议的当事人可以向新加坡高等法院提出申请，将国际和解协议记录为法院命令，从而在新加坡获得有效执行；在新加坡的任何法院诉讼程序中，国际和解协议当事人可援引该协议，以证明和解协议所载明的争议事项已得到解决，以证明该事项已得到解决。[3] 该法进一步细化并补充了《公约》形式和实质审查要求，例如，要求国际和解协议的英语译本须经认证；[4]将调解员未披露可能对公正性或者独立性产生正当怀疑的情形，作为拒绝准予申请的理由之一。[5]

不论是商事调解还是投资调解产生的和解协议的执行，我国目前都缺乏完备的实体法和程序法指引，这不利于《公约》在我国的真正落实。我国应抓住签署和批准《公约》的宝贵时间，结合《公约》规则、域外实践和我国的实际需要，尽快解决商事调解基本法的缺失问题，建立国际商事和解协议的国内执行机制，妥善处理不同类型调解、不同并行程序的冲突和重叠问题，建立防止虚假调解行为的有效机制，完善拒绝执行国际商事和解协议的理由，从而推动包括投资争端在

---

〔1〕 See http://www.arbitration.qmul.ac.uk/research/2019-investment-arbitration-survey/.

〔2〕 James Claxton, Luke Nottage, Ana Ubilava: Pioneering Mandatory Investor-State Conciliation Before Arbitration in Asia-Pacific Treaties: IA-CEPA and HK-UAE BIT.

〔3〕 参见《新加坡调解公约》第4条。

〔4〕 参见《新加坡调解公约》第6条第4款。

〔5〕 参见《新加坡调解公约》第7条第2款f项。

内的商事和解协议。通过调解解决投资争端,符合“一带一路”建设的基本理念,为我国所一贯提倡。在批准《公约》时,我国可考虑不作出商事保留而仅作出事前同意保留,将是否适用《公约》的权利留给个案决定,并通过国内法明确《公约》适用范围包括投资者与国家间争端,但以双方特别同意为前提。对投资争端和解协议涉及的主权豁免问题,可考虑参考国际惯例构建我国的执行豁免弃权和商业资产认定规则。

第十四章　投资调解机制的晚近发展与制度困境*

一、国际投资争端调解概念辨析

"调解",是指一种过程,无论使用何种表达方式或进行该过程的依据如何,当事人均应在第三人("调解人")的协助下试图以友好方式解决其争端,而调解人无权向争端各方强制安排解决方案。[1] 调解被广泛运用于国内及国际争端解决领域,也是国际投资争端的重要解决方式之一。从历史发展来看,国际投资争端中的调解曾经使用了两种不同的英文表述:"mediation"与"conciliation"。在学理层面以及规则实践层面上,对这两个词汇的理解和适用存在差异。在学理层面上,传统观点认为,虽然二者在中文用语中均翻译为"调解",但 mediation 与 conciliation 存在制度内部的实质差异。以往的规则实践印证了两者适用场合存在区别,如在 ICSID 下同时存在 conciliation 和 mediation 两种制度程序。

与以上观点对立,也有学者认为,conciliation 和 mediation 之间并没有明确的界限,因此主张两者可互换使用。[2] 从晚近的国际发展趋势来看,主张二者可以互换使用的观点逐渐占据上风,不少公约采用此种主张,并且更加青睐相对灵活的 mediation 概念。2018 年通过的《新加坡调解公约》,以及 2018 年新修订的 UNCITRAL《国际商事调解及调解产生的和解协议示范法》均展现了这一趋势。《新加坡调解公约》的英文文本统一使用"mediation",并说明"conciliation"和"mediation"是可以互换的。之所以使用"mediation",是出于其在社会生活中

---

* 本章由漆彤、范晓宇合作发表于《中南大学学报(社会科学版)》2020 年第 5 期,有删改。

[1] 《新加坡调解公约》第 2(3)条。

[2] See Michael E. Schneider, *Investment Disputes-Moving Beyond Arbitration*, in L. Boisson de Chazournes, M. G. Kohen and J. E. Viñuales eds., Diplomatic and Judicial Means of Dispute Settlement (Brill, 2012), p. 119.

使用更广泛的考虑。[1] UNCITRAL 在 2002 年版《国际商事调解示范法》中选择使用的是"conciliation",但在 2018 年修改示范法规则时将之统一更换为"mediation"一词,并明确声明"conciliation"和"mediation"是通用的,此种术语用词的变化不会造成任何实质性的差异。[2] 因此,除个别特定情境外,一般意义上的 conciliation 和 mediation 之间并不存在明确界限,两者都以帮助双方当事人达成和解协议为共同目标。基于这一趋势,本文所讨论的调解同时包含 mediation 和 conciliation 两种机制。

二、国际投资争端调解的早期实践及其特点

在国际投资争端解决机制中,调解并非新生事物。早在 1966 年生效的《ICSID 公约》文本中,conciliation 就已被并列作为与仲裁平行的 ISDS 方式之一。[3] 但是从 ICSID 的具体实践来看,与仲裁案件数量相比,适用 conciliation 程序的案件数量极少,且成功率较低。根据 2019 年 ICSID 公布的最新数据,在 1966 年至 2019 年登记的 728 起案件中,仅仅 10 起案件(约 1.4%)登记适用 conciliation 规则,2 起案件(0.3%)登记适用附加便利 conciliation 规则。相比之下,公约下仲裁规则使用率占比 89.5%,附加便利仲裁规则使用率占比 8.8%。与此同时,调解案件的失败率却不低,报告记录双方经调解失败的达 86%,仅有 14% 的案件通过调解程序成功达成了和解协议。[4] 可见,在 ICSID 的多年实践中,仲裁是投资者诉东道国争端解决方式的最主要选择,调解在 ICSID 体制中多处于"备而不用"的地位。

ICSID 调解案件数量少、失败率高,一般认为存在以下原因:(1)缺少有经验的专业调解员群体。以往 ICSID 的仲裁员名册和调解员名册完全相同,具有专业仲裁知识的仲裁员但并不意味着具有专业的调解技能,实践中缺乏有经验的、可信赖的专业调解员群体帮助当事人解决投资争端。(2)conciliation 程序规则

---

[1] See UNGA, international commercial mediation: draft model law on international commercial mediation and international settlement agreements resulting from mediation, 2 March 2018, A/CN. 9/943, p. 9.

[2] See UNCITRAL, UNCITRAL Model Law International Commercial Mediation and International Settlement Agreements Resulting from Mediation, 2019.

[3] 《ICSID 公约》第二章"调解"以及第五章"调解员和仲裁院的更换及取消资格"都是关于 conciliation 规则的规定。

[4] See the ICSID Caseload 2019 – 2 Issue.

与仲裁过于类似,调解机制的灵活性优势未得到充分体现。(3)东道国政府对问责制的回避。作为政府,在选择使用调解机制解决纷争时,往往容易被本国公众指控腐败,批评谈判能力。相对于选择调解机制参与其中使自身成为和解协议的制定者,东道国政府更愿意将纠纷推给第三方仲裁,由仲裁庭对争议解决结果承担责任。[1] (4)和解协议可执行性欠缺。调解达成的和解协议一般不能作为可执行的裁判文书,只能依靠各方自愿遵守,如需执行还得另行诉诸仲裁或诉讼予以确认。(5)当事人对调解制度缺乏了解。东道国和投资者对调解制度的理念及其整体运作方式并不熟悉,故导致其在纠纷解决时往往会选择使其更有安全感的仲裁制度。以上因素的共同叠加,制约了调解在国际投资争端解决中发挥作用。

三、国际投资争端调解机制的晚近"复兴"及其原因

晚近以来,国际投资争端解决领域出现了一系列新的规则动向,调解机制再次引起人们的关注。

(一)ICSID 近十年来对于调解规则的改革

2011 年,ICSID 第一次单独任命了 10 名专业调解员并列入调解员名册,打破了以往从仲裁员名单中挑选调解员的常规。为推动调解机制的发展,ICSID 采取了一系列的相关措施。在人员培养上,ICSID 开展了对调解员的一系列培训;在鼓励机制上,ICSID 官网提供了有关投资调解的系列信息,以加强潜在用户对调解机制的了解与认识。最大的举措是 2018 年 ICSID 提出的全面改革,以推动投资争端解决机制迈向现代化。2018 年 8 月 3 日,ICSID 秘书处公布了《国际投资争端解决中心规则修订草案》第二份工作文件。其中,涉及调解的部分有《调解规则》(Conciliation Rules)、附件 C 附加便利调解规则(Annex C: Additional Facility Conciliation Rules),以及《调解规则》(Mediation Rules)。此次草案的修订旨在建立一套专门针对投资纠纷而设计的新的 mediation 规则。公约的调解规则及附加便利调解规则也作出了重大修改,更注重推动调解协议的执行。在参考各国在改革会议后递交的修改意见后,2019 年 8 月 16 日,ICSID

---

〔1〕 See M. Reisman, *International Investment Arbitration and ADR: Married but Best Living Apart*, in S. Franck and A. Joubin-Bret eds., Investor-State Disputes: Prevention and Alternatives to Arbitration, p. 26.

秘书处发布了关于规则修正提案的第三份工作文件,此份文件更加接近最终的改革方案。[1]

(二)2012 年《IBA 规则》

2012 年 10 月 4 日,国际律师协会在都柏林正式公布了由其国家调解小组委员会制定的《国际律师协会投资争端调解规则》(IBA's Investor-State Mediation Rules,以下简称《IBA 规则》),标志着国际投资争端调解制度新时代的到来。《IBA 规则》共 12 条,调解小组委员会在制定时明确了两个目标:其一,保持灵活性,体现在调解进程设计、语言选择等方面,以减少程序上的障碍、推动沟通的进行;其二,除了制定应当遵守的程序性规定外,规则还应当帮助当事人理解什么是调解以及调解如何在投资争端解决中具体运用。

(三)国际商会的 2014 年《调解规则》(ICC Mediation Rules)

2014 年 ICC Mediation Rules[2]取代了 ICC 国际商会友好争议解决规则(ICC Amicable Dispute Resolution Rules,以下简称 ICC ADR 规则),而 ICC ADR 规则又取代了 1988 年《国际商会调解与仲裁规则》(ICC Rules of Arbitration and conciliation)中的任择性 conciliation 规则。国际商会发现,在根据 ICC ADR 规则管理的具体案件中,有 90% 以上的当事人选择适用 mediation 程序。[3] 这也是 ICC 在既存 ADR 规则之外仍出台独立 Mediation Rules 的主要原因。此外,ICC 还创建了调解指导说明(Mediation Guidance Notes)取代 ADR 指南(ICC ADR Guide),作为 Mediation Rules 的辅助工具使用。该指导说明,对当事人在调解之前和期间可能存在的程序性及实质性问题予以详细解释。

(四)新一代投资协定 ISDS 条款中的调解

晚近,欧美的 ISDS 条款中也都规定了调解制度。美国 2012 年 BIT 范本规定较为简略,其第 23 条仅要求争端双方首先以磋商、谈判以及第三人程序解决争端。此处的第三人程序即可理解为包括调解,但缺少进一步的详细安排。欧盟方面,《欧盟—加拿大全面经济与贸易协定》(Comprehensive Economic and Trade Agreement Between Canada and the European Union,CETA)借鉴了 WTO 争

---

〔1〕 See ICSID Proposals for Amendment of the ICSID Rules Working Paper 3.

〔2〕 See ICC Mediation Rules 2014.

〔3〕 See Sudborough Calloipe M., *ICC's New Mediation Rules: Mediation Steps out of the Shadow*, International Lawyer, 2014, 48: 181 – 186.

端解决规则,对磋商和调解进行了非常细致的规定。CETA 第 8 章第 8 条 20 款中有 5 项对调解予以一般规定,并在附件 29 - C 调解程序(Annex 29 - C Rules of Procedure for Mediation)中予以具体安排。除 CETA 之外,在 2019 年 6 月 30 日,《欧盟—越南投资保护协定》《附件 9:投资者与东道国争议的调解机制》[1]中对调解作出详细规定;2018 年 10 月 22 日通过的《欧盟—新加坡自由贸易协定》,其第十五章也规定了完整的调解规则。相比而言,CETA 关于调解规定更为具体,更具有可操作性。美国在 2012 年 BIT 范本中关于调解的规定则比较简单。[2]

除了以上提及的 ICSID 调解的新规则、IBA 调解规则、ICC 调解规则、欧美等自由贸易协定、双边投资条约中的调解规则之外,国际调解组织(International Mediation Institute,IMI)于 2016 年 9 月发布《国际调解组织调解员能力标准》(IMI Competency Criteria for Investor-State Mediators),对调解员在进行投资者东道国争端调解过程中应具备的知识经验提出 6 个方面的具体要求,为各方在选择可信赖的优质调解员时提供衡量标准。[3]《能源宪章条约》秘书处与 IMI 合作,于 2016 年 6 月 30 日发布《能源宪章条约投资调解指南》(Guide on Investment Mediation of Energy Charter Treaty,以下简称 ETC 投资调解指南),[4]这也可以说明 ECT 各成员国也明确承认调解在 ISDS 中扮演的重要角色。上述一系列新的规则动向表明,调解机制在投资争端解决中正重新焕发出光芒。

在仲裁占据主导地位的国际投资争端解决体系下,调解之所以在晚近得到各国及国际组织的重新重视,可归结为内外部两方面的因素。

就外部因素而言,首先,随着全球治理理念的兴起,包括“调解”在内的多元化争议解决方式逐渐受到各国和国际社会的重视。争议解决是全球治理的重要方面。晚近以来,当代世界存在多种争端解决方式,国际社会也努力在各具体领域构建多元化争端解决机制。而各国在法律制度、价值观、文化习惯、国家利益需求、国家社会经济发展水平等诸多方面的差异,决定了其在争端解决的需求上

[1] See EVIPA Annex 9 Mediation Mechanism.

[2] 参见宋俊荣:《欧美投资者与东道国争端解决条款的最新动向》,载《商业研究》2015 年第 12 期。

[3] IMI Investor-State Mediation.

[4] The Guide on Investment Mediation of Energy Charpter.

的不同。争端发生之后,确立解决的方式是一国在综合考量下追求利益最大化的自主选择。提供多元化争端解决机制供各国选择,已成为有效推进争端解决的核心议题。其次,就投资争端解决而言,以 ICSID 为代表的对抗式投资者诉东道国仲裁机制暴露出诸多缺陷,正处于深刻调整阶段。在此背景下,ISDS 改革不再局限于投资仲裁制度本身的修修补补,而是寻求建立多元化的争端解决机制,在投资仲裁以外找办法。调解作为替代性争议解决方法,应借助多元化争议解决的东风而应势发展。

就调解本身的特质而言,正是基于上述外部背景,调解制度的优势被重新认识。第一,节约争端解决时间,降低争端解决成本。在时间成本上,为了避免调解程序过于冗长,许多调解规则都对程序的时限作出明确规定以推动争端的快速解决。[1] 在费用成本上,在调解过程中律师的作用有限,双方可不聘请律师或仅邀请律师给予一定的指导意见,如此便可节约巨额律师费用。第二,推动争端更彻底地解决。一方面,调解不再以法律上的权利义务、是非对错为焦点,而更注重最大化地实现经济利益。当事人在调解过程中可以就法外利益进行协商,充分表达各自的诉求。另一方面,在调解程序中双方自行控制争端的解决过程及结果,更有利于纠纷的彻底解决。第三,有利于维护争端双方的友好关系。在跨国投资者和东道国的价值追求中,与解决争议同样重要的是,维持双方的友好合作关系。[2] 调解机制"不伤和气"的特质,对于东道国和投资者双方都意义重大。第四,灵活性与非强制性。与其他争端解决机制不同的是,其灵活性体现在调解机制可在争端的不同阶段使用。虽然调解在不同阶段进行的具体方法值得进一步探讨,但值得肯定的是其在争端解决中的灵活性。而非强制性,则体现在调解机制的启动、进程、调解协议的达成甚至执行中,争端任何一方不接受,都有权在任何阶段终止调解程序,转入其他争端解决机制。与传统的国际投资争

---

[1] 如 CETA Mediation Rule 第 8.20 条规定,在调解员任命后 60 天内应达成双方同意的解决方案的时间限制。《能源宪章条约》第 7 条第(7)款和《有关过境争端的调解行为规则》也作出规定,双方若在 90 天内没有达成协议,调解员应提出建议,并作出一个临时性决定。WTO 体系下的《关于争端解决规则和程序的谅解》(DSU)也为调解规定了 60 天的程序时限。根据经济合作与发展组织的统计,国际投资仲裁案件从申请到设立仲裁庭的平均时间是 263 天,而平均结案时间为 3.6 年,各项律师费用高达 500 万美元。See the United Nations, Investor-State Disputes: Prevention and Alternatives to Arbitration, U. N. Doc. UNCTAD/DIAE/IA/2009/11:14(2010).

[2] 例如,在 Metalclad v. Mexico 一案中,Metalclad 公司的首席执行官 Grant Keslcr 在赢得对墨西哥的价值 1700 万美元的仲裁裁决后表明,尽管"胜诉",但其表示对"仲裁结果很不满意",希望公司能寻找其他更友好的途径解决争端。

端仲裁机制的“输赢对抗”模式相比，调解是一种双方真正需要的，以利益为导向的“双赢互利”模式，在争议解决的诸多方面具有明显优势。

四、“复兴”投资争端调解机制所面临的制度困境

尽管存在良好的发展契机，但是调解机制能否真正在投资争端解决中发挥重要作用，还取决于调解本身制度特性可能带来的不利因素能否在理论和实践层面得到有效解决。如前所述，ICSID 调解案件数量少、失败率高的原因来自多个方面，其中一些问题相对容易解决。例如，针对专业调解员的缺失，2011 年 ICSID 就打破了以往从仲裁员名单中挑选调解员的常规，开始单独设立调解员名册和任命专业调解员，并重视专业调解员的技能培训；针对用户对调解缺乏必要了解的问题，ICSID 亦采取了一系列鼓励机制以加强潜在用户对调解机制的认识；针对以往调解程序与仲裁程序过于类似的弊端，ICSID 也专门针对投资争端设计了一套新的更加灵活的程序规则。但是，投资调解仍然面临诸多制度性的难题，突出表现在以下三个方面。

（一）和解协议的可执行性欠缺

大量的调查研究表明，调解作为替代性纠纷解决方法之一适用于投资争端中，其最大的挑战来自所达成和解协议的执行难题。在 2014 年国际调解组织 IMI 进行的一项调查中，90% 的参与者认为，缺乏针对国际和解协议的执行机制是阻碍调解机制发展的主要障碍。[1] 在 2016 ~ 2017 年进行的全球庞德会议调查（global pound conference survey）中，与会代表提出通过公约促进对和解协议的承认和执行是最能改善商事争议解决现状的改革方案。[2]

如果当事人达成了和解协议却不能得到实际履行，则意味着纠纷并没有得到彻底解决。这样一来，当事人只能随后寻求其他的争端解决方式如仲裁、诉讼，直到得到最终的履行结果。没有能够强制执行的和解协议作为最终结果，调解就会变得毫无意义。这不但会造成时间的拖延、金钱成本的消耗以及调解资源的浪费，而且加大了通过调解解决国际投资争端的不确定性。

---

〔1〕 See International Mediation Institute, IMI Survey Results Overview: How Users View the Proposal for a UN Convention on the Enforcement of Mediated Settlements, January 16, 2017.

〔2〕 Herbert Smith Freehills, PWC & the International Mediation Institute, Global Pound Conference Series: Global Data Trends and Regional Difference, 2018. p. 14.

相对而言,国际仲裁(包括投资仲裁)的一个主要优势是仲裁裁决的可执行性。就依据《ICSID公约》作出的投资仲裁裁决而言,其执行问题由《ICSID公约》本身规定;就非《ICSID公约》裁决(包括依据《ICSID附加便利规则》以及其他仲裁规则所作出的投资仲裁裁决)而言,可以依据《纽约公约》寻求缔约方的承认与执行。截至2019年10月,《ICSID公约》有154个缔约方,[1]《纽约公约》已有161个缔约方,[2]可见仲裁裁决已经形成了较为广泛的国际执行机制。相比之下,调解的执行困境很大程度上使其难以在国际投资争端解决中取得与仲裁相当的地位。

(二)基于对问责制的回避东道国政府往往欠缺调解意愿

2016年新加坡国立大学国际法中心(NUS Centre for International Law)向97位在投资人与国家/地区仲裁方面具有丰富经验的个人发送了一份问卷调查表,要求他们列出调解适用于投资者与国家之间争端解决的潜在障碍。调查发现,相比较于私人投资者,国家更不愿意通过调解解决投资争端,其主要障碍来自政府对问责制的回避。[3] 投资者和国家在调解意愿上的差异,根源在于两者的不同身份性质:前者属于私人商业实体,后者则属于政治实体。政治实体的身份引发调解官员的一系列政治顾虑,而这些顾虑的叠加促使国家更愿意选择由第三方承担争端解决结果责任的诉讼、仲裁方式解决争端,以规避个人责任。

参与调解的国家代表对争端解决结果责任的逃避主要来自两方面的顾虑。

1. 被指控调解过程中存在腐败行为的风险。一方面,和解协议的达成需要投资者和东道国做出妥协和让步,这意味着代表国家参与调解的政府官员在行使国家权力时具有很大的灵活性和发挥空间,容易滋生腐败;另一方面,调解过程以保密为原则,这意味着争端方之间的妥协让步是秘密进行的,缺乏公众监督。这两者的叠加招致公众的质疑,指责调解过程可能存在腐败现象,甚至指责政府官员出于私利做出妥协让步而牺牲国家利益。这样的指控若属实,则会给政府官员带来巨大的个人政治法律责任,即便不属实也会极大地贬低其政治形象和威望。

---

[1] See List of Contracting States and other Signatories of the ICSID Convention.

[2] See UNCITRAL, Status: Convention on the Recognition and Enforcement of Foreign Arbitral Awards.

[3] See Seraphina Chew, Lucy Reed, and J. Christopher Thomas QC, *Report: Survey on Obstacles to Settlement of Investor-State Disputes*, 2019, NUS Centre for International Law Research Paper.

2. 公众对调解结果不满而引发的负面评价风险。即便不存在腐败的质疑,公众对调解结果的不满意也会给参与调解的国家代表招致诸多批评。投资者与东道国之间的投资争端往往涉及国家公共利益,相对于商业当事方之间的纯私人争端而言,媒体关注的可能性更高。媒体对调解结果做出的“负面宣传”无形中会给政府带来巨大的舆论压力。过于妥协让步的政府可能会被批评为“软弱或出卖国家利益”。因此,公众对调解结果负面评价的风险很大程度上也动摇了东道国选择调解进行争端解决的决心。

(三)调解保密性与投资争端解决透明度需求之间的冲突

调解通常以保密为原则,投资争端下的调解也不例外。无论是 UNCITRAL 调解示范法还是 ICSID 拟增的 mediation 规则,都对调解过程以及达成的调解协议作出保密性规定。《IBA 规则》要求“对与调解有关的所有文件和通信都要求保密”。[1] CETA 和 ICSID 下的调解规则也作出同样的规定,“调解程序的所有阶段的相关文件都要求保密”。[2] ICSID 改革小组指出:“保密是调解的基石,ICSID 不应在未经当事方同意的情况下,公布与调解有关的任何信息。”从 UNCITRAL 立法工作组的评注可知,“信息可以向另一方当事人披露”主要是出于促进双方坦率交换纠纷信息的目的。各方当事人和调解人之间的信息披露是当事人开诚布公交流的必要条件,但“与调解程序有关的一切信息均应向第三方保密”。[3]

强调调解保密性的制度设计目的,主要是消除争端当事方在调解过程中的顾虑,促进争端通过调解程序得到成功解决。若信息向第三方披露或调解失败后被对方在后续仲裁程序、诉讼程序中用作证据,则当事人在调解期间会保持沉默,拒绝调解。为此,调解规则中通常都有关于“不妨碍原则”(without prejudice principle)[4] 的规定,即当事方在调解中作出的任何陈述不影响其在任何其他争端解决程序中的法律立场,在调解中获得的信息也不能在其他的程序中作为证据使用。例如,CETA 中规定“调解中收集的证据、表示愿意接受的解决方案、调解员提出的建议都不得在其他争端解决程序中作为证据,不得妨碍后续程序的

---

〔1〕《IBA 规则》第 10(2)条。

〔2〕CETA 附件 29《调解程序规则》第 6(1)条。

〔3〕联合国国际贸易法委员会《国际商事调解及调解产生的和解协议示范法》第 9 条。

〔4〕The Proposal for Amendment of the ICSID Rules Working Paper #3, Chapter Ⅲ Rule 10.

进行";[1] ICSID Mediation Rules 规定,"除非当事各方另有约定,否则当事一方不得在其他诉讼程序中使用调解过程中对方所采取的立场、观点以及自认"。[2]

与调解突出强调保密性相对,晚近以来在投资仲裁领域则出现了明显的提高透明度趋势。发源自商事仲裁的投资者诉东道国仲裁机制,其最初也继承了商事仲裁的保密性原则。然而,这一点近年来却遭到越来越多的批判。提高仲裁透明度和公众参与度的呼声主要源于投资争端的混合性质,即这类争端发生于外国投资者私人与东道国政府之间。一些批评的声音指责投资仲裁不公开的裁决,"使一个国家的法律被废止,司法体系受到质疑,环境法规遭到挑战"。[3] 自 NAFTA(the North American Free Trade Agreement)贸易委员会在 2001 年和 2003 年发布声明要求提高投资争端解决程序透明度,这一议题在区域内外获得了重视。ICSID 在 2006 年改革中提高了仲裁程序透明度。UNCITRAL 于 2014 年通过了《透明度规则》、2017 年通过了《透明度公约》。ICSID 在 2019 年 8 月新公布的《关于修订 ICSID 规则的提案工作文件三》中,Arbitration rules 第十章用 7 个条款规定了 ICSID 裁决的公开、第三方参与以及非争议方递交的意见。

从 UNCITRAL《调解示范法》的规定来看,在商事争端调解程序中,保密是原则,披露是例外。这与投资仲裁的"以公开为原则,规定透明度例外"的改革方向恰恰相反。UNCITRAL《调解示范法》以保密为原则,"与调解程序有关的所有信息都应保密"。[4] 调解人收到的文件只能向另一方当事人披露,但不得向任何第三方披露。[5] UNCITRAL《调解示范法》以公开为例外,即"为法律要求或为执行和解协议要求而披露"。[6] 从 UNCITRAL《调解示范法》规定本身可以得知,不同于仲裁对透明度的高度追求,商事调解更注重程序的保密性。

投资争端的混合性质及其所产生的透明度需求,无论是对于仲裁还是调解都一体适用。换言之,运用调解解决外国投资者私人与东道国政府之间的争端,也无法回避此类案件所涉及的公共利益问题。调解机制的保密性特征与投资争端的透明度需求之间,存在天然冲突。这两者之间的紧张关系使得很多学者担

---

〔1〕 CETA 附件 29《调解程序规则》第 6(4)条。

〔2〕 The Proposal for Amendment of the ICSID Rules Working Paper 3, Chapter Ⅲ Rule 10.

〔3〕 A. De Palma, NAFTA's Powerful Little Secret: Obscure Tribunals Settle Disputes, But Go too Far, Critics Say, New York Times, March 11, 2001. section 3.

〔4〕 联合国国际贸易法委员会《国际商事调解及调解产生的和解协议示范法》第 10 条。

〔5〕 同上,第 9 条。

〔6〕 同上,第 10 条。

心若将调解机制运用到国际投资争端的解决中来,可能会导致两个后果:其一,过度侵犯保密性将导致调解丧失其本身的基本特征;其二,过度维持保密性,将损害东道国的一般公共利益。因此如何在调解机制中平衡保密性和透明度这对矛盾是调解机制运用于国际投资争端解决的一大难题。

五、可能的出路

(一)《新加坡调解公约》为解决和解协议可执行性欠缺问题指明方向

和解协议的执行难题,通过调解机制自愿执行优势的发挥和《新加坡调解公约》的出台,可能会得到很大程度的解决。

一方面,调解机制本身在自愿执行上具有优势。相对于仲裁裁决、诉讼判决等由在当事人针锋相对下由第三方主导作出的强制性裁判而言,和解协议的自愿执行度会更高。这是因为在调解机制下,整个调解过程由当事人自行主导进行,作为调解结果的和解协议也是由当事人自愿达成。因此争端双方对和解协议内容的认可度和接受度会更高,自愿履行率也会更高。

另一方面,随着《新加坡调解公约》[1]的出台,作为调解结果的和解协议其执行难度也会降低。有观点认为,《新加坡调解公约》使得和解协议既可以作为攻击武器的"矛",也可以作为防御武器的"盾"。[2] "矛"的效果来自其可以帮助当事方之间的和解协议获得真正履行;"盾"的效果是当事方可以援引和解协议作为抗辩,证明争端已经得到解决。在公约出台之前,缺乏使和解协议具有法律效力的跨境机制被认为是严重阻碍一些跨国公司选择调解作为争端解决方式的重要原因。1958 年签署的《纽约公约》促进了仲裁裁决的承认和执行,被广泛认为是推动国际仲裁兴起的动力。而《新加坡调解公约》也具有类似的雄心与抱负,其以建立和解协议的广泛国际执行机制为目标,缩小调解与仲裁在可执行性方面的差距,以达到有效增强调解作为国际争议解决方案的吸引力和竞争力的效果。

《新加坡调解公约》规定,公约适用于因商事调解所达成的和解协议的救

〔1〕 公约已于2019 年8 月开放签署,截至2019 年10 月,已有51 个签署国,但目前尚未得到批准。See Status: United Nations Convention on International Settlement Agreements Resulting form Mediation.

〔2〕 See Lucy Reed, Ultima Thule, *Prospects for International Commercial Mediation*, 2019, NUS Centre for International Law Research Paper.

济,并没有给出“商业”的定义也没有说明“商业”是否包含投资。但根据公约起草工作组的用意,公约中的“商业”与公约附件二,即 2018 年新修订的联合国国际贸易法委员会《国际商事调解及调解产生的和解协议示范法》中“商业”的含义应该是一致的。而该法作出明确规定,应该对“商业”一词进行广泛解释,以涵盖所有具有商业性质关系所引起的争端,包括投资。[1] 因此,《新加坡调解公约》的规定也理应适用于投资争端调解所产生的和解协议。

(二)东道国政府对问责制的回避问题的可能出路

政府对问责制的回避,构成了东道国选用调解解决投资争端的巨大障碍。但这个障碍不应成为放弃调解的理由。实际上,对问责制的回避不仅存在于投资争端的调解过程中,在国家的各种谈判中(如投资协定的谈判、与投资者特许投资合同的谈判以及其他外交谈判等)也存在同样的障碍。国家之间不会因为让步和妥协可能带来的个人责任就彻底放弃国际性谈判,同样的也不能因为调解过程可能招致个人责任就在投资者—东道国争端解决中彻底放弃调解。但与此同时,调解也并非万能药,其并不可能适用于所有类型的投资争端。正如 CIL 在报告中指出的,其作出关于调解的调查报告的总体目标是确定适合于调解解决的投资争端类别,从而为当事方选择争端解决方案提供考量。但为了努力提高调解在国际投资争端解决中的利用率,克服政府对问责制的回避,可以从两个方面入手:消除政府官员个人责任方面以及降低东道国公民问责率方面。

其一,从政府官员消除责任的层面,存在以下的解决方案:(1)在新的投资条约和重新谈判的条约中优先考虑调解或通过将调解作为仲裁先决条件的条款,使调解成为国家选择而非代表国家参与调解的政府官员的个人选择。(2)追究政府官员为回避问责制而做出不进行调解决定的责任,以阻止政府官员完全出于自身顾虑放弃以最优方式维护国家利益的选择。(3)明确政府代表在调解过程中的职权范围以及责任豁免情形,推动调解代表规范行使职权,也降低其在调解过程中不必要的政治顾虑。

其二,降低东道国公民问责率。要降低问责制对调解的阻碍,除了尽量帮助政府官员消除顾虑外,更根本、更直接的方式是从顾虑的源头下手——降低公民的问责。东道国公民的质疑,除了对政府官员个人的不信任外,还有重要原因是

---

[1] See UNCITRAL Model Law International Commercial Mediation and International Settlement Agreements Resulting from Mediation Annex 2,2018.

公民缺乏对调解机制的理解,以及调解的保密性阻碍了公众的知情权和监督权的行使。因此,对症下药的方案是:(1)对调解机制进行更广泛的宣传和信息发布,增强公众对调解机制潜在优势的了解。(2)进行合理的透明度规则设计,在具有透明度需求的情形下合理披露信息。也许问责问题并没有想象得那么严重,因为公民问责并非针对所有类型争端,而是多限于与其利益息息相关、具有高度政治敏感性的争端。因此设计出具体类型情况下的公开披露确有必要,如在涉及公共安全、国家基本安全利益、环境威胁、跨境资源开采等高度政治敏感行业等方面时扩大调解程序透明度,以确保与公共利益息息相关的争端在公民监督下解决。

(三)调解保密性与投资争端解决透明度需求之间的平衡

一方面,保密通常有助于提升投资争端调解的成功率;另一方面,又要确保本国的公众监督和透明度要求得到满足。这使调解的保密性与投资争端解决透明度的需求之间的冲突,成为当前调解规则改革的难点。为发挥调解的制度优势,在投资争端调解中仍应坚持保密为原则、披露是例外。与此同时,基于投资争端的混合争议性质和东道国的公共利益需求,可以考虑纳入更为广泛的保密例外,以回应当前投资争端解决的提升透明度的改革方向。概言之,投资调解下的透明度规则,更应当介乎于商事调解与投资仲裁的保密与透明度要求之间。

就保密原则之外的例外情形而言,现有国际投资调解规则有不同的规定。IBA 规定了以下保密例外情况:(1)披露方公布的为调解所做的准备,但不涉及调解的实质内容;(2)调解双方之间的条约中约定的披露义务;(3)出于公共安全考虑,为防止严重犯罪或对公共安全构成严重威胁的情形所需要的披露。并且规定,披露方在作出此类披露时,应以尽可能最大限度保护信息机密性的方式进行。[1] 在 ICSID 最新公布的第三份改革草案中共规定了三种保密例外情形:(1)双方另有约定;(2)本可以通过其他途径独立获得的信息或文件,不因在调解中使用而保密;(3)法律要求披露。[2]

调解以保密为原则,因此各国可以从本国利益出发,通过不同方式对自身在 ISDS 中所需承担的透明度责任进行自由安排,以确保本国的公众监督和透明度

〔1〕《IBA 规则》第10(6)条。

〔2〕 ICSID Mediation Rules, Article 9(1)(b).

要求得到满足。如:(1)争端双方达成协议,同意公开调解及调解所达成的和解协议;(2)做好预先安排,在本国签订的双边投资条约和多边投资协议中规定“透明度条款”;(3)在本国国内法中作出关于披露义务的规定。另外,投资者和东道国之间调解机制在强调保密性的同时也规定了例外情形,留出一定空间对透明度予以保护。如法律要求或为了执行调解所达成的和解协议而需要的任何披露、调解双方之间的条约中约定的披露义务、出于公共安全考虑,为防止严重犯罪或对公共安全构成严重威胁的情形所需要的披露等。

第十五章　投资争端调解制度的透明度*

晚近以来，以调解为代表的多元化争议解决方式在国际投资法领域日益受到重视。国际投资争端解决中心、国际律师协会、国际商会等国际组织或争端解决机构纷纷更新其投资争端调解规则。新一代的国际投资协定大多也在投资者与东道国争端解决条款中纳入了更为详尽的调解程序安排。寻求更大程度地发挥调解在投资争端解决中的作用，一个无法回避的问题是，如何妥善解决调解的保密性需求与投资争端解决的透明度需求二者之间的矛盾与冲突。从现有文献来看，对投资仲裁透明度问题的研究较多，而对于投资争端调解机制的透明度问题则缺乏足够关注。本章从制度对比的视角，首先分析投资争端机制的透明度需求，比较投资仲裁与投资调解在透明度议题上的现状及具体制度规则的差异，接着论述保密性对于投资调解机制的意义，最后探讨在投资调解机制中实现保密与透明价值平衡的可能出路。

一、国际投资争端解决机制的透明度需求

投资者诉东道国争端兼具国际公法争端和纯私人间国际商事争端的特征，同时又与两者存在本质区别，本质上属于混合性争端。但出于对以往投资争端商事定位的纠正，晚近兴起的学说更偏向于对投资争端公法色彩的强调。[1] 在强调投资争端解决公法色彩的背景下，提高透明度的主张应运而生，近年来得到国际社会的高度关注，成为当前投资争端解决机制改革的重要内容。具体而言，投资者诉东道国争端解决的透明度需求，主要产生于以下两个方面原因。

（一）投资争端所涉及的公共利益需要

在缺乏公共利益考虑的商事领域，国际商事仲裁程序和国际商事调解程序

---

* 本章由漆彤、范晓宇合作发表于《国际经济法学刊》2020 年第 3 期，有删改。

〔1〕 关于投资争端的性质，晚近兴起的学说观点更偏向于对投资争端公法色彩的强调。但此种强调并不能说明争端本身即属于公法性质，而仅仅是由于过去投资争端解决对私人利益的过度保护，导致如今产生了强调公法色彩的必要。学说博弈的可能作用是将投资争端解决从倾斜的天平一端回到平衡的中间位置，即真正认识其混合性质。

并没有经历过类似的提高透明度趋势。而投资争端解决机制,受到争端所涉公共利益保护的影响,产生了透明度需求。在投资争端中,此种“公共利益”需求在多个方面均有体现。首先,ISDS之所以关涉公共利益,多源于其争议主题。投资争端往往以东道国公共安全、国家基本安全利益、环境威胁、跨境资源开采等政治问题或敏感行业为争议焦点,在投资者的私法权利和东道国的公共利益、公共政策之间产生矛盾。出于对本国公共利益的关切,东道国公民有权对涉及公共利益的争端解决全过程进行监督,行使其知情权与参与权。其次,作为ISDS一方当事人的东道国属于公共角色,其受国内法要求有义务公布必要信息。程序透明和信息披露可以确保东道国政府在履行国际义务的同时也履行对本国的“善治义务”,保护本国国民的知情权及公民福祉。[1]

(二)投资争端解决的程序特点

就争端解决程序特点而言,首先,由于投资争端多产生于东道国管理外资这一主权行使过程,因此基于投资条约的争端解决程序“有可能导致争端解决机构审查一国的立法、行政甚至司法活动”,[2]这有别于纯私人间的商事争端解决。其次,争端解决的依据大多在于国际投资协定,具有国际条约性质。[3] 如今的ISDS是由3400多个条约产生的主要规则(primary rules),而这些主要规则又受到国际公法中的次要规则(secondary rules)的约束。[4] 最后,投资争端解决程序可能导致东道国的巨额公共财政支出,一旦败诉需要承担昂贵的争端解决费用和实体赔偿责任,而这些费用最终由东道国纳税人承担。[5] 这些程序特点中体现的公共性,对投资争端解决程序提出了更高的透明度要求。并且,在强调投资争端公法色彩的当下,其争端解决程序也跟随了国际公法争端解决程序对透明度提出的要求。国际公法争端解决领域的典型代表如国际法院

---

〔1〕 See UNCITRAL, Report of Working Group Ⅱ (Arbitration and Conciliation) on the Work of its Fifty-Fourth Session (New York, 711 February 2011), UN Doc. A/CN. 9/717, para. 14.

〔2〕 See Hindelang, Steffen, *Study on Investor-State Dispute Settlement (ISDS) and Alternatives to Dispute Resolution in International Investment Law*, Transnational Dispute Management (TDM), 2016, 13(1).

〔3〕 ICSID 2019年公布数据显示,在已登记的ICSID的案件中,依据双边投资条约建立管辖权的占60%。See The ICSID Caseload 2019 - 2 *Issue*.

〔4〕 See Roberts A., *Clash of Paradigms: Actors and Analogies Shaping the Investment Treaty System*, American Journal of International Law, 2013, 107(1): p. 45 - 94.

〔5〕 See UNCITRAL, Report of Working Group Ⅱ (Arbitration and Conciliation) on the Work of its Fifty-Third Session (Vienna, 4 - 8 October 2010), UN Doc. A/CN. 9/712, para. 23.

(International Court of Justice)、国际海洋法法庭(International Tribunal for the Law of the Sea)、欧洲法院(European Court of Justice)、欧洲人权法院(European Court of Human Rights),其争端解决程序均体现了较为充分的透明度,如庭审公开和文件公开。[1] 公开与透明是正当程序的内在要求,而正当程序的内涵实际上取决于某一阶段的社会普遍认识。正如安德里亚·比安奇教授所说:"透明度是我们社会普遍风俗习惯的缩影,并已成为人们行为(政治、道德、偶尔还有法律)判断的标准。相比之下,透明度的对立面,如机密性和保密性,则具有消极的含义。尽管它们在某些领域仍然是典型的描述,但总的来说,它们在很大程度上被认为是权力的表现,而且常常是权力滥用的表现。"

二、投资调解与投资仲裁透明度的差异

仲裁和调解,作为投资者东道国争端解决的主要方式,面临着共同的透明度压力,二者的透明度需求存在本质上的一致性。即透明度作为国际投资争端解决的追求价值之一,无论采取仲裁、调解抑或东道国当地救济等不同争端解决形式,均无法忽视此价值。但作为两种不同的投资争端解决方式,仲裁与调解对争议解决程序透明度及结果透明度的追求程度是否完全一致?具体考察并比较目前实践中的投资仲裁和投资调解透明度规则,有助于回答二者在透明度要求上的差异。

(一)投资调解与投资仲裁的透明度现状比较

1. 投资调解机制的透明度现状

近年来,国际社会对调解机制的重视程度有了很大提高,投资调解重新迎来了较好的发展契机。晚近在投资争端解决透明度领域内调解规则和仲裁规则有诸多制度更新。在投资调解规则领域较为主要的包括:ICSID 最新一轮改革中拟新增的调解规则(Mediation Rule)、CETA 附件 29-C 调解程序、《国际律师协会投资者—东道国调解规则》(International Bar Association for Investor-State Mediation,以下简称 IBA 调解规则)、《关于建立亚太地区调解组织草案》(Draft "Agreement on the Establishment of the Asia-Pacific Regional Mediation Organization",以下简称 ARMO 草案)、ECT 投资调解指南等。但与投资仲裁提

---

[1] 参见《国际法院规约》第 46 条及第 106 条、《国际海洋法法庭规约》第 26 条第 2 款及第 67 条、《欧盟法院规约》第 31 条、《欧洲人权公约》第 40 条。

高透明度趋势相比,由于实践中使用频率较低,投资调解的透明度问题目前尚未引起足够重视。相反,投资调解机制更多的是对保密性的强调。不论是纯粹的商事争议调解还是混合性的投资争议调解,其重要特点是程序具有高度保密性。尽管投资争议的公共属性对透明度提出要求,但正如 ICSID 改革小组明确指出的,“保密性仍是投资调解制度的基石”。[1]

2. 投资仲裁机制的透明度现状

投资者诉东道国仲裁机制(Investor-State Arbitration),是当前解决投资者与东道国争端最重要的手段之一。国际投资仲裁以国际商事仲裁为范本,[2]却具有众多不同于国际商事仲裁的特征。[3] 商事仲裁以保密性和隐私性著称,[4]但当仲裁的保密性从国际商事领域转移运用于投资者与东道国争端时,此种保密性特征却遭到越来越多的质疑和批判。提高透明度可能带来的潜在效益,是改革派论证透明度改革重要性的主要支撑。首先,仲裁裁决和其他文件的公布,有助于提高公众对投资仲裁的信任,纠正仲裁裁决结果不一致问题、提高仲裁结果的可预测性及稳定性。[5] 其次,更高程度的透明度可以成为国家缔结投资协定的参考工具,从公布的案例裁决和有关信息中获得可以应对未来挑战的经验。并且,公开投资者与东道国仲裁裁决,尤其是公开裁决中所蕴含的仲裁庭对投资条约的解释,是塑造国际投资法律体系统一国际标准的重要途径,这对于国际投资法治的形成与发展具有重要意义。[6] 可见,透明度不仅有利于缓解各界对投资仲裁合法性批判的压力,也更符合国际法治的发展方向。在此推动下透明度议题在投资仲裁领域不断热化,如今已进入改革轨道。这一点已在条约规则设计与仲裁实践两个层面得到了印证,即投资争端解决中存在提高透明度的显著趋势。

---

〔1〕 See Proposals for Amendment of the ICSID Rules, Working Paper 3, Mediation Rules.

〔2〕 Broches, Aron., *The convention on the settlement of investment disputes between states and nationals of other states*, Martinus Nijhoff, 1972: p. 388 – 395.

〔3〕 See Eric De Brabandere (ed.), *Investment treaty arbitration as public international law: procedural aspects and implications*, Cambridge University Press, 2014, p. 49 – 54.

〔4〕 See Nigel Blackaby, Constantine Partasides, Martin Hunter and Alan Redfern (eds.), *Redfern & Hunter on International Arbitration*, 5th, Oxford University Press, para. 2. 152.

〔5〕 See e. g. Daniel Barstow Magraw Jr. and Niranjali Manel Amerasinghe, *Transparency and Public Participation in Investor-State Arbitration*, ILSA J. Intl Comp L., 15, 2008, p. 350.

〔6〕 See Ubilava A., *Amicable Settlements in Investor-State Disputes: Empirical Analysis of Patterns and Perceived Problems*, Sydney Law School Research Paper 19/17, 2019.

条约规则层面的透明度改革主要体现在北美自由贸易协定、联合国国际贸易法委员会、ICSID 三个组织的行动中。实践中,最早提出要列入程序透明条款的是 NAFTA,早在 2001 年和 2003 年,NAFTA 贸易委员会即发布声明,要求提高 NAFTA 争议解决程序的透明度。[1] 从此,提高程序透明度在区域内外获得了重视。UNCITRAL 第二工作组从 2007 年开始重视仲裁程序透明度的提高,[2]2009 年准备将其作为“优先事项”,[3]并于 2014 年通过了《透明度规则》,2017 年通过了《透明度公约》。ICSID 在 2006 年规则改革中和 2019 年 8 月新公布的《关于修订 ICSID 规则的提案工作文件三》(Proposals for Amendment of the ICSID Rules, Working Paper 3)中,从庭审公开、文件披露以及第三方参与等角度推动仲裁程序的进一步透明化。

投资仲裁实践中对透明度问题的涉及,通常是通过在仲裁程序中申请法庭之友参与庭审及请求公开仲裁有关的文件这两种方式进行。但在《透明度规则》和《透明度公约》推出之前,由于投资条约和仲裁机构规则在透明度方面规制较少,当事人有高度的意思自治,在缺乏当事人协议的情况下仲裁庭的自由裁量权范围较大,基本是根据个案具体情况由仲裁庭作出判断,对于何种程度下应当保密、何种情况下应当公开信息并无统一做法,因而饱受批评。[4] 《透明度规则》和《透明度公约》的出台以及《ICSID 仲裁规则》的修改,引领了投资仲裁透明度改革路径。新的透明度规则在各方面体现了对公共利益的关注。明确的规则会使争端参与方在提出具体的公开请求时更具针对性,对透明度的认识和接受度也会有所提高。但将来是否能够推行强制性的、高水平的透明度标准仍有待观察。[5]

---

[1] See Kawharu A., *Public Participation and Transparency in International Investment Arbitration: Suez v. Argentina*, New Zealand Yearbook of International Law, 2007, 4: p. 159.

[2] See UNCITRAL, Report of the Working Group on Arbitration and Conciliation on the Work of its Forty-Sixth Session (New York, February 5 – 9, 2007), para. 61.

[3] See UNCITRAL, Report of Working Group Ⅱ (Arbitration and Conciliation) on the Work of its Fiftieth Session (New York, February 9 – 13, 2009), UN Doc. A/CN. 9/669, para. 121.

[4] See Shirlow, Esmé, *Dawn of a new era? The UNCITRAL Rules and UN Convention on Transparency in Treaty-Based Investor-State Arbitration*, ICSID Review-Foreign Investment Law Journal, 2016, 31(3): p. 622 – 654.

[5] See Yu, Hong-Lin, *Who is in-Who is out-How the UNCITRAL Transparency Rules Can Influence the Upcoming Amendments of the ICSID Arbitration Rules*, Contemp. Asia Arb. J, 2018, 11: p. 45.

(二)投资调解与投资仲裁透明度的制度差异性分析

考察并比较目前实践中的投资仲裁和投资调解透明度规则,有助于回答二者在透明度要求上的差异所在。通过对比分析,可以发现投资仲裁和投资调解在程序透明度方面存在如下差异。

1. 审理公开方面

在投资仲裁下,无论是《透明度规则》还是ICSID下的仲裁规则,都基本确立了公开审理的规定。《透明度规则》第6条规定:"为出示证据或进行口头辩论的审理应该公开举行。"通过对比ICSID 2003年版、2006年版、2019年版拟修订仲裁规则中关于庭审公开方面的规定,可以发现ICSID下的审理也呈逐步"公开化"态势。2003年版《ICSID仲裁规则》规定:当事方之外的第三方参与到仲裁程序中"必须征得当事方的同意"。[1] 而2006年版规则将该硬性要求删去,变为"除非任一方提出异议",否则仲裁庭即可根据具体情况决定是否允许非争议第三方的参与。[2] 2019年版拟修订的仲裁规则规定"任一方提出异议"对第三方参与决定不再具有否决权,仲裁庭在作出决定时仅需"与当事各方协商"。在此背景下,即使当事方提出异议,仲裁庭仍可允许当事方以外的人旁听庭审。这进一步推动了ICSID下的仲裁"庭审公开化"。

投资调解恰恰相反,基本确立了"调解会议非公开举行"原则。ECT投资调解指南规定整个调解过程均保密。IBA调解规则第10条规定:"除非双方和调解员另有约定,否则任何人不得出席、聆听或观看调解的任何部分或与调解有关的任何通信。"ARMO草案第15.4条规定:"调解会议应当非公开举行,其他人只有在各方同意并经调解员许可的情况下才能出席。并且调解程序的任何部分不得录音录像。"通过观察以上投资调解规则可以得出,调解过程普遍保密,并且非争端当事方的参与以争端双方同意为前提,由争端双方自行决定,而非调解员。[3] 可见相比于投资仲裁中由仲裁庭掌握庭审公开的决定权,投资调解中的

---

〔1〕 2003年版《ICSID仲裁规则》第32(2)条:经当事人同意,仲裁庭可以决定除当事人、他们的代理人、顾问和律师、作证的证人和专家以及仲裁庭的官员之外的哪些其他人或组织可以参加庭审。

〔2〕 2006年版《ICSID仲裁规则》第32(2)条:仲裁庭可以允许非争端当事方和其顾问、律师、证人、专家以及仲裁庭官员以外的其他人或组织参加全部或部分庭审。

〔3〕 参见《IBA调解规则》第10(1)条;Proposals for Amendment of the ICSID Rules, Working Paper 3, Chapter Ⅲ Rule 19.

公开权由当事方自行控制，这实际上使得调解程序更为保密。

2. 文件披露方面

投资仲裁经过晚近的透明度改革，与仲裁相关的文件信息已逐步走向公开化。ICSID 2006 年版规则要求，文件的公布以双方同意为前提，且公布的文件多为程序性文件。[1] 但 ICSID 秘书处有权迅速公开裁决中关于法律推理的摘录。而 2019 年版拟修订的仲裁规则更为彻底地推动文件的披露。首先，其仍保留"仲裁裁决的公开需经当事人同意"的"依同意公开"原则，但在此基础上新增了"视为同意"条款。"在文件发送后的 60 天内，如果没有一方当事人书面反对公开该文件，则视为同意公开。"[2] 其次，建立文件摘录（excerpts of the documents）公开制度。在当事方拒绝公开裁决内容的情形下，秘书长有权发布裁决文件摘录。[3] 工作组表示，该摘录不再仅仅针对裁决中的法律推理，而是针对裁决的一份完整摘录。在《透明度规则》中，不仅在仲裁程序开始启动时应公布信息，[4] 在整个仲裁过程中产生的文件也要公开。为便利公众对已公开文件信息的查阅，UNCITRAL 还建立了一个已公布信息储存处（repository of published information）。[5] 所有应向公众公开的文件，应由仲裁庭尽快发送给储存处。

投资调解系列规则普遍规定，调解中产生的所有信息和文件都应保密，除非其属于保密例外的情形。[6] 调解的保密要求不仅仅体现在调解过程中，还继续维持到了调解程序结束后可能发生的其他程序如仲裁、诉讼中。为了确保信息文件的保密在调解程序结束后仍发挥效力，IBA 规则明确规定，保密性在调解终止后继续有效，除非当事方和调解员签署的协议中另有约定。为防止调解下的妥协和坦白被对方在后续程序中利用，大多数调解规则都规定了"不妨碍原则"。如《ICSID 调解规则》第 10 条规定"除非当事人另有约定，一方当事人不得依赖另一方当事人或调解人在调解期间所采取的任何立场、承认或提出的和解建议或表达的意见"。"不妨碍原则"作为一个重要制度设计，不但能维护调

---

[1] 2006 年版《ICSID 仲裁规则》第 48(4)条。

[2] See Proposals for Amendment of the ICSID Rules, Working Paper 3, Arbitration Rules Chapter X Rule 61(3).

[3] Ibid., Arbitration Rules Chapter X Rule 61(4).

[4] UNCITRAL Rules on Transparency in Treaty-based Investor-State Arbitration Article 2.

[5] UNCITRAL Rules on Transparency in Treaty-based Investor-State Arbitration Article 8.

[6] 参见《ICSID 仲裁规则》第 9(1)条；CETA 投资调解规则第 6(1)条；IBA 调解规则第 10(2)条；ARMO 草案第 15(3)条。

解的保密性,也能消除当事人对调解制度的使用顾虑。若没有“不妨碍原则”,那么调解可能会沦为一种获得妥协性信息的工具。投资者或东道国可以在没有任何解决争议的实际意图的情况下提起调解,获得信息,以便在后续的仲裁或诉讼程序中得到对己方有利的证据。

3. 在第三人递交书面材料方面

目前仲裁规则中,普遍允许第三人申请递交材料,而由仲裁庭根据具体情况决定第三人参与权。UNCITRAL《透明度规则》将递交书面材料的第三方分为两类:一般非争议方递交(也称为一般第三方,submission by a third person)和非争议缔约方递交(submission by a non-disputing party to the treaty)。第三方在递交材料时需满足系列的实体性和程序性要求,[1]最终由仲裁庭作出决定。一般第三方只能主动申请获仲裁庭允许后递交书面材料,而非争议缔约方除主动递交外,还有权就条约解释问题,在受仲裁庭邀请时被动提交关于条约解释的说明材料。2006 年版《ICSID 仲裁规则》对第三方递交材料的规定,也基本确定仲裁庭对第三方递交书面材料的决定权,但规定较为简洁。[2] 2019 年版拟修改仲裁规则则借鉴了《透明度规则》,对第三方递交有了更加细致的规定,如对第三方采取二分法、对第三方递交材料的细致要求、仲裁庭自由裁量时应考虑的因素、保留当事方表达意见权等规则设计。第三方的参与往往能更大程度地推动仲裁过程及结果的公开,同时也使争议更可能得到完全解决。

考察当前的各类投资调解规则,基本找不到有关第三方递交材料的规定。这并不难理解,由于调解会议的非公开举行以及文件信息的保密规定,实际上第三人缺乏知晓争端实质的机会,从而难以对争端实质提出第三方意见。

从上述分析可见,作为两种不同的争端解决方式,在透明度议题上投资调解和投资仲裁的制度本质和程序设计上存在诸多差别,如审理公开、文件披露、第三方参与等。并且,投资仲裁以公开为原则,保密为例外;而投资调解以保密为原则,以公开为例外。

---

[1] UNCITRAL Rules on Transparency in Treaty-based Investor-State Arbitration Article 4 - 5.

[2] 2006 年版《ICSID 仲裁规则》第 37(2)条规定:“仲裁庭与争议各方协商后,可以允许非争议方的个人或实体在争议范围内向仲裁庭提交陈述。”

三、投资争端调解的保密性需求

(一)保密作为调解的制度基础

调解程序,作为一种与仲裁存在根本区别的争端解决方式,其更强调保密性。相对于投资仲裁对透明度的追求,投资调解以保密为制度基础,其必须与外部相隔离才能成功。[1] 调解制度,不论是纯粹的商事争议调解还是混合性的投资争议调解,其重要特点是程序具有高度保密性。这在诸多调解规则中均有体现,如 UNCITRAL《调解规则》第 14 条及《国际商事调解示范法》第 9 条。而在投资调解规则中,调解程序保密的制度安排也有诸多体现。如 IBA 调解规则第 10 条第 2 款、CETA 和 2019 年 ICSID 发布的《关于修订 ICSID 规则的提案之工作文件三》中新增设的调解规则(mediation rule)。[2] 但对于调解正在进行中或已经结束的事实,各方及调解机构均可以予以披露。[3] 除了原则性的规定外,还辅之以具体的制度设计:如保密文件的具体范围、“不妨碍原则”、第三人在调解程序中的参与度等。而有关调解保密性的系列文献表明,几乎所有人都同意,保密性对于作为一种可行的替代性争端解决方式——调解的生存是必不可少的。[4] 实际上,每个既定的调解程序都将保密作为调解协议的一部分,[5] 有关该主题的大多数学术文章也都要求在调解程序中对保密性进行至少某种形式的立法或司法保护。[6]

(二)调解程序保密的必要性与重要性

1. 必要性

一方面,保密能够促使各方在调解过程中进行开诚布公的交流,从而推动调解结果的最终成功——达成和解协议。投资争端往往涉及商业秘密、敏感的政

---

〔1〕 See International Ass'n of Machinists and Aerospace Workers v. National Mediation Bd. ,425 F. 2d 527,534(DC Cir. 1970).

〔2〕 See CETA Annex 29 – C Rules of Procedure for Mediation Article 6(1).

〔3〕 Ibid. ,Proposals for Amendment of the ICSID Rules, Working Paper 3, Mediation Rules Rule 9(2).

〔4〕 See Freedman, Lawrence R. , and Michael L. Prigoff, *Confidentiality in mediation: The need for protection*, Ohio St. J. on Disp. Resol, 1986, 2: p. 37.

〔5〕 See Hoxie T. , *Protecting Confidentiality in Mediation*, Harv. Law Rev. , 1984, 98: p. 441.

〔6〕 See Resolution Alternative Dispute, Mediation and the Law: Will Reason Prevail, 1983, p. 68 – 90.

府协议和政策顾虑,这些主题可能并不能有效地在公众的目光下被讨论。而各当事方和调解员必须能够坦率地探讨争端的核心问题、各方的真实立场以及争端解决的可能性方案,才能通过调解程序成功解决争端。只有为调解程序提供保密性、降低披露的风险,这种充分而坦率的谈论才有可能存在。[1] 若将“保密”这一重要“基石”从调解制度大厦中移除,不仅会破坏调解程序进行的工作环境,还会降低调解程序成功的可能性。因此,在秘密的空间下进行讨论,在不受过分关注的环境下作出妥协和让步,有助于消除争端当事方在调解过程中的顾虑,促进争端通过调解程序得到成功解决。

另一方面,保密能够避免当事人在后续程序中因调解而处于不利地位,消除当事方的“后顾之忧”。出于快速解决纠纷的需要,当事人可能会在调解中做出一些与事实有差异的自认、承诺或方案,如果允许另一方当事人将调解过程中作出的“让步”作为证据在后续程序中使用,不仅会影响到调解程序的稳定性,也会妨碍后续程序的公正性。因此,晚近大多数调解规则都规定了“不妨碍原则”。[2] 其具体内涵是“当事方在调解中作出的任何陈述不影响其在任何其他争端解决程序中的法律立场”。禁止对调解程序中的相关文件在后续程序中进行披露是十分必要的。因为调解程序不同于仲裁程序,仲裁由于具有一裁终局、仲裁裁决可靠且具有执行力等相对“更硬”的程序特点,争议当事方不会惧怕信息的公开,即使公开也有程序保护其合法权益。而调解缺乏仲裁程序中存在的保障措施、合格的律师以及具体的证据和程序规则,并且调解具有非拘束力且非对抗性特点。[3] 在实践中,调解达成的和解协议很可能会由于另一方的拒绝执行而落空。若要求调解程序公开,那么争议各方很可能最后面临既未解决争议,

---

〔1〕 See Guide to Enactment and Use of the UNCITRAL Model Law on International Commercial Conciliation,2002,para. 58.

〔2〕 “不妨碍原则”在晚近的诸多投资争端调解规则之中多有体现。如 CETA 投资调解规则第 6(4)条规定:“一方不得在本协议或任何其他协议项下的其他争议解决程序中依赖或引入证据,仲裁小组也不得考虑:(a)另一方在调解过程中所采取的立场或根据第 4.2 条收集的信息;(b)另一方当事人表示愿意接受调解措施的解决办法的事实;或者(c)调解人提出的建议。”ARMO 草案第 15(3)条规定:“一方不得向非一方披露或引入任何其他程序。”《ICSID 调解规则》第 10 条规定:“在其他诉讼中,除非当事人另有约定,一方当事人不得依赖另一方当事人或调解人在调解期间所采取的任何立场、自认或提出的和解建议或表达的意见。”See Proposals for Amendment of the ICSID Rules, Working Paper 3 Rule 10; CETA Annex 29 – C Rules of Procedure for Mediation Article 6(4); Draft “Agreement on the Establishment of the Asia-Pacific Regional Mediation Organization” Article15(3).

〔3〕 See Freedman, Lawrence R., and Michael L. Prigoff, *Confidentiality in mediation: The need for protection*, Ohio St. J. on Disp. Resol, 1986, 2: p. 37.

又泄露了对己有利的证据,造成其在后续的仲裁、诉讼程序中的不利地位的尴尬局面。因此,保密的制度安排便成为维护调解程序正常运行的重要基石。通过保密,降低争议方利用从调解中获得的信息损害另一方的风险,从而为双方在相对没有威胁的环境中进行有意义的互动铺平道路。

2. 重要性

保密性也是调解制度相比于仲裁制度而言的独特优势之一。调解拥有诸多制度优势,如有利于节约争端解决时间、降低争端解决成本;具有灵活性与非强制性优势;当事人在调解过程中可以就法外利益进行协商,充分表达各自的诉求。在调解程序中双方自行控制争端的解决过程及结果,也更有利于纠纷的彻底解决;对东道国而言,保密使东道国能够灵活地掩盖其已作出的错误行为,有利于维护其在国际社会上的和谐友好型投资东道国形象。这些制度优势对于调解的成功应用来说至关重要,而这些制度优势都是由调解程序的独特优势之一——保密性支撑起来的。正是由于调解程序不对公众开放,它才能"更快、更省钱"地解决纠纷,才能够"更适合根据各方的需求定制争端解决结果"。[1] 倘若调解程序变得透明公开,过度的媒体干扰和公众舆论的关切便可能使当事人在争端解决过程中的自由意志受到影响。而若东道国一旦被公开指控违法甚至败诉,则会损害潜在投资者对该东道国投资环境的可信度和东道国的自身声誉。

四、调解保密性与透明度需求之间的平衡与协调

(一)实现保密与透明价值平衡的潜在困境

正如前文所述,保密性对于调解程序而言是至关重要的,其诸多优势都离不开保密性的支撑。保密的环境会鼓励调解双方以更坦率和开放的态度进行交流,促使争端当事方与调解员探讨其实际利益和根本关切,通常还能使各方找到富有创造性的解决方案。[2] 但这与投资仲裁机制追求透明度的最新趋势,如公开听证会、法庭之友、推动裁决和其他有效信息文件的披露等,存在显著不同。

---

〔1〕 See Friedman, Eileen P., *Protection of Confidentiality in the Mediation of Minor Disputes*, Cap. UL Rev., 1981, 11: p. 181.

〔2〕 See Sussman, Edna, *The Advantages of Mediation and the Special Challenges to its Utilization in Investor State Disputes*, Revista Brasileira de Arbitragem, 2010, 7(27): p. 61.

已经有不少学者指出:在国际投资争端解决普遍追求高透明度的背景下,调解在透明度方面却是退步的;[1]在越来越多的BIT包含透明度条款的趋势下,倘若保持其固有的保密性,由于不能满足投资争端本质上的透明度需求,调解程序将很难在投资争端解决中得到成功应用。[2] 简言之,调解普遍具有的"保密面纱"已经引起了不少学者对投资争端调解程序的批评。[3]

保密确实是商事调解程序最具吸引力的优势之一,但当调解运用到投资者与东道国争端解决中时,保密可能并不能被全面继承。[4] 这是因为投资争端的混合性质及其所产生的透明度需求,无论对于仲裁还是调解都是一体适用的。换言之,运用调解解决外国投资者私人与东道国政府之间的争端,也无法回避此类案件所涉及的公共利益问题。调解机制的保密性特征与投资争端的透明度需求之间,存在天然冲突。这两者之间的紧张关系使很多学者担心若将调解机制运用到国际投资争端的解决中来,可能会导致两个后果:其一,过度侵犯保密性将导致改变调解的本质,丧失其基本特征;其二,过度维持保密性,将使调解经历投资仲裁曾遭受到的批评,即损害东道国的一般公共利益。另外,存在腐败的投资可能会利用调解的保密性进一步违法,从而逃避特殊监管。虽然目前保密已经作为普遍接受的原则出现在了诸多立法和调解规则中,但如果这种模式盛行,调解机制的信任度将受影响,其很可能会被视为一种为各东道国减少问责制的工具。[5] 尽管要使调解的保密性与投资争端中国家主体的公共属性、争端客体的公共利益相互协调非常困难,但只有如此才能提高投资调解机制的可行性和合法性,提高公众对调解运作系统的接受度与信任度。因此如何在调解机制中平衡保密性和透明度这两种价值之间的紧张关系,是调解机制运用于国际投资争端解决的一大难题。

---

〔1〕 See Coe Jr. ,Jack J. ,*Should Mediation of Investment Disputes Be Encouraged*, *and*, *If So*, *by Whom and How*? Contemporary Issues in International Arbitration and Mediation: The Fordham Papers (2009), Brill Nijhoff, 2010, p. 349.

〔2〕 See Saha, Himaloya, *A critical analysis of the commonly recommended reforms of Investor-State dispute settlement*(*ISDS*), Legal Issues J. ,2016,4: p. 47.

〔3〕 See Bustamante, Ximena. Investor-State Mediation: Reflections on its Feasibility from a Process Perspective, *New Directions in International Economic Law*, Brill Nijhoff, 2011, p. 297 - 298.

〔4〕 See Sussman, Edna, *The Advantages of Mediation and the Special Challenges to its Utilization in Investor State Disputes*, Revista Brasileira dc Arbitragem, 2010. p. 66.

〔5〕 See Jack J. Coe, Jr. , Towards a Complimentary Use of Conciliation in Investor-State Disputes—A Preliminary Sketch, 12 Transational Disputes Management, 2007, 1: p. 27.

(二)平衡保密与透明两种不同价值取向的可能出路

1. 基本定位:以保密为原则

为了提高公众对调解运作系统的接受度或合法性,需要通过制度设计建立起价值的平衡与兼顾关系。一方面,在投资争端调解中仍应坚持保密为原则、披露是例外。投资调解机制应比投资仲裁更为保密,其透明程度不会也不应该达到与投资仲裁相同的水平。在目前仲裁透明度标准逐渐高企的现状下,保持与仲裁透明度的差距,是发挥调解的制度优势、提高调解成功率、增加调解制度吸引力的重要保证。另一方面,由于投资争端的公共属性,投资争端调解机制的透明度应当高于一般意义上的商事调解。考虑纳入更为广泛的保密例外,一定程度上可以有效回应当前投资争端解决提升透明度的改革趋势要求。概言之,投资调解下的透明度,其基本定位应当介于商事调解与投资仲裁的保密与透明度要求之间。

2. 晚近的国际实践考察

晚近以来,一些条约和规则实践(如 CETA、ECT 投资调解指南)已在平衡两种价值取向、优化调解透明度方面进行了一些尝试。首先,为了维护调解保密的本质特征,国际协议普遍从两方面入手:第一,调解过程保密,即"除非争端双方和调解员另有约定,否则调解会议非公开举行";[1] 第二,文件信息保密,"除例外事项,调解中产生的所有信息和文件都应保密"。[2] 其次,为了回应投资争端的透明度需求,正如 ECT 投资调解指南所指明的:"面对日益提高的透明度要求,政府可能很难对正在进行调解的事实,甚至和解协议的条款保密。"因此国际协议普遍规定:其一,"双方正在调解或已经调解的事实可以对外披露,但当事人另有书面约定的除外",[3] 从而使调解的事实存在对公众公开的可能;其

---

[1] See Guide on Investment Mediation of Energy Charter Treaty Article 10. C; IBA Rules for Investor-State Mediation Article10; Draft "Agreement on the Establishment of the Asia-Pacific Regional Mediation Organization" Article15(4).

[2] See ICSID MEDIATION RULES Rule 9 Confidentiality of the Mediation(1); CETA Annex 29 – C Rules of Procedure for Mediation Article 6(1); IBA Rules for Investor-State Mediation Article 10(2); Draft "Agreement on the Establishment of the Asia-Pacific Regional Mediation Organization" Article15(3).

[3] See IBA Rules for Investor-State Mediation Article10. 3(a); Proposals for Amendment of the ICSID Rules, Working Paper 3, Mediation Rules 9(2); CETA Annex 29 – C Rules of Procedure for Mediation Article 6(1); IBA Rules for Investor-State Mediation Article 10(2); EU – Vietnam Investment Protection Agreement-Annex 9: Mediation Mechanism Article 7; Guide on Investment Mediation of Energy Charter Treaty Article 10. C.

二,"和解协议或其部分条款可以公开,除非双方另有书面约定";[1]其三,普遍列举保密的例外事项。

投资调解以保密为原则,辅之以保密例外。但哪些文件信息必须成为保密原则的覆盖范围,何者又可成为制度例外?对此现有的制度设计已经提供了部分答案。一方面,投资调解中需要保密的事项,即投资仲裁的透明度例外,例如《透明度公约》规定了透明度的五种例外情形,[2]ICSID 在第三份改革文件中详细列明"机密信息、受保护信息"的 9 种透明度例外情形。[3] 通常来说,透明度例外情形可大致分为三类:第一类是受约定限制而不得披露,包括受仲裁协议、适用法律、仲裁庭命令和决定、当事方协议的约束;第二类是商业机密信息不得披露;第三类是为确保程序利益而不得披露,包括披露将妨碍执行、损害仲裁程序的完整性、损害国家的基本安全利益、加剧双方争议。另一方面,投资调解中哪些可以成为保密例外事项,可以从投资调解规则中的保密例外情形得到借鉴。例如,ICSID 最新公布的第三份改革草案中的三种保密例外情形、[4]《IBA 调解规则》中的保密例外规定。[5]

3. 协调保密性与透明度需求的额外考量

在具体衡量投资调解保密性和透明度两种不同价值取向时,往往还需要做一些额外考量,这是因为,调解并不存在普遍适用的最佳透明度。不同的透明度,存在于不同国家、不同类型案件、同一案件的不同阶段。从国家立场看,正如 ICSID 工作组在工作文件中表示的,从迄今为止各国和其他评论员针对改革草案发表的评论汇编来看,ISDS 机制改革过程中各国对透明度问题并未达成一致立场。另外,一些东道国出于对自身声誉的维护,也更倾向于在保密中解决争议。从投资类型角度看,期限较长的投资争端当事方对保密有更大需求。在期限较长的投资项目(如电力、采矿、运输基础设施建设)中,双方不会选择轻易破坏持续合作关系,而是努力作出妥协和让步以实现资产成功持续运营的预期利益。而此种妥协与让步若在公开程序中进行则很难达到满意结果。并且,透明

---

[1] See IBA Rules for Investor-State Mediation Article10. 3(b); Guide on Investment Mediation of Energy Charter Treaty Article 10. C.

[2] See UNCITRAL Rules on Transparency in Treaty-based Investor-State Arbitration Article 7.

[3] See Proposals for Amendment of the ICSID Rules, Working Paper 3, Arbitration Rules Chapter X, Rulc 65.

[4] See ICSID MEDIATION RULES Rule 9(1)(b).

[5] See IBA Rules for Investor-State Mediation Article10(3), Article10(6).

度并不是免费的，运行高透明度的系统可能需要昂贵的费用，且可能暴露出不确定的信息。可见，投资争端调解的透明度可能更多需要基于个案加以确定。案件涉及的投资类型不同，其披露要求也将大不相同。根据具体案件的背景，应适用于调解的合适的透明程度也不相同。

尽管不是在所有情况下都可能确定一种普遍的最佳透明度，但透明度高低并非完全无法预测。具体的特定任务、调解员的自身特性，以及适用调解的案件所处的公众监督力度，都会对调解程序中的透明度产生影响。调解以保密为原则，因此各国可以从本国利益出发，通过不同方式对自身在 ISDS 中所需承担的透明度责任进行自由安排，以确保本国的公众监督和透明度要求得到满足。如：(1)争端双方达成协议，同意公开调解及调解所达成的和解协议；(2)寻求更高透明度的国家可以单方面采取措施做好预先安排，在本国签订的双边投资条约和多边投资协议中规定“透明度条款”；(3)各国在国内建立一个内部检测机构，要求代表国家参与调解的官员定期向该机构报告有关讨论进展和调解员提出任何建议的情况，该机构可以充分查阅调解中涉及的文件，以提高调解在公众眼中的合法性并减轻人们对调解机制可能存在腐败的潜在担心；[1]（4）在本国国内法中作出关于披露义务的规定；(5)在强调保密性的同时规定例外情形，留出一定空间对透明度予以保护。各国可以参考例外情形创造透明路径，如法律要求或为了执行调解所达成的和解协议而需要的任何披露、调解双方之间的条约中约定的披露义务、出于公共安全考虑，为防止严重犯罪或对公共安全构成严重威胁的情形所需要的披露等。

另外，除了各国的单独努力外，亦可共同致力于推动法庭之友制度在投资调解机制中的确立。在投资仲裁中，法庭之友制度的目的是提供除纠纷各方以外的其他观点，以帮助决策者更好地了解当前的纠纷。[2] 与此同时，法庭之友制度也是满足透明度需求的妥善方式之一。如果法庭之友制度被借鉴到投资调解机制中，其他利益相关者的参与也可能为和解谈判提供新的思维方式和创造性的解决方案，从而更好地决策。[3] 此外，从程序公平的角度来看，法庭之友制度

---

〔1〕 See Guide on Investment Mediation of Energy Charter Treaty Article 10. C.

〔2〕 See Delaney, Joachim, and Daniel Barstow Magraw, Procedural transparency, *The Oxford handbook of international investment law*, 2008, p. 778.

〔3〕 See SCHREUER, Christoph H., et al., The ICSID Convention: A Commentary (Comentarios al artículo 25), 2010, p. 704 – 706.

的确立可以通过让争端的利益相关者表达声音的方式,提高调解程序的透明度,从而增强投资调解机制的信誉。[1] 但是,是否允许法庭之友的参与最终要视情况而定,因为其也可能会增加程序成本、造成不必要的拖延、促使冲突政治化、泄露重要的保密信息等。在这方面,可以借鉴投资仲裁中法庭之友制度的经验,通过设置严格的程序保障措施降低这些潜在风险,如严格的截止日期、具体的页数限制、第三方必须说明其背景情况与是否存在援助等,确保不对调解程序造成干扰或不必要的负担。

五、结语

通过上文分析可知,基于投资争端的混合争议性质,无论是投资仲裁、还是投资调解,均必须面对维护公共利益、提高透明度的现实需求。但是,基于两种争端解决方式的制度差异,二者在透明度议题的实现程度和规则设计上有所不同。投资调解机制的发展,需要对 ISDS 涉及的公共利益诉求予以充分考虑,却不宜完全摒弃保密性的制度本质,否则将丧失其制度优势和存在价值。一些国际条约或规则实践在实现投资调解保密与透明的价值平衡方面已经取得一些进展,但进一步的优化需要各国基于各自立场作出选择以及共同努力推动法庭之友制度在投资调解机制中的确立。调解在具体案件中的透明程度,应视争端的具体情况、涉及的争端解决条款中是否存在透明度规则、争端中公共利益与透明度诉求高低而定。总之,如何在调解机制中实现保密性和透明度的平衡,将是制约投资调解机制发展的关键因素,也将关系到多元化投资争议解决与投资治理现代化的未来走向。

---

〔1〕 See Welsh, Nancy A., and Andrea Kupfer Schneider, *The thoughtful integration of mediation into bilateral investment treaty arbitration*, Harv. Negot. L. Rev. 18, 2013, p. 95 - 103.

第十六章　《新加坡调解公约》商事保留条款与中国对策

一、问题的提出

《新加坡调解公约》的落地无疑为国际商事主体提供了一条更加友好、高效的争端解决途径。在《新加坡调解公约》正式通过我国国内批准程序前，有必要对该公约进行解读，将抽象的条文具体化，避免对该公约的误解，更好地指导国际商事主体对该公约的运用。《新加坡调解公约》第 8 条赋予了公约当事方保留的权利，第 1 款(a)项规定“对于其为一方当事人的和解协议，或者对于任何政府机构或者代表政府机构行事的任何人为一方当事人的和解协议，在声明规定的限度内，本公约不予适用”，此即“商事保留”条款；因排除了主体是政府机构或代表政府机构行事时对《新加坡调解公约》的适用，也称“公共机构保留”条款。是否声明保留直接决定了公约当事方是否完全承担条约义务，而这将为公约当事方和国际商事争议主体带来不同的影响。商事保留涉及的主体多、法律关系复杂，公共机构是否被纳入国际和解协议的商事争议主体还进一步关涉当事方条约目的的完整实现以及国家利益的切实维护。公约当事方必须在充分理解商事保留条款的内涵和全面评估适用该条款风险的基础上，慎重地做出是否保留的选择。

仔细考察《新加坡调解公约》文本，不难发现该公约适用范围和主体的规定与商事保留条款存在矛盾之处。第一，第 1 条适用范围第 1 款(a)(b)项明文规定当事人订立的和解协议需要满足“营业地”(places of business)具有“国际性”(international)这一条件，显然，或许“代表政府机构行事的任何人”(any person acting on behalf of a governmental agency)可以勉强拥有“营业地”，但是政府所在地不可能被解释为“营业地”。因此，从文义解释的角度看，公约当事方的政府应当排除出该公约适用主体的范畴，这是该公约适用范围的前提和基础。第二，综观《新加坡调解公约》全文，并没有相应的补充条款或注脚解释明确规定政府和代表政府机构行事的主体可以作为特殊的商事争议主体适用该公约。但是,根据体系解释,《新加坡调解公约》却默许了政府和代表政府行事的主体作为当事人:该公约第1条第2款中参照了《联合国国际货物销售合同公约》(United Nations Convention on Contracts for the International Sale of Goods,CISG)第2条(a)项〔1〕及《选择法院协议公约》第2条(a)项〔2〕的相关规定,明确排除了非商事争议的适用。〔3〕 虽然该公约并未进一步对“商事争议”(commercial dispute)作出界定,但此种“负面清单”形式表明该公约意在涵盖最广泛的商事争议。〔4〕 因此,国际投资争端作为“商事争议”的一种,当然地被涵盖进《新加坡调解公约》的调整范围;根据主体的不同,国际投资争端分为投资者私人间的争端以及投资者与东道国之间的争端,那么东道国政府在投资争端中作为商事主体适用该公约也不应该存在法律障碍。第三,第8条商事保留的规定本身就暗示了公共机构可以纳入该公约调整的主体范围,否则亦无须费尽周折允许当事方声明保留以限制政府以及代表政府行事的主体适用该公约。

由此可见,《新加坡调解公约》第1条和第8条在语义上存在内在的矛盾,不同的解释方法将得出不同的结论。但何种结论才是条文制定者们的本意,才能实现该公约序言中〔5〕的宏伟目的?投资者—东道国争端解决机制中适用该公约将产生何种影响,声明或放弃商事保留需要考虑哪些因素?中国作为资本输入与输出规模均十分庞大的具有特殊“混同身份”的大国,应当如何对待商事保

---

〔1〕《联合国国际货物销售合同公约》第2条(a)项规定:“本公约不适用于以下的销售:(a)购供私人、家人或家庭使用的货物的销售,除非卖方在订立合同前任何时候或订立合同时不知道而且没有理由知道这些货物是购供任何这种使用。”

〔2〕《选择法院协议公约》第2条(a)项规定:“本公约不应使用的排他选择法院协议:(a)自然人主要为个人、家庭或家务目的(消费者)作为协议的一方。”

〔3〕《联合国关于调解所产生的国际和解协议公约》第1条第2款规定:“本公约不适用于以下和解协议:(a)为解决其中一方当事人(消费者)为个人、家庭或者家具目的进行交易所产生的争议而订立的协议;(b)与家庭法、继承法或就业法有关的协议。”

〔4〕 实际上,《新加坡调解公约》工作组在讨论和解协议的内容和当事人的含义之初就明确提出了参照《国际商事调解示范法(2018年)》(以下简称《示范法》)和贸易法委员会其他法规中的“商事”定义。(UNCITRAL,https://undocs.org/A/CN.9/861.)而根据《示范法》,“商事”一词应作广义解释,以涵盖所有因商事关系所产生的事项,不论其是否为合同关系。See UNCITRAL Model Law on International Commercial Mediation and International Settlement Agreements Resulting from Mediation, 2018(amending the UNCITRAL Model Law on International Commercial Conciliation,2002).

〔5〕《联合国关于调解所产生的国际和解协议公约》“序言”第5段:“深信就调解所产生的国际和解协议确立一种可为法律、社会和经济制度不同的国家接受的框架,将有助于发展和谐的国际经济关系。”

留条款？

为解决以上问题，本文将通过追溯商事保留条款的谈判过程，以澄清条约本意，并参考《纽约公约》商事保留条款和《海牙公约》相关条款，运用条约解释规则，对《新加坡调解公约》中的“商事保留条款”做出全面的解读，再评估中国声明与放弃商事保留的作用与影响，最后针对中国的法治特点，提出商事保留条款下的中国对策。

二、商事保留条款的形成过程

《新加坡调解公约》商事保留条款的谈判主要经历了四个阶段，下文将依次进行分析。

（一）第一阶段：提议适用于政府的和解协议保持适当的灵活性

2014年5月30日，美国在向联合国国际贸易法委员会秘书处提议拟定一部关于调解达成的国际商事和解协议的可执行的多边公约时，就注意到了政府签订和解协议的问题。在美国提议的案文中，提及了应当特别注意有关公约范围的5项问题，其中包括“就公约每一缔约方声明公约在多大程度上适用于涉及政府的和解协议提供灵活性”。[1] 案文还提及了可以分别参照《纽约公约》第3条规定和解协议的约束力和可执行性，参照第5条规定一些特别的例外情形。[2]

美国的这一提议旨在借鉴《纽约公约》的成功经验，避免不必要的复杂性，采用相对简洁、简单的条文，鼓励和促进调解的使用。[3] 同时，将决定是否允许和解协议适用于政府以及在多大程度上适用于政府的权利交给缔约国，能够最大限度地取得各方的共识，有利于公约谈判的达成。在此阶段，“商事保留”远未成形，仅仅是美国单方向秘书处提议的一个原则和设想，内涵仅限于灵活处理政府作为当事人的和解协议。

（二）第二阶段：达成和解协议当事人不应完全排除政府实体的共识

2015年9月，仲裁和调解的第二工作组（以下简称工作组）在第63届会议

〔1〕 UNCITRAL, Planned and possible future work—Part Ⅲ Proposal by the Government of the United States of America: future work for Working Group Ⅱ.

〔2〕 *Id.*

〔3〕 *Id.*

上主要就国际商事和解协议的可执行性进行了讨论,在“和解协议的内容和当事人”议题项下,达成了涉及政府实体(government entities)的和解协议不应完全被排除的共识。

会议首先提出,关于涉及政府实体的和解协议应当排除出公约草案[1]的适用范围,因为一些法域不允许政府实体缔结这些协议。继而提出,在这些法域中,可借用《纽约公约》第5条第1款(a)项中的措辞,在反对执行的抗辩理由下处理涉及政府实体的和解协议的执行问题,而不是将其完全排除在公约草案之外。[2] 这种观点延续了美国在第一阶段中的提议,即采用间接的方式处理政府实体达成的和解协议,将这一类和解协议的执行问题交由缔约国国内法调整。最后,针对执行政府实体的财产可能涉及的主权豁免问题,会议认为不必深究,该问题应当留给执行局根据相关外国国家豁免规则作出决定。[3]

经过讨论,工作组普遍认为,考虑到有些政府实体的确从事商业活动,有可能使用调解方法解决这些活动中发生的争议,因而将涉及政府实体的和解协议作为一条完全除外情形列入公约草案并不可取。排除此类和解协议将会剥夺政府实体对其商业伙伴执行这类协议的机会。同时,会议提出,如果草案最终达成公约,可以通过保留或声明的方式允许缔约国将此种协议排除在外。[4]

在第二阶段中,涉及政府实体的问题已从美国单方的提议变为各方的共同关切,并且达成了和解协议当事人不应当完全排除政府实体的共识,同时建议可以在文书中以保留的方式处理该问题。

(三)第三阶段:讨论公共实体保留条款案文的细节

在初步确定以保留条款的形式处理涉及政府实体的和解协议之后,进入了讨论该条款细节问题的第三阶段。2016年2月,在工作组召开的第64

---

[1] 联合国国际贸易法委员会第二工作组在第63届至68届会议上开展了关于调解所产生的国际和解协议的执行的国际文书拟定工作,其中包括《联合国关于调解所产生的国际和解协议公约》草案。UNCITRAL International commercial mediation: draft convention on international settlement agreements resulting from mediation-note by the secretariat., A/CN.9/942, p.2. 由于工作组在不同阶段对该草案的称谓不同,为避免混乱,本章统一简称为公约草案。

[2] See UNCITRAL Report of Working Group Ⅱ (Arbitration and Conciliation) on the work of its sixty-third session, A/CN.9/861, para.44.

[3] *Id.*, para.45.

[4] *Id.*, para.46.

届会议上,就公约的除外情形和保留做了详细讨论。工作组除重申一概排除涉及政府实体的和解协议不可取之外,还明确提出如果公约草案适用于商事和解协议,而政府实体与投资者之间的和解协议根据准据法被视为具有商业性质,那么该协议应在公约草案的适用范围内。[1] 会议对此前达成的"可以通过保留和声明的方式"这一共识进一步明确为"仅允许一国声明其不对本国政府或政府实体或机构为订约方的和解协议适用该公约草案"。[2] 此外,会议还提出公约草案不应适用于一国对其在行政权力方面作为或不作为即统治权行为(acta jure imperii)的赔偿责任,建议公约草案不应提及国家豁免权概念。[3]

2016 年 9 月,工作组在第 65 届会议上明确了之前会议中所称"政府实体"的具体范围,即"国家、政府实体以及代表其行事的其他实体",统称为"公共实体(public entities)"。[4] 会议起草了两条涉及公共实体保留条款的备选案文,其一是"缔约方可以声明不对其为一方当事人的和解协议,或者其任何政府机构或者代表其行事的任何个人为一方当事人的和解协议适用本公约(除非该声明中另外指明)"。其二是"缔约方可以声明仅在声明具体规定的范围内,对其为一方当事人的和解协议,或者其任何政府机构或者代表其行事的任何个人为一方当事人的和解协议适用本公约"。[5]

此外,工作组还确认公约草案不影响或干涉国家赔偿责任或国际公法方面的国家豁免权,并提及可以将《选择法院协议公约》第 2 条第 6 款[6]作为可能的行文基础。[7] 工作组进一步重申涉及国家和其他公共实体的和解协议不应被自动排除出公约草案的范围。会议还就此前起草的备选案文提出了建议:其一

---

〔1〕 See UNCITRAL Report of Working Group Ⅱ (Arbitration and Conciliation) on the work of its sixty-third session, A/CN. 9/861, paras. 109 – 110.

〔2〕 *Id.*, para. 111.

〔3〕 *Id.*, para. 113.

〔4〕 UNCITRAL Settlement of commercial disputes International commercial conciliation: preparation of an instrument on enforcement of international commercial settlement agreements resulting from conciliation, A/CN. 9/WG. Ⅱ/WP. 198, para. 24.

〔5〕 Ibid.

〔6〕 《选择法院协议公约》第 2 条第 6 款规定:"本公约的任何规定都不影响国家或国际组织对其本身及其财产的特权和豁免。"

〔7〕 See UNCITRAL Report of Working Group Ⅱ (Dispute Settlement) on the work of its sixty-fifth session, A/CN. 9/896, para. 61.

是可能的排除范围应当更广,以便不仅仅涉及以作出声明的国家或代表该国行事的政府机构或任何个人为一方当事人的和解协议,而是还涉及以任何国家或代表一国行事的政府机构或任何个人为一方当事人的和解协议;其二是删除"或代表其行事的任何个人"的提法,因为该提法可作广义解释。虽然会上普遍同意在这一事项上应让国家有灵活性,但工作组决定结合其对公约草案形式的审议进一步讨论这一问题。[1]

工作组在第三阶段主要就公共实体保留条款案文的细节进行了充分的讨论,并反复强调了两个需重视的问题:第一,文书不应当自动排除涉及公共实体的商事和解协议的适用;第二,文书不应提及缔约国的统治权行为和国际公法意义上的国家豁免权概念。

(四)第四阶段:确定商事保留条款的案文

2018 年 2 月,工作组在第 68 届会议上商讨并确定了商事保留条款的案文。该条款被安排在第 8 条第 1 款(a)项"国家及其他公共实体"(states and other public entities)中。

会上有建议提出,可用以下案文代替商事保留条款:"本公约的任何规定概不影响国家或国际组织在其本身和财产方面的特权和豁免权。"[2]此项建议未获得支持。会上进一步回顾了工作组在第三阶段达成的共识,应当给予国家一定程度的灵活性,使其能够将国家为一方当事人或者其政府机构或者代表政府机构行事的任何人为一方当事人的和解协议排除在公约草案范围之外,因为这样的做法有可能使更多国家考虑加入公约草案。[3]

会议还注意到,公约草案未载有任何关于公约适用于涉公共实体的和解协议的明文规定,对此解释为,在对公约草案第 1 条第 1 款所规定的广泛适用范围作出解释时应当涵盖此类和解协议。会议代表们普遍认可允许做出保留的目的是允许国家在将条约的某些规定适用于本国时排除或者修改其法律效力。[4]

---

〔1〕 See UNCITRAL Report of Working Group Ⅱ(Dispute Settlement) on the work of its sixty-fifth session, A/CN. 9/896, para. 62.

〔2〕 See UNCITRAL Report of Working Group Ⅱ(Dispute Settlement) on the work of its sixty-eighth session A/CN. 9/934, para. 72.

〔3〕 *Id.*, para. 74.

〔4〕 *Id.*, para. 73.

经过讨论,会议确定了第 8 条第 1 款(a)项的案文如下:"1. 缔约国[1]可声明:(a)对于其为一方当事人的和解协议,或者对于任何政府机构或者代表政府机构行事的任何人为一方当事人的和解协议,在声明规定的限度内,本公约不适用。"

第 68 届会议显然注意到公约草案第 1 条第 1 款和第 8 条第 1 款(a)项之间的关系问题,但工作组并不认为两者存在矛盾,而是通过对"公共实体"的广义解释,将其囊括进"当事人"的范围中。然而,工作组却忽视了条文中对"当事人"的解释建立在"营业地"的基础之上,即默认当事人都拥有"营业地",没有营业地的也可将其惯常居住地视为营业地。[2] 以惯常居住地为准的做法仍然是在当事人为私主体的大前提之下,在公约最后的案文和工作组的报告中均没有再次针对政府实体对"营业地"的含义做出明确解释。以上原因导致了两个条文间在语义上的矛盾,有较强的误导性,容易引起误解。

(五)小结

《新加坡调解公约》商事保留条款的形成大致经历了美国提议、达成共识、讨论细节、确定案文四个阶段。不难看出,该条款深受《纽约公约》影响,对涉公共机构和解协议的适用问题采取了间接调整的方式,但案文细节处理未妥客观上导致了调整范围与商事保留之间存在语义矛盾;另外,为使更多国家加入《新加坡调解公约》,该条款最终放弃了《选择法院协议公约》中明确提及缔约国的统治权行为和国际公法意义上的国家豁免权概念的做法。[3]

三、《纽约公约》和《海牙公约》提供的有益参考

《新加坡调解公约》、《纽约公约》和《海牙公约》分别调整了和解协议、仲裁

---

[1] 最终条文中使用了"公约当事方"(a Party to the Convention)这一术语来指代"同意受条约约束、且根据《维也纳条约法公约》第 2 条第 1 款(g)项条约已对其生效的国家"。因为在《维也纳条约法公约》第 2 条第 1 款(f)项中提到的"缔约国"(Contracting States)是指不论条约是否已经生效均同意受条约拘束的国家。*Id.* ,paras. 116 – 118.

[2] See UNCITRAL, international commercial mediation: draft convention on international settlement agreements resulting from mediation-Note by the Secretariat. ,A/CN. 9/942,p. 3.

[3] 《选择法院协议公约》第 2 条涉及了公共机构作为当事人适用公约的规定、第 21 条特定事项的声明理论上可使缔约国在"商事保留"上保持一定的灵活性,这些条款的借鉴性在《新加坡调解公约》的谈判过程中虽有所体现[UNCITRAL Report of Working Group Ⅱ (Dispute Settlement) on the work of its sixty-fifth session,A/CN. 9/896,para. 61.],但最终未能采用。

裁决和司法判决的承认或执行问题,共同构造了国际商事争议解决的“三驾马车”,三部公约在篇章结构和规制内容上具有较大的相似性,[1]《新加坡调解公约》商事保留条款还充分借鉴了《纽约公约》。因此,对《新加坡调解公约》商事保留条款的解读可适当参考《纽约公约》和《海牙公约》。

(一)《纽约公约》商事保留条款的解读、实践与有益参考

1.《纽约公约》商事保留条款的解读

《纽约公约》虽未明言“保留”,但第 1 条第 3 款规定了“商事保留”的内容。根据该条款,如果一国做出了商事保留,该国则仅将《纽约公约》适用于根据本国法律属于商事的法律关系,而不论是不是合同关系。[2] 目前,包括中国在内,共有 51 个缔约国做出商事保留,[3]占缔约国总数的近 1/3。

在该条起草的过程中,联合国经济与社会理事会(Economic and Social Council,ECOSOC)曾考虑过将《纽约公约》的适用仅限于起于商业争议的仲裁裁决。但是委员会注意到某些国家对于民事和商事案件并无区分,遂决定不将《纽约公约》的适用范围仅限于商业争议。随后,荷兰代表在会议结束前的倒数第二天提出建议,为防止各国将《纽约公约》仅适用于商事纠纷的案文将给法国、比利时和土耳其等民商分立的国家造成巨大困难,会议采纳了这一建议并增设了商事保留条款。[4]

从商事保留条款的制定过程和《纽约公约》的目的可见,对“商事性”应做广义理解。事实上,各国法院在实践中也普遍从广义的角度适用商事保留条款。例如,印度法院将其解释为“任何形式的所有商业和贸易交易”;美国法院也认为“商事关系”的概念广泛,指出其目的仅仅是“排除婚姻等家庭关系裁决、政治裁决等等”。

对于《纽约公约》商事保留条款中“不论其为契约性质与否”的理解,法律适用中还面临是否包括侵权行为的问题。就目前的实践来看答案是肯定的。例

---

〔1〕 例如,三部公约都规定了执行地主管机关有权对执行对象进行审查、都允许公共机构保留、都采取负面清单模式规定了适用除外、都涉及了承认或执行的拒绝且内容大同小异等。

〔2〕 See UNCITRAL Secretariat, *Guide on the Convention on the Recognition and Enforcement of Foreign Arbitral Awards*(*New York*,1958),2016 ed.,United Nations Publication,2016,p. 33.

〔3〕 See UNCITRAL,Status:Convention on the Recognition and Enforcement of Foreign Arbitral Awards(*New York*,1958)(the “New York Convention”).

〔4〕 See UNCITRAL Secretariat, *Guide on the Convention on the Recognition and Enforcement of Foreign Arbitral Awards*(*New York*,1958),2016 ed.,United Nations Publication,2016,p. 35.

如，加拿大阿尔伯塔省上诉法院认为，《纽约公约》“适用范围可延伸至侵权责任，只要产生责任的关系可以被公平地描述为商业关系”；[1] 又如，印度德里高级法院认为，《纽约公约》适用于“法律关系所产生的争议，不论是否为严格意义上的合同关系，前提是其根据作出此种声明的国家的法律被视为商事关系”。[2]

由此可见，《纽约公约》与《新加坡调解公约》似乎面临同样的问题，即商事保留条款中的“商事”是广义的，因而涵盖了投资行为，但两部公约是否都当然地适用于投资者与作为公共机构的东道国政府之间因投资争议达成的协议或裁决，还需进一步分析。《纽约公约》达成至今已逾 60 年，对该问题的理论和实践发展较早，可为《新加坡调解公约》解决此问题提供良好的借鉴。

2.《纽约公约》适用于 ISDS 仲裁的实践

针对《纽约公约》是否适用于 ISDS 仲裁的问题，首先应当考察在该公约中一国或其公共机构是否具备订立仲裁协议的能力。该公约对此没有明确规定，但第 1 条第 1 款“人与人的区别，无论自然人或法人”（differences between persons，whether physical or legal）的表述，是在达成“一国作为当事方的仲裁协议和仲裁裁决并不当然地被排除在公约之外”的谅解的基础上添加的。[3] ECOSOC 解释说，比利时代表曾提议，该条应明确就公共服务和公共事业的活动受私法管辖而言，应将政府和公共机构视为法人。但 ECOSOC 认为该规定是多余的，只需在报告中提及即可，[4] 因此会议期间并没有对该问题再做深究。可见，一国参加的仲裁协议和仲裁裁决，如果涉及最广泛意义上的与商业活动有关的交易，也适用该公约。[5]

根据限制豁免理论，国家就统治权行为中的不法行为享有绝对豁免权，但在管理权行为（jure gestionis）中，包括与私人当事方达成商业交易时，国家不能要

---

〔1〕 Kaverit Steel and Crane Ltd. v. Kone Corporation, 1992 ABCA 7 (CanLII). See also UNCITRAL Secretariat, *Guide on the Convention on the Recognition and Enforcement of Foreign Arbitral Awards (New York, 1958)*, 2016 ed., United Nations Publication, 2016, p. 35.

〔2〕 UNCITRAL Secretariat, *Guide on the Convention on the Recognition and Enforcement of Foreign Arbitral Awards (New York, 1958)*, 2016 ed., United Nations Publication, 2016, p. 35.

〔3〕 See Albert Jan van den Berg, *The New York Arbitration Convention of* 1958: *Towards a Uniform Judicial Interpretation*, Kluwer Law and Taxation Publishers, 1981, p. 279.

〔4〕 UN Economic and Social Council, Report of the Committee on the Enforcement of International Arbitral Awards, E/2704, para. 24.

〔5〕 See Albert Jan van den Berg, *The New York Arbitration Convention of* 1958: *Towards a Uniform Judicial Interpretation*, Kluwer Law and Taxation Publishers, 1981, p. 279.

求诉讼豁免。因此,当一国与外国自然人或法人订立包括仲裁条款的合同,可以被视为放弃与仲裁有关的法院程序中的管辖豁免权。[1] 这一理论已为众多司法实践证实,在《纽约公约》框架内甚至更为激进。例如,斯特林商业金融有限公司诉佛得角共和国案中(以下简称佛得角案),美国法院认为,根据《外国主权豁免法》(Foreign Sovereign Immunities Act, FSIA),推定外国不受美国法院管辖,但是针对某些外国仲裁裁决时该豁免行为除外,其中包括受《纽约公约》管辖的裁决。[2] 最后,法院判定承认仲裁裁决并授权执行。

但是,近年来在投资者和东道国权利义务失衡的背景下,东道国出于国家利益的考量,针对投资者和东道国之间仲裁协议的"商事性"倾向于更加保守的判断。在2017年印度联邦诉英国沃达丰集团股份有限公司一案中,印度德里高级法院判定印度政府与英国投资者的投资仲裁不属于"商业仲裁",主要理由是:第一,私人投资者与东道国的投资条约仲裁遵循的并非其本身特定的"条约",而是全世界公认的源于国际公法、国家义务和行政法的一种专门条约。而迅速发展的投资裁决的出现及其对主权职能的影响,不管在发达国家还是发展中国家中都造成了一定的不安情绪。第二,投资仲裁争端与商事争端在根本上是不同的,因为前者的诉因基于国家的担保和保证,本质上并非商业性。[3]

3.《纽约公约》商事保留条款的有益参考

(1)《新加坡调解公约》适用范围与商事保留条款的文义矛盾系语言瑕疵

通过对《纽约公约》商事保留条款的分析,可以为理解《新加坡调解公约》商事保留条款提供有益参考,进而澄清对该条款的误解。两部公约的相关内容虽然都被称"商事保留",都能够使缔约方排除非商事性的协议或裁决的适用,但是两者认定商事性的标准与角度并不相同。《纽约公约》着眼于争议法律关系的商事性,《新加坡调解公约》则着眼于争议主体的商事性,这样的细微差异源自谈判时侧重点的不同。后者借鉴了前者的做法,在处理涉公共机构的主体适用公约的问题上并未予以明确规定,但正是这样的细微差异,留下了《新加坡调

---

[1] See Albert Jan van den Berg, *The New York Arbitration Convention of* 1958: *Towards a Uniform Judicial Interpretation*, Kluwer Law and Taxation Publishers, 1981, p. 280 – 281.

[2] See Sterling Merchant Finance LTD., Sterling v. Republic of Cabo Verde, Case 1:16 – cv – 01285 – ESH, Memorandum Opinion, p. 4 – 6.

[3] See Union of India v. Vodafone Group PLC United Kingdom & ANR, CS(OS)383/2017 & I. A. No. 9460/2017, Judgment, paras. 142 – 146.

解公约》第1条第1款适用范围和第8条第1款(a)项商事保留条款间语义上的瑕疵。

具体而言，《纽约公约》商事保留条款强调争议的商事性，即依做出保留的缔约方国内法为商事关系的，方可适用该公约，因此仲裁协议或仲裁裁决的主体是否为公共机构并不直接决定争议是否具有商事性。司法实践中法院在认定“商事性”时，并不因为主体是公共机构而当然地排除《纽约公约》的适用，一如上文所列佛得角案。现实中的确存在一些国家（发展中国家和社会主义国家居多）及其国家贸易机构或其他公共机构参与国际商事活动，发展还十分迅速。〔1〕因此，《纽约公约》并不需要再强调涉公共机构的主体是否适用公约，限制豁免理论以及支持该理论的司法实践已经足以回答这个问题。

《新加坡调解公约》商事保留强调争议主体的商事性，本就应当正面回答公共机构参与的和解协议是否适用公约的问题，但因为该公约借鉴和延续了《纽约公约》对公共机构的处理方式，并未在公约正文中明确规定，而是默认公约的适用范围应当被解释为涵盖涉公共机构的和解协议。因此，从制定过程和起草者的主观目的来看，第1条第1款与第8条第1款(a)项并无意引起矛盾，工作组也注意到了有未澄清之处，但出于案文简洁的考虑，采取扩大解释的方式，将公共机构订立的和解协议纳入了该公约的调整范围。而案文最终呈现的文义矛盾，可以理解为语言上的瑕疵，这个瑕疵虽然容易引起误解，但是可以通过以上历史解释和体系解释得到合理的说明。

(2)《新加坡调解公约》可以适用于ISDS和解协议

首先，需明确的是《新加坡调解公约》适用于“调解达成的国际和解协议”，〔2〕即适用该公约的和解协议需同时满足4个条件：第一，因“调解”而产生；第二，目的为解决“商事争议”；第三，采用“书面形式”订立；第四，具有“国际性”。在ISDS中，外国投资者和东道国间的争议具备国际性，使用书面形式订立和解协议的条件也容易成就。至于ISDS程序中能否因“调解”产生和解协议，本文认为存在这种可能。以ICSID仲裁规则为例，第21条第2款规定在“预审会议”(pre-hearing conference)中可达成和解，而该和解由仲裁庭和当事人共同参与，〔3〕符合该公

---

〔1〕 See Albert Jan van den Berg, *The New York Arbitration Convention of 1958: Towards a Uniform Judicial Interpretation*, Kluwer Law and Taxation Publishers, 1981, p. 277.

〔2〕《联合国关于调解所产生的国际和解协议公约》第1条、第2条。

〔3〕 ICSID Convention Arbitration Rules, Art. 21(2).

约对“调解”的定义。[1] 因此,和解协议的“商事性”成为ISDS和解协议适用该公约的关键因素。

前文已提及,近年来在投资者和东道国权利义务失衡的背景下,东道国法院在实践中倾向于通过否认投资者和东道国之间仲裁协议的商事性从而排除《纽约公约》的适用。类似地,《新加坡调解公约》的公约当事方也有可能以同样的理由排除《新加坡调解公约》的适用。但本文认为个案的出现并不足以推翻ISDS的商事性质,即除非东道国法律有相反的规定,ISDS达成的和解协议可以适用于《新加坡调解公约》,理由在于:第一,《示范法》等现代国际商事规则中,往往对“商事”采取最广泛的定义,“投资”当然地被包含在商事的内涵之中,投资者与东道国因投资关系产生的争端本质上是国家与他国国民之间的一种商事争端;第二,就东道国而言,其愿意援引ISDS机制,主要目的是打消外国投资者的顾虑,促进和保护外国直接投资从而实现本国的经济增长,本质上是东道国利用管理权参与商事生活的一种表现;第三,就投资者而言,东道国的管理权行为导致其正常商业目的不能成就,投资者受强烈的商事利益驱使而启动ISDS程序,具有鲜明的商事性。

此外,仲裁与调解两种争端解决方式的特点有很大的不同,调解本身的特点和优势更有利于争议的圆满解决。国际投资仲裁原本优点比较突出,然而实践表明,具有准司法性质的国际投资仲裁本身具有无法克服的缺陷。[2] 国际社会在探索国际投资仲裁改革进路的同时,也在寻求更加经济、高效的替代性争端解决方式,《新加坡调解公约》的落地恰逢其时。该公约适用于ISDS中达成的和解协议无疑具有更强的现实意义。

调解具备以下三项重要的现实优势:第一,调解更加尊重当事人的意愿,能够按照最接近当事人的想法对争议做出妥善处理。第二,调解对主权职能的负面影响较小。当事人对和解协议有一定的预见性,和解协议可以保留在东道国可接受、可控制的范围之内。第三,调解是一种友好的争议解决方式,有利于当事人的可持续再合作。

因此,除东道国法律另有规定外,ISDS达成的和解协议具有“商事性”,可以

---

〔1〕《联合国关于调解所产生的国际和解协议公约》第2条第3款规定:“‘调解’不论使用何种称谓或者进行过程以何为依据,指由一名或者几名第三人(‘调解员’)协助,在其无权对争议当事人强加解决办法的情况下,当事人设法友好解决其争议的过程。”

〔2〕参见漆彤:《论“一带一路”国际投资争议的预防机制》,载《法学评论》2018年第3期。

适用于《新加坡调解公约》,加之调解本身具备更有利于争议友好解决的优势,即使 ISDS 和解协议会对一国国家利益造成损害,仍可以将其限制在可控范围内。该公约适用于 ISDS 和解协议,不仅符合现实的需要,也是该公约多元化解决国际商事争端的突出贡献。

(二)《海牙公约》相关条款的解读与有益参考

《海牙公约》是海牙国际私法会议历经近 30 年艰苦谈判的成果,其最后阶段的谈判和通过几乎与《新加坡条约》同期进行。虽然《新加坡调解公约》没能借鉴《海牙公约》,相关条款的实践也尚未正式展开,但是两部公约在允许缔约国将具有公共性质的争议主体排除出公约的适用方面具有相似性。因此,下文主要对《海牙公约》相关条款和《新加坡调解公约》商事保留条款的文本进行比较分析,以便为理解后者提供有益参考。

1.《海牙公约》第 2 条第 5 款的解读与有益参考

《海牙公约》第 2 条适用除外第 5 款中明确了本公约不影响国家和国际组织在其本身和财产方面享有的特权和豁免。[1] 该款是一个"无效力条款"(nil-effect clause),旨在避免对第 4 款的误解,[2]进而强调公约不影响对于国家向原审法院提出的管辖豁免主张以及向被请求国法院提出的管辖豁免或执行豁免主张。[3]

《新加坡调解公约》没有提及国家豁免权概念,但其不适用于一国因统治权行为产生赔偿责任而达成的和解协议,也不因争议主体为公共机构而被当然地排除出公约的适用范围,体现了限制豁免主义,实际上不影响或干涉国家在国际公法方面的赔偿责任或享有的豁免权。[4] 这是商事保留条款在第三阶段会议中达成的共识。考虑到《海牙公约》中明确国家豁免权的作用也仅在于强调和

---

[1] HCCH, Convention of 2 July 2019 on the Recognition and Enforcement of Foreign Judgments in Civil or Commercial Matters, Art. 2(5).

[2] *Id.*, Art. 2(4). "A judgment is not excluded from the scope of this Convention by the mere fact that a State, including a government, a governmental agency or any person acting for a State, was a party to the proceedings."

[3] HCCH, Convention of 2 July 2019 on the Recognition and Enforcement of Foreign Judgments in Civil or Commercial Matters: Explanatory Report.

[4] See UNCITRAL Report of Working Group Ⅱ (Arbitration and Conciliation) on the work of its sixty-fourth session, A/CN. 9/867, paras. 109 – 113; UNCITRAL Report of Working Group Ⅱ (Dispute Settlement) on the work of its sixty-fifth session, A/CN. 9/896, paras. 61 – 62.

避免误解,可见《新加坡调解公约》虽未明确国家豁免权,但并不限制国家援引豁免制度。

2.《海牙公约》第19条的解读与有益参考

《海牙公约》第19条"与国家相关判决的声明"实质上允许缔约国做出保留,排除该国、该国政府机构或代表该国或该国政府机构行事的自然人作为一方当事人的判决适用《海牙公约》。与《新加坡调解公约》相同,《海牙公约》也从争议主体的角度为缔约国的政府以及代表政府行事的主体适用公约提供了一定的灵活性。但不同的是,《海牙公约》仅允许代表政府行事的"自然人"(natural person)排除公约的适用,《新加坡调解公约》相应的表述则为"任何人"(any person)。这意味着在《海牙公约》框架下,涉及代表政府行事的法人(如国有企业)的判决,除非该法人为政府机构,否则一国无法根据第19条作出声明,此时将直接适用公约其他条款;[1]而在《新加坡调解公约》框架下,如果一国做出商事保留,法人代表政府行事签订和解协议的,也可以排除该公约的适用。

《新加坡调解公约》商事保留条款更加灵活,其目的在于使可能排除的范围更广,从而使更多的国家考虑加入公约,[2]体现了该条约对缔约国广泛性的重视与追求。

四、商事保留条款的中国对策

中国是《新加坡调解公约》的首批签署方之一,根据该公约规定,签署方在签署后仍然有权声明保留。笔者认为,我国应当放弃商事保留,这不仅是由于声明商事保留的主观目的与客观影响的不一致,更是因为放弃商事保留在现实层面更符合我国的国家利益,也有利于我国树立更加开放、包容的国际形象。

---

〔1〕 See HCCH, Convention of 2 July 2019 on the Recognition and Enforcement of Foreign Judgments in Civil or Commercial Matters: Explanatory Report;孙笑非、吴琼:《〈承认与执行外国民商事判决公约〉评介与展望》,载《国际法学刊》2019年第1期。

〔2〕 See UNCITRAL Report of Working Group Ⅱ (Dispute Settlement) on the work of its sixty-fifth session, A/CN. 9/896, para. 62; UNCITRAL Report of Working Group Ⅱ (Dispute Settlement) on the work of its sixty-eighth session A/CN. 9/934, para. 74.

(一)中国放弃商事保留的原因分析

1.声明商事保留主观目的与客观影响不一致

一国声明保留的目的是摒弃或更改条约中特定条款对该国适用的法律效果,[1]中国声明商事保留的主要原因在于放弃商事保留可能会违背我国国家利益。结合《新加坡调解公约》商事保留条款的内容,中国声明保留的目的是确保我国公共机构参与的和解协议以及我国国民与外国公共机构订立的和解协议不被执行。但进一步分析可知,该主观目的与声明商事保留的客观法律效果、实际影响并不完全一致。

首先,应明确《新加坡调解公约》的适用与当事人的国籍无关,该公约只着眼于和解协议的国际性,[2]而不要求当事人必须是公约当事方的国民。[3] 即使当事人的国籍国并未加入《新加坡调解公约》,只要财产所在地即执行地国为公约当事方,当事人就可依据该公约向该国主管机关提出执行申请。此外,《新加坡调解公约》未涉互惠保留,执行地国主管机关无须考虑当事人国籍国的保留情况,只需根据本国在《新加坡调解公约》框架内的权利义务做出是否予以执行的决定。因此,执行地国的商事保留态度是决定公共机构参与的和解协议是否被执行的主要因素,而与当事人国籍国的态度无关。这样的客观影响如下。

第一,就个案而言,中国声明商事保留的作用有限。只能保护位于我国境内的相关财产,但我国相关海外财产仍然面临被执行的风险。根据商事保留条款,我国法院应当拒绝执行公共机构参与的和解协议涵盖的财产,确保了位于我国的相关财产不被执行,但无法保证他国主管机关不执行我国公共机构参与订立的或我国国民与他国公共机构订立的和解协议涵盖的财产。

其中,位于我国境内的公共机构参与的和解协议涵盖的财产既可能被中方当事人申请执行,也可能被外方当事人申请执行。只有当外方作为申请人、中方作为被申请人时,声明商事保留才可能实际发挥维护我国利益的目的。从我国的角度出发,有关一国放弃或声明商事保留的最终受益者分析如表 16-1 所示。

---

〔1〕 参见[美]巴里·E.卡特、[美]艾伦·S.韦纳:《国际法(上)》,冯洁菡译,商务印书馆 2015 年版,第 131 页。

〔2〕 参见《联合国关于调解所产生的国际和解协议公约》第 1 条第 1 款。

〔3〕 参见温先涛:《〈新加坡公约〉与中国商事调解——与〈纽约公约〉〈选择法院协议公约〉相比较》,载《中国法律评论》2019 年第 1 期。

表 16－1　商事保留态度与执行公共机构财产参与的和解协议受益者的关系

财产位置	管辖法院	执行地国态度	申请人国籍	被申请人国籍	法院处理过程	受益者
中国境内	中国法院	声明保留	中国	外国	根据商事保留条款拒绝执行公共机构参与的和解协议	外国被申请人
			外国 A	外国 B		外国 B 被申请人
			外国	中国		中国被申请人
		放弃保留	中国	外国	受理申请,除非存在拒绝准予救济的理由,否则应准予执行	中国申请人
			外国 A	外国 B		外国 A 申请人
			外国	中国		外国申请人
中国境外	外国法院	声明保留	中国	外国	根据商事保留条款拒绝执行公共机构参与的和解协议	外国被申请人
			外国 A	外国 B		外国 B 被申请人
			外国	中国		中国被申请人
		放弃保留	中国	外国	受理申请,除非存在拒绝准予救济的理由,否则应准予执行	中国申请人
			外国 A	外国 B		外国 A 申请人
			外国	中国		外国申请人

第二,声明商事保留体现的价值取向涉嫌违反法律的公平正义。从表 16－1 中可知,声明商事保留的受益者是被申请人,放弃商事保留的受益者是申请人。我国若声明商事保留体现的是一种强烈的防御姿态,暗示了在我国境内申请执行的公共机构参与的国际商事和解协议中,中方被申请人的利益优先于中方申请人的利益。然而如此取舍,有违背公平正义价值的嫌疑:首先,《新加坡调解公约》调整的国际和解协议的本质是合同,双方应当根据和解协议的内容行使权利、承担义务,并不因一方当事人是公共机构而改变。其次,只有在一方当事人不履行和解协议义务的时候,另一方当事人才会根据《新加坡调解公约》向主管机关申请执行。法谚有云:"人不应当因自己的不义而获益。"被申请人违反诚实信用原则在先,却因此获益,如此结果与正义价值相悖。最后,申请人在对方当事人不愿履行义务时,依法积极寻求救济,却因自己或对方的公共机构属性而无法实现合法权益,是对申请人的极大不公。

第三,就对当事人的影响而言,声明商事保留不利于中方当事人的长远利益。声明商事保留后,除自愿履行外,在中国境内中方被申请人的履行义务一律被免除,虽然个案中短期内维护了中方利益,但和解协议约束力的缺乏变相鼓励了中方当事人逃避履行和解协议的不义行为。从长远来看,既不利于中方当事人的国际声誉,也不利于锻炼中方当事人利用调解解决国际商事争端的能力。

放弃商事保留则刚好相反。特别是在推动形成“以国内大循环为主体、国内国际双循环相互促进的新发展格局”[1]的背景下,同时在境内境外开展业务的中国企业比比皆是,在境外与外国公共机构的商事交往越多,商事争端就越多,就越需要增强中国企业调解解决争端的能力;此外,我国在外商投资领域持续扩大开放,中国公共机构与外国投资者利用调解解决投资争端的可能性和必要性也与日俱增,调解解决商事争端的能力也是我国公共机构需迫切加强建设的一个重要部分。

第四,就对国家的影响而言,声明商事保留会导致我国与放弃商事保留公约当事方之间权利义务的失衡,我国将负担更多义务但收获更少权益。如果放弃商事保留公约当事方的主管机关执行了我国相关财产,由于《新加坡调解公约》无互惠保留可援引,我国在角色对调的情况下,面对相同或相似的案情,仍应拒绝执行该国涉公共机构的和解协议。他国执行我国相关财产损害了我国国家利益时,我国仍要保护他国相关财产在我国境内不被执行,这造成了我国与放弃商事保留公约当事方的权利义务严重不对等。但若准予执行则与商事保留的条约义务相悖,违反了有约必守的国际法原则,必然招致国际社会的诘问和追责。

综上所述,中国声明商事保留的主观目的不仅不能完全实现,还会造成一些不符合我国国家利益的客观影响,声明商事保留的主观目的和客观影响的不一致性比较严重,放弃商事保留更加符合我国的长远利益。

2. ISDS 和解协议适用《新加坡调解公约》符合我国国家利益

前文已分析,除东道国法律另有规定外,ISDS 达成的和解协议可以适用于《新加坡调解公约》。中国现阶段在主权豁免问题上仍采取绝对豁免的立场,[2]

---

[1] 《中共中央关于制定国民经济和社会发展第十四个五年规划和二〇三五年远景目标的建议(2020 年 10 月 29 日中国共产党第十九届中央委员会第五次全体会议通过)》,载《人民日报》2020 年 11 月 4 日,第 1 版。

[2] See Russell Jackson et al. v. People's Republic of China, 794 F. 2d 1490, 1494 (11th Cir. 1986); Memorandum sent by the Chinese Embassy in Washington, DC, in Morris v. People's Republic of China, 478 F. Supp. 2d 561 (S. D. N. Y. 2007);在“中铁刚果(金)案”(FG Hemisphere Associates v. Democratic Republic of Congo, [2009] 1 HKLRD 410; [2010] 2 HKLRD 66; [2011] 14 HKCFAR 95)中,中国香港终审法院在裁定国家豁免权之前,请求全国人民代表大会常务委员会做出解释,第十一届全国人民代表大会常务委员会第二十二次会议通过了《全国人民代表大会常务委员会关于〈中华人民共和国香港特别行政区基本法〉第十三条第一款和第十九条的解释》,明确了“国家豁免权涉及一个国家的法院是否对外国及其财产具有管辖权”和“直接关系到国家的外交关系和国际权利义务”,中国香港特别行政区法院有义务遵循中华人民共和国在对“外国国家及其财产管辖豁免和执行豁免问题”上的做法,采取绝对豁免主义。

我国法院如执行ISDS和解协议则与该立场相违背,因此声明商事保留似乎是相对谨慎稳妥的做法。

中方参与的ISDS和解协议有两类,其一,是我国作为东道国的和解协议;其二,是外国作为东道国的和解协议。根据前文分析,后者的主管机关为该外国司法机构,此时外国公共机构财产是否被执行、中国投资者的目的能否实现,都与中国的商事保留态度无关。因此,下文主要对我国作为东道国的ISDS和解协议进行分析。

当被申请的公共机构财产位于我国境内时,声明商事保留的受益者是中方被申请人,可以确保我国公共机构财产免于执行,短期内维护了我国利益,但长远来看并非如此。第一,声明商事保留意味着我国法院主动放弃对我国公共机构的ISDS和解协议的管辖权和执行权。法院在形式审查阶段,只要发现被申请人为中国公共机构,就应当根据商事保留条款和绝对豁免原则裁定不予受理。即使法官在审查过程中发现执行该和解协议与我国国家利益相符,但是由于程序的设定剥夺了法院的实质审查权,法院只能拒绝执行,实际上使我国陷入了被动境地。第二,我国公共机构签订的ISDS和解协议极大可能符合我国长远利益。和解协议能在一定程度上体现我国公共机构的利益。虽然放弃商事保留、执行公共机构财产短期内减损了我国的政府资产,但有可能更符合我国长远利益。因为ISDS和解协议执行失败只会让案件重回仲裁泥沼,长此以往更是间接鼓励外国投资者利用仲裁解决与我国的投资争端,我国无疑将面对更加严峻的国际投资仲裁带来的案件久拖不决、主权职能受冲击、国家信誉降低等负面影响。

可见,声明商事保留虽然践行了绝对豁免立场,但与我国根本利益并不完全相符。实际上,国内理论界早已论证了限制豁免更有利于维护国家利益,[1]各国实践[2]和国际立法[3]也更加支持限制豁免,我国还签署了体现限制豁免原则的《联合国国家及其财产管辖豁免公约》,限制豁免已成为时代潮流。但应注意以上实践对于执行豁免仍然十分谨慎,普遍认为国家放弃诉讼管辖的豁免并

---

〔1〕 参见何志鹏:《主权豁免的中国立场》,载《政法论坛》2015年第3期。

〔2〕 例如,美国FSIA,英国《国家豁免法》(State Immunity Act,SIA)等。

〔3〕 例如,1969年《国际油污损害民事责任公约》第9条、第11条,1972年《欧洲国家豁免公约》,1982年《联合国海洋法公约》第96条,2004年《联合国国家及其财产管辖豁免公约》等。

不等于放弃了执行管辖豁免，两者都需要国家书面明示放弃。[1] 即使放弃商事保留意味着我国主管机关应当受理涉公共机构的执行申请并执行符合《新加坡调解公约》规定条件的和解协议，也并不等于我国明示放弃了执行管辖豁免，理论上我国可以仍然根据执行管辖豁免拒绝执行涉及我国公共机构财产的和解协议。

综上所述，我国公共机构参与的 ISDS 和解协议适用《新加坡调解公约》与我国长期利益相符，虽然这与我国现阶段绝对豁免的立场相违背，但现实考量国家根本利益和国际潮流，未来我国转向限制豁免并非不可能。放弃商事保留也不等于书面明示放弃了执行管辖豁免，必要时我国可以根据执行管辖豁免拒绝执行涉及我国公共机构财产的和解协议。

3. 中国放弃商事保留具有积极的国际影响

中国放弃商事保留具有积极的国际影响，具体分析如下。

第一，世界主要资本大国尚未正式针对商事保留做出明确选择。当前虽然已有 53 个国家和地区签署了《新加坡调解公约》，但仅有 6 个签署方[2]已通过国内批准程序，已有伊朗[3]、白俄罗斯[4]和沙特阿拉伯[5]声明了商事保留。在大多数公约签署方并未正式通过该公约，且尚未有资本大国针对商事保留表达明确态度的背景下，商事保留的国际主流做法还没有最终定论。但应注意到"保留"本身就是"例外"的产物，再参考《纽约公约》做出商事保留的缔约国也不到缔约国总数的 1/3，《新加坡调解公约》最终做出商事保留的公约当事方似乎亦很难在数量上有压倒性的激增。

第二，在前述背景下，率先明确放弃商事保留是中国作为新兴资本大国引领国际规则的体现。中国不仅是《新加坡调解公约》的首批签署国，更是深度参与了该公约的谈判和制定过程，期间贡献了"以和为贵"的宝贵的"东方经验"。由

---

[1] 参见黄世席：《国际投资仲裁裁决执行中的国家豁免问题》，载《清华法学》2012 年第 6 期。

[2] 截至 2020 年 12 月 31 日，通过国内批准程序的公约签署有白俄罗斯、厄瓜多尔、斐济、卡塔尔、沙特阿拉伯和新加坡。See United Nations Treaty Collection, Status of Treaties.

[3] 伊朗在签署时就做出了特别声明，其认为作出商事保留，是指伊朗无义务在其声明的范围内，将该公约适用于任何政府机构或代表政府行事的任何人参与的和解协议。

[4] 白俄罗斯在签署后做出了保留，提出白俄罗斯不得将《新加坡调解公约》适用于其中一方是政府机构或代表政府机构行事的任何人参与的和解协议。

[5] 沙特阿拉伯在签署时并未提出保留，但在经过国内批准程序后做出了特别声明：《新加坡调解公约》不适用于任何政府机构或代表该政府机构行事的任何人参与的和解协议。

前文分析可知,放弃商事保留的公约当事方越多,对我国的海外财产越有利,率先明确放弃商事保留可为其他公约当事方提供良好参考,提振这些当事方放弃商事保留的信心。

第三,放弃商事保留有利于树立更加开放、包容的国际形象。在逆全球化暗流涌动的背景下,放弃商事保留是中国向外界发出的坚定支持多边化、全球化,支持合作共赢、繁荣发展的信号,有利于树立一个更加开放、包容的国际形象。

(二)加强各方能力建设,做好 ISDS 调解准备

我国政府和海外投资企业应当加强自身能力建设,为 ISDS 调解达成的和解协议适用《新加坡调解公约》做好充分准备。

我国政府应当加强抵御腐败的能力和调解谈判的能力。除了加强培训、规范纪律外,还应当完善《新加坡调解公约》与国内商事争议解决制度的衔接,利用制度倒逼政府能力建设,做好应对 ISDS 调解的准备。首先,应当注重规范政府或代表政府行事的主体参与商事调解的行为准则,明确这部分主体在商事调解中的权限范围;其次,应当明确这些主体在订立超出法律权限的和解协议时的法律后果,建立行政责任和刑事责任的衔接与协调机制;最后,需要建立一定的社会监督机制,除了不宜公开的和解协议细节、商业秘密和国家秘密之外,上述主体应当适当公开适用调解的案件的基本情况,如参与调解的主体、争议事由、选择调解解决争议的考虑因素等,允许公民和法人在满足一定条件的前提下对适用调解的案件情况提出异议。

我国海外投资企业应当加强利用调解解决与东道国投资争端的能力。海外投资企业应当充分了解当地与《新加坡调解公约》的关系,加强相关人员的调解知识、技能培训,在与放弃商事保留的东道国产生投资争端时,尽量利用调解达成和解协议以减轻诉累。我国政府应当切实履行政府职能,定期整理和发布《新加坡调解公约》签署方对商事保留的选择以及执行情况,鼓励培养调解谈判的专业人才,为我国企业"走出去"保驾护航。

五、结论

《新加坡调解公约》第 8 条中的商事保留条款与第 1 条中的公约适用范围在文义上有矛盾之处,这是工作组在借鉴《纽约公约》和《选择法院协议公约》相关做法和为保持案文的简洁造成的瑕疵,通过对适用范围扩大解释为其涵盖了涉

公共机构的主体签订的和解协议可以解决该问题。调解方式解决国际争端具有独特的优势,《新加坡调解公约》适用于ISDS中达成的和解协议,在国际投资仲裁改革面临困境的背景下无疑契合了现实的需要。商事保留条款的作用和意义对中国而言比较有限,放弃商事保留更加符合中国的长远利益,也有利于树立开放包容的国际形象。中国可以选择放弃商事保留,同时保持清醒的态度,积极完善必要的制度衔接,为该公约在中国的正式生效做好充分准备。

年度案例

第十七章　黑龙江国际经济技术合作公司等诉蒙古国仲裁案分析*

一、案件事实

(一)投资事实

1998年1月28日,蒙古国国内企业BLT公司取得了蒙古国政府颁发的939A许可证,允许其开采蒙古国北部图穆尔特(Tumurtei)铁矿。2002年6月19日,本案仲裁申请人之一秦皇岛秦龙国际实业有限公司(以下简称秦龙公司)与BLT公司达成合资协议,共同成立了图穆尔特·库德(Tumurtei Khuder)合资公司。BLT公司拥有30%的股权,秦龙公司持有70%股权。此后,秦龙公司于2004年1月8日将共同持有的合资公司图穆尔特·库德的30%股权转让给北京首钢矿业投资有限责任公司(本案仲裁申请人之一,以下简称北京首钢公司),将1%的股权转给黑龙江国际经济技术合作公司(仲裁申请人之一,以下简称黑龙江国际公司)。三位仲裁申请人共同持有蒙古国内的一家合资公司图穆尔特·库德公司70%的股权。

(二)被诉行为

2001年,穆尔特·库德公司在蒙古国的竞争对手Darkhan公司写信给蒙古国矿产资源管理局,要求撤回颁发给BLT公司的939A开采许可证。Darkhan公司主张这是基于《蒙古底土法》第1(3)条"保护国家底土和其他公共目的"的需要。Darkhan公司的行为推动了蒙古政府对穆尔特·库德公司获得的60年采矿许可证的情况进行刑事调查。2005年,蒙古国当局结束对穆尔特·库德公司的调查后,给出了调查结论:公司未缴纳土地使用费而从事开采活动、在无资源评估报告的情况下进行作业、未履行环境保护义务等。[1]

---

* 本章为中国国际经济贸易仲裁委员会招标课题"国际投资争端解决案例汇编项目"的阶段性成果。

〔1〕 China Heilongjiang International Economic & Technical Cooperative Corp. ,Beijing Shougang Mining Investment Company Limited and Qinhuangdao Qinlong International Industrial Co. Ltd. v. Mongolia, PCA Case No. 2010 – 20, Award, 30 June 2017, at para. 157.

2006年9月,蒙古国当局撤销了合资公司的开采许可证。2006年11月,该许可证被授予给Darkhan公司。在2006年至2010年,图穆尔特·库德公司在蒙古国法院对这一决定提起了行政诉讼,但最终败诉。2010年2月,三家中国公司根据《中华人民共和国政府和蒙古人民共和国政府关于鼓励和相互保护投资协定》(以下简称《中蒙BIT》)第8条提起仲裁,要求蒙古国归还采矿许可证(或作为替代,给予赔偿)。投资者主张,蒙古国政府撤回穆尔特·库德公司采矿许可证的行为属于非法征收,已违反了《中蒙BIT》第4条第1款的征收与补偿条款的规定。

(三)程序时间轴

2006年12月26日,本案仲裁申请人致函蒙古国总理桑吉·巴亚尔(Sanjaagiin Bayar)进行交涉未果。

2010年2月,三位投资者根据《中蒙BIT》第8条、《蒙古外国投资法》(1993年制定、2002年修订)向PCA提出仲裁申请,要求蒙古国政府返还采矿许可证或予以赔偿。

2010年8月,仲裁庭正式组成。

2017年6月30日,仲裁庭在美国纽约作出仲裁裁决。

2017年9月28日,仲裁申请人由于不服仲裁庭认定无管辖权的裁决,向仲裁地法院——美国纽约州南区联邦地区法院提出了撤销仲裁裁决的申请,并请求法院发布命令,迫使蒙古国能够按条约规定参与投资仲裁程序以解决征收争端。

2019年11月19日,美国纽约州南区联邦地区法院作出裁决,驳回了三家中国公司的请求。该法院认为三家公司提起仲裁,并积极参与了为期7年的仲裁程序,已经肯定了仲裁庭的管辖权,放弃了现在反对仲裁员决定可仲裁性的机会。法院因此裁定双方已经明确无误地同意将可仲裁性问题提交仲裁庭。[1]

(四)仲裁请求

1. 申请人的仲裁请求

申请人谨请仲裁庭:(1)仲裁庭根据索赔人的主张声明对本案具有属人管辖权和属物管辖权;(2)仲裁庭声明蒙古国因对索赔人的投资非法征收,而违反

---

〔1〕 Beijing Shougang Mining Investment Company Ltd. v. Mongolia, No. 17 Civ. 7436 (ER) (2019).

了《中蒙 BIT》第 4 条。[1] 因此,请求仲裁庭裁定:

(1)蒙古国非法征收索赔人的投资、未遵守公平公正义务,从而违反了《中蒙 BIT》规定的义务;

(2)责令蒙古国支付损害赔偿;或

(3)将图穆尔特・库德公司的 939A 许可证归还,并赔偿一定数额的损失;

在任何情况下

(4)责令蒙古国就所裁判的任何损失向索赔人支付利息;

(5)命令蒙古国支付申请人与这些诉讼有关的所有费用和支出。

2. 被申请人的答辩意见

在其辩诉状(counter-memorial)中,要求申请人就其虚假陈述作出数额不超过 1 亿美元的欺诈性赔偿。[2] 被申请人的初步反对意见为:

(1)申请人的投资是通过窃取、挪用、欺诈方式获取的;

(2)蒙古国同意国际仲裁的范围仅限于征收补偿款额的争议,并不包括征收事实的认定;

(3)北京首钢公司和黑龙江国际公司不属于投资者,因为他们不属于《中蒙 BIT》第 1 条第 2 款中的"经济实体";

(4)申请人的投资不属于合格投资,因为他们没有承担投资风险;

(5)申请人要求仲裁庭根据国际习惯法的要求进行赔偿,这是一个明显的法律错误;

(6)申请人选择将同一争端向蒙古国内法院提出,因此不再有权利请求国际仲裁,因为《中蒙 BIT》的第 8 条第 3 款构成了岔路口条款(fork-in-the-road clause)。

被申请人也反对仲裁庭受理申请人的请求,因为申请人以"不洁之手"获取的投资不受保护。根据公平公正原则,非法行为不能产生权利,仲裁庭应该驳回申请人的索赔请求。[3]

---

[1] China Heilongjiang International Economic & Technical Cooperative Corp. ,Beijing Shougang Mining Investment Company Limited and Qinhuangdao Qinlong International Industrial Co. Ltd. v. Mongolia,PCA Case No. 2010 – 20,Award,30 June 2017,at paras. 222 – 224.

[2] *Id.* ,at para. 252.

[3] *Id.* ,at paras. 231 – 232.

(五)仲裁庭裁决

(1)驳回被申请人基于属人管辖权的异议;

(2)支持被申请人基于属物管辖权的异议;

(3)裁定仲裁庭对申请人的请求无管辖权;

(4)裁定仲裁庭对被申请人的反请求无管辖权;

(5)关于费用,仲裁庭指出,根据《中蒙 BIT》第 8 条第 8 款的规定,当事各方应负担自己的诉讼代表费用和其指定仲裁员的费用,其余费用应分摊。[1]

二、主要法律争议

(一)仲裁庭对本案是否具有管辖权

1. 申请人的主张

申请人主张仲裁庭拥有属人管辖权和属物管辖权。就属人管辖权而言,三名仲裁申请人均主张其均满足《中蒙 BIT》第 1 条第 2 款定义的"投资者",是"依中国法律成立并定居在中华人民共和国境内的经济实体"。[2]

就属物管辖权而言,仲裁申请人认为其作为穆尔特·库德公司的股东,其在蒙古国的投资符合合格的间接投资。《中蒙 BIT》第 1 条第 1 款所定义的"投资"一词系指缔约国一方投资者依照缔约国另一方的法律和法规在后者领土内投资的各种财产,主要包括"公司的股份、股票和债券或该公司财产中的权益""依照法律授予的特许权,包括勘探和开发自然资源的特许权"等。另外,《中蒙 BIT》明确规定了对包括公司"财产权益"在内的间接投资予以保护。

就《中蒙 BIT》第 8 条[3]允许提交国际仲裁的争端范围问题,申请人援引了 4 个先例说明对限缩性仲裁条款做扩张解释的合理性。其一,在 EMV 诉捷克案

---

[1] China Heilongjiang International Economic & Technical Cooperative Corp. ,Beijing Shougang Mining Investment Company Limited and Qinhuangdao Qinlong International Industrial Co. Ltd. v. Mongolia,PCA Case No. 2010 - 20,Award,30 June 2017,at para. 477.

[2] 《中蒙 BIT》第 1 条第(2)款将中国"投资者"定义为:(a)具有中华人民共和国国籍的自然人;(b)依中华人民共和国法律成立并定居在中华人民共和国境内的经济实体。

[3] 《中蒙 BIT》第 8 条前 3 款规定:(1)缔约国一方的投资者与缔约国另一方之间就在缔约国另一方领土内的投资产生的争议应尽量由当事方友好协商解决。(2)如争议在 6 个月内未能协商解决,当事任何一方有权将争议提交接受投资的缔约国一方有管辖权的法院。(3)如涉及征收补偿款额的争议,在诉诸本条第 1 款的程序后 6 个月内仍未能解决,可应任何一方的要求,将争议提交专设仲裁庭。如有关的投资者诉诸了本条第 2 款所规定的程序,本款规定不应适用。

中，英格兰与威尔士高等法院在审查仲裁庭的管辖权决定时提出，“任何争端”“涉及赔偿”等措辞足以使仲裁庭的管辖权延伸至决定要求获得赔偿的权利是否存在的问题。其二，在 Renta 诉俄罗斯案中，仲裁庭认定，有义务支付赔偿款是确定赔偿金额的前提，因此对支付义务是否存在进行认定属于仲裁庭的管辖权范围。其三，在 Sanum 诉老挝案中，仲裁庭认定，《中国—老挝 BIT》仲裁条款中“涉及”一词应做宽泛解读而非排他性解读，尽管限缩式仲裁条款存在其他解释的可能性，但宽泛解释更能确保与《中国—老挝 BIT》中其他条款保持一致。其四，在谢某深诉秘鲁案中，《中国—秘鲁 BIT》的管辖权条款与本案《中蒙 BIT》第 8 条第 3 款是一致的，仲裁庭认定“涉及”一词不应被解释为将仲裁庭的管辖权仅限于补偿数额争端。并且，为了使《中蒙 BIT》第 8 条第 3 款解释与《中蒙 BIT》保护投资的目的和宗旨保持一致，该款“涉及征收补偿额的争端”也应做扩大解释。上述案例中仲裁庭都认为对“与征收赔偿金额有关的争议”应作扩大解释，应包含投资者是否有权获得赔偿的争议。因此，仲裁庭的管辖权范围可以延伸到赔偿款额计算以外的征收事实认定问题。仲裁庭有权决定征收是否存在和是否合法。

2. 被申请人的主张

仲裁被申请人主张仲裁庭不具有属人管辖权和属物管辖权。

针对属人管辖权，北京首钢公司和黑龙江国际公司作为中国国有企业，均不属于“投资者”。被申请人主张，按照《中蒙 BIT》第 1 条第 2 款的规定以及中国的缔约实践，这两个公司不能被归于“经济实体”。被申请人认为条约规定中的“经济实体”一词指的是“私人、商事实体”或者“任何类型的、从事经济活动的实体”。[1] 本案中的北京首钢公司、黑龙江国际公司是国有企业，其所从事的行为并非商事活动，其与东道国政府的投资争端只能选择国家与国家间仲裁，而非投资者与东道国仲裁。另外，被申请人认为这两家中国国有企业并未充分独立，实际上是中国政府的准机构，并受政府直接控制，其投资也仅是为了服务于国家的对外政府目标。[2] 对于秦龙公司，被申请人指出其属于由李某龙个人持有全部股份的个人独资企业，而李某龙本人曾多次代表黑龙江国际公司及中国政府签

---

〔1〕 China Heilongjiang International Economic & Technical Cooperative Corp. , Beijing Shougang Mining Investment Company Limited and Qinhuangdao Qinlong International Industrial Co. Ltd. v. Mongolia, PCA Case No. 2010 – 20, Award, 30 June 2017, at para. 270.

〔2〕 Ibid. , at para. 271.

署了大量的合作协议,很难保证其企业不受中国政府资本的控制。[1] 因此本案仲裁庭不具有属人管辖权。

针对属物管辖权,仲裁被申请人从两个方面论证。首先,通过援引一系列案例,[2] 被申请人向仲裁庭主张"投资",必须是存在商业风险的经济活动。而本案中申请人是中国国有企业,其所承担的风险是国家政策风险,而非商业风险。其次,被申请人主张申请人的投资是通过窃取、挪用、欺诈方式获取的,属于非法投资。根据《中蒙 BIT》第 1 条第 1 款,"投资"一词系指缔约国一方投资者依照缔约国另一方的法律和法规在后者领土内投资的各种财产。通过援引 Inceysa Vallisoletana S. L. 诉萨尔瓦多案、Gusta Hamester 诉加纳案和 Anderson 诉哥斯达黎加共和国案,被申请人指出受保护的投资必须符合东道国的国内法,非法投资不受仲裁庭的保护。基于此,被申请人主张,因投资者并未设立一项合格投资,仲裁庭不具有属物管辖权。

蒙古国认为,仲裁庭的管辖权范围仅限于"征收补偿款额争端",而不涵盖申请人仲裁请求——征收事实的认定,因此仲裁庭对此不享有管辖权。被申请人认为,对于《中蒙 BIT》第 8 条第 3 款的理解,文义解释是首要方法。蒙古国对申请人通过援引 EMV 诉捷克案、Renta 诉俄罗斯案、谢某深诉秘鲁案直接要求仲裁庭做目的解释的主张予以一一反驳。每个案件适用的投资条约对争端解决采用的具体措辞是不同的,法律解释不能直接跳过文义而径直考察条约目的。本案中,不能对第 8 条第 3 款做出不合理的扩大解释,即不能过分强调"涉及"这一词语的作用,而忽略了限缩性词语"款额"的作用,否则,《中蒙 BIT》第 8 条第 3 款的限制性表述将毫无意义。因此,应理解为仲裁事项范围仅限于征收款额的争议。相比之下,第 8 条前两款中的"争端"是宽泛的,涵盖与投资有关的所有争端,包括因东道国违反条约中任何实体保护义务而引发的争端;而第 3 款中的适用范围要窄得多,只涵盖涉及征收补偿款额的争端。本案中,申请方仅就撤销许可证要求返还之诉而非金钱赔偿,这显然不属于第 8 条第 3 款的征收补偿额争端,因此仲裁庭不具有属物管辖权。

---

〔1〕 China Heilongjiang International Economic & Technical Cooperative Corp. ,Beijing Shougang Mining Investment Company Limited and Qinhuangdao Qinlong International Industrial Co. Ltd. v. Mongolia,PCA Case No. 2010 - 20,Award,30 June 2017,at para. 272.

〔2〕 Romak 诉乌兹别克斯坦案、Pantechniki 诉阿尔巴尼亚案、Phoenix 诉捷克案、Fakes 诉土耳其案、Globex 诉乌克兰案。

3. 仲裁庭的裁定

其一,仲裁庭对属人管辖权的分析。

根据《中蒙 BIT》第 1 条第 2 款,有权提出仲裁请求的申请人必须为适格投资者,而适格的法人投资者必须同时满足三项条件:必须是经济实体、必须根据中国法律成立、住所地必须在中国领土内。本案双方对后两项要件并无争执,分歧焦点在于本案投资者是否属于经济实体。仲裁庭并未支持被申请人提出的属人管辖权异议。首先,仲裁庭在考察《中蒙 BIT》第 1 条第 2 款对"投资者"所下定义的基础上指出,"经济实体"一词的措辞是宽泛的,在没有区分投资者的组织类型、商业目的、所有权归属时,才能将特定的含义赋予条约中的某一术语。其次,仲裁庭反对被申请人通过列举中国单方面的个别缔约实践作为解释条约的方法。原因在于,《中蒙 BIT》的缔结是中国政府与蒙古国政府的双方行为,根据《维也纳条约法公约》第 31 条第 3 款,[1] 仲裁庭可以在特定的情况下考虑缔约国后续的缔约实践,但本案被申请人并没有提供充分证据证明相关实践足以支持其进行限缩解释。最后,仲裁庭拒绝采纳被申请人将本案投资者归类为中国的准政府机构这一意见,因为被申请人并未提供充分证据证明本案申请人是在中国政府的直接干预下服务于国家对外政策。基于此,仲裁庭将"经济实体"定义为"从事经济或商业活动的任何类型的法律实体",[2] 而本案中的三位投资者均符合这一定义,具有提出仲裁请求的法定权利。

其二,仲裁庭对属物管辖权的分析。

如前文所述,被申请人分别提出了多项属物管辖权异议,其中最核心的一项即蒙古国认为《中蒙 BIT》第 8 条第 3 款的同意仲裁范围仅限于征收补偿款额的计算问题,不包括本案投资者提出的仲裁请求。对此,仲裁庭没有孤立地对第 8 条第 3 款进行文义解释,而是依据《维也纳条约法公约》第 31 条第 1 款[3] 对上下文进行了全面考察。仲裁庭注意到,《中蒙 BIT》第 8 条共计 8 款,其中前三款

---

〔1〕《维也纳条约法公约》第 31 条第 3 款规定:应与上下文一并考虑的尚有:(1)各当事国嗣后订立的关于该条约的解释或其规定适用的任何协定;(2)嗣后在条约适用方面确定各当事国对条约解释的意思一致的任何惯例;(3)适用于当事国间关系的任何有关国际法规则。

〔2〕 China Heilongjiang International Economic & Technical Cooperative Corp. ,Beijing Shougang Mining Investment Company Limited and Qinhuangdao Qinlong International Industrial Co. Ltd. v. Mongolia,PCA Case No. 2010 – 20,Award,30 June 2017,at para. 412.

〔3〕《维也纳条约法公约》第 31 条第 1 款规定:条约应依其用语按其上下文并参照条约的目的及宗旨所具有的通常意义,善意地予以解释。

约定了解决投资争端的三种方式:友好协商、提交东道国国内法院诉讼、提交国际仲裁庭。第 4 ~ 8 款则主要涉及程序性事项,与本案的核心争议关联不大。通过将第 3 款与前两款相比较,仲裁庭指出:前两款所指争端是宽泛的,涵盖与投资有关的所有争端;相比之下,第 3 款所指争端的适用范围更窄,只涵盖涉及征收补偿款额的争端。

至于"涉及征收补偿款额的争端"具体指代何种争端,仲裁庭结合条约文本的通常含义、条约的目的和宗旨做了解释。首先,之所以在该条款中采用这一表述,其目的正是对专设仲裁庭的管辖权作出限制,这一措辞的通常含义仅囊括因征收所应支付赔偿的数额问题。即使有"涉及"一词,无论如何也不能扩张解释为与征收相关联的所有投资争端。其次,本案仲裁庭同意新加坡上诉法院在澳门世能投资有限公司诉老挝仲裁案中对《中国与老挝双边投资协定》(以下简称《中老 BIT》)第 8 条的解释,《中老 BIT》第 8 条亦将投资者可申请仲裁的事项限定为"涉及征收的赔偿数额的争端",新加坡上诉法院在审查撤销裁决之诉时指出,"涉及"一词既可做宽泛解释也可做限缩解释,在这一用语上进行吹毛求疵式的解读,无助于仲裁庭作出准确的管辖权认定。[1] 最后,仲裁庭考证了《中蒙 BIT》中与第 8 条第 3 款相关的上下文,尤其是第 4 条涉及征收及赔偿的规定。第 8 条第 3 款中采用措辞为"涉及征收补偿款额的争端",既非"涉及征收的争端",也非"涉及征收补偿的争端",而是特别突出"款额",具体特指东道国应向投资被征收的投资者支付的赔偿金额及支付方式。按照第 4 条第 2 款的规定,补偿款额应等于宣布征收时被征收财产的价值,并且补偿应可兑换和自由转移。申请人提出的基于条约宗旨及目的的解释路径并未说服仲裁庭,仲裁庭认为申请人的解读偏离了条约原义。条约的序言通常是对条约目的及宗旨的阐明,但序言中并没有任何内容表明两个缔约国打算根据《中蒙 BIT》第 8 条赋予仲裁庭囊括因征收而引起的所有争议的广泛管辖权。

基于以上论证,本案仲裁庭认定对本案投资者提出的仲裁请求不具有属物管辖权,相应的,对被申请人提出的反请求亦不具有管辖权。

(二)被申请人的行为是否属于非法征收

申请人主张《中蒙 BIT》第 4 条规定了对直接征收和间接征收的保护。判断

---

〔1〕 Sanum Investment Limited v. The Government of the Lao People's Democratic Republic, [2016]SGCA 57, at para. 126.

东道国的措施是否构成征收的标准在于措施对投资的经济影响程度。通过引用Metalclad v. the United Mexican States案,Ros Invest v. the Russian Federation案等案例,申请人将蒙古国撤销939A许可证的行为描述为"正式直接地夺取公司财产权",造成公司股权贬值,从而构成间接征收。[1] 申请人认为蒙古国政府撤回采矿许可证的行为不能被视为合法的监管活动。因为撤销939A许可证并非出于真正的社会利益和公共目的,且蒙古国也未完成证明撤销许可证措施出于"公共利益要求"的义务。并且即使存在违规,也应予以罚款而非撤销许可证。并且主张,蒙古国撤销939A许可证的行为使申请人对其投资的预期利益落空。[2] 申请人认为,被申请人主张征收必须"根据东道国的法律宣布"是错误的,因为这将使非法行为不受审查。但《中蒙BIT》第4条第2款关于征收的赔偿不适用于本案,而应适用国际习惯法。[3]

被申请人主张,本案中蒙古国政府对该资产采取的措施不构成《中蒙BIT》第4条第1款中的"征收",而是东道国合法的监管活动。根据《中蒙BIT》第4条第2款要求:征收有具体的特殊含义,必须以被"宣告"(proclaimed)的方式进行,才能得到补偿。《中蒙BIT》第4条1款含义很明确,要承担赔偿责任必须满足几个要素:必须为一项投资;该项投资必须由一个缔约国的投资者进行;该措施必须具有等同于国有化或没收的效果,或者,必须具有等同于国有化或没收的措施;该措施出于社会或公共利益需要,且根据法律程序出于非歧视性目的而进行。但本案中的资产运行并未按照法律要求进行,属于非法投资。则本案中蒙古国政府对该资产采取的措施属于东道国对非法投资采取的合法监管活动,不构成《中蒙BIT》第4条第1款中的"征收"。通过援引Chemtura Corporation v. Canada案、Saluka v. Czech Republic案、Methanex v. U. S.案和Tecmed v. Mexico案来说明,东道国可以在有效行使警察权(police powers)时剥夺投资者的财产。[4] 撤销申请人许可证的行为是基于申请人反复多次的违法行为;并且,并不构成"永久、完全"剥夺申请人财产。[5]

---

[1] China Heilongjiang International Economic & Technical Cooperative Corp., Beijing Shougang Mining Investment Company Limited and Qinhuangdao Qinlong International Industrial Co. Ltd. v. Mongolia, PCA Case No. 2010 - 20, Award, 30 June 2017, at paras. 303 - 304.

[2] *Id.*, at para. 305.

[3] *Id.*, at para. 306.

[4] *Id.*, at para. 322.

[5] *Id.*, at para. 326.

(三)岔路口条款

被申请人的初步反对意见中提到,申请人选择将同一争议提交蒙古国国内法院诉讼,已经触发了《中蒙 BIT》第 8 条第 3 款的“岔路口条款”。因此不能再次将同一争议诉诸国际仲裁。被申请人反对仲裁庭对本案的管辖权。[1] 而申请人认为《中蒙 BIT》第 8 条第 3 款的“岔路口条款”并没有剥夺投资者在仲裁庭上追究征收责任的权利,因为触发“岔路口条款”的前提为完全相同的争议。这需要满足相同主体、相同诉因、相同客体(诉讼请求或主要法律争议)三个条件。申请人认为并未满足触发岔路口条款的条件:首先,在主体层面,在蒙古国法院诉讼中的原告是 Tumurtei Khuder 公司(蒙古的合资企业),而非本案申请人(三个中国公司);[2] 其次,在诉因层面,在蒙古国法院提起的行政诉讼是基于“按照蒙古国国内法所作出的撤销许可证措施”,而本仲裁请求是基于“蒙古国的非法征收措施”。[3]

仲裁庭认为,《中蒙 BIT》设想的解决争端主要方法是通过谈判友好解决或者在缔约国法院进行的司法程序。要求投资者在东道国国内就征收是否发生先行提起诉讼,并不当然剥夺国际仲裁庭管辖赔偿款额争端的权力。即使对于投资者需要向国内法院寻求补救的间接征用(即不涉及宣告或法令的情况),投资者可以将赔偿款额问题保留在庭外程序中,因此不会使该条约的“岔路口条款”落空。该条约的缔约国在第 8 条第 3 款的措辞上谨慎地使用“涉及征收补偿款额的争议”,则仲裁庭的管辖权仅限于这一狭窄范围内。[4] 而其他涉及征收的争端,如征收事实存在的认定等则不在仲裁庭的管辖范围内。仲裁庭认为,投资者仍然可以根据条约规定的友好协商和国内法院的诉讼程序等方式行使法律追索权。仲裁庭指出,《中蒙 BIT》的安排并不令人意外,因为两国当时都拥有类似的政治和经济制度,没有任何理由质疑另一条约缔约国的司法制度而倾向于使

---

[1] China Heilongjiang International Economic & Technical Cooperative Corp., Beijing Shougang Mining Investment Company Limited and Qinhuangdao Qinlong International Industrial Co. Ltd. v. Mongolia, PCA Case No. 2010 – 20, Award, 30 June 2017, at para. 292.

[2] *Id.*, at para. 293.

[3] *Id.*, at para. 294.

[4] *Id.*, at para. 450.

用国际仲裁来解决投资争端。[1]

三、简要评析

本案涉及对《中蒙 BIT》第 8 条第 3 款中“涉及征收补偿款额的争议”的解释。这一用语在中国“第一代”BIT 中较为普遍。如《中国—秘鲁 BIT》、《中国—老挝 BIT》、《中国—也门 BIT》,缔约双方也均仅同意将“涉及征收补偿款额的争议”提交仲裁。对于这一用语,谢某深诉秘鲁案、[2] 世能公司诉老挝案、[3] 北京城建公司诉也门案[4] 的仲裁庭均作出了广义解释。三个仲裁庭按照《维也纳条约法公约》规定的条约解释方法,依次从文字、上下文、目的等角度进行分析,最后均认为“涉及征收补偿款额的争议”所指并非仅涉及征收补偿额的争议,而是也包括征收是否发生及是否符合 BIT 规定条件的争议。三个仲裁庭最主要的理由来自上下文,即同一条中的“岔路口条款”。仲裁庭推理说,如果仲裁庭仅能审理补偿额争议,则有关征收本身的争议只能提交东道国法院;而由于“岔路口条款”的存在,投资者一旦将征收争议诉诸法院,将丧失随后将征收补偿额争议诉诸仲裁的机会。因此,仲裁范围应包括征收争议,否则投资者将不享有任何仲裁机会,这将使仲裁条款归于无效。在谢某深案中,秘鲁政府曾向 ICSID 申请撤销仲裁裁决,但未获得 ICSID 设立的三人临时撤销委员会的支持。在世能案中,老挝政府曾向新加坡法院申请撤销裁决,在一审中获得成功,但在二审中失利:新加坡上诉法院支持了仲裁裁决。经过这三起案件的“一致”裁决,仲裁实践将对“涉及征收补偿款额的争议”进行广义解释似乎已经成为普遍做法。但本案仲裁庭并未回归广义解释,而是认为仲裁庭的管辖权仅限于“涉及征收补偿款额的争议”一狭窄范围,并否认了对“涉及征收补偿款额的争议”的狭义解释将导致仲裁条款无效的看法。可见,条约解释的角度和方法运用到不同案件中所产生的结论仍存在较大不确定性。

---

〔1〕 China Heilongjiang International Economic & Technical Cooperative Corp. ,Beijing Shougang Mining Investment Company Limited and Qinhuangdao Qinlong International Industrial Co. Ltd v. Mongolia,PCA Case No. 2010 - 20,Award,30 June 2017,at para. 451.

〔2〕 Tza Yap Shum v. Republic of Peru,ICSID Case NO. ARB/07/6,Award,7 July 2011.

〔3〕 Sanum Investments Limited v. Lao People's Democratic Republic,PCA Case No. 2013 - 13, Award on Jurisdiction,13 Decmber 2013.

〔4〕 Beijing Urban Construction Group Co. Ltd. v. Republic of Yemen,ICSID Case No. ARB/14/30,Decision on Jurisdiction,31 May 2017.

规则选登

《联合国关于调解所产生的国际和解协议公约》

第 1 条　适用范围

1. 本公约适用于调解所产生的、当事人为解决商事争议而以书面形式订立的协议（“和解协议”），该协议在订立时由于以下原因而具有国际性：

（a）和解协议至少有两方当事人在不同国家设有营业地；或者

（b）和解协议各方当事人设有营业地的国家不是：

（一）和解协议所规定的相当一部分义务履行地所在国；或者

（二）与和解协议所涉事项关系最密切的国家。

2. 本公约不适用于以下和解协议：

（a）为解决其中一方当事人（消费者）为个人、家庭或者家居目的进行交易所产生的争议而订立的协议；

（b）与家庭法、继承法或者就业法有关的协议。

3. 本公约不适用于：

（a）以下和解协议：

（一）经由法院批准或者系在法院相关程序过程中订立的协议；和

（二）可在该法院所在国作为判决执行的协议；

（b）已记录在案并可作为仲裁裁决执行的协议。

第 2 条　定义

1. 在第 1 条第 1 款中：

（a）一方当事人有不止一个营业地的，相关营业地是与和解协议所解决的争议关系最密切的营业地，同时考虑到订立和解协议时已为各方当事人知道或者预期的情形；

（b）一方当事人无营业地的，以其惯常居住地为准。

2. 和解协议的内容以任何形式记录下来即为“书面形式”。电子通信所含信息可调取以备日后查用的，该电子通信即满足了和解协议的书面形式要求。

3. “调解”不论使用何种称谓或者进行过程以何为依据，指由一名或者几名第三人(“调解员”)协助,在其无权对争议当事人强加解决办法的情况下,当事人设法友好解决其争议的过程。

第3条　一般原则

1. 本公约每一当事方应按照本国程序规则并根据本公约规定的条件执行和解协议。

2. 如果就一方当事人声称已由和解协议解决的事项发生争议,公约当事方应允许该当事人按照本国程序规则并根据本公约规定的条件援用和解协议,以证明该事项已得到解决。

第4条　对依赖于和解协议的要求

1. 当事人根据本公约依赖于和解协议,应向寻求救济所在公约当事方主管机关出具:

(a)由各方当事人签署的和解协议;

(b)显示和解协议产生于调解的证据,例如:

(一)调解员在和解协议上的签名;

(二)调解员签署的表明进行了调解的文件;

(三)调解过程管理机构的证明;或者

(四)在没有第(一)目、第(二)目或者第(三)目的情况下,可为主管机关接受的其他任何证据。

2. 符合下列条件的,即为在电子通信方面满足了和解协议应由当事人签署或者在适用情况下应由调解员签署的要求:

(a)使用了一种方法来识别当事人或者调解员的身份并表明当事人或者调解员关于电子通信所含信息的意图;并且

(b)所使用的这种方法:

(一)从各种情况来看,包括根据任何相关的约定,对于生成或者传递电子通信所要达到的目的既是适当的,也是可靠的;或者

(二)其本身或者结合进一步证据,事实上被证明具备前述(a)项中所说明的功能。

3. 和解协议不是以寻求救济所在公约当事方正式语文拟订的,主管机关可请求提供此种语文的和解协议译本。

4. 主管机关可要求提供任何必要文件,以核实本公约的要求已得到遵守。

5. 主管机关审议救济请求应从速行事。

第5条　拒绝准予救济的理由

1. 根据第4条寻求救济所在公约当事方的主管机关可根据寻求救济所针对当事人的请求拒绝准予救济，唯需该当事人向主管机关提供以下证明：

(a)和解协议一方当事人处于某种无行为能力状况；

(b)所寻求依赖的和解协议：

(一)根据当事人有效约定的和解协议管辖法律，或者在没有就此指明任何法律的情况下，根据在第4条下寻求救济所在公约当事方主管机关认为应予适用的法律，无效、失效或者无法履行；

(二)根据和解协议条款，不具约束力或者不是终局的；或者

(三)随后被修改；

(c)和解协议中的义务：

(一)已经履行；或者

(二)不清楚或者无法理解；

(d)准予救济将有悖和解协议条款；

(e)调解员严重违反适用于调解员或者调解的准则，若非此种违反，该当事人本不会订立和解协议；或者

(f)调解员未向各方当事人披露可能对调解员公正性或者独立性产生正当怀疑的情形，并且此种未予披露对一方当事人有实质性影响或者不当影响，若非此种未予披露，该当事人本不会订立和解协议。

2. 根据第4条寻求救济所在公约当事方主管机关如果作出以下认定，也可拒绝准予救济：

(a)准予救济将违反公约该当事方的公共政策；或者

(b)根据公约该当事方的法律，争议事项无法以调解方式解决。

第6条　并行申请或者请求

如果已经向法院、仲裁庭或者其他任何主管机关提出了与一项和解协议有关的申请或者请求，而该申请或者请求可能影响到根据第4条正在寻求的救济，寻求此种救济所在公约当事方的主管机关可在其认为适当的情况下暂停作出决定，并可应一方当事人的请求下令另一方当事人适当具保。

第7条　其他法律或者条约

本公约不应剥夺任何利害关系人可依寻求依赖和解协议所在公约当事方的法律或者条约所许可的方式，在其许可限度内，援用该和解协议的任何权利。

第 8 条　保留

1. 公约当事方可声明:

(a) 对于其为一方当事人的和解协议,或者对于任何政府机构或者代表政府机构行事的任何人为一方当事人的和解协议,在声明规定的限度内,本公约不适用;

(b) 本公约适用,唯需和解协议当事人已同意适用本公约。

2. 除本条明确授权的保留外,不允许作出任何保留。

3. 公约当事方可随时作出保留。在签署时作出的保留,必须在批准、接受或者核准时加以确认。此类保留应在本公约对有关公约当事方生效时同时生效。批准、接受或者核准本公约或者加入本公约时作出的保留,或者在根据第 13 条作出声明时作出的保留,应在本公约对公约有关当事方生效时同时生效。保留书在公约对公约该当事方生效后交存的,于交存日后六个月生效。

4. 保留书及其确认书应交存保存人。

5. 根据本公约作出保留的公约任何当事方可随时撤回保留。此种撤回书应交存保存人,并应于交存后六个月生效。

第 9 条　对和解协议的效力

本公约以及任何保留或者保留的撤回仅适用于在本公约、保留或者保留的撤回对公约有关当事方生效之日后订立的和解协议。

第 10 条　保存人

兹指定联合国秘书长为本公约保存人。

第 11 条　签署、批准、接受、核准、加入

1. 本公约于 2019 年 8 月 7 日在新加坡开放供各国签署,此后在纽约联合国总部开放供各国签署。

2. 本公约须经签署国批准、接受或者核准。

3. 本公约对自开放供签署之日起未签署本公约的所有国家开放供加入。

4. 批准书、接受书、核准书或者加入书应交存保存人。

第 12 条　区域经济一体化组织的参与

1. 由主权国家组成并对本公约所管辖的某些事项拥有管辖权的区域经济一体化组织同样可以签署、批准、接受、核准或者加入本公约。在这种情况下,区域经济一体化组织享有的权利和承担的义务应与公约当事方相同,但仅限于该组织对本公约所管辖事项拥有管辖权的范围。当涉及本公约下公约当事方数目时,区域经济一体化组织内的成员国为公约当事方的,该区域经济一体化组织不能算作一个公约当事方。

2. 区域经济一体化组织应在签署、批准、接受、核准或者加入时向保存人提出声明,指明对本公约所管辖的哪些事项的管辖权已由其成员国转移给该组织。根据本款提出声明后,如果管辖权分配发生任何变化,包括管辖权新的转移,区域经济一体化组织应迅速通知保存人。

3. 本公约中,对"公约一当事方"、"公约当事方"、"一国"或者"各国"的任何提及,必要时同等适用于区域经济一体化组织。

4. 对于区域经济一体化组织的规则,无论此种规则在本公约之前或者之后通过或者生效:

(a) 如果向此种组织一成员国的主管机关寻求第 4 条下的救济,并且第 1 条第 1 款下涉及的所有国家均为此种组织的成员;或者

(b) 涉及区域经济一体化组织成员国之间承认或者执行判决的,本公约与此种规则发生冲突时不得优先。

第 13 条　非统一法律制度

1. 公约一当事方拥有两个或者多个领土单位,各领土单位对本公约所涉事项适用不同法律制度的,可在签署、批准、接受、核准或者加入时声明本公约延伸适用于本国的全部领土单位或者仅适用于其中的一个或者数个领土单位,并可随时通过提出另一声明修正其所作的声明。

2. 此种声明应通知保存人,且明确指出适用本公约的领土单位。

3. 公约一当事方拥有两个或者多个领土单位,各领土单位对本公约所涉事项适用不同法律制度的,

(a) 凡提及一国的法律或者程序规则,应被解释为在适当情况下指有关领土单位的有效的法律或者程序规则;

(b) 凡提及一国的营业地,应被解释为在适当情况下指有关领土单位的营业地;

(c) 凡提及一国的主管机关,应被解释为在适当情况下指有关领土单位的主管机关。

4. 公约一当事方未根据本条第 1 款作出声明的,本公约延伸适用于该国的全部领土单位。

第 14 条　生效

1. 本公约应于第三份批准书、接受书、核准书或者加入书交存后六个月生效。

2. 一国在第三份批准书、接受书、核准书或者加入书交存之后批准、接受、核准或者加入本公约的,本公约应于该国交存批准书、接受书、核准书或者加入书之日后六个月对其生效。对于根据第 13 条延伸适用本公约的领土单位,本公约应于通知该条所提及的声明后六个月对其生效。

第 15 条　修正

1. 公约任何当事方均可对本公约提出修正案,将其提交联合国秘书长。秘书长应立即将所提修正案转发公约各当事方,请其表示是否赞成召开公约当事方会议,以对该修正提案进行审议和表决。如果自通报之日起四个月内至少有三分之一公约当事方赞成召开此种会议,秘书长应在联合国主持下召集公约当事方会议。

2. 公约当事方会议应尽一切努力就每项修正案达成协商一致。如果竭尽一切努力而未达成协商一致,作为最后手段,该修正案须有出席会议并参加表决公约当事方的三分之二多数票方可通过。

3. 通过的修正案应由保存人提交给公约所有当事方,请其批准、接受或者核准。

4. 通过的修正案应在第三份批准书、接受书或者核准书交存之日后六个月生效。修正案一经生效,即对已经表示同意受其约束的公约当事方具有约束力。

5. 在第三份批准书、接受书或者核准书交存后,如果公约一当事方批准、接受或者核准了一修正案,该修正案于公约该当事方交存批准书、接受书或者核准书之日后六个月对其生效。

第 16 条　退约

1. 公约当事方得以书面形式正式通知保存人,宣布其退出本公约。退约可限于某些适用本公约的、非统一法律制度的领土单位。

2. 退约应于保存人收到通知后十二个月生效。通知中指明退约生效需更长期限的,退约应于保存人收到通知后该更长期限期满时生效。本公约应继续适用于退约生效前订立的和解协议。

本公约正本一份,阿拉伯文、中文、英文、法文、俄文和西班牙文文本同为作准文本。

本卷作者

本卷撰写分工如下(按撰写章节先后为序)

漆彤:武汉大学国际法研究所教授,撰写序言、第一章、第九章、第十章、第十三章,合作撰写第二章、第十四章、第十五章;

肖军:武汉大学国际法研究所副教授,撰写第三章;

梁丹妮:中山大学法学院副教授,撰写第四章;

方镇邦:武汉大学国际法研究所硕士研究生,合作撰写第二章;

黄丽萍:华南理工大学博士后,撰写第五章;

黄可而:武汉大学国际法研究所博士研究生,撰写第六章;

刘嫡琬:武汉大学国际法研究所博士研究生,撰写第七章;

李璐玮:武汉大学国际法研究所博士研究生,撰写第十一章;

宁红玲:贵州民族大学法学院副教授,澳门大学博士后,撰写第十二章;

范晓宇:武汉大学国际法研究所博士研究生,合作撰写第十四章、第十五章,撰写第十七章。

张渝:武汉大学国际法研究所博士研究生,撰写第十六章。

本卷第八章“中国关于 ICSID WORKING PAPER 4 的修改意见”参考译文由武汉大学国际法研究所博士研究生范晓宇翻译,漆彤校对。